Eduardo Rodríguez Espinosa

LA *DEHESA BOYAL LA LABRADA* DE VILLAMAYOR DE CALATRAVA: UN CASO ORIGINAL DE PROPIEDAD VECINAL

Instituto de Estudios Manchegos (CSIC)
2025

Portada: paisaje de encinas en la Dehesa Boyal La Labrada de Villamayor

Edita: Instituto de Estudios Manchegos (CSIC)

D.L. CR 405-202
ISBN 978-84-87248-74-0

Colección General, número 117

Imprime: www.optimaimpresion.es

"Este libro se ha realizado en el marco del Proyecto de Investigación I+D+I PID2019-106735-GB-C21/1003080035 del Ministerio de Ciencia e Innovación, titulado: *Avanzando en el conocimiento del Catastro de Ensenada y otras fuentes catastrales: nuevas perspectivas basadas en la complementariedad, la modelización y la innovación, subproyecto del proyecto coordinado: Las fuentes geohistóricas, elemento para el conocimiento continuo del territorio: retos y posibilidades de futuro a través de su complementariedad (FGECCT)* y del Convenio de Colaboración Dirección General del Catastro-FUAM ref. 138250, de los que es investigadora principal la Dra. Concepción Camarero Bullón

SUMARIO

PRESENTACIÓN

La *Dehesa Boyal La Labrada* es una propiedad rústica, situada en el municipio de Villamayor de Calatrava (Ciudad Real), procedente de los bienes comunales otorgados por la Orden de Calatrava a los vecinos de Villamayor en la Edad Media que fue desamortizada, en el siglo XIX, no como bien comunal sino como bien de Propios, y adquirida el 8 de enero de 1898 por la *Sociedad Compradora de la Dehesa Boyal o Labrada de Villamayor de Calatrava,* quien sigue siendo su actual propietaria, y siendo los participantes o "accionistas" de dicha sociedad todos los cabezas de familia que hayan nacido en el municipio y estén empadronados en el mismo a la hora de realizar el reparto o sorteo de las distintas parcelas o *suertes* en que se dividió a efectos de su explotación y que se comenzó a hacer cada seis años, y, a partir del acuerdo de 10 de noviembre de 1968, cada ocho años.

Efectivamente, en los primeros años de funcionamiento de la Sociedad compradora, se tomó el acuerdo, para el aprovechamiento de la misma, de dividirla en parcelas, de superficie semejante, que se asignan a todos y cada uno de los socios, por un tiempo determinado, quien la cultiva o no, según su particular criterio e interés, y con la obligación de que la explotación de la misma no conlleve ningún cambio de las características de su infraestructura, ni suponga la incorporación de otros elementos de explotación agraria que los que tiene la parcela en el momento de su asignación. Con este sistema de explotación agraria se nos ofrece una forma sumamente original y poco frecuente en nuestros días, tanto en lo que hace a propiedad como a su aprovechamiento agrícola. De aquí el interés de su estudio. No obstante, hemos de advertir que el sistema jurídico de propiedad y explotación de la misma escapan al objetivo de este trabajo y solo nos limitaremos a constatar los hechos sin ningún análisis comparativo ni jurídico.

Una cuestión previa es la referente a la denominación de la finca objeto de estudio. En la mayoría de los documentos, incluida la escritura de constitución de la Sociedad compradora y en la de adquisición de la misma, el nombre que se le da es el de *Dehesa Boyal o Labrada*. Denominación que entendemos no se ajusta a la realidad histórica y jurídica de esta propiedad, ya que lo que se expresa con ella es que la Dehesa se denomina con dos nombres: el de "boyal" o el de "Labrada", cuando, en realidad, lo que se quiere expresar con esa denominación es que se trata de una antigua *dehesa boyal* (dedicada a la alimentación de los bueyes de labor de los vecinos) con el nombre de *La Labrada,* si bien en algunos documentos antiguos también se la denomina dehesa de los *Llanos,* del *Rincón* o del *Villarejo.* Por consiguiente, en este trabajo prescindiremos de la denominación disyuntiva y utilizaremos el de *Dehesa Boyal La Labrada* por entender que se ajusta más a la realidad y que tal vez la denominación aplicada en las escrituras pudiera deberse al desconocimiento que podría tenerse sobre el concepto de "boyal".

Nos proponemos con este trabajo más que la investigación sobre un aspecto y un lugar concretos de la Desamortización, ofrecer: 1º) Una síntesis de lo publicado hasta la fecha sobre aquellos aspectos de la misma que afectan al caso concreto que nos ocupa; 2º) Analizar: la documentación relativa a su desamortización; a la constitución de la Sociedad compradora; a la compra de la finca por esta Sociedad constituida al efecto; y al sistema de explotación que se ha utilizado desde su adquisición; y 3º) Propiciar su difusión entre los vecinos de Villamayor.

En base a estos objetivos, se analizan, en primer lugar, las características de la finca en cuestión. Es decir, la determinación del área de estudio a través de su emplazamiento dentro del término municipal, sus límites, su topografía, sus aprovechamientos agrarios etc. En segundo lugar, los antecedentes históricos de la misma a través de las publicaciones que se han hecho hasta la fecha o, lo que es igual, desde sus orígenes medievales hasta su desamortización. En tercer lugar, el proceso desamortizador en el que se inscribe la constitución de la *Sociedad* compradora y actual propietaria de dicho bien desamortizado, así como en el hecho de haber constituido una sociedad civil en la que participan todos los vecinos del pueblo. Y, por último, el funcionamiento de la *Sociedad Compradora* desde su creación hasta comienzos de la década de los noventa del siglo pasado. Concretamente hasta 1992. Fecha que ha sido elegida con el fin de destacar el objetivo exclusivo de este trabajo: los aspectos puramente históricos, y no los de gestión de la Junta Directiva actual o de las más próximas a ella en el tiempo.

Las fuentes que hemos utilizado son, de una parte, la cartografía de *Visor cartográfico de España*; de otra, la documentación conservada en el Archivo Histórico Provincial de Ciudad Real (AHPCR) relacionada con la el *Catastro de Ensenada, la Desamortización* y los *Protocolos Notariales* que hacen referencia a Villamayor de Calatrava en la época de la constitución de la sociedad compradora; la conservada en el Archivo Municipal de Villamayor de Calatrava (AMVC)[1], especialmente las *Actas de los Plenos Municipales* de este municipio en el último tercio del XIX y

[1] Este archivo está clasificado y ordenado según los criterios utilizados en los archivos de toda la Comunidad Autónoma de Castilla-La Mancha que fueron publicados en 1988. En ella se sigue una ordenación cronológica y funcional. La documentación conservada en él se circunscribe a la segunda mitad del siglo XIX hasta la actualidad, con algunos pocos documentos de la primera mitad del siglo XIX ("Expedientes de extinción de plagas de langosta" de 1825; "Expedientes generales" de Quintas y Milicias de 1835; "Expedientes de subastas de bienes de consumo, alcabalas..." sobre impuestos del Antiguo Régimen; "Repartimientos" de Rentas y Exacciones de 1836; las primeras Actas de Pleno de 1845; los primeros Presupuestos municipales de 1842; y Padrones y Censos de habitantes de 1846).
En este archivo, además de la documentación específica del Ayuntamiento, se encuentra, también, la correspondiente al Juzgado Municipal, al Registro Civil y a la Junta Municipal de Libertad Vigilada (1945-1959).
El catálogo del mismo se presenta con distintos criterios: geográfico, por materias, onomástico, por series, por signatura y por tipo de documento, si bien la documentación está archivada en Cajas (C) y libros (L). Dentro de estos dos grandes conjuntos hay subclasificaciones como Caja con documentación del Juzgado (CJ) o Libro con documentación judicial (LJ) o Libro de la serie Varios (EL).

comienzos del XX[2], y, sobre todo, el primer libro de actas de la Sociedad Compradora de la Dehesa Boyal La Labrada de Villamayor de Calatrava que, por avatares del destino, se encuentra en este archivo y no en el de la Sociedad propietaria, como debería haberse encontrado; y, por último, la documentación que, sin catalogar y sin ordenar, se encuentra en el domicilio social de la *Dehesa Boyal La Labrada de Villamayor de Calatrava* (ASCDBLVC)[3]: escrituras de constitución de la sociedad y de compra -tanto de la propia Dehesa como las efectuadas con posterioridad a la constitución de la sociedad-, los *Libros de Actas* tanto de la Junta Directiva como de las Juntas Generales de accionistas -que suelen estar, aunque no siempre, en libros separados-, los *Estatutos* de la *Sociedad Compradora,* los libros de registro de asignación de suertes, contabilidad etc. Documentación que, amablemente, me ha permitido consultar la actual

[2] De las actas de Plenos municipales faltan las anteriores al 9/1/1845 y las comprendidas entre 1/1/58 y 1/1/1859; de 1/1/60 a 1869; de 1871 a 1875; de 1877 a 1883; de 1885 a 1903; y de 1906 a 1907.

[3] Con motivo de la toma de posesión de una nueva Junta Directiva, en el acta de la Junta General extraordinaria, fechada el 24 de mayo de 1968, se hace constar los libros que entrega la Junta saliente, que viene a servir de inventario del archivo de la Sociedad. Según se hace constar, son los siguientes: 1) Libro de actas Generales; 2) Libro de caja de 200 folios útiles; 3) Otro libro de caja de 97 folios útiles; 4) Libro de cuentas corrientes de 196 páginas; 5) Estatutos por los que se rigen la Sociedad; 6) Copia de la escritura de cancelación total de hipoteca, otorgada por don Francisco Molina y Carrasco; 7) Escritura de venta de tierras otorgada por don Andrés y don Vicente Martín Patón y don Manuel González Martín a favor de la *Sociedad Compradora de la Dehesa Boyal Labrada*; 8) copia notarial de la escritura de fundación y constitución de la *Sociedad Compradora de la Dehesa boyal o labrada de Villamayor de Calatrava*; 9) Escritura de venta de tierras otorgada por doña Josefa Martín y doña Eloísa López y López a favor de la *Sociedad Compradora de la Dehesa Boyal Labrada*; 10) copia de documento público otorgado por el señor juez, de primera instancia a favor de la sociedad relativa a la compra de un pedazo en el término de dicha villa; 11) Libro de actas de la Junta Directiva con apertura de 16 de enero de 1951 y cerrado en folio 43 de las 50 de que consta el libro; 12) Libro de actas de la Junta Directiva desde el 8/5/1945 a 31/12/1950; 13) Libro de registro de parcelas: 14) Talonario de Caja de Ahorros de Ronda número 28.704; otro de Caja Rural número 2.010.459; otro Banco Central sin número; otro del Banco Español de Crédito número 87.181.271; 16) una carpeta de escritorio; y 17) Libro de Actas de la Junta General de Accionistas desde el 16/1/1945 a la fecha de inventario. No obstante, este archivo no tiene ninguna clasificación y está muy incompleto. Para referiros a él lo haremos con las siglas ASCDBLVC (Archivo de la *Sociedad Compradora de la Dehesa Boyal La labrada de Villamayor de Calatrava*).

Junta Directiva de la *Dehesa Boyal La Labrada* a través de su presidente actual, D. Mario Muñoz Martín, y de su secretario D. Luis Javier Duque Cerrato.

Igualmente quiero agradecer -en la persona de su Alcalde: D. Juan Antonio Callejas Cano, y de la administrativa: Dª Rosario Palomo Velasco- las facilidades que me han dado en el Ayuntamiento de Villamayor a la hora de consultar la documentación que se encuentra en su archivo. Y, por último, el siempre eficaz y amable trabajo profesional de los funcionarios del AHPCR. Sin estas colaboraciones no hubiera sido posible la realización de este trabajo.

1. LA *DEHESA BOYAL LA LABRADA* EN EL TÉRMINO MUNICIPAL DE VILLAMAYOR DE CALATRAVA

1.1. Situación

Como se ha indicado antes, la *Dehesa boyal Labrada* está situada en el municipio de Villamayor de Calatrava[4], que es uno de los integrantes de la comarca del Campo de Calatrava (Rodríguez Espinosa, E., 2000: 14-25), quien, a su vez, formó parte de las tierras que administró, desde la Edad Media hasta la Desamortización (s. XIX), la Orden Militar de Calatrava y, actualmente, está en la provincia de Ciudad Real en el partido judicial de Puertollano y antes de Almodóvar del Campo.

La extensión de su término municipal es de 144,81 km^2, y su relieve está formado por una cadena de sierras, que no superan los 900 metros, integrada por la sierra de Doña Elvira, Perabad (817 metros) al noreste; la sierra de las Cabrerizas (844 metros) y el cerro de el Tesoro (845 m.) al norte; la sierra Gorda (853 metros) al noroeste; y el cerro del Águila (834 metros) y el cerro de la Charneca (824 metros) en el oeste. Esta cadena montañosa hace de límite septentrional del municipio y bordea un amplio

[4] En 1916, siendo presidente del Gobierno el conde de Romanones y a propuesta de la Real Sociedad Geográfica, se cambió el nombre de 513 municipios de España (Gaceta de Madrid (184). Viernes, 2 de julio 1916, pp. 11-16) entre los que se encontraba Villamayor, quien, a partir de esa disposición, pasó a denominarse de Calatrava.

valle que está drenado por el río Tirteafuera, quien, a su vez, hace de límite municipal, en un tramo significativo de su flaco suroccidental, con el de Almodóvar del Campo. Es así, como el término se distribuye entre una cadena montañosa al N y una zona llana al sur. En la zona llana del término hay numerosos humedales tales como las lagunas de Los Almeros, la Saladilla, y las Cucharas, entre otras (figura 1).

Figura 1. ***La Dehesa*** **en el término municipal de Villamayor**

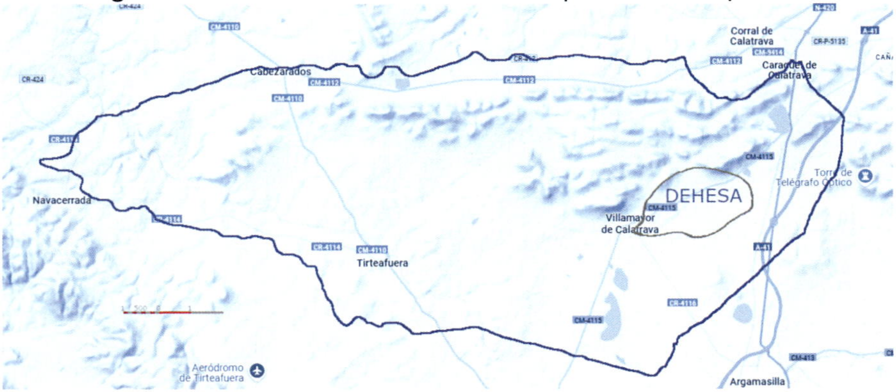

Fuente: SIGPAC CLM. Villamayor de Calatrava

Todo el término municipal está drenado por el río Guadiana a través de uno de sus afluentes, el rio Tirteafuera, que nace en el vecino pueblo de Argamasilla de Calatrava, y sirve, como se ha dicho, de límite separador en uno de sus tramos entre los términos de Almodóvar y Villamayor, y desemboca directamente en el Guadiana, recogiendo las aguas de los distintos arroyos que son, precisamente, los que recorren el término de Villamayor de Calatrava, como el de Quinterías.

El núcleo urbano se encuentra a 682 m. sobre el nivel del mar, a los pies del cerro de El Tesoro (845 m). Dista 31 km. de la capital y 13 km. de Puertollano. El término está atravesado, en la parte NE, por la carretera N-420, entre los puntos kilométricos 172 y 173, y por la A-41. El casco urbano está atravesado por la carretera CM-4115, que permite la comunicación del pueblo con la carretera N-420 y con Almodóvar del

Campo, y de él parten dos carreteras locales: la CR-P-4116, que lo comunica con Argamasilla de Calatrava a la vez que, en ese punto y de nuevo, lo comunica con la N-420 y la autovía A-41; y la CR-P-4113 que lo une con San Quintín y Cabezarados, así como con la CM-4114 (figura 2).

Figura 2. Comunicaciones de Villamayor de Calatrava

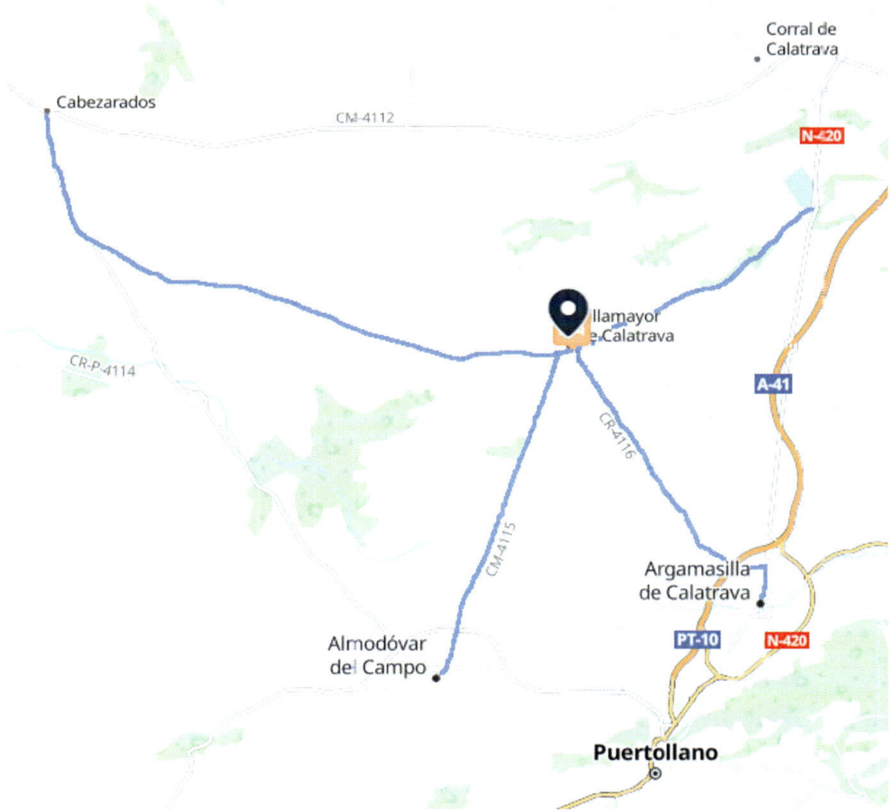

Fuente: Mapa Michelin

Actualmente tiene una población de 638 habitantes (INE 2023) pero, en su evolución (figura 3), puede observarse como en 1900 alcanzó los 3.908 habs. y, desde esa fecha, ha seguido un prolongado y continuo descenso hasta nuestros días, si bien conviene tener presente, que el momento de adquisición de la Dehesa (1898) coincide con el de mayor población del municipio y que esa mayor población está íntimamente relacionada con la explotación de las minas de galena argentífera de San Quintín[5], iniciada por la Sociedad Minero Metalúrgica de Peñarroya en 1884, y, algunos años después, el aprovechamiento de la cantera de basalto de El Morrón[6], ambas en su término municipal.

Figura 3. Evolución de la población de Villamayor de Calatrava (1842-2021)

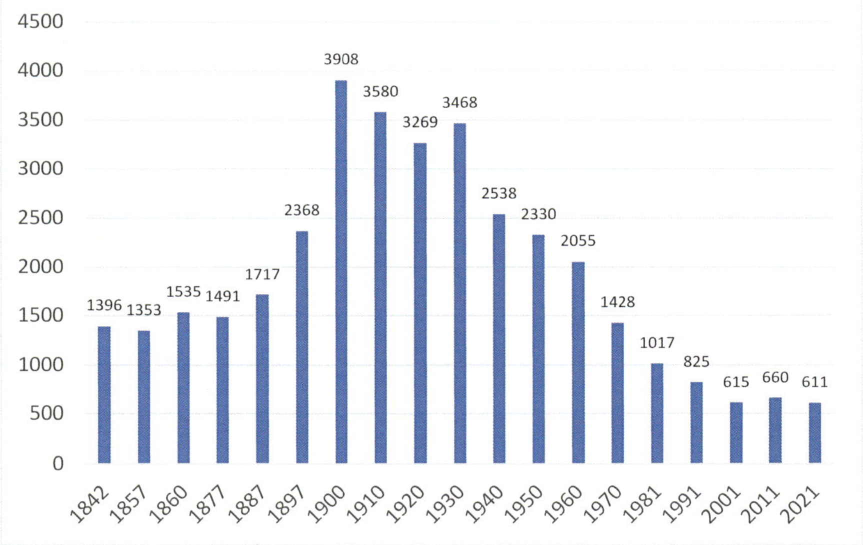

Fuente: Elaboración propia con datos de INE: *Alteraciones de los municipios en los Censos de Población desde 1842*

Dentro de este término municipal la finca objeto de estudio es conocida, comúnmente y en el argot local, como *La Dehesa* y, con más precisión, según hemos indicado antes, *Dehesa Boyal La Labrada.* Está

---

[5] Quirós Linares, F. (1956); Rodríguez Espinosa, E. (1989); VV.AA. (2010); Trujillo Valderas, J. J (2016); Hernando, J.L. (2017); Galán, G. (2023).

[6] IGME (1928); Becerra, R. Escobar, E. González, E. Gosálvez, R.U. (2009); Gosálvez, R.U. (2016); García Serrano, J.; Villaseca, C. ; Pérez-Soba, C. (2020); DOCM 41/2021, de 20 de Abril; Galán, G. (2021).

situada en la mitad oriental del término municipal, y, dentro de esa mitad, en una posición central (figura 1), dentro de la zona que hemos considerada llana dentro del término, aunque su borde septentrional está limitado por una parte de la cadena de sierras que hemos indicado antes (Perabad y Villarejo) siendo, esta última, uno de sus límites.

1.2. Superficie

En lo referente a la extensión de la *Dehesa Boyal La Labrada* hemos de tener en cuenta que, desde la fecha de su adquisición hasta nuestros días, ha sufrido algunas alteraciones, si bien han sido muy poco significativas en su conjunto. Efectivamente, en el Boletín Oficial de Ventas (en adelante BOVBNCR) nº 102, de 2 de septiembre de 1895 (anexo 1), que es una de las veces en las que sale a subasta la Dehesa que nos ocupa, lo hace con el nº 1391 del inventario de tierras a vender por el Estado y dividida en 22 suertes de diferente extensión, con una superficie total de 425,55 ha o lo que es igual 662,16 fanegas, una vez sumada la superficie de cada una de las 22 suertes que la componen (tabla 1).

En las distintas subastas a las que fue sometida la Dehesa (9 y 31 de octubre de 1896, y 8 de junio de 1897), la adjudicación no llegó a formalizarse debido al incumplimiento de pago por parte de los adjudicatarios iniciales. No obstante, en todas ellas se mantuvo la misma superficie ofertada, extension con la que finalmente se adjudicó en la subasta del 19 de noviembre de 1897. Adjudicación que será el punto de partida para la constitución de la *Sociedad Compradora de la Dehesa Boyal Labrada de Villamayor de Calatrava* (8 de enero de 1898) (anexo 2) y para su posterior compra, mediante escritura judicial, por esta misma sociedad unos meses después (1 de marzo de 1898) (anexo 3). En ambos documentos -adjudicación en subasta y escritura de compra- la superficie de la finca es la misma y es la que se toma como referencia para determinar la cabida de la finca en el momento de su adquisición.

Efectivamente, en la escritura otorgada el uno de marzo de 1898, ante el notario de Ciudad Real, don Isidoro Espadas (anexo 3), y el Juez de 1ª Instancia de Ciudad Real, don Manuel María Puga y Fernández, en favor de los componentes de la primera Junta Directiva de la *Sociedad compradora de la Dehesa*, figura que la cabida de la finca en cuestión es de 425 ha, 25 áreas y 31 centiáreas, equivalentes a 660 fanegas, 5 celemines, 3 cuartillos y 94 m^2 de marco real. Es decir, la misma superficie que figuraba en el Boletín de subasta de 1897.

Tabla 1. División en suertes de la *Dehesa boyal La Labrada* de Villamayor de Calatrava en el Boletín Oficial de Ventas nº 68, de 1-2-1896

Nº de finca	Cabida			Equivalencia			
	ha	áreas	Centiáreas	fanegas	celemines	cuartillos	m^2
1391-1ª	12	19		18	9	1	13
1391-2ª	23	30	30	36	2	1	2
1391-3ª	21	7		32	8	2	64
1391-4ª	14	17		22			22
1391-5ª	13	19	50	20	5	3	63
1391-6ª	11		11	17	3		12
1391-7ª	14	34		22	3		112
1391-8ª	18	63		28	11		73
1391-9ª	22	82		35	7		48
1391-10	26			40	4	1	118
1391-11	25	4		38	10	2	52
1391-12	17	69		27	5	2	67
1391-13	18	15		29	8	3	42
1391-14	25	2	50	38	10	1	16
1391-15	21	84		33	10	3	106
1391-16	25	61	50	38	9	2	90
1391-17	19	57		30	4	2	84
1391-18	19	20		29	9	3	5
1391-19	21	84		33	10	3	108
1391-20	14	93		23	8		8
1391-21	21			32	7	1	34
1391-22	18	93	50	39	4	5	40
TOTAL	**417**	**853**	**241**	**659**	**146**	**35**	**1179**
	425,77 ha			**662,16 fanegas**			

Fuente: Elaboración propia a partir de datos del Boletín Oficial de Ventas nº 68, 1-2-1896

En 1905, siguiendo las instrucciones de la Real Orden del 23 de abril de ese año, se dispuso la creación de una comisión encargada de verificar la superficie de las fincas que habían pertenecido a la Mesa Maestral del Campo de Calatrava y que fueron subastadas.

Dicha comisión estuvo presidida por el ingeniero de Montes, D. Juan Herreros y Butragueño, quien encomendó a su ayudante, D. Nicolás Izquierdo, la medición de la finca Dehesa Boyal La Labrada de Villamayor. Tras llevar a cabo las mediciones pertinentes, incluyendo el levantamiento de un plano de la finca (figura 4), Izquierdo determinó que su superficie era de 424,95 hectáreas, una vez descontadas las servidumbres de paso. Esta cifra resultó 0,3 hectáreas inferior a la determinada en la adjudicación. En su informe, el ingeniero concluyó que, dado que la finca tenía prácticamente la misma superficie que la enajenada, "no existe exceso de ninguna clase" y, por tanto, "la finca de que se trata no tiene exceso de cabida" (anexo 4). Desde nuestro punto de vista, esta última medición es la más precisa y, en consecuencia, la tomaremos como referencia en adelante.

Esta superficie inicial se ha visto incrementada, en la segunda mitad del siglo XX, con la adquisición, por parte de la Sociedad Compradora de la Dehesa Boyal Labrada, de algunas tierras limítrofes a la finca originaria, si bien su cuantía es poco significativa. Nos referimos a la compra que esta Sociedad hace de dos parcelas colindantes: a) el 18 de mayo de 1954 a D. Andrés y Dª Vicenta Martín Patón y a D. Manuel González Martín de una finca (figura 5)[7] situada en *Canto Gordo*, con 4 ha, 50 áreas y 80 centiáreas, por un importe de 30.000 pts.; y b) el 21 de julio de 1954 se compra por la Sociedad a Dª Josefa López Martín y a Dª Eloísa López López (figura 5) una finca, en *Cantos Gordos,* de una hectárea, 28 áreas y 79 centiáreas por el precio de 6.000 pts. por considerarse como una entrada a la Dehesa[8].

[7] Según escritura nº 353 del protocolo del Notario de Puertollano D. Laureano Velasco Márquez, de fecha 18 de mayo de 1954 (copia de la misma en el ASCDBLVC). Se acuerda en Junta General de fecha 3 de enero de 1954 (ASCDBLVC, sin clasificar).

[8] Según escritura nº 425 del protocolo del Notario de Puertollano D. Laureano Velasco Márquez, de fecha 21 de julio de 1954 (copia de la misma en el ADBLVC). Se acuerda en Junta General de fecha 30 de abril de 1954 (ASCDBLVC, sin clasificar).

Figura 4. Plano de la *Dehesa Boyal La Labrada* de Villamayor de Calatrava, realizado por D. Nicolás Izquierdo. 1905

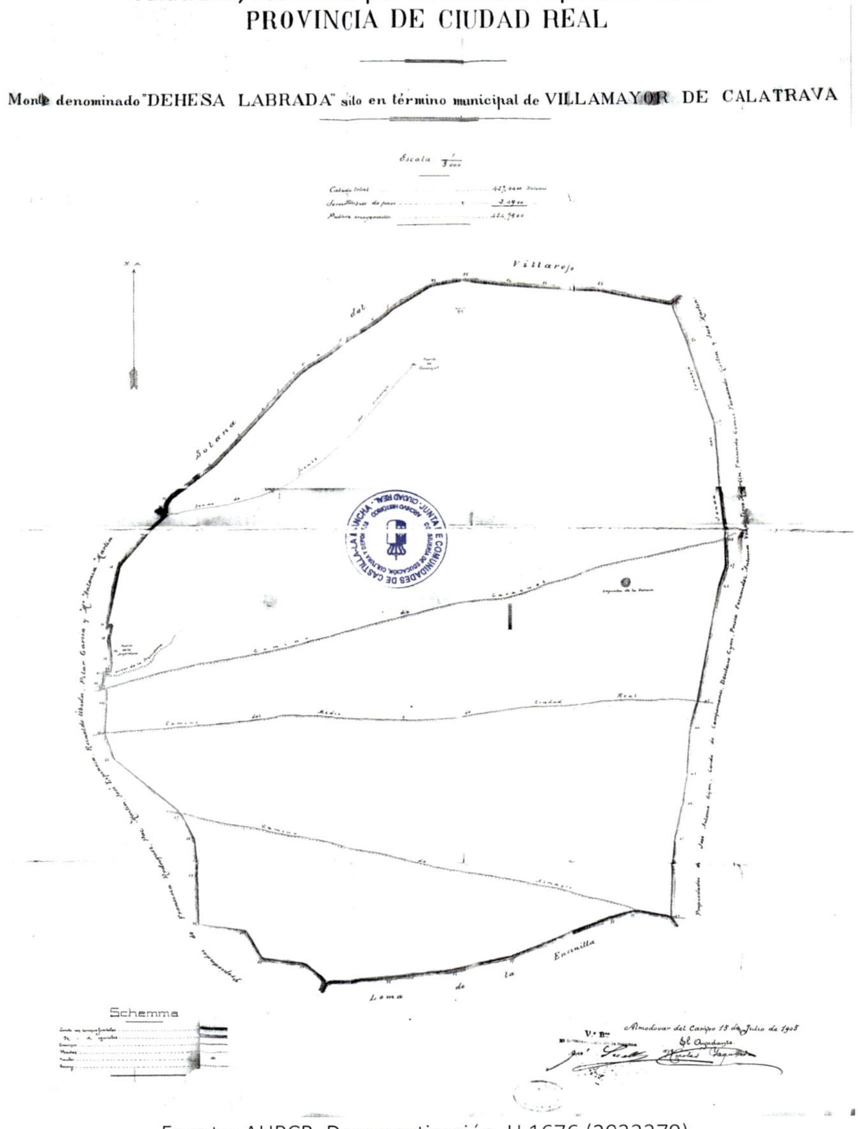

Fuente: AHPCR. Desamortización. H 1676 (2032279)

Figura 5. Copia de las escrituras de compra de parcelas colindantes con la *Dehesa boyal La Labrada* de Villamayor de Calatrava.1954

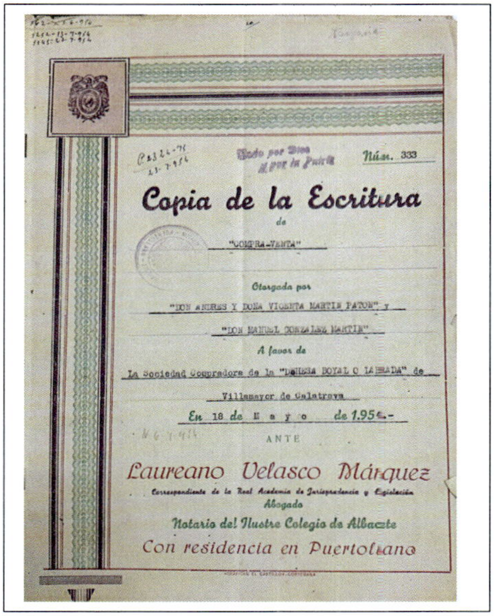
Núm. 333

Copia de la Escritura

de

"COMPRA-VENTA"

Otorgada por

"DON ANDRES Y DOÑA VICENTA MARTIN PATON" y

"DON MANUEL GONZALEZ MARTIN"

A favor de

La Sociedad Compradora de la "DEHESA BOYAL O LABRADA" de

Villamayor de Calatrava

En 18 de M a y o de 1.954.-

ANTE

Laureano Velasco Márquez

Correspondiente de la Real Academia de Jurisprudencia y Legislación

Abogado

Notario del Ilustre Colegio de Albacete

Con residencia en Puertollano

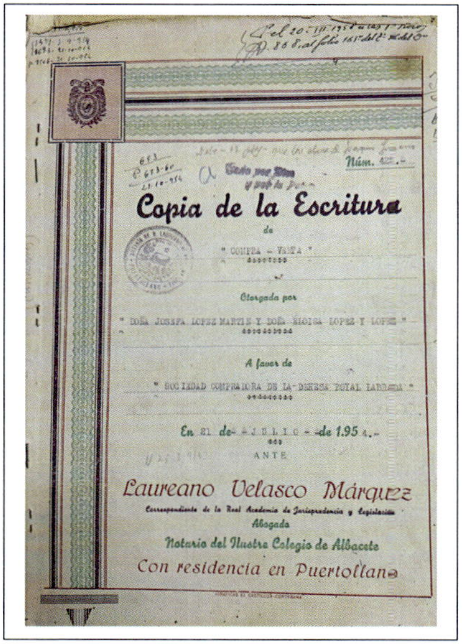
Copia de la Escritura

de

" COMPRA - VENTA "

Otorgada por

" DOÑA JOSEFA LOPEZ MARTIN Y DOÑA ELOISA LOPEZ Y LOPEZ "

A favor de

" SOCIEDAD COMPRADORA DE LA DEHESA BOYAL LABRADA "

En 21 de J U L I O de 1.954.-

ANTE

Laureano Velasco Márquez

Correspondiente de la Real Academia de Jurisprudencia y Legislación

Abogado

Notario del Ilustre Colegio de Albacete

Con residencia en Puertollano

Fuente: ASCDBLVC, sin clasificar

Estas adquisiciones se hacen siendo presidente y secretario de la Sociedad de la Dehesa don Miguel Migallón Martín y D. Antonio Espinosa Cardos, respectivamente, en virtud de acuerdo de las Juntas Generales ordinarias del 3 de enero y del 30 de abril de 1954, también respectivamente, y suponen un incremento global de la superficie de la Dehesa de 5,79 ha, por lo que la superficie total de la finca, al día de la fecha, es de 430,74 ha o lo que es igual 669,89 fanegas y representa el 2,9% del total del término municipal (144,8 km^2), con un significado en el término, en lo que hace a superficie, muy escaso (figura 6) ya que no supera el 2,9% del mismo.

Figura 6. Significación de la Dehesa en el término municipal de Villamayor

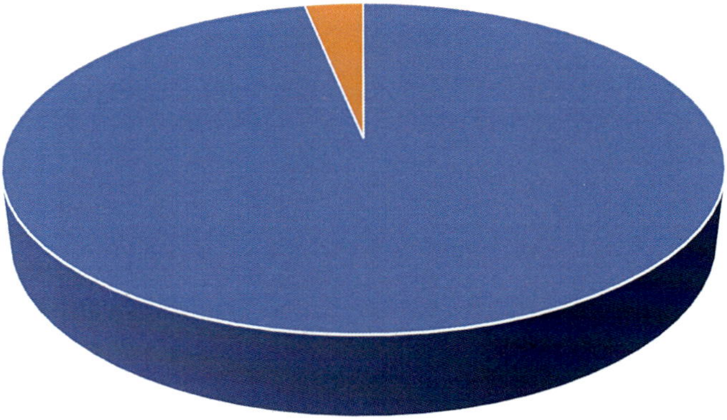

Fuente: Elaboración propia

1.3. Límites

Su perímetro tiene forma almendrada, con una longitud, aproximada, en dirección N-S, de 2,59 km.; y de 2,21 km. en sentido transversal, de W-E (figuras 2, 4 y 7).

Su límite septentrional y parte del oriental transcurre por la *Solana del Villarejo* y, a variada distancia, de las sierras de *Morrón* y *Perabad* aunque, en algunas partes, este límite está marcado por la carretera comarcal CM-4115 -que une, como ya se ha dicho, la N-420 y Almodóvar del Campo, atravesando el pueblo de Villamayor- y por los parajes conocí cidos como *Siete Leñas* y el ya mencionado de *Perabad.* El límite meridional lo constituyen los parajes de *La Encinilla* y *La Ventilla* -zona tradicional de huertas y, hoy, de segundas residencias-. El occidental se inicia a una distancia aproximada de 600 m. del núcleo urbano -a partir del cementerio municipal-, mientras que el oriental termina en los llamados *Cabos de la Dehesa* y la finca de la *Perabad* (figura 8), todas ellas de propiedad particular.

Figura 7. Distancias aproximadas de la *Dehesa boyal La Labrada* de Villamayor de Calatrava

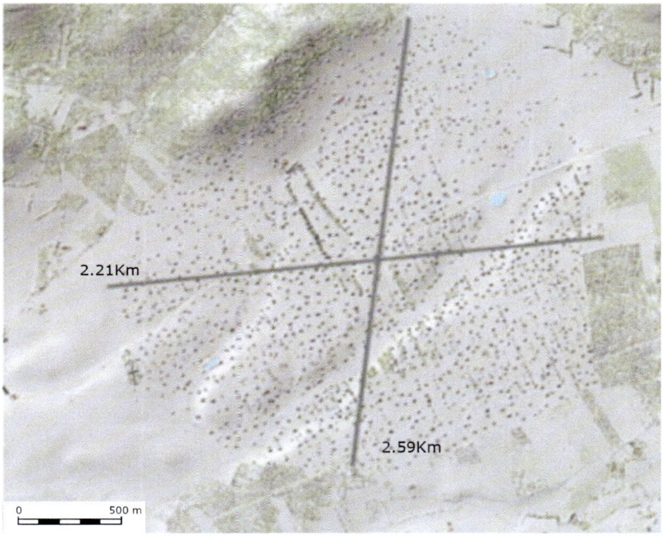

Fuente: IGN. Visor Cartográfico de España. LIDAR

Figura 8. Mapa topográfico de la *La Dehesa* en el término municipal de Villamayor de Calatrava

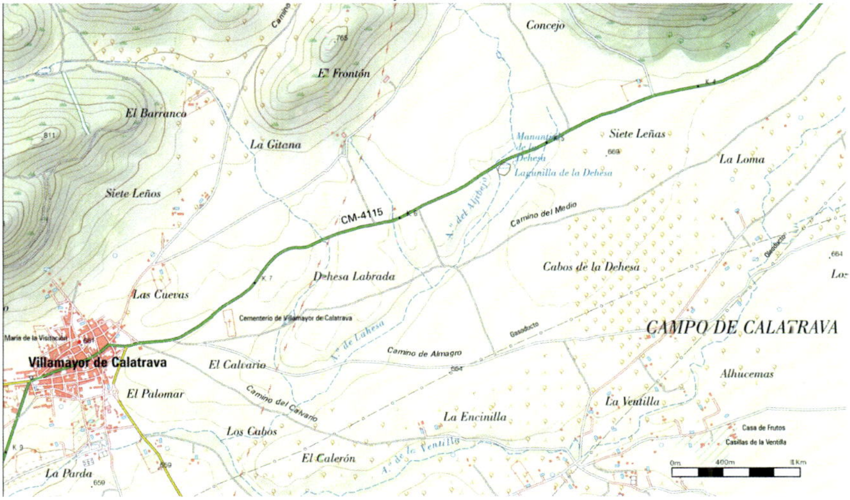

Fuente: IGN. Visor Cartográfico de España. Topográfico.

1.4. Paisaje

Desde el punto de vista paisajístico y visual los límites de la Dehesa están muy marcados por dos hechos significativos: a) *La Dehesa* está poblada de encinas (figura 9) mientras que los terrenos que la circundan, y no pertenecen a ella, no lo están (figura 10), hecho que se refleja, como no podía ser menos, en la fotografía aérea; y b) Tiene una parcelación muy repetitiva, con forma rectangular, que se ordenan en relación a los caminos y carreteras que la atraviesan en dirección E-W (figura 10) y se refleja, igualmente, en las fotografía aéreas.

Figura 9. Paisaje de encinas en *La Dehesa* de Villamayor

Fuente: El autor

Estos caminos rurales (figura 11), que la atraviesan en dirección W-E, parten del casco urbano de Villamayor o de sus proximidades y sirven, como acabamos de indicar, de ejes en la organización parcelaria. Estos caminos, de norte a sur, son los siguientes:

Figura 10. La vegetación de encinas cubre la superficie de *La Dehesa*

Fuente: IGN. Visor Cartográfico de España. Lidar

a) El camino del *Molino* (nombre que recibe en el mapa Topográfico) o del *Morrón* (en el lenguaje local), es el situado más al N de la finca y se une al casco urbano a través de la c/ Villarejo. Este camino, al llegar al paraje conocido como *El Pocito* -a unos 500 m. del casco urbano, donde hay un pozo, un apeadero y un depósito de agua potable para el abastecimiento municipal-, se bifurca en dos: el más septentrional que conduce al *Morrón* (volcán con canteras de basalto y Monumento Natural), y el más meridional o *camino de Caracuel* que, en el tramo comprendido entre el *Pocito* y el *Villarejo*, recibe el nombre de camino del *Villarejo*. Este último tramo prácticamente transcurre todo él por terrenos de *La Dehesa*, y organiza las parcelas de ambos lados del mismo. La *carretera CM-4115* que, como se ha comentado antes, une la N-420 con Almodóvar del Campo y atraviesa el municipio de

Villamayor, sirve, también, para organizar las parcelas de *La Dehesa* en un importante trecho -aproximadamente 4 km-.

Figura 11. Caminos rurales y CM-4115 que atraviesan *La Deh*esa y organizan las parcelas

Fuente: Airbus, Maxar Technologies.

b) El *camino de Almagro*, que parte de la CM-4115 y, aproximadamente, a los 100 m. se bifurca en dos: el más septentrional que recibe el nombre de *camino del Medio* y el más meridional que conserva el nombre de Almagro y traspasa los límites municipales hasta llegar a la población que le da nombre. Ambos ejercen, con respecto a *La Dehesa*, la función de organizar las parcelas a la vez que dar acceso a las mismas, si bien el primero de ellos, a la altura del punto donde se cruza con el *arroyo de La Dehesa*, hace un giro de 90º para volverse a unir al camino de Almagro, por lo que resulta ser un camino interior de la finca objeto de estudio.

1.5. Drenaje

El drenaje de *La Dehesa* se realiza a través de dos arroyos -*Aljibejo* y *Dehesa*- que acaban confluyendo en al arroyo de *la Ventilla* -

arroyo que está fuera de los límites de la finca- y que acabará denominándose de las *Quinterías* en su último tramo, antes de desembocar en el río *Tirteafuera* que, como se ha dicho antes, es un afluente directo del Guadiana (figura 8). El *Aljibejo* nace en la vertiente norte de las sierras de *El Tesoro* y del *Aljibe* y, en su primer tramo, avanza hacia el este, paralelo a dichas sierras, pero, a la altura de su cruce con el camino de *El Molino,* gira hacia el SE hasta penetrar en *La Dehesa* en donde se dirige a la *Lagunilla de la Dehesa,* a quien bordea por su lateral occidental, una vez cruzada la CM-4115, y continua hacia el S para desembocar en el *arroyo de la Dehesa*.

El *arroyo de la Dehesa* aparece consignado en el mapa Topográfico como *Arroyo de Lahesa*[9], nace a los pies de la sierra de *Perabad*, a pocos metros al norte de la CM-4115 y en el paraje de *Siete Leñas*, cruza esta carretera bordeando por el lado oriental la *Lagunilla de la Dehesa* y se dirige, en dirección SW cruzando tanto el *camino de en Medio* como el de *Almagro,* hasta desembocar en el *arroyo de la Ventilla* que resulta ser el arroyo colector de todo el drenaje de *La Dehesa* y que es el que discurre en las proximidades del núcleo urbano y es atravesado tanto por la carretera CR-4116 -que une Villamayor con Argamasilla- como por la CM-4115 en su tramo de Villamayor a Almodóvar.

1.6. Aprovechamiento agrario

El aprovechamiento inicial de esta finca en el momento de ser adquirida por la Sociedad Compradora, y según se expresa en el Boletín Oficial de Ventas de 1 de febrero de 1896, era para pastos. Así se dice en esta fuente: "*produce algún monte pardo, en muy mal estado de conservación y en gran parte quemado, dedicada a pastos y en su mayor parte susceptible de labor...*".

Una vez adquirida la finca por los vecinos de Villamayor (Sociedad Compradora) se procedió a dividirla en un número de parcelas,

[9] En el *Mapa Topográfico Nacional 1:25000* figura un arroyo con el nombre de *arroyo de Lahesa* que, al compararlo con otra cartografía y contrastarlo con el vocabulario local, pensamos que se refiere al *arroyo de la Dehesa,* que es el topónimo que vamos a utilizar nosotros en este trabajo.

aproximadamente semejante al de vecinos del pueblo, y destinarlas al cultivo de cereales y leguminosas, según se desprende del acuerdo tomado en la segunda[10] Junta Directiva del 1 de agosto de 1898 (anexo 5) en cuya acta se recogen los siguientes acuerdos: *"Sétimo: con el fin de que el aprobechamiento de la Dehesa se haga con la mayor equidad posible entre los vecinos, quedan encargados los señores don Julián Molina y don Alfonso Caballero de redactar las reglas que determinen la forma y términos en que ha de ser disfrutada y utilizada por todos y cada uno de los socios. Dichas reglas serán examinadas, discutidas y definitivamente aprobadas por esta Junta Directiva en la primera reunión ordinaria que celebre después que aquellos señores las hayan formalizado.*
Octavo: En cumplimiento de lo que prebienen los estatutos de la sociedad, el secretario de esta Junta formará la lista de socios bajo la base del padrón de vecinos de esta villa, teniendo presentes las disposiciones del título segundo, cuyas listas se espondrán al público para conocimiento del vecindario".

En las actas conservadas no se dan más detalles precisos ni del tipo de cultivos, ni del número de vecinos con derecho a parcela, ni de la extensión y número de estas que se establecieron. Tan solo, veinticinco años después, concretamente en el acta del día 15 de septiembre de 1923, se toma el siguiente acuerdo: *"Segundo. Dedicar nuevamente al cultivo de labor la Dehesa, dividiéndola en suertes o parcelas, tratando de hacerlo con toda la mayor equidad posible y teniendo en cuenta tanto la clase como los accidentes del terreno a los fines de que todos aquellos que, con arreglo a lo que determinan los preceptos de la Escritura social, tengan derecho a tales beneficios, no resulten ni favorecidos ni perjudicados unos más que otros.*
Tercero: El tiempo que ha de servir de duración a dicha partición o división de expresada Dehesa Boyal o Labrada de Villamayor de Calatrava, será el de seis años, empezando en el día que se celebra el sorteo del año actual y terminando en igual día del año mil novecientos veintinueve.

[10] La primera Junta Directiva es la que se recoge en el acta de compra ante el Juez de Primera Instancia d eCiudad Real (anexo 3)

Cuarto: El día que se fija para dicho sorteo es el siete de octubre próximo, a las diez de la mañana, y cuyo sorteo se verificará en el salón que en la plaza de la Iglesia de esta población tiene el vecino de esta villa Don Antonio Gijón, para lo cual se hará saber a todo el vecindario por el guarda de la sociedad, edictos en los sitios visibles y por todos los medios legales. Quinto: Una vez verificado el sorteo y haberles correspondido las suertes o parcelas de que son objeto el sorteo, cada cual puede con ella hacer lo que estime oportuno, pero siempre de acuerdo y respetando todo cuanto determine los Estatutos de referida Sociedad."

A partir de esta información, podemos concluir que la elección del aprovechamiento agrario de esta finca estuvo fuertemente condicionada tanto por la naturaleza de sus propietarios -todos los vecinos del pueblo, con los mismos derechos sobre el terreno-, como por la necesidad de garantizar un reparto equitativo.

Siguiendo estos principios, la finca se dividió en parcelas para su explotación agrícola, organizando el terreno en grandes *lotes* -polígonos delimitados por caminos o accidentes geográficos bien definidos-. A su vez, este conjunto de lotes fue fraccionados en tantas parcelas o suertes como vecinos había en el municipio y tuvieran este derecho.

La elección de un uso agrícola, basado en la producción de cereales, leguminosas y pastos, respondió a diversas razones. Entre ellas, la uniformidad de los cultivos, que no solo aseguraba una equidad productiva entre los vecinos o socios, sino que también facilitaba los sorteos periódicos para la asignación de parcelas. En caso de haber optado por diferentes tipos de aprovechamiento, estos sorteos habrían resultado mucho más complejos.

Cada vecino puede gestionar su parcela según su criterio, siempre que respete el tipo de explotación establecido. Esto significa que no puede realizar plantaciones ni construir infraestructuras que alteren el uso general del suelo, destinado exclusivamente a cultivos de cereales o legumbres. Esta normativa, vigente desde finales del siglo XIX, se ha mantenido inalterada, a pesar de que algunas zonas de la finca podrían haber sido más rentables si se hubieran destinado a otros cultivos como el olivar, el viñedo o el regadío. De hecho, esta posibilidad fue planteada en la década de 1960, aunque, como se verá, después, sin ningún éxito.

Efectivamente, por esos años, bajo la alcaldía de D. Justo Callejas Rodríguez, se promovió un proyecto para modificar el uso del suelo con el objetivo de incrementar la rentabilidad, generar mayor riqueza para los vecinos y lograr son ello su permanencia en el pueblo. La iniciativa fue presentada en torno a 1965 a D. José María Martínez Val, entonces subjefe Provincial del Movimiento, durante una visita oficial a Villamayor. Aunque la propuesta despertó interés, no llegó a materializarse en ninguna acción concreta, por lo que el modelo de explotación de las parcelas permaneció sin cambios.

1.7. Parajes de especial interés: *Lagunilla de la Dehesa* y *Villarejo*

Dentro de La Dehesa hay dos parajes de especial significado para los habitantes de Villamayor: uno como referencia topográfica y el otro por el uso que hace de él. Nos referimos a la *Lagunilla de la Dehesa* y el *Villarejo*. La primera (figura 12) es una pequeña laguna, de forma entre circular y elíptica, con un diámetro aproximado entre 50 y 70 m., situada en el margen derecho de la CM-4115 en dirección a la N-420, que se alimenta de las aguas del arroyo del *Aljibejo* y forma parte de los numerosos humedales que hay en el término municipal (Las Cucharas, Almeros, Saladilla, y El Prado), junto con otro tipo de lagunas ubicadas en las fracturas del piedemonte de las sierras como Doña Elvira y Perabad.

El *Villarejo* (figuras 13a y 13b) es un paraje que, en la actualidad, tiene: una zona arbolada en torno a las edificaciones (lavadero, ermita, casa del guarda etc.); un paseo, también arbolado, que lo enlaza con la carretera CM-4115; varios pozos que sirven o han servido para el atender las necesidades del lavadero y el abastecimiento de agua potable al municipio, así como para el ganado que pasta en la finca; un depósito de almacenamiento de ese agua potable; un abrevadero para animales; una zona acondicionada con las oportunas construcciones para su utilización como antiguo lavadero municipal hoy en desuso; una casa de aperos junto a la que hay otras dependencias que, anteriormente, servían de vivienda al guarda de la finca; un establo; y una ermita dedicada a San Isidro Labrador.

Figura 12. *Lagunilla de La Dehesa,* paraje de La Dehesa

Fuente: IGN. Visor Cartográfico de España. Ortofotos PNOA, 1:50

A él se puede acceder por dos caminos:

a) A través del *camino del Morrón,* siguiendo la bifurcación más meridional de las dos rutas que se generan a partir del *Pocito* y que, precisamente por tener su destino inmediato en este paraje, este tramo recibe el nombre de *camino del Villarejo*, para, una vez llegado a él, continuar hasta Caracuel, de quien recibe el nombre (*Camino de Caracuel)*, aunque a veces, también se le denomina *Camino del Corral* (Corral de Calatrava);
b) A través de un camino que, desde la CM-4115, a la altura aproximada de los 1,6 km. del núcleo urbano, se desvía directamente al *Villarejo* formando un paseo bordeado con árboles de plantación reciente. Co-

Figura 13a. El *Villarejo*, paraje de *La Dehesa* en Villamayor de Calatrava

Fuente: IGN. Visor Cartográfico de España. Ortofotos PNOA, 1:30

Figura 13b. El *Villarejo*, paraje de *La Dehesa* en Villamayor de Calatrava

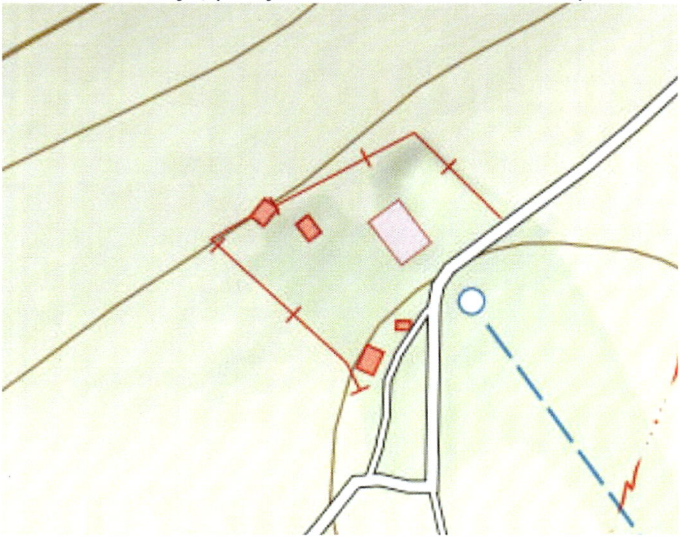

Fuente: IGN. Visor Cartográfico de España. Topográfico, 1:30

mo se mencionó anteriormente, este paraje se utilizó originalmente como lavadero público. Para este fin, se construyó una edificación de mampostería con forma poligonal y una altura aproximada de 70 cm, en cuyo centro se encontraba un pozo.

Dicha construcción (figura 14) presenta dos líneas paralelas de estructuras diseñadas específicamente para realizar la colada, separadas entre sí por un canal destinado a verter las aguas utilizadas en esta labor doméstica. Cada una de estas líneas dispone de una doble superficie: una plana, de aproximadamente un metro de ancho, sobre la cual las mujeres del pueblo colocaban las pilas o "paneras" de madera para lavar la ropa; y otra inclinada, donde se instalaba la "piedra" o plancha de madera con ondulaciones, utilizada para restregar las prendas.

Figura 14. Lavadero municipal en el *Villarejo*. Villamayor de Calatrava

Fuente: el autor

El agua para el lavado se obtenía del pozo situado en el centro de la construcción poligonal. Para llenarlas, las mujeres debían extraer el agua manualmente con cubos sujetos a una soga o cadena.

El transporte de las pilas de lavar desde los hogares hasta el Villarejo se realizaba en asnos, que eran conducidos, cargados y descargados por las propias lavanderas. Para facilitar esta tarea, se utilizaban serones de esparto, que contaban con dos cavidades: una para la pila y otra para la ropa

A los pies de la sierra del *Villarejo* o del *Frontón* y a pocos metros del lavadero se encuentran cuatro construcciones: una casa destinada, origi-nariamente, a vivienda del guarda de la *Dehesa,* la ermita de San Isidro, un depósito de agua potable (figura 15) y un establo.

Figura 15. Casa del guarda, Ermita de San Isidro y depósito de agua en el *Villarejo*. Villamayor de Calatrava

Fuente: El autor

La casa del guarda (figura 16) tiene una doble compartimentación, si bien for-mando un mismo conjunto: una para vivienda propiamente dicha del guarda, que tiene incorporado un "corral"; y otra, que consta de solo una habitación, para resguardo de las lavanderas y almacenamiento de sus enseres cuando esta labor duraba más de un día. Esta última dependencia, al dejar de utilizarse el Villarejo como lavadero, se destinó para alma-cenamiento de aperos o resguardo de los cultivadores de la Dehesa. En la actualidad, cuando una y otra función han dejado ser necesarias, no tiene un uso concreto y funciona como almacén.

Figura 16. Casa del Guarda en el Villarejo. Villamayor de Calatrava

Fuente: el autor

Coincidiendo con el abandono de esta instalación como lavandería pública, hecho ocurrido en la segunda mitad de la década de los cincuenta del siglo pasado, con la generalización del agua corriente en el pueblo y de la lavadora en casi todos los hogares, este paraje adquirió una nueva utilización: lugar de celebración de una romería en honor de San Isidro todos los 15 de mayo. A tal fin se construyó una ermita en honor del santo (figura 17), a unos 100 m. de la casa del guarda y un tanto separada del antiguo lavadero.

Esta festividad no tenía una tradición arraigada en el pueblo, pero gracias a la iniciativa de las autoridades civiles y eclesiásticas, junto con la colaboración de la Junta Directiva de la Sociedad Compradora de la Dehesa, se instauró su celebración. En los días previos al día señalado, la imagen del santo es trasladada, en andas, por los vecinos desde su ermita en el Villarejo hasta la iglesia parroquial. El día de la festividad, la imagen es llevada nuevamente, en andas, de regreso a la ermita, donde los vecinos pasan la jornada en este paraje, celebrando una animada romería.

Figura 17. Ermita de San Isidro en el *Villarejo*. Villamayor de Calatrava

Fuente: el autor

2. LOS ORÍGENES DE LA *DEHESA BOYAL LA LABRADA*

El objetivo de este capítulo es explorar los orígenes de la *Dehesa Boyal La Labrada* de Villamayor de Calatrava y analizar su evolución y explotación hasta su desenlace con la Desamortización del siglo XIX. Para ello, revisaremos los estudios publicados hasta la fecha, sin profundizar en la búsqueda de documentos inéditos, ya que nuestro interés se centra, como ya se ha dicho, en comprender el surgimiento y funcionamiento de la *Sociedad Comparadora de la Dehesa Boyal La Labrada*, más que en los antecedentes específicos de la propia Dehesa.

En esta línea, consideramos oportuno, en primer lugar, aclarar el significado de los términos "dehesa" y "boyal", pues su comprensión resulta esencial para entender el proceso de adquisición de esta finca por parte de los vecinos de Villamayor de Calatrava durante la Desamortización. Asimismo, nos permitirá contextualizar el papel que ha desempeñado en la historia del pueblo. Con este propósito, iniciamos el capítulo con un primer apartado referido al concepto de dehesa y sus diferentes tipos, destacando quienes eran sus sus propietarios y usuarios, haciendo especial hincapié en las particularidades de las dehesas boyales. Finalmente, ofreceremos una breve reseña sobre su evolución histórica.

En un segundo apartado, examinaremos la trayectoria de la *Dehesa La Labrada* desde su nacimiento en el siglo XIII hasta el siglo XIX, momento en que es desamortizada y pasa a ser propiedad de los vecinos del municipio. Con ello queremos aspiramos a comprender mejor cual ha sido la evolución jurídica de esta finca y su significado en la vida local a lo largo de los años.

2.1. Consideraciones sobre los términos "dehesa" y "boyal"

2.1.1. Concepto de dehesa

Etimológicamente el término *dehesa* procede del latín *defensa/ae* (de *defendo*) que significa "defendida", "acotada" y, según el Diccionario de la Real Academia Española, este término se define como una *"tierra generalmente acotada y arbolada, por lo común para pastos"*. En esta definición se destacan dos rasgos esenciales del significado del término: que es "acotada" y que es "arbolada". Es decir, nos plantea dos posibles enfoques en su análisis: verla como un *paisaje natural* y, también, como un *concepto jurídico* (Berrocal, L., 2019: 96):

1) Como ***paisaje natural*** hace referencia a unas tierras con poca densidad arbórea y algunos matorrales que han llegado a esa situación como consecuencia de la actuación de los antiguos ganaderos que, en busca de mejores y mayores pastos, procedieron a aclarar el monte, limpiándolo de matas y arbustos, pero conservando un número suficiente de encinas, entre las que resultaba fácil el tránsito del ganado. Es así como las dehesas originarias dieron lugar a la aparición de un paisaje característico, fruto de la alteración del medio natural hecha por el hombre, que es el que en nuestros días se identifica como dehesa (Herrera González, E.P., 2018: 119-120).

   En ella se conjuga la actividad económica agrícola con la forestal y ganadera, dando lugar, además, a un espacio con una gran biodiversidad en el que se asocia un bosque claro de encinas, alcornoques u otras especies, con estrato inferior de pastizales o matorrales, donde la actividad humana ha sido intensa y, generalmente, la aprovecha para el mantenimiento del ganado, la actividad cinegética, el aprovechamiento de otros productos forestales -leñas, corcho, picón, etc.- o la actividad agrícola (Gómez Macias, J. C. 2015: 257-258). Algunos autores encuentran rastros de la existencia de las dehesas, como paisaje, en época romana e incluso anteriores (Berrocal, L., 2019: 95-105).

En España, la superficie calificada actualmente como dehesa, según los datos que maneja el Ministerio de Agricultura, se sitúa entre 3,5 y 5 millones de hectáreas, en función de las definiciones, más o menos restrictivas, que se hagan sobre las características de este tipo de espacios (Maté, 2014: CET 2).

2) Como ***concepto jurídico***, *dehesa*, según se ha indicado antes, etimológicamente deriva del verbo "defender", que hoy es una acepción perdida en castellano pero que se conserva, por ejemplo, en francés (*défendre*), donde, en alguna de sus acepciones, significa prohibir. Y, efectivamente, una *dehesa* es un terreno delimitado en el que estaba prohibida la entrada de ganados ajenos a su propietario. Por ello, si es propiedad de un concejo, no podrán entrar en ella ganados pertenecientes a quienes no son vecinos de ese concejo; o si es propiedad de un particular, sólo podrán entrar los ganados que son propios de su dueño o a quien él autorice.

   En este contexto hay alusiones a la existencia de un "bosque domesticado" (*pratum defensum*) en el *Liber iudiciorum*[11] (siglo VII), aunque para un uso más frecuente del término hay que esperar hasta el siglo XIII, concretamente en *Las Partidas*[12] de Alfonso X el Sabio (*Séptima, XXXIII, ley VIII)* donde la define así: *Pascua llaman en latín a la defesa o estremo do pacen y se gobiernan los ganados, y por estar guardada y defendida hasta cierto tiempo que admitan el ganado, se llamó defesa y corrompido el vocablo dehesa"*. Y ya, perdido un tanto el concepto de "defensa", nos puede servir, también, la definición que, en el siglo XVII, nos da D. Sebastián de Covarrubias y Orozco en su

[11] El *Liber Iudiciorum* fue un cuerpo de leyes visigodo, de carácter territorial, dispuesto por el rey Recesvinto y promulgado probablemente el año 654. También es conocido como *Código de Recesvinto, Libro de los jueces, Liber Iudicum, Liber Gothorum, Fori Iudicum, Forum Iudicum y Forum Iudiciorum.*

[12] *Las Siete Partidas*, o simplemente *Partidas*, son un cuerpo normativo redactado en Castilla durante el reinado de Alfonso X (1252-1284) con el objetivo de conseguir una cierta uniformidad jurídica del reino. Su nombre original era *Libro de las Leyes*, y hacia el siglo XIV recibió su actual denominación, por las secciones en que se encontraba dividida (siete partes o partidas).

Tesoro de la lengua castellana o española (1611), quien define la dehesa como *"un campo de yerva, donde se apacienta el ganado»* (Arias Sánchez, B. 2015: 174).

Al determinar el concepto jurídico, es fundamental distinguir entre baldío y dehesa. La dehesa se diferencia de los baldíos en que constituye un privilegio otorgado por el monarca, mediante el cual se excluye una porción de terreno del régimen de aprovechamiento comunal. Este privilegio de acotar o adehesar una parte de los baldíos solía concederse de manera temporal a concejos, villas y lugares.

Si bien, en sus inicios, las dehesas estaban destinadas principalmente al aprovechamiento ganadero, con el tiempo sus usos se ampliaron para incluir pastos para distintos tipos de ganado, cultivos de cereal, recolección de frutos, carboneo, extracción de leña, entre otros (Rosado Pacheco, S., 2019: 152).

2.1.2. *La propiedad de la dehesa*

La determinación de la propiedad de la dehesa en España, en términos generales, tiene sus raíces en un contexto histórico y legal que se remonta, como hemos visto, a la Edad Media. Durante este período, el derecho de conquista del Rey era una norma fundamental, como queda acreditado en *Las Partidas* (Partida II, ley 5, tít.19), según el cual, como resultado de la Reconquista, el monarca adquiría tierras yermas y se convertía en el propietario de todas las tierras sin dueño. Esta conquista representaba una ocupación legítima, que otorgaba al Rey un amplio poder sobre el territorio yermo o baldío ganado por sus armas. En consecuencia, el rey, que es el titular originario de estas tierras, puede, a la hora de aprovecharlas, otorgarlas a los nobles, a las Órdenes Militares y religiosas o a los concejos, bien como baldío o como dehesa.

La propiedad originaria del rey no es algo que desaparece con el otorgamiento de una concesión a un concejo o a un particular, sino que el rey sigue reteniendo, en su potestad, ciertas facultades para regular, ordenar, incluso, revocar disposiciones de derecho municipal en relación con las diferentes titularidades de las dehesas. Esta afirmación queda claramente reflejada en la Real Pragmática del 14 de octubre de 1580, dictada por Felipe II, que establece que los aprovechamientos -principalmente la roturación de tierras para la agricultura- están sujetos a "real licencia" y pueden ser revocados si se han llevado a cabo en los ocho, diez o doce años previos a la promulgación de la norma. No obstante, las tierras cultivadas desde antiguo tendían a consolidarse.

Lo mismo ocurría con la venta y enajenación de las dehesas concejiles, también sometidas a "real licencia" y susceptibles de revocación. Como prueba de este control, se creó un registro administrativo de las dehesas, conocido como *Libro de Yerbas*, en el que se documentaban "las dehesas, ejidos y baldíos que hay en cada lugar (Rosado Pacheco, S., 2019: 152).

2.1.3. Tipología de las dehesas

Como consecuencia de lo expuesto, las dehesas presentan distintas tipologías, en función de su situación jurídica o de su aprovechamiento. Según su situación jurídica podemos diferenciar: las *dehesas concejiles*, dentro de las que se pueden diferenciar, a su vez, las *boyales* -destinadas a mantener los ganados de labranza-; las *dehesas del común* -destinadas a mantener el ganado vecinal que no fuera de labranza-; y *dehesas de Propios* -son propiedad del concejo-, están incluidas dentro de los bienes de Propios del mismo, y los vecinos no podían utilizarlas libremente, sino que debían pagar un impuesto (herbaje); las *dehesas de señorío (*de nobles o de las Órdenes Militares); y las *dehesas particulares*. Desde el punto de vista de su aprovechamiento, las dehesas podían ser: de *puro pasto* o de *pasto y labor*. Advirtiendo que esta clasificación, hecha con carácter didáctico, admite otros tipos resultantes de la compatibilidad de los distintos tipos establecidos (Arias Sánchez, B., 2015: 178-179).

La distinción entre bienes comunales (de uso común de los vecinos) y bienes Propios de la ciudad o villa, constitutivos de una fuente de renta para el mismo, fue determinante en la legislación desamortizadora y generó múltiples problemas legales porque los bienes de Propios también eran comunes y sus rentas "deben ser metidas en el procomunal de toda la cibdad o villa", como decía la misma ley de Partidas. A la inversa, los bienes comunales podían ser fuente de renta si estaban "arbitrados", es decir, si estaban sometidos a gravámenes que generaban ingresos para los pueblos. Por otra parte, los bienes comunes podían tener esta consideración por ser comunes a varios pueblos. Prueba de que la distinción entre las categorías de bienes Propios y comunes de los pueblos no era nítida, es que la legislación del XIX se vio obligada a definirlas, pero no lo hizo siempre en los mismos términos, desautorizando algunas disposiciones las definiciones contenidas en otras anteriores (Menéndez Rexach, A. 2015: 136).

La consideración que acabamos de hacer nos ayudará a evitar caer en un error muy común, consistente en que cuando oímos hablar de dehesas tendemos a pensar que este término es un sinónimo de "bienes comunales", cuando, en realidad y como acabamos de indicar, no todas las dehesas fueron comunales, ya que hay grandes propietarios particulares que también tuvieron sus tierras adehesadas, es decir, jurídicamente protegidas para impedir la entrada de ganados ajenos.

En nuestro caso nos interesa centrarnos en las dehesas concejiles o municipales que, en general, tenían de forma muy simplificada, dos formas de aprovechamiento: los llamados *bienes "de Propios",* gestionados directamente por el concejo y que solían arrendarse al mejor postor, y en las que se solía decidir si, algunos años, se permitía la entrada libre de todos los ganados de los vecinos del concejo o comarca, o se paga un canon o arrendamiento por parte del propietario de los ganados que pastan en dichos bienes; y los *bienes "de comunes"* en los que solo se permitía la entrada de los vecinos que cumpliera con la condición de vecindad en esa villa o pueblo (Gómez Macias, J. C. 2015: 257-258).

En síntesis, podemos decir que "las dehesas podían ser de propiedad particular o pertenecer bien a los bienes Propios, bien a los comunales de los pueblos (dehesa concejil). También podían tener la consideración de baldíos, en cuya condición se declararon bienes de dominio público, cuando esta expresión se introdujo en España, por influencia francesa, a mediados del s. XIX, pero en el sentido de inexistencia de propiedad privada, no en el de ser inalienables, como a veces se ha interpretado, pues el destino de los baldíos era, precisamente, la enajenación, [por lo que] en la regulación de las dehesas confluyen importantes conjuntos normativos: legislación de régimen local (incluyendo los bienes propios y comunes de los pueblos), de montes, fiscal y, por supuesto la desamortizadora...." (Menéndez Rexach, A. 2015: 136).

2.1.4. *Las dehesas boyales*

El término de *dehesa boyal* -que es el que mas nos interesa por el objeto de este trabajo- deriva del español *buey* o del latín *bos* y se las puede definir como aquellos terrenos (dehesas, pastos o prados) comunales en donde el vecindario de un determinado pueblo podía soltar y pastorear el ganado que era utilizado en el laboreo de la tierra, primero, el vacuno (de aquí el nombre) y, posteriormente, las mulas. Animales que necesitaban pastos que estuvieran cercanos tanto a la población como a la zona de trabajos agrícolas. Para entender mejor el concepto, conviene encuadrarlas dentro de una diferenciación genérica de las dehesas en función de su uso: las *dehesas boyales*, destinadas al pasto de los bueyes o mulas de labranza -según la época-; y las *dehesas carniceras*, que lo son para el abasto de carne a las poblaciones, procedente de otros tipos de ganado. Lo cierto es que ni animales de forasteros, ni ganado que no tuviera como única función la de labrar los campos, podrían entrar en ellas. Esta finalidad explica que toda población, fuera del tamaño que fuera, contara con una porción de tierras bien delimitadas y destinadas única y exclusivamente a alimentar al ganado de labor utilizado por los agricultores y en la que podían entrar libremente los animales empleados por los vecinos de la villa o aldea, y ninguno más (Gómez Macias, J. C. 2015: 257-258).

Las dehesas boyales comienzan a aparecer a lo largo del siglo XIV y aumenta su número a finales del siglo XV e inicios del XVI, coincidiendo con el incremento de la población y de la correspondiente necesidad de tierras cultivadas, a la sazón, con bueyes (Jiménez de Gregorio, F., 2012: 72-73). En los siglos XVIII y XIX las dehesas boyales siguieron siendo aprovechadas, casi exclusivamente, por reses de labor, pero, posteriormente, los suelos de las dehesas boyales que estaban cercanas a las grandes urbes industrializadas se utilizaran para otras finalidades, dejando a un lado el uso ganadero. Sirvan de ejemplo la Dehesa de Madrid, convertida en parque universitario, o la Dehesa Boyal de Puertollano, convertida, parcialmente, en jardín botánico.

2.1.5. Evolución histórica de las dehesas

En la configuración de la dehesa como concepto jurídico, es decir, de defensa o acotamiento de un determinado territorio para que no pueda ser usado por alguien distinto de su titular, se pueden establecer distintas etapas que, por otra parte, se corresponden con diferentes tipos de enfrentamientos: unas veces con los ganaderos trashumantes, otras con los agricultores y otras con ambos:

a) El término *dehesa* comienza a mencionarse en distintos documentos a partir del siglo XII, concretamente en las donaciones reales hechas a las Órdenes Militares. En ellas se concedía a las Órdenes una gran superficie de tierra en agradecimiento a su participación en la Reconquista y para que, con sus beneficios, siguieran defendiendo estos territorios de los ataques musulmanes. Y, efectivamente, en el período comprendido entre el año 1085 (conquista de Toledo) y el 1212 (Navas de Tolosa) se reconquistó la zona de La Mancha, en concreto, el Campo de Calatrava, el Campo de Montiel y la sierra de Alcaraz (Herrera González, E.P., 2018: 119-120) y, a partir de esta última batalla, se acelera su repoblación donde las Órdenes Militares jugaron un papel esencial.

   El proceso de repoblación de las tierras al sur del Tajo, a los efectos que nos interesa, se hizo utilizando dos instrumentos: a) Organizando el territorio en torno a los *concejos,* de forma que pueden considerarse como la expresión institucional de la colonización; y b) Haciendo que fueran las ciudades las que tuviesen la tarea de articular el territorio y proteger militarmente a la población. Inicialmente, los límites de estos concejos eran vagos y relativamente próximos al núcleo urbano, pero, con el tiempo, se fueron expandiendo e integrando gradualmente nuevos espacios y asentando poblaciones en ellos. En cada territorio concejil, se establecieron comunidades de pasto para beneficio de la población local y, a medida que los concejos consolidaban su poder, asumían un mayor control sobre los espacios comunes, gestionándolos por completo (Sánchez Benito, J. Mª, 2019: 110-111).

En esta ocupación, tanto los nobles como las Órdenes Militares, ampliaron y completaron sus dominios y en ellos se hacen acotamientos de terrenos (dehesas) con el fin de proveer, con los mejores pastos, a las cabañas equinas de los nobles, que, a la sazón, son los señores de la guerra y artífices de la lucha contra los musulmanes en la Reconquista. A tal fin se acotan ciertas tierras para servir de alimento a sus caballos, frente al interés de los ganaderos de bueyes u ovejas. Es decir, se plantea como una defensa de los guerreros frente a los ganaderos. Con el tiempo, estas dehesas se diversificaron en sus usos, incluyendo el pastoreo de ganado vacuno y bovino, surgiendo así las *dehesas boyales,* en terrenos próximos a los recintos urbanos, cuyos pastos se destinan al sostenimiento del ganado de arada que, a la sazón, eran bueyes.

Es así como los concejos desarrollaron una organización del espacio cada vez más sofisticada y definiendo zonas o términos alrededor de cada aldea. Dentro de estos términos fueron elementos comunes en su organización el establecimiento de amplios terrenos comunales, gestionados por los concejos locales, tales como el *ejido* -destinado al ganado de carga y otras necesidades- y la *dehesa boyal* -que se generalizará prácticamente a todas las localidades rurales, tanto de realengo como de señorío, y cuya funcionalidad específica, como se ha dicho ya, era el sustento del ganado de trabajo y, en ciertos casos y condiciones, la corta de leña para las necesidades del vecindario- (Herrera González, E.P., 2018: 119-120; Sánchez Benito, J. Mª, 2019: 110-111).

Desde alrededor de 1250, el crecimiento de la ganadería fue significativo, impulsado tanto por la trashumancia de largo alcance, como por la ganadería local y, lógicamente, a partir de esa fecha, el número de dehesas aumentó considerablemente, llegando a una verdadera "fiebre" en el siglo XIV. Efectivamente, cuando la presión de la guerra disminuye en esta zona, se da, de una parte, el aumento del ganado bovino y lanar, y con él se desarrolla la trashumancia de los ganados de la Meseta norte para invernar en la Meseta sur, especialmente de ganado lanar que, a la sazón, es fundamental para mantener el comercio de la lana. Ello da lugar, de una parte, a la creación de las *dehesas boyales* cuyos pastos se destinan al ganado de labor comunal (principalmente bueyes hasta el S. XVIII), y, de otra, al enfrentamiento entre los pastores de las ganaderías trashumantes con los de las ganaderías estantes de los distintos concejos.

La rivalidad entre los ganaderos se intensificó cuando los trashumantes recibieron el apoyo y la protección del rey Alfonso X, el Sabio, con la creación de la Mesta en 1273. Esta asociación ganadera comenzó a arrendar fincas para el pastoreo de sus rebaños, lo que, a su vez, generó una fuente de ingresos para los concejos a través de las rentas cobradas a los trashumantes.

Sin embargo, este proceso no estuvo exento de conflictos y disputas legales. Con el tiempo, los propietarios de las nuevas dehesas encontraron más rentable el pastoreo que la agricultura, una tendencia que se observó tanto en los señoríos de las Órdenes Militares como fuera de ellos. Aunque algunas de estas dehesas aún tenían un uso agrícola, la prioridad era la rentabilidad.

Así, a pesar de las tensiones entre los ganaderos trashumantes y los dueños de los pastos meridionales, el número de dehesas aumentó con la llegada de rebaños cada vez mayores. La rápida expansión de estas tierras pudo haber sido una respuesta a los privilegios de la Mesta, pero los propietarios también dependían de los pastores y sus ovejas para obtener beneficios.

En conclusión, la ganadería moldeó la economía al sur del Sistema Central, con las dehesas como una forma de organización territorial basada en una baja densidad demográfica, el crecimiento de la riqueza pecuaria y la búsqueda de rentabilidad por parte de las élites en un entorno ecológico propicio para el pasto invernal (Herrera González, E.P., 2018: 119-120; Sánchez Benito, J. Mª, 2019: 110-111).

En el siglo XV, Castilla experimentó un crecimiento económico y demográfico prácticamente ininterrumpido, impulsado principalmente por el auge de la producción agrícola, especialmente de cereales. Este incremento llevó a una expansión de la población y a la consecuente necesidad de nuevas tierras cultivables, lo que propició la roturación de terrenos comunales, pese a los conflictos y litigios que ello generó. Paralelamente, la demanda de pastos creció debido al aumento de la cabaña ganadera, lo que llevó a muchas aldeas a arrendar cotos de instituciones eclesiásticas para abastecerse. Se crearon nuevas dehesas boyales y se ampliaron las existentes para alimentar al ganado utilizado en las labores agrícolas. En este contexto, las Órdenes Militares y la nobleza territorial se beneficiaron notablemente, obteniendo importantes ingresos a través del arrendamiento de pastos.

En definitiva, el siglo XV en Castilla estuvo marcado por un crecimiento sostenido, acompañado de una fuerte presión sobre los recursos del territorio y una creciente privatización de la tierra, especialmente en el ámbito ganadero (Sánchez Benito, J. Mª, 2019: 110-111).

b) En la evolución de las dehesas durante la Edad Moderna hay que tener en cuenta dos hechos: el primero es que se rompen muchas *dehesas boyales* al ser sustituidos los bueyes por las mulas en las labores agrícolas, por lo que muchas de las dehesas boyales fueron consideradas como algo casi inútil, aunque, por otra parte, se presentaron muy atractivas para utilizarlas como tierra de labor. No obstante, las dehesas boyales se mantuvieron intactas en aquellos concejos de sierra y con pocos habitantes ya que la labor con mulas era difícil (López-Salazar Pérez, J., 1986: 156 y 201); el segundo hecho a considerar es que hay que tener muy presente el significado económico de la raza merina de ovejas, productora de un tipo de lana de la más alta calidad que llegó a cotizarse en la bolsa de Ámsterdam. Esta realidad económica llevó a que los Reyes Católicos impulsaran una política proteccionista sobre la ganadería lanar con medidas tales como la concesión del privilegio sobre pastos, la organización interna de la Mesta o la codificación de las leyes pastoriles. Bajo los Austrias Mayores, la Mesta experimentó un período de esplendor, alcanzando su punto máximo en el siglo XVI. Sin embargo, la crisis del siglo XVII, durante el reinado de los Austrias Menores, provocó una concentración de riqueza pecuaria en manos de unos pocos ganaderos, mientras que en el Siglo de las Luces tuvo lugar un segundo auge para la Mesta, impulsado por los precios crecientes de la lana merina en el mercado. A pesar de esto, el reformismo ilustrado de Carlos III y su ministro Campomanes promovieron una política antimesteña (García Martín, P., 1988: 125-126).

Durante el Siglo XVIII, se produjeron importantes cambios en la regulación de las dehesas, especialmente en cuanto a su aprovechamiento, debido a diversos acontecimientos. El aumento de la población generó una mayor demanda de tierras para la agricultura, lo que provocó tensiones entre los pastores trashumantes y los vecinos de los concejos, culminando en el pleito entre Extremadura y la Mesta en 1764.

La Mesta logró influir en la legislación a través del Real Decreto de Fernando VI en 1748, que prohibía los rompimientos en dehesas acotadas y ordenaba convertir a pasto las dehesas roturadas desde 1728. Sin embargo, el pensamiento agrarista ilustrado, que buscaba fomentar la agricultura y la población, se oponía a la existencia de grandes extensiones de dehesas incultas destinadas únicamente al pastoreo.

En 1770, Carlos III emitió una Real Provisión que autorizaba el repartimiento de tierras, incluso las dehesas de pasto y labor, para su cultivo. Este impulso se reforzó con el Real Decreto de Carlos IV en 1793, que reconocía la propiedad del terreno a quienes lo limpiaran, y autorizaba su cerramiento, además de exigir que cada dehesa de labor tuviera los recursos necesarios.

La tensión entre el régimen de los baldíos y el de las dehesas se refleja en el "Memorial Ajustado de 1771" de forma que, en el último cuarto del siglo XVIII, se incrementaron las solicitudes para romper y cultivar los terrenos incultos, consolidando la ampliación de los aprovechamientos agrícolas (Rosado Pacheco, S., 2019: 131).

c) Durante el siglo XIX hay una gran obsesión por roturar las tierras, lo que propició que multitud de dehesas y tierras baldías fueran puestas en cultivo, coincidiendo con las desamortizaciones y la abolición del Hon-rado Concejo de la Mesta (Herrera González, E.P., 2018: 119-120). En este proceso de transformación de las dehesas en tierras cultivadas tienen especial relevancia las Reales Provisiones que había dictado Carlos III (para Extremadura el 2 de mayo de 1766; para Andalucía el 12/29 de mayo de 1767; para La Mancha el 18 de marzo de 1768; y para el resto del Reino el 26 de mayo de 1770) y el Decreto de Cortes de 4 de enero de 1813 en las Cortes de Cádiz. Con ellos una gran cantidad de dehesas de "pasto" y de "pasto y labor", de titularidad pública municipal, pasaron a ser propiedad de pocos individuos, mien-tras que las dehesas de "sólo de labor" y muchas partes de las dehesas boyales sufrieron una subdivisión en pequeñas *suertes* a favor de un buen número de labradores, aunque todo ello, de forma muy casuística y desigual, hasta el punto de que muchas dehesas comunales y/o boyales redujeron su tamaño, mientras que otras, simplemente, desaparecieron, rompiéndose las reglas que venían estando en vigor desde el siglo XIII (Ley VII, Tít. XXIX, Partida 3ª) (Rosado Pacheco, S., 2019: 157).

2.2. Antecedentes históricos de la *Dehesa Boyal La Labrada* de Villamayor de Calatrava

En el marco general sobre las dehesas expuesto en el epígrafe anterior, nos proponemos ahora examinar la información disponible sobre la Dehesa Boyal La Labrada de Villamayor de Calatrava, a partir de las publicaciones realizadas hasta la fecha. En ellas se recogen datos sobre esta dehesa hasta su desamortización a finales del siglo XIX, cuando fue adquirida por una sociedad conformada por todos los vecinos del pueblo.

2.2.1. *En la Edad Media*

Desde mediados del siglo XII, los reyes castellanos confiaron a las Órdenes Militares la conquista y repoblación de la cuenca del Guadiana en lo que hoy ocupa la provincia de Ciudad Real. A tal fin la corona les hizo importantes donaciones territoriales y numerosas prerrogativas para su aprovechamiento. De aquí que, a comienzos de la Edad Moderna, las Órdenes Militares ocuparan, en régimen señorial, el 87,7 % del territorio de la actual provincia de Ciudad Real y de ellas, la de Calatrava, controlaba el 58,5 %, la de Santiago el 21,3 % y la de San Juan el 7,9 % (Villalobos, Mª L., 1976: 191-216; Valle Calzado, R. del, 1996: 36).

Las órdenes Militares realizan el proceso de repoblación de las tierras que les han sido conferidas con dos modelos diferentes. Inicialmente se hace en torno a los castillos de la zona (Guadalerza, Malagón, Calatrava, Alarcos, Caracuel y Almodóvar), que, por lo demás, son los mismos que había en la época musulmana, de forma que estas fortalezas actúan como núcleos dinamizadores de la población y de la economía, cumpliendo varias funciones: militar, fiscal, simbólica, institucional y política. Posteriormente, en la segunda mitad del XIII, después de las Navas de Tolosa (1212), comienza otro proceso por el que los castillos van perdiendo, progresivamente, su papel como polos de la organización territorial y lo van tomando las aldeas que, poco a poco, comienzan a configurarse como unidades de organización territorial y células de encuadramiento social. Algunas aldeas son dotadas, por la Orden de Calatrava, de un término propio, con lo que adquieren una mayor autonomía y les permite, tras un largo proceso, convertirse en villas, si bien no todas lo consiguen y no son infrecuentes los despoblados que no son sino los restos de aquellas aldeas que no pudieron consolidarse como núcleos de poblamiento concentrado (Quirós Linares, F., 1964: 187-190; Rodríguez-Picavea Matilla, E., 2009: 148-154). Es así como el modelo de poblamiento articulado en torno a los castillos, fue sustituido por otro en el que los castillos no desaparecieron por completo, pero las villas y las aldeas tendieron a convertirse en los elementos principales de la ocupación y organización del territorio.

Este proceso de sustitución fue muy lento y se extendió hasta fines de la Edad Media y dará como resultado, en lo tocante a los castillos y encomiendas más próximos a Villamayor, a que se organizara el territorio de la siguiente forma: Almodóvar de Brazatortas; Caracuel de Cabezarados, los Pozuelos, Corral y Cañada; y Puertollano de Cabezarrubias, Hinojosas, Fuencaliente, y, tal vez, Mestanza con Solana del Pino y San Lorenzo (Ruiz Gómez, F., 2003: 271-272). Información que nos hace pensar que Villamayor de Calatrava no existía a mediados del XIII, o, si acaso existía, era un caserío. Afirmación que queda igualmente ratificada por el acuerdo firmado en 1245 entre el Arzobispado de Toledo y la Orden de Calatrava, en relación a la gestión de las parroquias existentes en el Campo de Calatrava, en el que tampoco figura Villamayor de Calatrava como tal parroquia y ello pese a que en dicho documento se mencionan no solo las villas sino también los lugares, por lo que cabe deducir, como se acaba de decir, que o bien no existía o, si acaso, era un caserío o una quintería.

Las concesiones de la Orden de Calatrava a los concejos que iba reconociendo o fundando se designan con el nombre genérico de *Donadíos* que no son sino las donaciones de terrenos y otros bienes que los reyes cristianos medievales concedían en propiedad a una persona o institución, habitualmente, como premio a su apoyo o participación en la Reconquista. En el caso de la Orden de Calatrava son el conjunto de terrenos donados por los maestres a los concejos con el carácter de pleno dominio. Estos terrenos procedían, de forma general, de los baldíos. Esta concesión del donadío a los concejos fue hecha para el aprovechamiento del común de los vecinos y no como fuente de renta, de aquí que se determinara que si se vendían los aprovechamientos a otros ganaderos (generalmente trashumantes) los 2/3 ("tercias") de su importe serían para el maestre. Esta cantidad se fue modificando con el tiempo y pasó a ser por mitades ("medias yerbas") (Corchado Soriano, M., 1983: 129-130). Entre estos bienes donados a los concejos figuraban, generalmente, tierras para labor y plantío de vides, junto con dehesas para apro-vechamiento comunal que sirvieran para el sostenimiento de las cargas concejales y, de forma casi general, una dehesa boyal para sustento del ganado de tiro en la agricultura. No obstante, la Orden se reservaba la propiedad de una gran parte de la región, cuyas rentas se aplicarían al sostenimiento de sus encomiendas, Maestrazgo, Sacristanía, Obrería, etc. (Quirós Linares, F., 1964: 187).

Otro aspecto de gran interés para nuestro objetivo es el conocer si Villamayor, durante la Edad Media o después, fue cabeza de alguna encomienda o si alguna de sus tierras formaba parte del patrimonio de alguna de ellas, máxime cuando en la documentación de la desamortización (XIX) la *Dehesa Boyal La Labrada* figura como bien integrante de la Mesa Maestral. A tal respecto hemos de traer a colación, si bien de forma sumaria, cuál fue la organización interna de la Orden y la administración de los bienes, así como la forma en que se hizo el reparto de tierras por la Orden de Calatrava a la hora de organizar el territorio y constituir los concejos, y comprobar si la Dehesa boyal de Villamayor de Calatrava figura entre las dehesas adscritas a la Mesa Maestral o a las distintas encomiendas.

La organización administrativa y económica de la Orden de Calatrava, siguiendo a Corchado Soriano (1983, tomo II), se hizo: en torno al Maestrazgo, con su Mesa Maestral; las cinco dignidades con rentas en el Campo de Calatrava (Encomienda mayor; Encomienda de la Clavería; Priorato del Sacro Convento; Sacristanía Mayor de Calatrava; y Encomienda de la Obrería); las 28 Encomiendas[13] radicadas en el Campo de Calatrava; los Prioratos con rentas en el Campo de Calatrava (Fuencaliente, Zuqueca); y los Prioratos sin rentas (Santa María de los Mártires, Santa María de Mochuelos, y Santa María de Ureña). Hasta 1280, según los datos disponibles, parece que hubo una sola administración de la hacienda para toda la Orden, pero, a partir de esa fecha, durante el mandato del maestre D. Juan González, se dividieron los bienes

[13]Alcolea, Almagro, Almodóvar, Almuradiel, Ballesteros, Bolaños, Carrión, Castellanos, Castilseras, Corral de Caracuel, Daimiel, Fuente del Emperador, Fuente del Moral, Guadalerza, Herrera, Malagón, Manzanares, Mestanza, Montanchuelos, Moral, Piedrabuena, Pozuelo, Puertollano, Torroba, Valdepeñas, Villarrubia, Viso y Santa Cruz.

en dos mitades: una para el maestre (*Mesa maestral*) y la otra para el resto de dignidades y encomiendas (Danvila, M. 1888).

En lo que a nosotros interesa, Villamayor de Calatrava no aparece como cabeza de ninguna encomienda, ni con ninguna dehesa en su término que formase parte de los bienes de la Mesa Maestral, aunque Danvila (1888: 199) nos dice *"Tiene la dicha Mesa Maestral la mitad de los mrs. porque el Concejo de la dicha villa de Villamayor vende el aprobechamiento de sus términos y Dehesas á pasto y á labor, de lo cual es obligado el Concejo a dar cuenta con juramento de los oficiales dél y se cobra por vía ejecutiva, por sola la averiguación que con ellos se hace"*. Lo que sí queda acreditado es que la Encomienda de la Obrería, a veces llamada de Argamasilla y Villamayor, tenía en nuestro municipio algunos bienes y derechos[14] -el derecho de cuarentena, muy característico de todo el Campo de Calatrava, y la parroquial de la villa- pero ninguna dehesa (Gascón Bueno, F., 1982: 30-32). Del mismo modo cabe señalar que la *Mesa Maestral* poseía los diezmos de granos, uva y ganados; pedido de San Miguel; y la mitad del aprovechamiento de los términos baldíos, pero no hay constancia de que poseyera ninguna dehesa; la *Encomienda Mayor de Calatrava* tenía el derecho de la Roda de los Llanos que recaía sobre los ganados merchaniegos; y a la encomienda de la Clavería le correspondía la Travesía o derecho de Portazgo y Roda y cabe la duda que le perteneciese la dehesa del Collado (Corchado Soriano, M. 1983, III: 515-516).

Como conclusión, la *Dehesa Boyal La Labrada* de Villamayor, al igual que el resto de las dehesas boyales de esta zona, está íntimamente ligada al fenómeno de la repoblación de la zona occidental del Campo de Calatrava, que se realizó durante la Edad Media, especialmente después de la batalla de Las Navas de Tolosa (1212). Momento en el que la frontera

---

[14] Las propiedades vitalicias que tenía la Encomienda de la Obrería en Villamayor son: nueve sernas de labor con 320 fanegas de siembra; dos quiñones, con seis fanegas de siembra; el losado de la Sierra (suelos de colmenas); los diezmos en Villamayor: todos los de las tierras de la encomienda con sus terrazgos, íntegro de pollos, lechones, legumbres, hortalizas, teja, ladrillos, alcaceres, ansarones, garbanzos, etc. Ídem sobre cinco molinos en Tirteafuera; censos: sobre solares en la serna del Arenal y otros sitios, que son 40 solares para casas y pagaban de 100 a 300 maravedíes por año; sobre cinco molinos en ribera de Tirteafuera, que son dos gallinas por molino (Corchado Soriano, M., 1983, II:116-118).

con los musulmanes se aleja al Valle del Guadalquivir. Por otra parte, el municipio debía pagar a la Mesa Maestral la mitad del importe de la venta de las hierbas que vendiera de la Dehesa boyal, el año que las vendiese, ya que la concesión que la Orden de Calatrava había hecho a los concejos era sobre el aprovechamiento de las dehesas no de la propiedad. Cuestión que, como veremos después, fue clave en el proceso desamortizador.

2.2.2. *En la Edad Moderna*

En la Edad Moderna tiene lugar un hecho de suma importancia para las Órdenes Militares y, como consecuencia, para todos los pueblos que había en su territorio. En el año 1487 estas instituciones fueron incorporadas a la Corona, y desde ese momento los bienes de los Maestrazgos pasaron a ser administrados por el Consejo de Órdenes, de forma que los bienes de las encomiendas se utilizaron bien para el mantenimiento de las casas de los infantes, bien para premiar a algunos nobles y militares por los servicios prestados, aunque siguieron conservando su carácter de bienes eclesiásticos y, como tales, fueron puestas a la venta, en el siglo XIX, en el conjunto de la desamortización eclesiástica.

Junto a este hecho tan significativo, también en la Edad Moderna, tuvo lugar otro acontecimiento no menos importante que fue el que algunas tierras de las Órdenes Militares y, por tanto, pertenecientes a la jurisdicción eclesiástica, fueron enajenadas por la Corona y pasaron a ser de la nobleza. Esto hizo que, por ejemplo, la Orden de Calatrava pasase de poseer el 58,5 %, del conjunto provincial, señalado antes, a poseer solo el 44,3% (Valle Calzado, A. R. del, 1996: 36).

1) *Reales Cédulas de 1527*

La distribución de bienes que acabamos de indicar fue variando con el paso del tiempo como puede acreditarse comparando las Reales Cédulas de 14 de marzo de 1527 -en las que se hace referencia al arrendamiento de las dehesas de la Mesa Maestral y en la que aparecen relacionadas, de forma nominal, todas ellas-, con otras Reales Cédulas posteriores en las que se comprueba que se erigieron otras tres nuevas encomiendas en el Campo de Calatrava que fueron dotadas con dehesas que antes figuraban como de la Mesa Maestral, y explica que en el XVI solo dependieran del maestrazgo, en pleno dominio, las dehesas de Zacatena y Alcudia (Corchado Soriano, M., 1983: 9-10)

Efectivamente, a comienzo del XVI el número de dehesas que la Orden de Calatrava tenía en la demarcación de este nombre eran 114 y se encontraban repartidas en 30 de los 41 términos municipales de los que entonces constituían el Campo. Este número es el resultado después de considerar la pérdida de dehesas que se había ido produciendo a lo largo de este siglo: unas porque se dieron a censo enfitéutico, bien a los Ayuntamientos o bien al común de los vecinos de ciertas villas; otras porque se desmembraron de las encomiendas a que pertenecían originariamente para formar parte de otras que se crean o fueron vendidas a los nuevos señores que las adquirieron. La superficie total de estas dehesas ascendía a 252.810 ha y se distribuían de la siguiente forma:

- Mesa Maestral: 29 dehesas y el 30% de la superficie
- Dignidades con renta: 22 dehesas y un 18,34% de la superficie:
  - Clavería: 9 dehesas y un 4, 38% de la superficie
  - Priorato del Sacro Convento: 7 dehesas y 5,29% de superficie
  - Encomienda mayor: 2 dehesas y 5,93% de superficie
  - Encomienda de Obrería: 3 dehesas y 2,04% de superficie
  - Encomienda de Sacristanía: 1 dehesa y 0,34% de superficie
- 28 encomiendas radicadas en el Campo de Calatrava: 69 dehesas y el 51,66% de la superficie (López-Salazar Pérez, J., 1989: 249-261).

En este conjunto de dehesas propiedad de la Orden de Calatrava no figura la *Dehesa Boyal La Labrada* de Villamayor, por lo que hemos de pensar que, pese a su adscripción a la Mesa Maestral a la hora de la desamortización en el XIX, no fue cierta esta asignación y puede estar en relación al hecho de que, en el siglo XVI, varios Ayuntamientos consideraron que tanto los baldíos de los donadíos, como las dehesas boyales formaban parte de sus dehesas antiguas auténticas y, como tales, fueron considerados bienes de "propios" y, por tanto, de su pleno dominio.

Esta fusión dio lugar, posteriormente, a un problema legal cuando en el XIX se suprimen las Órdenes Militares y se procedió a la desamortización de sus bienes y, como tales, fueron incluidos en la desamortización general de 1855. Es decir, de los bienes civiles y no de los eclesiásticos que se había hecho en 1836. En ese momento, los municipios, que eran los titulares de los donadíos, creyeron que eran los únicos dueños e intentaron: a) Dejar de liquidar su mitad a la Contaduría del maestrazgo, intento que fue frustrado por la Dirección General del Crédito Público que les obligó a continuar con el pago; b) Dividirlos por mitad para subastarlos por separado: unos como de Propios, y otros como de la Mesa Maestral. También, como consecuencia de esta fusión, los datos que se manejan sobre los bienes de Propios en el proceso desamortizador del XIX, no coincide con los disponibles de siglos anteriores debido a la diferente clasificación administrativa que se utilizó cuando fueron subastados (Corchado Soriano, M., 1983: 129-130).

2) *Relaciones Topográficas de Felipe II* (1575)

A fines del siglo XVI, en las *Relaciones topográficas de los pueblos de España, hechas de orden de Felipe II* (1575 y 1578) (Campos y Fernández de Sevilla, F.J.,2009), en las que corresponden a Villamayor de Calatrava[15] y en las 59 cuestiones que contiene el Interrogatorio de 1575, se habla de la dehesa en las siguientes preguntas (anexo 5):

a) En la nº 18 se pregunta: *Si es tierra abundosa, o falta de leña, y de donde se proveen; y si montañosa, de qué monte y arboleda, y qué animales, cazas y salvajinas se crían y hallan en ella.* A la que se responde: ...*Y asimismo hay encinas caudales y monte pardo en las dehesas boyales de esta villa, el cual monte no se puede cortar ni se corta por las penas...* De donde se puede deducir que las dehesas

[15] (ms. J.I.14, ff). 150-152v, vol. II, pp. 1057-1068).

boyales y, por tanto, La Labrada, tiene encinas que no se cortan y, por tanto, no está cultivada.

b) En la nº 24 se pregunta: *"Los pastos y dehesas señaladas que en el término del sobredicho pueblo hubiese, con los bosques y cotos de caza y pesca que asimismo hubiese, y cuyos son y lo que valen"*, y la respuesta es: *"Esta villa tiene dos dehesas boyales en que andan las reses*[16] *del concejo, y otra que se da por propio al carnicero algunos años"*, de donde podemos deducir que el concejo tiene tres dehesas boyales: dos dedicadas al pasto del ganado del concejo, y, otra, que se destina a abastecer de carne al mismo, sin especificar el nombre de cada una de ellas y ello por lo que se dice en la respuesta nº 45.

c) En la pregunta 45, sin embargo, si aparecen algunos nombres de las dehesas. En ella se pregunta: *"Los términos propios que el dicho pueblo tiene, y los comunes y realengos de que goza, y las rentas y aprovechamientos que tiene por propios del dicho pueblo"* y la respuesta es: *"Esta villa tiene muy poco término cerrado porque la mayor parte del término que tiene es comunidad con seis pueblos comarcanos, y a esta causa se vende poca hierba y de la que se vende puede llevar la mitad de dinero la Mesa Maestral; y de la otra mitad llevan los otros pueblos su parte; y así muchos años no se vende ninguna, y una de las tres dehesas, de arriba dichas, que se llama la fuente doña Elvira, algunos años se da por propio al obligado de la carnicería y otras veces se vende para el concejo por 20.000 maravedís, poco pocos más o menos; y de presente está vendida y arrendada una parte de la Dehesa boyal, con previsión y licencia de Su Majestad. por cuatro años en 100.000 maravedís, para seguir ciertos pleitos que esta villa trata en la Real Chancillería de Granada. Y asimismo algunos años se suele vender cierta parte de la dehesa boyal de Villazaide para pasto en 24.000 maravedís, poco más o menos, para pagar décimas de censo y otras necesidades que este concejo tiene porque debe más de 1000 ducados, y asimismo se cobra en esta villa portazgo y roda...*

[16] En el texto de Campos Fernández de Sevilla, F. J. (2009) vol. II, pág. 1063 dice "veces" y nosotros entendemos, por el objeto de la pregunta, que es un error de transcripción de la palabra "reses".

De esta fuente se puede concluir: a) Que existía la dehesa Labrada, aunque en las *Relaciones* no la nombra ni se le asigna ningún nombre específico; y b) Que era una dehesa boyal, es decir, destinada a la alimentación del ganado de tiro (bueyes en ese momento) de los habitantes de Villamayor, si bien algunos años se vendían sus pastos por necesidades del concejo. Junto a ella existían otras dos dehesas: la de Villazaide, también destinada a la alimentación del ganado; y la de Fuente de Dª Elvira que era una dehesa carnicera.

Igualmente se puede deducir que estaba poblada de encinas y monte pardo y que no se podaban estas encinas por prohibición legal, pero no queda claro si se labraba o no. En lo que respecta al régimen jurídico-económico no podemos deducir mucho ya que la referencia que hace a la venta de yerbas, de cuyo importe se lleva la mitad la Mesa Maestral, no se nos detalla que propiedades están incluidas en ese régimen, aunque, es de suponer que en él estaba la *Dehesa Boyal La Labrada*.

3) *Catastro del marqués de la Ensenada* (1749-1756)

Como es de sobra conocido, con el término de Catastro de Ensenada (en adelante CE) se denomina al conjunto de documentos que se elaboraron entre 1749 y 1756 en la corona de Castilla con el fin de conocer, registrar y evaluar todos los bienes, rentas y cargas de sus habitantes, junto con sus familias, criados y dependientes, con la finalidad de obtener los datos precisos para modificar el sistema tributario vigente. A este conjunto documental se le conoce como "de Ensenada" debido a que su impulsor político y dirección inicial fue llevada a cabo por Don Zenón de Somodevilla y Bengoechea (1702-1781), primer marqués de la Ensenada, en su calidad de Secretario de Estado y del Despacho Universal de Hacienda, de Guerra, Marina e Indias (1743-1754) (Camarero, C., 2006: 113 y 116; 2002: 495; Rodríguez Espinosa, E. y Rodríguez Domenech, Mª A., 2023: 13-14).

El CE contiene una información de carácter territorial, demográfico, económico y sociológico única en la Europa del momento y está referida a las 22 provincias que formaban la Corona castellana (unos 370.000 km^2), a sus algo más de 6,5 millones de personas físicas, y a un número indeterminado, pero elevadísimo, de personas jurídicas (concejos, monasterios, catedrales, hospicios y hospitales, colegios, capellanías, mayorazgos, beneficios, etc.) (García Juan, L. et al, 2012: 270).

El objetivo fundamental que buscaba Ensenada con la reforma que propuso era mejorar el estado de la Hacienda Pública, que se había declarado en bancarrota unos años antes (1739), lo que conllevaba, básicamente, acabar con la injusticia que suponía la escasa o nula contribución de nobles y eclesiásticos a la Hacienda Pública y hacer que todos pagasen un porcentaje, el mismo para todos, de la riqueza en tierras y edificios que poseyese, hecho que aumentaría los ingresos de la Corona. Junto a este objetivo fundamental también se quería reformar el sistema de recaudación, que se venía haciendo mediante el sistema de arriendo y subarriendo, y hacerlo directamente por la Hacienda Pública. El nuevo sistema fiscal proyectado dejaba de basarse en los consumos (*sisas* y *cientos*) y en las compraventas (*alcabala*) y pasaba a gravar los bienes inmuebles, los semovientes y las utilidades derivadas de cualquier actividad profesional o lucrativa. También se proponía el nuevo sistema tributario descargar a los *pecheros* del estado general de gran parte de sus contribuciones, y, en su lugar, serían los privilegiados, nobles y eclesiásticos, los que las aportasen (Camarero, C., 1998: 247; 2002a: 117-138; 2002b: 497-498; Rodríguez Espinosa, E. y Rodríguez Domenech, Mª A., 2023: 16-17).

Las averiguaciones necesarias para aplicar esta reforma fiscal se hicieron a dos niveles: el municipal y el provincial, generando distintos tipos de información documental. En nuestro caso nos vamos a ceñir a la de carácter municipal que se puede agrupar en dos bloques:

a) **Documentación directa**, formada por los:

a.1. ***Memoriales, relaciones o declaraciones***[17]. A partir de estas declaraciones se elaboró una documentación de carácter secundario, pero de gran valor: los *Libros de lo Personal, de Familias o de Cabezas de Casa*, en el que se recogen los datos demográficos; y el *Libro de lo Real, de lo Raíz, Mayor de lo Raíz, o de Hacienda*, en el que se recogen los bienes muebles e inmuebles de cada declarante.

a.2. Las ***Respuestas Generales*** que son las contestaciones dadas a un cuestionario de 40 preguntas que, previamente, se había enviado a cada municipio y que fue contestado por los ediles de cada uno de ellos, así como por los "peritos" o personas del propio pueblo con especial conocimiento del mismo (García Juan, L. et al., 2012: 271; Rodríguez Espinosa, E. y Rodríguez Domenech, Mª A., 2023: 35-38).

b) **Documentación verificatoria y complementaria**[18];

c) **Resúmenes cuantitativos de ámbito local, también llamados Estados o mapas**[19] (Rodríguez Espinosa, E. y Rodríguez Domenech, Mª A., 2023: 40-42).

Esta fuente documental nos va a proporcionar información muy interesante sobre la *Dehesa Boyal La Labrada* a mediados del XVIII, así como de otros aspectos de Villamayor[20].

---

[17] Son las manifestaciones o declaraciones escritas realizadas por cada sujeto catastral, debidamente firmada y hecha bajo juramento, que había de entregar a los responsables del CE. En ella debían constar: sus datos personales y los de su familia, así como una relación pormenorizada de todos sus bienes, rentas, derechos y cargas.

[18] Formada por la *nota de valor*; la relación de *individuos sujetos al impuesto de lo personal*; *certificación de diezmos* del último quinquenio; *certificación de ingresos y gastos del Concejo*; y copias de los *privilegios de derechos enajenados a la Real Hacienda.*

[19] Se hacen unos para el estado secular y otros para el eclesiástico y son de cuatro tipos: de la *letra D* (tierras); *letra E* (alquileres, molinos hornos, minas, mercados, diezmos etc.; *letra F* (ingresos netos por actividades industriales, comerciales y profesionales); y *letra G* (población activa, lega o secular y del estado general masculina entre 18 y 60 años).

[20] Utilizando básicamente esta fuente hay dos publicaciones sobre Villamayor: Rodríguez Espinosa, E. y Callejas Rodríguez, J. (1983) y Rodríguez Domenech, Mª A. y Rodríguez Espinosa, E. (2015a).

En la cuestión nº 23 de las *Respuestas Generales* de Villamayor en el CE se pregunta: *Qué propios tiene el común y a que asciende su producto al año, de que se deberá pedir justificación*, y la respuesta es: *"A esta pregunta respondieron que los Propios que tiene esta villa y su Concejo, son a sauer: quatro dehesas, la una llamada los Llanos, Rincón y Villarejo (que es dehesa Boyal), otra llamada doña Elbira, otra Villa Zaide y otra el Cuartillo de Villa Zaide.....y también la mitad de las denunziaciones que se hazen sobre cortas y otros daños en las zitadas dehesas, viñas y sembrados en conformida con las Hordenanzas de que usa esta villa con Real aprobación...y el producto de todos los dichos Propios, en cada un año, computado uno con otro, es el de dos mil reales que se compone de esta forma: seiszientos en que se arrienda la otra dehesa de los Llanos; otros seiszientos la del Cuartillo de Villazaide; quatrocientos la de Dña. Elvira....y no produze cantidad alguna la nominada Dehesa de Villazaide por no venderse por el Concejo sus yerbas y pastos a causa de estar destinados para las yeguas y vacas del Concejo, cuyo aprobechamiento es común a todos los vezinos que las tienen...."*(anexo 7)

En el *Memorial* o declaración individual que hace, en nombre del Concejo, José Palomares Lillo, Procurador Síndico y General[21], de los bienes de Propios que posee el Ayuntamiento[22], dice: *"...otra dehesa que llaman la Labrada y alias de Llanos, Rincón y Billarejo, dista de la villa seiscientos pasos, de cauer cuatrocienttas quarenta y dos cuerdas, con algunas enzinas, para pasto de segunda calidad en* [su] *especie. Linda a levante con la raña de que dixen de la Dehesa; al norte con la sierra de cumbre de Majada Vieja; al poniente con ttierra baldía; y al sur con tierra de Matheo Muñoz y capellanía de don Thomás de Prado. Está arrendada*

[21] Procurador síndico: Cargo municipal equivalente al "defensor del pueblo", ocupándose especialmente de la cuestión de los abastos, tanto en cantidad y regularidad como de sus precios. En algunos lugares se denomina este cargo "Procurador personero o del Común". Este cargo se hizo tanto más necesario cuanto en muchos casos los Alcaldes eran designados por el señor jurisdiccional y no elegidos por los vecinos; si a ello se unía que los cargos de regiduría habían sido frecuentemente objeto de venta (siendo disfrutados vitaliciamente e incluso dejados en herencia), o recaído la titularidad en forasteros, se comprenderá el hecho de que se considerara preciso designar a algún vecino en representación de los intereses generales. Esta procuraduría se ejercía por períodos de dos años (López-Salazar Pérez, J., 1994: 98).

[22] AHPCR. Catastro de Ensenada, vol. 599, nº 177, pp. 532.

a don Franzisco Marquina, vecino de la villa de Priego, ganadero serrano, por imbernadero; y da por sus yervas, en cada un año, a esta villa y su Concejo, seiscienttos reales y su figura es la del margen......" (anexo 8).

No se ha encontrado en el AHPCR -no sabemos si porque se ha perdido o porque no se hiciese- el *Libro de lo Real, de lo Raíz, Mayor de lo Raíz* que, como hemos dicho antes, es un resumen de los bienes que se han declarado en los Memoriales, por loque podemos deducir que su falta no nos debía aportar mucho más de lo que se ha reflejado en el Memorial del Procurador Síndico.

De esta información facilitada por el Procurador Síndico, fechada el 28 de septiembre de 1751, podemos conocer los aspectos siguientes de la *Dehesa Boyal La Labrada* de Villamayor de Calatrava:

- Tiene varios nombres, a saber: Labrada, Rincón y Villarejo
- Es una dehesa boyal, es decir, para alimentar al ganado de labor; donada, en la Edad Media, y en lo referente a su aprovechamiento, por la Orden de Calatrava a los distintos concejos o villas de su territorio, pero manteniendo ella la propiedad. Esta reserva de propiedad explica y justifica el hecho de que el concejo le haya de abonar a la Orden la mitad de la renta obtenida por el arriendo si no la utiliza para la alimentación del ganado del pueblo.
- El nombre correcto debería ser *Dehesa Boyal La Labrada*, puesto que "boyal" es un tipo de dehesa y *Labrada, Rincón o Villarejo* es el topónimo para designarla.
- Su superficie era de 442 cuerdas[23]
- Es un bien de Propios
- No está cultivada, sino que se dedica a pasto
- Está arrendada a D. Francisco Marquina, vecino de Priego (Cuenca), por lo que deducimos que es un ganadero trashumante y, por tanto,

---

[23] La medida utilizada en Villamayor a mediados del XVIII, según la Respuesta nº 9 del Interrogatorio, es la cuerda de Calatrava o de marco real, cuya equivalencia con el Sistema Métrico Decimal es que una fanega es igual a 64 áreas y 39 centiáreas, o lo que es igual 6.400 m^2 (Rodríguez Domenech, Mª A., Rodríguez Espinosa, E. 2015b: 95-117), por lo que las 442 cuerdas que se le asignan a la Dehesa Boyal *Labrada* convertidas a hectáreas, nos daría una superficie de 282,8 ha, superficie menor que la que tenía en el siglo XIX.

que los vecinos no pueden utilizar sus pastos directamente, a diferencia de la dehesa de Villazaide de la que no se venden sus hierbas, sino que se destina a que pasten en ella los ganados de los vecinos de Villamayor.

- El precio del arriendo es de seiscientos reales anuales de los que ha de pagar a la Mesa Maestral de la Orden de Calatrava la mitad, es decir, trescientos reales
- Tiene encinas, pero no se pueden cortar
- Tiene una forma semicircular (figura 18)

Figura 18. Dibujo a mano alzada del contorno de la *Dehesa Boyal La Labrada* de Villamayor de Calatrava, según el Catastro de Ensenada

Fuente: AHPCR, Catastro de Ensenada, vol. 599, folio 432-433, Memorial nº 177

4) *Descripciones del Cardenal Lorenzana* (1782-1789)

En el último tercio del siglo XVIII, el cardenal Lorenzana, arzobispo de Toledo, cuya jurisdicción arzobispal comprendía las actuales provincias de Toledo, Madrid, Ciudad Real y Guadalajara, envió un cuestionario de 14 preguntas, con una nota final, a las parroquias de su potestad eclesiástica para que fuese respondido por los párrocos o vicarios de las mismas. Lo hizo con el fin de obtener información sobre el territorio y realizar un mapa de su archidiócesis.

Este cuestionario fue elaborado por el cartógrafo Tomás López, quien, en ese momento, era geógrafo de Su Majestad y estaba trabajando en un mapa del territorio nacional. No obstante, colaboró en este proyecto con el arzobispo, lo que explica las numerosas coincidencias entre ambos cuestionarios, de forma que algunas de las cuestiones planteadas sean prácticamente idénticas. Sin embargo, desde el punto de vista cronológico, el cuestionario del cardenal toledano se realizó antes que el de Tomás López. En el caso de la provincia de Ciudad Real, las respuestas se recopilaron entre 1782 (Ballesteros de Calatrava) y 1789 (Manzanares) (Campos y Fernández de Sevilla, F. J. (2023: 67-74).

En las respuestas a este cuestionario sobre los pueblos de la actual provincia de Ciudad Real, que fueron publicadas en 1985 por el grupo Al-Balatitha, no figuran las correspondientes a Villamayor de Calatrava. Tal vez debido a que, en el momento de responder a las preguntas del cardenal, Villamayor no era parroquia independiente sino aneja a la de Argamasilla, si bien hay que hacer notar que en otras parroquias de la provincia, como fue el caso de Navas de Estena, a la sazón anejo de Retuerta del Bullaque, sí se hicieron respuestas pese a que este tenía 5 vecinos.

Lo cierto es que de esta fuente no podemos obtener ninguna información para nuestro objetivo, si bien también hay que tener presente que en las preguntas del cuestionario enviado a las parroquias no se pregunta nada que hubiera podido tener interés sobre el estado de la *Dehesa Boyal La Labrada*.

5) *Relaciones Geográficas* de Tomás López (1763-1787)

Como acaba de indicarse, prácticamente en las mismas fechas que las *Descripciones* de Lorenzana, Tomás López, geógrafo de la Corona, recibe el encargo real de confeccionar un *Atlas de Geográfico de España*, así como de un *Diccionario Geográfico de España* y la posible redacción de una *Geografía histórica de España*. Para ello, como hemos comentado, utiliza un cuestionario o interrogatorio que se envía a los párrocos de toda España y es prácticamente el mismo que el enviado por Lorenzana, aunque tiene una pregunta más (en total 15): las seis primeras de carácter geográfico, y las restantes de contenido geográfico-histórico. En el caso de la provincia de Ciudad Real, encontramos más textos de *Descripciones* que de *Relaciones*, y más amplios los comentarios o informaciones de las primeras que los de las segundas. La recogida de información para estas obras se realiza en dos fases: la primera de 1763 a 1770, y la segunda en 1785 a 1787, ambas aproximadamente (López Gómez, A.,1996:687; Campos y Fernández de Sevilla, F. J.,2021:10-16).

En las respuestas a este cuestionario sobre los pueblos de la actual provincia de Ciudad Real, no figuran las correspondientes a Villamayor de Calatrava, tal vez debido, como se ha dicho para el caso de las de Lorenzana, a que, en el momento de responder a las preguntas, Villamayor no era parroquia independiente sino aneja a la de Argamasilla y su vicario no recibió la carta ni el encargo del párroco de esta localidad. No obstante, hay una precisión en la página 58 de la publicación citada, concretamente en las respuestas de Turleque (Toledo), en las que hay un folio interpelado que, como el propio autor señala, pueden corresponder a Villamayor y nosotros confirmamos su propuesta puesto que el contenido de dicho folio hace referencia a parajes y topónimos de este pueblo[24].

Lo cierto es que de las *Relaciones* de Tomás López no podemos obtener ninguna información sobre la *Dehesa Boyal La Labrada,* no solo porque no están las respuestas referentes a Villamayor -salvo el fragmento indicado-, sino porque en las preguntas del Interrogatorio

---

24 *"... a oriente, a seis leguas de distancia, está la villa de Almagro; al norte, la villa de Corral [de Calatrava], a legua y media; a poniente, Cabezarados, dos leguas, y al sur, la villa de Almodóvar, una legua de distancia.*
Una fuente con el nombre de Perava, al norte de dicha villa, una legua de distancia; otra nombrada la fuente del Collado, dos leguas a poniente, sirve de límite el término de Cabezarados. Un monte encimar llamado el Quartillo, media legua hacia poniente de dicha villa, que le cruza el camino que va de ella a la de Cabezarados.
Otro monte pardo tiene de longitud tres leguas, y media de ancho, desde oriente a poniente; le cruza el camino que de esta villa va a Cabezarados y al Corral de Caracuel. Inmediato al Collado de su fuente está una casa de campo del señor don José Conoch, gobernador de la villa de Almagro".

enviado a las parroquias no hay ninguna de ellas que pueda tener interés para nuestro objetivo.

***

A modo de resumen de este capítulo podemos concluir que, recién conquistado el territorio que hoy se conoce como Campo de Calatrava, aunque no sepamos el momento ni quien lo realizó, pero que debió ocurrir en la segunda mitad del siglo XIII o primera mitad del XIV, el rey, como dueño legítimo de las tierras recién conquistadas, las donó a la Orden de Calatrava y esta, en una parte de ellas, acotó o delimitó algunas tierras para destinarlas a un uso concreto, es decir, diferenciadas del resto por un límite o lindero, haciendo surgir las dehesas y, consiguientemente, nadie que no fuese su propietario o quien él autorizase podía utilizarlas. Estas fueron distribuidas por la Orden entre los cargos de la misma (Mesa Maestral y encomiendas) y entre las distintas villas que fue fundando en ese territorio.

A esas villas recién nacidas les hizo otorgamientos de tierras con dos tipos de cesión: las que pasaron a ser propiedad de los concejos y con cuyos beneficios debían sufragar los gastos que hoy denominaríamos municipales y forman lo que se conocen, inicialmente, como *tierras de Propios*; y otras tierras, a las que se denominó *tierras comunales* en las que la Orden se reservaba la propiedad, pero dejaba a los vecinos su aprovechamiento común.

Dentro de este segundo grupo de *tierras comunales* entran las dehesas boyales y, con ellas, la *Dehesa Boyal La Labrada* de Villamayor, que fue una donación de la Orden de Calatrava hecha a los vecinos de nuestro pueblo, al igual que hizo con casi todos los pueblos del Campo de Calatrava, y lo hizo con el fin de que se alimentara el ganado de labor -en ese momento bueyes- de sus habitantes, pero que, como todas las dehesas boyales, la Orden no les otorgaba la propiedad a los vecinos, sino su uso y este con una finalidad concreta. En ellas no podían pastar ni los animales de forasteros, ni otro ganado que no tuviera como única función la de labrar los campos. De acuerdo con este fin, toda población, fuera del tamaño que fuera, contó con una porción de tierras bien delimitada y destinada única y exclusivamente a alimentar al ganado de labor utilizado

Por otra parte, hemos de precisar e insistir, también, que la *Dehesa Boyal La Labrada* de Villamayor era propiedad de la Orden de Calatrava, pero no formaba parte ni de los bienes asignados a su Mesa Maestral, pese a que en el siglo XIX se afirme que sí pertenecía a ella, ni tampoco formaba parte de los bienes asignados a otras encomiendas de la Orden. Y ello pese a que la Encomienda de la Obrería tenía consignados algunos bienes en Villamayor, pero, entre ellos, no estaba la dehesa de referencia. No obstante, hemos de reiterar una vez más que estas conclusiones las hacemos en base a las publicaciones hechas hasta la fecha pero que queda mucho por investigar en los archivos, especialmente en el Nacional y concretamente en la sección de Órdenes, sobre Villamayor en la Edad Media.

Durante la Edad Moderna, el hecho más destacado es que, si bien formalmente, las Órdenes Militares siguen siendo las propietarias de las tierras como en la Edad Media, en la práctica, al ser incorporados los Maestrazgos de las Órdenes a la Corona, es esta la auténtica propietaria. De la misma forma, en este período histórico cada vez se presenta más confusa la distinción entre *tierras comunales* y *tierras de Propios*, de forma que las comunales se fueron considerando como de Propios. Es decir, los concejos, en algunos casos, llegaron a considerar que las tierras comunales eran de Propios y por tanto no había más titular de la propie-dad de las mismas que los vecinos representados en sus Ayuntamientos. Confusión que, como veremos en el capítulo siguiente, generó bastantes conflictos legales a la hora de la Desamortización de esas tierras. En el caso de Villamayor esta confusión queda de manifiesto en el Catastro de Ensenada donde la *Dehesa Boyal La Labrada* es considerada como un bien de Propios y no como un bien comunal.

Pese a los pocos datos que hay publicados hasta mediados del XVIII, queda claro, sin embargo, que la Dehesa que nos interesa, a la hora de ser desamortizada, siguió en la misma situación que en la Edad Media, tanto en lo que se refiere a régimen de propiedad -sin formar parte de ninguna institución de la Orden (Mesa Maestral o Encomiendas), ni ser enajenada, como sí lo fueron otras dehesas propiedad de la Orden de Calatrava a través de la corona-, como de explotación, ya que, según se acredita en el Catastro de Ensenada, era tierra de pasto y no de labor y seguía siendo explotada por los vecinos, no tanto llevando a pastar su ganado, cosa que a la sazón hacía en la dehesa de Villazaide, sino arrendándola en beneficio del concejo y no de los vecinos particulares que deberían haber sido los beneficiados. Eso sí, abonando a la propietaria, que seguía siendo la Orden de Calatrava (la Corona a nivel real), la mitad del importe del arrendamiento de los pastos, dado que se estaba utilizando para un fin distinto del que se le asignó al constituirla en dehesa boyal durante la Edad Media.

3. ADQUISICIÓN DE LA *DEHESA BOYAL LA LABRADA* POR LOS VECINOS DE VILLAMAYOR

La adquisición de la *Dehesa Boyal La Labrada* de Villamayor de Calatrava por los vecinos de este municipio ocurrió a finales del siglo XIX, concretamente en 1898, y dentro de un proceso de gran envergadura y ámbito nacional por el que las propiedades de la Iglesia, las de los Ayuntamientos y parte de las del Estado, fueron puestos a la venta. Proceso conocido como *Desamortización*.

Con los fondos obtenidos de esa venta, el Estado sufragó parte de sus deudas, pero los Ayuntamientos y sus vecinos quedaron sin esos bienes que, en lo que respecta a los Ayuntamientos, le permitían sufragar una parte importante de sus gastos y que al no contar con ellos hubieron de recurrir a los impuestos para obtenerlos. Entretanto, los vecinos perdieron las tierras que aprovechaban en común desde tiempo inmemorial. Tierras que fueron compradas por aquellas personas que tenían dinero para hacerlo, pasando, con ello, a ser propiedad particular en lugar de serlo, como venía ocurriendo desde siglos atrás, de la Iglesia, de los Ayuntamientos o de los vecinos, con las consiguientes repercusiones socioeconómicas que de esta acción se derivaron.

Es, en este contexto, en el que tiene lugar la compra de la *Dehesa Boyal La Labrada* por los vecinos de Villamayor. De aquí que hayamos de dedicar un primer epígrafe a plantear, de forma sumaria, el proceso de la

Desamortización que nos sirva de encuadre del caso de Villamayor; y un segundo epígrafe a la forma tan particular y, en cierto modo, excepcional de la *Dehesa Boyal La Labrada* de Villamayor que no fue comprada por un señor particular, como ocurrió con la gran mayoría de bienes desamortizados, o por una institución como el Ayuntamiento (caso de la finca el Turrillo de Carrión de Calatrava) (Rodríguez Espinosa, E., 1987), sino por el conjunto de los vecinos del pueblo que, por otra parte, eran los que, hasta el momento de su compra, venían aprovechándose de ella y que, por este procedimiento, lograron seguir haciéndolo en adelante hasta nuestros días, dando lugar, con esta actuación, a un caso propiedad vecinal que resulta un tanto excepcional dentro del gran proceso de la Desamortización.

3.1. El proceso desamortizador como marco legal de la adquisición de la *Dehesa Boyal Labrada*

3.1.1. ¿Qué es la Desamortización?

La desamortización española fue un largo proceso histórico, económico y social que consistió, básicamente, en la transferencia de la propiedad de la tierra que hasta la fecha estaba bien en manos de las llamadas *manos muertas*, o bien formando parte de los bienes comunales de los pueblos, o en manos del Estado, para pasar a la condición de propiedad particular y libre. Junto a este proceso tuvieron lugar otros procesos simultáneos, tales como: la disolución de los señoríos, la desvinculación de los mayorazgos, la supresión de diezmos... etc. Es así como la desamortización se configura como uno de los mecanismos fundamentales que determinaron el paso desde la propiedad feudal de la tierra y del suelo a la nueva propiedad capitalista y burguesa.

Los bienes poseídos por las manos muertas eran bienes amortizados o vinculados a una forma específica de sucesión o a una determinada función o empleo, establecidos por el fundador del vínculo. Estas propiedades estaban fuera del mercado, ya que sus dueños podían disponer libremente de los frutos o rentas, pero no podían enajenarlas. Existían tres tipos de vinculación: las manos muertas de la Iglesia, el mayorazgo y los bienes comunales.

Las vinculadas a la Iglesia se habían generado por varias vías, siendo la más importante la procedente de las donadas por reyes, nobles y particulares durante siglos a esta institución. La enajenación de estas propiedades estaba expresamente prohibida por varias disposiciones del derecho canónico y por la voluntad manifestada por los fundadores cuando se trataba de bienes vinculados a obras pías que administraba el clero.

Las tierras vinculadas al mayorazgo era las sujetas a esta institución y consistía, desde la Baja Edad Media, en que se permitía a un particular, generalmente de la nobleza, reservar para el heredero, el hijo mayor -de ahí el nombre- una parte sustancial de su herencia. Los bienes amayorazgados no se podían vender ni donar, y solamente se podían embargar con permiso real. Este mecanismo permitió a la nobleza acumular un gran patrimonio, ya que estas herencias quedaban protegidas de embargos por deudas, de malas administraciones llevadas a cabo por los herederos derrochadores o poco escrupulosos, y de repartos de herencias. Esta institución fue, por otra parte, el pilar fundamental del poder económico de la nobleza (Callahan, W. J., 1989; Domínguez Ortiz, A., 1991). .

En cuanto a los Concejos municipales o Ayuntamientos, eran propietarios de tierras bajo dos formas. Los denominados *bienes comunales*, generalmente prados o bosques, que se dedicaban para el aprovechamiento común de los vecinos; y los *bienes de Propios* que solían ser tierras de labor que se cedían a particulares para su explotación a cambio del pago de una renta destinada a mantener la hacienda de los Concejos. Santayana Bustillo, en 1742, distinguía entre los bienes que son patrimonio de los pueblos o "*propios* de los mismos" ("porque sus caudales son propios del pueblo") y los bienes "que se dicen *comunes*, y sirven para utilizarse de ellos los vecinos". Entre estos últimos diferencia dos categorías que ya figuraban en las Partidas: los bienes de uso público (plazas, calles, caminos públicos),por un lado; y los comunales (montes comunes, ejidos y pastos públicos), por otro.

Esta diferenciación de los bienes municipales va a ser fundamental a la hora de la Desamortización y va a generar una importante polémica legal, especialmente con la Ley de 1855 que ordenaba la enajenación de los baldíos, realengos, propios y comunes (o comunes arbitrados) de los pueblos, exceptuando los que tuviesen un aprovechamiento común para el ganado. Sin embargo, este conjunto de tierras a desamortizar no tenía el mismo tratamiento fiscal ya que los *bienes de Propios* eran bienes comunes, pero no de aprovechamiento común y estaban sujetos al pago del 20% de todos sus productos. Una circular del 28 de julio de 1853, los definía como "la heredad o finca perteneciente al común de una población y con cuya renta se atienden algunos gastos públicos". Frente a ellos los *baldíos* no tenían obligación de tributar y se incluían en este grupo: 1º) Los de propiedad común de los pueblos que solo disfrutan de exención cuando estén destinados a la enseñanza pública, de la agricultura, botánica, etc.; 2º) Los montes o pinares conocidos en algunas partes con el nombre de *bienes comunes*, porque "son de aprovechamiento común de varios pueblos, o estos tienen comunidad en ellos", especificando que "por baldío, en su acepción propia, solo debe entenderse el terreno que, no correspondiendo al dominio privado, pertenece al dominio público para su común disfrute y aprovechamiento y no está destinado a la labor ni adehesado". Es decir, el criterio clave para determinar que los bienes eran de aprovechamiento común es que no generasen renta, pues, en otro caso, debían considerarse de Propios, según se desprende del RD Sentencia de 28 de marzo de 1864, Gaceta de 27 de mayo y la RO de 20 de abril de 1872 (Menéndez Rexach, A., 2015: 140).

Esta distinción de los tipos de bienes a desamortizar no fue fácil, ya que no había acuerdo ni en la legislación, ni tampoco en las numerosísimas disposiciones dictadas para asegurar la aplicación de la ley y resolver los problemas que se iban planteando. También complicaron el problema las disensiones entre los Ministerios de Hacienda y Fomento, por un lado, y el de Gobernación, por otro, teniendo en cuenta que este último buscaba la defensa de los intereses de los Ayuntamientos (Menéndez Rexach, A., 2015: 142).

En el proceso desamortizador, bajo la denominación de *Bienes de corporaciones civiles* se englobaban las fincas procedentes de Baldíos, Beneficencia, Instrucción Pública, Patrimonio de la Corona y Propios, siendo el núcleo más importante el de los bienes de Propios (79,2% de las tierras vendidas y por los que el Estado ingresó el 42,6% del total), pero, dentro de ellos, se diferenciaba entre los que pertenecían plenamente a los Ayuntamientos, y aquellos otros que eran compartidos entre estos y la Mesa Maestral de la Orden de Calatrava, a la que correspondía, como ya se ha dicho, el dominio directo, mientras que el dominio útil estaba en manos de los Ayuntamientos/vecinos. Consideramos necesario resaltar, una vez más, que los bienes de Propios, hasta el momento de su venta, habían sido tanto el sostén de las haciendas municipales, a través de su arrendamiento, como el medio de sostenimiento de muchas familias campesinas que subsistían gracias a los recursos agrarios, ganaderos y madereros que obtenían de su aprovechamiento, y que su venta por el proceso desamortizador supuso la desaparición de una parte importante de la producción en el Antiguo Régimen al incorporar estas tierras al mercado de una economía de producción capitalista (Valle Calzado, A. R. del, 1997: 36-38).

Lo cierto es que la sociedad rural del Antiguo Régimen se caracterizaba por un alto grado de polarización, a la vez que de concentración de la propiedad, con un escaso peso de la comunidad campesina en este último aspecto, si bien esta estructura presentaba diversas formas en el caso concreto de la submeseta sur. Así, hubo unas comarcas, como los Montes de Toledo, donde lo dominante era el dominio concejil; mientras que en otras, como el Campo de Calatrava, el papel dominante lo ejercía la Orden de Calatrava quien controlaba las tierras comprendidas desde el centro de la actual provincia de Ciudad Real hasta el oeste de la misma, en el límite extremeño y, hasta el sur, en la frontera andaluza (Valle de Alcudia y Montes Sur). Por el contrario, en las zonas dominadas por la Orden de San Juan (La Mancha) y de Santiago (Campo de Montiel) la gran propiedad fue menos relevante.

En este contexto y en el caso de las tierras de la Orden de Calatrava, la masa campesina y jornalera vivía al borde de la subsistencia.

Situación que, a lo largo del Antiguo Régimen, no varió sustancialmente. Así se acredita en la Estadística de 1855, según la cual el 4,7 % de los declarantes (2.523) eran grandes contribuyentes, frente al 33 % que eran medianos y el 62 % que lo eran ínfimos (Valle Calzado., A. R. del, 2016b: 113-114). No obstante, las tierras de propiedad privada, que como acabamos de decir, solo representaban una mínima parte de la superficie de la región, fueron incrementándose ligeramente con el paso del tiempo, debido, unas veces, a los repartimientos, y otras al establecimiento del censo enfitéutico que, unas veces, afectaba a una pequeña parte de tierras concejales, y otras sobre las de la Orden, a lo que habría que añadir las roturaciones arbitrarias. El hecho fue que la superficie de dominio privado fue aumentando. Realidad que explica el gran alcance que el proceso desamortizador tuvo en nuestra provincia (Quirós Linares, F., 1964: 187-194).

Aunque es difícil saber exactamente el porcentaje de tierras vinculadas, se calcula que podía ser algo más del 70% del total en el siglo XVIII. Tomás y Valiente sintetiza este proceso desamortizador español con "las características siguientes: apropiación por parte del Estado y por decisión unilateral suya de bienes inmuebles pertenecientes a "manos muertas"; venta de los mismos y asignación del importe obtenido con las ventas a la amortización de los títulos de la deuda" (Tomás y Valiente, F., Donézar, J.M., Rueda, G., Moro, J.: 1985: 13)

El proceso desamortizador, que tiene su auge en la 2ª mitad del XIX, cuenta con unos dilatados precedentes -en el reinado de Carlos III[25],

[25] Los ilustrados tuvieron una gran preocupación por el atraso de la agricultura española, coincidiendo casi todos en que una de sus causas era la gran extensión que ocupaban las tierras amortizadas en manos de las "manos muertas", tanto porque estaban mal cultivadas como por estar fuera del mercado al no poderse enajenar y, además, no tributaban por los privilegios de sus propietarios. El ministro *Pablo Olavide* (1725-1803) proponía, en su obra *Memorial Ajustado* (1784), vender a particulares los baldíos comunales, destinados en su mayoría a pasto y no al cultivo, con el fin de que esas tierras fueran cultivadas, y con el dinero obtenido hacer obras públicas. *Melchor de Jovellanos* (1744-1811), en su obra *Informe sobre la Ley agraria,* incluye, en su propuesta de reforma, la inclusión de las *tierras de propios.* Con estas y otras actuaciones, como la del conde de Aranda, los políticos de Carlos III "actuaron movidos más por razones económicas (poner en cultivo tierras incultas) que por otras de índole social, que o no aparecen en sus planes y en los preceptos legales, o cuando surgieron en éstos se vieron sofocadas en

Con Godoy"[26] (1798), en el de José I Bonaparte[27], en las Cortes de Cádiz[28], y en el Trienio Liberal (1820-1823)[29]-, y se formaliza y realiza,

---

primer lugar por la falta de medios adecuados para su aplicación real, y en segundo término (como ya vieron Cárdenas y Joaquín Costa) por la resistencia que la "plutocracia provinciana" que se opuso a cualquier reforma social... Con todo... las medidas desamortizadoras de Carlos III e incluso los correlativos planes de quienes entonces se ocuparon de esta cuestión, poseen en común una característica importante y positiva: su conexión con un más amplio plan de reforma o regulación de la economía agraria" (Tomás y Valiente, F., 1989, pp. 12-37; Menéndez Rexach, A., 2015: 136)).

[26] Esa reforma se inició en 1798, cuando Carlos IV obtuvo permiso de la Santa Sede para expropiar los bienes de los jesuitas y de obras pías. En ella se desamortizaron bienes de la Compañía de Jesús, de hospitales, hospicios, Casas de Misericordia y de Colegios Mayores universitarios e incluía también bienes no explotados de particulares. Esta reforma tiene una finalidad distinta de las anteriores al vincular la desamortización a los problemas de la deuda pública, en lugar de la reforma de la economía agraria de las anteriores. Las desamortizaciones liberales del siglo XIX van a seguir el planteamiento de Godoy y no el de Carlos III (Corchado Soriano, M., 1972; Escudero López, J. A., 1995; Menéndez Rexach, A., 2015: 136).

[27] José I Bonaparte realizó también una pequeña desamortización que no implicó la supresión de la propiedad, sino la confiscación de sus rentas para el avituallamiento y gastos de guerra de las tropas francesas, de forma que se devolvieron en 1814. En agosto de 1809, el gobierno de José I suprime las órdenes monásticas, mendicantes y de clérigos regulares, incautándose el Estado de su patrimonio en concepto de Bienes Nacionales. En septiembre del mismo año se crea, sobre la base de las Órdenes Militares, la Orden Real de España, y el 16 de octubre se decreta la desamortización de sus bienes (Quirós Linares, F., 1964: 189-190; Tomás y Valiente, F., J. Donézar, G. Rueda, J. M. Moro: 1985).

[28] En ellas hubo dos decretos:

a) El decreto de 13 de septiembre de 1813 en el que se denominaba "bienes nacionales" a las propiedades que iban a ser incautadas por el Estado para venderlas en pública subasta Se trataba de los bienes confiscados a los "traidores" (Manuel Godoy y a los *afrancesados*); los de la Orden de San Juan de Jerusalén y de las cuatro Órdenes Militares españolas (Orden de Santiago, Orden de Alcántara, Orden de Calatrava y Orden de Montesa); los de los conventos y monasterios suprimidos o destruidos durante la guerra; las fincas de la Corona, salvo los Sitios Reales; y la mitad de los baldíos y realengos de los municipios. Este decreto que es, en cierto modo, la primera norma legal general desamortizadora del siglo XIX, apenas se pudo aplicar por el retorno de Fernando VII y su restauración absolutista en 1814.

b) El del 4 de enero de 1813 por el que se desamortizaban "todos los terrenos de baldíos o realengos y de propios y arbitrios" de los municipios con los fines de: 1) proporcionar un auxilio a las necesidades públicas, fin fiscal; 2) premiar a los defensores de la patria, fin patriótico-militar; y 3) socorrer a los ciudadanos no propietarios, fin social. Para alcanzar estos tres fines los bienes a desamortizar se dividirían en dos mitades: la primera estaría vinculada al pago de la "deuda nacional", y la segunda se repartiría en lotes de tierras gratuitas en favor de los que hubiesen prestado servicios en la guerra y a los vecinos sin tierras, aunque estos últimos debían pagar un canon y, si dejaban de hacerlo, perdían el lote asignado definitivamente (Tomás y Valiente, F., 1989, pp. 53-61; Menéndez Rexach, A., 2015: 135).

[29] En el Trienio Liberal (1820-1823) los gobiernos hubieron de hacer frente, de nuevo, al problema de la deuda y para ello revalidaron tanto el decreto de 4 de enero de 1813 como el 13 de

fundamental-mente, con la desamortización eclesiástica de Mendizábal (1836-1837) y la desamortización civil de Madoz (1854-1856), si bien, entre ambas, tuvo lugar el intento fallido de desamortización de Espartero (1841)[30]. Este amplio proceso concluyó en el siglo XX, concretamente el 16 de diciembre 1924, con la publicación del Estatuto Municipal de José Calvo Sotelo, por el que se derogaron las leyes sobre desamortización de los bienes de los pueblos y, con ello, la desamortización de Madoz.

De este complejo y amplio proceso nos vamos a detener en dos de ellos por ser los más significativos e importantes por su volumen: la desamortización de Mendizábal y la de Madoz, si bien solo el segundo afecta a la Dehesa de Villamayor.

La *desamortización de Mendizábal* comienza con el Decreto de 11 de octubre de 1835, por el que se suprimen todos los monasterios de órdenes monacales y militares, y se complementa tanto con el de 19 de febrero de 1836 -por el que se ponen a la venta los bienes inmuebles de esos monasterios-, como con el 8 de marzo de 1836 que amplía la supresión a todos los monasterios y congregaciones de varones (López Rodríguez, J. R., 2010, pp. 163-179), y la Ley de 29 de julio de 1837, por la que se declaraban de propiedad nacional los bienes raíces, rentas, derechos y acciones de las comunidades religiosas, que deberían venderse en pública subasta, responsabilizándose el Estado del pago de la renta que dichos bienes producían a las comunidades religiosas (Quirós Linares, F., 1964: 187).

La división de los lotes para la subasta se encomendó a comisiones municipales, quienes aprovecharon su poder para configurar grandes

septiembre de 1813, ambos de las Cortes de Cádiz, mediante los decretos de 8 de noviembre de 1820 y 9 de agosto de 1820, respectivamente, añadiendo a los bienes a desamortizar las propiedades de la Inquisición española, que acababa de ser extinguida, los bienes de Propios y los bienes del clero regular con el decreto de 1 de octubre de 1820. Con la particularidad de que no se admitía para el pago de las subastas el dinero en efectivo, sino vales del tesoro público que tenían un valor nominal muy inferior al de mercado por lo que las adquisiciones se hicieron a un precio muy bajo (Tomás y Valiente, F., 1989, pp. 67-71; Menéndez Rexach, A., 2015: 136).

[30] El 2 de septiembre de 1841 impulsó la desamortización de los bienes del clero secular, pero al cabo de tres años, al hundirse el partido que sustentaba a Espartero, la ley fue derogada (Rueda, G., 1986).

lotes que fueran inasequibles a los pequeños propietarios, y que solo pudieran ser adquiridos por las oligarquías adineradas que podían comprar tanto grandes lotes como pequeños (Tomás y Valiente, F., Donézar, J.M., Rueda, G., Moro, J.M.: 1985).

La *desamortización de Madoz* (1854-1856) se inicia con la publicación, el 3 de mayo de 1855 en la Gaceta de Madrid, del Decreto de desamortización, y el 3 de junio del mismo año de la Instrucción para realizarla. En este decreto se reunían las disposiciones vigentes en materia de desamortización, tanto civil como eclesiástica, ampliando la primera a los bienes de Propios y a las tierras comunales, si bien dejaba a los municipios la posibilidad de recurrir y pedir la exceptuación de determinadas propiedades (Quirós Linares, F. 1964: 189) y se declaraban en venta todas las propiedades, principalmente comunales, de los Ayuntamientos, del Estado, del clero, de las Órdenes Militares (Santiago, Alcántara, Calatrava, Montesa y San Juan de Jerusalén), cofradías, obras pías, santuarios, del ex infante Don Carlos, de los Propios y comunes de los pueblos, de la beneficencia y de la instrucción pública, con las excepciones de las Escuelas Pías y los hospitalarios de San Juan de Dios, dedicados a la enseñanza y atención médica respectivamente, y dado que, con su labor, reducían el gasto del Estado en estos ámbitos. Igualmente se permitía la desamortización de los censos pertenecientes a las mismas organizaciones.

Como puede desprenderse de la amplitud de los bienes afectados, fue ésta la desamortización que alcanzó un mayor volumen de ventas y tuvo una importancia superior a todas las anteriores y supuso la fusión de las normas desamortizadoras tanto en el campo civil como en el religioso (Tomás y Valiente, F., J. Donézar, G. Rueda, J. M. Moro: 1985). Esta ley se suspendió el 14 de octubre de 1856, pero se repuso dos años después, el 2 de octubre de 1858, y continuo vigente, al margen del partido que gobernara, hasta que, como se ha dicho antes, fue derogada en 1924 (Martín Martín, T., 1973: 36-43).

3.1.2. Los efectos generales de la desamortización

Las consecuencias de este proceso, de forma sintética, se pueden resumir en los siguientes puntos:

a) No se consiguió uno de los objetivos principales perseguidos por la desamortización consistente en la consolidación de un grupo social numeroso, formado por los pequeños y medianos propietarios compradores de las tierras desamortizadas, que sirvieran de apoyo al régimen liberal, ya que la mayor parte de las tierras desamortizadas, particularmente en el centro y sur de España, fueron a las manos de los grandes propietarios o comerciantes ricos y a los banqueros de las ciudades (Bahamomde Magro, A., 1981). Estos beneficiados participaron activamente en la defensa del régimen liberal a través de algunas instituciones tales como la Milicia Nacional, las Juntas de Gobierno, las Diputaciones provinciales (Valle Calzado, A. R. del, 1996:219-223) y van a ser la base del futuro caciquismo (Simón Segura, F.,1984: 112; Barreda Fontes, J.Mª, 1982: 195-199). Por otra parte, los frailes exclaustrados, como consecuencia de la supresión de sus órdenes religiosas, incrementaron notablemente el número de los adeptos al carlismo, potenciando la conflictividad en esta guerra (Asencio Rubio, F., 1987) y el bandolerismo (Simón Segura, F.: 112).

b) Mantener la estructura de propiedad que había en cada región en proporción al tamaño existente con anterioridad a este proceso, aunque cambiando de dueños. En la zona meridional de España, donde los agricultores pequeños no tenían capacidad económica para comprar alguna de las grandes superficies que salían a subasta, se reforzó el latifundismo, ya que estos pequeños agricultores solo pudieron comprar las parcelas pequeñas que se subastaron, y, las fincas de mayor tamaño, fueron adquiridas por personas ricas que vivían, generalmente, en las ciudades. En la zona septentrional de España, sin embargo, no se dio este fenómeno porque no salieron a subasta grandes superficies (Valle Calzado, A. R. del, 2014: 366; Heer, R., 2004).

c) La privatización de los bienes municipales, tanto de *Propios* como *Comunales*, afectó, sobremanera, a los campesinos que se vieron privados de unos recursos que contribuían a su subsistencia -leña, pastos, alimentación del ganado de tiro, etc.-, por lo que se incrementó la emigración de la población rural hacia las zonas industrializadas del país o a América. Fenómeno migratorio que alcanzó niveles muy altos a finales del siglo XIX y principios del XX La desamortización de este tipo de bienes supuso, además, la destrucción de los sistemas de vida, de organización y de autogestión centenarias del mundo rural (Serna Vallejo, M., 2004: 436), alumbrando una sociedad desigual en la que el nivel de vida era ínfimo y fuente de conflictos en torno a la tierra (hurtos de leña y productos agrarios, prácticas furtivas en montes y campos, pastoreo abusivo, incendios...) marcando, en adelante, la trayectoria histórica de la provincia de Ciudad Real, entre otras (Valle Calzado, A. R. del, 2014: 369).
d) Se saneó la Hacienda Pública ya que esta ingresó alrededor de 14.000 millones de reales procedentes de las subastas (Tomás y Valiente, F., 1978: 11-33; Martí Gilabert, F., 2003).
e) Aumentó la superficie cultivada y de la productividad agraria, aunque, como contrapartida, lo hizo la deforestación (Martí Gilabert, F., 2003). Efectivamente, el paso a manos privadas de millones de hectáreas de montes acabaron siendo talados y roturados, causando un inmenso daño al patrimonio natural español. Especialmente efectiva al respecto fue la de Madoz, en la que, grandes extensiones de bosques de titularidad pública, se privatizaron y sus nuevos dueños talaron los bosques (Pérez Marcos, R. M. y otros, 2002: 703-711). De la misma forma se incrementó la tierra cultivada, si bien este hecho no se produjo de forma inmediata -ya que los nuevos propietarios continuaron con el mismo sistema de explotación que tenían las tierras adquiridas- pues, hasta 1910, no se inició un intenso proceso roturador que culminó en 1931. No obstante, este crecimiento de la superficie cultivada está muy en relación con la integración de la agricultura provincial en los mercados nacionales e internacionales

más que con la desamor-tización, si bien esta hizo posible esa integración en los mercados más amplios (Valle Calzado, A. R. del, 2014: 330-333).

f) La desamortización y el desarrollo económico de los pueblos estuvieron en relación inversa, ya que en aquellos donde menos se desamortizó, el desarrollo económico posterior fue mayor. Debemos tener presente que, en la provincia de Ciudad Real, no se produjo un claro aumento de propietarios (2.595), número que resulta irrelevante en relación con la población general o con relación a la población activa agraria, máxime si tenemos en cuenta lo dicho antes de que el 70% de los compradores (143) se repartieron algo más de 16.000 ha. frente a 177 personas que se quedaron con 500.000 ha (Valle Calzado, A. R. del, 2014:362-363).

g) Pérdida de una parte importante del patrimonio cultural, por cuanto muchos libros y obras de arte fueron vendidos a bajo precio y acabaron en manos particulares o en otros países, si bien gran parte de los fondos fueron a parar a las bibliotecas públicas y museos. En cuanto a los edificios religiosos algunos fueron utilizados para actividades civiles y otros abandonados y perdidos (Martí Gilaber, F., 2003; Fernández Pardo, F., 2007).

h) Favoreció la modernización de las ciudades al hacer posible la urbanización de los solares ocupados hasta ahora por los conventos, cambiando la fisonomía urbana. Se pasó de las ciudades conventuales, con grandes edificios religiosos, a las ciudades burguesas en las que los ensanches, los edificios de mayor altura y los nuevos espacios públicos van a ser las notas sobresalientes de su aspecto (Revuelta González, M., 1976; Martínez Martín, J.A.; Bahamonde Magro, A., 1985: 941).

3.1.3. La desamortización en la provincia de Ciudad Real

Para comprender el contexto en el que se llevó a cabo la compra de la Dehesa Boyal La Labrada de Villamayor de Calatrava, es fundamental examinar, aunque sea de manera sucinta, el impacto de la desamortización en la provincia de Ciudad Real. En este marco, resulta especialmente relevante analizar el problema derivado del llamado Derecho Maestral, no solo porque afectó directamente a la dehesa objeto de estudio, sino también por la gran cantidad de reclamaciones y litigios que generó en varios municipios de la provincia, incluido Villamayor.

Asimismo, consideramos necesario abordar el conjunto de tierras desamortizadas, tanto a nivel provincial como en el municipio de Villamayor, con el objetivo de contextualizar adecuadamente el significado de la adquisición de la Dehesa Boyal La Labrada.

1) La problemática del *Derecho Maestral*

La desamortización no afecto solo a bienes inmuebles (tierras y casas) de la Iglesia, del Estado o de los Ayuntamientos, sino también a otros bienes tales como el conocido como *Derecho Maestral* o *Mitad de yerbas*. Derecho que consistía, como se ha comentado antes, en la percepción de la mitad del importe de los arrendamientos de las dehesas y baldíos de aquellas tierras que, siendo de titularidad de la Orden de Calatrava y perteneciendo, por tanto, a ella, esta, desde la Edad Media, había cedido su uso a los vecinos de los distintos pueblos de su territorio, y que, cuando estos vecinos, en lugar de utilizarlas directamente en forma comunal y con el destino para el que habían sido cedidas, las arrendaban a otras personas ajenas, entonces y, solo entonces, la Orden tenía el derecho a percibir la mitad del importe del arrendamiento o beneficio obtenido por esta operación de cesión de uso. Según Corchado Soriano, esta tributación o derecho "fue creado por el maestre como una consecuencia fiscal del dominio directo que se reservó sobre los baldíos, cuya dominación útil cedió a los concejos para ser aprovechada por los vecinos de cada villa, pero estableciendo que en el caso de venderse sus aprovechamientos a ganaderos extraños.... percibiría la mitad de su valor" (Cendreros Almodóvar, V., 2015: 4).

Esta actuación de la Orden en las tierras del Campo de Calatrava está datada desde el fuero de Almadén en 1417, si bien no se conoce con exactitud el origen de este derecho, aunque la mayoría de los autores siguen la cronología de Danvila Collado (1888: 132) que sitúa su nacimiento hacia 1280 o incluso antes. Su importe, junto con el *Pedido de San Miguel*, constituía uno de los ingresos más importantes que recibía la Orden dentro de la que estaba asignado a su Mesa Maestral, a excepción de los casos de Calzada -que lo ingresaba a favor de la Sacristanía de Calatrava- y parte del de Pozuelo -que lo percibía la encomienda de este lugar-.

Este ingreso, por su naturaleza, no era fijo, ya que solo se percibía cuando se daba la circunstancia de que se arrendasen las tierras cedidas, pues, como se ha dicho, si los vecinos las utilizaban en su provecho directo, la Mesa Maestral no cobraba estos ingresos dado que se cumplía el fin principal para el que se había hecho la cesión del dominio, y, con ello, la atracción de población, que era, en su origen, su principal fin. Sin embargo, durante la Edad Moderna, lo habitual fue el arrendamiento de esas tierras a ganaderos foráneos, lo que hizo que este derecho se convirtiese en una de las fuentes de ingresos más importantes, primero, para la Orden, y después, desde su incorporación a la Corona (comienzos del XVI), para esta en su calidad de administradora y beneficiaria de los derechos feudales de aquella. Situación que pervivió durante todo el Antiguo Régimen (Valle, A. R. del, 1996: 90-92 y 262; Cendreros Almodóvar, V., 2014: 93).

De este amplio conjunto de bienes en los que se sustentaba el Derecho Maestral que, en gran parte, fueron desamortizados en el XIX, una parte considerable de ellos se vendieron bajo el concepto de *Mesa Maestral* pero, sin embargo, muchos de ellos no eran tales desde un punto de vista estrictamente jurídico, sino que pertenecían a los *Propios* de los concejos y, por tanto, no estaban afectados por el Derecho Maestral. No obstante, resulta difícil diferenciar la situación jurídica de estas tierras ya que, en el Catastro de Ensenada -que es la fuente histórica más próxima en el tiempo a la desamortización-, como se ha indicado antes al enumerar las tierras de Propios y las tierras comunales que se reseñan en esta fuente en relación a Villamayor, hay poca precisión y bastante confusión en esta cuestión. Situación de confusión que llevó a que casi todos los bienes de Propios y baldíos comunes se vendieran bajo la denominación de "Mesa Maestral" y, también, al efecto contrario. Es decir, a que varios Ayuntamientos del Campo de Calatrava intentaran vender fincas afectadas por el Derecho Maestral como bienes de Propios, cuando no eran tales.

Con el fin de paliar esta confusión, se emitió la Real Orden de 16 de diciembre de 1846, en la que se establecía que los Ayuntamientos, a la hora de vender bienes comunales, solo podían vender la mitad de dichas fincas -la parte que les correspondía- y, a tal efecto, cada finca afectada por este derecho, debía ser dividida en dos partes de igual valor. En la misma línea cabe señalar que algunos Ayuntamientos, antes de la venta, solicitaran que algunas de estas fincas fueran consideradas dehesas boyales, sin serlo desde el punto de vista jurídico, y librarse, con ello, de que fueran vendidas. La realidad fue que, entre 1877 y 1885, se subastaron 9.732,49 ha de baldíos como tales, distribuidos en 24 fincas de pasto y labor y monte, con una superficie media de 405,5 ha y todas ellas correspondían a los términos de Aldea, Almodóvar, Argamasilla y Villamayor. En estas ventas la Hacienda percibió la mitad del valor de esas fincas (Quirós Linares, F., 1964: 201-202).

En el caso de Villamayor y en relación a la Dehesa La Labrada, que sí era un bien sujeto al Derecho Maetral como deheas boyal que era, el Ayuntamiento solicitó su exenciaón de venta pero le fueron denegadas por RO de 16 de diciembre de 1895, y se procedió a la subasta (BVBN, 1896, nº 633 y 663; 1897, nº 842 bis),

Otro aspecto a tener en cuenta es que en estas tierras baldías afectadas por el Derecho Maestral, durante toda la Edad Moderna se fueron haciendo numerosas roturaciones que se incrementaron, notablemente, a partir de la Guerra de la Independencia dando lugar a que apareciesen unos nuevos propietarios cuya situación legal respecto a la propiedad originaria era bastante confusa, pues, en algunos casos, la roturación había sido legalizada -como la legalización que se hizo en 1563- formando, así, unos islotes de propietarios particulares legales dentro de un mar de propiedades de los Ayuntamientos y del Estado. Junto a este grupo, había otro formado por los que habían realizado roturaciones, pero no estaban reconocidas legalmente. Unos y otros, sin embargo, cuando este Derecho Maestral sale a subasta y es comprado por determinadas personas, serán otra fuente de conflictos legales (Valle, A. R. del, 1996: 262-269).

En el XIX, al iniciarse la implantación del régimen liberal en las Cortes de Cádiz, se abolen los señoríos y los derechos feudales (18 de marzo de 1812), aunque su definitiva puesta en vigor tuvo lugar el 26 de agosto de 1837. Surge, entonces, una doble interpretación sobre la vigencia o no de este Derecho Maestral, así como de su significado:

a) Para unos -entre los que se encontraban los distintos pueblos del Campo de Calatrava y con ellos Villamayor- este derecho, en tanto que feudal, había quedado abolido al suprimirse los señoríos y derechos feudales y, consecuentemente, los Ayuntamientos debían dejar de pagarlo, actuación que los llevó a un doble enfrentamiento: con la Hacienda Pública y con los compradores del derecho.
b) Para otros, sin embargo, entre los que se encuentra la Hacienda Pública, debía seguir pagándose, como hasta ahora, porque interpretaban que ese derecho equivalía a la mitad de la propiedad de las tierras que estuvieron sometidas a él. En esta línea, los Ayuntamientos, desde los años del Trienio liberal (1820-1823) y hasta 1829, fueron obligados por varias sentencias a pagar las cantidades que adeudaban a la Hacienda y confirmando con ello la vigencia del Derecho Maestral ya que los tribunales ordenaron seguir pagando el derecho por considerarlo como una propiedad del maestrazgo que habría heredado el Estado como sucesor de las Órdenes (Cendrero Almodóvar, V., 2015: 5308).

Esta problemática afectaba a 31 pueblos de la provincia de Ciudad Real y su resolución se extendió casi durante cien años, pues se inicia en 1816 y termina en 1912, año en el que se pone fin del proceso de privatización de los bienes comunales (Cendrero Almodóvar, V., 2015: 5305-5307).

Junto al problema apuntado entre los Ayuntamientos y la Hacienda Pública en relación al pago del *Derecho Maestral*, se suma un factor más de complejidad cuando este derecho sale a la venta en 1845, considerándolo como un bien más a desamortizar. Hay que advertir, sin embargo, que en el *Boletín Oficial de Ventas de Bienes Nacionales* -tomado del caso de Almagro- se anunciaba, la venta del *"derecho que tenía la Mesa Maestral de Almagro, y hoy tiene la Hacienda, a percibir la mitad de los productos en que el concejo de la villa de [...] arrienda sus términos y dehesas a pasto y labor de invernadero y agostadero"* (BOVBNCR nº 1958, 21-2-1846) (Valle Calzado, A. R del, 1995: 303; 1996: 262-269). Es decir, en la subasta para nada se aludía a la propiedad de la tierra, sino a la capacidad para cobrar la mitad de los arriendos en los "términos y dehesas" de cada pueblo. Los compradores de este derecho, sin embargo, no aspiraban a sustituir a los Ayuntamientos en el cobro del derecho tal y como se decía tanto en el anuncio de la subasta como en la propia escritura de cesión, sino a apropiarse de grandes cantidades de tierras amparándose en una legalidad aparente.

Los hitos y hechos más significativos de este largo proceso fueron los siguientes:

a) A finales de 1845, los compradores solicitaron la propiedad de las tierras que, según ellos, habían adquirido. Para calcular dicha propiedad, basada en la compra del Derecho Maestral y no en una propiedad física, se capitalizó el valor del producto obtenido en esas tierras durante los años anteriores. Sin embargo, no se tuvo en cuenta que el valor capital de las dehesas no había sido incluido en la subasta, ya que esta solo afectaba al "derecho" y no a la propiedad de los terrenos (Quirós Linares, F., 1964: 204-205).

   El 5 de marzo de 1846, se puso a la venta el Derecho Maestral de 21 villas del Campo de Calatrava, entre ellas Villamayor (BOVBNCR n.º 1958, 21-2-1846). Mediante una orden del Ministerio de Hacienda, fechada el 25 de noviembre del mismo año, se estableció que, cuando los Ayuntamientos quisieran vender tierras baldías, debían dividirlas en dos partes iguales: una para los pueblos y otra para la Hacienda, en virtud de su derecho de mitad de hierbas o Derecho Maestral. Esto implicaba que la administración consideraba que la mitad de las tierras baldías del Campo de Calatrava le pertenecía, basándose en el Derecho Maestral (Valle, A. R. del, 1996: 277).

Los compradores del Derecho Maestral, respaldados por estas disposiciones legales, argumentaron que el derecho a la mitad de los productos equivalía a la mitad de la propiedad de las dehesas afectadas. En 1846, solicitaron la división de las dehesas y la entrega de la parte que les correspondía. Gracias a su fuerte respaldo en la administración y la política, el Gobierno atendió su petición mediante la Real Orden del 20 de septiembre de 1846, que disponía la entrega de la mitad de las fincas afectadas y permitía a los compradores administrarlas libremente. Esta orden debía ejecutarse en un plazo de 15 días (Quirós Linares, F., 1964: 204-205).

Desde entonces y hasta 1855, se libró una lucha abierta entre los compradores y algunos Ayuntamientos afectados, lo que provocó continuos incidentes y litigios. A pesar de ello, se logró la división en 13 pueblos, incluyendo Villamayor. No obstante, otros Ayuntamientos, como Almodóvar y Calzada, se resistieron, interrumpiendo el proceso. Tras intensos debates en las Cortes, se promulgó la Ley del 17 de junio de 1855, que revocaba los decretos anteriores y limitaba los derechos de los compradores a los estipulados en la escritura de venta, es decir, a los beneficios de los arriendos. Esta decisión anulaba la orden del 15 de marzo de 1848 y suprimía la entrega de tierras, dejando a los compradores solo el derecho a percibir lo que realmente habían adquirido y trasladando el asunto a la Comisión de Responsabilidades de las Cortes (Valle, A. R. del, 1996: 277).

Las actas de los plenos municipales del Ayuntamiento de Villamayor reflejan ampliamente esta preocupación y las acciones emprendidas. En el pleno del 9 de noviembre de 1846, se acordó: *"... que, en virtud de la invitación de los Sres. D. José Corchado, D. Ramón Figueroa y D. Gaspar Delgado, vecinos de Almodóvar, para reunirse el ocho del actual, se nombre un comisionado que, el día once, asista junto a los de otros pueblos para determinar el modo y forma de representar ante S. M. los perjuicios que esta división causaría a los vecinos, solicitando la*

revocación de la Real Orden del 20 de septiembre. Para ello, se comisiona al secretario del Ayuntamiento, D. Manuel Molina, quien viajará a Almodóvar para coordinar con los demás comisionados...".[31]
O, la celebrada unos días después (15 de noviembre de 1846)[32]. En el pleno del 15 de noviembre, se revisó el resultado de la reunión en Almodóvar, donde se decidió que cada Ayuntamiento presentara su petición a S. M. y que todas debían entregarse a D. Gaspar Delgado antes del 20 del mes para su presentación conjunta en la Corte[33].
En 1855, se nombraron representantes para asistir a una reunión en Granátula de Calatrava: *"... considerando el propósito justo de la Junta local de Granátula, se nombró comisionado al secretario del Ayuntamiento, D. Manuel Molina, y al regidor D. José Morales, quienes representarían a la villa en la reunión de apoderados del Campo de Calatrava el día 29 del presente en las Casas Consistoriales de Granátula"* [34] (Anexo 9).
En 1859, se celebró otra reunión en Argamasilla de Calatrava, a la que asistieron representantes de Villamayor[35]: *"...se dio cuenta de la comunicación del Alcalde de la villa de Argamasilla, don José Cabezas de Herrera, relativo a que, con autorización del señor Gobernador, se tenga el día quince de los corrientes, en las casas consistoriales de Argamasilla de aquella villa, una reunión de comisionados nombrados por los Ayuntamientos de los pueblos del Campo de Calatrava, para tratar sobre la enajenación de las fincas, en que los compradores del Derecho Maestral tienen participación y sus ... conociendo que el paso que trata de recurrir al gobierno de Su Majestad, debe ser muy*

---

[31] AMVC, C/0000000007, leg. 2, pp. 33 y 33v.
[32] Íbidem, pp. 33v y 34.
[33] El acta del pleno mucicipal dice así: "..*a efecto de saber el resultado de la reunión echa en Almodóvar por los comisionados y en su virtud por el presente Sr. Comisionado por esta Corporación se hizo presente: que por los referidos comisionados se formó un acta acordando que: cada uno de los Ayuntamientos se hiciese la representación a S. M. deviendo quedar para el día veinte de los corrientes en poder de D. Gaspar Delgado, comisionado, para pasar a la Corte a presentarlas unidas; y en esta atención sus mercedes acordaron se estienda inmediatamente dicha representación que están prontos a firmar para que sea entregada antes del día señalado. Así se acordó....*"
[34] AMVC, C/0000000007, leg. 5, pp. 60 y 60v.
[35] Íbidem, leg. 6, pp. 38 y 38v.

ventajoso y de utilidad para este vecindario, acordaron: Que para que tenga efecto, por parte de este Ayuntamiento, nombran de tal comisionado, que representa este común de vecinos, a don Silvestre Sánchez de Molina, a quien, aceptado que sea por el mismo este nombramiento, se le autoriza legalmente para que el expresado día quince y hora de las diez de su mañana, se presente en las salas consistoriales de referida villa de Argamasilla a desempeñar su cometido....".

Y esa mismo año de 1859, pero el 18 de septiembre, se volvió a celebrar otra reunión, en este caso en Almodóvar del Campo, en la que también hubo representantes de Villamayor[36]: *"....se dio cuenta de la comunicación del señor Alcalde de Almodóvar, fecha 17 del actual y relativa a que por esta Corporación se nombren dos individuos que el día veinte y cinco comparezcan en aquellas salas capitulares, a verificar el nombramiento de los individuos que han de componer la junta para la defensa de los Derechos Maestrales, y en su virtud, de unánime conformidad, fueron nombrados el regidor síndico, don Agapito Monescillo, y don José Morales, a quienes por el presidente... se les notificará este nombramiento para su aceptación y cumplimiento...".*

Finalmente, tras perderse la reclamación del Derecho Maestral, en la sesión plenaria del Ayuntamiento del 4 de julio de 1883, se nombró un representante en Madrid para gestionar posibles derechos pendientes[37]: "...*Nombrar al referido don Francisco Mauleon y Gimeno, vecino de Madrid, tal representante en dicha Corte para que en su nombre reclame de los centros directivos, los créditos que por cualquier concepto correspondan a este municipio; recoger los valores que tanto en papel como el metálico deban entregarse a este Ayuntamiento en equivalencia de sus bienes de Propios, pósito, beneficencia e instrucción pública o cualquier fundación particular que estuviese a su cargo, suministros a las tropas del ejército y toda clase de créditos contra el Estado o en forma particulares perciba, en forma el impuesto, de los*

[36] Íbidem, leg.6, pp. 41 y 41v.
[37] Íbidem, leg. 9, pp. 5 y 5v.

intereses devengados y que, en lo sucesivo, devengue el capital correspondiente al 80 % de los bienes vendidos de Propios, bien sea procedentes de las dos terceras partes, representados por inscripciones, su transferible, bien por la tercera parte existente en la caja de depósitos, verifique toda clase de conversiones y requiere retire capitales y satisfaga, derechos de custodio..."

b) La resistencia de los pueblos a la venta de las tierras que habían utilizado durante siglos no se limitó a la presentación de propuestas ante el Congreso. También impulsaron una serie de solicitudes dirigidas a la administración, solicitando la exención de la desamortización. Para ello, se basaron en determinados artículos de la propia ley de 1855, en particular el 2.9, que excluía de la venta aquellas tierras destinadas al aprovechamiento común o dehesa boyal. Sin embargo, muchas de estas solicitudes no recibieron respuesta por parte del Ministerio de Hacienda. En otros casos, fueron sometidas a complejos procedimientos administrativos con múltiples requisitos documentales y plazos estrictos que, mientras se resolvían, daban margen para que las tierras fueran vendidas (Pérez-Soba, I., 2017: 281-282).
   Muchas de estas peticiones fueron fácilmente rechazadas o ni siquiera admitidas debido a la falta de documentación o a su presentación fuera de plazo. A pesar de ello, las reclamaciones dieron lugar a la presentación de 22 solicitudes entre 1865 y 1872, coincidiendo con el decreto del 10 de julio de 1865; 19 solicitudes en 1888, tras la ley del 8 de mayo de ese año; y 9 en 1896, a raíz del decreto del 29 de agosto de 1896. Los municipios más activos en la defensa de sus tierras fueron aquellos con poblaciones de entre 1.000 y 5.000 habitantes. En cambio, en municipios de mayor tamaño, donde las élites locales tenían menos interés en conservar estas tierras, el número de solicitudes fue menor.
   Los argumentos esgrimidos para solicitar la exención de la desamortización se centraron en dos aspectos fundamentales: 1) El uso común de estas tierras "desde tiempo inmemorial", ya que durante siglos habían sido explotadas por los vecinos conforme a la costumbre. 2) La grave situación económica en la que quedarían los habitantes si se vendían las tierras, ya que perderían una fuente esencial de alimento

para sus ganados. Como consecuencia, se reduciría el cultivo y otras industrias dependientes de la ganadería. En definitiva, los solicitantes argumentaban que la desamortización suponía un despojo que les impedía labrar y vivir (Valle Calzado, A. R. del, 2016a: 157-160).

De todas las solicitudes de exención presentadas, únicamente dos fueron rechazadas: las de Corral y Villamayor. Sin embargo, el resultado final fue favorable para la mayoría de los demandantes: el 95 % de las tierras solicitadas para la exención (12.034 ha) no fueron vendidas. Este hecho demuestra que, cuando hubo una movilización organizada, se logró un resultado positivo, al menos en la etapa final del proceso (Valle Calzado, A. R. del, 2016a: 157-160).

c) La lucha de los vecinos por la defensa de las tierras comunales no siempre se limitó a la resignación o a la aceptación de las decisiones administrativas. En muchos casos, recurrieron a estrategias activas, como la compra del monte o finca, ya fuera de manera colectiva o mediante la participación de la mayoría de los vecinos, lo que daba lugar a una propiedad indivisa que, en la actualidad, se conoce como monte de socios (Medrano y cols., 2013). En otros, la compra se formalizó bajo la figura de una Sociedad Compradora de una determinada dehesa, como ocurrió con la Dehesa Boyal de Villamayor de Calatrava Para ello, utilizaban un testaferro en la subasta.

2) Las cifras de la desamortización en la provincia de Ciudad Real

Este complejo y largo proceso de la Desamortización tuvo en la provincia de Ciudad Real, como se ha apuntado antes, una especial incidencia como acreditan las cifras que, seguidamente, nos proponemos comentar. La Desamortización supuso la venta de 748.856 ha lo que equivalía al 37,7% de la superficie provincial y, prácticamente, casi la mitad (el 41,8%) del total desamortizado en Castilla-La Mancha (tabla 2), poniendo de manifiesto la excepcional importancia que este proceso tuvo en nuestra provincia, tanto frente al resto de provincias castellano-manchegas, como en el conjunto nacional, ya que lo vendido en la de Ciudad Real, por su volumen, supuso el 13,3 % del total nacional y sólo hubo tres regiones en su conjunto -Extremadura, Castilla-León y Andalucía- que superan lo vendido en nuestra provincia. A título de ejemplo, en toda Andalucía sólo se vendieron cincuenta mil hectáreas más que en Ciudad Real (Valle Calzado, A. R. del, 2015: 114-115; 2016b: 116).

Tabla 2. Tierras desamortizadas en las provincias de Castilla-La Mancha

Provincia	Nº de fincas	Has.	Tasación	Remate	Cotización	% supf prv.
Albacete	4.033	250.517	36.088.436	72.032.518	199,9	16,7
Ciud. Real	13.046	748.856	145.389.266	256.558.150	176,5	37,7
Cuenca	4.651	179.435	35.798.935	72.522.205	202,5	10,4
Guadljara.	84.464	189.445	53.579.456	145.789.044	272,0	15,5
Toledo	2.962	229.074	76.456.997	222.967.930	291,6	14,9
TOTAL	**109.156**	**1.597.327**	**347.313.090**	**769.869.847**	**221,7**	**20,1**

Fuente: Elaboración propia con datos de Valle Calzado, A.R. del, 2014: 54;2016b: 115.

Del total de tierras desamortizadas en la provincia, que, como se ha dicho, ascendió a 748.856 ha, la mayor parte (92,6%) se hizo con la desamortización general o de Madoz (1855) y afectó a 693.435 ha, mientras que el restante 7,4% (55.420 ha) se hizo con la desamortización eclesiástica de Mendizábal (1836) (Tabla 3) (Valle Calzado, A. R. del, 2014: 359; 2016b: 114-116).

Tabla 3. Volumen de la desamortización de bienes rústicos en la provincia de Ciudad Real 1836-1924

Proceso	Nº fincas	Extensión			%	Supf. media
		Ha	a	c		
Eclesiástica	4.530	55.420	53	09	7,4	12,23
General	8.516	693 435	71	64	92,6	81,43
TOTAL	**13.046**	**748.856**	**24**	**73**	**100**	**57,40**

Fuente: Elaboración propia con datos de Valle Calzado, A.R. del, 2014: 51.

Estas cifras de conjunto difieren de las facilitadas por Quirós Linares (1964: 367-407) quien las evalúa, en referencia a una sola comarca de la provincia, en 208.698 ha, asimo con las que, años después, nos proporciona Simón Segura (1974: 97) para el conjunto provincial quien las cifra en 615.837 ha, lo que supone casi noventa mil hectáreas menos que las aportadas por A. R. del Valle Calzado (2014: 52) y que son las utilizadas por nosotros.

El desglose de los bienes desamortizados procedentes de la Iglesia (tabla 4) que, como se ha indicado antes, solo supusieron un 7,4% de los bienes vendidos, pone de manifiesto el gran peso que tuvieron en él las Órdenes Militares y, en especial, la de Calatrava que, por lo demás, es la que afecta a Villamayor, ya que estas, dentro del conjunto eclesiástico, suponen el 72,7% de los bienes y, a su vez, dentro de este tipo de bienes, la Orden de Calatrava representa el 95,8% de las tierras vendidas (Valle Calzado, A. R. del, 2014: 57-58).

Tabla 4. Procedencia de los bienes eclesiásticos desamortizados en la provincia de Ciudad Real

Tipo de clero	Extensión			%	Valor remate (rls)
	Has.	a.	c		
• ***Secular***	***6.846***	***75***	***58***	***13,82***	***3.588.199,19***
• ***Regular***					
○ **Órdenes Militares**					
- Calatrava	34.558	89	71	95,8	38.075.605,21
- Santiago	1.380	92	44	20,8	2.430.653,03
- San Juan	130	46	36	0,30	59.398,00
Total Órdenes Militares	36.068	28	51	**72,79**	40.565.656,24
○ **Órdenes mendicantes**	6.636	22	25	**13,39**	5.694.890,16
Total clero regular	***42.706***	***50***	***76***	***86,18***	***46.260.547,6***
TOTAL CLERO	***49.552***	***26***	***34***	***100***	***49.848.746,25***

Fuente: Elaboración propia con datos de Valle Calzado, A. R. del, 1996: 57-58

Una de las particularidades de las propiedades eclesiásticas es que, exceptuando las pertenecientes a las Órdenes Militares, el 53,2% no superaban las 20 has, siendo los propietarios más pequeños los pertenecientes al clero secular y, como consecuencia, a los bienes a los que pudieron optar algunos vecinos de los pueblos donde se ubicaban (Valle Calzado, A. R. del, 2014: 57-58).

El tamaño dominante de las propiedades eclesiásticas era el comprendido entre 0 y 100 has. ya que suponen el 81,2% de las fincas del conjunto, pero solo el 5,2% de la superficie; mientras que las propiedades de más de 500 has representan el 89,5% de la superficie y solo el 7,8% de los titulares, acreditando, así, una fuerte concentración de la tierra, siendo el mayor propietario el *maestrazgo* de la Orden de Calatrava quien poseía más de 60.000 has. En él se incluían las 121 dehesas del Valle de Alcudia (56.785 has.) y un conjunto de fincas dispersas por numerosos términos municipales del Campo de Calatrava entre los que se encontraba Villamayor (Valle Calzado, A. R. del, 2014: 76-77).

La desamortización eclesiástica afectó a bienes ubicados en 77 municipios (86%) de los 97 que, a la sazón, tenía la provincia (tabla 5), sien-

Tabla 5. Desamortización eclesiástica en los municipios de la provincia de Ciudad Real

% del término	Nº municipios		Extensión	
	Nº	%	has	%
0-09	26	34,20	2.831,00	5,10
1-4,9	33	43,40	15.588,00	28,10
5-9,9	10	13,10	22.729,00	41,00
10-14,9	4	5,20	4.820,00	8,70
15-19,9	1	1,30	4.053,00	7,30
+ 20,00	2	2,60	5.354,00	9,70

Fuente: Valle Calzado, A. R. del, 1996: 73

do el grupo más numeroso, en lo referente a significado de las tierras eclesiásticas en el término, el comprendido entre 1 y 5 has del mismo, ya que afecta a 33 de ellos (43%) entre los que se encuentra Villamayor. Sin embargo, el grupo que más tierras aportó a la venta fue el grupo comprendido entre los que dichas tierras significaban entre el 5 y el 9,9 %, por cuanto pusieron a la venta 22.729 ha, que suponen el 41% del total de tierras vendidas, pese a que ellos no representasen nada más que el 13,1% (Valle Calzado, A. R. del, 2014: 72-73).

La desamortización de Madoz (1855) es, como se ha repetido, la que tiene mayor significación en nuestra provincia no solo por su volumen -693.435 has. (92,6%) de las tierras desamortizadas- sino porque, además, afectó a los bienes de los Ayuntamientos, ya fuera en su modalidad de "bienes de Propios" o de "bienes comunales", bienes, ambos, que eran esenciales tanto para el sostenimiento de los Ayuntamientos como para la vida de los vecinos de los lugares donde se ubicaban, y ello por proporcionarles medios agrarios, ganaderos y madereros de forma gratuita, ya fuera como bienes comunes o de Propios (Valle Calzado, A. R. del, 2014: 81-82) (tabla 6).

Tabla 6. Bienes desamortizados bajo el concepto de *Propios* en la provincia de Ciudad Real

Origen	Extensión (ha)	Nº de fincas	Valor venta (rls)	Superf. media
Propios	***524.587***	***1.575***	***81.343.799***	***333,07***
• Propiedad plena	356.469	270		1.320,2
• Dominio útil	168.118	1.305		128,8

Fuente: Elaboración propia con datos de Valle Calzado, A. R. del, 2014: 61 y 82

Las ventas de bienes desamortizados afectaron de forma desigual a los distintos municipios de la provincia de forma que se puede diferenciar cuatro grupos: a) El primero está integrado por 27 pueblos en los que la desamortización no superó las 1.000 ha y no llegaban a representar el 10% del término. Se corresponde con aquellos que tenían un pequeño patrimonio municipal y su aportación al conjunto solo fue de un 2,7% de la tierra desamortizada; b) El segundo lo forman 43 pueblos en los que las tierras desamortizadas oscilan entre 1.000-5.000 ha, afecta al 10-15% del término, siendo su aportación al conjunto desamortizado un 19,8%; c) El tercero lo integran 9 Ayuntamientos en los que se desamortizan entre 5.000-10.000 ha, aportando al conjunto un 9,7%; y d) El último grupo está formado por 14 municipios en los que se desamortizan más de 10.000 ha y aportan más del 65,6% de las mismas (Valle Calzado, A. R. del, 2014: 84 (tabla 7).

Tabla 7. Participación municipal en la desamortización General de la provincia de Ciudad Real

Has. desamortizadas	Nº de pueblos		Tierra desamortizada (has)	% de superfc.
	Nº	%		
0,1-1.000	27	29,0	-1.000	2,7
1.001-5.000	43	46,2	1.001-5.000	19,8
5.001-10.000	9	9,7	5.001-10.000	9,7
+ 10.000,1	14	15	+ 10.000	65,6

Fuente: Elaboración propia con datos de Valle Calzado, A. R. del, 2014: 85

Lo que si queda evidente es el gran cambio de mano de la propiedad agraria ocurrida en nuestra provincia (Valle Calzado, A. R. del, 2016b: 114-116) debido, sobre todo, al gran peso que en ella tenía, desde la Edad Media, la Orden de Calatrava y, consecuentemente, el significado de las tierras comunales y de Propios en el momento de efectuarse la Desamortización.

En lo referente a la cuestión de quienes fueron los compradores de esas tierras desamortizadas en la provincia hay que considerar que su número total fue de 2.395, número que, si lo relacionamos con el conjunto de la población proporcionada por el censo de 1860, resulta que apenas llega al 1% de ella. Estos compradores se pueden clasificar en cuatro grupos: a) La nobleza, dentro de la que se suelen distinguir dos subgrupos: el de la nobleza titulada, residente fuera de la provincia, y el de la nobleza local vinculada a la tierra; b) El clero; c) Compradores urbanos y foráneos, integrados por vecinos de Madrid y de otras grandes ciudades; y d) Compradores rurales que residen en la propia provincia y/o en localidades próximas. Este último grupo es el más amplio y complejo por lo que conviene subdividirlo en tres subgrupos: los compradores rurales vinculados a la tierra (propietarios y campesinos -labradores, arrendatarios y jornaleros-); los rurales no agrarios (comerciantes e industriales, profesiones liberales, funcionarios, militares); y los individuos rurales y populares no vinculados a la tierra (artesanos, empleados y obreros no agrarios (Valle Calzado, A. R. del, 2015: 111-112).

En cuanto a la cantidad de tierra adquirida por los compradores nos puede servir de punto de partida la consideración de la media teórica de tierra adquirida por cada uno de los compradores que habría sido de 312,6 ha. Sin embargo, la realidad fue muy distinta de este reparto teórico ya que, de ese conjunto de compradores, utilizando una muestra del 70% que equivale a 1.643 compradores, el 7,6% de ellos compró casi 500.000 ha y realizó el 60 % de la inversión, y de ellos, precisando más el análisis, un 2,7% (64 individuos) compraron 250.000 ha, lo que se traduce en que los beneficiados fueron un grupo muy reducido, de los que un 90% fueron de la provincia, un 6,3% de Madrid, un 2,5% de otras provincias y un 0,7% de los que se desconoce su origen. Los compradores provinciales, que ascienden a 2.168 individuos, se quedaron con la mitad de la superficie vendida, siendo el grupo más beneficiado el de aquellos que vivían en pueblos de tamaño mediano y pequeño, si bien los compradores de la capital de la provincia y de las cabeceras de partido fueron los más numerosos (37 % de los beneficiarios que se quedan con casi el 24 % de las tierras desamortizadas) (Valle Calzado, A. R. del, 2015: 112; 2016b: 117-118).

La realidad de este proceso fue que los pequeños propietarios y los jornaleros, si bien participaron en un número relativamente significativo (217, el 13 %), demostrando con ello su interés en participar, apenas pudieron adquirir pequeñas fincas como demuestra la toma en consideración de su porcentaje de inversión y adquisición (1,0 y 2,4 %, respectivamente) que, por lo demás, fueron muy modestos. Este grupo tiene una mayor presencia en los pequeños municipios donde la competencia de grupos sociales más poderosos era menor. También acredita esta afirmación el hecho de que todos, prácticamente, fueron pequeños compradores ya que sólo cuatro de ellos superan los cincuenta mil reales de inversión (Valle Calzado., A. R. del, 2016b: 126-127).

Un aspecto que nos importa subrayar de forma especial por su interés para el objeto de este trabajo es el de la formación de *Sociedades Compradoras* de bienes desamortizados que, en el caso de esta provincia, consiguieron adquirir más de 52.000 has. Dentro de ellas podemos señalar tres tipos: el primero, formado por grupos de compradores que, una vez adquiridas, procedía a la división y reparto de las fincas adquiridas entre los socios. Este es el tipo más frecuente y usual y nos puede servir de ejemplo el caso de la *Sociedad Chica*, de Valverde, que compró la dehesa de Propios del mismo nombre (19 has) y se repartió la tierra entre sus 27 socios. El segundo es un tipo de sociedad cuya finalidad es especular con los bienes desamortizados adquiridos y un ejemplo puede ser la *Sociedad Compradora del Término Municipal de Almodóvar del Campo*,[38] (Valle Calzado, A. R. del, 2014: 222-231). El tercer tipo de sociedad, al igual que los anteriores, cuenta con la participación de las élites locales. Sin embargo, su propósito no es el reparto de tierras ni la especulación, sino su aprovechamiento por parte de un colectivo específico: los vecinos de un determinado pueblo. Un ejemplo de este tipo de sociedad es la *Sociedad Compradora de la Dehesa Boyal o Labrada de Villamayor de Calatrava*, cuyo funcionamiento analizaremos en detalle en los siguientes apartados, dado que constituye el objeto principal de este estudio.

3.1.4. La desamortización en Villamayor de Calatrava

El análisis de la participación de Villamayor de Calatrava en el proceso de desamortización queremos centrarlo, en primer lugar, en el significado global que estas tierras vendidas tuvieron en el conjunto del término municipal; y, en segundo lugar, tratar de diferenciar las cifras resultantes de aquellas tierras desamortizadas que procedían del clero, de aquellas otras que procedían de los bienes comunales y de Propios. Todo ello como marco para comprender mejor el significado de la desamortización de la Dehesa Boyal Labrada que es lo que queremos estudiar.

La superficie desamortizada en nuestro pueblo ascendió, según Valle Calzado, (2014: 378) a 7.396 has, lo que representó el 51,2% del término. De estas tierras vendidas, 310 has lo fueron entre 1836 y 1854, y 7.086 has entre 1855 y 1910, valores que, a priori y utilizando solo la cronología de las ventas como elemento de clasificación, podría pensarse

[38] La *Sociedad Compradora del Término Municipal de Almodóvar del Campo*, constituida en 1895 por 16 individuos, aunque su escritura pública se hizo el 27 de agosto de 1900. Su objetivo era comprar tierras desamortizadas, venderlas y repartirse los beneficios. Esta sociedad adquirió 40.695 ha (Valle Calzado, A. R. del, 2014: 222-231).

que correspondían, en el primer caso, a la desamortización eclesiástica de Mendizábal, y, en el segundo, a la de Madoz en la que estaban incluidos los bienes comunales y los de Propios. Pero, esta hipótesis, como se ha comentado antes, no es ni tan nítida como a primera vista podría pensarse, debido, entre otras cosas, a que aquellos bienes eclesiásticos que no se habían vendido cuando se promulga la ley de Madoz en 1855, fueron incorporados muchas veces a los llamados bienes del Estado y, por consiguiente, la separación según el origen de los bienes vendidos, a partir de la fecha, no es tan nítida si nos basamos solo en la cronología. Por otra parte, hay, además, otra razón para que la separación de la procedencia de las tierras en función de la fecha no sea tan clara y es que algunos bienes comunales (las dehesas boyales, por ejemplo) eran propiedad de la Orden de Calatrava y como tales eran bienes eclesiásticos, aunque su uso estuviese cedido a los vecinos, pero, en la práctica, fueron consideradas unas veces como bienes comunales y otras como bienes de Propios, generando confusión en lo referente a si su procedencia era eclesiástica o civil.

Hemos empleado una metodología basada en el análisis de los expedientes de subasta de bienes nacionales, organizándolos de acuerdo con el *Boletín Oficial de la Provincia*, el cual forma parte del propio expediente de subasta. El resultado ha sido, desde nuestro punto de vista, satisfactorio por cuanto nos ha permitido diferenciar, con bastante claridad, las tierras procedentes del clero de las que lo eran de los Propios y comunales. Aspecto importante si tenemos en cuenta lo dicho antes sobre la confusión que se dio a la hora de adscribir el origen de estos bienes a partir de la publicación de la ley de Madoz (1855) y subsiguientes. El número de hectáreas vendidas con este método no difiere, en nuestra opinión, sustancialmente, del proporcionado por Valle Calzado (2014: 378) ya que frente a las 7.396 has. proporcionas por este autor, la obtenida por nosotros es de 7.104,95 ha, desglosadas en 6.978,47 ha, procedentes de la desamortización de Madoz, más 122,6 ha, procedentes del clero en función de ley de Mendizábal, y otras 3,84 ha, también procedentes del clero, pero en función de la Real Cédula de 1798 (Godoy).

Es decir, una diferencia, con respecto a la del Valle, de 291,05 ha (tabla 8), que representa una disminución de 2 puntos porcentuales en lo referente a su significación con respecto al conjunto de la superficie municipal, ya que pasa del 51,2% al 49,3%.

Tabla 8. Superficie desamortizada en Villamayor de Calatrava

Superficie desamortizada s/ Valle Calzado (ha)			**7396,00**
Superficie desamortizada s/ autor (ha)			**7104,95**
- Clero			
	S/ Real Orden 1798 (Godoy)	3,84	
	S/ Ley de Mendizábal (1836)	122,64	
Total clero		**126,48**	
- Comunales y Propios s/ Ley Madoz (1855)		**6978,47**	
TOTAL DESAMORTIZADO		**7104,95**	
Diferencia			**291,05**

Fuente: Elaboración propia con datos de AHPCR (Desamortización H 6) y del Valle Calzado, 2014: 378

1) La desamortización eclesiástica

La desamortización de bienes de la Iglesia en Villamayor tuvo poca significación sobre todo si la comparamos con la relativa a bienes comunales y de Propios, conocida como desamortización civil, si bien en esta distinción hemos de tener en cuenta lo ya dicho sobre la confusión de bienes procedentes de la Mesa Maestral de la Orden de Calatrava que, si bien eran eclesiásticos, se consideraron como bienes comunales o de Propios. El hecho es que la correspondiente a bienes del clero en Villamayor representó un 1,7% de los bienes desamortizados, mientras que la civil supuso el restante 98,2%.

La documentación más antigua encontrada en el AHPCR[39] sobre la desamortización en Villamayor de Calatrava es la correspondiente a una finca, procedente del caudal de Nuestra Señora del Rosario, que estaba situada en el paraje de *camino de Argamasilla*, lindaba con otras fincas de Manuel Checa y de José Acevedo, con una extensión de 6 fanegas (3,84 ha), administrada por Tomás Palomares que, a la sazón, era administrador

[39] AHPCR: Desamortización, H 64.

del citado caudal, y se hizo la venta al amparo de la Real Cédula de S. M. de 1798[40] (anexo 10). Fue tasada en 3.600 reales y rematada en 4.600 reales por don Antonio Arévalo, vecino de Miguelturra, en el año 1808 ante el Juez de Ciudad Real D. José Espinosa.

Bajo la Ley de Desamortización de Mendizábal[41] y durante el período 1856-1873, se desamortizaron en nuestro municipio un total de 75 parcelas, con una superficie combinada de 122,64 hectáreas (véase tabla 9 y anexos 11 y 12). Estas tierras procedían de diversas instituciones eclesiásticas, distribuyéndose de la siguiente manera: Capellanía de las Ánimas (1 parcela), Capellanía de Moharro (10), Capellanías vacantes (28), Purísima Concepción (1), Santa Ana (10) y, bajo la denominación genérica de "clero", 25 parcelas.

Sin embargo, la superficie desamortizada fue considerablemente menor en comparación con la extensión de tierras que el clero poseía en el municipio según el Catastro de Ensenada de 1749. De acuerdo con esta fuente, el total de tierras clericales ascendía a 1.047,4 cuerdas (equivalentes a 216,99 hectáreas) (Rodríguez Espinosa, E. y Callejas Rodríguez, J., 1983: 128). Cabe señalar que todas las instituciones eclesiásticas que aparecen como propietarias de las tierras desamortizadas también figuran en el Catastro de Ensenada, con excepción de la Capellanía de Moharro y aquellas registradas bajo la categoría genérica de "capellanías vacantes".

En la compra de estas tierras la gran mayoría de sus rematantes son vecinos de Villamayor (11) (78,5%) y solo 3 del pueblo vecino de Almodóvar, siendo los mayores compradores: Manuel Molina -que

---

[40] Real Cedula de S.M. y Señores del Consejo en que se manda cumplir el Decreto inserto por el qual se dispone que se enagenen todos los bienes raices pertenecientes á Hospitales, Hospicios, Casas de Misericordia, de Reclusión y de Expóxitos, Cofradías, Memorias, Obras pias y Patronatos de legos, poniéndose los productos de estas ventas, así como los capitales de censos que se redimiesen pertenecientes á estos establecimientos y fundaciones, en la Caxa de Amortización baxo el interes anual del tres por ciento en la conformidad que se expresa.

[41] El 19 de febrero de 1836 se decretó la venta de los bienes inmuebles de esos monasterios y el 8 de marzo de 1836 se amplió la supresión a todos los monasterios y congregaciones de varones. El Reglamento del 24 de marzo de 1836 especificaba todos los cometidos de las juntas diocesanas encargadas de cerrar los conventos y monasterios y, en general, de todo lo necesario para la aplicación del Decreto del 8 marzo.

compra 21 parcelas (28%) y suponen el 27,7% de la superficie vendida, por las que paga un total de 8.398 reales-, seguido, a mucha distancia, de Juan de Dios Martín quien adquirió 8 parcelas, que supusieron 12,25 ha y por las que pagó 1.650 reales. Los dos reseñados, junto con los demás compradores, figuran entre los mayores contribuyentes en los años 1845 y 1849[42].

Tabla 9. Compradores de bienes del clero en Villamayor de Calatrava

Nombre del comprador	Nº de parcelas	Superficie	Precio pagado (reales)	Domicilio del comprador
Manuel Molina	21	34,02	8.398,00	Villamayor
Juan de Dios Martín	8	12,25	1.650,00	Villamayor
Francisco Castillo	7	16,38	2.880,00	Almodóvar
José Antonio Carrión	6	14,41	2.660,00	Villamayor
José Arévalo	5	1,37	447,50	Almodóvar
Juan Arévalo	5	7,22	1.600,00	Villamayor
José Morales	5	9,94	1.140,00	Villamayor
Casimiro Hidalgo	3	3,2	440,00	Villamayor
Joaquín Gijón	2	3,82	320,00	Villamayor
Manuel Martín	2	2,04	260,00	Villamayor
Perfecto Acosta	2	2,46	340,00	Villamayor
Silvestre Molina	2	3,97	300,00	Villamayor
Máximo Rodríguez	1	2,57	430,00	Almodóvar
José Espinosa	1	3,48	1.250,00	Villamayor
Sin datos completos	5	5,51		
Total	**75**	**122,64**		

Fuente: Elaboración propia a partir de AHPCR: Desamortización H 6

Comparando los nombres de los compradores obtenidos por nosotros (tabla 9) con los que proporciona Valle Calzado[43] (tabla 10) resulta que hay coincidencia solo en 6 de ellos (Juan Arévalo, José Arévalo, Juan de Dios Martín, Manuel Martín, Manuel Molina y Silvestre Molina), pero en ninguno coincide ni el número de parcelas compradas, ni la superficie, ni la cantidad pagada. No obstante, esta comparación nos ha servido para precisar algo más las profesiones de los compradores en

[42] AMVC, C/0000000007. 1845: Leg. nº 1, pp. 4-5v; 1856 Leg. 5 (2/1/1853 a 23/12/1857), pp. 78, 78v, 79, 79v.

[43] Valle Calzado, A. R. del, 1996: 298, 306, 308; 1997: 64-65; 2014: 384-447.

aquellos nombres que coinciden, dado que el autor reseñado las cita. Este es el caso de Juan Arévalo y Manuel Martín de los que dice que son electo-

Tabla 10. Compradores de bienes desamortizados en Villamayor de Calatrava (1836-1910)

Nombre	vecindad	Profesión	nº de fincas	Ha	Pts.
Aguilar Romero, Miguel	Villamayor	carretero	1	1.497,00	44.472,00
Arévalo Gijón, Juan Antonio	Villamayor	propietario	7	14,00	35.424,00
Arévalo Pérez, Juan	Villamayor	elector	4	2,00	1.137,00
Arévalo Romero, José	Villamayor	propietario	8	6,00	10.062,00
Dios Martín, Juan de	Villamayor		3	3,00	7.150,00
Gijón García, Juan José	Villamayor	propietario	1	534,00	103.050,00
Gijón, Joaquín	Villamayor	elector	2	2,00	320,00
Hidalgo, Casimiro	Villamayor		2	2,00	320,00
López Carrión, Manuel	Villamayor		1	10,30	330,00
Martín, Manuel	Villamayor	elector	2	1,00	260,00
Molina González, Julián	Villamayor	labrador	3	5,00	8.510,00
Molina, Manuel	Villamayor		20	32,00	6.853,00
Molina, Silvestre	Villamayor		2	2,00	1.403,00
Morales, José	Villamayor	elector	6	523,00	325.240,00
Palomares Palomares, José	Villamayor	propietario	3	4,00	10.470,00
Rodríguez Camacho, José	Villamayor		2	586,00	3.712,00
Rodríguez Guzmán, Diego	Villamayor	carpintero		289,00	14.402,00
Sánchez Molina, Silvestre	Villamayor		14	87,42	17.500,00
Valeros Bautista, Pedro	Villamayor	propietario	4	3,00	18.408,00
Viso Moreno, Pascual	Villamayor		1	s/d	2.025,00
Total			**86**	**3.602,72**	**611.048,00**

Fuente: Elaboración propia con datos de Valle Calzado, A. R. del, 1996: 298, 306, 308; 1997: 62-65, 68-100; 2014: 384-447

res, o el de José Arévalo del que nos dice que es propietario, lo que no es óbice para que también sean mayores contribuyentes que es el criterio seguido por nosotros.

Otras posibles comparaciones del estatus social de los compradores es hacerlo tanto con respecto al Catastro de Ensenada (1749) o con los cargos municipales de la época en la que tienen lugar las compras de bienes desamortizados. Efectivamente, en Ensenada muchos de los apellidos de los compradores coinciden con aquellos vecinos que en 1749 son "labradores", es decir, empresarios agrícolas, con los que, un siglo después, van a ser compradores. Es el caso de Arévalo, Espinosa, Gijón, Martín y Molina, si bien conviene tener presente que para realizar esta comparación con precisión habría sido necesario reconstruir el árbol genealógico de los compradores de bienes desamortizados y verificar cuál es su antecesor efectivo en el momento de realizarse el Catastro. No obstante, consideramos que es una aproximación que puede ayudar a comprender mejor el estatus social de los compradores.

Con respecto a los compradores que ocupan un puesto en la corporación municipal, cabe reseñar a Manuel Molina, que es secretario del Ayuntamiento al menos entre 1845 y 1854; a Joaquín Gijón, que es Alcalde de 1850 a 1854; a José Morales, que es concejal en 1854 y 1856; a José Palomares, que es Procurador Síndico en 1854 y Alcalde en 1870; a Juan de Dios Martín, que es concejal en 1869; a José Antonio Carrión, concejal en 1869, etc.[44]

En cualquier caso, y a falta de estudios más concretos para precisar las diferencias detectadas en los datos, se puede afirmar que en Villamayor se cumple lo que todos los estudiosos del tema han afirmado: que las élites locales, en su mayor parte, accedieron a la compra de aquellas parcelas pequeñas que eran las que estaban al alcance de sus posibilidades económicas y que, casi de forma absoluta, procedían de los bienes de la Iglesia local, consolidando con ello su posición social.

[44] AMVC, C/0000000007, leg. 4, 5, 6, 7, 9

2) La desamortización civil

La desamortización civil, que se inicia a partir de la Ley de 1 de mayo de 1855, complementada con el posterior decreto de 3 de junio del mismo año, es la que tuvo verdadera significación en Villamayor de Calatrava ya que afectó a 6.978,47 ha (48,1% del término) (tabla 11) y, lógicamente, también a las arcas municipales.

Tabla 11. Bienes desamortizados en Villamayor de Cva. s/ Ley 1855

Nº orden	Nº invent.	Nombre de la finca	Superficie			Precio tasación (reales)	Fecha remate
			ha	áreas	cent		
1	1403-10ª	Carretones o Entredehesas	160	99	37	15.000	18/6/1877
2	1403-8ª	Cerrillo de los Lobos	321	97	87	15.468,75	17/3/1877
3	1403-6ª	Cerro del Tesoro	321	97	87		
4	1403-7ª	Charneca	319	40	28	13.922	17/3/1877
5	1403-1ª	Chorreros	320	69	7		
6	1120	Collado	2.318	40		899.000	25/2/1862
7	1403-4ª	Corral de Cañada	321	97	87		
8	554/1392	Cuartillo	286	47	10	15.568,6	14/4/1873
9	1403-9ª	Cuervo	321	97	87	16.594	17/3/1877
10	553/1390	Dª Elvira	236	98	28	1.7526	13/3/1874
11	1394	Eras Viejas	12	26	19	977,6	18/6/1877
12	557/1596	Hoyo Redondo	315	54	70	20.001	27/9/1873
13	1391	Labrada	425	35	31	32.580	
14	1403-2ª	Morrón	293		86		
15	1403-5ª	Peña Blanca o Cañada de Despeñadero	289	78			
16	1403-3ª	Peñas Pardas	296	22	79		
17	556/1595	Perabad	122	35	52	9.351	23/3/1874
18	1395	Prado de los Morales	12	98	64	975,6	18/6/1877
19	555/1393	Villazaide	280	10	17	14.401	14/4/1873
TOTAL			**6.967**	**1.139**	**876**		
			6978,47				

Fuente: Elaboración propia con datos del AHPCR. Desamortización. H 106 (201491)

El tipo de fincas vendidas son de superficie media/baja ya que dominan las de tamaño comprendido entre 200 y 300 ha, si exceptuamos dos fincas de pequeño tamaño (12 ha: Eras Viejas y Prado de los Morales) que están situadas en las proximidades del núcleo urbano, y una de 2.318 ha (El Collado), las tres pertenecientes a los Propios del pueblo. Se desmarca, también, de estos valores medios, la Dehesa Labrada, con 425 ha, que es el objeto de este trabajo.

En cuanto a los precios pagados por los compradores oscilan entre los 43,64 reales/ha en la finca Charneca (nº de orden 4, tabla 11) a los 81,47 reales/ha pagados en El Collado (nº de orden 6, tabla 12), lo que suponen un desembolso que va desde los 975 reales pagados por las dos fincas más pequeñas (Eras Viejas y Prado de los Morales), a los 899.000 reales pagados por El Collado. Sin embargo, fuera de estos valores extremos la cantidad dominante es la comprendida entre 13.000 y 20.000 reales, si bien para aproximarnos algo al significado de estas cantidades en ese momento hemos de tener presente que el salario medio agrícola en estos años y en esta zona oscilaba entre 1,5 y 2,5 pesetas al día, dependiendo de la estación del año y el tipo de trabajo (Carmona Pidal, J.; Simpson, J. 2003).

Con respecto a los compradores cabe destacar que la mayoría no fueron vecinos de Villamayor, si exceptuamos a Diego Rodríguez, que compra 586 ha, y a Miguel Aguilar Romero que adquirió 1.497,3 (Valle Calzado, A del, 1997: 68 y 94), pues en los casos de Jesús Muñoz Carrión y Pablo González Salas, aún siendo de Villamayor, licitan y se les adjudican tierras, concretamente la Dehesa Boyal La Labrada, pero no pagaron el primer plazo y, como consecuencia, solo quedó en un intento.

El mayor comprador fue Narciso José Beltrán, vecino de Madrid, que adquirió la dehesa de El Collado (2.318 ha), seguido de Eloy Sánchez Vizcaino, con domicilio también en Madrid, al que se le adjudicaron las fincas de Carretones o Entredehesas, Cerrillo de los Lobos, Charneca, El Cuervo y Hoyo Redondeo, que suman 1.436 ha. Otros compradores, con domicilio en pueblos de la provincia, fueron: Darío Sánchez Vizcaino, de Pozuelo de Calatrava, que adquirió Cuartillo, Eras Viejas, Prado de los Morales, y Villazaide, con un total de 590 ha; José Monescillo Cruz, de

Corral de Calatrava, que adquirió Dª Elvira con 236 ha; y Fermín López, de Almagro, que adquirió la Perabad (tabla 12).

Tabla 12. Compradores en Villamayor segun la ley de Madoz

Nombre finca	Superficie			Rematante	Domicilio	Precio	Fecha remate
	ha	a	ca				
Carretones o Entredehesas	160	99	37	Eloy Sánchez Vizcaino	Madrid	15.000	18/6/1877
Cerrillo de los Lobos	321	97	87	Eloy Sánchez Vizcaino	Madrid	15.468	17/3/1877
Cerro Tesoro	321	97	87				
Charneca	319	40	28	Eloy S-Vizcaino	Madrid	13.922	17/3/1877
Chorreros	320	69	7				
Collado	2318	40		Narciso José Beltrán	Madrid	899.000	25/2/1862
Corral de Cañada	321	97	87				
Cuartillo	286	47	10	Darío Sánchez Vizcaino	Pozuelo de C.	15.568	14/4/1873
Cuervo	321	97	87	Eloy Sánchez Vizcaino (Madrid)	Madrid	16.594	17/3/1877
Dª Elvira	236	98	28	José Monescillo Cruz	Corral de Cva.	17.526	13/3/1874
Eras Viejas	12	26	19	Darío Sánchez Vizcaino	Pozuelo de C.	977,6	18/6/1877
Hoyo Redondo	315	54	70	Eloy Sánchez Vizcaino	Madrid	20.001	27/9/1873
Labrada	425	35	31	Jesús Muñoz Carrión; Pablo González Salas	Villa-mayor	32.580	
Morrón	293		86				
Peña Blanca o Cañada de Despeñadero	289	78					
Peñas Pardas	296	22	79				
Perabad	122	35	52	Fermín López	Almagro	9.351	23/3/1874
Prado de los Morales	12	98	64	Darío Sanchez Vizcaino	Pozuelo de C.	975,6	18/6/1877
Villazaide	280	10	17	Darío S-Vizcaino	Pozuelo de C.	14.401	14/4/1873
TOTAL	**6.967**	**11**	**87**				

Fuente: Elaboración propia con datos del AHPCR. Desamortización. H 106 (201491).

Otro aspecto a tener en cuenta fue el diferente interés mostrado por los compradores a la hora de participar en la subasta, suponemos que en función del precio y, también, de la calidad de la tierra. Se da el caso de alguna finca, como El Collado o el Cuartillo, que son adquiridas en la primera subasta, mientras que otras, como el Cerro del Tesoro, Peña Blanca o Peñas Pardas, lo son en la 5ª o 7ª subasta. Un caso excepcional fue el de la Dehesa Boyal La Labrada, que, si bien fue adjudicada en dos ocasiones, el impago del primer plazo por parte de los adjudicatarios hizo que tal adjudicación fuese nula y habrá que esperar a que una sociedad, formada por todos los vecinos del pueblo, la compre en 1898.

El análisis pormenorizado de cada una de las fincas vendidas, con los datos que nos proporcionan los Boletines Oficiales de Venta de Bienes Nacionales (BOVBNCR) en los que se anuncia la subasta, junto con la documentación conservada en el AHPCR referente a cada una de ellas, consideramos que puede proporcionarnos una visión más completa del fenómeno desamortizador en este municipio, si bien hay que tener en cuenta que, en el apartado de la procedencia de la finca subastada, existe gran confusión en los Boletines.

1. **Carretones o Entredehesas**. Esta finca, con el nº de inventario 1403-10ª, tiene una extensión de 160 ha, 99 áreas y 37 centiáreas. Está poblado de monte bajo, de chaparro, coscoja, romero, labiérnago, y alguna jara. Limita al N: camino de Carbonales y Corral del Cerrillo de los Lobos; al E con dehesa del Cuartillo; al S: tierras de Aureliano Bernal; y al O: con arroyo de la Barranca y dehesa Villazaide. La cruza el arroyo de Molinillo y los caminos de Tirteafuera y Cabezarados. Procede de la Mesa Maestral y salió a subasta en el BOVBNCR nº 67, de fecha 29 de mayo de 1876, para ser rematada en la subasta del 4 de julio de 1876, pero fue suspendida según se determina en el Boletín nº 72 de fecha 1 de julio de 1876, para volver a salir a subasta en el BOVBNCR del 9 de febrero de 1877 y fecha de subasta del 17 de marzo de 1877, en la que fue adjudicada a D. Eloy Sánchez Vizcaino, vecino de Madrid, por la cantidad de 15.000 pts., cuando su valor de tasación era de 6.875 pts., semejante al de la primera subasta.

2. **Cerrillo de los Lobos**. Es un quinto situado en el paraje de la Raña de Pinto, con el nº de inventario 1403-8ª. Tiene una extensión de 321 ha, 97 áreas y 87 centiáreas, está poblado de chaparro, coscoja, labiérnago, romero y jara. Limita al N con mojonera de Corral de Calatrava; E: camino de Moledores y quinto Charneca; al S con la dehesa Villazaide; y al O: con el quinto Cuervo (figura 19). Procede de la Mesa Maestral. Dentro de sus límites hay algunas propiedades de vecinos de Villamayor. Lo cruzan el arroyo de la Legua y el camino de Moledores.

Figura 19. Plano de la finca *Cerrillo de los Lobos*. Villamayor de Calatrava

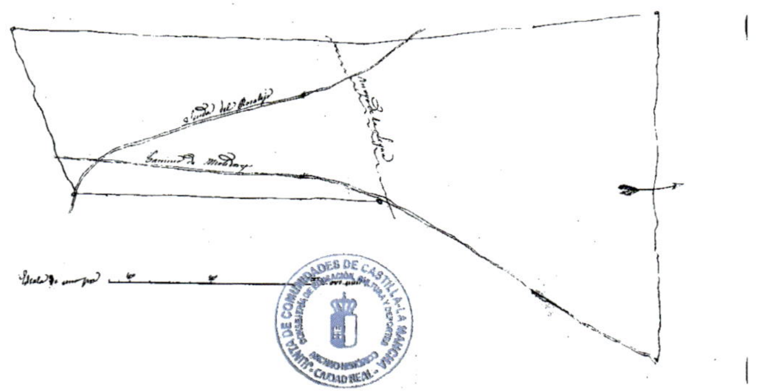

Fuente: AHPCR. Hacienda. Desamortización H 106 (26)

Salió a subasta en el BOVBNCR nº 32 (5/3/1873), y fue suspendida según el BOVBNCR nº 35 de 14/3/1872. Salió a nueva subasta en el BOVBNCR nº 67 (29/5/1876), con fecha de remate para el 4/7/1876, remate que también fue suspendido según el BOVBNCR nº 72, para volver a salir en el nº 100, de 9/2/1877, con fecha de remate en 17/3/1877, fecha en la que fue rematada por D. Eloy Sánchez Vizcaino, vecino de Madrid, por la cantidad de 15.468,75 pts., habiendo salido con una tasación de 13.750 pts., si bien en la primera subasta este valor fue de 17.968,65 pts., pero se vio reducido el precio en función del RD de 23 de agosto de 1868.

3. **Cerro del Tesoro**. Este quinto tenía el nº de inventario 1403-6ª, con una extensión de 321 ha, 97 área y 87 centiáreas. Estaba poblado de coscoja, chaparro y romero y limita al N con la Cañada del Despeñadero y el Cordel de Merinas; al E con labores de Villamayor; al S con La Solana y tierras de vecinos de Villamayor; y al O con el camino del Hoyo, el Cordel de Merinas y, de nuevo, tierras de vecinos Villamayor (figura 20). No disponía de aguadero para el ganado.
   Salió a subasta por primera vez en el BOVBNCR nº 32 del 5/3/1873, en la que no hubo licitadores, por lo que volvió a salir a licitación, por 2ª vez, en el BOVBNCR nº 67 de 29/5/1876, que fue suspendida por disposición recogida en el BOVBNCR nº 72, de 1/7/1876. Se inicia otra

Figura 20. Plano de la finca *Cerro del Tesoro*. Villamayor de Calatrava

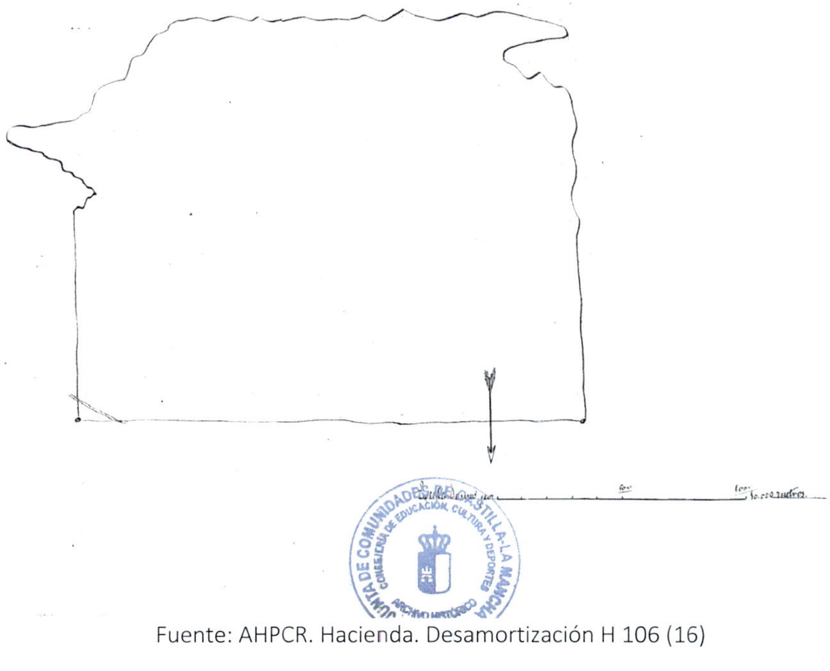

Fuente: AHPCR. Hacienda. Desamortización H 106 (16)

serie de subastas en el BOVBNCR nº 100, de 9/2/1877; se rectifica el valor de tasación con lo dispuesto en el BOVBNCR nº 108, de 10/3/1877, pasando de 14.000 a 14.500 reales el valor de tasación. Sale de nuevo a licitación el 14/12/1880 (BOVBNCR nº 16), que queda desierta; el 4/6/1881 (BOVBNCR nº19), que igualmente queda desierta y, por último, sale a subasta el 10/4/1883 (BOVBNCR nº 52) para celebrarse la subasta el 22 de mayo de 1883, pero ya con un precio de tasación que ha quedado reducido a 8.971 reales, dado que lo previsto por la ley era reducir el 45% del precio inicial de tasación (16.312 pts.). En esta ocasión sí hubo postor, según consta en su correspondiente escritura judicial, otorgada por el Sr. Juez de Primera Instancia de Ciudad Real, D. Salvador Sánchez y Martínez que "... *tuvo lugar el día diez y ocho de septiembre del año de mil ochocientos ochenta y tres, quedando rematada a favor de D. Juan José Gijón y García como único postor en la suma de ocho mil novecientas setenta y dos pesetas, y adjudicada a dicho señor por la Dirección General de propiedades y derechos del Estado según oficio fecha veintinueve de septiembre de mil ochocientos ochenta y tres a pagar en metálico y en diez plazos iguales dentro de los quince días siguientes al de haberse notificado la orden de adjudicación al comprador, éste realizó el pago del primer plazo como aparece de las cartas de pago...*" (Callejas Rodríguez, J, 2005).

4. **Corral de Cañadas.** Este bien, también procedente de la Mesa Maestral, tuvo como número 1403-4ª en el inventario de bienes desamortizados y una superficie de 321 ha, 97 áreas y 87 centiáreas. Estaba poblado de coscoja, chaparro, lentisco, madroño, romero y jara. Limita al N con la mojonera de Corral de Calatrava; al E con baldíos de Villamayor; al S con la Cañada del Despeñadero y el cordel de Merinas; y al O, con la mojonera del quinto Peña Blanca. Dentro de sus límites hay propiedades pequeñas de vecinos de Villamayor. Salió a subasta por primera vez el 3/3/1873, en el BOVBNCR nº 31, operación que se suspendió por medio del BOVBNCR nº 35 del 14/3/1873, y volvió a

publicarse su licitación en el BOVBNCR nº 66 de 27/5/1876, con remate para el 3/7/1876, pero tal subasta fue, igualmente, anulada (BOVBNCR nº 72, del 1/7/1876) por lo que se volvió a publicar su licitación en el BOVBNCR nº 12 del 12/10/1880, en la que quedó desierta, y volvió a anunciarse en el BOVBNCR nº 18 del 5/5/1881 y no conocemos quien fue su rematante. El precio inicial de subasta fueron 16.312 pts., pero, de acuerdo con el Real Decreto de 23 de agosto de 1868, se rebaja el precio en las sucesivas subastas, en un 30%, por lo que desde las 16.312,5 pts. se queda en 11.418 pts.

5. **Collado.** Esta dehesa, conocida como El Collado, tenía el número 1120 en el inventario de bienes a desamortizar y una extensión de 2.318 ha y 40 áreas, y era tierra de pastos de 2ª y 3ª clase, poblada de monte de chaparro, labiérnago, coscoja, jara y romero. Procedente de los Propios de Villamayor. Limita al N con los términos municipales de Cabezarados y Corral de Cva.; al E con la dehesa de Villazaide y tierras del Cura; al S con el rio Tirteafuera hasta Fuente Clavero; y al O con la misma Fuente y Morrón del mismo nombre.
   Salió a subasta en el BOVBNCR nº 78, de 29 de diciembre de 1861, y fue adjudicada a D. Narciso José Beltrán, vecino de Madrid, por la cantidad de 224.750 pts. (899.000 reales), en subasta celebrada el 10 de febrero de 1862. El primer plazo abonado (10% que ascienden a 89.900 reales=22.250 pts.) se distribuyó así: el 20% (17.980 reales=4.495 pts.) para el Estado y el 80% restante (71.920 reales=17.980 pts.) para el pueblo de Villamayor (figura 21).
   Dentro de esta dehesa se encuentra la dehesa de Tirteafuera (que queda excluida de su medida) y una mina de la Sociedad Navarra, y la cruzan los caminos de Cabezarados y Tirteafuera. Fue tasada en renta por 4.500 pts. (18.000 reales) y en venta por 112.500 pts. (450.000 reales) y estaba arrendada por 1.664 pts. (6.656 reales) anuales.
6. **Cuartillo**. La dehesa de El Cuartillo, procedía de la Mesa Maestral, tenía el nº 554 en el primer inventario y el 1392 en el segundo, con una extensión de 286 ha, 47 áreas y 10 centiáreas, y estaba ocupada por monte pardo de coscoja, labiérnago, romero, tomillo y alguna jara. Limita al N con el camino Carbonales; al E con labores de vecinos de

Figura 21. Resguardo de la Tesorería de Hacienda Pública de la provincia de Ciudad Real, correspondiente a la finca El Collado. Villamayor de Cva.

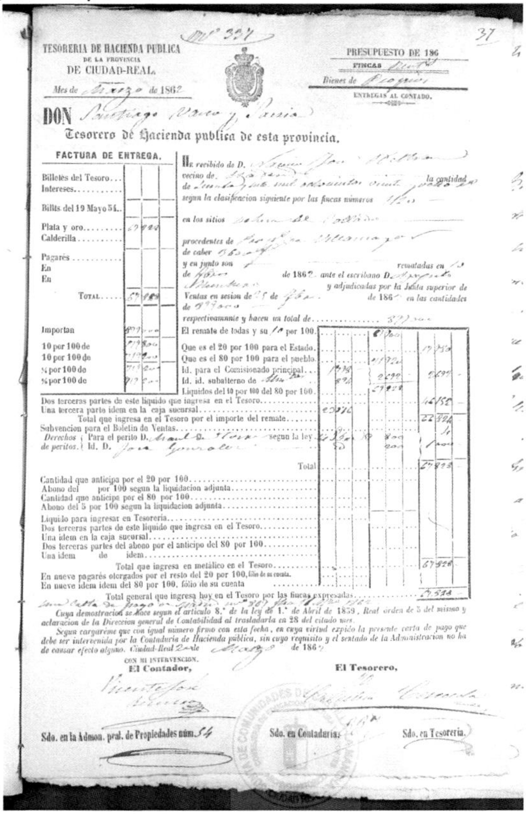

Fuente: AHPCR. Hacienda. Desamortización. H 106 (314)

Villamayor; al S con montes pertenecientes a herederos de Francisco Medrano; y al O con Rañas de Velasco y el sitio de los Carretones.
La cruza el arroyo del Molinillo, la senda de los Leñadores y los caminos de Cabezarados, Tirteafuera y de Gabriel, y, en su interior, hay algunas fincas roturadas pertenecientes a otros vecinos.
Salió a subasta en el BOVBNCR nº 30, del 14/4/1873, con el precio de capitalización de 38.818,25 pts., estaba arrendada por 1.725 pts.

anuales y fue rematada por D. Darío Sánchez Vizcaino, vecino de Pozuelo de Calatrava, en 15.568,25 pts., el 21/6/1873.

7. **Cuervo**. Este quinto tenía el nº 1403-9ª en el inventario, procedía de la Mesa Maestral, contaba con una superficie de 321 ha, 97 áreas y 87 centiáreas. Estaba situado en el paraje Arroyo de la Legua y poblado de coscoja, chaparro, jara, romero y brezo. Le cruza el arroyo titulado de la Legua, senda del Cuervo y camino de Cabezarados. Limita a N con la mojonera de Corral de Calatrava; al E por el quinto Cerrillo de los Lobos; al S por la dehesa de Villazaide; y al O por terrenos de Sr. Beruete (figura 22). Salió a subasta, por primera vez, el 5/3/1873 (BOVBNCR nº 32) por 15.468,75 pts. y no fue licitado, por lo que volvió a salir en el BOVBNCR nº 67 (29/5/1876) cuya subasta, prevista para el 4/7/1876, fue anulada según BOVBNCR nº 72 (1/7/1876) y vuelta a sa-

Figura 22. Plano de la finca *El Cuervo*. Villamayor de Calatrava

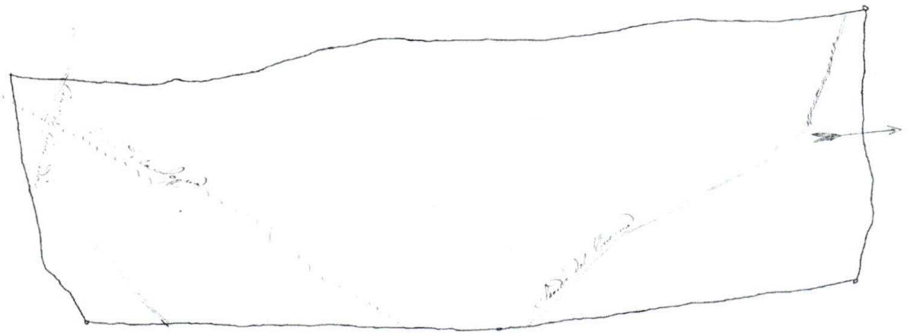

Fuente: AHPCR. Hacienda. Desamortización H 106 (31)

car en el BOVBNCR nº 100 (9/2/1877) por el mismo importe, siendo rematada por D. Eloy Sánchez Vizcaino, vecino de Madrid, por 16.594 pts. el 17/3/1877.

8. **Charneca**. Este quinto tenía el número 1.403-7ª en el inventario de bienes a desamortizar y tenía una superficie de 319 ha, 40 áreas y 28 centiáreas, procede de la Mesa Maestral. Linda al N con la dehesa Hoyo Redondo; al E con el camino del Hoyo y el Cordel de Merinas; al S con labores de vecinos de Villamayor y el camino Carbonales; y al O con el quinto Cerrillo de los Lobos. Estaba poblado de chaparro, coscoja, romero, labiérnago y jara. Dentro de sus límites hay diferentes propiedades de vecinos de Villamayor.
   Salió a subasta, por primera vez, en el BOVBNCR nº 32 (5/3/1873) pero fue suspendida dicha subasta según se describe en el BOVBNCR nº 35. Volvió a salir a licitación en el BOVBNCR nº 67 (29/5/1876) pero, igualmente, fue suspendida su venta (BOVBNCR nº 72 de 1/7/1876) y, por último, salió a licitación en el BOVBNCR nº 100 (9/2/1877) y fue rematado por D. Eloy Sánchez Vizcaino, vecino de Madrid, por la cantidad de 12.375 pts. y había sido tasado en 13.992 pts.
9. **Chorreros**. Este quinto, con el número de inventario 1403-1ª, tenía una superficie de 320 ha, 69 a. y 7 ca., y limitaba al N con mojonera del término de Corral de Calatrava; al E con la dehesa Dª Elvira; al S con Perabad y vecinos de Villamayor; y al O con el camino del Molino (figura 23). Estaba poblado de chaparros, coscoja, jara y romero. La cruza el camino del Corral de Calatrava. Dentro de esta finca se encuentran propiedades de vecinos de Villamayor descontadas de la superficie anterior.
   Salió a subasta por primera vez en el BOVBNCR nº 31 (3/3/1873) que fue suspendida en el BOVBNCR nº 35 (14/3/1873), volviendo a publicarse su licitación en el BOVBNCR nº 66 (27/5/1876) en la que no hubo licitación, volviendo a salir en el BOVBNCR nº 12 (12/10/1880), siendo adjudicada a D. Benito Muro Caballero, vecino de Madrid, quien no abonó el primer plazo y dio lugar a una 3ª licitación (BOVBNCR nº 18, de 5/5/1881) y a una 4ª licitación (BOVBNCR nº 51, 30/3/1883). El precio de salida fue de 14.426,47 pts., pero al no haber sido licitada se rebaja un 45%, siendo el valor de la última subasta 8.583,47 pts.

Figura 23. Plano del quinto *Chorreros*. Villamayor de Calatrava

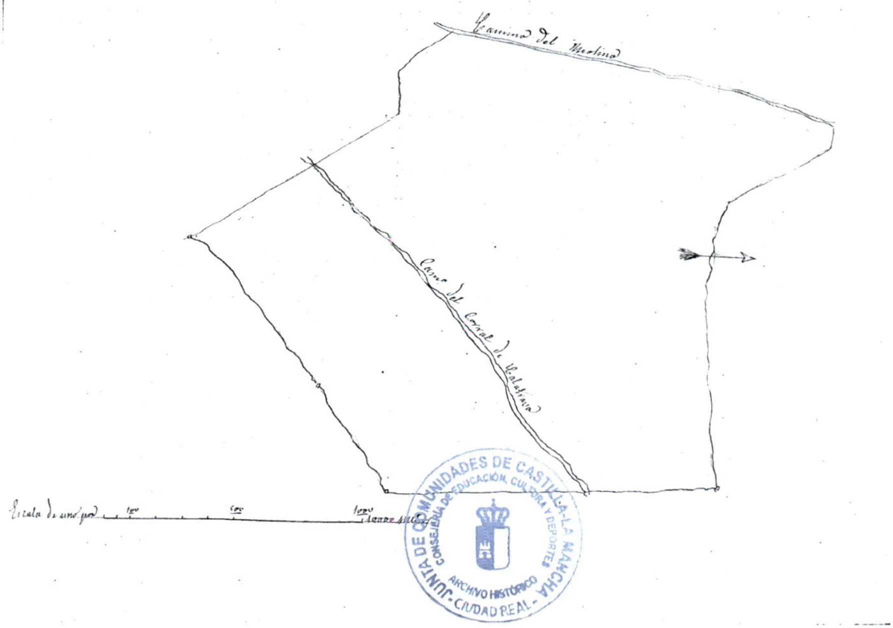

Fuente: AHPCR. Hacienda. Desamortización H 106 (272)

10. **Doña Elvira.** Esta dehesa tenía el número 553 del inventario, con una superficie de 236 ha, 98 áreas y 28 centiáreas. Limita al N con baldíos de Villamayor y Corral de Calatrava; al E con mojonera de Caracuel; al S con dehesa de Perabad; y al O con baldíos de Villamayor. Tiene un aguadero llamado *Fuentes de Doña Elvira*, que es de uso mancomunado para los ganados que pasten en dicha dehesa y los del término de Caracuel. La cruza el camino que, desde Villamayor, se dirige a la villa del Corral; la senda de las Fuentes de Doña Elvira; y un trozo muy pequeño de una vía pecuaria. Su aprovechamiento son pastos de 3ª clase.

    Salió a subasta por primera vez en el BOVBNCR nº 30 (1/3/1873), en la que no fue licitada, por lo que volvió a salir a subasta en BOVBNCR nº 46 (18/5/1873) en la que tampoco fue licitada. La tercera publicación de subasta se hizo en BOVBNCR nº 14 de 15/11/1873, en la que fue licitada por D. José Monescillo Cruz, vecino de Corral de Calatrava, por 17.526 pts., habiendo sido el valor de tasación 11.818 pts.

11. **Eras Viejas.** Su número de inventario es el 1394 y es una finca de menor cuantía, que linda al N con tierras de Josefa Arévalo y otros vecinos de Villamayor; al E con tierras de Francisca Gijón; al O con tierras de Josefa Pérez y Francisca Gijón, así como con el Prado de los Morales; y al S con tierras de Josefa Pérez y otros vecinos. Por su centro pasa el arroyo de las Eras y la cruza la carretera de Villamayor a Almodóvar, así como los caminos de Puertollano, Almodóvar, Viejo y de Brazatortas. Su cabida es de 12 ha, 26 áreas y 19 centiáreas, y es tierra de pastos de segunda clase.
    Salió a subasta, por primera vez, el 3/3/1873 (BOVBNCR nº 31) con un valor de tasación de 1.717 pts., pero fue suspendida esa licitación (BOVBNCR nº 35, (14/3/1873), volviendo a publicarse su subasta en el BOVBNCR nº 66 (27/5/1876), siendo suspendida el 1/7/1876 (BOVBNCR nº 72). El 18 de junio de 1877 es adjudicada, junto con el Prado de los Morales, a D. Darío Sánchez Vizcaino, vecino de Pozuelo de Calatrava, por la cantidad de 977,60 pts.
12. **Hoyo Redondo.** Es una dehesa cuyo número de inventario es el 557 antiguo y el 1596 nuevo, cuya superficie es de 315 ha, 50 áreas y 74 centiáreas, que estaba poblada de coscoja, chaparro, labiérnago, lentisco, aulaga, romero y jara. Sus límites son, al N, E y S, baldíos de Villamayor; y al O el camino de Moledores. Salió a subasta por primera vez el 1/3/1873 (BOVBNCR nº 30) pero no fue licitada, por lo que volvió a salir el 18/5/1873 (BOVBNCR nº 46) con un valor de capitalización de 19.018,25 pts. y fue adjudicada a D. Eloy Sánchez Vizcaino, vecino de Madrid, por 20.001 pts. el 27/9/1873.
13. **Dehesa boyal La Labrada.** Las peculiaridades de esta dehesa, que es el objeto principal de nuestro estudio, la posponemos al apartado siguiente de este trabajo.
14. **Morrón.** Su número de inventario es el 1403-2ª y se trata de un quinto que cabe 293 ha y 86 centiáreas, cuyos límites son: al N con la Cañada de la Comunidad; al E con dicha cañada y camino del Molino; al S

propiedades de varios vecinos de Villamayor; y al O con el quinto Peñas Pardas (figura 24).

Figura 24. Plano del quinto *Morrón*. Villamayor de Calatrava

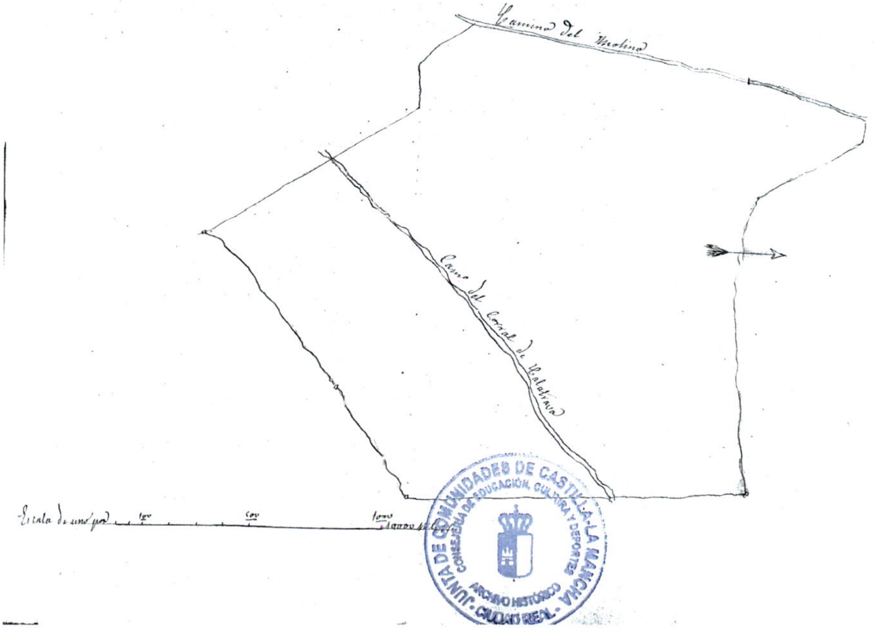

Fuente: AHPCR. Hacienda. Desamortización H 106 (276)

Está poblado de chaparro, coscoja, madrona, romero, aulaga y jara, pertenecía a los baldíos de Villamayor y lo cruza el cordel de Merinas. Dentro de ella se encuentran una finca de Baltasar Carrión y otra de Higinio Fernández.

Su primera salida a subasta tuvo lugar el 3/3/1873 (BOVBNCR nº 31), pero fue suspendida (BOVBNCR nº 35, 14/3/1873), por lo que vuelve a salir el 3/7/1876 (BOVBNCR nº 66), subasta que fue suspendida, igualmente, según se publica en el BOVBNCR nº 72 (1/7/1876) y, volvió a salir a subasta por el precio de 12.344 pts.

15. **Peña Blanca**. Este quinto está situado en el paraje conocido como Cañada del Despeñadero, y su número de inventario es el 1403-5ª. Linda al N con el término de Corral; al E con Cañada Corta; al S con Cañada del Despeñadero y Cañada de Merinas; y al O con la dehesa del Hoyo. Tiene una extensión de 289 ha, 78 áreas y 8 centiáreas, y estaba poblado de coscoja, chaparro, madroño, romero y jara. Su precio de venta fue de 14.765 pts.
Salió a subasta por primera vez el 5/3/1873 (BOVBNCR nº 32) pero fue suspendida (BOVBNCR nº 35, 14/3/1873), por lo que vuelve a salir el 4/7/1876 (BOVBNCR nº 67), subasta que fue también suspendida, según consta en el BOVBNCR nº 72, del 1/4/1876. Vuelve a salir a subasta en el BOVBNCR nº 100, del 9/2/1877 y es adjudicada a D. José García López Losada (Madrid) por el precio de 15.262 pts., pero da en quiebra y vuelve a salir a subasta el 12/12/1880 (BOVBNCR nº 16) en la que no hay licitadores ni tampoco en la siguiente subasta (BOVBNCR nº 19, 4/6/1881) pese a que el precio se rebaja a 13.865,25 pts.
16. **Peñas Pardas**. Este quinto de 296 ha, 22 áreas y 79 centiáreas, procede de la Mesa Maestral y tiene el número de inventario 1403-3ª. Linda al N con el término de Corral de Calatrava; al E con el quinto Morrón y camino del Molino; al S con tierras de distintos vecinos de Villamayor; y al O con el quinto Corral de Cañada Corta. Dentro de él hay propiedades pequeñas de Juan Callejas, Benigno Barahona, Clemente Rodríguez, Camilo Fernández, Claro Blanco, Antonio Martín y Benito Velasco, vecinos de Villamayor. Estaba poblado de coscoja, chaparro, romero, labiérnago, madroño y jara y lo cruza el Cordel de Merinas (figura 25).
Salió a subasta, por primera vez, el 3/3/1873 (BOVBNCR nº 31) por la cantidad de 14.555 pts., pero fue suspendida la subasta (BOVBNCR nº 35, 14/3/1873), y vuelve a salir el 27/5/1876 (BOVBNCR nº 66), siendo, igualmente, suspendida según consta en (BOVBNCR nº 72, 1/7/1876). En 16/3/1877 es licitada por D. Benito Muro Caballero, vecino de Madrid, pero dio en quiebra, y en las siguientes subastas (BOVBNCR

nº 18, 5/5/1881 y BOVBNCR nº 51, 30/3/1883), se rebaja el precio en un 30% pero tampoco hubo licitadores.

Figura 25. Plano del quinto *Peñas Pardas*. Villamayor de Calatrava

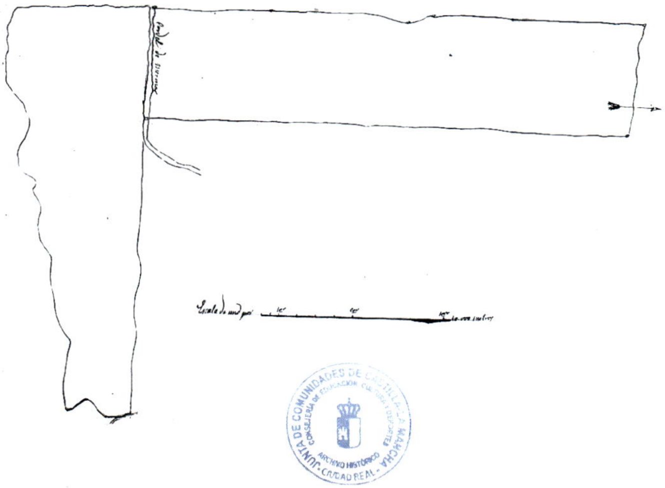

Fuente: AHPCR. Hacienda. Desamortización H 106 (281)

17. **Perabad.** Es un quinto cuyo número de inventario es el 556 en el primer inventario y el 1873 en el nuevo, con una superficie de 122 ha, 35 áreas y 52 centiáreas. Linda al N con dehesa de Dª Elvira; al E con tierras del Conde de Campomanes; al S con el camino a la casa del Conde de Campomanes; y al O con baldíos de Villamayor. Está poblada de chaparro, coscoja, acebuche, romero y jara. "*Tiene su aguadero que se conduce los ganados por una colada que hay por medio de las labores de referida casa*".

    Salió a subasta, por primera vez, el 1/3/1873 (BOVBNCR nº 30) por la cantidad de 13.359 pts., en la que no hubo licitadores y volvió a salir el 18/5/1873 (BOVBNCR nº 46) en la que tampoco se licitó y, por último, salió a subasta en BOVBNCR nº 14 (15/11/1873) y fue adquirido por Fermín López Épila, vecino de Almagro), por la cantidad de 9.351 pts.

18. Prado de los Morales. Es una finca de menor cuantía, cuyo número de inventario es el 1395 y con una superficie de 12 ha, 98 áreas y 64 centiáreas. Linda al N con el cordel de Merinas y camino Real de la Plata; al E con tierras de Juan José Gijón y la vereda del Prado; al S con tierras de José Arévalo; y al O con tierras, también, del mismo Juan Antonio Arévalo. Le cruza el camino del Charco y tiene un pozo y un pilar. Una cuarta parte de su terreno está pantanoso en invierno (figura 26).

Figura 26. Plano del *Prado de los Morales*. Villamayor de Calatrava

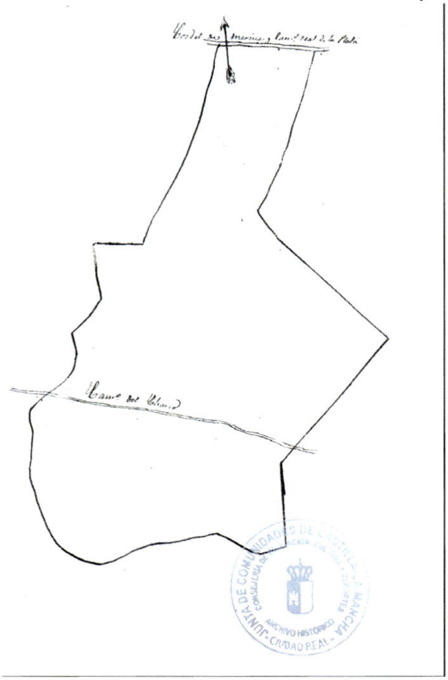

Fuente: AHPCR. Hacienda. Desamortización H 106 (290)

Salió a subasta, por primera vez, el 3/3/1873 (BOVBNCR nº 31), con un valor de tasación de 975,6 pts., pero fue suspendida esa licitación (BOVBNCR nº 35, (14/3/1873), volviendo a publicarse su subasta en el

BOVBNCR nº 66 (27/5/1876), siendo suspendida el 1/7/1876 (BOVBNCR nº 72). El 18 de junio de 1877 es adjudicada, junto con el Prado de las Eras, a D. Darío Sánchez Vizcaino, vecino de Pozuelo de Calatrava.

19. **Villazaide**. Esta dehesa, procedente de la Mesa Maestral puesto que era una dehesa boyal, tenía el número de inventario 555 y, posteriormente, en el nuevo inventario, el 1393, y una superficie de 280 ha, 10 áreas y 17 centiáreas. Limita al N con baldíos de Villamayor; al E y S. con la dehesa de Carretones o Entredehesas; al O con terrenos montuosos de D. Aureliano de Beruete. Dentro de sus límites se encuentra un corral de piedras para encerrar ganado vacuno, así como un aguadero. Estaba poblada de chaparro, labiérnago, coscoja, romero, lentisco y alguna jara, y la cruzan los caminos de Tirteafuera, Cabezarados, Nabajo y Moledores, así como el arroyo de la Pizarra.
    Estaba arrendada por 1.250 pts. y salió a subasta el 1/3/1873 (BOVBNCR nº 30) con una tasación de 28.125 pts. Fue rematada por D. Darío Sánchez Vizcaino, vecino de Pozuelo de Calatrava, el 14 de abril de ese año por un importe de 48.000 pts. de las que el 20% correspondía al Estado y el 80% al Ayuntamiento de Villamayor.

3.2. La adquisición de la *Dehesa Boyal La Labrada* por los vecinos de Villamayor

El proceso de adquisición de la Dehesa Boyal Labrada por parte de la Sociedad Compradora se desarrolló en tres fases diferenciadas.

La primera fase, que abarcó desde 1873 hasta 1898, estuvo marcada por los intentos del Ayuntamiento de evitar que la dehesa saliera a subasta pública, un esfuerzo que, como se ha visto, resultó infructuoso.

En la segunda fase, entre 1896 y 1897, algunos vecinos de Villamayor intentaron participar individualmente en las subastas nacionales, presumiblemente en representación del vecindario. Sin embargo, estos intentos también fracasaron debido a la imposibilidad de cumplir con los plazos de pago. Esta etapa se desarrolló de manera simultánea a los últimos años de la fase anterior.

La tercera y última fase culminó con la adquisición definitiva de la Dehesa a finales de 1898. Para ello, se constituyó una sociedad civil integrada por todos los vecinos del pueblo bajo la razón social de *Sociedad Compradora de la Dehesa Boyal o Labrada de Villamayor de Calatrava*, creada específicamente con este propósito.

Antes de abordar estas tres etapas hemos considerado conveniente abordar, sumariamente, una aproximación al significado que los bienes de *Propios* tenían tanto en el Ayuntamiento de Villamayor, y nos hubiera gustado poder hacerlo, de haber sido posible, sobre la importancia en cada una de las familias. Y lo hemos planteado por entender que esta información contribuye a explicar las acciones tomadas para adquirir la *Dehesa*.

3.2.1. La significación de los bienes de Propios en el Presupuesto municipal de Villamayor

Para analizar el significado de los bienes desamortizados en los presupuestos municipales, se ha realizado un muestreo en dos de ellos: los correspondientes a 1842 y 1846 (tablas 13 y 14, figuras 27 y 28), ambos anteriores a la Desamortización de 1855. En estos presupuestos, observamos que la participación de dichos bienes en los ingresos municipales oscila entre el 8,25 % y el 25,6 %. Lo que indica que su contribución a las arcas municipales era significativa. Como consecuencia, podemos inferir que su venta representaba una disminución de ingresos relevante para el Ayuntamiento y, en consecuencia, pude ser uno de los factores determinantes en la decisión de adquirir uno de estos bienes: la Dehesa Boyal.

En esta análisis hemos podido observar que en la relación de Propios que se hace en los presupuestos comentados no figuran todas las tierras que los intrgraban. Nos referimos, concretamente, a El Collado, Corral de Cañadas, Cerro del Tesoro, Cerrillo de los Lobos, Carretones o

Entredehesas, Cuartillo, Cuervo, Charneca, Chorreros, Morrón, Peña Blanca, Peñas Pardas. Fincas que, sin embargo, en el acta del pleno municipal correspondiente a 7 de septiembre de 1884[45], se mencionan, gran parte de ellas, como tierras de Propios de las que se habían de arrendar sus pastos: *"...bajo la presidencia del señor Alcalde Higinio Coronel... El señor presidente dispuso que yo, el secretario, diese lectura a la comunicación del Sr. Gobernador Civil de la provincia, fecha tres del corriente, y propuesta que le acompaña según dicha fuente, que el día 22 del actual tendrá lugar en esta alcaldía la subasta de pastos de los quintos de estos Propios: Cerro del Tesoro, Corral de Cañada, Cortes, Chorreras, Peñas Blancas y Peñas Pardas, bajo los tipos y demás que se señalan en dicha propuesta...... Pero con respecto al primero o sea el Cerro del Tesoro, opina no debe hacerse puesto que es de propiedad particular, según escritura pública que el interesado presenta en este acto, para lo cual y con objeto de que se suspenda esta operación con respecto a esta finca, se le de conocimiento al referido Sr. Gobernador Civil de la provincia..."*.

Tabla 13. Significado de los bienes de Propios en el presupuesto municipal de Villamayor de Calatrava. 1842

Año	Concepto	Importe	
1842	**GASTOS**		**7.172**
	INGRESOS DE "PROPIOS"		
	1/2 de 2.200 rls. Dehesa Villazaide	1.100	
	1/2 de 300 rls. Dehesa El Cuartillo	150	
	1/2 de 200 rls. Dehesa Perabad	100	
	1/2 de 200 rls. Dehesa Hoyo Redondo	100	
	1/2 de 750 rls. Dehesa Dª Elvira	375	
	TOTAL	**1.825**	
	Los ingresos de Propios suponen el 25,6% de los ingresos del presupuesto de ese año		

Fuente: Elaboración propia con datos del Presupuesto del año correspondiente. AMVC. Caja 134.

Con respecto a la finca del Collado hay algunos datos en las actas de los plenos del Ayuntamiento sobre su administración por este organis-

[45] AMVC, C/0000000007, leg. 10, pp. 0677-783v

Figura 27. Presupuesto municipal (detalle) de Villamayor de Calatrava. 1842

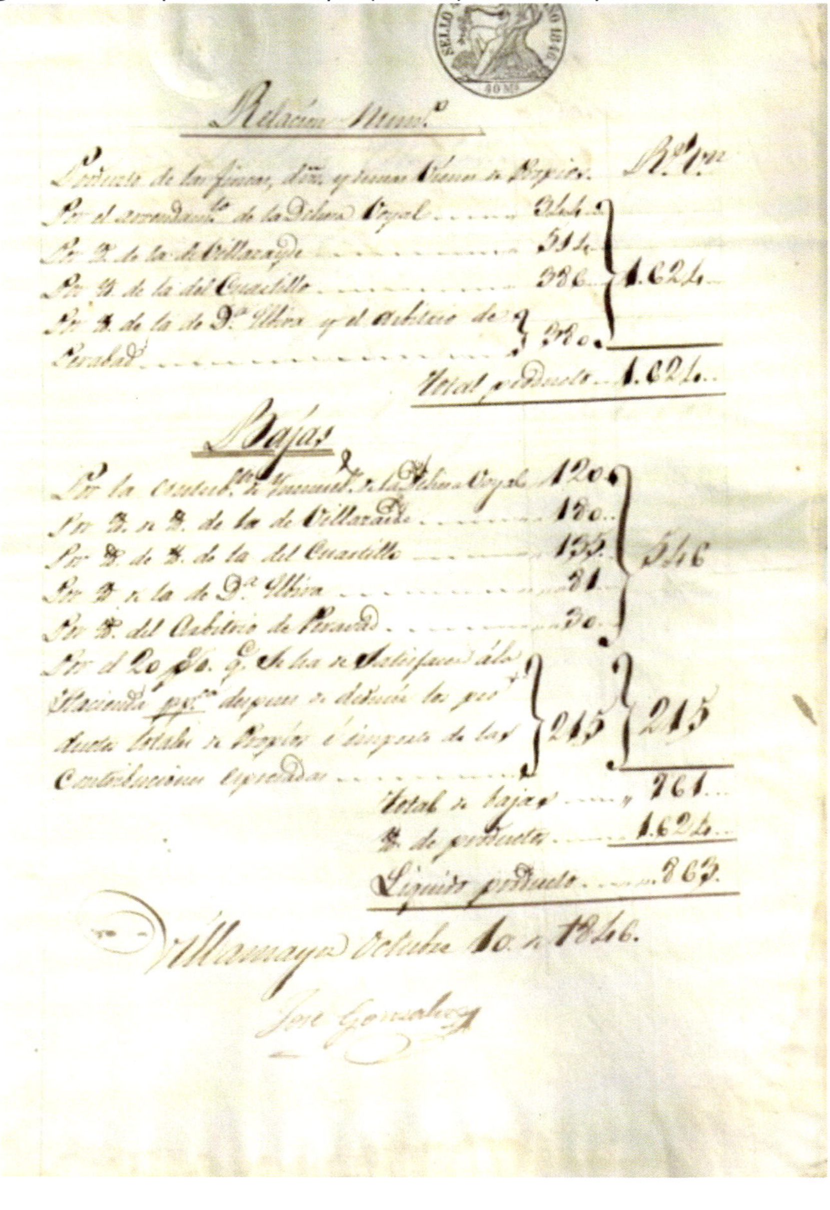

Relación Mun.l

Producto de las fincas, [illegible] y demas bienes de Propios. Rs. Vn.

Por el arrendam.to de la Dehesa Boyal ... 344
Por id. de la de Villazaide ... 514
Por id. de la del Cuartillo ... 386
Por id. de la de Dª Elvira y el Arbitrio de Peraleda ... 380 — 1.624

Total producto ... 1.624

Bajas

Por la [illegible] de la Dehesa Boyal 120
Por id. de id. de la de Villazaide ... 180
Por id. de id. de la del Cuartillo ... 135
Por id. de la de Dª Elvira ... 81
Por id. del Arbitrio de Peraleda ... 30 — 546
Por el 20 p% que se ha de satisfacer á la Hacienda [illegible] ... 215 — 215

Total de bajas ... 761
Id. de producto ... 1.624
Líquido producto ... 863

Villamayor Octubre 10 de 1846.

José Gonzalez

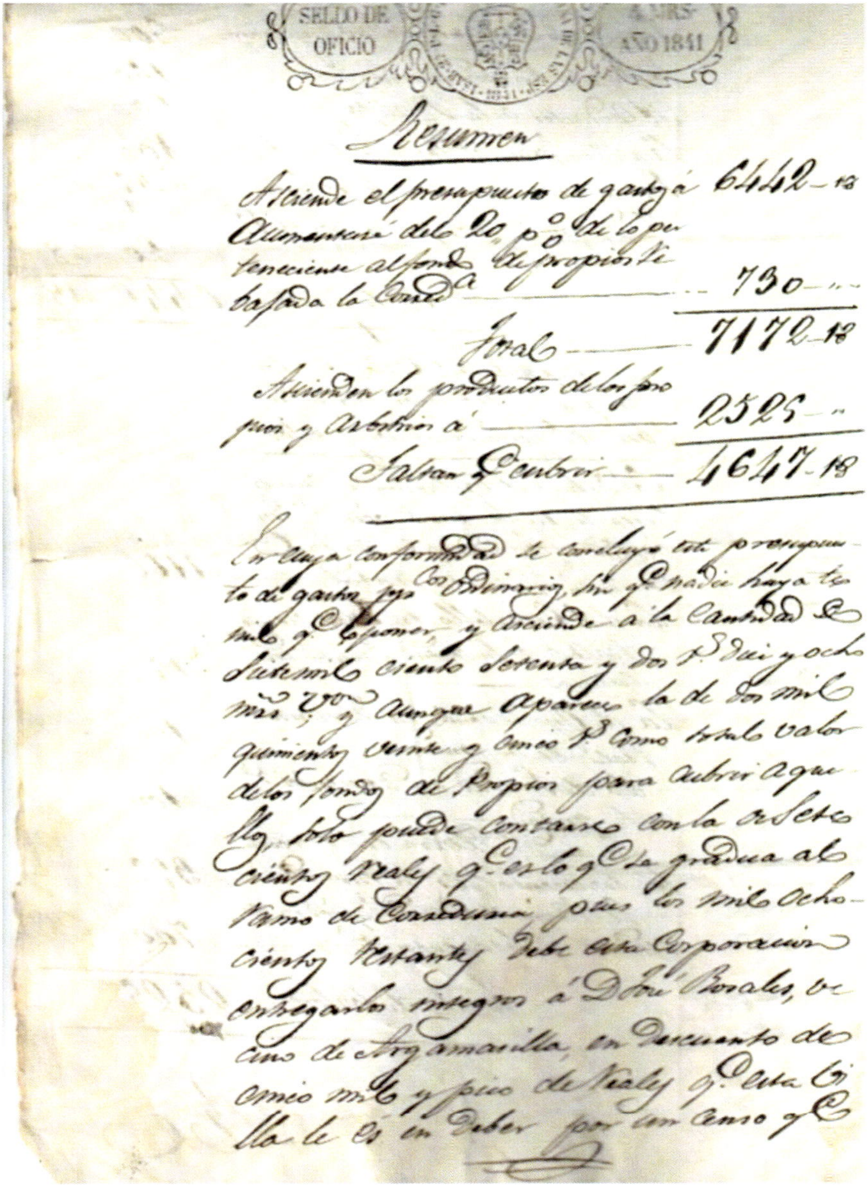

Resumen

Asciende el presupuesto de gastos á 6442-18
Aumentase del 20 p% de lo perteneciente al fondo de propios de baja da la Cont.ª 730
Total 7172-18
Asciende los productos de los propios y arbitrios á 2525
Faltan q.e cubrir 4647-18

En cuya conformidad se concluye este presupuesto de gastos por los ordinarios sin q.e nadie haya tenido q.e oponer, y asciende á la cantidad de siete mil ciento setenta y dos r.s diez y ocho mrs. v.on y aunque aparece la de dos mil quinientos veinte y cinco r.s como total valor de los fondos de Propios para cubrir aquellos solo puede contarse con la de setecientos reales q.e es lo q.e se gradua al ramo de Correduria, pues los mil ochocientos restantes debe esta Corporacion entregarlos integros á D. José Morales, vecino de Argamasilla, en descuento de cinco mil y pico de reales q.e esta villa le es en deber por un censo q.e

Fuente: AMVC. Caja 134

Figura 28. Presupuesto municipal (detalle) de Villamayor de Calatrava. 1846

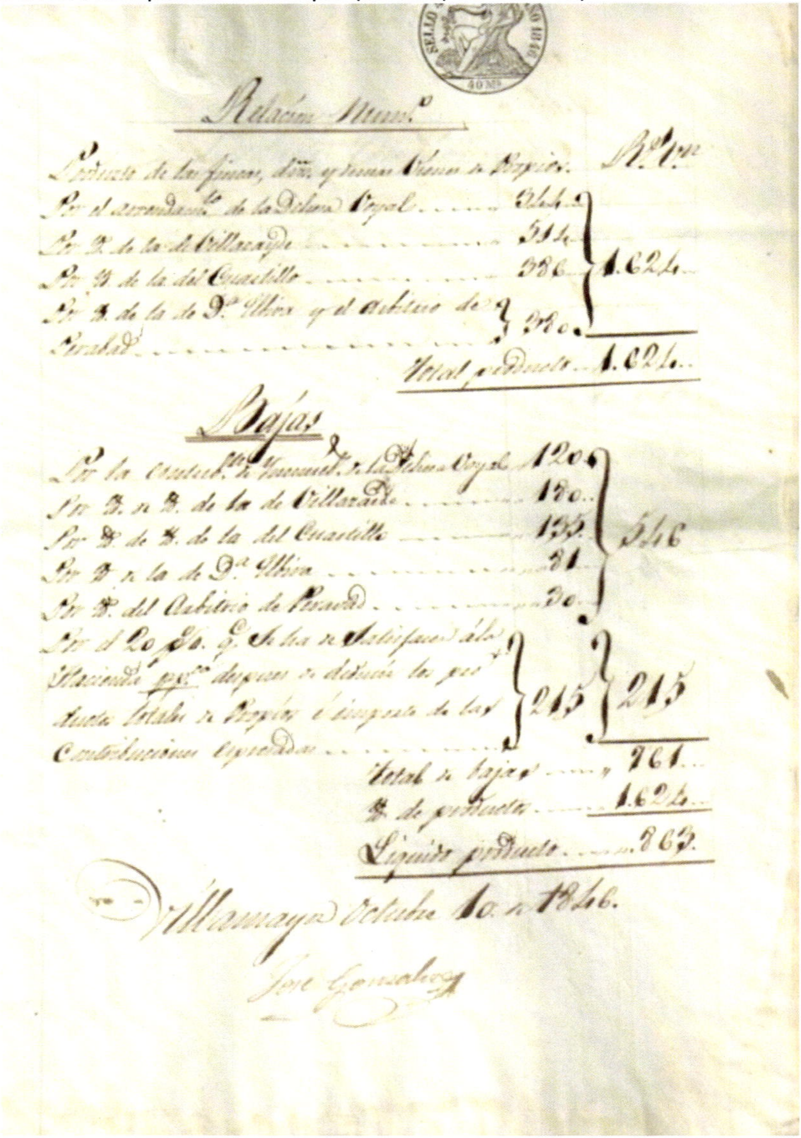

Relación Num.º

Producto de las fincas, dros. y demas bienes de Propios.		Rs. vn.
Por el arrendamto. de la Dehesa Boyal	344	
Por id. de la de Villarzaide	514	
Por id. de la del Cuartillo	386	1.624
Por id. de la de Dª Elvira y el Arbitrio de Pesado	380	
Total producto		1.624

Bajas

Por la contribn. de inmuebles de la Dehesa Boyal	120	
Por id. de id. de la de Villarzaide	180	
Por id. de id. de la del Cuartillo	135	546
Por id. de la de Dª Elvira	81	
Por id. del Arbitrio de Pesado	30	
Por el 20 p% q. se ha de satisfacer á la Hacienda publica despues de deducir los productos totales de Propios el importe de las contribuciones expresadas	215	215
Total de bajas		761
Id. de producto		1.624
Liquido producto		863

Villamayor Octubre 10 de 1846.

José Gonzalez

Fuente: AMVC. Caja 134

mo. Así el 23 de mayo de 1853[46] se toma el acuerdo de autorizar al marqués de Caballero, don Fernándo Montoya, para *"...la corta o arranque de leñas inútiles en el sitio del Collado inmediato a las cunetas? para elaborar teja, cal y demás que necesiten, y ..habiendo conferenciado y discutido detenidamente sus fines el particular indicado*

Tabla 14. Significado de los bienes de Propios en el presupuesto municipal de Villamayor de Calatrava. 1846

1846	**GASTOS**		**10.495**
	INGRESOS DE "PROPIOS"		
	Por arrendamiento Dehesa Boyal	344	
	Por arrendamiento Dehesa Villazaide	514	
	Por arrendamiento El Cuartillo	386	
	Por arrendamiento Dª Elvira y Perabad	380	
	TOTAL	**1624**	
	BAJAS:		
	Por la Dehesa Boyal	120	
	Por la Dehesa de Villazaide	180	
	Por la Dehesa de El Cuartillo	135	
	Por la Dehesa de Dª Elvira	81	
	Por la Dehesa de Perabad	30	
	TOTAL DE LAS BAJAS	**546**	
	Por el 20% que se ha de satisfacer a la Hacienda Pública (20% de 546 rels.)	215	
	TOTAL A DEDUCIR DE LOS INGRESOS	**761**	**761**
	Diferencia entre los ingresos por arrendamiento de los bienes de Propios y las bajas por pagos a la Hacienda. Pública. Aportación neta de los Propios		**865**
	Los ingresos de Propios suponen el 8,25% de los ingresos del presupuesto de ese año		

Fuente: Elaboración propia con datos del Presupuesto del año correspondiente. AMVC. Caja 134.

de....conformidad acordaron que no hay incombeniente en acceder a la solicitud del sr.marqués". O el acuerdo tomado en la sesión plenaria del 15 de septiembre del mismo año[47] en el que se determinan las condiciones de arriendo de dicha finca: *"...1ª) no se admitirá postura que*

[46] Íbidem, leg. 5, pp. 6 y 6v.
[47] Íbidem, leg. 5, pp. 9 y 9v.

vage de once mil reales en los cinco años del arriendo...y además mil reales en metálico satisfechos en el mismo año por trimestres según se paga la contribución.
2ª) En los cuatro años siguientes pagará también el rematante en cada uno de ellos otros mil reales en metálico por tercios según se exige la contribución.
3ª) El ganado del común de estos vecinos ha de disfrutar de los pastos de dicha finca cuando quieran y le convenga.
4º) No se entiende o comprende en este arriendo el terreno de labor, huertas, y el que lleva el nombre de Grilleras y Carretón por estar destinado y arrendado a labor.
5ª) Se comprende en este arriendo la barbechera y rastrojera de los terrenos labrados y que se exceptúan del arriendo de pastos.
6ª) Tendrán obción los ganados de los vecinos particulares a pasar a el agua por un sitio que está señalado entre la mojonera de Villazaide y la tierra valdía a el aguadero del río; y puesto que los ganaderos del común tienen derecho a disfrutar libremente de esta finca, pueden tomar el aguadero por donde bien les venga, así como también cortar y sacar leñas cuando les parezca y les ...".

No tenemos explicación para la omisión producida en los presupuestos municipales de 1842 y 1846 en relación a ciertas fincas de Propios y que, sin embargo, se habla de ellas bastantes años después, pero consideramos que este aspecto escapa al objetivo de nuestra investigación.

3.2.2. La lucha del Ayuntamiento por evitar que la Dehesa saliese a subasta pública

La subasta de la Dehesa Boyal Labrada de Villamayor de Calatrava se llevó a cabo dentro de un proceso específico de la Desamortización, relacionado con el tratamiento de bienes que poseían un alto valor social y económico para los municipios en los que se encontraban. Este conflicto surgió debido a que las distintas leyes desamortizadoras contemplaban la posibilidad de que los Ayuntamientos solicitaran la exclusión de ciertos terrenos de la venta, siempre que estos fueran de aprovechamiento común o dehesas.[48].

En este contexto, la Dehesa fue incluida en una subasta junto con otros bienes desamortizables, según se anunció en los BOVBNCR n.º 27 y 29 de mayo de 1873. En dichos boletines se estableció que la subasta se celebraría los días 3 y 4 de julio de ese mismo año, según consta en el acta del pleno municipal del 30 de mayo de 1876.

Ese mismo año, 1873, el Ayuntamiento, al igual que otros municipios, solicitó la exención de la venta de sus tierras comunales. Para ello, argumentó que dichas tierras estaban destinadas al uso y disfrute de los vecinos, cumpliendo así una de las condiciones exigidas por la ley para evitar su enajenación. Además, debía acreditar la propiedad municipal de

[48] En la *Ley de 1 de mayo de 1855* (Ley Madoz), y en su artículo 2, apartado 9, se estableció una excepción para "los terrenos que son hoy de aprovechamiento común, previa declaración de serlo". En la *instrucción de 21 de junio de 1856,* que se publica para precisar la aplicación de esta ley, se abordaba la gestión y venta de los bienes pertenecientes a los Ayuntamientos en el contexto del proceso de desamortización tales como la *Regulación de las ventas*: Estableciendo las condiciones en las que los bienes comunales y propios de los Ayuntamientos debían ser puestos en venta, lo que incluía la necesidad de realizar subastas públicas para garantizar la transparencia y la maximización de los ingresos obtenidos. El *destino de los ingresos:* determinando cómo debían emplearse los fondos resultantes de las ventas que, en términos generales, se destinaban a reducir las deudas municipales, financiar obras públicas o cubrir necesidades urgentes de los municipios. La *protección de ciertos bienes*: especialmente aquellos bienes que, aunque fueran de propiedad municipal, debían quedar excluidos de la venta, como aquellos necesarios para el uso público o el cumplimiento de fines esenciales para la comunidad. *Supervisión estatal*: señalando la necesidad de supervisión por parte del Estado o de las autoridades provinciales para evitar abusos o irregularidades en el proceso de desamortización.
En la *Ley de 11 de julio de 1856*, en sus artículos 30-33, se establecía que, además de los bienes comprendidos en el artículo 2 de la Ley de 1 de mayo de 1855, se exceptuaban de la venta las dehesas destinadas al pasto del ganado de labor de la población, siempre que no tuvieran ya una excepción en virtud de la mencionada ley. En su artc. 31 indica que el Gobierno determinará la extensión de la dehesa que debe conservarse, considerando las necesidades de cada pueblo y consultando al Ayuntamiento y a la Diputación Provincial. En el artc. 32 dispone que, una vez fijada la extensión de la dehesa, el resto de los terrenos se pondrá en venta conforme a las disposiciones vigentes; y en el artc. 33 señala que las dehesas exceptuadas de la venta no podrán destinarse a otro uso que no sea el señalado, sin autorización del Gobierno.
La *Ley de 8 de mayo de 1888*, y *RD de 29 de septiembre de 1896* tenían, como objetivo principal, la desamortización de los bienes de las corporaciones locales que no fueran de utilidad pública o no estuvieran destinados a fines religiosos. Esto incluía tierras, montes, pastos, y otras propiedades que estaban en manos de los Ayuntamientos y otras entidades públicas.

los terrenos y demostrar que su aprovechamiento había sido libre y gratuito para todos los vecinos durante los veinte años anteriores a la promulgación de la ley. Este mecanismo legal tenía como finalidad proteger los bienes comunales esenciales para la subsistencia de las comunidades locales (Callejas Rodríguez, J., 1998).

En este contexto, el pleno del Ayuntamiento se reunió el 30 de mayo de 1876[49] , bajo la presidencia del alcalde, D. José Arévalo, con el propósito de analizar y decidir las acciones legales a emprender frente a la subasta de varias fincas pertenecientes al patrimonio municipal, ya fueran bienes de Propios o comunales.

En esta sesión del pleno municipal se actuó de la siguiente forma (anexo 13):

- El Alcalde informó a la Corporación que el anuncio de la subasta de dichos bienes, entre los que se incluía la *Dehesa Boyal Labrada*, se había hecho en mayo de 1873 y que, el trece de dicho mes y año, el Ayuntamiento había instruido el oportuno expediente para acreditar que dichos bienes reunían las condiciones que la ley exigía para ser exceptuados de la venta, y que en este momento (1876) persistían las mismas circunstancias para que pudieran ser exceptuados de la venta esos bienes.
- Que hasta la fecha no se había producido ninguna resolución -favorable o contraria- sobre dicho expediente.
- Examinar con atención el expediente iniciado en 1873 con el fin de corregir, si hubiera lugar, algún aspecto que pudiera impedir la exención de salir a subasta de las tierras que interesaban.
- Reiniciar las gestiones necesarias *"para obtener la nulidad de la venta de dichos terrenos, sin cuyo aprovechamiento comunal vendría este*

[49] AMVC, C/0000000007, leg. 7, pp. 7, 7v, 8 y 8v. La corporación estaba formada por el Alcalde: José Arévalo, y los concejales: Luis Amores, Manuel González, José Antonio Carrión, Melitón Muñoz (dimite y es sustituido por Julián Alcaraz Prieto), Manuel Hervás, Manuel Cárdenas. El secretario era Mariano Val.

pueblo a la situación más lamentable, perdiendo el recurso más importante de sus intereses materiales".

- Nombrar una comisión para que lleve a cabo estas gestiones *"con la rapidez y acierto debidos"* formada por el Alcalde, D. José Arévalo y los señores D. Juan Antonio Arévalo y D. Jesús Muñoz, *"quienes por sus cualidades de representación y aptitud son los más a propósito para este objeto"*, señores que, por otra parte, no figuran entre los concejales.
- Las acciones a llevar a cabo por esta Comisión han de ser: 1) Obtener todos los datos relacionados con este asunto que puedan existir en el archivo municipal, o en cualquier otro organismo oficial; 2) Informarse del estado actual del expediente iniciado en 1873; 3) Comprobar si está confeccionado de acuerdo con los preceptos legales vigentes; y, 4) Por último, subsanar los posibles defectos que hubiere. Todo ello *"bajo la acertada y necesaria dirección de un letrado que se encargará desde luego de solicitar en forma de derecho, ante quien corresponda"*.
- Que los gastos que pudiera realizar dicha comisión fuesen sufragados por el Ayuntamiento *"cuando se trata de intereses de tanta importancia"*, pero que, dado que no existe en los presupuestos municipales vigentes la partida correspondiente, *"acuerdan la formación de un presupuesto extraordinario en que se haga constar aprovisionamiento de la cantidad que se calcule necesaria para satisfacer esos gastos, más los que se estimen suficientes para para pagar el auxiliar nombrado"*

Con posterioridad a esta actuación y al amparo del art. 6° de la Ley de 8 de mayo de 1.888, el Ayuntamiento, representado por su Alcalde, en esta ocasión D. José Martín Sánchez, volvió a presentar, con fecha 2 de agosto del mismo año, en la Administración de Impuestos y Propiedades de la Provincia de Ciudad Real, la solicitud, fechada en 4 del referido mes y año, en la que se volvía a solicitar la excepción de la salida a subasta de los terrenos de la *Dehesa La Labrada* y seguir destinándola a dehesa boyal. Tales solicitudes fueron denegadas según se publica en el B.O.P. nº 28 de 31-8-1.888 (figura 29).

Figura 29. Boletín Oficial de Venta de Bienes Nacionales de la Provincia de Ciudad Real del 31 de agosto de 1888.

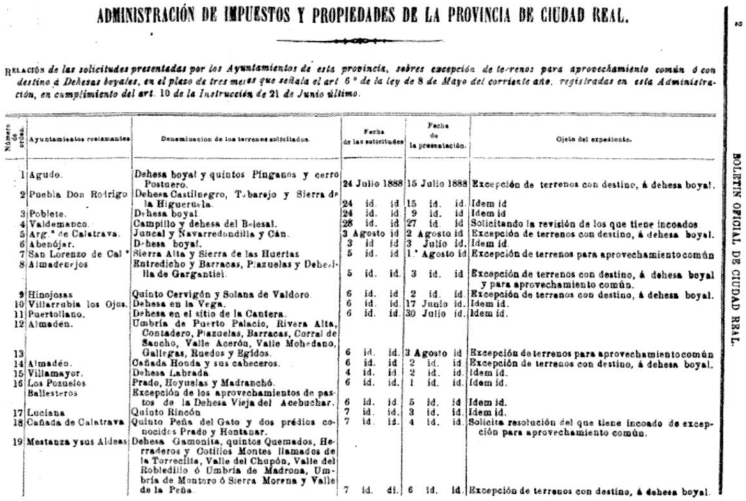

ADMINISTRACIÓN DE IMPUESTOS Y PROPIEDADES DE LA PROVINCIA DE CIUDAD REAL.

83

BOLETIN OFICIAL DE CIUDAD REAL.

RELACIÓN *de las solicitudes presentadas por los Ayuntamientos de esta provincia, sobre excepción de terrenos para aprovechamiento común ó con destino á Dehesas boyales, en el plazo de tres meses que señala el art 6.° de la ley de 8 de Mayo del corriente año, registradas en esta Administración, en cumplimiento del art.* 10 *de la Instrucción de* 21 *de Junio último.*

Número de orden.	Ayuntamientos reclamantes	Denominacion de los terrenos solicitados.	Fecha de las solicitudes	Fecha de la presentación.	Objeto del expediente.
1	Agudo.	Dehesa boyal y quintos Pinganos y cerro Postuero.	24 Julio 1888	15 Julio 1888	Excepción de terrenos con destino, á dehesa boyal.
2	Puebla Don Rodrigo	Dehesa Castilnegro, Tabarejo y Sierra de la Higueruela.	24 id. id	15 id. id.	Idem id
3	Poblete.	Dehesa boyal	24 id. id	9 id. id	Idem id
4	Valdemanco.	Campillo y dehesa del Beiesal.	28 id. id	27 id. id	Solicitando la revisión de los que tiene incoados
5	Arg.ª de Calatrava.	Juncal y Navarredondilla y Cán.	3 Agosto id	2 Agosto id	Excepción de terrenos con destino, á dehesa boyal.
6	Abenójar.	Dehesa boyal.	3 id id	3 Julio id.	Idem id.
7	San Lorenzo de Cal.ª	Sierra Alta y Sierra de las Huertas	5 id. id	1.° Agosto id	Excepción de terrenos para aprovechamiento común
8	Almadenejos	Entredicho y Barracas, Piazuelas y Dehesilla de Gargantiel.	5 id. id.	3 id. id	Excepción de terrenos con destino, á dehesa boyal y para aprovechamiento común.
9	Hinojosas	Quinto Cervigón y Solana de Valdoro.	6 id. id	2 id. id.	Excepción de terrenos con destino, á dehesa boyal.
10	Villarrubia los Ojos.	Dehesa en la Vega.	6 id. id.	17 Junio id.	Idem id.
11	Puertollano.	Dehesa en el sitio de la Cantera.	6 id. id.	30 Julio id.	Idem id.
12 13	Almadén.	Umbría de Puerto Palacio, Rivera Alta, Contadero, Piazuelas, Barracas, Corral de Sancho, Valle Acerón, Valle Mohedano, Gallegas, Ruedos y Egidos.	6 id. id.	3 Agosto id	Excepción de terrenos para aprovechamiento común
14	Almadén.	Cañada Honda y sus cabeceros.	6 id. id	2 id. id	Excepción de terrenos con destino, á dehesa boyal.
15	Villamayor.	Dehesa Labrada	4 id. id	2 id. id.	Idem id.
16	Los Pozuelos	Prado, Hoyuelas y Madranchó.	6 id. id.	1 id. id.	Idem id.
	Ballesteros	Excepción de los aprovechamientos de pastos de la Dehesa Vieja del Acebuchar.	6 id. id	5 id. id	Idem id.
17	Luciana	Quinto Rincón	7 id. id.	3 id. id.	Idem id.
18	Cañada de Calatrava	Quinto Peña del Gato y dos prédios conocidos Prado y Hontanar.	7 id. id.	4 id. id.	Solicita resolución del que tiene incoado de excepción para aprovechamiento común.
19	Mestanza y sus Aldeas	Dehesa Gamonita, quintos Quemados, Herraderos y Cotillos Montes llamados de la Torrecilla, Valle del Chupón, Valle del Robledillo ó Umbría de Madrona, Umbría de Montoro ó Sierra Morena y Valle de la Peña.	7 id. di.	6 id. id.	Excepción de terrenos con destino, á dehesa boyal.

Fuente: Biblioteca virtual de Castilla-La Mancha. Boletín Oficial de la Provincia de Ciudad Real.

Con posterioridad, otro R.D. de 29 de septiembre de 1.896, volvía a abrir la posibilidad de solicitar por los Ayuntamientos la excepción de venta de determinadas tierras, dando un plazo de tres meses para hacerlo: "*no sólo a los pueblos que no hayan instruido hasta ahora expediente de excepción de terrenos de aprovechamiento común y dehesas boyales, sino también a todos aquellos a los cuales haya sido denegada por cualquier concepto la excepción de referencia...*". Como consecuencia de esta disposición legal y acogiéndose al segundo supuesto del art. 2° del referido Real Decreto, el Ayuntamiento, en esta ocasión, presidido por D. Reinaldo Úbeda Cárdenas, volvió a formular la petición que, de nuevo, fue denegada en virtud de Real Orden de 9 y 25 de febrero de 1.895 y 1897, respectivamente.

3.2.3. La participación de vecinos particulares de Villamayor en las subastas

Tras la denegación al Ayuntamiento de la exención de la subasta de la Dehesa Boyal La Labrada, varios vecinos de Villamayor comenzaron a participar en ella a título personal. Aunque no contamos con información directa sobre sus motivaciones, podemos considerar dos posibles razones:

a) Evitar que la Dehesa fuera adquirida por un forastero. Para ello, un vecino de Villamayor pujó con un precio muy superior al de tasación, disuadiendo a otros postores. Si luego no cumplía con el pago -como efectivamente ocurrió-, lograba retrasar su adjudicación hasta una nueva subasta.

b) Actuar en representación de un grupo de vecinos que, aunque aún no estaban formalmente organizados en una asociación legal, se habían comprometido verbalmente a asumir los pagos o, al menos, a retrasar la adjudicación con su participación en la puja.

Estas hipótesis se basan en dos hechos observados en las subastas:

a) Las ofertas presentadas eran significativamente superiores al valor de tasación, probablemente con la intención de disuadir a otros postores.

Una vez adjudicadas, las subastas quedaban desiertas porque los ganadores no abonaban el primer plazo, lo que les permitía seguir explotando la Dehesa y ganar tiempo para encontrar una fórmula que facilitara su adquisición y pago.

En el BOVBNCR n.º 63, del 1 de febrero de 1896, se anunció una nueva subasta para el 4 de marzo, en pleno trámite de las exenciones solicitadas por el Ayuntamiento. Sin embargo, esta fue anulada el 30 de mayo del mismo año por haber sido dividida en lotes independientes (anexo 1). Meses después, en el BOVBNCR n.º 102, del 2 de septiembre de 1896, se volvió a subastar la Dehesa, ahora dividida en 22 parcelas (tabla 1). Se describía como un terreno de 425 hectáreas, con monte bajo de chaparro, coscoja y jara, en mal estado de conservación y con partes quemadas, dedicado a pasto y apto para cultivo. Su valor de salida fue de 32.580 pesetas. La subasta se resolvió el 9 de octubre de 1896, siendo adjudicada a D. Jesús Muñoz Carrión, vecino de Villamayor, por 132.680 pesetas, 100.100 pesetas más del valor de tasación (BOVBNCR del 11 de noviembre de 1896 (figura 30). Sin embargo, al no abonar el primer plazo, la adjudicación fue anulada.

Figura 30. Boletín Oficial de Venta de Bienes Nacionales de la Provincia de Ciudad Real de 11 de noviembre 1896. Adjudicación de la *Dehesa Boyal La Labrada*

10 BOLETIN OFICIAL DE CIUDAD-REAL.

ADMINISTRACION DE BIENES DEL ESTADO DE LA PROVINCIA DE CIUDAD-REAL.

Relación de las fincas adjudicadas por la Dirección general de Propiedades y Derechos del Estado en el día 31 de Octubre de 1896.

NÚMERO del inventario.	CLASE de la finca.	Procedencia.	PUEBLO donde radica.	NOMBRE del rematante.	VECINDAD.	FECHA de la subasta.	IMPORTE. Pesetas. Cs.
3622 y otros	Urbana..	Estado..	Daimiel.....	D. Francisco García Consuegra............	Daimiel.....	26 Junio 1896	85 „
3430	Idem..	Idem..	Ciudad-Real.	Evaristo Martín Núñez..	Ciudad-Real.	19 Sbre. id.	1510 „
3429	Idem..	Idem..	Idem.... .	El mismo...........	Idem......	19 id. id	3501 „
3442	Idem..	Idem .	Idem......	El mismo...........	Idem......	19 id. id.	3001 „
3444	Idem..	Idem .	Idem......	El mismo...........	Idem......	19 id. id.	5001 „
398 y otro.	Idem..	Idem..	Daimiel.....	Rufino García Velasco ..	Daimiel.....	19 id. id.	50 40
2205	Idem..	Idem..	Idem......	Juan Guillén Ferrándiz..	Ciudad-Real.	19 id. id.	190 „
1570 y otro.	Idem..	Idem..	Idem......	D.ª Josefa Honrado Ballesteros...............	Daimiel.....	19 id. id.	8 40
2898	Idem..	Idem..	Idem......	D. Felipe Moya Giménez..	Idem......	19 id. id.	10 50
324	Idem..	Idem..	Idem......	D.ª María Antonia Blas Pozuelo...............	Idem......	19 id. id.	24 50
313 y otro.	Idem..	Idem .	Idem......	Bruna Velásquez y García	Idem......	19 id. id.	31 50
754	Rústica..	Mesa M.	Almagro.....	D. Román Torremocha y Giménez............	Madrid......	22 id. id.	18000 „
98	Idem..	Estado..	Almodóvar...	José Ruiz Sánchez......	Puertollano..	5 Obre. id.	700 „
2187	Urbana..	Idem..	Daimiel.....	Eristio Pascual García..	Ciudad-Real.	5 id. id.	217 „
1436	Rústica..	Id. Mesa Maestral	Corral Calat.ª	Frutos Villagrois Huertas	Madrid......	9 id. id	32250 „
1444	Idem..	Idem..	Idem......	José Lorente Delgado...	Ciudad-Real.	9 id. id.	21756 „
1391	Idem..	Idem..	Villamayor..	Jesús Muñóz y Carrión..	Villamayor..	9 id. id.	132.680 „
1461	Idem..	Idem..	Los Pozuelos.	Anastasio Arenas Montes	Almadén....	9 id. id.	12742 „
2645	Idem..	Idem..	Valdemanco.	Francisco Emperador La-			

Fuente: Biblioteca virtual de Castilla-La Mancha. Boletín Oficial de la Provincia de Ciudad Real

En mayo de 1897, se repitió la subasta (BOVBNCR n.º 140, del 11 de mayo) y el 8 de junio se licitó nuevamente con el mismo precio inicial y se adjudicó a D. Pablo González Salas, también vecino de Villamayor, quien tampoco efectuó el pago, dejando la adjudicación sin efecto.

Dos aspectos relevantes de estos eventos son:

a) Los perfiles distintos de los adjudicatarios. D. Jesús Muñoz Carrión, residente en Ciudad Real y contador de fondos provinciales, tenía conocimiento del funcionamiento de las subastas de bienes desamortizados, mientras que D. Pablo González Salas era vecino de Villamayor. Ninguno de ellos figuraba entre los principales contribuyentes locales, lo que sugiere que su intención no era adquirir la finca, sino retrasar el proceso para dar tiempo a una estrategia vecinal que finalmente permitiría la compra colectiva. De hecho, poco después, Muñoz Carrión apareció como presidente de la Sociedad Compradora de la Dehesa Boyal, evidenciando su vinculación con Villamayor y su papel clave en la adquisición.

b) La oferta de precios muy superiores al valor de tasación perseguía dos posibles objetivos: desalentar a otros postores y garantizar que la finca permaneciera sin vender. Al inflar el precio de remate, se eliminaba la competencia, ya que no había intención real de cumplir con el pago.

En cualquier caso, el resultado fue que la Dehesa continuó sin ser vendida, permitiendo que los vecinos de Villamayor la siguieran gestionando y explotando, como lo habían hecho históricamente.

3.2.4. La adquisición de la finca por la Sociedad Compradora de la Dehesa Boyal La Labrada

En la adquisición de la Dehesa por parte de la Sociedad constituida al efecto por los vecinos de Villamayor, se pueden diferenciar tres momentos clave, muy próximos entre sí en el tiempo:

a) **Nueva y última salida a subasta**: Apenas trascurridos unos meses de la última subasta fallida, volvió a salir a licitación en el BOVBNCR nº 157, de 16 de noviembre de 1897 (anexo 14), con las mismas características de división en suertes y la misma cabida y precio que en las anteriores subastas, fijando la fecha del remate para el 30 del mismo mes y año, es decir, 1897.

b) **Adjudicación de la *Dehesa***: En esta ocasión y en esta subasta (30/11/1897), la finca fue rematada por D. Antonio Sevilla Iribarne, vecino de Madrid, por 33.581 pts., quien participó en la subasta en nombre de la *Sociedad Comparadora de la Dehesa Boyal o Labrada*, según se dice en la escritura de compra de fecha 1 de marzo de 1898: *"...pues, para la expresada sociedad y por su encargo tomé parte en la subasta ....y con dinero de la misma se ha verificado el pago referido..."* (anexo 02, pp. 31), si bien en la página 4 de la escritura de constitución de la sociedad, otorgada el 8/1/1898 (anexo 2, pp. 4), se dice lo contrario: *"...el objeto de adquirir referida Dehesa Boyal o Labrada, comprándosela a la persona que la hubiera rematado en la subasta ya efectuada para que sea poseída y disfrutada por todos los accionistas de la indicada sociedad, que podían serlo todos los vecinos y domiciliados en el pueblo de Villamayor de Calatrava, con lo cual entienden prestar un inmenso servicio al vecindario..."*.

La adjudicación le fue notificada al interesado por la Dirección General de Propiedades y Derechos del Estado el 15 de diciembre de ese mismo año y el primer plazo, de 6.117 pts., lo hizo efectivo el 29 de diciembre de 1897[50].

---

[50] Carta de pago: Tomo ciento setenta y uno, número doscientos tres, provincia de Ciudad Real. Carta de pago correspondiente al mandamiento de ingreso número setecientos dos, del Registro parcial número siete. Presupuesto correspondiente al año económico de mil ochocientos noventa y siete, noventa y ocho. Sección cuarta. Capítulo cuarto. Artículo noveno. Ventas. Plazos al contado por los verificados desde primero de mayo de mil ochocientos cincuenta y cinco-. Estando Don Antonio Sevilla e Iribarne, vecino de Madrid, ha entregado en el Banco de España en las clases de valores que se expresan al margen, la cantidad de seis mil setecientas diez y siete pesetas veinte céntimos importe del primer plazo al contado y derechos de publicación de la finca rústica denominada "Labrada" sita en el término de Villamayor de Calatrava, que perteneció a la Mesa Maestral y ha sido enajenada como del Estado, según más detalle del dorso. Para resguardo del interesado expido la presente carta de pago, la cual será nula y sin ningún valor si se omitiere la toma de razón por la Intervención de Hacienda. Ciudad Real a veinte y nueve de diciembre de mil ochocientos noventa y siete. El tesorero de Hacienda A. Salcedo. Sentado en Intervención al número seiscientos noventa del Registro de Ingresos. García. Sentado en la Tesorería al número seiscientos ochenta y seis. Aguirre.
Al dorso: Bienes procedentes del Estado y Clero. Siendo el importe líquido de la finca rústica reseñada anteriormente, que fue rematada en treinta de noviembre de mil ochocientos noventa y siete y adjudicada por la Dirección General de Propiedades el quince de diciembre siguiente, señalada en el inventario con el número mil trescientos noventa y uno. Pesetas. Treinta y tres mil quinientas ochenta y una. Corresponde satisfacer por el plazo al contado. Pesetas. Cuatro mil novecientas cincuenta y tres pesetas veinte céntimos. Por el cinco por ciento de precio de venta mil setecientas sesenta y tres. Por derechos de publicación de anuncios. Una. Total seis mil setecientas diez y siete veinte (ASCDBLVC, anexo 2, pp. 23-26).

c) **Constitución de la *Sociedad Compradora de la Dehesa Boyal o Labrada de Villamayor de Calatrava*.** Después de adjudicada la Dehesa, a los pocos días de la misma, se constituyó la *Sociedad Compradora de la Dehesa Boyal o Labrada de Villamayor de Calatrava*, concretamente el 1 de enero de 1898 (anexo 2), hecha ante el notario de Ciudad Real D. Isidoro Espadas, siendo los otorgantes de la misma los componentes de la primera Junta Directiva de la dicha Sociedad, que, como tales, firman su constitución y Estatutos por los que ha de regirse la Sociedad que constituyen. Los firmantes y los cargos que van a ocupar en la misma, son: D. Jesús Muñoz y Carrión, presidente; D. Juan José Gijón García, vicepresidente; D. Reinaldo Úbeda Cárdenas, tesorero; D. Alfonso Caballero López y D. Evaristo Rodríguez Sánchez, vocales, y D. Julián Molina González, secretario-contador. En ella no se hace mención a los plazos pendientes de pago como consecuencia de la subasta.

De las acciones llevadas a cabo por la Junta Directiva, podemos extraer algunas consideraciones sobre las intenciones y actuaciones de sus integrantes. Consideraciones que se fundamentan en lo registrado en las escrituras públicas:

- La Sociedad Comparadora no se constituyó ante notario como tal sociedad (8/1/1898) hasta que no se había efectuado la adjudicación de la *Dehesa* en la subasta (30/11/1897) e incluso hasta que se había efectuado el pago del primer plazo (29/12/1897) de la misma. Lo que podría indicarnos que la tal sociedad tenía prevista y acordada su constitución y que, de alguna forma, actuaba como tal, pero su constitución formal estaba condicionada a que la ejecución o realización de la compra de la *Dehesa* fuese una realidad. De la misma forma, parece deducirse que fue su único y principal objetivo al constituirse.
- La constitución de esta sociedad se hace casi de forma inmediata al pago del primer plazo (8/1/1898 y 29/12/1898, respectivamente), mediando solo 10 días y de ellos varios festivos, por lo que pensamos que se puede colegir que ambas acciones eran algo previsto y preparado de antemano por las propias personas que constituyeron la Sociedad comparadora, como antes hemos apuntado.

- El 26 de agosto de 1898 la Junta Directiva formaliza un préstamo de 60.000 pts. con D. Francisco Molina Carrasco, vecino de Almodóvar, ante el mismo notario de Ciudad Real, D. Isidoro Espadas, en el que se había constituido. La finalidad del préstamo es *"con destino al pago del primer plazo de la finca adquirida que se describirá, gastos de subasta, plazos sucesivos y explotación y custodia de la finca, con la obligación de devolver dicha suma en término de diez años, con el interés compuesto de cinco por ciento anual, que, en junto, hacen noventa mil pesetas, cuyo total importe reconocido como efectivo sería amortizado en diez años e igual número de plazos, importante cada uno nueve mil pesetas, dando comienzo el primero el día treinta de junio de mil ochocientos noventa y nueve y, consecutivamente, en el mismo día y mes de los años sucesivos los demás, y en garantía del préstamo y por la cantidad de noventa mil pesetas queda hipotecada la finca siguiente:...."* (anexo 16).

  De la cita de este párrafo de la escritura de cancelación del préstamo en 1907, se puede deducir: a) Que la afirmación expresada en la escritura de compra, según la cual el primer plazo (29/12/1897) fue abonado con dinero de la Sociedad, parece carecer de fundamento. En esa fecha, la Sociedad aún no estaba constituida y el préstamo no se formalizó hasta ocho meses después. Esto sugiere dos posibles escenarios: o bien que existiera un prestamista no mencionado que proporcionara el dinero necesario, y que posteriormente se le reembolsara con el importe obtenido del préstamo formalizado más tarde; o bien que el mismo prestamista que otorgó el préstamo hubiese adelantado el dinero para el primer plazo, con la intención de incluir dicho monto en el préstamo que se formalizó posteriormente; b) Existe una gran diferencia entre el importe de adjudicación en la subasta (33.581 pts.) y el que se señala en la escritura de préstamo como importe de la compra (60.000 ptas.), por lo que cabe pensar, también, que la diferencia entre ambos, que asciende a 26.419 pts., pudo ser, ya que no se especifica, la comisión que cobró el adjudicatario nominal de la subasta, si es que actuó por cuenta de la

Sociedad Compradora o, si no fue así, el beneficio que obtuvo el adjudicatario por la reventa de la *Dehesa* a la *Sociedad Compradora*.

4. LA GESTIÓN Y ADMINISTRACIÓN DE *LA DEHESA* DESDE SU ADQUISICIÓN HASTA EL ÚLTIMO TERCIO DEL S. XX

El contenido de este capítulo lo abordamos en cuatro grandes apartados que consideramos fundamentales para entender y valorar, tanto la acción llevada a cabo por los fundadores de la *Sociedad Compradora de la Dehesa Boyal o Labrada de Villamayor de Calatrava,* como del significado que ha tenido esta finca en el devenir de la población donde está enclavada.

En primer lugar, tratamos la cuestión del préstamo que hicieron los fundadores para adquirir la finca; en segundo lugar, la elaboración y aprobación de los Estatutos que regirían el funcionamiento de la Sociedad; en tercer lugar, los primeros acuerdos tomados y las acciones llevados a cabo para la puesta en explotación de la finca recién adquirida por parte de todo el vecindario; y, por último, reseñaremos algunos acontecimientos que, desde su comienzo hasta comienzos de los noventa del s. XX, han tenido un cierto significado tanto en la historia y configuración de la finca, como en la vida del municipio de Villamayor.

4.1. Préstamo para satisfacer el importe de la compra

Tras la constitución de la Sociedad compradora, el 8 de enero de 1898 (anexo 2), se procedió a formalizar la escritura de compra de la Dehesa ante el Juez el 1 de marzo del mismo año (anexo 3) que, por otra parte, era el objetivo que se perseguía con la creación de dicha sociedad. En dicha escritura, la Junta Directiva de la Sociedad adquirió la *Dehesa Boyal La Labrada* de manos de D. Antonio Sevilla Iribarne, quien había sido el adjudicatario de la finca en la subasta celebrada el 30 de noviembre de 1897. Con la particularidad de que, según consta en la escritura de compra, el pago del primer plazo de la adjudicación a la Dirección General de Propiedades y Derechos del Estado se efectuó el 15/12/1897 "*por encargo de la Sociedad y con fondos proporcionados por la misma*".

Lo que no se especifica, ni en la escritura de compra, ni en la primera acta de la sociedad (1/8/1898) (anexo 5) es de donde salen o quién aportó las 6717,20 pts. que importó ese primer plazo ya abonado al Estado y desembolsado por el adjudicatario Sr. Sevilla con dinero de la Sociedad, aunque parece ser, por lo que se dice en el acuerdo de la Junta Directiva para pedir un préstamo, que lo había anticipado el prestamista con anterioridad a formalizar el préstamo en documento escrito. Efectivamente en el acta de la primera reunión de la Junta Directiva[51] se dice que "*...con objeto de evitar desembolsos a los vecinos, atendida la difícil situación económica porque atraviesa esta localidad, en las actuales circunstancias, la Junta Directiva acuerda hacer uso de la autorización que le concede el artículo séptimo de los estatutos, tomando a préstamo de don Francisco Molina, vecino de Almodóvar, la cantidad de 60.000 pts., con el interés del 5 % anual, de los cuales se destinarán treinta mil para reintegrar a dicho señor Molina de igual suma que tiene anticipada a esta Sociedad para pagar el primer plazo del precio en que fue rematada la Dehesa y todos los demás gastos que ocasionó la subasta; y las 30.000 pts.*

---

[51] AMVC. EL/0000000001. Libro de actas de la *Sociedad Compradora de la Dehesa Boyal o Labrada de Villamayor de Calatrava* de 1898 a 1929, pp. 3.

restantes para satisfacer el importe de los cuatro plazos pendientes y los gastos que pueda proporcionar la explotación y custodia de la finca, de cuya inclusión rendirá esta Junta Directiva la oportuna cuenta en su día a la Sociedad en Junta General de accionistas.

Segundo: Las expresadas sesenta mil pesetas, más las treinta mil que importan los intereses de esta cantidad en diez años, al cinco por ciento, suman noventa mil pesetas que la Sociedad se compromete a pagar a don Francisco Molina con el producto de sus acciones, y si este no bastara, con los pastos y demás aprovechamientos de la Dehesa, en diez plazos iguales de nueve mil pesetas cada uno, que vencerán, respectivamente, en treinta de junio de mil ochocientos noventa y nueve e igual día de los sucesivos hasta el de mil novecientos ocho.

Tercero: En garantía de las noventa mil pesetas a que asciende el préstamo y sus intereses, quedará hipotecada la Dehesa en favor de don Francisco Molina, dejando a salvo los derechos de prelación que se reservó el Estado al enajenarla mientras no se haya pagado a la Hacienda la cantidad total en que fue rematada.

Cuarto: Para el otorgamiento de la escritura de este préstamo se expedirá, por el infrascrito secretario, certificación literal de los acuerdos que anteceden y que han de servir de base a las cláusulas esenciales del contrato de préstamo concertado ya por la Junta Directiva con el señor Molina...".

De las cifras manejadas para llevar a cabo el préstamo se deducen algunos hechos significativos:

1º) El precio de adjudicación de la *Dehesa* en la subasta fue de 33.581 pts., según consta en la escritura de compra ante el Juez (anexo 3). Este importe debía pagarse en cinco plazos de 6.716,20 pesetas cada uno. Considerando que, según se señala en el acta del 1 de agosto de 1898, se solicitó un préstamo de 60.000 pesetas para este propósito, cabe suponer -aunque no existe confirmación documental al respecto-, como ya se ha comentado antes, que la diferencia entre las 60.000 pesetas solicitadas en préstamo y el total de los plazos a pagar (33.581 pesetas), que suponen 26.419 pts., podrían corresponder, en parte, a una "comisión" cobrada por el adjudicatario nominal, Sr. Sevilla

Yribarne, por su gestión en la operación de la subasta, además, claro está, de otros gastos como notaría, inscripción registral, viajes etc.

2º) Los intereses del préstamo ascendieron, como se indica en la propia acta de acuerdo de la Junta Directiva, a otras 30.000 pts. (5% anual de interés compuesto sobre 60.000 pts.) de donde resulta que el precio real que se pagó por la adquisición de la *Dehesa Boyal La Labrada* fue de 90.000 pts.

3º) En el préstamo, otorgado ante el notario de Ciudad Real D. Isidoro Espadas, el 26 de agosto de 1898, se concretaba que se había de pagar en 10 años, y así se hizo, de forma puntual, como acredita la escritura de cancelación del mismo (anexo 16) otorgada el 16 de mayo de 1907 ante el también notario de Ciudad Real, en esta ocasión, D. Felipe Dorado Contreras. En esta escritura se detalla, de alguna forma, el destino de las 60.000 pts. iniciales puesto que se explica que fueron *"con destino al pago del primer plazo de la finca adquirida..., gastos de subasta, plazos sucesivos y explotación y custodia de la finca..."*. Es decir, en los llamados "gastos de subasta" cabe la comisión que antes apuntábamos.

Otro aspecto relevante en relación con el préstamo es que, en las diversas actas de la Junta Directiva correspondientes al período de liquidación anual del mismo, se acuerda hacer efectivo un determinado plazo al Sr. Molina, prestamista de Almodóvar, sin embargo, en ninguna de ellas aparece reflejado la procedencia del dinero que se acuerda hacer efectivo. Como ejemplo, cabe mencionar las actas de la Junta Directiva del 1 de julio de 1904 y 1905[52]: *"...Quinto: que se abonen a don Francisco Molina, vecino de Almodóvar del Campo, la cantidad de nueve mil pesetas, importe del resto del sexto plazo de la suma que les tiene entregada a préstamo a la Sociedad Compradora de la Dehesa Boyal...."*(1904); *"....La Junta Directiva acordó también que se abonen 9.000 pts. a don Francisco Molina, vecino de Almodóvar del Campo, importe del séptimo plazo de la cantidad que le tiene entregada a préstamo a la Sociedad Compradora de la Dehesa..."* (1905).

[52] Íbidem, pp. 6 y 10, respectivamente.

4.2. Los Estatutos de la *Sociedad Compradora de la Dehesa Boyal Labrada*.

Como exigía la legislación vigente en el aquel momento y también lo exige en la actualidad, toda sociedad civil -que son aquellas constituidas por dos o más personas que se asocian para llevar a cabo un fin común, generalmente no comercial- se ha de regir, al igual que las sociedades mercantiles, por unas normas específicas que se recogen en los Estatutos de las mismas y en los que se determina su funcionamiento. Por ello en la escritura de constitución de la Sociedad, ante el notario de Ciudad Real D. Isidoro Espadas (3/1/1898) (anexo 2), se especifican, en ese mismo acto notarial, los Estatutos por los que se ha regir la sociedad que se constituye.

Los Estatutos en cuestión tienen especial interés tanto para conocer el objetivo y funcionamiento de la sociedad que se crea para la adquisición de la *Dehesa*, como para profundizar en el espíritu que inspiró a los primeros socios fundadores y compradores de la *Dehesa,* sin olvidar la puesta en explotación de la misma. No obstante, hay que tener en cuenta que de los Estatutos tenemos dos versiones: una, la que consta en la propia escritura notarial de constitución de la sociedad (anexo 2) (que, en adelante, y a los solos efectos de la comparación que sigue, designaremos como versión A); y otra, en una copia, también de la notaría de Ciudad Real, que tiene la misma fecha, aunque firmada por el notario D. Felipe Donado, (anexo 17) (que denominaremos como versión B).

Esta segunda versión, de forma inexplicable para nosotros, tiene algunos artículos redactados de forma distinta a la primera y de ella existe una copia mecanografiada en el Archivo de la *Sociedad Comparadora de la Dehesa Boyal.* Al objeto de poder valorar esas diferencias, conforme vayamos analizando el articulado, se irán reseñando las diferencias entre una y otra versión.

Los Estatutos están organizados en siete capítulos o títulos y 58 artículos: Título 1) Formación y objetivo de la sociedad. Denominación. Duración. Domicilio (artc. 1-8); Título 2) De los socios. Acciones. Capital social (artc. 9-29); Título 3) Administración de la sociedad (artc. 30-42);

Título 4) De las Juntas anuales de accionistas (artc. 43-48); Título 5) Pagos. Cuentas anuales. Memoria (artc. 49-53); Título 6) Disolución. Liquidación (artc. 54-56); y Título 7) Modificación de los Estatutos (arc. 57-58).

En el título Primero - *Formación y objetivo de la sociedad. Denominación. Duración. Domicilio*- se especifica:

a) Los socios fundadores de la Sociedad son los mismos que comparecen ante el notario, y son los siguientes seis señores:
   - D. Jesús Muñoz y Carrión, de 49 años de edad, casado, contador de fondos provinciales y vecino de esta ciudad (Ciudad Real), con cédula personal de séptima clase expedida el 9 de noviembre último, con el número 900.
   - D. Juan José Gijón y García, de 44 años de edad, viudo, propie-tario, con cédula personal de octava clase, expedida en 15 de dicho mes con el número 221.
   - D. Evaristo Rodríguez y Sánchez, de 51 años, de edad, casado, propietario, con cédula personal de novena clase, expedida, dicho día, con el número 485.
   - D. Julián Molina y González, de 52 años de edad, casado, secre-tario de Ayuntamiento, con cédula personal de sexta clase, expedida en referido día con el número 373.
   - D. Reinaldo Úbeda y Cárdenas, de 33 años de edad, casado, propietario, con cédula personal de quinta clase, expedida en citado día con el número 533. Y
   - D. Alfonso Caballero y López, de 54 años de edad, casado, comerciante, con cédula personal de novena clase, expedida en referido día con el número 73. Los cinco últimos vecinos de Villamayor de Calatrava.
b) Fundan y constituyen una sociedad de carácter civil y particular, es decir, en nombre propio y no en el de ningún organismo público, ni tampoco en nombre de terceras personas, sino como ciudada-nos particulares (artc. 1).
c) La finalidad u objeto de esta Sociedad es triple: 1) Adquirir la finca denominada *Dehesa Boyal o Labrada* de la persona o personas a

quienes actualmente pertenezca (artc. 2), especificando que esta finalidad u objetivo se hará con respecto a cualquier titular: ya sea el adjudicatario de la subasta pública que se ha celebrado recientemente, o de cualquier otra persona o entidad a quienes el rematante la hubiera trasmitido. La adquisición por parte de la Sociedad se hará a través de compra o cesión, según proceda; 2) Disfrutar y utilizar la finca por todos los que sean accionistas de la Sociedad que se constituye; y 3) Realizar, de forma inmediata a la adquisición, un préstamo, cuya garantía sea la propia finca, con el fin de satisfacer los gastos de su "adquisición, conservación y explotación" (artc. 2). Es decir, es una operación mercantil en la que los compradores no aportan ninguna cantidad para su compra, sino que la pagan con un préstamo garantizado por la propia finca.

d) La sociedad que se constituye se denominará *"Sociedad Compradora de la Dehesa Boyal o Labrada de Villamayor de Calatrava"* (artc. 3). Al respecto de esta denominación nos remitimos a lo comentado en la Presentación de este trabajo en donde expusimos las razones por las que, en nuestra opinión, debería denominarse *Sociedad Compradora de la Dehesa Boyal La Labrada de Villamayor de Calatrava*.
e) La duración de la Sociedad se establece, inicialmente, en 90 años contados a partir de 1898, por lo que, en principio, su existencia se determina y asegura hasta 1988. No obstante, se hace constar en el propio articulado (artc. 4), que su existencia se puede prorrogar siempre que así lo acuerden la Junta Directiva y las tres cuartas partes del accionariado, reunido en Junta General, que en ese momento pudiera existir. La redacción y contenido de este artículo en las dos versiones que de los mismos tenemos no coincide: Mientras en la versión A se reseña en los términos que acabamos de indicar; en la versión B solo dice: *"la duración de esta sociedad será, una vez cumplidos los 90 años vigentes, prorrogada por otros 90 años"*.
f) El domicilio social se determina que ha de estar en Villamayor de Calatrava, sin especificar en que punto concreto, pero sí afirmando que no se puede cambiar a otra población (artc. 5).

g) Autorización a la Junta Directiva para que pueda adquirir la finca y formalizar el oportuno préstamo, determinando el precio máximo que se puede pagar por ella (60.000 pts.) (artcs. 6 y 7). En este aspecto la redacción de las dos versiones de los Estatutos no coincide literalmente. En la versión B se añade al contenido que ambas tienen idéntico: *"Y demás condiciones, mediante las cuales haya de realizarse dicho préstamo, y pudiendo dar, si fuera preciso, en garantía del mismo, la indicada Dehesa Boyal o Labrada, para todo lo cual, podría la primera Junta Directiva facultar a su presidente o hacerlo por sí misma"*.

h) Se precisa que no cabe la posibilidad de vender la finca (artc. 8) al objeto de poder cumplir el segundo de los objetivos sociales de la Sociedad, indicado en el artículo 2.2 de los Estatutos y cuya redacción literal, en ambas versiones, es: *"una vez adquirida por esta Sociedad, la mencionada, finca, disfrutarla y utilizarla, en la forma y de la manera que se estime más conveniente, por todos los que sean accionistas de la misma"*. Las dos redacciones que venimos comentando también tienen, en este artículo, algunas diferencias sustanciales pues en la versión B se dice que no se podrá vender *"aun cuando lo pretendiera la Junta General ordinaria o extraordinaria directiva, sea cualquiera el número de socios asistentes y al menos mientras perdure la Sociedad de acuerdo con el artículo cuarto"* (artc. 8 B), mientras que en la versión A se dice: *"no podrá enajenarse ni venderse en todo, ni en parte, sin autorización expresa de la Junta General por tres cuartas partes de votos"* (artc. 8 A).

i) Los socios son de dos tipos: 1) *Fundadores*, que son los que crean la sociedad y otorgan la escritura de constitución de la misma, es decir, los seis reseñados antes; 2) *Numerarios*, que son todos aquellos que se inscriban desde la fundación de la sociedad en adelante y, al hacerlo, cumplan con los requisitos exigidos en los Estatutos. Pese a esta diferenciación, ambos tipos de socios tienen los mismos derechos y obligaciones (artc. 9 y 10), siendo de destacar el altruismo que mostraron los socios fundadores al no atribuirse ningún privilegio sobre los socios numerarios, ni en el número de acciones -por cuanto ningún socio podrá poseer más de una acción-, ni en cuanto a ningún otro derecho.

Podrán ser socios numerarios:

- Todos los nacidos en Villamayor de Calatrava y que figuren como vecinos en el Padrón Oficial vigente de la villa con carácter de cabeza de familia y residentes en ella.
- Todos aquellos que, en lo sucesivo, adquieran la condición de vecinos y domiciliados, inscribiéndose con uno u otro carácter en el Padrón Municipal, pero siempre que sean nacidos en Villamayor de Calatrava.
- Los hijos nacidos en Villamayor de Calatrava o descendientes que reúnan los requisitos siguientes: 1) Que fijen su residencia y domicilio en esta localidad; 2) Que sean cabezas de familia y que lo soliciten de la Junta Directiva. Se entenderán admitidos, sin acuerdo especial, desde el día uno de cada mes para aquellos que lo hayan solicitado en cualquiera de los días del mes precedente, estando obligados, al causar alta, al abono de las cuotas ordinarias establecidas.
- Los socios residentes en Villamayor de Calatrava que, al llegar-les el momento de jubilación, tengan que ausentarse por traslado a otra localidad, seguirán disfrutando o siendo accio-nista de la sociedad, pero perderán esta condición si no fijan su residencia y domicilio en esta localidad y cumplen este requisito, al menos durante un periodo prudencial de tiempo cada año.

Una diferencia importante entre las dos versiones de Estatutos es que en la A se dice que tendrán la condición de socios todos los vecinos, hayan o no nacido en Villamayor, mientras que en la versión B se restringe a los nacidos en la localidad. Es decir, que se puede tener la vecindad, pero si, además, no se ha nacido en el pueblo, no podrá tener la condición de socio. Del mismo modo, para los jubilados en la versión A se exige haber vivido o haber estado domiciliados durante 20 años, y en la versión B se exige, además, que vivan un cierto número de meses en Villamayor (artc. 11).

A partir de la constitución de la Sociedad y de la celebración de su primera Junta Directiva, que tiene lugar el 1 de agosto de 1898, se abrirá un plazo de inscripción de socios numerarios para todo aquel que lo desee y cumpla los requisitos exigidos por los Estatutos, señalando que el vecino que no se inscriba no tendrá derecho a ser socio. No obstante, la admisión de socios será permanente y afectará a todo aquel que cumpla los requisitos señalados en el artículo 11 en el momento de la solicitud (artc. 12, 13, 14).La condición de socio numerario es personal, no transferible y extinguible, bien por fallecimiento, bien por dejar de cumplir los requisitos exigidos, especificándose en la versión A como tales causas: el traslado a otra vecindad o cuando voluntariamente lo dejase. De esta norma están exentas las viudas, por cuanto podrán seguir disfrutando de los derechos del titular (artc. 15). En línea con esta titularidad personal del derecho de socio, ninguno de ellos podrá contratar, ceder, arrendar, ni transmitir por ningún procedimiento (venta o herencia) la titularidad del derecho como socio (artc. 16).Se determina que ningún socio podrá ser titular de más de una acción (artc. 18) y que se utilizará, como documento de comprobación sobre la vecindad de los solicitantes, el Padrón Municipal (artc. 19 y 20).

j) El <u>capital social</u> de la Sociedad se fija en 62.500 pts., dividido en 500 acciones de 125 pts. cada una, número que se podrá incrementar cuando lo haga el número de solicitudes, es decir, cuando lo haga el número de vecinos puesto que el objeto social de la Sociedad es que todos los vecinos se beneficien. El aumento de capital y de acciones será competencia de la Junta General, pero si antes de la fecha de celebración de esta fuesen necesarias más acciones y, por tanto, aumentar el capital social, podrá hacerlo la Junta Directiva.
   Las acciones serán nominativas, numeradas y se consignará en ellas que son intransferibles, siendo función del secretario de la Sociedad llevar un libro en el que estén todas ellas registradas, así como los cambios que se puedan ir produciendo (artc. 21, 22, 23, 24, 25 y 26).
k) En la <u>aportación de los socios</u> hay una diferencia entre la versión A en la que se dice que *"las cantidades que a cuenta del impuesto de cada una*

de las acciones deban satisfacer sus poseedores, a fin de que puedan reunirse las sumas necesarias para el pago de la Dehesa Boyal o Labrada, cuya adquisición se pretende, o para la devolución de lo que con tal objeto se hubiere recibido en prestamo", mientras que en la versión B solo será necesaria esa aportación "*si alguna vez la entidad tuviese deudas y careciese de fondos*". Sin embargo, coinciden en que el impago será causa de la pérdida de la acción y que esa decisión, tomada por la Junta Directiva, será irrevocable (artc. 27, 28 y 29).

l) En cuanto a los órganos de gobierno de la sociedad se determina que han de ser una *Junta Directiva* -formada por 5 miembros con los cargos de presidente, dos vocales, un secretario y un tesorero, si bien la Junta General puede aumentar su número, pero no dismi-nuirlo- y una *Junta General de accionistas*. En lo que respecta a la *Junta Directiva,* la primera de ellas, sin embargo, estuvo compuesta por 6 miembros, que son los que han constituido la sociedad y han otorgado la escritura de constitución de la misma y se determina que, de ninguna forma, podrán ser cesados, y tendrá un mandato de 10 años, mientras que las sucesivas Juntas tendrán un mandato de 8 años. La renovación de la misma, exceptuando la primera Junta, se hará por mitades, determinada la salida de miembros mediante un sorteo. Con la particularidad de que los miembros salientes podrán ser reelegidos (artc. 30-35). Esta Junta Directiva se reunirá por convocatoria de su presidente, y los acuerdos se tomarán por la mitad más uno, de forma que si no se diese ese número de asistentes, no se podrán tomar acuerdos y, en caso de empate, decidirá el presidente (artc. 38). Sus miembros no recibirán remuneración alguna (artc. 39).

El secretario de la Junta Directiva llevara dos libros de actas: uno de la Junta Directiva y otro de la Junta General y todas las actas serán firmadas por el presidente y el secretario (artc. 40). Este mandato no siempre se ha cumplido como así lo acredita, tanto el primer libro conservado -en el que se inscriben las actas de los dos tipos de Juntas-, como en los que hay en la actualidad en el archivo de la propia Sociedad, en los que en un determinado libro de actas de un tipo, hay actas del otro tipo de Junta.

Entre las funciones de la Junta Directiva cabe señalar: el cumplimiento de los preceptos contenidos en los Estatutos; los acuerdos de las Juntas Generales; la representación de la Sociedad ante los Tribunales, ante la Administración Pública y ante los particulares; la defensa de sus derechos e intereses; la facultad de otorgar poderes, nombrar letrados, promover y contestar litigios; nombrar y separar guardas o cualquier tipo de empleados; todos los actos que se encuentren comprendidos en el concepto legal de la administración de bienes; la dirección y gobierno de la Sociedad (artc. 42).

La *Junta General* estará compuesta por la totalidad de los socios, tanto fundadores como numerarios, quienes tendrán derecho a participar plenamente en los debates y en la toma de decisiones. Serán convocadas y presididas por la Junta Directiva, y sus acuerdos serán de obligado cumplimiento, tanto para los accionistas presentes, como para los ausentes o para los disidentes. Cada accionista tiene un solo voto. Para que los acuerdos de esta sean válidos habrán de concurrir, en la primera convocatoria, la mitad más uno de los accionistas; y en segunda convocatoria cualquiera que sea el número de asistentes (artc. 44). La convocatoria de este tipo de Junta la hará el presidente, quien formulará el orden del día y también dirigirá los debates. Las Juntas Generales extraor-dinarias solo podrán convocarse por iniciativa de la Junta Directiva, con 8 días de antelación y solo se podrán discutir y resolver los asuntos del orden del día (artc. 45, 47). Todos los días 1 de enero de cada año se reunirá la Junta General, sin necesidad de convocatoria, y en ella se tratará: 1) Discusión y resolución de todos los asuntos comprendidos en el orden del día; 2) Se examinarán y aprobaran, si procede, las cuentas; 3) Se harán los nombramientos de los miembros de la Junta Directiva a que hubiere lugar; y 4) Se adoptarán cuantas resoluciones procedan (artc. 46). Las votaciones serán públicas, excepto en los asuntos personales que podrán ser secretas (artc. 48).

m) Las <u>cuentas de la sociedad</u> serán elaboradas por el tesorero y el secretario-contador y presentadas, para su aprobación si procede, por la Junta General de accionistas. Junto a ellas el secretario presentará, también, una "memoria" del estado de la Sociedad (artc. 50, 51). En cuanto a los fondos que pudiera disponer la Sociedad, que se regulan en el artc. 52 de los Estatutos, existe una diferencia entre la versión A de los mismos en la que se dice *"se custodiarán por el tesorero de la misma bajo su responsabilidad directa y personal"*, y en la versión B se precisa más el contenido al afirmar *"que serán depositados en el banco, pudiendo hacer uso de los mismos, la Sociedad bajo las firmas, mancomunadas del presidente, tesorero y secretario. Los pagos han de ser ordenados por el presidente e intervenidos por el secretario-contador y efectuados por el tesorero"* (artc. 53).

n) En lo referente a la posible disolución de la Sociedad se determina que esto no se podrá hacer, ni siquiera con acuerdo de la Junta General, hasta tanto no haya transcurrido el tiempo que se determina en los Estatutos, es decir, los 90 años desde su constitución (1898). Determinación que se justifica en base a que antes de disolverse ha de estar pagada la finca, incluidos los préstamos que se hubieran de hacer para conseguirlo. Una vez transcurrido ese tiempo, la vida de la Sociedad dependerá de la decisión de la Junta General, aunque sobre el particular no coinciden las dos versiones de los Estatutos. En la A se dice: *"Cumplido el tiempo de duración de esta sociedad, podrá prorrogarse o no, según acuerden los accionistas que en aquella lejana fecha lo sean. Si, contra lo que es de esperar, porque el interés del vecindario será siempre el mismo a través de los siglos, la vida legal de esta sociedad no se prorrogase, se procederá a su liquidación"*. En la B: *"Cumplido el tiempo de duración de esta sociedad, se procederá de acuerdo con el artículo cuarto de estos estatutos"* (artc. 55).
Semejante discrepancia se da en lo referente a la forma de llevar a cabo la posible disolución: en la A se dice: *"Para efectuarla queda encargada la Junta Directiva que en aquella época exista, de propner a la Junta General ordinaria de accionistas las bases que, a su juicio, sean más convenientes para liquidación de la Sociedad, bien enajenando la Dehesa Boyal o Labrada y distribuyendo su importe entre los accionistas, o bien distribuyéndola en parcelas que se subastan entre*

dichos accionistas o se adjudiquen directamente a estos. Del cumplimiento de lo que acuerde la Junta General de accionistas quedará encargada la Junta Directiva"; mientras que en la B: "*Para efectuarla queda encargada la Junta Directiva que en aquella época exista de proponer a la Junta General de accionistas, las bases que, a su juicio, sean más convenientes para la liquidación de la sociedad, bien enajenando la Dehesa Boyal o Labrada y distribuyéndola en parcelas que se subastan entre dichos accionistas o se adjudiquen directamente a estos. Del cumplimiento de lo que acuerde la Junta General de accionistas quedará encargada la Junta Directiva*" (artc. 56).

o) La modificación de los Estatutos se determina en los artc. 57 y 58 de los mismos y en ellos se manifiesta que la modificación ha de hacerse en Junta General extraordinaria, convocada con 15 días de antelación, con ese único punto del orden del día, especificando en la misma los artículos que se pretenden modificar, ser aprobada por las tres cuartas parte de los accionistas si se hace en primera convocatoria o con la mitad más uno si es en segunda convocatoria y, por último, ha de ser necesaria la propuesta de dicha reforma por la Junta Directiva.

La primera modificación de los Estatutos de la que se tiene registro data de 1928, según consta en el acta de la Junta Directiva del 30 de diciembre de ese mismo año[53], si bien antes de acometerla consultaron a un abogado de Ciudad Real, cuyo nombre no se especifica. El contenido de la reforma es el siguiente: "*En Villamayor de Calatrava a treinta de diciembre de mil novecientos veintiocho, reunidos, previa convocatoria, los señores que forman la Junta Directiva de la Sociedad Compradora de la Dehesa Boyal o Labrada de Villamayor de Calatrava, bajo la presidencia de don Francisco Blanco Maeso, en el domicilio del mismo calle Real número ocho. Seguidamente, el señor presidente declara abierta la sesión y dice que sería conveniente para los intereses de los socios la modificación de algunos artículos de los Estatutos de la Sociedad, a fin de evitar que puedan adquirir el carácter de socios, personas que, no siendo nacidas en Villamayor de Calatrava, vienen a residir a esta villa accidentalmente y, por*

[53] Íbidem, pp. 151 y ss.

el solo hecho de adquirir en ella el carácter de vecinos o domiciliados, adquieren también el derecho a ser socio de esta Sociedad, sin ninguna clase de sacrificio económico, y en perjuicio de los hijos de esta villa, cuyos antepasados adquirieron la Dehesa que constituye el haber social, y que es justo y legítimo que solo sea disfrutada por los hijos de Villamayor de Calatrava, aunque respetando los derechos ya adquiridos por los que, no siendo hijos de Villamayor, han adquirido antes de ahora derecho a formar parte de la sociedad. Por estas razones, la Junta Directiva, por unanimidad, acuerda proponer a la Junta General, en el modo [y] *forma que determinan los artículos 57 y 58 de las Estatutos de la Sociedad, la modificación de los artículos 11 y 25 de dichos Estatutos para que estos queden redactados en la forma siguiente:*
Artículo 11: Tienen derecho a ingresar como socios numerarios o accionistas de esta Sociedad los siguientes: primero, como está redactado en la actualidad; segundo, también como está redactado en la actualidad; tercero: todos aquellos que en lo sucesivo y mientras dure esta Sociedad adquieran la condición de vecinos o domiciliados, inscribiéndose como uno u otro carácter en el Padrón Municipal correspondiente, pero siempre que sean nacidos en Villamayor de Calatrava, cuyo requisito será indispensable para poder pertenecer en lo sucesivo a la Sociedad.
Artículo 25: seguirá redactado como está, pero con la siguiente adición: siempre que sea nacido en Villamayor de Calatrava, cuyo requisito será indispensable para poder pertenecer, en los sucesivo, a la Sociedad.
Y a fin de que esta modificación de los Estatutos que considera conveniente esta Junta Directiva pueda llevarse a cabo estatutariamente, se acuerde, igualmente, por esta Directiva que se convoque a Junta General extra-ordinaria a este solo objeto para que el día veinte de enero próximo y hora de las tres de su tarde, poniéndose para ello los oportunos anuncios con quince días de antelación por lo menos. Y si en dicha Junta General extraordinaria no concurriesen a la reunión primera las tres cuartas partes de los accionistas que puedan votar el acuerdo reformatorio que se propone, que se convoque a segunda reunión que podrá celebrarse con la asistencia de la mitad más uno de los socios.... yo, el secretario, doy fe.

Francisco Blanco, Antonio Muñoz, Manuel Gijón, Norberto Vela, Federico Ruiz, Evaristo Muñoz, José Hernández, Juan Mínguez"

De la siguiente reforma de los Estatutos de la que tenemos noticia es la que tiene lugar en la Junta General extraordinaria del 1 de noviembre de 1977[54], aunque esta reforma está precedida de un estudio previo llevado a cabo por una comisión nombrada al efecto en la Junta General de 27 de marzo de 1975[55], en la que uno de los socios y, a la vez Alcalde, D. Justo Callejas Rodríguez puso de manifiesto *"la necesidad de actualizar los cánones por los que se rige la Dehesa, dado que algunos de sus artículos no concuerdan con las actuales circunstancias. Los demás socios unos eran partidarios de su enmienda y otros que los veían gustosos como estaban. Desde la diversidad de opiniones, saltó la idea a la mayoría que se nombrara una comisión de la General para que, en estrecha colaboración con la Directiva, hicieran un estudio si procedía o no su reforma de algunos artículos, sin que antes de tratar de tomar una resolución fuese bien informada la Junta General de accionistas, para si veían conveniente su aprobación o no"*.

La propuesta y estudio pertinente se tradujo en la reforma llevada a cabo en 1977, cuya acta de reforma dice lo siguiente: *"...Antes de pasar al punto segundo del orden del día, el señor Secretario pasó lista nominal a los socios asistentes en la actualidad para comprobar los que asistieron a la presente asamblea y actuar de acuerdo con el artículo 58 de los vigentes estatutos que dice "se necesitará que el acuerdo reformatorio de cualquiera de los artículos de estos estatutos sea tomado, en primera reunión, por las tres cuartas partes de los accionistas que tengan sus asistentes sus derechos subsistentes, y en segunda reunión por la mitad más 1 de los mismos", como quiera que en primera convocatoria no se reunieron las tres cuartas partes de los socios subsistentes, se celebró la asamblea en segunda convocatoria con 203 socios asistentes, de los que 11 iban en representación de socios no presentes. Seguidamente, intervino un representante no socio del socio doña Juliana Sánchez Rodríguez,*

[54] ASCDBLVC, Libro de actas de la Junta General correspondiente al año 1977.
[55] Íbidem, correspondiente al año 1975.

manifestando que no había socios suficientes para celebrar la asamblea, contando como presentes a los socios representados. Interviene el señor presidente aclarando que en la actualidad figuran en el libro de socios 352 accionistas, por lo que la mitad + 1 son 177, siendo por lo tanto oportuno celebrar la asamblea. Acto seguido se procedió a leer los artículos que se veían se han de reformar tal como figura en los vigentes estatutos, y después como se propone reformarlos.
Los artículos 4, 8, 14 15, 21, 25 27,52 y 55 fueron aprobados por unanimidad. El artículo 11 fue aprobado por todos los socios excepción de don Sixto León Sánchez, no socio en representación de la accionista doña Juliana Sánchez Rodríguez. Por todo ello los artículos reformados quedan aprobados por esta Asamblea General y que literalmente dicen así:
Artículo 4. La duración de esta sociedad será, una vez cumplidos los 90 años vigentes, prorrogada por otros 90 años
Artículo 8. Para que tenga exacto y debido cumplimiento el segundo objeto social, o sea el disfrute y utilización por todos los accionistas de la Dehesa Boyal o Labrada mencionada, se declara y establece que esta finca no podrá enajenarse ni venderse en todo, ni en parte, aun cuando lo pretendiera la Junta General ordinaria o extraordinaria, sea cualquiera el número de socios asistentes a la misma... De acuerdo con el artículo cuarto.
Artículo 11. Tienen derecho a ingresar como socios accionistas de esta sociedad los siguientes:
1º) Todos los nacidos en Villamayor de Calatrava que figuren comprendidos como vecinos en el padrón oficial vigente de la villa, con carácter de cabeza de familia y residentes en ella.
2º) Todos aquellos que en lo sucesivo adquieran la condición de vecinos y domiciliados, inscribiéndose con uno u otro carácter en el padrón oficial municipal correspondiente, pero siempre que sean nacidos en Villamayor de Calatrava, y cabezas de familia, cuyos requisitos serán indispensables para poder pertenecer en lo sucesivo a la sociedad.
3º) Los hijos de nacidos en Villamayor de Calatrava o descendientes que reúnan los siguientes requisitos:

a) Que fijen su residencia y domicilio en esta localidad.

b) Que sean cabeza de familia.

4º) Los socios residentes en Villamayor de Calatrava que al llegarles el momento de jubilación tengan que ausentarse por traslado a otra localidad, seguirán disfrutando o siendo accionistas de la sociedad, pero perderán esta condición si no fijan su residencia y domicilio en esta localdad y cumplen este requisito al menos durante un periodo prudencial de tiempo en cada año.

Artículo 14. La admisión de socios numerarios será permanente, puesto que en todo tiempo irán adquiriendo nuevas personalidades la condición de cabeza de familia y vecino, requisitos indispensables para pertenecer a esta sociedad, pero siempre de acuerdo con el artículo 11 y en sus distintos apartados.

Artículo 15. La condición de socio es personal y se extingue cuando falleciese el que la posee, o cuando deje de cumplir los requisitos exigidos en el artículo 11 de estos estatutos. Sin embargo, las viudas seguirán disfrutando de todos los derechos de socio cuando falleciese su cónyuge correspondiente.

Artículo 21. Para solicitar la inserción como socio bastará dirigirse al señor presidente de la Junta Directiva de esta sociedad, siempre que reúnan los requisitos exigidos en el artículo 11 de estos estatutos.

Artículo 25. Se fija el capital social en 500 acciones por ser este el número aproximado de los que actualmente pueden tener derecho a figurar como socios de esta sociedad, pero como quiera que el vecindario puede aumentarse y ser insuficientes las expresadas 500 acciones, se estatuye que dicho capital social pueda aumentarse cuando sea necesario con el fin de que ningún cabeza de familia y vecino de Villamayor de Calatrava puede quedar en tiempo alguno fuera del derecho de pertenecer a esta sociedad y de participar del disfrute de la Dehesa Boyal o Labrada, pero siempre de acuerdo con el artículo 11 de estos estatutos.

Artículo 27. La Junta Directiva de la sociedad acordará libremente cuando lo considere oportuno las cantidades en metálico que los socios

accionistas hubieren que pagar si alguna vez la entidad tuviera deudas y careciese de fondos.
Artículo 52. Los fondos... serán depositados en los bancos, pudiendo hacer uso de los mismos la sociedad bajo las firmas mancomunadas del presidente tesorero y secretario.
Artículo 55. Cumplido el tiempo de duración de esta sociedad, se procederá de acuerdo con el artículo cuarto de estos estatutos.....”

4.3. La explotación de la finca. Primeros acuerdos

La adquisición de la finca por parte de la Sociedad compradora presentó un panorama complejo de decisiones que debían tomar sus fundadores para garantizar tanto el pago del importe de la adquisición, como su explotación y uso por los nuevos propietarios, que, como se ha señalado repetidas veces, eran todos los vecinos de Villamayor.

La Junta Directiva se enfrentaba a diversas opciones de gestión, entre las que destacan las siguientes: mantener el sistema comunal y tradicional de suministro de pastos para el ganado del pueblo; convertirla en una explotación agraria y trabajarla, ya fuese con algún sistema de trabajo colectivo, o dividirla en parcelas de productividad similar y asignarlas a los accionistas, ya fuese como propietarios definitivos o como arrendatarios/usuarios temporales en periodos rotativos; o bien, arrendar la finca a terceros interesados para su uso ganadero o agrícola. Estas posibilidades, entre otras, conformaban un abanico amplio de alternativas para decidir el futuro de la finca y es una de las cuestiones que abordaremos en este apartado para dejar constancia de la que tomaron y como la tomaron.

4.3.1. El aprovechamiento de la Dehesa y su división en parcelas

Según se desprende de las descripciones que se hacen de la *Dehesa* en los diferentes Boletines Oficiales donde se anuncia

su subasta, su aprovechamiento era, hasta esa fecha, para pastos y algún monte, es decir, ganadero. De ahí que, en la primera reunión de la Junta Directiva (1/8/1898) (anexo 5), se haga constar en el acta correspondiente que *"... se estaba en el caso de dar cumplimiento a lo que establecen los estatutos de la misma, y, muy especialmente, como más perentorios, los que se refieren al aprobechamiento de la Dehesa..."*. Y, más delante de la misma acta, se acuerde: *"...Quinto: se procederá al deslinde y amojonamiento de la Dehesa en el término más breve posible, citando al vecindario el día que ha de tener lugar por medio de edictos, que se fijarán en los sitios de costumbre y notificando previamente a los propietarios colindantes para que concurran al acto y puedan hacer las reclamaciones que estimen pertinentes oportunas.*
Sexto: Para la custodia del monte, pastos, caza y demás aprovechamientos de la Dehesa, los señores Alcalde y Juez municipal, que forman parte de esta Junta, dictarán las órdenes convenientes para que se denuncien por los guardas municipales y demás dependientes de su autoridad, los abusos que se cometan en la finca, encargándose estos señores de corregir y castigar con la mayor severidad a sus autores, teniendo presente que cuanto mayor sea su celo en fabor de la Dehesa, mejor sirven los intereses del vecindario a quien pertenece hoy su propiedad.
Sétimo: con el fin de que el aprobechamiento de la Dehesa se haga con la mayor equidad posible entre los vecinos, quedan encargados los señores don Julián Molina y don Alfonso Caballero de redactar las reglas que determinen la forma y términos en que ha de ser disfrutada y utilizada por todos y cada uno de los socios. Dichas reglas serán examinadas, discutidas y definitivamente aprobadas por esta Junta Directiva en la primera reunión ordinaria que celebre después que aquellos señores las hayan formalizado..".

En el acta de la siguiente Junta Directiva que, por cierto, tiene fecha de 1º de julio de 1904, es decir, a los 6 años de haberse celebrado la anterior y de haberse comprado la *Dehesa*, se plantea un dilema sobre el aprovechamiento: pastos para ganado o tierra de labor y se hace de la siguiente forma: *"... que habiendo desaparecido por completo el infesto de*

la langosta que tenía la Dehesa Boyal, causa principal por la que ha venido dedicándose aquella a terreno de labor, distribuida en pequeños lotes o parcelas entre los vecinos de esta población, convenía a los intereses de la sociedad, y, por consiguiente, a los del vecindario, disfrutar sus pastos por las ganaderías de este común de vecinos...". De donde deducimos que el aprovechamiento inicial siguió siendo ganadero y que solo por un "accidente" -la plaga de langosta- se había comenzado a utilizar como tierra de labor durante unos años, y que ahora (1904), al haberse extinguido la plaga, se volvía al uso ganadero anterior en lugar de la labor, que solo había sido un arma de combate contra la langosta. Ratifica esta interpretación el hecho de que en esa misma acta de la Junta Directiva (1/7/1904), en su punto segundo, se acuerde: *"... que por el aprovechamiento de los pastos de la Dehesa se impongan diez pts. de cuota anual a las reses y caballerías mayores de tres años, y cinco pesetas a las que no excedan de esta edad, dando principio el disfrute desde el día uno de septiembre próximo, hasta igual día del año 1905. Tercero que no siendo suficientes los animales que existen en la actualidad en las ganaderías comunales de esta población por ser capaz de sostener más la finca expresada, se subasten por seis meses los pactos sobrantes.*
Tercero. Que por D. Evaristo Rodríguez y D. Julián Molina se redacten las condiciones a las cuales ha de ajustarse la subasta del sobrante de los pastos de la Dehesa Boyal, sirviendo de tipo para aquella la cantidad de setecientas cincuenta pts. y el número de cabezas de ganados lanar que los han de disfrutar el de cuatrocientas....". Es decir, con este acuerdo, entendemos que se prima el aprovechamiento ganadero sobre el agrícola.

No obstante, en el acta de la Junta Directiva correspondiente al 4 de febrero de 1914[56], a los diez años, se cambia totalmente este acuerdo, por lo que podemos afirmar que, hasta 1914, la *Dehesa* tuvo una explotación ganadera y, a partir de esa fecha, paso a ser mayoritario, aunque no exclusivo, el aprovechamiento agrícola. El acta en cuestión dice así: *"....bajo la presidencia de D. Reinaldo Úbeda y Cárdenas, el cual declaró abierta la sesión y expuso: que siendo unánime en el vecindario el deseo*

[56] AMVC. EL/0000000001, pp. 18 y 19.

de que se distribuya la Dehesa en parcelas para labrar unas y aprovechar para pastos otras, y en atención a que en este año hay muy pocos animales que pueden aprovechar sus pastos, aparte de que no es equitativo el aprovechamiento de esta forma, porque los que no poseen animales nada disfrutan de la finca de que son copartícipes, estima la presidencia, haciéndose eco del común sentir, dividirse la finca en tantas parcelas como vecinos consten en el pueblo, siguiendo para ello el mismo criterio que otras villas en que se ha dividido.

Enterada la junta de esta manifestación y haciendo suyas las palabras del señor presidente acordó por unanimidad:

1º Dividir la Dehesa en tantas parcelas como vecinos existen en el pueblo, a cuyo objeto el alguacil del Ayuntamiento, previo permiso que se recabará del señor Alcalde, irá casa por casa anotando el nombre de todos y cada uno de los vecinos, haciendo constar en la lista que obtenga si el vecino a quien consulte desea labrar la suerte que le corresponda o disfrutarla pasando en ella sus animales.

2º que para atender hoy los gastos de conservación e impuestos que pesan sobre la finca, el individuo a quien corresponda en sorteo una suerte pagará un canon de una peseta cincuenta céntimos, si es de tercera; dos pesetas si es de segunda; y tres si es de primera, cuyo canon se satisfará en la última decena de septiembre próximo, por ser esta la fecha en que el vecindario está en mejores condiciones económicas de abonarlo;

3º que una vez hecha la división de la finca se procederá al sorteo de las parcelas convocando al vecindario mediante pregón para este objeto;

4º que del sorteo se excluyan las suertes de los que quieran dejarlas para pastos de sus animales, a los cuales se les darán tanta suertes como vecinos pretendan aprovecharlas de la forma dicha;

5º que para hacer frente a los gastos de contribución de la finca hasta que se pague el canon de la suertes, se saquen a pública subasta los pastos de las suertes destinadas a labor, puesto que esto no perjudica en nada a la labranza de ellas, máxime cuando este año han de estar de barbecho; y

6º que el señor presidente designe los prácticos que han de hacer la división en parcelas de la finca y de cuenta a la junta una vez ejecutados los acuerdos que anteceden....".

Este acuerdo fue sometido a aprobación de la Junta General que se celebró el 10 de marzo de 1914[57]. Junta, que según las actas, es la primera de las celebradas por la *Sociedad Compradora de la Dehesa Boyal o Labrada* desde su fundación (1898). En ella se acordó: *".... el señor secretario procedió a leer en altavoz los nombres de los vecinos que tienen derecho a tomar parte en el sorteo; se procedió también, a continuación, a la lectura de aquellos otros vecinos que desean destinar sus parcelas a pastos, a fin de que se acuerde en el lote en que se les han de dar reunidas las suertes, las cuales se excluirán del sorteo. Después de esto, una comisión formada por la Junta y seis prácticos, entre los que habrá tres de los que dejaron sus suertes para pastos, procedieron a fijar el lote en que se habían de apartar dichas suertes, conviniendo en que las de pastos se dejaran en el quinto lote, empezando por la parte saliente de este lote, hasta donde alcanzara el número de suertes destinadas a pastos de los animales pertenecientes a los vecinos que quieren aprovecharlas de esta forma. Hecha esta operación, se metieron en un bombo tantas parcelas como vecinos quieren aprovechar sus suertes en labor con los nombres de estos; y, en otro bombo, a presencia también de todos los concurrentes, tantas suertes como vecinos con expresión del número de estas, clase y lote. Después de esto y no habiéndose formulado reclamación alguna, se llevó a efecto el sorteo, el cual ha dado el resultado que se consigna en una nota o lista que va extendiendo el secretario, en cuya lista se hace constar el nombre del vecino, número de la parcela, lote en que está y clase de la misma. La repetida lista se acuerda por todos que quede expuesta al público en la tablilla de anuncios del Ayuntamiento para que cualquier vecino pueda enterarse de la suerte que le ha correspondido. Asimismo, se convino dejar cinco suertes, a continuación de las de los pastos, para atender cualquier reclamación que posiblemente pueda formularse por algunos vecinos, si por olvido involuntario hubieran dejado de incluirse en la lista, a fin de que no se queden sin suerte si tal caso ocurriese....".*

57 Íbidem, pp. 20 y 21.

La ejecución de este acuerdo no estuvo exenta de dificultades, como lo demuestra la resolución de la Junta Directiva celebrada el 10 de octubre de 1914[58]. Es decir, siete meses después de que la Junta General aprobara el pago del canon por parcela. En dicha sesión, se debatió la situación de las dos acciones acordadas en reuniones previas: el cobro del canon y la subasta de pastos: *"...el señor presidente declaró abierta la sesión y expuso: 1º Que, a pesar de haber publicado un bando, mediante pregón, para que los vecinos paguen el canon impuesto de las suertes durante el tiempo convenido en la sesión del cuatro de febrero último, absolutamente ninguno ha acudido a pagar. 2º Que el rematante de los pastos de la porción destinada a labor, D. Luis García Nuevo, no ha satisfecho más que ochenta y dos pesetas de las doscientas cincuenta y una en que se le adjudicó el remate, no obstante haber requerido reiteradamente a dicho señor para que satisfaga el resto que adeuda. Y 3ª Que somete a la deliberación de la Junta los precedentes hechos para que ésta tome las determinaciones que procedan.*

Enterada la Junta de lo expuesto por el señor presidente, acordó, por unanimidad: que puesto que está próxima la fecha de uno de enero en que se celebrará Junta General, se someta a la deliberación de esta lo que procede hacer con el deudor Don Lino García Nuevo toda vez que a todos consta que este remató la (finca) digo subasta de acuerdo con otros setenta u ochenta vecinos del pueblo para aprovechar los pastos con sus animales, y sobre todo porque ello no perjudica, por el momento, los intereses de la sociedad en consideración a que existen fondos para pagar los gastos de contribución de la finca hasta dicha fecha en que se celebre Junta General. Que se someta, asimismo, a la deliberación de la Junta General el hecho de haber quedado sin pagar el canon de las suertes, y, como quiera que la circunstancia de no haber pagado nadie obedece, a juicio de la Junta, a desconfianza que de esta hacen los obligados al pago, lo cual implica un voto de censura para la misma, comisionan al señor presidente para que, en nombre de todos los concurrentes, presente la

[58] Íbidem, pp. 26.

dimisión de todos al celebrarse la Junta General en los primeros días de enero próximo...".

Este proceso de parcelación, así como el establecimiento de un canon por parcela, queda definitivamente consolidado como lo acredita el acta de la Junta Directiva celebrada el 15 de septiembre de 1919[59], en la que se dice: "*...El señor presidente manifestó que el objeto de la presente reunión era manifestarles que, habiéndose cumplido el tiempo señalado de que se acordó el año 1914, era necesario hacer una Junta General y ver lo que se iba a determinar con ella y se acordó de hacer las parcelas y sortearlas para disfrutarla cada uno de la forma que le convenga. También se acordó que todos los vecinos y accionistas que tienen parte en dicha finca, si estaban conformes en dar un canon de la cantidad que hiciese falta para hacer un deslinde general. Dicha cantidad será impuesta por la Junta Directiva. Y quedaron conformes toda la mayoría, y no habiendo ningún otro asunto de que tratar el señor presidente dio por terminada la sesión....".*

En 1923, concretamente en la Junta Directiva celebrada el 15 de septiembre de ese año, se acuerda "*...Dicho señor presidente, lo primero que manifiesta a los demás señores que componen la Junta Directiva de la sociedad anteriormente dicha, fue que el último del mes actual terminaba el plazo del cultivo a que estaba dedicada la finca de referida sociedad y había que tratar lo que se había de hacer a los fines de que progresara la misma... Segundo: Dedicar nuevamente al cultivo de labor la Dehesa, dividiéndola en suertes o parcelas, tratando de hacerlo con toda la mayor equidad posible y teniendo en cuenta tanto la clase como los accidentes del terreno a los fines de que todos aquellos que, con arreglo a lo que determinan los preceptos de la Escritura social tengan derecho a tales beneficios, no resulten ni favorecidos ni perjudicados unos más que otros. Tercero: El tiempo que ha de servir de duración a dicha partición o división de expresada Dehesa Boyal o Labrada de Villamayor de Calatrava, será el*

[59] Íbidem, pp. 60-61. Desde nuestro punto de vista, esta acta corresponde, por su contenido, a una Junta Directiva y no a una Junta General como figura en su encabezamiento.

de seis años, empezando en el día que se celebra el sorteo del año actual y terminando en igual día del año mil novecientos veintinueve"[60].

En actas posteriores, concretamente en la de la Junta General extraordinaria de 10 de noviembre de 1968, el período entre sorteos de suertes se establece cada 8 años con una gran novedad: se acuerda que *"...sean arrendadas las parcelas sobrantes a aquellos socios que las soliciten y, previo sorteo, en el precio de 500 pts. parcela, firmando estos un contrato en el que se comprometen a pagar dicha cantidad en el mes de agosto del año de la ..."*

En síntesis, desde su adquisición por la Sociedad, la Dehesa Boyal La Labrada ha experimentado distintos usos. Inicialmente, se destinó exclusivamente al aprovechamiento ganadero. Posteriormente, en 1916, se permitió a los titulares de cada parcela elegir entre el uso agrícola o ganadero. Finalmente, en 1919, decisión ratificada en 1923, se estableció un aprovechamiento exclusivamente agrícola, modelo que se ha mantenido hasta la actualidad. Además, las parcelas se renuevan y se sortean cada ocho años.

4.3.2. Los libros de registro de socios

En una Sociedad de las características de la que nos ocupa, el registro riguroso de los miembros que componen la sociedad y, consecuentemente, en situación legal de poder ejercer sus derechos que, en este caso, es poder ser adjudicatario de una parcela de tierra, tenía y tiene una especial relevancia. De aquí que ya, desde la primera reunión de la Junta Directiva (1/8/1898) (anexo 5), en su punto octavo, se acuerde: *"...En cumplimiento de lo que prebienen los estatutos de la sociedad, el secretario de esta Junta formará la lista de socios bajo la base del padrón de vecinos de esta villa, teniendo presentes las disposiciones del título segundo, cuyas listas se espondrán al público para conocimiento del vecindario..."*[61]. Encargo que, por la insistencia que sobre el mismo se hace en

[60]Ibidem, pp. 110-113.
[61]Ibidem, pp. 4.

otras Juntas Directivas posteriores, no parece que fue llevado a la práctica hasta bastantes años después. Efectivamente, en el acta del 1 de abril de 1921[62] el presidente insistía: *"....referido señor presidente manifestó que, si bien se había acordado por la Junta Directiva de esta sociedad en la sesión del uno de agosto de mil ochocientos noventa y ocho, el que se hicieran las listas de socios y se expusieran al público, según previenen los estatutos en su título segundo, no se había verificado dicha operación, por lo cual lo exponía a la consideración de la Junta. La Junta, enterada de lo expuesto, y después de que por el secretario se dio lectura a los artículos procedentes del título segundo de los Estatutos, acordó por unanimidad que se proceda, lo más pronto posible, a la formación de las listas de socios, y que además se lleve un libro registro en el que se haga constar: el nombre y apellidos de los señores socios, edad, naturaleza, número de años que reside en esta villa, si es vecino o domiciliado, día que ingreso en la sociedad y el día de la baja y causa por la que es baja....."*

En 1968, en acta de la Junta General extraordinaria del día 10 de noviembre por las especificaciones que se hacen, parece que el registro de socios está muy consolidado y así lo confirma el hecho de que en ASCDBLVC existan distintos libros de registro de socios correspondientes a varios años. Pues bien, en el acta de referencia correspondiente a 1968[63], se dice que *"...quedando sentado en el libro de socios, por orden alfabético del primer apellido, el número de parcela y lote que corresponde a cada uno de los accionistas, cuyo libro se archiva para su constancia y orientación en la oficina de esta sociedad..."*.

Igual preocupación e interés se sigue manteniendo en 1981 como acredita el acta de la Junta Directiva de 22 de septiembre en la que se dice[64]: *"...Segundo punto del orden del día: revisar el padrón para recoger parcelas de todos los que se hayan ausentado de la localidad o no estén en el padrón inscritos, así como los fallecidos. Se acordó que el presidente,*

---

[62] Ibidem, pp. 79-80

[63] ASCDBLVC, sin clasificar, libro de actas de la Junta General correspondiente al 10 de noviembre de 1968.

[64] Íbidem, libro de actas de la Junta Directiva correspondiente al 22 de septiembre de 1981.

acompañado de algún vocal, ir al Ayuntamiento y ver los socios que han causado baja para recoger sus parcelas..."

4.3.3. La guardería de la Dehesa

La preocupación por tener un guarda en la *Dehesa* se puso de manifiesto desde el principio de la fundación de la Sociedad. Prueba de ello es que en la primera Junta Directiva que celebró (1/8/1898) (anexo 5), en el punto sexto de la misma, se determina que: "*...Sexto: Para la custodia del monte, pastos, caza y demás aprovechamientos de la Dehesa, los señores Alcalde y Juez Municipal, que forman parte de esta junta, dictarán las órdenes convenientes para que se denuncien por los guardas municipales y demás dependientes de su autoridad, los abusos que se cometan en la finca, encargándose estos señores de corregir y castigar con la mayor severidad a sus autores, teniendo presente que cuanto mayor sea su celo en fabor de la Dehesa, mejor sirven los intereses del vecindario a quien pertenece hoy su propiedad...*".

Esta situación de encargar al Ayuntamiento de la vigilancia de la finca se debió mantener durante bastante tiempo, pues hasta 1921 la Junta Directiva no vuelve a plantear la cuestión en la sesión del 25 de octubre de ese año[65], en ella, el presidente, a la sazón D. Santiago Hervás y Velasco, "*...expuso que hera de parezer de poner un guarda para que estubiera ha la custodia de hesa casa y de la referida finca, y la Junta autorizó al presidente para que nombrara el guarda y habiendo barios individuos que querían ser guardas, el señor presidente, en unión de los señores de la Junta, trató que de sacar ha subasta y que el mejor postor que se quedase con la guardería....*". Y, en la sesión de la misma Junta Directiva, que se celebró tres días después (28/10/1921)[66], fue designado, por ser el mejor postor, "*Octavio Garrido, comprometido por ser guarda por un año por el jornal de una peseta y cincuenta céntimos, habiendo quedado él conforme con lo que reza el pliego de condiciones...*".

[65] Ibidem, pp. 85.
[66] Ibidem, pp. 86.

Transcurrido un año del primer nombramiento de guarda se planteó de nuevo la cuestión, con la particularidad de que en lugar de sacar el puesto a subasta como en la ocasión anterior, se optó por atender la demanda de sueldo que había planteado el guarda nombrado el año anterior: *"...El señor presidente manifestó que el guardia le hacía una reclamación del jornal de cincuenta céntimos más que el que tenía, en vista que no querían hacer el nombramiento y no podía denunciar por carecer de este requisito le obligaba reclamar el jornal. Todos los individuos que componen la Junta aceptaron la proposición que hizo el guarda porque era una cosa que no se echaba fuera de la razón...."* (acta del 30 de abril de 1922[67]).

En esta línea de petición de subida del salario por parte del guarda hay otro acuerdo de la Junta Directiva celebrada el 12 de agosto de 1925[68], en el que se accede a la petición de incremento del sueldo: *"..Primero: Que el convocar a Junta era solo para manifestarles que el guarda jurado de la Sociedad ya dicha se había dirigido a él, en petición verbal, para que se le aumentara el sueldo, pues con el que tenía se le hacía imposible la vida dado lo cara que está toda ella y lo escaso que es el salario relacionado con el trabajo o servicios que él presta a dicha empresa....acto seguido y tras una amplia deliberación, se acordó poner aumento de salario por lo poderosas que eran las razones expuestas, y se fijó este en la cantidad de tres pesetas diarias, pero empezando a disfrutarlo desde el primero de septiembre próximo venidero..."*.

El siguiente paso en la consolidación de la guardería de la *Dehesa* fue conseguir que el guarda fuese juramentado y ello por medio de un doble acuerdo: el primero, en sesión de la Directiva del 5 de marzo de 1923[69], por el que se conviene *"...Elevar instancia al señor Gobernador Civil de la provincia, solicitando nos juramente al guarda de la Sociedad, por ser así el sentir popular de la mayoría, a la vez que conveniente para los intereses generales de la misma..."*; y, el segundo, en sesión de Junta Directiva del 2 de abril de 1923 por el que de decide: *"...Primero: mandar*

---

[67] Ibidem, pp. 92-93.
[68] Ibidem, pp. 122.
[69] Ibidem, pp. 106.

a Ciudad Real a hablar con el Sr. Gobernador Civil a el tesorero y secretario de la sociedad para que le digan aber en qué consiste el no juramentarlo. Segundo: caso de que no lo concedan, elevar instancia al señor Diputado a Cortes del distrito para que lo ventile por ser de interés a los intereses del distrito..."[70]

El 3 de marzo de 1927[71], la Junta Directiva acuerda sustituir como guarda, pero sin dejar ninguna anotación de las causas, a Octavio Garrido por Francisco Sánchez Cañada. Y en acta del 4 de agosto de 1929[72] se repite el cambio, pero en sentido contrario. Es decir, se jubila Francisco y es nombrado, de nuevo, Octavio: "*...Tercero: Visto que Francisco Sánchez Cañadas, guarda jurado de la propiedad de la Dehesa Boyal o Labrada de Villamayor de Calatrava, se encuentra en edad bastante avanzada para poder desempeñar el cargo de guardería y no siéndole imposible poder continuar en ella, se nombra, por unanimidad, para que le sustituya a Octavio Garrido Hervás, por haber sido antes el guarda y estar juramentado...*".

Octavio Garrido, según parece deducirse de la documentación manejada, estuvo de guarda hasta el 31 de diciembre de 1950, pues en el acta de la Junta Directiva de esa fecha, el presidente informa que "*...el guarda, Octavio Garrido, había pasado a cobrar el subsidio de la vejez, y, por lo tanto, en esta Sociedad era baja en sus funciones, agradeciéndole, en nombre de la Directiva los servicios prestados...*". Para su sustitución, en sesión de la Junta del 3 de marzo de 1951[73], se acordó subir el sueldo de este trabajador: "*...Se acordó adjudicarle un sueldo de 14 pts. al guarda provisional que se nombre, pues con el sueldo que disfrutaba el anterior, no había ningún solicitante...*" y en Junta Directiva de 7 de abril de 1951 "*..El presidente dio cuenta del nombramiento provisional del guarda recaído en el accionista Don Francisco Sánchez hasta que se nombre, definitivamente, el titular...*".

---

[70] Ibidem, pp. 107.
[71] Íbidem, pp. 140.
[72] Íbidem, pp. 160.
[73] Íbidem, acta de la Junta Directiva de 3 de marzo de 1951.

En sesión de la Junta Directiva del 2 de mayo de 1951[74], "...*El señor presidente dio cuenta del nombramiento del guarda recaído en don Antonio Muñoz López, para lo cual, al señor presidente se autorizó siguiera o arreglara la documentación necesaria para juramentarlo...*" a quien, según se informa en una Junta Directiva de 1954[75], se actualizó su sueldo y derechos laborales: "...*También se acordó ponerle al guarda el jornal que según las bases tiene estipulado la Hermandad de Labradores, de la cual es donde nos hemos orientado para hacerlo, dicho jornal es de 16,25 pts. diarias y siete días de Pascuas, a razón de 16,25 pts.; el 18 de julio otros siete días a razón de 16,25,07 pts. y 7 días de vacaciones. Todos estos son los beneficios que le corresponden al guarda durante el año. Esto es para guardas juramentados que no pertenecen a la Hermandad...*".

En esta línea de regularizar y mejorar la situación laboral del guarda, al ritmo de los que se producían en el país, se acuerda -12 de mayo de 1954-[76]: "...*El señor presidente dio cuenta de la necesidad que tiene el guarda de hacerle un seguro de accidentes del trabajo, con el fin de que esta Junta tenga una mayor tranquilidad por cualquier cosa imprevista...*" y, en sesión del 25 de agosto, también de 1954[77], "...*se acordó ponerle al guarda el jornal que, según las bases, tiene estipulado la Hermandad de Labradores, de la cual es donde nos hemos orientado para hacerlo. Dicho jornal es de 21 pts. diarias y descanso dominical de dos domingos al mes, gratificación de siete días en Navidad, y el 18 de julio siete días de vacaciones retribuidas al año. Estos son los beneficios que le corresponden por estar juramentado...*", sueldo que, en sesión de 1 de junio de 1960[78], se subió a 35 pts., si bien con carácter "...*provisional hasta la próxima Junta General que lo apruebe por ser este el sueldo de los guardas de la Hermandad y creerlo así esta Directiva ..*"

[74] Íbidem, acta de la Junta Directiva de 2 de mayo de 1951.

[75] Este acuerdo está en un acta que no tiene fecha pero que está comprendida entre el 20/11/53 y el 12/5/54, pp. 11.

[76] ASCDBLVC, acta de la Junta Directiva de 12 de mayo de 1954.

[77] Íbidem, acta de la Junta Directiva de 25 de agosto de 1954.

[78] Íbidem, acta de la Junta Directiva de 1 de junio de 1960.

En 1973, según consta en acta de la Directiva del 30 de noviembre de ese año[79], se jubila el guarda *"...que al cesar el guarda juramentado de esta finca, Antonio Muñoz López, por estar comprendido en la edad jubilar, se le ultima su liquidación y cuantos honorarios le corresponden. Hace entrega de su cargo a la Directiva, así como llaves y enseres que éste tenía, propiedad de la finca Dehesa Boyal o Labrada de esta localidad, quedando depositadas las llaves en la casa del Villarejo y ermita de San Isidro en poder del presidente Francisco Monescillo López. La carabina o sea el arma del guarda fue entregada en el cuartel de la Guardia Civil de esta localidad. Esperando de ello reciba esta Directiva un resguardo de la misma para su constancia y efectos..."*.

La carabina de la que estaba provisto el guarda se adquirió en 1935, según se desprende de la Guía de circulación o licencia de armas que se ha conservado, y está consignada a nombre del guarda Octavio Garrido, pero especificando que es propiedad de la *Sociedad Compradora de la Dehesa Boyal o Labrada* (anexo 18).

4.4. La gestión de la Sociedad en su primer siglo de existencia (1898-1992)

En este apartado, presentamos de manera documentada los hechos y acciones más relevantes que esta Sociedad ha llevado a cabo o afrontado a lo largo de su primer siglo de existencia. Estos registros no solo servirán para conservar la memoria histórica de lo sucedido, sino también para mostrar cómo las distintas generaciones de socios -es decir, los vecinos de Villamayor- han afrontado los desafíos de cada época.

Asimismo, este recorrido nos permitirá analizar la evolución del papel de la Dehesa en la comunidad vecinal, observando cómo su peso e importancia socioeconómica han disminuido progresivamente, en paralelo con la reducción de la actividad agraria de sus socios y habitantes al igual que toda la sociedad española.

---

[79] Íbidem, acta de la Junta Directiva de 30 de noviembre de 1973.

El marco cronológico elegido está definido por las fechas de cierre de los distintos libros de actas. Se ha tomado como punto de partida el año 1898, cuando se constituyó la Sociedad compradora, se adquirió la *Dehesa,* y se celebró la primera Junta Directiva. Como punto final, el año elegido se corresponde con la fecha de la última acta de uno de los libros de la década de los noventa del siglo XX (1992), elección que se ha hecho por considerar que esa fecha ofrece una distancia suficiente respecto a la gestión de las dos o tres Juntas Directivas más recientes. Acotamiento temporal que no tiene otro propósito ni justificación, tal como se indicaba en la presentación de este libro, que nuestro objetivo al emprender este trabajo es única y exclusivamente de carácter histórico-cultural y no tiene otro fin que el de contribuir al conocimiento del pasado de Villamayor.

La estructura temática girará en torno a los siguientes aspectos: La Junta Directiva y sus componentes; deslindes y permisos de paso; aprovechamientos complementarios; dotación de infraestructuras; proyectos no ejecutados; relaciones institucionales con el Ayuntamiento y la Parroquia de Villamayor; y cuentas de la sociedad.

4.4.1. La Junta Directiva y sus componentes

La Junta Directiva de la Sociedad, según se determina y especifica en los Estatutos de la misma, es la encargada del gobierno de la misma y ha de estar compuesta, según el artículo 30 de los mismos, por un presidente, dos vocales, un tesorero y un secretario-contador. Es decir, cinco miembros. Sin embargo, en el artículo 31 de los mismos (los de 1898) se especifica que la primera Junta Directiva "*...se compondrá de los seis socios fundadores que concurren al otorgamiento de esta escritura, a cuyo efecto, tan luego, como ésta se firme y por el mismo notario autorizante, se levantará un acta de constitución de la primera Junta Directiva, haciéndose en ella la designación de cargos y declarándose a todos sus individuos en posesión de los mismos, para que desde aquel buen momento puedan comenzar a funcionar...*", por lo que, en la práctica, esto genera una discrepancia entre lo estipulado en los Estatutos y la realidad, justificada, desde nuestro punto de vista, por la situación excepcional de los fundadores, quienes, al ser seis los promotores, gestores y responsables de la Sociedad creada para adquirir la *Dehesa*, se estableció este número y no el de cinco que determinaban los Estatutos que, sin embargo, deberían haberse respetado en la Juntas siguientes.

Asimismo, se hizo una excepción en cuanto a la duración de su mandato: mientras que la primera Junta Directiva tuvo un periodo de mandato de 10 años, las siguientes se rigen por un mandato de 8 años (art. 34). También se introdujo una excepción en el proceso de designación de nuevos miembros de la Junta Directiva: en caso de fallecimiento de uno de sus integrantes durante el mandato de 10 años[80], no sería la Junta General quien designará a su sustituto, sino los propios miembros de la primera Junta Directiva, es decir, los fundadores. Este fue el caso tras el fallecimiento, el 26 de enero de 1905, del secretario D. Julián Molina González, socio fundador y secretario de la primera Junta Directiva que, en virtud de la decisión tomada en la reunión de la Junta Directiva del 1 de febrero de 1905, fue sustituido por D. Sixto León Fernández, quien no era socio fundador[81].

Otra anomalía que, desde nuestro punto de vista, merece ser reseñada es el cambio de presidente de la Sociedad ocurrido entre 1898 y 1905, sobre el que no hay información alguna en las actas. Así, en la primera de las actas registradas, con fecha 1 de agosto de 1898 (anexo 5), figura como presidente D. Jesús Muñoz Carrión, mientras que, en la, fechada el 1 de febrero de 1905[82], el cargo lo ocupa D. Juan José Gijón García, sin que haya ninguna mención o explicación de las causas del cambio. Suponemos que debe tener alguna relación con el hecho de que el primero (Sr. Muñoz) estaba domiciliado y trabajaba en Ciudad Real, según consta en la escritura de constitución de la Sociedad ante notario

[80] Caso que ocurrió con los Srs. Julián Molina González el 26-1-1905; Juan José Gijón García el 13-3-1907; Evaristo Rodríguez Sánchez, el 1-4-1907; y Alfonso Caballero López el 28-3-1911 (según hacen constar en las actas de las correspondientes Juntas Directivas).

[81] AMVC. EL/00as 0000000001. Libro de actas de la *Sociedad Compradora de la Dehesa Boyal o Labrada de Villamayor de Calatrava* de 1898 a 1929, pp. 8.

[82] Ibidem, pp. 8.

(8 de enero 1898) (anexo 2), y que, como consecuencia, no cumplía el requisito de ser vecino de Villamayor que exigían los Estatutos.

La renovación de los miembros de la Junta cada ocho años, a partir de que termine el mandato decenal de la primera de ellas, no se hará en bloque, sino que será por la mitad de sus miembros (artc. 34), siendo los salientes los más antiguos en la Junta, aunque se previene que los salientes pueden ser reelegidos. Hecho que se producirá, como veremos seguidamente, con bastante frecuencia y que debe encuadrarse en el conjunto de medidas cautelares que, en este tipo de sociedades, es muy frecuente con el objeto de poder seguir gestionando la Sociedad con continuidad y sin sobresaltos.

En consonancia con esta norma estatutaria, en la primera renovación de la Junta que tiene lugar en la también primera Junta General de socios, celebrada el 1 de enero de 1908, salen de la misma, por sorteo, los Srs. Muñoz Carrión, Úbeda Cárdenas y León Fernández y, verificada la votación, son elegidos, para su sustitución, los Srs. Úbeda Cárdenas, León Fernández y Espinosa Martín. Es decir, que solo entra un nuevo miembro: D. Fructuoso Espinosa Martín[83]. En esta elección vemos, también, que el procedimiento de renovación de la Junta Directiva ha cambiado, pues mientras en los Estatutos se determina que saldrán los más antiguos, en la práctica se hace por sorteo, pero no tenemos constancia de este cambio estatutario.

En resumen y, con al deseo de clarificar cuanto acabamos de exponer, entre la primera Junta Directiva (1 de agosto de 1898) (anexo 5) y la siguiente (elegida el 1 de enero de 1908), se han producido algunos cambios, pero quizá el punto más significativo es que las personas elegidas por la Junta General son las mismas que se habían autonombrado como promotoras de la Sociedad (tabla 15).

En el año 1915, la gestión de la Sociedad se desvincula definitivamente de sus fundadores, quienes presentan su dimisión con carácter irrevocable ante la Junta General del 1 de enero de ese año[84], sin especificar los motivos de su decisión. Tras su renuncia, se procede a la

[83] Ibidem, pp. 13-14.
[84] Ibidem, pp. 30.

elección de una nueva Junta Directiva, en la que ninguno de ellos está presente y así seguirá en lo sucesivo.

Tabla 15. Miembros de la Junta Directiva de la *Sociedad Compradora de la Dehesa Boyal La Labrada* entre 1898 y 1911.

Fecha nombrmt.	Nombre	Cargo	Causa	Fecha Baja	Causa
1-8-1898	Jesús Muñoz Carrión	Prest.	Nombrat.	1-1-1908	Sorteo
1-8-1898	Juan José Gijón García	Vicpt.	Nombrat.	10-3/1907	Fallect.
1-8-1898	Reinaldo Úbeda Cárdenas	Vocal	Nombrat.	1-1-1908	Sorteo
1-8-1898	Alfonso Caballero López	Vocal	Nombrat.		
1-8-1898	Evaristo Rodríguez Sánchez	Vocal	Nombrat.		
1-8-1898 1-2-1905	Julián Molina González Sixto León Fernández	Secrt. Secrt.	Nombrat. Sustituc.	26-1-1905 1-1-1908	Fallect. sorteo
1-4-1907	Dioclecio Gijón Martín	Vocal	Sustituc.	6-1-1915	Dimisión
1-1-1908	Reinaldo Úbeda Cárdenas	Presdt	Elección	6-1-1915	Dimisión
1-1-1908	Dioclecio Gijón Martín	Vicprt	Elección	6-1-1915	Dimisión
1-1-1898	Evaristo Rodríguez Sánchez	Tesor.	Elección	6-1-1915	Dimisión
1-1-1908	Alfonso Caballero López	Vocal	Elección	24-3-1911	Fallect.
1-1-1908	Fructuoso Espinosa Martín	Vocal	Elección	6-1-1915	Dimisión
1-1-1908	Sixto León Fernández	Secrt.	Elección	6-1-1915	Dimisión
21-3-1911	Eugen. Franc. Yébenes Martín	Vocal	Sustituc.		

Fuente: Datos de Libro de actas de la Sociedad Compradora. AMVC. EL/0000000001.

En el anexo 19 hemos querido dejar constancia de los componentes de las distintas Juntas Directivas que constan en las actas que hemos utilizado en este trabajo, y ello con el fin de que sirva de memoria a sus descendientes actuales que estén interesados por sus antecedentes fami-liares y/o por la historia de su pueblo. En este detalle de componentes de la Junta podrá observarse que no siempre se mantuvo de forma rigurosa el período de mandato determinado por los Estatutos, debido, casi siempre, a que, por distintos motivos, se produjeron dimisiones de todos o parte de sus miembros. Es el caso ocurrido en la Junta Directiva del 22 de enero de 1921[85] en la que dimitieron Adrián García Alcaraz, que fue sustituido por don Francisco Blanco Maestro;

85 Íbidem, pp. 76.

Tomás Gómez García, por Marcelino Palomo Rubio; Manuel Martín Morales por Santiago Maeso Rodríguez; y David Muñoz Amores por Eugenio Mora Muñoz. En este caso la causa de la dimisión pensamos que estuvo relacionada con el conflicto surgido entre la Junta Directiva y el Ayuntamiento por la exigencia de este último de que la Sociedad de la *Dehesa* aportase una cantidad determi-nada para la reparación del Pozo Arriba, caso que analizaremos en el apartado 4.4.6. (Relaciones institucionales).

Otro caso, también muy significativo en relación a la gestión de la *Dehesa*, fue la polémica habida en el año 1981, en sendas Juntas Generales[86], sobre la necesidad de que los socios fueran nacidos en Villamayor. En este caso afecta al Presidente de la Sociedad. Unos, piden su dimisión por no ser natural del pueblo y, por tanto, sin posibilidad de ser socio; y, otros, defienden que la naturaleza de socio, y, por tanto, la posibilidad de ser presidente, la adquiere por el hecho de estar casado con persona natural de Villamayor. Situación que, sin embargo, no se contempla en los Estatutos. He aquí las argumentaciones en la primera de las Juntas: *"...cuarto. Ruegos y preguntas. Intervinieron varios socios, los cuales pedían la destitución del presidente y celebrar en aquel momento una elección para nombrar nuevo presidente. A estos socios le contestaron varios miembros de la Directiva diciendo que eso no podía ser por no estar acorde con los Estatutos de la entidad y no serían válidos los acuerdos tomados, por lo cual, el secretario tuvo que ausentarse para ir a la oficina de la entidad a traer los Estatutos. Se leyeron varios artículos entre ellos el artículo 11, que es en el que se basaba para la expresa petición. En la interpretación de la lectura hubo diversidad de opiniones, por lo que se acordó celebrar Junta General extraordinaria el día once del corriente mes de enero para aclarar y discutir los asuntos que en esta asamblea no se podía hacer..."*. En la siguiente Junta General, la del 11 de enero, la polémica se continúa y profundiza: *"....Dos. Aclarar la condición o no de socio del presidente de la entidad. Seguidamente, se pasa al segundo punto del orden del día tomando la palabra el vocal don Agapito Rodríguez*

---

[86] Actas de la Junta General de 1 de enero de 1981 y Acta de la Junta General extraordinaria del 11-1-1981.

Monescillo y apoyándose en los artículos 32, 34, 35, 36 y 44 que hablan sobre los procedimientos de nombramiento de presidente de la entidad, duración en el cargo y reelección, si procediese, y acatamientos de acuerdos en la Asamblea general, revoca el propósito de algunos socios que querían nombrar nuevo presidente. Siguió con un estudio de la situación financiera de la finca, así como de lo realizado por la actual Junta Directiva y de los beneficios obtenidos en estos últimos cuatro años. Seguidamente sacó a colación el artículo 11 en el que se basan los socios disidentes para que el Sr. Salinero cese sobre su condición de socio apareciendo 21 socios en las mismas condiciones: estar casados con mujeres de la localidad. Habló sobre los bienes gananciales y la representación.... Los artículos 60 y 1412 del código civil vigente hablan del tema, pero si aún no están de acuerdo hay una última vía, la judicial, y que los Tribunales de Justicia dictaminen. Acabada la intervención del señor Rodríguez Monescillo, el socio D. Francisco Monescillo López entrega en la mesa un escrito para que fuese leído por el secretario, que así se hace. Todo se fundamenta en el artículo 11: el no haber nacido en Villamayor, pero al estar rebatido de antemano por los artículos 60 y 1412 del Código Civil se entra en una serie de intervenciones en contra. Tomando de nuevo la palabra el Sr. Rodríguez Monescillo pasó a recordarle al Sr. Monescillo López que él fue nombrado presidente por la Junta Directiva y no por la General al renunciar al cargo D. Patricio Callejas Rodríguez. Finalizada la intervención y como no procedía efectuar ningún tipo de votación, el señor presidente levanta la sesión y yo como secretarios de fe".

En lo referente a los lugares de reunión de la Junta General varían, pero los más utilizados fueron: el salón de plenos del Ayuntamiento; el salón de Antonio Gijón, situado en la Plaza de la Glorieta; y el salón de Amando Alcaraz Maeso[87] en la calle Real. Por el contrario, las Juntas Directivas se reunieron en la casa de algunos de sus miembros.

Dentro de la gestión de la Sociedad cabe destacar, también, la decisión tomada en relación al domicilio social de la misma. Esta preocupación comienza a manifestarse en el acta de la Junta Directiva de 29 de julio de

[87] ASCDBLVC, Acta del día 1de noviembre 1977.

1968[88] en la que se consigna: *"...Se acuerda también en esta sesión la busca de una casa en donde instalar la oficina y domicilio social, con carácter definitivo, de la Dehesa Boyal..",* se consolida unos meses después, concretamente en la sesión del 24 de septiembre de 1968[89], en la se acuerda alquilar una casa *"...Se apruebe el arrendamiento de una casa propiedad de Don Antonio Gijón en calle Mesones número 47 para instalar en ella la oficina de esta Junta Directiva en el precio de 150 pts. al mes y quedando para nuestro uso, mientras* [dure] *el arrendamiento de dicho inmueble, el contador eléctrico..."* y, posteriormente la adquisición de una estufa de butano para calefactar la casa alquilada y de un armario de oficina[90].

Diez años después, concretamente en 1979[91], se da un paso más y se plantea la compra de una casa con el fin de que la Sociedad tenga un domicilio social propio. Hecho que se consuma en 1981, según consta en la escritura ante el notario de Puertollano, D. Manuel Ocaña Martínez, otorgada el 1 de diciembre de 1980 (anexo 20), en la que consta la adquisición de una habitación por parte de la Sociedad. Y, un día después[92], la Junta Directiva toma el acuerdo de hacer las obras de remodelación pertinentes para su uso como domicilio social: *"...esta Directiva acuerda realizar la obra de la siguiente forma: a) los materiales por cuenta de la sociedad; b) La mano de obra se hará a contrato..."*. En la Junta General ordinaria de 1 de enero de 1981[93] se informa de esta actuación al conjunto de los socios: *".....dar a conocer a la General, la compra efectuada por la entidad de una casa para la oficina de la misma a don Rafael Coronel Romero. El señor presidente informa a la Junta General de la compra efectuada por la entidad de una casa para la oficina de la misma comprada a don Rafael Coronel Romero, cuyo precio ha sido de 115.000 pts...."*.

---

[88] Íbidem. Acta de la Junta Directiva de 29 de julio de 1968.
[89] Íbidem. Acta de la Junta Directiva de 24 de septiembre de 1968.
[90] Íbidem. Acta de la Junta Directiva de 5 de noviembre y 8 de diciembre de 1968
[91] Íbidem. Acta de la Junta Directiva 21 de agosto de 1979
[92] Íbidem. Acta de la Junta Directiva 21 de agosto de 2 de diciembre 1980
[93] Íbidem. Acta de Junta General ordinaria de 1 de enero de 1981.

En sesiones sucesivas de la Junta Directiva se toman acuerdos en relación a dar de alta la casa adquirida en el Catastro de urbana y en el Padrón de IBI[94], sobre la compra de una máquina de escribir y una calculadora[95], o sobre una estufa para calefactar el local[96].

4.4.2. Deslindes y permisos de paso en la finca

1) Deslindes de la finca

Resulta comprensible que, desde el comienzo de la actividad de la Sociedad Compradora, una de sus preocupaciones fuese la determinación y fijación de los límites de la finca. A tal efecto, en la primera Junta de la Directiva, la celebrada el 1 de agosto de 1898[97] (anexo 5), y en su punto quinto, se acuerde: *"....se procederá al deslinde y amojonamiento de la Dehesa en el término más breve posible, citando al vecindario el día que ha de tener lugar por medio de edictos, que se fijarán en los sitios de costumbre y notificando previamente a los propietarios colindantes para que concurran al acto y puedan hacer las reclamaciones que estimen pertinentes oportunas...".* No hemos encontrado ningún documento que acredite que se hizo tal deslinde, ni si se encontró alguna dificultad o controversia al respecto, por lo que hemos de suponer que no surgieron especiales dificultades.

Hasta el acta de 1 de enero de 1978[98] no hay otra referencia en las actas a una actuación semejante. En esta ocasión el acuerdo de deslinde lo hace la Junta General y no la Directiva. Tal acuerdo dice así: *"...El señor presidente se dirige a la General solicitando autorización para efectuar un deslinde de los límites de la finca de esta entidad poniendo hitos para que quede definitivamente en el lugar que corresponde de acuerdo con las escrituras o catastro correspondiente, siendo aprobado por unanimidad dicho proyecto..."*

---

[94] Íbidem. Acta de la Junta Directiva 2 de febrero de 1983
[95] Íbidem. Acta de la Junta Directiva de 13 abril 1984
[96] Íbidem. Acta de la Junta Directiva de 29 de enero de 1990
[97] AMVC. EL/0000000001, pp. 3.
[98] ASCDBLVC, acta de la Junta General de 1 de enero de 1978.

2) Permiso para pasar los adoquines de El Morrón

Con respecto a los permisos de paso, el más antiguo es el relacionado con el del camino de El Morrón por el que, la Sociedad Fomento de Obras y Construcciones, pide paso para el traslado de los adoquines obtenidos y elaborados en la cantera de El Morrón a la estación ferroviaria de Caracuel. En esta ocasión, la Sociedad en cuestión utiliza al Alcalde como intermediario ante la Sociedad Compradora de la Dehesa, según queda reflejado en el acta de la Junta Directiva de 23 de septiembre de 1925[99], en la que consta la concesión del oportuno permiso: *"....Dicho señor presidente declaró abierta la sesión y dijo que el objeto de la presente convocatoria no era otro que el de poner en conocimiento de todos los señores de la Directiva la solicitud personal que para con él había hecho, en el día de hayer, el Sr. Alcalde Constitucional de esta villa, y la contestación que al mismo había dado sobre ella, para que, en momento oportuno como este, acordaran ustedes lo que más procedente creyeran sobre el particular.*

Toda la solicitud personal que el señor Alcalde Constitucional de esta villa ha hecho para conmigo, como anteriormente digo, en el día de hayer, consiste solo en que conceda paso, única y exclusivamente a los vecinos de esta villa, por la finca propiedad de la Sociedad que legalmente represento para el transporte de adoquines de la cantera del Morrón, propiedad de la Sociedad Fomento Obras y Construcciones, y advirtiéndome qué tal solicitud personal la hace por saber que, a la vez que son intereses que realmente redundan en veneficio de este vecindario, esta presidencia y los demás señores de la Junta Directiva, por sus aprobadas miras de patriotismo y amor a su pueblo, está siempre dispuesta a hacer cuanto necesario sea, por el vien que pueda redundar en favor de todos sus accionistas.

Mi contestación solo se ha limitado a decirle que, francamente, yo mi gusto sería poder acceder a todo cuanto de mí solicite su autoridad, pero que yo soy solamente el presidente de la Sociedad ya antes dicha, y que este es un asunto que requiere la presencia de todos los señores que

---

[99] AMVC. EL/0000000001, pp. 123-126.

componen la Directiva para la resolución en firme de lo que pretende, además de que a quien corresponde su petición, entiendo es a la Sociedad Fomento Obras y Construcciones, toda vez que ella es la veneficiosa en este caso por resultar que al conceder paso para el transporte de los adoquines antes mencionados por la finca propiedad de la Sociedad Compradora de la Dehesa Boyal o Labrada de Villamayor de Calatrava, el transportador o transportadores lo harían por menor precio a la Sociedad Fomento Obras y Construcciones por ser el trayecto más corto que hay desde la cantera del Morrón a la estación de Caracuel, para esto, como usted comprenderá, con perjuicios irremisibles para la finca de la Sociedad de la Dehesa de esta villa, y por ello mi insistencia, en primer lugar, en creer no puedo ni debo darle permiso por sí solo, a nadie; y, en segundo lugar, le invito a que reflexione sobre estas palabras y verá usted como todas están llenas de lógica y basadas en la realidad. Entonces el señor Alcalde, en su réplica, me dijo que reconocía la veracidad de todo cuanto decía, pero que concediera el paso por favor, y mirándolo a él que, bajo palabra de honor, haría a la Sociedad Fomento Obras y Construcciones que solicitara de la Compradora de la Dehesa Boyal o Labrada de Villamayor de Calatrava el asunto en cuestión, a los fines, como el natural, de que la Compradora ya dicha anteriormente, condicione el paso para que la de Fomento Obras y Construcciones no pueda mañana utilizarla para algunos otros usos con vehículos, carruajes, caballerías de su propiedad. Yo, en mi réplica, le dije que de ningún modo concedía el paso para el transporte por sí solo mientras no estubiera totalmente el acuerdo por la Directiva toda o su mayoría; y como ustedes ven todo lo expuesto es cuando tenía que decirles, ahora resuelvan lo que crean oportuno.

Seguidamente, los demás señores de la Directiva presentes, después de enterados cuál el caso requiere de todo lo espuesto por el Sr. presidente, y después de una larguísima reflexión y un detenido estudio, acordaron, por unanimidad, dar la razón a las palabras del señor presidente por creerlas llenas de lógica y por iguales partes a acceder a la petición del Sr. Alcalde de esta villa, visto las altas miras de patriotismo que por su pueblo siente, o sea conceder el paso por la finca propiedad de la

Sociedad Compradora de la Dehesa Boyal o Labrada de esta villa para el transporte de adoquines procedentes de la cantera del Morrón, pero este única y exclusivamente para los vecinos de este pueblo, ya que de él es única y exclusivamente la finca y con la condición precisa de que, en breve y en contra de lo que, como el Sr. Alcalde ha prometido bajo palabra de honor, la Sociedad Fomento Obras y Construcciones no solicitara el paso por las vías legales, esta Directiva prohibirá el paso en absoluto a todos cuantos de él quisieran hacer uso, ya que para ello tiene autoridad suficiente.

Para llevar a efecto el señalamiento del paso en la finca ya dicha para el ya mencionado transporte, se nombra al Sr. presidente de la Sociedad Compradora de esta villa, Don Santiago Hervás Velasco, encargándole al mismo señor presidente le haga saber personalmente al señor Alcalde de esta villa, el acuerdo tomado por esta Directiva acerca de su petición personal...."

3) El paso de ganado por los caminos vecinales que atraviesan la finca

Otro problema de paso, pero en este caso con otros protagonistas y otras causas, es el del paso de ganado por los caminos que atraviesan la *Dehesa*, pero que son vecinales. En el acta de 10 de julio de 1929[100] se dice: "*...Que el objeto de la presente reunión no era otro más que el de manifestarles que había sido llamado al cuartel de la Guardia Civil por el Comandante del puesto don Tomás Castillo, para informarle de que los pasos de cruzar los ganados el camino vecinal había que solicitarlos y hacer un depósito de 100 pesetas por cada uno. Y después de un largo estudio y razonado, por unanimidad, se acordó lo que sigue: Primero: Elevar instancia al Señor Presidente de la Excma. Diputación Provincial solicitando dos pasos para cruzar los ganados entre los kilómetros dos y tres del camino vecinal de Villamayor de Calatrava a la carretera provincial...*".

100 Íbidem, pp.159-160.

Debió de cumplirse el acuerdo y en la Junta Directiva celebrada un mes después, 11 de agosto, el presidente dio cuenta del éxito de la gestión: *"....El señor presidente declaró abierta la sesión y puso de manifiesto a todos los señores de la Junta Directiva, anteriormente dicha, que habían sido concedidos por el señor Ingeniero Director de Vías y Obras, dos pasos, de veinticinco metros cada uno, entre kilómetros dos y tres del camino vecinal de Villamayor de Calatrava a la carretera Provincial para que crucen los ganados, previo depósito en la caja provincial de cien pts. por cada uno para responder a los daños que puedan causar los ganados...."*

4.4.3. Aprovechamientos complementarios de la Dehesa: Pastos, rastrojeras y caza

Además de la actividad agraria propiamente dicha, la *Dehesa Boyal La Labrada* ha tenido y tiene otros tipos de explotación, tales como los pastos y las rastrojeras para el ganado, y, más recientemente, la caza.

1) Los pastos y rastrojeras

Aunque en el mundo rural la distinción entre estos dos tipos de aprovechamiento agrícola es bien conocida, las generaciones más jóvenes, en su mayoría desvinculadas de la explotación agropecuaria de sus pueblos, no siempre los tienen claros. Por ello, consideramos oportuno recordar que ambos representan formas de cobertura vegetal del suelo, pero con diferencias clave. Los pastos son la cubierta vegetal formada por hierbas y otras plantas forrajeras que crecen, de manera espontánea, en tierras cultivadas en barbecho o incultas, principalmente durante la primavera (marzo-junio). En cambio, la rastrojera está compuesta por los restos de cultivos -tallos, hojas y raíces- que quedan en el campo tras la cosecha, siendo aprovechable entre junio y noviembre.

Ambos recursos suelen utilizarse para la alimentación del ganado, adaptándose a los ciclos naturales del suelo y la agricultura.

En la *Dehesa* tenemos noticia de estos aprovechamientos desde el año 1904 ya que, en el acta de la Junta Directiva del 1 de julio[101], en su punto cuarto se acuerda: *"...que se recaude lo que adeudan Don Diocleccio Gijón y Don Alfonso Caballero por el disfrute de la rastrojera en el presente agostadero que asciende a seiscientas pesetas..."*. Y, en esa misma acta, se consigna un acuerdo encaminado, de una parte, a iniciar el aprovechamiento de los pastos, una vez superada la plaga de langosta que venían sufriendo y que impedía su utilización; y, de otra, tanto al pago de una cantidad por parte de los accionistas que utilizasen los pastos, como la salida a subasta de los que no fueran utilizados por estos, dado que no tenían suficiente ganado para consumirlos. El acta en cuestión se redacta así: *"....Primero: Que habiendo desaparecido por completo el infesto de langosta que tenía la Dehesa Boyal, causa principal por lo que ha venido dedicándose aquella a terreno de labor, distribuida en pequeños lotes o parcelas entre los vecinos de esta población, convenía a los intereses de la Sociedad, y, por consiguiente, a los del vecindario, disfrutar sus pastos por los ganaderos de este común de vecinos.*

Segundo: Que por el aprovechamiento de los pastos de la Dehesa se impongan diez pts. de cuota anual a las reses y caballerizas mayores de tres años, y cinco pesetas a los que nos exceden de esta edad, dando principio el disfrute desde el día primero de septiembre próximo, hasta igual día del año 1905.

Tercero: Que no siendo suficientes los animales que existen en la actualidad en las ganaderías comunales de esta población, por ser capaz de sostener más la finca expresada, se subasten por seis meses los pastos sobrantes.

Tercero[102]: Que por don Evaristo Rodríguez y don Julián Molina se redacten las condiciones a las cuales se ha de ajustar la subasta del sobrante de los pastos de la Dehesa Boyal, sirviendo de tipo para aquella

[101] Ibidem, pp. 6.

[102] En el acta se repite el número de orden

la cantidad de setecientas cincuenta pesetas, y el número de cabezas de ganado lanar que los han de disfrutar el de cuatrocientas...."

Un año después, y también en una Junta Directiva de la misma fecha de 1 de julio, se hace constar en acta *"....El Señor presidente hizo saber a la Junta que por bastante número de vecinos de esta población se le había pedido Junta General extraordinaria de accionistas de referida Sociedad Compradora para tratar asuntos que se relacionan con la misma y muy particularmente para el disfrute de los pastos de la Dehesa Boyal o Labrada en el presente año, y la Junta Directiva, enterada, acordó por unanimidad señalar el día veinticinco del corriente para que tenga lugar aquellas, exponiendo edicto al público y haciéndolo saber también por medio de pregón con el fin de que llegue a conocimiento de todo el vecindario...."*[103].

Decisión y acuerdo que se ve confirmado en el acta de subasta[104] del año 1914 (5 de abril de 1914) en la que ya se aprecia una consolidación de este tipo de aprovechamiento: *"...la Junta Directiva de la Sociedad Compradora de la Dehesa Boyal ......en el salón de sesiones de este municipio.... con objeto de proceder a verificar la subasta de los pastos que contenga la porción de terreno destinada a labor en dicha dehesa.... Las condiciones bajo las cuales se verifica esta subasta son del tenor siguiente: Primera, se saca a subasta pública el disfrute de los pastos que contenga la porción de terreno destinada a labor de la Dehesa Boyal o Labrada de este término. Segundo el tipo de la subasta es el de doscientas pesetas y no se admitirán posturas que no alcancen dicha suma....Cuarta, el rematante disfrutará con el ganado de la clase que quiera los pastos del terreno expresado en la base primera desde el día de mañana hasta el veintinueve de junio próximo, sin que puedan pastar en dicho terreno ganados sin consentimiento de aquel. Quinta, adjudicado el remate al mejor postor este pagará el precio al presidente de la Sociedad en dos plazos iguales: el primero el día quince del corriente mes, y el segundo el mismo día del mes de junio próximo. Leídas al público las anteriores*

[103] AMVC. EL/0000000001, pp. 10-11.
[104] Ibidem, pp. 22-23.

condiciones que han de tener en cuenta para subastar, y anunciada en altavoz que empezaba la subasta y se admitían posturas, fue hecha la primera por Don Luis García Nuevo...el cual cubrió el tipo de subasta. Inmediatamente Antonio Muñoz Cano ofreció cincuenta pts. más y acto seguido el Sr. Nuevo mejoró esta postura en una pts., sin que a pesar de los requerimientos del Sr. Presidente se hiciera otra mejora, por lo cual se adjudican los pastos subastados al mejor postor Don Luis García Nuevo en la cantidad de doscientas cincuenta y una pesetas, el cual manifiesta comprometerse solemnemente a cumplir las obligaciones convenidas y cuántas por Ley le correspondan....".

Semejantes actuaciones de subasta se pueden comprobar en distintas actas de la Junta Directiva[105], a la vez que ver la evolución de los precios al ritmo de distintos factores, tales como la demanda, el nivel de vida y del papel de la ganadería en la economía agrícola[106]. Solo a título de ejemplo observamos que mientras en 1914 el precio de los mismos fue de 251 pts., en 1991 llegó a 850.000 pts. Iguales consideraciones y la misma evolución podríamos hacer con la rastrojera, aunque esta con menor importe y, por tanto, con menor significación presupuestaria dentro de la economía de la Sociedad de la *Dehesa*[107].

---

[105] Íbidem: actas de 5 de junio de 1914; del 29 de mayo (en este caso referida a la rastrojera) y 30 de septiembre de 1929; y ASCDBLVC: actas de la Junta Directiva de las fechas 6 y 29 de mayo y 11 de junio de 1949; del 7 de abril y 1 de junio de 1951; del 15 de mayo de 1952; del 24 de mayo de 1953; del 22 de mayo de 1955; del 26 de mayo de 1957; del 1 de junio de 1958; del 31 de mayo 1959; del 26 mayo 1960; del 12 de octubre de 1960; del 28 mayo 1961; del 7 junio 1962; del 26 mayo 1963; del 24 de mayo 1964; del 23 mayo 1965; del 29 mayo 1966; del 18 febrero 1966; del 21 mayo 1967; del 25 mayo 1969; del 21 mayo 1972; del 6 mayo 1974; del 27 mayo 1977; del 5 noviembre 1980; del 12 marzo 1983; del 13 de mayo 1986; del 7 de noviembre 1991.

[106] Íbidem: En 1914 el precio fue de 251 pts., en 1929 pasa a 2.750 pts. ASCDBLVC: actas de la Junta Directiva de las fechas siguientes: en 1949 a 50.262 pts., en 1951, 1953, 1955 por 40.000 pts., en 1957 por 70.199 pts., en 1959 por 48.100 pts., en 1960 por 47.000 pts., en 1961 por 60.000 pts., en 1963 por 50.000 pts., en 1964 por 101.125 pts., en 1965 por 126.000 pts., en 1966 por 50.000 pts., en 1967 por 95.500 pts., en 1969 por 26.500 pts., en 1972 por 117 000 pts., en 1974-1976 por 155.000 pts., en 1977 por 150.000 pts., 1980 por 120.000 pts., en 1983-1984 por 370.000 pts., en 1986 por 750.000 pts., en 1991 por 850.000 pts.

[107] Íbidem: El 6 de mayo de1926 fue de 3.000 pts., 18 abril 1927 por 1.250 pts., en 1928 por 2 500 pts. ASCDBLVC: actas de la Junta Directiva de las fechas siguientes: en 1945 por 65.000 pts., en 1.959 por 22.000 pts., en 1961 por 13.000 pts., en 1962 por 12.500 pts., en 1965 por 15 000 pts., en 1967 por 25.000 pts., en 1982 por 112.500 pts., en 1983 por 30.000 pts.

2) Aprovechamiento para caza

El aprovechamiento cinegético, a tenor de su reflejo en actas de la Junta Directiva y de la Junta General, es relativamente reciente. Concretamente en el acta de la Junta General extraordinaria del 30 de agosto de 1973[108] es donde hemos encontrado, por primera vez, su reflejo. En esa acta se entabla un debate entre distintos socios sobre si se quiere acotar o no para caza la *Dehesa*. Los que no quieren este uso, argumentan que, al haber matas en la finca que dificultan la visibilidad, la caza podría ser un peligro para las personas que estuvieran trabajando en actividades agrícolas. Los que desean acotar la finca para caza argumentan que esa situación de riesgo era bastante improbable y que, si ocurriese *"...los cazadores cubrían estos y otros riesgos con los seguros que ellos tienen. Oídas las opiniones de los que abogan por la caza y de los no cazadores. De acuerdo esta Junta Directiva que haya una votación para sacar esta proposición del punto muerto. Realizada la votación viene el resultado de votos haciendo un total de 41 votos que quieren que se acote, 15 dicen no acotar la finca, y un voto en blanco...."* Por lo que quedó aprobada esta actividad.

En el acta del día 3 de agosto de 1975[109] se acuerda arrendar *"...la Dehesa Boyal para caza a don Juan Francisco Fernández Gómez, en representación autorizada de todos los cazadores de esta localidad, por un periodo de cinco años a partir de esta fecha en el precio de 65.000 pts., excepto este primer año, contando de esta fecha, que abonará solamente este primer año 20.000 pts. siendo todos los gastos de documentación, señalizadas y demás de su cuenta. Quedando libre de pagos de otros gastos y de impuestos si en su día los hubiese la Dehesa por dejarles un arriendo bajo, sin que el citado arrendatario, en nombre de todos los cazadores, así conviene con esta Directiva en este domicilio social, habiendo constancia de un contrato en esta oficina firmado por el ya*

[108] ASCDBLVC. Sin clasificar. Acta de la sesión de la Junta Directiva de 30 de agosto de 1973.
[109] Íbidem, acta de la Junta Directiva de 3 de agosto de 1975.

mencionado Juan Francisco Fernández Gómez, en el que figuran todas las condiciones a qué se comprometen…".

En 1984 (acta de Junta Directiva del 8 de octubre[110]) se hace referencia a la gestión hecha en Ciudad Real por algunos miembros de la Junta Directiva en relación a dar de alta el coto de caza. En dicha acta se dice: *"…que para dar de alta el coto a nombre de la Sociedad se tendrá que dar de baja el titular hoy existente, en este caso Francisco Fernández, pero el antes citado señor, manifestó que él no tenía ningún inconveniente en darse de baja y que se diera de alta a nombre de la Sociedad Dehesa Boyal o Labrada de Villamayor de Calatrava…"*

En el año 1986 hay otra referencia a la caza en las actas de la Junta Directiva, correspondiente al 10 de noviembre de ese año[111], en la que consta: *"…Con relación al cuarto punto del orden del día sobre la solicitud de los cazadores para hacer viveros de conejos en la finca, se acordó de que esta consulta se hará en la próxima Junta General ordinaria del 1 de enero de 1987…".*

3) Leña de la poda del encinado y bellota

En el acta de la Junta General extraordinaria, celebrada el 3 de noviembre de 1986[112], *"….se acordó el arranque y poda del encinado y venta de sus leñas, en las siguientes condiciones: que sean todos los trabajos y gastos por cuenta del contratista en el precio de 13 pts. encina arrancada, y la poda de las restantes los trabajos por la leña, pudiendo los socios retirar la leña que precisen mientras dure el permiso de la Jefatura de Montes, y que podarán ellos de dicho encinado quedando sus cortes bien hechos y recogidos o quemados sus despojos…."*

Con respecto a la bellota en el acta de la sesión de la Junta Directiva del 3 de noviembre de 1986[113] *"…se tomó el acuerdo de que dado el poco número de socios que recogen bellotas y la poca cosecha existente en la*

[110] Íbidem, acta de 8 de octubre 1984.
[111] Íbidem, acta de 10 de 10 de noviembre de 1986.
[112] Íbidem, acta de 10 de 3 de noviembre de 1986.
[113] Íbidem, acta de 10 de 3 de noviembre de 1986.

presente campaña, que el que desee coger bellota lo haga donde quiera, siendo socio de la entidad.

4.4.4. Infraestructuras

Desde la adquisición de la *Dehesa* por la Sociedad, hasta la fecha que hemos puesto como final de este trabajo, la Sociedad compradora ha acometido numerosas obras encaminadas, la mayoría, a mejorar su explotación o al mantenimiento de las existentes. Entre ellas nos vamos a centrar en: la casa del guarda, en el lavadero, en la construcción del camino, en la electrificación de la finca, en la construcción del pilar o abrevadero, en los pozos y depósitos de agua potable para abastecimiento del pueblo, y en la ermita de San Isidro, amén de algunos proyectos que solo quedaron en tales como fue la construcción de una piscina.

1) Casa del guarda

Esta casa (figura 16) se construyó en dos fases. La primera, como vivienda del guarda (1921), y la segunda, a través de un añadido a la primara, destinada a las usuarias del lavadero. En el acta de la Junta Directiva celebrada el 18 de septiembre de 1921[114] se toma el acuerdo de construir una casa para el guarda. Dicho acuerdo dice así: *"...bajo la presidencia del vicepresidente, don Francisco Blanco Maeso, en la casa del del señor tesorero, Eugenio Mora Muñoz.... Que el objeto de la presente reunión era para sacar a subasta la mano de obra de la casa de dicha finca y se reunieron los señores albañiles que se proponían hacerla que fueron: Vicente González y Patricio Merino y José..., y quedó la mano de obra por Vicente González en seiscientas cuarenta pts., por ser el que más mejora ha hecho a dicha obra. Y no habiendo ninguna otra cosa de qué tratar......"*.

[114] AMVC, EL/0000000001, pp. 84.

Posteriormente, en acta de la Junta Directiva del día 28 de febrero de 1929[115], se toma el acuerdo de ampliar dicha casa, con el añadido de una habitación que sirva para protección de las mujeres que usen el lavadero o para el almacenamiento de los utensilios del lavado (panera), así como de los vecinos que puedan estar realizando sus labores agrícolas y se vean en la necesidad de protección. Esta última acta dice así: *"...Seguidamente, el señor presidente declaro abierta la sesión y dijo que era conveniente hacer, en uno de los lados de la casa del Villarejo, una barraca para que las mujeres que vayan a lavar puedan dejarse la ropa en ella, sin necesidad de tener que intervenir para nada con el guarda y su familia.*

Una vez enterados dichos señores de todos lo expuesto por el señor presidente, y después de un estudio detenido y larga discusión para ver lo que más conveniente era, por unanimidad, se llevaron a cabo los acuerdos siguientes.

Primero: El hacer la referida barraca para que tanto las mujeres que vayan a lavar, como los hombres que vayan a hacer las labores de cultivo en referida finca, puedan refugiarse de los días borrascosos y de tormenta..."

En esta casa se han realizado obras de mantenimiento en años posteriores tales como la que hizo en 1951[116] *"...También se procedió a dar cuenta a la Directiva de la obra que se ha de hacer en el Villarejo, que con la de albañilería se ha quedado don Higinio Espinosa y con la de carpintería don Manuel Martín-Grande, aquellas, según pliego en 1600 pesetas y está en 899 pts...."*, y, en acta de unos meses después (22 de septiembre de 1951): *".....El señor presidente dio cuenta de la terminación de la obra del Villarejo, por lo cual dieron su conformidad a la obra realizada por considerarla de verdadera necesidad por no reunir anteriormente condiciones habitables para el guarda de esta sociedad...."*; o en acta del 4 de diciembre del mismo año: *"..Se dio cuenta de la obra realizada en la cocina de las lavanderas, que consiste en unos poyetes para sentarse el personal que vaya a lavar..."*.

115 Íbidem, pp. 154.
116 ASCDBLVC. Acta de la Junta Directiva de 22 de junio de 1951.

La convivencia de las usuarias del lavadero y el guarda, no estuvo exenta de problemas como acreditan los acuerdos tomados por la Junta Directiva en relación a que los animales domésticos que tenía el guarda solo podían estar en el corral del que estaba dotada la casa y no pastar por el campo, suponemos que porque entorpecían el tendido y secado de la ropa de las mujeres que venían al lavadero. Así se recoge en el acta del 2 de noviembre de 1926[117] en la que se deja constancia del problema y de la solución que adoptan: "….*También queda prohibido terminantemente el que puedan salir fuera del corral de la casa enclavada en el Villarejo, ninguna clase de animales de los muchos que tiene el guarda, así como de mantenerlos con los frutos que produzca expresa finca, pues si este los quiere tener ya sabe es condición precisa de que no tienen que salir para nada en absoluto del corral y los tiene que mantener, única y exclusivamente, con productos adquiridos de su peculio particular por cualquier otra cosa que esté relacionada con esto y no sea lo mismo que lo expresamente consignado en el presente acuerdo, estará sujeto a sanción y a la Junta Directiva es a quien corresponderá imponerla, además de que esto que se refiere a falta por soltar los animales, podrá denunciarlo a la Directiva cualquiera que sea vecino de esta villa…*". En esta decisión se insiste unos años después (4 de agosto de 1929)[118] al "…*Prohibir en absoluto el que puedan salir fuera del corral de la casa enclavada en el Villarejo ninguna clase de animales de los que tenga el guarda, así como de mantenerlos con los frutos que produzca expresada finca, pues si los quiere tener, ya sabe es con la condición de que no tienen que salir para nada en absoluto del corral y los tiene que mantener, única y exclusivamente, con productos adquiridos de su peculio particular…*"

En tiempos más recientes la problemática cambia con el ritmo de los usos y costumbres del pueblo y se centrará, ahora, en la custodia de las llaves de acceso a la casa para usos que no eran los originarios, sino cele-bración de acontecimientos lúdicos, familiares o de grupos de

[117] AMVC. EL/000000001, pp. 134-135.
[118] Íbidem, 160-161.

amigos. Así en 1977[119], en la sesión de la Directiva del 10 de enero, se acuerda: *"...que las llaves del Villarejo estén en poder del presidente, para lo cual habrá que requerirles del presidente saliente. Asimismo, se acuerda que las llaves se den a quien lo solicite siempre y cuando se cumplan las condiciones que a continuación se detallan:*

1) Ser socio, salvo el caso de los ganaderos

2) Entregarla antes de las 11:00 de la noche del día que se entrega y en caso de que no lo hagan, no se les volverá a entregar.

3) El socio dejará limpio el local y si no es así igualmente no se le volverá a entregar.

4) Los cazadores tendrán igualmente derechos a la casa durante los meses de levantamiento, desde octubre a marzo. Se le dejará también la casa cuando sobre caza y quieran ir a comérsela otra noche.

5) Los que no sean ganaderos ni cazadores no tendrán derecho a la llave si no son socios...".

En 1985 se acometen algunas acciones de mantenimiento que, por otra parte, generaron un fuerte debate en la Junta Directiva del 16 de abril de ese año[120] se dice en ella: *"...Abierta la sesión por el presidente se pasó al punto único y se acuerda de hacer las obras que a continuación se relacionan: 1. Recorrer los tejados de todos los edificios. 2. Picar los frisos de la vivienda que en otros tiempos fue la vivienda del guarda. 3. Arreglar la acera y poner una ventana y algunas cosas más..."*. Pero, un mes después, en la sesión del mismo órgano del 25 de mayo[121], se recoge la polémica suscitada entre sus miembros: *"....Abierta la sesión por el presidente se pasó al primer punto del día por el cual se suscitaron fuertes discusiones, porque según el criterio de varios vocales, el presidente no había informado a toda la Directiva con la antelación debida o sobre la marcha de las obras toda vez que se habían realizado más obras que las acordadas en la junta del día 16 de abril, aunque después se reconoció por todos que las obras realizadas eran del agrado de todos, pero que se tenían que haber sacado a subasta entre todos los albañiles del pueblo, que*

[119] ASCDBLVC. Sin clasificar. Acta de la Junta Directiva de 10 de enero de 1977.
[120] Íbidem. Acta de la Junta Directiva de 16 de abril de 1985.
[121] Íbidem. Acta de la Junta Directiva de 25 de mayo 1985.

hubieran querido tomar parte en ellas y tener la posibilidad de que hubiera salido más económica.

El importe de las obras se leyeron varias facturas, pero se acordó el sumarlas todas para saber su importe que arrojó el importe de 361.174, 8 pts. y que en otra ocasión se repararían con más detenimiento porque había que tratar de varias cosas más y se haría muy tarde

Con relación al tercer punto: permiso de obra al Ayuntamiento, se acordó el declararlo todo y pagar al Ayuntamiento su importe

El cuarto punto del orden que se refiere a la utilización de las casas del Villarejo, se acordó el seguir dando las casas a los que la pidan, pero si en alguna ocasión las casas no las dejaran en perfectas condiciones de limpieza o en mal estado de la casa que fue guardada, se dejaría de dar y a las personas que dejaran en malas condiciones, no se le volvería dar ninguna casa en los sucesivos.

DILIGENCIA:

Por error en los apuntes en el acta del precio de las obras realizadas en el Villarejo, se rectifican en esta diligencia y quedan de la siguiente forma: importe de las obras es como sigue: 363.748, pero al ir a pagar las facturas, los suministradores de material y devolución de materiales hicieron una rebaja de 7.775 pts., quedando el precio de las obras antes citadas en la cantidad de 355.963 pts.....”

Con posterioridad, en el año 1988[122], en una Junta General extraordinaria celebrada el día 5 de diciembre de ese año, se acordó: “*... sobre el tercer proyecto presentado por la Directiva consistente en darle una reparación a la casa del Villarejo, así como la terraza que hay delante de la misma, todos los asistentes, por unanimidad, aprueban de realizar el antes mencionado proyecto...”*

En 1989[123] y 1991[124] se toman, por la Junta Directiva, distintos acuerdos sobre su mantenimiento. En el primero de los años: “*..que pinten los albañiles la casa a mano por dentro y con la máquina en el exterior para*

[122] Íbidem. Acta de la Junta General extraordinaria de 5 diciembre de 1988.
[123] Íbidem. Acta de la Junta Directiva 15 de febrero de 1989.
[124] Íbidem. Acta de la Junta Directiva 16 abril 1991.

economizar mano de obra. Los motivos son los siguientes: el que estos tienen andamios y demás utensilios y que tienen póliza de seguros porque la que tiene la sociedad no cubre estos riesgos en caso de accidente…" y en el segundo: *"…Se acordó de hacer el enjalbegado como años anteriores, de la máquina se habló de verla para ver si se puede arreglar, y si no se pudiera, habrá que comprar una…"*.

En relación al uso de la misma, en la sesión del 4 de marzo de 1991[125], se acordó: *"…no dar la casa para dormir en ella porque no está largo del pueblo…"*

1) Lavadero

El lavadero (figura 14), como se indicó en el capítulo I, y que bien podría considerarse, por su uso, una infraestructura de carácter municipal, aunque no fuese esa su titularidad, ha tenido una gran tradición de uso en la comunidad vecinal, puesto que, hasta que no se generalizó el uso del agua corriente entre el vecindario, era práctica habitual ir a lavar, una vez a la semana, a este lavadero.

De él no conocemos su fecha de construcción, puesto que las primeras noticias que nos llegan son de 1945 (16 de diciembre[126]) en donde se acuerda *"..acercar la pradera del Villarejo para tendedero de ropas…"*, que se complementa con otros acuerdos en 1950: uno del 1 de marzo[127] por el que *"…Se acordó pedir 25 acacias para replantar el cerco del lavadero….."*; otro de 1 de agosto[128] en el que se acuerda *"…citar a los maestros de albañilería y que dieran presupuesto para arreglar el cerco del Villarejo.."* y otro de 1 de diciembre[129] en el que *"…se acordó pedir a la Jefatura de Montes 250 árboles para replantar la pradera del Villarejo.."* En la misma línea está otro acuerdo del 16 de noviembre de 1954 por el que *"…. se acuerda hacer una petición de 300 árboles para hacer su plantación en la pradera al paseo hasta el Pilar. Para ello se ha hecho el*

---

[125] Íbidem. Acta de la Junta Directiva de 4 de marzo de 1991.
[126] Íbidem. Acta de la Junta Directiva de 16 de diciembre 1945.
[127] Íbidem. Acta de la Junta Directiva de 1 de marzo de 1950.
[128] Íbidem. Acta de la Junta Directiva de 1 de agosto de 1950.
[129] Íbidem. Acta de la Junta Directiva de 1 de diciembre de 1950.

pedido en firme a la casa Juan Parra de Sabiñán, que sus noticias recibiremos en breve...".

En 31 de agosto de 1958[130] se toma otro acuerdo relacionado con el uso del lavadero y las labores agrícolas, ordenando que se deje espacio para el tendido de ropa: *"...Se acordó por esta Directiva ordenar al guarda que los interesados de las suertes, junto a la pradera del Villarejo, dejen un trozo junto a la misma con el fin de dar más anchura para tendedero de las ropas y para el día de la romería..."* y diez años después, en 1968[131]: *"...Arreglo de las zanjas y cercos del lavadero del Villarejo..."*

En la misma línea de actuaciones para el mantenimiento, se adoptaron los siguientes acuerdos en los años 1986[132] y 1987[133]: En el primero de ellos se decidió: *"...En relación con el séptimo punto del orden del día, se acuerda contratar a dos hombres para la limpieza en el Villarejo y a una mujer para la limpieza de la oficina..."* En el segundo de los años, se registró el siguiente acuerdo: *"...Segundo punto del orden del día: limpieza y enjalbegado en el Villarejo. Se acuerda llevar a cabo estas tareas, tal como se ha venido haciendo cada tres años. Asimismo, respecto al tercer punto, se acuerda reparar la terraza, tapando con cemento las grietas existentes."*

Posteriormente, en la Junta Directiva del 12 de diciembre de 1986 [134], se aprobó la reparación con un presupuesto más amplio. Y, en consecuencia se examinaron las propuestas presentadas por los distintos albañiles concurrentes, con los siguientes resultados: Demetrio Morejudo Arévalo: 1.135.000 pts.; Aureliano Gijón Escobar: 1.363.200 pts.;Joaquín Palomo Rodríguez: 1.180.000 pts. Tras la evaluación de los presupuestos, se adjudicó la obra a don Demetrio Morejudo Arévalo, por ser la oferta más económica.

[130] Íbidem. Acta de la Junta Directiva de 31 de agosto de 1958.
[131] Íbidem. Acta de la Junta Directiva de 24 septiembre 1968.
[132] Íbidem. Acta de la Junta Directiva de 3 de diciembre de 1986.
[133] Íbidem. Acta de la Junta Directiva de 27 de abril de 1987.
[134] Íbidem. Acta de la Junta Directiva de 12 de diciembre de 1986.

2) Electrificación

Esta actuación no fue, en realidad, iniciativa de la Sociedad Compradora de la *Dehesa*, sino del Ayuntamiento quien la realizó con el fin de mejorar el abastecimiento de agua del municipio. Lo que si correspondió a la Sociedad fue dar las oportunas autorizaciones, tanto al Ayuntamiento, como a la compañía eléctrica que realizó el tendido de la línea desde el núcleo urbano hasta el Villarejo.

En la Junta General del 25 de junio de 1969[135] se informó sobre el particular y se acordó lo que sigue: "*...En este acto se le dio a conocer a los asistentes un escrito de este Ayuntamiento, solicitando permiso para el tendido de una línea eléctrica por la Dehesa al Villarejo para montar en el mismo un transformador con fines a sacar el agua que abastece a esta localidad, dando esta General la aprobación.*
También en esta sesión se les dio a conocer a los socios, mediante lectura, que la compañía eléctrica Sevillana haría un tendido de red de alta tensión sentando sus postes sobre el suelo de nuestra finca, con indemnización de daños, dejando para la próxima General los acuerdos que se hubieran de tomar de estas proposiciones...". La aprobación formal se hace en Junta de 10 de septiembre de ese mismo año[136] en la que: "*...Se acuerda ..autorizar a la Compañía Hidroeléctrica Sevillana el tendido de una línea de postes metálicos por la finca Dehesa Boyal o Labrada de este término, corriendo de su cuenta la indemnización de cuantos daños se ocasionen en la referida finca en el montaje de esta línea eléctrica...*".

En 1982 se inician los trámites para llevar este tendido eléctrico desde la caseta del transformador, originariamente destinado para el abastecimiento municipal, hasta la casa del guarda que es, sin embargo, una propiedad de la Sociedad.

---

[135] Íbidem. Acta de la Junta General de 25 de junio de 1969.
[136] Íbidem. Acta de la Junta General de 10 de septiembre de 1969.

3) Pilar o abrevadero

La construcción del primer pilar o abrevadero se planteó en una Junta Directiva de noviembre de 1954[137] como un servicio de gran interés, sobre todo, para complementar la rastrojera de la finca: "... *El señor presidente puso de manifiesto a la Junta, la conveniencia que sería para la finca el hacer un pilar para que los ganados pudieran beber el agua con más facilidad y, al mismo tiempo, este daría un valor muy considerable para la rastrojera que daría un valor de un tanto por ciento más del que se pudiera vender...*" y, unos días después, concretamente el 16 de dicho mes[138], la Junta convocó a un contratista para concretar el proyecto: "...*Ante esta Junta Directiva se requirió al contratista de obras don Maximiliano León, dándole a conocer la fecha a realizar que, según contrato leído por ambas partes, fijando la obra del pilar tuviera jornalaje que el antedicho contrato consta hasta su total terminación y en pleno funcionamiento y con una garantía de seis meses, se convino por ambas partes en el precio de 35.000 pts. a pagar conforme, de acuerdo con esta Directiva, fuera solicitando el señor León. Esta Directiva toma el acuerdo, posteriormente, prolongar el pilar en vez de a 200 m que estaba fijado con el señor León del pozo central, fijarlo a 200 más, no alterando por dicha modificación para nada el precio convenido con el señor León, siendo dicha prolongación de zanjas y tubería hasta su final por cuenta exclusiva de esta sociedad...*".

En 1988[139], en Junta General extraordinaria, se planteó y aprobó la construcción de un nuevo pilar, dada la problemática -pérdida de agua- que presentaba el construido en 1954, y en el marco de una serie de proyectos que en la misma se debatieron. En dicha Junta se acordó con respecto al abrevadero: "... *Sobre el cuarto proyecto presentado por la Directiva, o sea el hacer un pilar nuevo para abrevadero del ganado porque el que ya existe ya se le han hecho tres reparaciones y siempre los*

[137] Íbidem. Acta de la Junta Directiva de 12 noviembre 1954.
[138] Íbidem. Acta de la Junta Directiva de 16 de noviembre de 1954.
[139] Íbidem. Acta de la Junta General extraordinaria 5 de noviembre de 1988.

resultados habían sido negativos, por el motivo que los árboles están muy próximos al mismo y sus raíces siempre lo habían abierto, por lo que se toma el acuerdo, por unanimidad de hacer un pilar nuevo.

4) Ermita de San isidro

La ermita en honor de San Isidro (figura 17) se construyó, como consta en la inscripción que figura en la fachada sur de la misma, en 1956 y su gestación se recoge en el acta de la Junta Directiva del 20 de octubre de 1955[140]: *"....Se acuerda, por unanimidad, la constru-cción en la finca, junto al Villarejo, de una capilla o ermita, con el solo propósito de que la ocupe el patrón de los labradores, San Isidro, para en su día, o sea el día 15 de mayo, en lo sucesivo celebrar su romería de dicho patrón que fue empezada con los fondos de la Hermandad de Labradores y la construcción de la capilla con los fondos de esta entidad, por ser así un acuerdo unánime de dichas entidades con el fin de dar esplendor a la fiesta de dicho patrón y celebrarse por primera vez en este pueblo, al cual ha despertado su fe inquebrantable a su santo...".*

Acorde con este acuerdo, en la sesión de la Directiva, celebrada un día después[141], se procedió a solicitar presupuestos: *"...el presidente expuso a los demás miembros de esta Directiva, la necesidad de dar a conocer a los maestros albañiles de esta localidad, metieran su pliego de condiciones para realizar la obra de la capilla o ermita al precio de pesetas por metro, por lo que dieron su conformidad dándole plazo para la presentación de pliego hasta el día 22 a las 10:00 de la noche.*
Esta presidencia y secretario, llegada la hora de recibir los pliegos que fueron presentados por Don Ramón Cachero, a 49 pts. mampostería y 57 cubierta; el segundo pliego a recibir fue de Don Antonio Cano, haciendo la obra por 30 pts. mampostería y 30 cubierta y bóveda, siendo adjudicada a don Antonio Cano, para que se realice dicha obra por hacerla más económico....".

[140] Íbidem. Acta de la Junta Directiva de 20 octubre 1955.
[141] Íbidem. Acta de la Junta Directiva 21 octubre 1955.

Al año siguiente[142], ya terminada la construcción de la ermita, se acordó ayudar a la Hermandad de Labradores a dotar la ermita, así como a los gastos de inauguración: "..*También se acordó para la inauguración de la ermita ayudar a la Hermandad para invitación a los accionistas en la cantidad de 1000 pts. También se acordó en vez de ser de obra el retablo de San Isidro, comprarlo de madera por resultar más económico, por lo cual se le compró a don Manuel Muñoz de Ciudad Real en la cantidad de 2.100 pts. comprendidas las tres Sacras necesarias para la misa del mismo santo...*".

El mantenimiento de la ermita ha corrido a cargo de la Sociedad, como se acredita en las actas de la Junta Directiva de 1957[143], 1968[144], 1986[145] y 1989[146]. En la primera se dice: "*....Se acordó pintar el friso de la ermita de San Isidro...*". En la segunda: "*...Se aprueba también repasar el tejado .... y el de la ermita...*"; en la tercera: "*...Se acuerda se tome el acuerdo de adecentar la ermita lo mejor que se pueda bien pintándola o de la manera más conveniente. Sobre el quinto punto se tomó el acuerdo de hacer gestiones para ponerle terrazo siempre que no sea muy caro su coste (se refiere a reparar las grietas que se han abierto en la terraza) ...*"; y en la cuarta: "*...Se tomaron los siguientes acuerdos: 1) ponerle terrazo en los pisos y poyetes de la casa del Villarejo. 2) el presidente manifestó que se le podía poner baldosín en la parte de abajo de las paredes de la ermita, a lo que los demás de los vocales se opusieron, manifestando que en la ermita había humedad y lo más posible es que se desprendieron los baldosines, por lo tanto, se toma el acuerdo de enlucirlos con cemento y pintarlos con pintura del color que convenga....*".

En línea con el mantenimiento figura un acuerdo relacionado con los daños causados en la ermita y así, en el acta de 4 de mayo de 1991[147], se dice: "*...El presidente dio conocimiento a la Directiva de los daños que*

---

[142] Íbidem. Acta de la Junta Directiva 5 de mayo de 1956.
[143] Íbidem. Acta de la Junta Directiva 5 de mayo de 1957.
[144] Íbidem. Acta de la Junta Directiva 24 de septiembre de 1968.
[145] Íbidem. Acta de la Junta Directiva 15 de abril de 1986.
[146] Íbidem. Acta de la Junta Directiva 15 de febrero de 1989.
[147] Íbidem. Acta de la Junta Directiva 4 de mayo de 1991.

han hecho en la ermita de San Isidro, se diálogo sobre el tema y se llegó a un acuerdo de darle conocimiento al Cabo de la Guardia Civil para que él viera los daños que hay en la antes mencionada y tratar de aclarar con la gente que estuvieron en el sitio que se produjo el hecho, una vez que se sepa quién ha sido, ponerse al habla con ellos y los gastos que se originen en arreglar el tejado, dos cristaleros de las ventanas, y volver a enjalbegar de nuevo otra vez... que no hay acuerdo para pagar esta se procederá a que ponga la denuncia..."

Al igual que del mantenimiento, la Sociedad Compradora también ha cuidado de obtener los máximos beneficios de la celebración de la romería que se celebra los 15 de mayo de cada año en su terreno, y a este respecto determina cobrar una cantidad a aquellas personas que acuden a la fiesta con fines comerciales. En este sentido resulta muy ilustrativo el acuerdo tomado en 1985[148]: *"......Y se acordó el ponerles a los bares 2000 pts., al de los churros 1000 pts., y Antonio Mosqueda 600 pts.....".* Acuerdo que, sin embargo, fue revocado en 1990[149]: *"...Se acordó no cobrarle a los puestos ni bares, pero sí que deben dejar el sitio que ocupan limpio y, si no lo hiciesen, habría que mandar a limpiarlo y los jornales que se lleva tendrían que pagarlos entre ellos...."*

5) Pozos para abastecimiento de agua a la población

El suministro de agua potable para el pueblo de Villamayor ha sido uno de los problemas a resolver por muchas de sus Corporaciones. Los primeros datos que tenemos en relación a su provisión desde el Villarejo datan de 1925, como acredita el acuerdo de la Junta Directiva del 12 de agosto de ese año[150]: *"...Segundo: además para hacerles saber una comunicación dirigida a esta presidencia y a los demás señores de la Junta Directiva, procedente del señor Alcalde Constitucional de esta villa, solicitando permiso para practicar estudios y reconocimientos*

[148] Íbidem. Acta de la Junta Directiva 20 de junio 1985.
[149] Íbidem. Acta de la Junta Directiva 10 de mayo 1990.
[150] AMVC, EL/000000001, pp. 122-123.

en la finca propiedad de esta Sociedad y paraje denominado Villarejo, al objeto de requerir cantidad y clase de aguas, así como para la toma, captación y conducción de ellas a la población. Y para total conocimiento de ella me ordenó a mí, el secretario, diera lectura de la misma, mandato que fue cumplimentado seguidamente....Una vez terminado este asunto la Directiva se ocupa de la comunicación de que ya tenía pleno conocimiento y por estudiar era un asunto de interés vital para la población. Por unanimidad acordó prestarle el consentimiento o licencia en la cantidad de amplitud que el caso requiera, así como, igualmente, un voto de confianza a toda la comisión municipal permanente por el demostrado afán hacia el progreso y engrandecimiento de la población...".

En 1954[151] hay un acuerdo para aumentar el caudal en los pozos existentes: *"...Se acordó el ensanchar los pozos de Villarejo y el de Rincón con el fin de ver si se puede obtener más caudal de agua que el que tienen en la actualidad...."* .

La necesidad de agua para el abastecimiento de la población siguió en aumento, y en 1958 hay sendos acuerdos, de la Junta Directiva y de la General, en los que se trata este asunto. En la Directiva[152]: *"...Habiendo sido requerida esta Junta Directiva por la alcaldía y su Corporación para comunicar la mucha necesidad que tiene la población de abastecimiento de aguas, y viéndose en esta escasez, solicitan si se les ceden las aguas del Villarejo de la finca Dehesa Boyal, esta Junta Directiva con el fin de obtener una aprobación o denegación de la General, nombró a la misma, y no teniendo más asuntos que tratar...".* En la Junta General extraordinaria de 15 de febrero[153] se abordó la cuestión: *"...Acordar si se cedía las aguas a esta Corporación municipal para beneficio del vecindario de esta villa, lo cual fue aprobado por unanimidad, se cedieron siempre que el abrevadero quedará lo suficientemente abastecido. También se acordó que no se hicieran cometidas con el ánimo de que no falte el agua para el vecindario,*

[151] ASCDBLVC, sin clasificar, acta de 21 agosto 1954.
[152] Íbidem. Acta de la Junta Directiva de 6 febrero 1958.
[153] Íbidem. Acta de la Junta Directiva de 15 febrero 1958.

teniendo en cuenta que estas aguas han sido cedidas para beneficios de la población y que estas sean gratuitas...."

Por su especial interés transcribimos, seguidamente, el certificado que la Junta Directiva envió a la Diputación Provincial dando cuenta de dicho acuerdo y que se encuentra en la misma acta de la sesión de la Junta General:

Certificado enviado a la Diputación Provincial

Don Gregorio Cardos Monescillo, secretario de la Sociedad de la Dehesa Boyal o Labrada, sita en este término municipal, certifico: que la Junta Directiva de esta Sociedad, en sesión celebrada en el día de la fecha, acordó, por unanimidad, lo siguiente: El presidente expuso a los señores concurrentes al acto que, como es sabido, recientemente la alcaldía se ha visto en el lamentable caso de racionar el agua destinada al abastecimiento público, que si desde hace unos años a esta parte, esa medida no se hacía necesaria hasta la época de verano, hemos de pensar en el conflicto que lógicamente se ha de producir este año cuando llegue la época de estío, teniendo en cuenta que en la actualidad el caudal ha minorado ya considerablemente.

Como sabemos la constante preocupación del Ayuntamiento para resolver este problema tan vital como obligado para el mismo, pero a pesar de ello no ha podido conseguir satisfactoriamente por falta de caudal de agua suficiente, esta presidencia, no dudando interpretar el recto sentido de los señores componentes de esta Directiva y el de todos los vecinos de esta localidad, que por el único hecho de serlo, son también socios partícipes de la Dehesa o Labrada que esta Junta administra, propone: se adopte el acuerdo de ceder a la Corporación municipal las aguas existentes o correspondientes al pozo de la referida finca y sitio denominado el Villarejo con destino al abastecimiento público, en atención a que el referido servicio beneficie a todos los socios en calidad de vecinos.

Todos los señores concurrentes al acto aceptaron la proposición de la presidencia y por unanimidad absoluta se acordó ceder al Ayuntamiento de esta villa las aguas del pozo en la Dehesa Boyal o Labrada, sitio denominado el Villarejo, a fin de que sean conducidas al casco de la población y con destino a abastecimiento público, y para que coste y entregar al Ayuntamiento de esta villa, expide la presente que visa el señor presidente, en Villamayor de Calatrava, a quince de febrero de mil novecientos cincuenta y ocho.

El presidente: Antonio Espinosa; el secretario: Gregorio Cardos; el tesorero: Eliecer Muñoz.

En el año 1968, según se desprende de las actas, surgieron algunos problemas en esta concesión al Ayuntamiento, ya que en la Junta General extraordinaria se acordó[154]: *"...El primer punto del orden del día no se debatió por ser anulado el escrito de petición del Ayuntamiento, de fecha 17 de junio del corriente año, que solicitaba 36.000 pts. de Dehesa Boyal o Labrada para subvencionar la obra de las aguas de Villarejo, siendo atendida esta obra por el Banco de Crédito Local.*

Las condiciones por las que se han de ceder las aguas propiedad de la Dehesa Boyal o Labrada al Ayuntamiento para el pueblo de Villamayor se acordó, por mayoría absoluta, ceder las aguas sobrantes de la finca solamente para consumo de boca y usos domésticos, sin que dichas aguas se pueden usar para negocios u otros menesteres. Que son donadas las aguas al pueblo de Villamayor para que sean siempre totalmente gratuitas al vecindario. Que queden atendidos del agua necesaria los abrevaderos y lavaderos de la finca. Que en tiempos de escasez se les cortaría el agua a aquellos que quisiesen o que hicieran acometidas mientras tanto fuese necesario. Que se haga un contrato con estas condiciones con el Ayuntamiento, hecho por un notario y registrado con las condiciones antedichas, por las cuales se ceden las aguas de esta finca.

Siendo preguntado el señor Alcalde que asistía a la asamblea, así como también un Delegado del señor Gobernador, si estaba dispuesto el Ayuntamiento [a hacer] *un contrato con la Dehesa Boyal o Labrada reconociendo estas condiciones que acuerda la Asamblea General, dijo sí que estaba dispuesto el Ayuntamiento a formalizar dicho contrato, cuando la Dehesa o su Directiva dispusiera...".*

---

[154] Íbidem. Acta de la sesión General extraordinaria 25 de julio de 1968.

Según se desprende del acuerdo tomado por la Junta Directiva celebrada unos meses después (5 de noviembre de 1968)[155], el convenio acordado en la reunión anterior no había sido aún firmado, por lo que: *"...Se acuerda dirigir escrito al Alcalde y Corporación, recordándoles la obligación que tienen de haber un entendimiento con esta Directiva a ultimar el contrato de las aguas..."*.

En 1972[156], en Junta General extraordinaria, se vuelve a plantear la cuestión de proporcionar agua de la *Dehesa* para el pueblo: *"...Informada la Junta General del escrito del señor Alcalde, dirigido a la Directiva de la mencionada finca, solicitando permiso para abrir un pozo en la Dehesa Boyal o Labrada paraje Villarejo, propiedad de esta Sociedad, para poder asistir de agua al referido pueblo. Esta asamblea autoriza, por unanimidad, al señor Alcalde y corporación la apertura del solicitado pozo, con las condiciones siguientes:*

1. Que el Ayuntamiento puede abrir el pozo y hacer la obra que necesite a tal fin, quedando bien entendido que pozo y obra que se hagan en la finca, quedará siempre de propiedad de la Dehesa Boyal o Labrada, sin que el Ayuntamiento pueda reclamar propiedad ni pertenencia alguna de dicha obra. Y

2. De otra parte, que las aguas son cedidas para el aprovechamiento del pueblo en usos domésticos, sin que la alcaldía pueda usarla con otros fines, no pudiendo ser estas cobradas, ni llevar cargas ni gravámenes mientras exista esta Sociedad

En ruegos y preguntas, hubo algunas objeciones encaminadas a que solo se gaste el agua del mínimo que le sea adjudicada a cada vecino o persona en evitación de abusos en la consumición de la misma. Siendo aprobado que el que use más agua que la estipulada se le pueda retirar...".

El problema persiste en 1977 por cuanto ocupa los debates de la Junta General extraordinaria del 17 de septiembre[157]: *"...Dos. Contestación al Ayuntamiento para abrir o no un pozo en el Villarejo Consultados los socios asistentes si se autoriza al Ayuntamiento para abrir*

[155] Íbidem. Acta de la Junta Directiva 5 noviembre 1968.
[156] Íbidem. Acta de la sesión General extraordinaria de 31 de agosto de 1971.
[157] Íbidem. Acta de la sesión General extraordinaria 17 de septiembre de 1977.

un pozo en la finca, sitio del Villarejo, hubo dos opiniones: la mayor, aceptaron se autorizara la apertura de dicho pozo, a condición de que el terreno quede limpio de escombros. El socio don José Antonio García Velasco manifiesto que se autorice abrir el pozo, pero a condición de que las aguas sean administradas por la Dehesa. A este respecto los demás socios asistentes no creen necesario que la Directiva de la finca lleve el control de dichas aguas, pero sí a este respecto el socio y vocal, don Agapito Rodríguez Monescillo, solicitó al señor Alcalde, que asistía a esta reunión, se le diera a la Directiva de la Sociedad una copia de los gastos e ingresos de las aguas de cada semestre. El señor Alcalde manifestó no haber inconveniente toda vez que el socio vecino que quiere informarse se pasa por el Ayuntamiento...."

El problema del abastecimiento debía persistir 7 años después, según se desprende del acuerdo de la Junta Directiva de 13 de julio de 1984[158]: "*...Tomar acuerdo sobre el escrito enviado por el señor Alcalde a esta Directiva sobre el comienzo de las obras para la conducción de aguas desde la nueva perforación al depósito. Con relación al segundo punto del orden del día se toma el acuerdo de que puede empezar las obras cuando lo estime conveniente, pero pagando los daños que se hicieran en las parcelas que se realicen dichas obras ..."*

4.4.5. Proyectos no ejecutados

Consideramos de gran interés el traer a colación y dejar constancia de aquellos proyectos que se plantearon en la Junta Directiva o en la Junta General y que, por distintas razones, no se ejecutaron, pero que son muestra de las aspiraciones y los intereses de los vecinos de Villamayor, siempre orientados al bienestar del vecindario.

En el año 1969, en la Junta General extraordinaria, celebrada el 10 de septiembre[159], se planteó el deseo "*...de algunos socios de hacer una*

[158] Íbidem. Acta de la sesión de la Junta Directiva 13 julio de 1984.
[159] Íbidem. Acta de la sesión General extraordinaria 10 de septiembre de 1969.

piscina en el Villarejo para recreo, acuerda esta asamblea pedir presupuesto de gastos, así como de los impuestos que llevaría la susodicha piscina, dejando para otra General los acuerdos que se hubieran de tomar de esta proposición", acuerdo que no se volvió a tratar en ninguna Junta posterior pero que refleja el deseo de incorporar al pueblo a las nuevas corrientes socioeconómicas de la época.

En 1988, en una Junta General extraordinaria, celebrada en el mes de noviembre[160], además del proyecto, ya comentado, de construir un nuevo abrevadero, se propuso por el presidente: "*...y manifestó que se iba a presentar, proyecto por proyecto, para discutirlos e ir aprobando los que se estimasen más convenientes... A continuación, se pasó al quinto proyecto o sea el, si los fondos de la sociedad lo permitían, hacer un establo para el ganado. Sobre este proyecto hizo uso de la palabra el socio Tomás Fernández Gómez y Alcalde de la localidad, el cual manifestó que él haría las oportunas gestiones para ver si se podía, con el dinero que viene para el paro, poner la mano de obra y que la Sociedad de la Dehesa pusiera los materiales, pero siempre que los fondos de la Sociedad lo permitiera, por lo que este proyecto queda pendiente de ver las gestiones que el antes mencionado señor hace y sus resultados y si la Sociedad dispusiera de fondos para cometer dicha obra.....*". Este proyecto se ejecutaría años después, fuera del tiempo que nosotros estudiamos en este trabajo.

4.4.6. Colaboración institucional con el Ayuntamiento y con la Parroquia de Villamayor

La *Sociedad Compradora de la Dehesa Boyal* ha sido y, en menor medida, es, una institución con mucho peso en la sociedad villamayorense y, como tal, se ha relacionado con otras instituciones locales, tales como el Ayuntamiento y la Parroquia, a lo largo de los años. Aspectos que nos proponemos analizar en este apartado.

160 Íbidem. Acta de la sesión General extraordinaria 5 de noviembre de 1988.

1) Con el Ayuntamiento

En apartados precedentes hemos tenido ocasión de ver como la *Sociedad Compradora de la Dehesa Boyal* ha colaborado, activa y eficazmente, con el Ayuntamiento de la localidad y viceversa. Las relaciones, sin embargo, no han sido siempre fluidas y amistosas. De aquí que diferenciemos un primer grupo de ellas con las colaboraciones habidas, y otro con los enfrentamientos, más o menos, intensos, que se han producido.

1.1. Colaboraciones amistosas

En los apartados precedentes hemos tenido ocasión de reflejar algunas de estas colaboraciones amistosas, entre las que recordamos los casos: del permiso para el paso de adoquines de la cantera de El Morrón a instancias del Alcalde; el proporcionar agua potable para el abastecimiento de la población; el proyecto de construir un establo etc. Nos queda, sin embargo, destacar algunas otras, mantenidas con el mismo espíritu. Entre ellas reseñamos las siguientes:

En 1946 la Junta Directiva de la *Sociedad* acuerda[161] hacer un donativo para paliar el hambre que, a la sazón, había en el pueblo: *"....y manifestó que, requerido por el señor Alcalde, iniciado este por el Excelentísimo Señor Gobernador de la provincia, para que esta entidad coadyuvara voluntariamente con la cantidad que pudiera a fin de mermar la trágica situación del hambre que, desgraciadamente, impera en muchas familias de esta localidad. La Junta en pleno acordó contribuir con 350 pts. mensuales durante los meses de marzo, abril y mayo, ascendiendo a un total de 1.050 pts...."*

En la misma línea pueden citarse las ayudas *para las obras que acomete el Ayuntamiento*: a) En 1952[162] en el arreglo de la calle Generalísimo, hoy calle Real: *"...se acordó dar un donativo para arreglo*

[161] ASCDBLVC. Acta de la sesión de la Junta Directiva de 20 de marzo 1946.
[162] Íbidem. Acta de la sesión de la Junta Directiva de 18 abril de 1952.

de la calle del Generalísimo, que sea de 500 pts...."; b) en 1958[163] para la extracción de agua: "*...También se acordó dar al Ayuntamiento la cantidad de 5000 pts. para ayuda de extracción de aguas con el que si no da bastante caudal de agua, esta obra quede en benéfico de la finca..*"; c) En 1971[164] para la construcción de la casa Cuartel de la Guardia Civil que, en Junta Directiva de 24 de noviembre, se da cuenta y acuerda: "*...dar contestación a un escrito del Ayuntamiento solicitando aportación económica de la Dehesa Boyal o Labrada de este término municipal para la construcción de la Casa Cuartel de la Guardia Civil. Por no estar autorizada esta Directiva para hacer donativos ni aportaciones de los fondos económicos de dicha finca, siempre que no sean destinados a gastos propios o mejora de la misma, como así dicen sus estatutos, acuerdan ponerlo en conocimiento de la Junta General para que determine lo que crea más oportuno a este respecto...*" por lo que, efectivamente, se llevó a la Junta General extraordinaria del 5 de agosto de 1985[165] en la que "*...Se acuerda el contestar al escrito, manifestando que esta entidad estaba dispuesta a colaborar con lo que su situación económica le permitiera...*", acuerdo que se concreta en la Junta General ordinaria de 1 de enero de 1986[166]: "*El presidente dio lectura al escrito enviado por el Ayuntamiento a esta entidad para la colaboración para la construcción de la Casa Cuartel de la Guardia Civil. Enterados todos los socios asistentes del contenido del escrito, aprobaron por unanimidad, el conceder un donativo por la cantidad de 100.000 pts....*"

1.2. Situaciones de enfrentamiento

No siempre, como se ha anticipado, estas relaciones han sido de colaboración como las reseñadas, sino que se han dado situaciones complejas, derivadas, tanto de la interpretación de los Estatutos de la *Sociedad* en relación a su colaboración con la administración local, como de la particularidad de que el Ayuntamiento gestiona

[163] Íbidem. Acta de la sesión de la Junta Directiva de 31 de agosto de 1958.
[164] Íbidem. Acta de la sesión de la Junta Directiva de 24 de noviembre de 1971
[165] Íbidem. Acta de la sesión de la Junta General extraordinaria de 5 de agosto de 1985.
[166] Íbidem. Acta de la sesión de la Junta General ordinaria de 1 de enero de 1986.

para todo el pueblo y, a la vez, ese pueblo es el accionariado de la Sociedad. Sin olvidar los enfrentamientos e interese personales que, si bien no quedan reflejados en las actas, eran reales, aunque revestidos de intereses municipales o de preocupación por la sociedad.

Dentro de estas situaciones de confrontación hemos recogido en las actas de la *Dehesa* las siguientes:

La ocurrida entre 1921 y 1922 por la aportación de una cantidad a las obras de reparación del Pozo de Agua Dulce (Pozo Arriba). En el análisis de esta problemática no se han podido consultar las actas de los plenos del Ayuntamiento de esas fechas en las que, suponemos, que deberá constar la versión de la Corporación Municipal sobre este tema. Y ello, debido a que en el archivo municipal no se han localizado las actas correspondientes a estas fechas[167], por lo que solo tenemos la versión de la Sociedad de la *Dehesa* y no la del Ayuntamiento. Parece deducirse, por el contenido de las actas, que el problema planteado entre ambas instituciones se debió a la exigencia, y destaco la palabra "exigencia", del Ayuntamiento de que colaborase la Sociedad de la *Dehesa* en los gastos que estaba generando la reparación del Pozo de Agua Dulce (Pozo Arriba) y la negativa de esta a hacerlo o, al menos, en los términos y cantidades que exigía el Alcalde -a la sazón Sixto León Fernández-.

Según el acta de la Junta Directiva de la *Dehesa* de 18 de enero de 1921[168]: "*....se reunieron los señores que componen la Junta Directiva de la Sociedad de la Dehesa Boyal o Labrada, bajo la presidencia de don Santiago Hervás y Velasco, en la casa del presidente, a las ocho de la noche. El señor presidente manifestó que el objeto de la presente reunión era para manifestarle que el señor Alcalde-presidente pedía una Junta General extraordinaria para renovar la Junta Directiva y tratar de la renobación de los estatutos, y una vez rreunidos todos trataron de se sometieron y botaron, y rresultó la votación empatada, pero el señor*

[167] En el AMVC se produce un salto en los libros de actas del Pleno desde el catalogado con la signatura L/ 0000000005 (14/8/1912 a 1 de enero de 1916) al L/0000000006 (libro nº 6 (26/9/1922 a 24/7/1924), por lo que faltan las actas del período comprendido entre 1/4/1916 a 26/9/1922.

[168] AMVC, EL/0000000007, pp. 74.

presidente dijo que no estava conforme conque se rrenovara la Junta, ni con la rrenobación de los estatutos, porque no lo autorizan los mismos, ni tampoco se a hecho con arreglo a lo ordenado en los estatutos.

Acto seguido no estubieron conformes los señores Manuel Martín, Adrián García, Tomás Gómez, Benjamín Rodríguez y presentaron la dimisión todos en el mismo acto. Y no abiendo ningún otro asunto de qué tratar, el señor presidente dio por terminada la sesión, y yo, como secretario, certifico.

Firmas de: *Tomás Gómez, Santiago Hervás, Manuel Martín, Adrián García, Benjamín Rodríguez, Evaristo Muñoz, David Muñoz, Antonio Muñoz".*

Unos días después, el 12 de enero de ese mismo año[169], se vuelve a reunir la Junta Directiva para nombrar los cargos que habían dimitido en la Junta anterior: "*... el señor presidente manifestó que el objeto de la presente reunión era hacer el nombramiento de cuatro individuos para sustituir a los que hicieron dimisión en sesión del día dieciocho del actual, a tenor de lo que preceptúa el artículo 32 de los Estatutos por los que se rige esta sociedad. Enterados los señores concurrentes de lo expuesto por su presidente, así como del artículo antes mencionado, por unanimidad, hicieron los nombramientos en la forma siguiente: en sustitución de don Adrián García Alcaraz, que era vicepresidente de la Junta Directiva, se nombra a don Francisco Blanco Maeso. En sustitución de don Benjamín Rodríguez Arcediano, vocal que fue de esta Junta Directiva se nombra a don Julián Sánchez Martín. En sustitución de don Tomás Gómez García, vocal que fue de la Junta Directiva se nombra a don Marcelino Palomo Rubio. Y en sustitución del vocal que fue de esta Junta Directiva don Manuel Martín Morales, se nombra a don Santiago Maestro Rodríguez. Y los señores nombrados en este acto aceptan el cargo para que han sido nombrados y prometen cumplir bien y fielmente con lo determinado en los Estatutos y las obligaciones que les supone...."*

En sesión del 14 de mayo de 1921[170], la Junta Directiva volvió a tratar el asunto y adoptó los acuerdos siguientes: *"... el señor presidente*

[169] Íbidem, pp. 76-77.
[170] Ibidem, pp. 81-83.

ordenó que yo, el secretario, diese lectura a un edicto autorizado con la firma del señor Alcalde de esta villa, Don Sixto León Fernández, y con el sello de la alcaldía, en el que se cita por orden de tal Alcalde, y se convoca a Junta General a todos los socios para el día veintiséis del actual en las Casas Consistoriales y Plaza pública a las 10 de su mañana para tratar y resolver sobre lo siguiente: 1º Nombramiento de la Junta Directiva en pleno; 2º Idem de una comisión que revise y examine las cuentas del año último; 3º Acuerdo sobre el destino que haya de darse a los fondos de la sociedad; 4º Ídem para pasar a los tribunales de Justicia el tanto de culpa por la usurpación de atribuciones que viene haciendo el hoy titulado presidentes Santiago Hervás Velasco. Hecho que fue por mí el secretario y enterada la Junta y en vista a que referida autoridad gobernativa, no teniendo en cuenta que ni como autoridad, ni como socio tiene atribuciones para ejecutar lo que en dicho y célebre edicto se consigna, y si como un ...hace y deshace a su antojo, sin más ley, que su capricho, ni más voluntad que la suya, arbitraria y soberana. Referida Junta, por unanimidad, con el fin de que no sea atropellada en sus derechos y funciones por un Alcalde inconsciente de sus actos y que demuestra una insuficiencia absoluta del cargo que desempeña, tomó los acuerdos siguientes:

1º Se nombra una comisión compuesta del señor presidente y tesorero, Don Eugenio Mora Muñoz, para que pasen a Ciudad Real y consulten con un abogado los derechos que corresponden a esta Directiva para poder defenderse contra el atropello que quiere ejecutar el Alcalde de esta villa, llevando para que dicho letrado los examine un edicto y los estatutos de esta sociedad.

2º Que los gastos de viaje, letrado y demás que se produzcan, se paguen con cargo a los fondos que tiene esta Sociedad.

3º Que, del resultado de la consulta, así como de las gestiones que haga referida comisión, se dará cuenta a esta Junta después de verificadas, acordándose, además, que el letrado que se consulte sea don Cirilo del Rio. Y no teniendo ninguno otro asunto.....".

La pugna entre Alcalde y Junta Directiva de la *Dehesa* siguió en los meses sucesivos con, parece ser, la negativa del Alcalde a juramentar al guarda de la Dehesa por lo que, de nuevo, la Directiva toma el siguiente acuerdo el 10 de diciembre de 1921[171]: *"En Villamayor de Calatrava, a diez de diciembre de mil novecientos veintiuno, reunidos los señores de la Junta Directiva de esta Sociedad, que al final firman, previa convocatoria, el señor presidente, Don Santiago Hervás Velasco, abrió la sesión y manifestó que: en vista a que el señor Alcalde de esta villa no ha querido admitir la instancia presentada para juramentar un guarda que custodia en la finca propiedad de Sociedad y además ordena al ganadero de cabras y ovejas de varios vecinos de esta villa que dicho ganado paste abusivamente en la Dehesa, había necesidad de tomar acuerdos: La Junta, enterada y después de una amplia y razonada discusión, por unanimidad, tomó los acuerdos siguientes:*

1º Que toda la Junta en pleno se persone en la capital e informe al señor Gobernador de todos los desmanes y arbitrariedades que está cometiendo dicho Alcalde.

2º Que se consulte con el abogado Don Cirilo del Rio, a fin de que informe a la Junta cuanto debe hacer para atajar dichos desmanes y arbitrariedades, así como también, caso necesario, se haga poder a varios procuradores, y

3º Que todos los gastos que se originen sean pagados con fondos de esta Sociedad, ya que su inversión es para la defensa de los intereses de la misma.

Y no habiendo ningún otro asunto de qué tratar.... "

La confrontación entre ambas instituciones sigue manteniéndose seis meses después, ya que en la Junta General extraordinario del 18 de junio de 1922[172]: *"..el señor presidente... manifestó que estaba dispuesto a entregar, lo mismo el presidente que todos los individuos de la Junta Directiva, la cantidad sobrante de los gastos que precisare la referida finca, pero era bajo la base de entregar el nombramiento del guarda que custodia la Dehesa Boyal o Labrada, y también la justicia firmada por el*

---

[171] Ibidem, pp. 87.
[172] Ibidem, pp. 95-96.

Alcalde, todos los miembros del Ayuntamiento, Juez, Fiscal y Secretarios. Y también se acordó que saldría el guarda de la referida Dehesa Boyal o Labrada con el alguacil del Ayuntamiento a recoger las firmas de los vecinos que se encuentran con el derecho a parcela; y también se acordó que tenía que intervenir la Junta Directiva de la Dehesa Boyal o Labrada en la subasta de la construcción del pozo del Agua Dulce y que irían dos individuos de la antedicha Junta con dos concejales a presenciar los trabajos de dicho Pozo.

Acto seguido, estando conformes todos los individuos que componen la Junta Directiva de la Dehesa Boyal o Labrada con el acuerdo tomado en Junta General extraordinaria, el señor Alcalde y todos los individuos del Ayuntamiento, Juez, Fiscal y Secretarios, se niegan a firmar el acta, y no teniendo otro asunto de qué tratar..."

Ante esta negativa del Ayuntamiento a aceptar el acuerdo tomado por la Junta General extraordinaria, la Junta Directiva se reunió al día siguiente[173] y acordó: *"...bajo la presidencia de don Santiago Hervás Velasco, el cual declaró abierta la sesión y manifestó que, con arreglo a lo que se manifestaba en la cédula convocatoria, el objeto de la presente reunión era examinar los estatutos por los que se rige esta Sociedad con el fin de ver si es factible, siempre que las autoridades la firmen, lo acordado el día de ayer. Examinados con detenimiento expresados Estatutos por los señores concurrentes, y no hallando en ellos disposición alguna que autorice ni a la Junta Directiva, ni a la Junta General de accionistas para que anticipe, preste, regale o done los fondos que correspondan a ella, ni en todo, ni en parte, los señores concurrentes, por unanimidad, acuerdan dejar sin efecto ni valor alguno los acuerdos tomados el día de ayer y que constan en el acta anterior, sin que causen efectos legales, toda vez que la Junta Directiva ni la Junta General de accionistas no está autorizada para ello y por tanto dichos acuerdos quedan como no acordados. Y no teniendo otro..."*

[173] Ibidem, pp. 97.

El 7 de agosto de 1922, en la reunión de la Junta Directiva[174], el presidente expuso que *"... le habían entregado la copia del fallo del juicio por el Juez municipal de esta villa, y dijo que si estábamos conformes con dar la referida cantidad que piden los señores demandantes, y declararon todos que no estaban conformes con entregar cantidad ninguna y apelar al Juzgado de primera instancia del partido..."*. El 27 de agosto de ese año[175], en una nueva reunión de la Directiva, se acordó convocar una nueva Junta General extraordinaria, que se convocó para el 30 de agosto[176], pero, no habiendo *quorum,* se pospuso hasta el 14 de septiembre.

En la Junta General extraordinaria celebrada, en segunda convocatoria y el día previsto, por otra parte, festividad del patrón de Villamayor, se hace una exposición sintética del conflicto, además de mantener el acuerdo de no abonar la cantidad reclamada por el Ayuntamiento y ello en un lenguaje un tanto irónico. La tesis de la Junta de la *Dehesa*, según parece desprenderse de esta acta que, por otra parte, es la última que recoge este asunto, es que la *Sociedad* de la *Dehesa*, aunque este compuesta por todos los vecinos del pueblo, es una entidad privada y, como tal, administrada por sus socios a través de los órganos correspondientes y, en ningún momento, es una prolongación de la jurisdicción del Ayuntamiento, aunque ambas instituciones tengan a las mismas personas como socios. El acta de referencia[177], con la que parece ser concluye el conflicto, dice así: *"Villamayor de Calatrava, a 14 de septiembre de 1922, siendo las 17 horas, se reunieron en el domicilio de don Antonio Gijón Martín y en una sala alquilada al efecto para este acto, los señores de la Junta Directiva, que autorizan la presente bajo la presidencia de don Santiago Hervás Velasco para celebrar la sesión extraordinaria de segunda convocatoria, toda vez que en la primera no hubo número suficiente de señores socios, para celebrar reunión y abierta la sesión el señor presidente se manifestó: que el objeto de la*

[174] Ibidem, pp. 98.
[175] Ibidem, pp. 98.
[176] Ibidem, pp. 99-100.
[177] Ibidem, pp. 100-102.

presente sesión era, como se indica en la convocatoria, poner en conocimiento de los señores concurrentes que el Ayuntamiento de esta villa le exigía a la Junta Directiva de esta sociedad, 1500 pts. para el arreglo del pozo del agua, de donde se surten los vecinos de esta población, y como quiera que, con arreglo a los Estatutos por los que se rigen, no se pueden invertir fondos que no se destinen a la finca que los mismos establecen y en este caso mucho menos, toda vez que el Ayuntamiento tiene la obligación ineludible de arreglo de cuantas obras sean necesarias ejecutar para beneficio del vecindario, para lo cual tiene medios más que suficiente para allegar fondos, sin que ninguna sociedad particular tenga que obligarse a ello, y menos el que forzosamente se le exijan, como es el caso presente, discordando con ello por parte de los reclamantes, sin reconocimiento absoluto de la legislación vigente, un absolutismo propio de los tiempos primitivos y demostración de que sus cráneos no alojan fósforo, sino humo y este de mala calidad, habiéndose concluido la época del feudalismo, es por lo que ha sido la negativa de esta Junta Directiva, y en vista de que no han podido conseguir el que se le entreguen las mencionadas pesetas, fueron citados a Juicio Verbal Civil en reclamación de quinientas pesetas, que no se obligaron a satisfacer por varios señores que se las reclamaban y estos, sin personalidad, sin que tampoco en el acto del juicio se hicieran contar por el tribunal las alegaciones de los demandados, y sí todo cuanto se les antojó exponer a los demandantes, con el beneplácito del secretario que tenía que certificar del acto, pero, aunque se han cometido todos los abusos enunciados anteriormente y otros más que no enumeran, exponía a los señores convocantes la proposición de si estaban o no conformes en que se le dieran al citado Ayuntamiento las pesetas que reclamaba para el arreglo del Pozo del Agua Dulce. Los convocantes, que son el número de doscientos, sin contar a los que componen la Junta Directiva por mencionada, acordaron que no se dé cantidad alguno al Ayuntamiento ni a ninguna otra personalidad o entidad y que los fondos que tenga esta Sociedad sobrante se inviertan en beneficio de la misma finca. Y no teniendo ni otro asunto de qué tratar...".

Otro caso de confrontación es el ocurrido en 1968, curiosamente, por el mismo tema que el de 1921: la ayuda para el abastecimiento de agua potable. En esta confrontación hay una primera fase de acuerdo que tiene lugar en la Junta General del 24 de mayo[178], a la que asiste el párroco -esta asistencia está datada en varias Juntas Generales de esos años, quien no interviene y suponemos que se justifica su presencia por la naturaleza del tema a tratar o para evitar enfrentamientos- en la que la Junta General autoriza al Ayuntamiento para suministrar agua a todos los vecinos del pueblo: "…. *Por la presidencia, y a petición de D. Justo Callejas Rodríguez, da lectura y se somete a aprobación de la Junta el siguiente escrito: "D. Justo Callejas Rodríguez, Alcalde-presidente del Ayuntamiento de Villamayor de Calatrava, actuando en representación del mismo, tiene el honor de exponer a la consideración, y de hacerlo, y de creerlo necesario de esta Junta General, que hallándose en plena actividad las obras para la abastecimiento de aguas a esta población. . y como quiera que la cantidad importante de la aportación municipal a los mismos ha de llevarse a efecto haciendo uso de las contribuciones especiales, con lo que se ve muy agravado el vecindario, en evitación, de lo cual sería muy de desear que se hiciese saber que para aminorar el gravámen, la mejor solución a tomar es llevar a la consideración de la Junta General, la posibilidad de autorizar a este Ayuntamiento para llevar a efecto el abastecimiento de agua a domicilio por cuantos vecinos lo deseen, por cuyo beneficio podría establecerse una tasa que aportaría un buen capítulo de ingresos para el fin deseado, y en cuya cantidad serían rebajadas las contribuciones especiales… Y en especial las clases más humildes para las que a buen seguro la aportación le supondría un buen sacrificio económico y quizá el verse privado de algunos útiles o alimentos de primera necesidad. Pudiera alegarse por algún socio, con la mejor buena fe, que, como resultado de esta concesión, se verían disminuidas las posibilidades de abastecimiento a las fuentes públicas y abrevaderos existentes en la actualidad. Este Ayuntamiento cree, y así lo estima, que, a juzgar por los datos técnicos de aforo que constan en el proyecto (aportados por el señor ingeniero de la Diputación Provincial), la cantidad*

[178] ASCDBLVC. Acta de la sesión de la Junta Directiva de 24 mayo 1968.

de manantial es del orden de los 86.400 litros de agua por día, capaces, según el referido proyecto, para abastecer suficientemente una población mucho mayor que la que pretendemos y quedar a plena satisfacción, atendidas las necesidades de abrevaderos existentes actualmente… Pero suplica a la asamblea dé una solución que beneficie a todos en general, en especial a los desheredados de la fortuna que, en definitiva, son siempre los que más nos deben mover al sacrificio y a la caridad. Como Alcalde espero, deseo y ruego a mis vecinos, comprensión y amor, a los demás. Gracias…". Pero, un mes después, el 21 de junio[179] la Sociedad deniega la colaboración: *"…2º Dar a conocer el escrito que el Ayuntamiento manda al señor presidente de la Dehesa, solicitando de la Directiva los fondos en metálico para completar obra de las aguas. Este asunto fue denegado, unánimemente, por todos componentes de esta Directiva…4º Consulta a un letrado, a petición de todos los componentes de esta Directiva, el caso de un contrato o lo que proceda del caso de las aguas…".* Posición que se refuerza y ratifica en otra Junta General extraordinaria que se celebra el 25 de julio del mismo año 68.

Un tercer caso es el ocurrido en 1980[180] con relación al vertedero de municipal de basura que el Ayuntamiento solicita instalar en terrenos de la *Dehesa*. Lo que consta en el acta de la Junta Directiva es que el presidente de la *Sociedad "…Consulta a la Junta Directiva si se le cede una porción de terreno al Ayuntamiento para el vertedero de basuras. El señor presidente da lectura al escrito enviado por el Ayuntamiento en el que se hacía la antes expresada petición de cesión de una porción de terreno para el vertedero de basuras. A continuación, hicieron uso de la palabra varios socios, unos a favor y otros en contra por lo que se procedió a hacer una votación secreta, la que dio el siguiente resultado: voto a favor 10; en contra cuatro; y dos en blanco ….".*

En 1981[181] surge la primera discordia motivada porque el basureo no se ha hecho en el lugar acordado: *"…El único punto del orden del día*

179 Íbidem, Acta de la sesión de la Junta Directiva de 21 junio 1968.
180 Íbidem. Acta de la sesión de la Junta Directiva de 15 de enero de 1980.
181 Íbidem. Acta de la sesión de la Junta Directiva de 15 de marzo de 1981.

es de conocer el por qué no se había hecho el vertedero de basura en el sitio acordado. El señor presidente comenzó diciendo que, al estar ausente de la localidad por tener que atender sus faenas y haber venido la máquina que tenía que hacer los trabajos, el señor Alcalde buscó al presidente y al no estar el presidente y la máquina no podía estar parada por su coste que trabajaba por horas, él creyó que el sitio más idóneo era en el que se había hecho por su distancia y el terreno que no se aprovechaba para cultivo, por lo cual esta Directiva lo da por bien hecho, pero con una salvedad que si alguna vez los vehículos que recojan la basura no podían entrar a descargar por ser un sitio pantanoso, pero si esto ocurriera algún año no será otra concesión..."

Unos años después, concretamente en 1987[182], la Junta Directiva toma el acuerdo de enviar un escrito al Ayuntamiento por el que se le retira el permiso: *"...con relación al tercer punto se le dio lectura a el escrito que se le va a enviar al Ayuntamiento sobre la retirada del vertedero de basuras de la finca, el que se aprueba su envío, el cual fue firmado por todos los vocales..."*, que se complementa con otro acuerdo del 17 de noviembre de ese año[183] en el que se le da de plazo para retirarlo hasta enero de 1988.

El Ayuntamiento debió hacer caso omiso de tal plazo y dio lugar a que la Junta Directiva, en 1988[184], tomase el acuerdo de traer un notario para que levantase acta del estado del vertedero: *"...Sobre este punto del orden del día, se tomó el siguiente acuerdo: traer un notario para que levante un acta en el mal estado en que se encuentra el vertedero de basuras y denunciar en sanidad el caso por ser un peligro para la salud pública y por el estado en que se encuentra el vertedero antes mencionado..."*

El 5 de noviembre de 1988[185], en Junta General extraordinaria, se volvió a tratar del tema y ya se adoptó una solución: *"...A continuación, tomó el uso de la palabra el socio Pascasio Blanco Martín, el cual*

[182] Íbidem. Acta de la sesión de la Junta Directiva de 18 de septiembre de 1987.
[183] Íbidem. Acta de la sesión de la Junta Directiva de 17 de noviembre de 1987.
[184] Íbidem. Acta de la sesión de la Junta Directiva de 17 de (no consta) de 1988.
[185] Íbidem. Acta de la sesión de la Junta General extraordinaria de 5 de noviembre de 1988.

preguntó el presidente que cuando se iba a quitar el basurero de la finca, a lo que contestó el presidente, que ya se le habían mandado varios escritos al Alcalde, porque el Ayuntamiento era el que tenía que hacer esos trabajos, como así figura en el contrato existente entre el Ayuntamiento y la Sociedad y firmado por el Alcalde que había en aquella fecha y por el presidente, pero que no se había recibido ninguna contestación a ninguno de los escritos que la Directiva de esta Sociedad había enviado al Ayuntamiento, a lo que contestó el Alcalde, presente en esta asamblea por ser socio de esta sociedad, que tan pronto como se pusiera en servicio la recogida de basuras por el camión que la Mancomunidad iba a poner para tales menesteres, y que ya le tenía avisado a una pala para que hiciera esos trabajos. Tan pronto como el antes mencionado servicio se pusiera en funciones….

3) Con la Parroquia

Con respecto a la parroquia de Villamayor (Ntrª Srª de la Visitación), la Sociedad de la *Dehesa* ha mantenido un espíritu de colaboración y, según la información de las actas, en ningún caso se produjo enfrentamiento. Así lo acredita el escrito que la Junta Directiva dirige al párroco, en el año 1930 (figura 31), por el que le dona 100 pts. para la reparación de la Iglesia.

La misma línea sigue, años después, según se desprende del acuerdo de la Junta General de 1957[186] : "*.......El señor cura ecónomo, dirigiéndose a la General que ante la necesidad que nuestra casa parroquial tiene de ser arreglada, y el pleno, reconociendo la necesidad, vio con gusto la propuesta del señor cura y se dieron gustoso darle 10.000 pts., por unanimidad. Esta Directiva había recibido ya de nuestro cura párroco un escrito, con fecha 29 de diciembre del pasado año, para ser expuesta a la General para su aprobación de 800 pts. y la General, reconociendo la necesidad, accede hasta las 10.000 pts. en las condiciones siguientes: 5.000 en breve y las otros 5.000 al vender los*

[186] Íbidem. Acta de la sesión de la Junta General ordinaria de 1 de enero de 1957.

pastos de la rastrojera...". Casi diez años después, en 1966[187], hay otro acuerdo de la Directiva donando 5.000 pts. para arreglo de la iglesia parroquial.

Figura 31. Escrito al párroco concediéndole 100 pts. para reparación de la Iglesia.1930

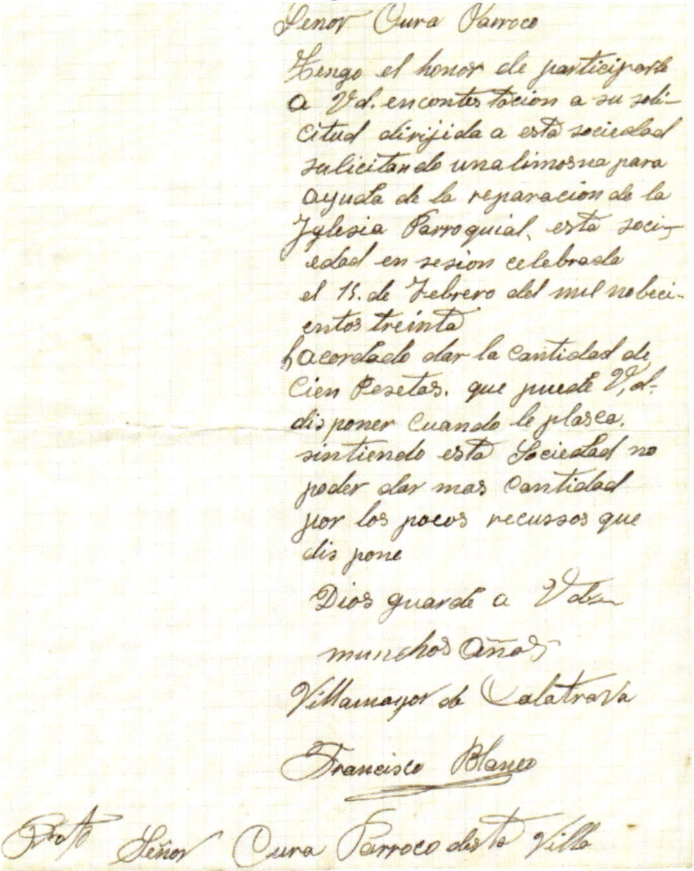

Señor Cura Parroco
Tengo el honor de participarle
a Vd. encontestacion a su solicitud dirijida a esta sociedad
solicitando una limosna para
ayuda de la reparacion de la
Iglesia Parroquial, esta sociedad en sesion celebrada
el 15. de Febrero del mil nobeci-
entos treinta
ha acordado dar la cantidad de
Cien Pesetas, que puede Vd. disponer cuando le plasca,
sintiendo esta Sociedad no
poder dar mas cantidad
por los pocos recursos que
dispone
Dios guarde a Vd
munchos años
Villamayor de Calatrava
Francisco Blanco
Sr. Señor Cura Parroco de esta Villa

Fuente: AMVC. EL/0000000007. Documento traspapelado en el Libro de actas de la *Sociedad Compradora de la Dehesa Boyal o Labrada,* 1908-1929.

187 Íbidem. Acta de la sesión de la Junta Directiva de 25 noviembre 1966.

Una novedad en las relaciones con la parroquia es el acuerdo de donar al párroco, D. Natalio González Castellanos, la cantidad de 1000 pts. en 1969[188] "*para la fiesta taurina del día 14 de septiembre*". La novedad a la que nos referímos es que el objetivo de este donativo no es ninguna obra en la fábrica de la Iglesia, ni en ninguna obra de caridad, sino para un festival taurino. Hecho que se explica porque este tipo de festejos habían dejado de celebrarse en Villamayor y este párroco, viendo la necesidad de buscar una mayor actividad lúdica en la *Fiestas de Septiembre*, gestionó, restauró y organizó los festejos taurinos. Años más tarde pasó a hacerse cargo de ellos las peñas taurinas y el Ayuntamiento.

En 1979 la ayuda solicitada por el párroco es de más cuantía que las anteriores, debido a que se trata de la construcción de la nueva Iglesia, una vez demolida la anterior por problemas de cimentación. A tal respecto, en Junta General extraordinaria[189], se debatió y aprobó el siguiente acuerdo: "*...El señor presidente da cuenta de la petición del señor párroco y leída la carta antes citada en la que se hace la petición de una ayuda o donativo para la construcción de la Iglesia Parroquial. Informó que días antes se había reunido la Directiva y había acordado el dar un donativo de 50.000 pts., siempre con la aprobación de la Junta General. Toma la palabra el socio Don Fermín Murillo que propone que, si la entidad dispone de fondos, sean 100.000 pts. el antes mencionado donativo. Le contesta el señor presidente, aclarándole que le parecía bien pero que había que contar con el presupuesto de gastos e ingresos. Para ello el vocal Don Agapito Rodríguez explicó dichos ingresos y gastos y aclara que toda la Junta Directiva aprueba dicha petición a pesar de que hay que arreglar el camino. Después intervienen varios socios en pro y en contra, y se aprueba el dar el antes mencionado donativo a la parroquia por mayoría, con cuatro votos en contra...* "

[188] Íbidem. Acta de la sesión de la Junta Directiva de 11 de marzo de 1969.
[189] Íbidem. Acta de la sesión de la Junta General extraordinaria de 23 de marzo de 1979.

4.4.7. *Las cuentas de la Sociedad*

Los Estatutos establecen, en sus artículos 49-52, que la Junta Directiva debe presentar anualmente las cuentas de la Sociedad ante la Junta General ordinaria para su aprobación, si procede, y dar a conocer el saldo disponible. Según las actas consultadas, esta obligación se ha cumplido correctamente. No obstante, se observa que, en los primeros años, se detallaban los ingresos y gastos, mientras que en los últimos años estudiados solo se presentan los totales anuales y el saldo disponible, junto con la información sobre su ubicación. En esencia, se trata de una cuenta de pérdidas y ganancias.

Nuestro objetivo no es realizar un análisis exhaustivo de la evolución económica de la Sociedad, sino destacar algunos acontecimientos relevantes que permitan visibilizar su desarrollo a lo largo del tiempo y ofrecer una evaluación aproximada de la variación del nivel de vida. Para ello, presentamos las cuentas de los años 1914 y 1917, aunque en las actas existen registros de más ejercicios que no hemos incluido en este estudio.

La elección de estos dos años responde a razones específicas: 1914 (tabla 16) es el primer ejercicio del que se tiene constancia y refleja un déficit de 37,36 pesetas, evidenciando las dificultades económicas de la Sociedad en ese momento, así como el esfuerzo y la cooperación de la Junta Directiva. Por su parte, 1917 (tabla 17) muestra una progresiva recuperación financiera con respecto a 1914.

En la presentación de cuentas de aquellos años, se ofrecen pocos detalles sobre los ingresos y gastos, ya que estos eran leídos en voz alta por el secretario de la Sociedad ante la Junta General, pero no se registraban en las actas. No obstante, el desglose estaba disponible para su consulta (tabla 16). A partir de 1982, esta tendencia se acentúa, y en las actas solo se consignan los totales de ingresos y gastos, junto con el detalle de los saldos bancarios (tabla 17). Es importante señalar que estos saldos bancarios no coinciden necesariamente con el resultado de la cuenta de pérdidas y ganancias, ya que reflejan remanentes de años anteriores.

Tabla 16. Cuenta de pérdidas y ganancias presentado por la Junta Directiva a la Junta General celebrada el 14 de octubre de 1914

Ingresos

- Don Lino García Nuevo a cuenta de las doscientas cuarenta y una pesetas que adeuda como rematante de los pastos hasta el 29 de junio último entregó………………………………………………………… 81,58
- Don Hilario Sánchez como rematante de los pastos de la dehesa durante el agostadero último, entregó su importe ascendiendo a peseta………………… 240,0

Total de ingresos **321,58**

Ascienden los ingresos durante año a las figuradas trescientas veintiuna con cincuenta pesetas y ocho céntimos

Gastos

1º A don Victorino Rodríguez, Alcalde de este Ayuntamiento, por los jornales invertidos en la primera división en parcelas de la finca………….. 66,20

2º A Adrián García por cinco jornales invertidos durante la rectificación de la partición primera……………………………………………… 10,00

3º A Santiago Hervás por siete jornales invertidos en dicha rectificación……… 14,00

4º A Benjamín Rodríguez por ocho jornales invertidos en la repetida rectificación de la partición primera……………………………….. 16,00

5º A Fructuoso Espinosa por cuatro jornales invertidos en la operación a que se refiere la partida anterior…………………………………………… 8,00

5º Por el importe de tres trimestres de contribución satisfechos por La Junta………………………………………………………………… 244,74

Total gastos ………………………………………………….. **358,94**

Ascienden los gastos a las figuradas trescientas cincuenta y ocho pesetas y noventa y cuatro céntimos

Importan los gastos ……………………………………………………… 358,94

importan los ingresos ……………………………………………….…….. 321,58

Saldo en contra de la sociedad **37,36**

Advertencia

Las partidas antedichas han sido satisfechas de la forma siguiente: - De la primera solo hay abonada veintinueve pts. veinte cts. y la 2ª, 3ª, 4ª y 5ª han sido abonadas a los interesados por el vocal Don Eugenio Yébenes como individuo y por orden del presidente de la Junta. - Resulta por tanto que solo se adeuda a la alcaldía 37,36 pts. más el recibo de la contribución del primer trimestre del año que también abonó el citado señor Alcalde. – añade el señor presidente que la contribución de la finca correspondiente al último trimestre del año se ha incluido en la cuenta que precede, pero ofrece abonarlo en el mes de noviembre próximo.

Fuente: AHMVC: EL/0000000007, pp. 27-28

Tabla 17. Cuenta de pérdidas y ganancias presentada por la Junta Directiva a la Junta General celebrada el 31 de diciembre de 1917

Ingresos que ha tenido en el año en el 1917	
Existencias que quedaron en el 1917	465,50
De la rastrojera del mismo año	975,00
De la compañía del Morrón, para el paso de los carruajes que conducen los adoquines a la estación	100,00
Total de ingresos	**1.540,50**
Gastos que ha tenido en el año 1917	**522,85**
Quedan a favor de la sociedad	**1.017,55**

Fuente: AHMVC: EL/0000000007, pp. 51.

En la tabla 18 se ofrece un desglose de algunos saldos bancarios, indicando no solo las entidades en las que se encuentra el dinero depositado, sino también inversiones a medio y largo plazo en distintos productos financieros. En este contexto, se explica mejor el intento, mencionado en el apartado "4.4.5. Proyectos no ejecutados", de invertir parte de estos fondos que permanecían improductivos en cuentas corrientes y que, según la experiencia acumulada en años previos, no eran necesarios para el funcionamiento normal de la Sociedad. Sin embargo, al menos en el período estudiado, esta situación no se modificó. En la tabla 19 se han recogido las cuentas de pérdidas y ganancias correspondientes a distintos años con el fin de que sirvan de orientación al lector del volumen de operaciones de la sociedad.

Tabla 18. Saldos bancarios de la Sociedad en 1982 y 1984

1982		1984	
Caja de Ahrrs. de Ronda	81.144,00	Caja de Ahrrs. de Ronda	95.782,00
Título a plazo fijo	500.000,00	Título a plazo fijo	500.000,00
Caja Rural. Cartilla	246.527,00	Caja Rural. Cartilla	949.741
Cartilla a plazo fijo	337.130,00	Cartilla a plazo fijo	337.130,00
Título	1.000,00	Título	1.000,00
Título aportación	600.000,00	Título aportación	600.000,00
TOTAL	**1.765.801,00**	Plusvalía título	84.000,00
		TOTAL	**2.567.653,00**

Fuente: Actas de la Junta Directiva y de la Junta General del año correspondiente

Tabla 19. Cuenta de pérdidas y ganancias de la sociedad en distintos años según los datos presentados en las Juntas Generales ordinarias

Año	Concepto	Importe
1982	Ingresos	466.909,00
	Gastos	491.446,50
	Saldo	243.660,00
	Saldo en bancos	892.912,75
1984	Ingresos	805.307,00
	Gastos	374.934,00
	Saldo	430.373,00
	Saldo en bancos	No consta
1985	Ingresos	707. 534
	Gastos	543. 336
	Saldo	164. 198
1986	Ingresos	1.194.703,00
	Gastos	480.163,00
	Saldo	774.540,00
1988	Ingresos	1.132.861,00
	Gastos	600.280,00
	Saldo	532.581,00
1990	Ingresos	2.016.826,00
	Gastos	685.273,00
	Saldo	1.331.553,00
1991	Ingresos	1.613.924,00
	Gastos	698.887,00
	Saldo	915.047,00

Fuente: Actas de la Junta Directiva y de la Junta General del año correspondiente

5. A MODO DE EPÍLOGO. REFLEXIONES FINALES

Al concluir este trabajo, reconocemos que no hemos logrado responder plenamente a todos los interrogantes que nos habíamos planteado al inicio del mismo. Además, han surgido nuevas preguntas que no habíamos considerado al comenzarlo. La falta de respuesta se ha debido, en algunos casos, a la falta de documen-tación, ya sea porque se ha perdido o porque aún no ha sido encontrada; y en otros, a que sus actores no dejaron registros escritos del porqué de sus decisiones o de sus opiniones.

Pese a estas limitaciones o carencias, quiero compartir con los posibles lectores de este trabajo algunas reflexiones que me han ido surgido a lo largo del proceso de investigación, que creo merecen ser tenidas en cuenta. Con su exposición pretendo hacer una invitación a otros investigadores a que intenten darle respuesta o a que comple-ten/rectifiquen la que yo les he dado en este trabajo. Entre ellas, destacamos:

1ª) Un grupo de vecinos de Villamayor supo dar una respuesta eficaz y realista ante una situación imprevista y problemática. Durante la Desamortización, Villamayor, al igual que muchos otros pueblos de la región y de España, vio cómo casi la mitad de su término municipal era vendido a personas ajenas a la localidad. Esta situación generó una gran preocupación entre los habitantes, ya que ponía en riesgo su subsistencia y rompía su modo de vida. Hasta entonces, esas tierras habían sido de uso común, y su venta significaba que los vecinos perderían el acceso a los recursos y beneficios que les proporcionaban.

Ante esta amenaza, la comunidad reaccionó de diversas maneras. Algunos intentaron frenar las ventas, ya fuera directamente o a través de los Ayuntamientos respectivos. Otros buscaron participar en la compra de los bienes subastados para no perder el acceso a ellos. Sin embargo, esta opción solo estaba al alcance de aquellos vecinos con los medios económicos suficientes, lo que dejaba a la gran mayoría en una situación de resignación ante la pérdida.

A pesar de ello, hubo quienes idearon estrategias ingeniosas y poco convencionales -como el caso que aquí nos ocupa- para conservar estos bienes. La situación era especialmente difícil porque, mientras que las subastas de bienes eclesiásticos de menor valor eran accesibles para algunos vecinos a título individual, los bienes comunales o los de Propios, al ser mucho más extensos y costosos, resultaban inalcanzables para la mayoría. La falta de recursos económicos les impedía participar en las subastas, obligándolos a reorganizar su economía sin estos bienes esenciales, que habían utilizado desde tiempos inmemoriales y para los cuales no existía una alternativa viable.

Ante esta realidad, en muchos pueblos la resignación fue la única respuesta posible. Sin embargo, en Villamayor se optó por una solución colectiva impulsada por las élites locales: se creó una sociedad civil en la que cada habitante se convirtió en accionista. Gracias a esta iniciativa, lograron adquirir algunas de las tierras subastadas y convertirse en sus nuevos propietarios y cultivadores. Aunque la propiedad era colectiva, esta estrategia aseguró la continuidad del uso tradicional de las tierras por parte de la comunidad.

2ª) Esta actuación, no obstante, suscita muchas preguntas a las que, lamentablemente, no les hemos podido dar respuesta, ya que, quienes las conocían, ya no están entre nosotros ni dejaron constancia del porqué de sus actuaciones. Entre esas preguntas y, probablemente, otras muchas que el lector se pueda hacer, cabe señalar:

- *¿Por qué se eligió esta finca -la Dehesa Boyal Labrada- y no otras propiedades comunales con carácter de "dehesa boyal", tales como la dehesa de Villazaide o Doña Elvira, como objeto de la actuación vecinal?* Pensamos que, probablemente, influyó en esta elección el hecho de que esta finca -la *Dehesa*- tenía unas peculiaridades que no tenían tan claras las demás fincas que componían el conjunto de los bienes comunales o de Propios que salían a subasta: estaba muy próxima al pueblo -unos 600 m-, frente a la de Villazaide que está a 4 km, aproximadamente, o a la de Dª Elvira que está a 8 km; había sido dehesa boyal y, como tal, utilizada por todos los vecinos para alimentación de sus ganados de labor, si bien en este aspecto coincidía con las demás; era susceptible de labrar, cosa que no ocurría en otras (Dª Elvira) o al menos en la misma proporción. Probablemente estas y otras más que desco-nocemos fueron las razones que pudieron despertar una conciencia colectiva de necesidad de lucha para evitar que pasara a manos ajenas.
- *¿Por qué fueron los promotores de esta sociedad los más acomodados e instruidos del vecindario?* Las seis personas que promovieron esta sociedad fueron las que tenían más medios económico y mayor formación entre el conjunto de vecinos. Fueron los que podríamos incluir entre los "caciques" del pueblo. A saber:
    - D. Jesús Muñoz Carrión, propietario.
    - D. Juan José Gijón García, propietario.
    - D. Reinaldo Úbeda Cárdenas, propietario e industrial.
    - D. Alfonso Caballero López, comerciante.
    - D. Evaristo Rodríguez Sánchez, propietario y secretario del Ayun-tamiento.
    - D. Julián Molina González, propietario y secretario del Ayun-tamiento.

Todos ellos eran vecinos de Villamayor, excepto el primero que trabajaba y vivía en Ciudad Real, y del que no sabemos por qué tenía una vinculación tan estrecha con nuestro pueblo, al igual que, presumi-blemente, debió ser el gran inspirador de esta fórmula de actuación por su mayor formación y por trabajar, como contador, en la Hacienda Pública.

Podría sospecharse que crearon la Sociedad en su propio beneficio, de forma más o menos encubierta, pero, según las escrituras de compra y las primeras actas de la Sociedad que habían creado y que hemos tenido ocasión de analizar a lo largo de este trabajo, su papel se limitaba a la administración, sin privilegios especiales con respecto a cualquier otro vecino/socio del pueblo.

- *¿Cuáles son las peculiaridades de la fórmula que adoptaron para comprar y explotar la Dehesa*? Entre las peculiaridades de la fórmula adoptada para su adquisición, cabe señalar: a) Adoptar un modelo -sociedad de carácter civil y particular- que, en lugar de estar constituida por un número fijo de socios, como es lo habitual, y con aportaciones económicas definidas y concretas, esta Sociedad compradora de Villamayor incluía a todos los vecinos de la población, cuyo número de participaciones variaban según los cambios que se pudieran ir produciendo en el censo municipal; b) Los socios, aunque en conjunto eran los propietarios de la tierra adquirida, poseían una porción variable de la misma, determinada por el número de participantes en cada momento del reparto. No obstante, en la práctica, la unidad de distribución establecida inicialmente (*suerte*) se ha mantenido inalterada a lo largo de los años; c) Esa *suerte* podía cultivarla cada socio como quisiera, con tal de respetar unas normas básicas dictadas por la Junta Directiva de la Sociedad y aprobadas en la Junta General correspondiente; d) Esta Sociedad Compradora difiere de otras sociedades que se crean en la provincia para comprar bienes desamortizados, ya que mientras estas estuvieron formadas por un número concreto de socios, con nombres y apellidos, que aportaban una cantidad concreta de dinero, y que compran unas tierras, ya fuera para distribuirlas entre ellos, o ya para venderlas, repartiéndose los beneficios obtenidos con estas operaciones[190]. Fórmulas muy distinta

[190] Ejemplo de este segundo tipo de sociedad es la "Sociedad Compradora del Término Municipal de Almodóvar del Campo" (constituida el 27 de agosto de 1900) cuyo objetivo era comprar tierras desamortizadas, venderlas y repartirse los beneficios. Llegó a adquirir 40.695 ha (Valle Calzado, A. R. del, 2014: 216-217).

a la Sociedad que se crea en Villamayor.

- *¿De dónde provino el dinero que se pagó al prestamista, por importe de 90.000 pts., en 10 anualidades de 9.000 pts. cada una*? En las actas de la Sociedad -Junta Directiva- solo está registrado el acuerdo de pago correspondiente a cada una de las anualidades, pero en ninguna de ellas se habla del origen de ese dinero, ni de la forma de obtención del mismo. Del mismo modo, al revisar las cuentas de la sociedad, tampoco aparecen partidas destinadas a este fin, ni tampoco se constata que en los fondos manejados en las mismas fueran suficientes para poder hacer estos pagos. Este hecho nos sugiere, aunque no se puede demostrar, que fueron los seis fundadores quienes aportaron el dinero de su propio bolsillo. Pero si eso hubiera sido así ¿por qué lo hicieron, si es que lo hicieron? La respuesta, como tantas otras, se pierde en el tiempo.
- El tipo de sociedad creado para adquirir, primero, y explotar, después, la *Dehesa Boyal La Labrada ¿fue semejante al creado en otros municipios o fue original y específico*? La respuesta a esta cuestión requiere un estudio jurídico que, por ahora, excede nuestro objetivo y queda abierto para futuras investigaciones. Sin embargo, es importante señalar que la participación del vecindario en la adquisición de grandes fincas desamortizadas -justificada tanto por el uso previo que hacían de ellas, como por su alta dependencia económica de estas tierras- no fue exclusiva de los habitantes de Villamayor de Calatrava. No obstante, hasta donde sabemos, este municipio adoptó un enfoque singular para continuar beneficiándose de su explotación: la creación de una sociedad civil y particular destinada a la adquisición y gestión de la finca, mientras que en otros fue el propio Ayuntamiento quien adquirió esa propiedad y después se arbitarron distintas fórmulas de uso de esas tierras, pero sin afectar a su titularidad.

  Esta sociedad de Villamayor otorgó la titularidad accionarial en función de la vecindad, lo que la diferenciaba de otros modelos societarios constituidos en ese momento ya que, en muchos casos, la titularidad recaía en instituciones municipales o provinciales, permitiendo a los vecinos beneficiarse de la explotación de las tierras por su condición de residentes, pero sin derechos accionariales sobre ellas. En otros, las tierras terminaron siendo vendidas, con el paso del tiempo, de forma total o parcial, a los accionistas iniciales o a sus sucesores.

***

El estudio realizado confirma, desde nuestra perspectiva, que la *Dehesa Boyal La Labrada de Villamayor de Calatrava* ha sido un pilar fundamental en la vida municipal a lo largo de los siglos. Su aportación, uso y significado ha variado en las distintas épocas según las necesidades de la comunidad: en unos periodos, ha servido como pasto para el ganado de tiro, indispensable para las labores agrícolas; en otros, ha ofrecido tierras a agricultores que, con escasos recursos y técnicas de subsistencia, dependían de ella para garantizar su sustento.

Con el paso del tiempo y en paralelo con la transformación económica a nivel nacional, la relevancia de la Dehesa ha ido menguando a medida que la sociedad local ha transitado de una economía eminentemente agrícola a otra centrada en el sector industrial y de servicios. Aun así, su papel en la historia de Villamayor de Calatrava es innegable, al igual que tendrá suma importancia de las decisiones futuras que puedan tomarse sobre su gestión y aprovechamiento. Y, como final, ese impacto y esa significación, sin duda, ha sido posible gracias a la labor de los promotores de la Sociedad Compradora, cuya iniciativa y gestión marcaron una etapa decisiva en la historia de la comunidad.

FUENTES Y BIBLIOGRAFÍA

1. FUENTES DOCUMENTALES

Archivo Histórico Provincial de Ciudad Real (AHPCR):

a) Sección Hacienda: Desamortización. Expedientes de subastas de Villamayor de Calatrava
b) Protocolos Notariales: Isidoro Espadas y Felipe Notario Contreras
c) Catastro de Ensenada. Volúmenes correspondienes a Villamayor

Archivo Municipal de Villamayor de Calatrava (AMVC)

a) C/0000000007
b) C/0000000134
c) EL/0000000007

Archivo Sociedad Compradora de la Dehesa Boyal o Labrada de Villamayor de Calatrava (ASCDBLVC). Sin catalogar.

a) Libro de Actas de las Juntas Directivas del 8-5-1945 al 30-11-1970 y del 24-11-1971 al 6-4-1992
b) Libros de Actas de las Juntas Generales del 16-1-1945 al 10 septb-1969 y del 24-11-1971 al 1-1-1992

2. BIBLIOGRAFÍA

ARIAS SÁNCHEZ, B. (2015): "Las dehesas del Campo de Montiel en la Edad Media". En P.R. Moya-Maleno y D. Gallego (coord.): *Campo de Montiel 1213: Entre el islam y el Cristianismo*: 171-188. RECM Extra 1. Centro de Estudios del Campo de Montiel. Almedina.

ARIAS SÁNCHEZ, B. (2016): *Pastos y rebaños en los dominios de las órdenes militares en La Mancha, siglos XIII al XV*, Universidad de Castilla-La Mancha.

ASENSIO RUBIO, M., (1987): *El carlismo en la provincia de Ciudad Real (1833-1876),* Diputación de Ciudad Real.

BARREDA FONTES, J. Mª (1982): *Caciques y electores. Ciudad Real durante la Restauración, 1876-1923,* Instituto de Estudios Mancchegos (CSIC), Ciudad Real.

BECERRA, R. ESCOBAR, E. GONZALEZ, E. GOSALVEZ, R.U. (2009): "El Campo de Calatrava y el Corredor Ciudad Real-Puertollano" En: *Itinerarios geográficos y paisajes por la provincia de Ciudad Real.* Diputación Provincial.

BERROCAL, L. (2019): "De la Prehistoria a la Antigüedad: el origen de la , un tema debatido y por debatir", en MINISTERIO DE EDUCACIÓN CULTURA Y DEPORTE. Dirección General de Bellas Artes y Patrimonio Cultural: *Estudio del paisaje cultural de la dehesa y plan de estrategias de salvaguarda* pp. 95-105.

BISHKO, CH. J. (1981): "Setenta años después. La Mesta de Julios Klein a la luz de la investigación subsiguiente", en *Historia. Instituciones. Documentos*, nº 8, pp. 9-58.

CALLAHAN, W. J. (1989): *Iglesia, poder y sociedad en España, 1750-1874.* Editorial Nerea.

CALLEJAS RODRÍGUEZ, J. (1998): "Primer centenario (1.898-1.998) de la compra de la Dehesa "Labrada": una acertada decisión para la economía del vecindario", *Diario "Lanza,* 3 de diciembre de 1998, pp.4.

CALLEJAS RODRÍGUEZ, J. (2006): "La desamortización de Madoz en Villamayor de Calatrava: el quinto "Cerro del Tesoro"", *Diario Lanza*, 14 y 15 agosto 2005.

CAMARERO BULLÓN, C. (1998): "La cartografía en el Catastro de Ensenada, 1750-1756", *Estudios Geográficos*, nº 231, págs. 245-283.

CAMARERO BULLÓN, C. (2002a): "Unidades territoriales catastrables y disputas de términos en el Catastro de Ensenada (1750–1757)", Revist*a CT: Catastro,* nº 46, pp. 113-154.

CAMARERO BULLÓN, C. (2002b): "Averiguarlo todo de todos: el Catastro de Ensenada", *Estudios Geográficos,* nº 248-249, pp. 493-531.

CAMARERO BULLÓN, C. (2006): "Vasallos y Pueblos castellanos ante una averiguación más allá de lo fiscal: El Catastro de Ensenada, 1749-1756", en VV. AA.: (2002b): *El Catastro de Ensenada. Magna averiguación fiscal para alivio de los vasallos y mejor conocimiento de los Reinos, 1749-1756*, Ministerio de Economía y Hacienda, Secretaría General Técnica, Subdirección General de Información, Documentación y Publicaciones, Centro de Publicaciones, 558 págs.

CAMPOS Y FERNÁNDEZ DE SEVILLA, F. J. (2009): *Los pueblos de Ciudad Real en las "Relaciones topográficas de Felipe II"*, Diputación de Ciudad Real, 2 vols.

CAMPOS y FERNÁNDEZ DE SEVILLA, F. J. (2021): *Los pueblos de Ciudad Real en las Relaciones Geográficas de Tomás López,* Ediciones Escurialense. Investigaciones Históricas y Artísticas, 69.

CAMPOS y FERNÁNDEZ DE SEVILLA, F. J. (2023): "Las Descripciones del Arzobispado de Toledo. Un proyecto ilustrado del Cardenal Lorenzana", *Boletín de la Real Academia de la Historia,* Tomo 220, Cuaderno 1, pp. 63-84.

CARMONA PIDAL, J; SIMPSON, J., (2003): *El laberinto de la agricultura española. Instituciones, contratos y organización entre 1850 y 1936*. Zaragoza: Prensas Universitarias de Zaragoza.

CENDRERO ALMODÓVAR, V. (2014): "¿Privatización o expolio? La desamortización del monte público en Almodóvar del Campo, Ciudad Real (1845-1897)", *Historia Agraria*, 63, agosto, pp. 89-114.

CENDRERO ALMODÓVAR, V. (2015): "El derecho maestral una pervivencia feudal en la privatización de los bienes comunales" en *Pensar con la historia desde el siglo XXI: actas del XII Congreso de la Asociación de Historia Contemporánea* / coord. por Pilar Folguera, Juan Carlos Pereira Castañares, Carmen García García, Jesús Izquierdo Martín, Rubén Pallol Trigueros, Raquel Sánchez García, Carlos Sanz Díaz, Pilar Toboso Sánchez, págs. 5305-5318.

CORCHADO SORIANO, M. (1972): "Desamortización frustrada en el siglo XVIII", *Cuadernos de Estudios Manchegos*, II época, nº 3, Instituto de Estudios Mancchegos (CSIC), Ciudad Real, pp. 87-107.

CORCHADO SORIANO, M. *(1983*): *Estudio histórico-económico-jurídico del Campo de Calatrava. I La Orden de Calatrava y su campo; II Jerarquías de la Orden; y III Los pueblos del Campo de Calatrava*, Instituto de Estudios Mancchegos (CSIC), Ciudad Real

DANVILA, M. (1888): "Origen, naturaleza y extensión de los derechos de la Mesa Maestral de la Orden de Calatrava", *Boletín de la Real Academia de la Historia*, tomo 12, 126-132.

DOCM 41/2021, de 20 de abril, por el que se declara el monumento natural Morrón de Villamayor en el término municipal de Villamayor de Calatrava (Ciudad Real).

DOMÍNGUEZ ORTIZ, A. (1991) "Patrimonio y rentas de la Iglesia", en ARTOLA, M. (Dir.) *Enciclopedia de Historia de España*. (I Economía. Sociedad) Madrid, Alianza Editorial.

ESCUDERO LÓPEZ, J.A. (1995): *Curso de historia del derecho: fuentes e instituciones político-administrativas,* Madrid, UNED, 2ª ed.

FERNÁNDEZ PARDO, F., (2007): *Dispersión y destrucción del Patrimonio Artístico Español 1815-1868*. Fundación Universitaria Española. Madrid.

GALÁN, G. (2021): "El Carbonífero y el Morrón, una apuesta por el turismo geológico y paleontológico", Diario Lanza, 20/5/2021.

GALÁN, G. (2023): "Las olvidadas minas de San Quintín", Lanza 23/4/2023.

IGME (1928): *Mapa geológico y minero de España*. Memoria explicativa de Hoja 810, Madrid.

GARCÍA JUAN, L., ÁLVAREZ MIGUEL, A. J., CAMARERO, C., ESCALONA MONGE, J. (2012): "Generación de una metodología para la gestión y recreación cartográfica a partir de información del Catastro de Ensenada", *Geofocus: Revista Internacional de Ciencia y Tecnología de la Información Geográfica*, nº. 12.

GARCÍA MARTÍN, P. (1988): *La ganadería mesteña en la España borbónica (1700-1836)*. Vol. 51. Secretaría General Técnica, Ministerio de Agricultura, Pesca y Alimentación.

GARCÍA SERRANO, J.; VILLASECA, C.; PÉREZ-SOBA, C. (2020): "Peridotite xenoliths from the El Morrón de Villamayor volcano (Calatrava Volcanic Field)", *Geogaceta*, nº. 67, 2020, pp. 43-46.

GASCÓN BUENO, F. (1982): *La villa de Argamasilla de Calatrava a finales del siglo XVIII*, Puertollano, Imprenta la Económica, 100 págs.

GÓMEZ MACIAS, J. C, (2015): "Las Dehesas y Terrenos Comunales del Campo de Montiel", *Revista Campo de Montiel*, nº 4, pp. 253-277.

GOSÁLVEZ, R.U. (2016): Entrevista con el profesor Rafael Ubaldo Gosálvez sobre la importancia del Morrón de Villamayor y su conservación (Diario *Lanza*, 4 de abril 2016).

GRUPO AL-BALATITHA (1985): *Los pueblos de la provincia de Ciudad Real a través de las Descripciones del cardenal Lorenzana*, Caja de Ahorros de Toledo, 300 págs.

HERNANDO, J.L. (2017). "El ferrocarril Peñarroya-Puertollano, nexo arteril de la minería y la metalurgia en Sierra Morena central (1904-1970)", en: Emilio Romero Macías (dir.). *Patrimonio geológico y minero: Una apuesta por el desarrollo local sostenible,* Universidad de Huelva, pp. 205-212.

HEER, R. (2004): *España contemporánea,* Marcial Pons, Ediciones de Historia S.A.

HERRERA GONZÁLEZ, E.P. (2018): "Aprovechamiento pasado, presente y futuro de las dehesas extremeñas, como empresas agropecuarias", en *Revista História e Economía, Sao Paulo/Lisboa,* vol. 21, pp. 117-128.

INE: *Alteraciones de los municipios en los Censos de Población desde 1842.*

JIMÉNEZ DE GREGORIO, F. (2012): "Las dehesas boyales en la comarca de la Jara (Uno)", en *Anales toledanos*, nº 45, pp. 69-81.

LÓPEZ GÓMEZ, A. (1996): "El método cartográfico de Tomás López. El Interrogatorio y los mapas de España", *Estudios Geográficos,* nº 225, pp. 687-710.

LÓPEZ RODRÍGUEZ, J. R. (2010): "Museos y desamortización en la España del siglo XIX" en *El patrimonio arqueológico en España en el siglo XIX: el impacto de las desamortizaciones. II Jornadas Internacionales de Historiografía Arqueológica de la Sociedad Española de Historia de la*

Arqueología y el Museo Arqueológico Nacional. 24 y 25 de noviembre de 2010. Ministerio de Educación, Cultura y Deporte. Madrid: 163-179.

LÓPEZ-SALAZAR PÉREZ, J. (1986): *Estructuras agrarias y sociedad rural en La Mancha (ss. XVI-XVII)*. Instituto de Estudios Manchegos, 743 págs.

LÓPEZ-SALAZAR PÉREZ, J. (1989): "Las dehesas de la Orden de Calatrava" en *Las ordenes militares en el Mediterráneo occidental (s. XII-XVIII)*, Casa de Velázquez-IEM, pp. 249-290.

LÓPEZ-SALAZAR PÉREZ, J. (1994): *Valdepeñas 1751, según las Respuestas Generales del Catastro de Ensenada*, MEH, Tabapres. Colc. Alcabala del Viento.

MARTÍ GILABERT, F., (2003): *La Desamortización española*, Madrid, Rialp, 178 págs.

MARTÍN MARTÍN, T. (1973): *La desamortización Textos político-jurídicos*, Edit. Narcea.

MARTÍNEZ MARTÍN, J. A.; BAHAMONDE MAGRO, A. (1985): "La desamortización y el mercado inmobiliario madrileño (1836-1866)", en *Urbanismo e historia urbana en el mundo hispano:* segundo simposio, 1982 / coord. por Antonio Bonet Correa, Vol. 2, 1985, págs. 939-956.

MATÉ, V. (2014): "La dehesa, un ecosistema de leyenda". *El País*, 18-1-2014. Madrid.

MEDRANO, P. A., A. MARÍN y GRACIA, P. (2013). "Montes de socios: un ejemplo de gestión forestal al servicio del desarrollo rural". *Ambienta*, 104: 102-113.

MENÉNDEZ REXACH, A. (2015): "Desamortización y dehesas. El problema de los Comunales. Enajenación de propios y comunes. Exclusión de los de aprovechamiento común", en Ministerio de Educación Cultura y Deporte. Dirección General de Bellas Artes y Patrimonio Cultural: *Estudio del paisaje cultural de la dehesa y plan de estrategias de salvaguarda*, pp. 135-147.

PÉREZ MARCOS, R. Mª; DE DIOS, S.; INFANTE, J.; ROBLEDO, R.; TORUANO, E. (Coord.), (2002): *Historia de la Propiedad en España. Bienes comunales, pasado y presente.* Centro de Estudios Registrales, Madrid, *Anuario de Historia del Derecho Español*, pp. 703-711.

PÉREZ-SOBA, I. (2017). "Un ejemplo de resistencia de la comunidad vecinal contra la desamortización: el caso de Biel (Zaragoza)". En Sociedad Española de Ciencias Forestales (ed.), *Actas del VII Congreso Forestal Español*. CD-ROM. 7CFE01-596. Sociedad Española de Ciencias Forestales. Pontevedra.

QUIRÓS LINARES, F. (1956). "Puertollano y su cuenca minera". *Estudios Geográficos*, 17 (63), pp. 207-247.

QUIRÓS LINARES, F., (1964): "La desamortización, factor condicionante de la estructura de la propiedad agraria en el valle de Alcudia y Campo de Calatrava". *Estudios Geográficos*, vol. 25, nº 96, pp. 367-407. Reeditado en facsímil en BAM, Diputación de Ciudad Real, Biblioteca de Autores y Temas Manchegos, 1992, pp. 185-230.

REVUELTA GONZÁLEZ, M. (1976): *La exclaustración (1833-1840*), Madrid, Edit. Católica, 503 págs.

RODRÍGUEZ ESPINOSA, E. (1987): "El Turrillo" (Carrión de Cva.): un tipo de explotación agraria en régimen semicomunal", *Cuadernos de Estudios Manchegos*, nº. 17, Instituto de Estudios Mancchegos (CSIC), Ciudad Real, págs. 125-136.

RODRÍGUEZ ESPINOSA, E. (1989): "El impacto de la explotación minera de San Quintín (C. Real) en un núcleo rural del Campo de Calatrava", *Cuadernos de Estudios Manchegos*, nº 19, Instituto de Estudios Mancchegos (CSIC), Ciudad Real, pp. 229-260.

RODRÍGUEZ ESPINOSA, E. (2000): *El espacio rural del Campo de Calatrava (Ciudad Real) en la década de los 80 (Situación inmediata al ingreso de España en la Unión Europea).* Instituto de Estudios Manchegos (CSIC), Ciudad Real, 502 págs.

RODRÍGUEZ ESPINOSA, E. y CALLEJAS RODRÍGUEZ, J. (1983): *Villamayor un municipio del Campo de Calatrava en el XVIII*, Diputación Provincial de Ciudad Real.

RODRÍGUEZ ESPINOSA, E., RODRÍGUEZ DOMENECH, Mª A (2023): *Mapas mentales y realidad en la Intendencia de La Mancha a mediados del*

XVIII (superficie, población y croquis municipales del Catastro de Ensenada), Valencia, Tirant humanidades, 415 págs.

RODRÍGUEZ DOMENECH, Mª A. y RODRÍGUEZ ESPINOSA, E. (2015a): "La población de Villamayor de Calatrava a mediados del XVIII según el Catastro de Ensenada: Respuestas Generales y Memoriales", en ALÍA MIRANDA, F. y ANAYA FLORES, J. (Dirs.) (2015): *I Congreso Ciudad Real y su provincia. Ciudad Real*, Instituto de Estudios Manchegos (CSIC). Tomo II, pp. 520-543.

RODRÍGUEZ DOMENECH, Mª A. y RODRÍGUEZ ESPINOSA, E. (2015b): "El territorio de la Intendencia de La Mancha en el Catastro de Ensenada. Antecedentes, configuración y evolución posterior", en *CT. Catastro,* nº 83, pp. 73-123.

RODRÍGUEZ JIMÉNEZ, J. (2021): "Dos cartas del censo: año 1488. Dehesas del Campo y Verdugal, Torralba de Calatrava. Término y dehesa del Turrillo: Carrión de Calatrava", en *Historia de Torralba de Calatrava* (VI): actas de las XV, XVI, XVII y XVIII *Jornadas Monográficas sobre Torralba de Calatrava y su Entorno* (2017, 2018, 2019 y 2020) / coord. por Miguel Gómez García de Marina, Manuel Hernández Fuentes, Porfirio Sanz Camañes, pp. 113-134.

RODRÍGUEZ-PICAVEA MATILLA, E. (2009): "Poblamiento y territorio en el señorío castellano de la Orden de Calatrava (siglos. XII y XII", en MADRID MEDINA, A. y VILLEGAS DÍAZ, L.R. (coords): *El nacimiento de la Orden de Calatrava. Primeros tiempos de expansión (siglos XII y XIII)*, I.E.M., 459 págs., pp. 141-172.

RODRÍGUEZ-PICAVEA MATILLA, E. (2010): "La ganadería y la orden de Calatrava en la Castilla medieval (siglos XII-XV)". En la *España medieval*, núm. 33, pp. 325-346.

ROSADO PACHECO, S. (2019): "La propiedad de la dehesa", en MINISTERIO DE EDUCACIÓN CULTURA Y DEPORTE. Dirección General de Bellas Artes y Patrimonio Cultural: *Estudio del paisaje cultural de la dehesa y plan de estrategias de salvaguarda.* Resumen/publicación, pp. 149-163.

RUEDA, G. (1986): *La desamortización de Mendizábal y Espartero en España,* Edit. Cátedra.

RUIZ GÓMEZ, F. (2003): *Los orígenes de las Órdenes Militares y la repoblación de los territorios de La Mancha (1150-1250*), C.S.I.C., 329 págs.

SÁNCHEZ BENITO, J. Mª: (2019) "Dehesas y articulación del espacio en Castilla en la Edad Media (siglos XII-XV)", en MINISTERIO DE EDUCACIÓN CULTURA Y DEPORTE. Dirección General de Bellas Artes y Patrimonio Cultural: *Estudio del paisaje cultural de la dehesa y plan de estrategias de salvaguarda* pp. 109-124.

SANTAYANA BUSTILLO, L. (1742). *Gobierno Político de los pueblos de España y el Corregidor, Alcalde y Juez de ellos.* Est. pról. de Francisco Tomás y Valiente, Madrid, Instituto de Estudios de Administración Local (1979).

SERNA VALLEJO, M., (2004): "Ensayo sobre propiedad comunal", *Iura vasconiae*: *Revista de derecho histórico y autonómico de Vasconia*, pp. 403-436.

SIMÓN SEGURA, F., (1974): "La desamortización de 1855 en la provincia de Ciudad Real", *Hacienda Pública Española / Review of Public Economics,* (Ejemplar dedicado a: Historia económica y financiera de España), págs. 87-114.

TOMÁS Y VALIENTE, F. (1978): *El marco político de la desamortización en España,* Edit. Ariel.

TOMÁS Y VALIENTE, F.; DONÉZAR, J.; RUEDA, G.; MORO, J.M., (1985): "La Desamortización", *Cuadernos de historia 16*, nº 8.

TRUJILLO VALDERAS, J. J (2016). *Minas de San Quintín (1884-1934): notas sobre la aldea, sus médicos y sus mineros: breve reseña sobre el hospital de la Sociedad Minera y Metalúrgica de Peñarroya en Puertollano (1919-1975).* Diputación Provincial de Ciudad Real, BAM, 134 págs.

VALLE CALZADO, R. del (1995): *La desamortización eclesiástica en la provincia de Ciudad Real. 1836-1854.* Cuenca, Servicio de publicaciones U.C.L.M.

VALLE CALZADO, R. del (1996): *Desamortización y cambio social en La Mancha, 1836-1854.* Ciudad Real, Biblioteca de Autores Manchegos, 334 págs.

VALLE CALZADO, R. del (1997): *La desamortización de Madoz en la provincia de Ciudad Real.* Instituto de Estudios Manchegos (CSIC), Ciudad Real.

VALLE CALZADO, R. del (2014): *El liberalismo en el campo. Desamortización y capitalismo agrario en la provincia de Ciudad Real.1855-1910.* Instituto de Estudios Manchegos.

VALLE CALZADO, R. del (2015): "El mundo rural ante la Desamortización General. Los modelos de La España interior (Ciudad Real, 1855-1910)". En *Historia Contemporánea,* 52, pp. 105-137.

VALLE CALZADO, R. del (2016): "Del Ayuntamiento al Parlamento. El proceso de formación de las élites provinciales en el siglo XIX". En *La provincia: realidad histórica e imaginario cultural*/coord. por Jesús María Barrajón Muñoz, José Antonio Castellanos López, págs. 157-180.

VILLALOBOS, Mª L. (1976): "Régimen dominical de la provincia de Ciudad Real desde el siglo XII hasta fines del antiguo Régimen". En *VII Centenario del Infante D. Fernando de la Cerda*. Ciudad Real, pp. 191-216.

VV.AA. (2010). "Puesta en valor del patrimonio minero dentro de itinerarios culturales: el grupo minero de San Quintín (Ciudad Real)". En Florido, P. (ed.): *Una visión multidisciplinar del patrimonio geológico y minero*. IGM.

ÍNDICE DE TABLAS

ÍNDICE DE FIGURAS

ÍNDICE DE ANEXOS

Anexo 13. Acta de la sesión de pleno del Ayuntamiento de Villamayor de Calatrava, celebrada el 30 de mayo de 1876.

Anexo 14. Boletín Oficial de Venta de Bienes Nacionales de la Provincia de Ciudad Real, nº 140, 11 de mayo 1897. Salida a subasta de la *Dehesa Boyal La Labrada* de Villamayor de Calatrava.

Anexo 15. Boletín Oficial de Ventas de Bienes Nacionales de la Provincia de Ciudad Real, nº 157, 16 de noviembre 1897. Salida a subasta de la *Dehesa Boyal La Labrada* de Villamayor de Calatrava.

Anexo 16. Escritura de cancelación (16 de mayo de 1907) del préstamo que había obtenido la *Sociedad Compradora de la Dehesa Boyal o Labrada* el 26 de agosto de 1898 de D. Francisco Molina Carrasco.

Anexo 17. Copia literal de los Estatutos de la *Sociedad Compradora de la Dehesa Boyal La Labrada de Villamayor de Calatrava.* 1898

Anexo 18. Guía de circulación del arma del guarda de la Dehesa. 1935

Anexo 19. Relación de miembros de las Juntas Directivas de la *Sociedad Compradora de la Dehesa Boyal o Labrada de Villamayor de Calatrava*. 1898-1927 y 1957-1990.

Anexo 20. Escritura de compra de una habitación como domicilio social de la *Sociedad Compradora de la Dehesa Boyal o Labrada* de Villamayor de Calatrava ante el notario D. Manuel Ocaña Martínez.

Anexo 1
Boletín Oficial de Ventas de Bienes Nacionales de la Provincia de Ciudad Real, nº 102, 2 de septiembre de 1896, pp. 1 y 4-6

Fuente: AHPCR Desamortización. H 114321

Número 102. Miércoles 2 de Septiembre. Año 1896.

BOLETIN OFICIAL
DE VENTAS DE BIENES NACIONALES
DE LA PROVINCIA DE CIUDAD-REAL.

ADMINISTRACIÓN DE BIENES DEL ESTADO
DE LA PROVINCIA DE CIUDAD-REAL.

ANUNCIO.

En la *Gaceta de Madrid*, núm. 80, correspondiente al dia 21 de Marzo de 1877, y en el *Boletín oficial* de esta provincia, núm. 114, del viernes 23 del propio mes y año, se insertan la Ley é Instrucción de 9 de Enero y 7 de Junio de dicho año, que tratan de las subastas de fincas y censos desamortizables y conservación de arbolados, previniendo en su artículo 1.°, transitorio, esta última, se exija préviamente el depósito que se establece por la Ley, del 5 por 100 en todas las subastas que se verifiquen en venta desde 1.° de Abril de 1877 en adelante.

Lo que se hace público por medio del presente, con el fin de que los licitadores que hayan de tomar parte no aleguen ignorancia y verifiquen anticipadamente la consignación prévia del depósito del referido 5 por 100 de la cantidad que sirva de tipo para su remate en venta, de cada una de las fincas que se subastan, y lo hagan conforme y en la forma establecida en las citadas Ley é Instrucción, y no se les cause perjuicio.

Ciudad-Real 1.° de Septiembre de 1896.—El Administrador de bienes del Estado, *Joaquin Escobar*.

Por disposición del Sr. Delegado de Hacienda de esta provincia, y en virtud de las leyes de 1.° de Mayo de 1855, 11 de Julio de 1856, é instrucciones para su cumplimiento y demás órdenes vigentes, se sacan á pública subasta, en el dia y hora que se dirá, las fincas siguientes:

Remate para el dia 9 de Octubre de 1896, ante el Sr. Juez de primera instancia de esta capital y Escribano D. Agustín Díaz Balmaseda, que tendrá lugar en las Casas Consistoriales de la misma, desde las doce de la mañana en adelante.

FINCAS PROCEDENTES DE LA MESA MAESTRAL
DEL CAMPO DE CALATRAVA
PARTIDO DE CIUDAD-REAL

Pueblo de Corral de Calatrava

Rústicas. Estado. Mayor cuanta.

Número del inventario.

N.° 1.436

1.º—Una suerte de segunda y tercera calidad, que produce pastos, procedente de la Mesa Maestral del Campo de Calatrava, enclavada en este término y que tiene como límites al Norte el Coto; Saliente la 2.ª suerte; Mediodía propiedades particulares, y Poniente el camino que va á Los Pozuelos. Su cabida es de 29 hectáreas 62 áreas y 2 centiáreas equivalentes á 4[illegible] fanegas 11 celemines 2 cuartillos y 127 metros cuadrados del Marco Real, que valen en venta 3.[illegible]00 pesetas y en renta 144 pesetas.

2.º—Otra suerte en el mismo sitio y término, de igual clase, producción y procedencia, que linda al Norte el Coto; Saliente suerte 3.ª; al Mediodía propiedades particulares,

— 4 —

Lo divide el arroyo de Frontones de Oriente á Poniente.

1.438 y 1.290 1.º—Otro predio de segunda calidad, situado en el mismo término, de igual producción y procedencia, denominado «Vega del Río ó sea Geldre», que linda al Norte los ríos Guadiana y Javalón; Saliente propiedades de vecinos de esta villa, situadas cerca de la junta de los ríos de Guadiana y Javalón; Mediodía cercado de D. Rómualdo Morales y herederos de D.ª Fulgencia Sánchez, y Poniente arroyo de la Serna. Su cabida es de 8 hectáreas 37 áreas 20 centiáreas, equivalentes á 13 fanegas, que valen en venta 3.250 pesetas y en renta 130 pesetas.

Tiene como servidumbre la senda que conduce desde el molino de Geldre al Nuevo.

1.438 y 1.290 2.º—Dos isletas en la junta de los ríos Guadiana y Javalón, de igual clase, producción y procedencia que los anteriores; lindan al Saliente con propiedades de Inocente Valdés, Lorenzo Marín y Francisco Carrión, los demás linderos con aguas de dichos ríos. La cabida de ambas es de 1 hectárea 59 áreas y 30 centiáreas, equivalentes á 2 fanegas 5 celemines 2 cuartillos y 22 metros cuadrados del Marco Real, que valen en venta 625 pesetas y en renta 25 pesetas.

Las anteriores 10 fincas constituyen un Lote con la denominación general de «Tornos y Prados», procedente de la Mesa Maestral del Campo de Calatrava, cuya cabida es de 226 hectáreas 98 áreas y 55 centiáreas, equivalentes á 352 fanegas 5 celemines 1 cuartillo y 56 metros cuadrados del Marco Real, que valen en venta 20.755 pesetas 20 céntimos y en renta 848 pesetas. Capitalización 19.084 pesetas 50 céntimos. Tipo para la subasta la tasación.

Pueblo de Villamayor

N.º 1.391

1.º—Una suerte que limita al Norte con la Cuerda de la Solana del Villarejo; Este suerte 2.ª; Mediodía camino del Corral, y Oeste propiedades particulares. Su cabida es de 12 hectáreas 19 áreas, equivalentes á 18 fanegas 9 celemines 1 cuartillo y 13 metros cuadrados, que valen en venta 450 pesetas y 18 pesetas en renta.

2.º—Otra suerte de tercera calidad, que linda al Norte dicha Cuerda; Este suerte 3.ª; Sur camino del Corral, y Oeste suerte anterior. Su cabida es de 23 hectáreas 30 áreas y 50 centiáreas, equivalentes á 36 fanegas 2 celemines 1 cuartillo y 2 metros cuadrados del Marco Real, que valen en venta 900 pesetas y en renta 36 pesetas.

3.º—Otra suerte de la misma calidad. Linda al Norte referida Cuerda; Este y Sur camino del Corral, y Oeste la suerte anterior. Su cabida es de 21 hectáreas 7 áreas, equivalentes á 32 fanegas 8 celemines y 2 cuartillos y 64 metros cuadrados del Marco Real, que valen en venta 610 pesetas y en renta 24 pesetas 40 céntimos.

4.º—Otra ídem de segunda y tercera calidad, que linda al Norte camino del Corral; Este suerte 5.ª; Sur camino á Caracuel, y Oeste propiedades particulares. Su cabida es de 14 hectáreas 17 áreas, equivalentes á 22 fanegas y 22 metros cuadrados de Marco Real, que valen en venta 1.075 pesetas y en renta 43 pesetas.

5.º—Otra ídem de segunda calidad. Linda al Norte camino del Corral; Este suerte 6.ª; Sur camino á Caracuel, y Oeste la suerte anterior. Su cabida es de 13 hectáreas 19 áreas 50 centiáreas, equivalentes á 20 fanegas 5 celemines 3 cuartillos y 63 metros cuadrados de expresado Marco, que valen en venta 1.380 pesetas y en renta 55 pesetas 20 céntimos.

6.º—Otra ídem de la misma calidad. Linda al Norte camino del Corral; Este suerte 7.ª; Sur camino á Caracuel, y Oeste suerte anterior. Su cabida es de 11 hectáreas 11 centiáreas, equivalentes á 17 fanegas 3 celemines y 12 metros cuadrados de dicho Marco. Vale en venta 1.350 pesetas y en renta 54 pesetas.

Dentro de sus límites existe un pozo embrocalado de agua constante.

7.º—Otra ídem de la misma calidad. Linda al Norte camino del Corral; Este suerte 8.ª; Sur camino á Caracuel; Oeste suerte anterior. Su cabida es de 14 hectáreas 34 áreas, equivalentes á 22 fanegas 3 celemines y 112 metros cuadrados de referido Marco, que vale en venta 1.400 pesetas y en renta 56 pesetas.

8.º—Otra ídem de la misma calidad. Linda

Norte camino del Corral; Este suerte 9.ª; Sur camino á Caracuel, y Oeste suerte anterior. Su cabida es de 18 hectáreas 63 áreas, equivalentes á 28 fanegas 11 celemines y 73 metros cuadrados de expresado Marco, que vale en venta 2.610 pesetas y en renta 104 pesetas 40 céntimos.

9.°—Otra ídem de la misma calidad. Linda al Norte camino del Corral; Este suerte número 10; Sur camino á Caracuel, y Oeste suerte anterior. Su cabida es de 22 hectáreas, 82 áreas, equivalentes á 35 fanegas, 7 celemines y 48 metros cuadrados de expresado marco, que valen en venta 2.100 pesetas y en renta 84 pesetas.

10.—Otra ídem de la misma calidad, que linda al Norte camino de Corral; Este suerte núm. 11; Sur camino de Caracuel, y Oeste suerte anterior. Su cabida es de 26 hectáreas, equivalentes á 40 fanegas, 4 celemines 1 cuartillo y 118 metros de expresado Marco, que vale en venta 2.100 pesetas y en renta 84 pesetas.

11.—Otra ídem de la misma calidad. Linda Norte la senda de Charco Román; Este propiedades particulares; Sur camino de Caracuel, y Oeste la suerte anterior. Su cabida es de 25 hectáreas 4 áreas, equivalentes á 38 fanegas 10 celemines 2 cuartillos y 52 metros cuadrados de referido marco, que valen en venta 2.160 pesetas y en renta 86 pesetas 40 céntimos.

La cruza el arroyo del Rincón y el carril del Conejo, los que están deducidos de su extensión.

12.—Otra ídem de segunda y tercera calidad. Linda al Norte camino á Caracuel; Este suerte núm. 13; Sur camino de Almagro, y Oeste propiedades particulares. Su cabida es de 17 hectáreas 69 áreas, equivalentes á 27 fanegas 5 celemines 2 cuartillos y 67 metros cuadrados de referido Marco, que valen en venta 1.425 pesetas y en renta 57 pesetas.

Lo cruza el camino de Ciudad-Real, el que se ha deducido de su extensión.

13.—Otra ídem de la misma calidad. Linda al Norte camino del Corral; Este suerte número 14; Sur camino de Almagro, y Oeste suerte anterior. Su cabida es de 19 hectáreas 15 áreas, equivalentes á 29 fanegas 8 celemines 3 cuartillos y 42 metros cuadrados de referido Marco, que valen en venta 1.505 pesetas y en renta 60 pesetas 20 céntimos.

Lo cruza el camino á Ciudad-Real y los arroyos de las Cañaditas y Lagunillas, los que se han deducido de su extensión.

14.—Otra ídem de la misma calidad. Linda Norte camino de Caracuel; Este suertes números 15 y 17; Sur camino de Almagro, y Oeste la suerte anterior. Su cabida es de 25 hectáreas 2 áreas y 50 centiáreas, equivalentes á 38 fanegas 10 celemines 1 cuartillo y 16 metros cuadrados de expresado Marco, que valen en venta 1.870 pesetas y 74 pesetas 80 céntimos en renta.

Lo cruza el camino de Ciudad-Real y el arroyo de la Lagunilla, los que se han deducido de su extensión.

15.—Otra ídem de la misma calidad. Linda al Norte camino de Caracuel; Este suerte 16; Sur camino de Ciudad-Real, y Oeste suerte anterior. Su cabida es de 21 hectáreas 84 áreas, equivalentes á 33 fanegas 10 cemines 3 cuartillos y 108 metros cuadrados de expresado Marco, que valen en venta 1.485 pesetas y en renta 59 pesetas 40 céntimos.

16.—Otra ídem de la misma calidad. Linda Norte camino á Caracuel; Este propiedades particulares; Sur camino de Ciudad-Real, y Oeste suerte anterior. Su cabida es de 25 hectáreas 61 áreas y 50 centiáreas, equivalentes á 38 fanegas 9 celemines 2 cuartillos y 90 metros cuadrados de expresado Marco, que valen en venta 1.970 pesetas y en renta 78 pesetas 80 céntimos.

Dentro de estos límites existe la Lagunilla, cuyas aguas son de acogida.

17.—Otra ídem de la misma calidad. Linda Norte camino de Ciudad-Real; Este suerte 18; Sur camino de Almagro, y Oeste suerte 14. Su cabida es de 19 hectáreas y 57 áreas, equivalentes á 30 fanegas 4 celemines 2 cuartillos y 84 metros cuadrados de expresado Marco, que valen en venta 1.600 pesetas y en renta 64 pesetas.

18.—Otra ídem de la misma calidad. Linda Norte camino de Ciudad-Real; Este suerte 19; Sur camino de Almagro, y Oeste suerte anterior. Su cabida es de 19 hectáreas 20 centiáreas, equivalentes á 29 fanegas 9 celemines 3 cuartillos y 5 metros cuadrados de referido Marco, que valen en venta 1.500 pesetas y en renta 60 pesetas.

19.—Otra ídem de la misma calidad. Linda

Norte camino de Ciudad-Real; Este propiedades particulares; Sur camino de Almagro, y Oeste suerte anterior. Su cabida es de 21 hectáreas 84 áreas, equivalentes á 33 fanegas 10 celemines 3 cuartillos y 108 metros cuadrados de referido Marco, que valen en venta 1.300 pesetas y en renta 52 pesetas.

20.—Otra ídem de tercera calidad. Linda Norte camino de Almagro; Este suerte 21; Sur propiedades particulares, y Oeste el mismo lindero y el arroyo de las Cañaditas. Su cabida es de 14 hectáreas 93 áreas, equivalentes á 23 fanegas 2 celemines y 8 metros cuadrados de expresado Marco, que valen en venta 1.140 pesetas y en renta 45 pesetas 60 céntimos.

Lo cruza el arroyo de la Lagunilla.

21.—Otra ídem de la misma calidad. Linda Norte camino de Almagro; Este suerte 22; Sur loma de la Encinilla, y Oeste suerte anterior. Su cabida es de 21 hectáreas, equivalentes á 32 fanegas 7 celemines 1 cuartillo y 34 metros cuadrados de expresado Marco, que valen en venta 1.450 pesetas y 58 pesetas en renta.

22.—Otra ídem de igual calidad. Linda Norte camino de Almagro; Este y Sur propiedades particulares, y Oeste la suerte anterior. Su cabida es de 18 hectáreas 93 áreas y 50 centiáreas, equivalentes á 29 fanegas 4 celemines 3 cuartillos y 40 metros cuadrados de referido Marco, que valen en venta 1.200 pesetas y en renta 48 pesetas.

Las 22 suertes descritas anteriormente constituyen la dehesa denominada «Labrada», de 2.ª y 3.ª calidad, procedente de la Mesa Maestral del Campo de Calatrava, sita en término de Villamayor de Calatrava, produce algún monte pardo de chaparro, coscoja y jara, en muy mal estado de conservación y en gran parte quemado, dedicada á pastos y susceptible de labor; linda al Norte con la Cuerda de la Solana del Villarejo; Este, Mediodía y Poniente con propiedades particulares. Su cabida es de 425 hectáreas 35 áreas y 31 centiáreas, equivalentes á 660 fanegas 5 celemines 3 cuartillos y 94 metros cuadrados del Marco real que valen en venta 32.580 pesetas y en renta 1.303 pesetas 50 céntimos. Capitalización 29.322 pesetas. Tipo para la subasta la tasación.

Pueblo de Los Pozuelos

N.º 1.461

1.º—Un predio titulado «Prado y Retamar», enclavado en el término jurisdiccional de esta villa, procedente de la Mesa Maestral del Campo de Calatrava, de segunda y tercera calidad, produce pastos para ganado vacuno y caballar; linda al Norte el pueblo y propiedades particulares; Saliente propiedad de vecinos de la villa; Mediodía el camino de Moledores y propiedades particulares, y Poniente el cordel de las merinas. Su cabida es de 13 hectáreas y 98 áreas, equivalentes á 21 fanegas 8 celemines 2 cuartillos y 2 metros cuadrados del Marco Real, que valen en venta 1.760 pesetas, y en renta 70 pesetas 40 céntimos.

Lo cruza el camino del Corral, el que está deducido de la extensión.

2.º—Otro predio en el mismo término, de igual clase, producción y procedencia, denominado «Oyuelas», que linda al Norte con la senda de Barranca; Saliente el cordel de merinas, y Poniente y Mediodía, propiedades particulares y camino de Moledores. Su cabida es de 22 hectáreas 14 áreas y 75 centiáreas, equivalentes á 34 fanegas 4 celemines 2 cuartillos y 103 metros cuadrados del Marco Real, que valen en venta 2.285 pesetas, y en renta 91 pesetas 40 céntimos.

3.º Otro predio en el mismo término, de igual clase, producción y procedencia que los anteriores, denominado «Tejera», que linda al Norte con el camino de Abenójar; Saliente eras de emparvar; Mediodía senda de Barranca y propiedad particular, y Poniente propiedades particulares. Su cabida es de 16 hectáreas 42 áreas y 50 centiáreas, equivalentes á 25 fanegas 6 celemines y 34 metros cuadrados del Marco Real, que valen en venta 2.070 pesetas, y en renta 82 pesetas 80 céntimos.

Lo cruza el arroyo Bullaque.

4.º—Otro predio en el supradicho término, de igual clase, producción y procedencia que los anteriores, denominado «Madrancho», que linda al Norte con propiedades particulares; Saliente el mismo lindero; Mediodía era empedrada de D. Esteban León y otras de vecinos de la villa, y Poniente camino de Luciana. Su cabida es de 10 hec-

Anexo 2

Constitución de la *Sociedad Compradora de la Dehesa Boyal o Labrada de Villamayor de Calatrava* y Estatutos, 8/01/1898.

Fuente: AHPCR. Protocolos Notariales. 111352. D. Isidoro Espadas

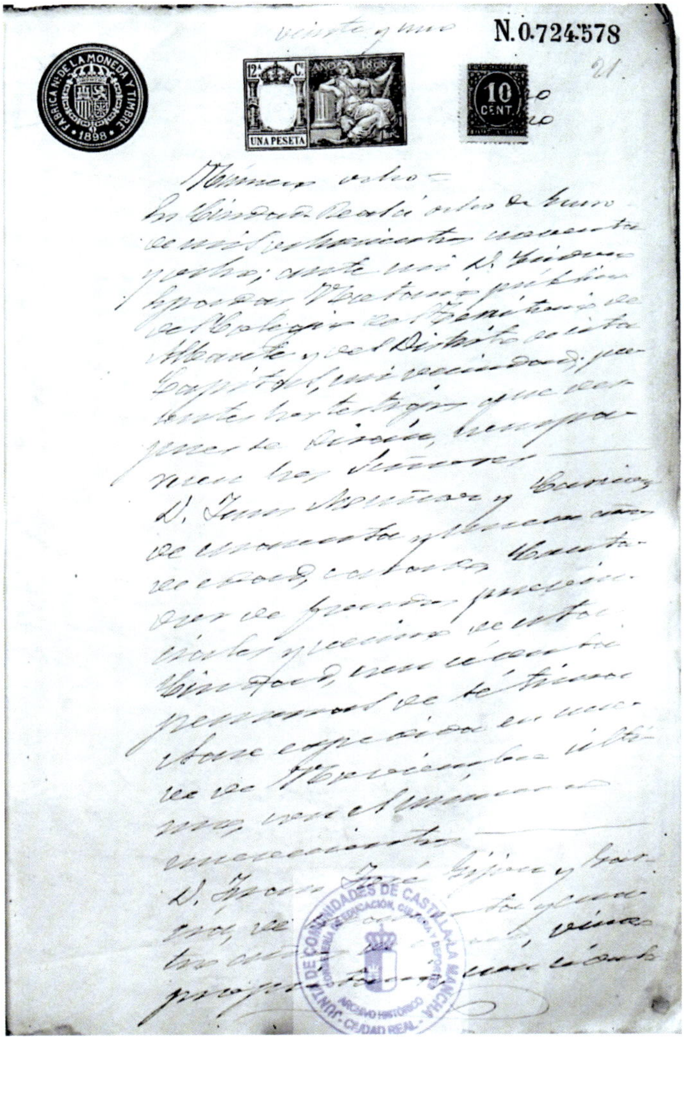

N. 0.724578

FÁBRICA Nᴸ DE LA MONEDA Y TIMBRE • 1898 •

12ª C. AÑO DE 1898 UNA PESETA

10 CENT.

JUNTA DE COMUNIDADES DE CASTILLA-LA MANCHA
CONSEJERÍA DE EDUCACIÓN, CULTURA Y DEPORTES
ARCHIVO HISTÓRICO CIUDAD REAL

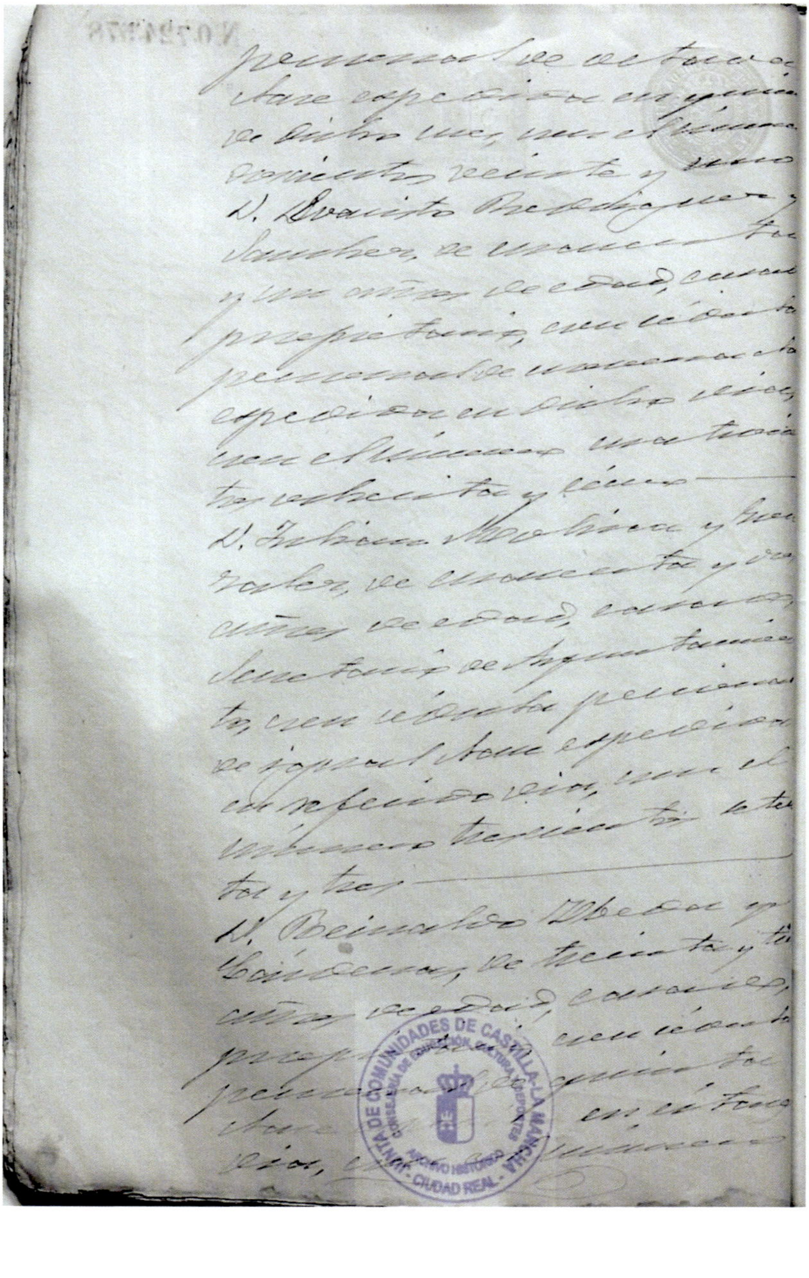
personal de [illegible]
clase especificada en [illegible]
de dicho mes, con el número
doscientos veinte y [illegible]
D. Evaristo Rodríguez y
Sánchez, de [illegible]
y [illegible] años de edad, casado
propietario, con cédula
personal de [illegible]
especificada en dicho mes,
con el número [illegible]
[illegible] veinte y cinco
D. Fabián Molina y [illegible]
Corrales, de cincuenta y [illegible]
años de edad, casado,
secretario de Ayuntamiento,
con cédula personal
de [illegible] clase especificada
en [illegible], con el
número [illegible]
[illegible]
D. Reinaldo Ubeda y [illegible]
[illegible], de treinta y [illegible]
años de edad, casado,
propietario, con cédula
personal de [illegible]
[illegible] en [illegible]
[illegible], con el número [illegible]

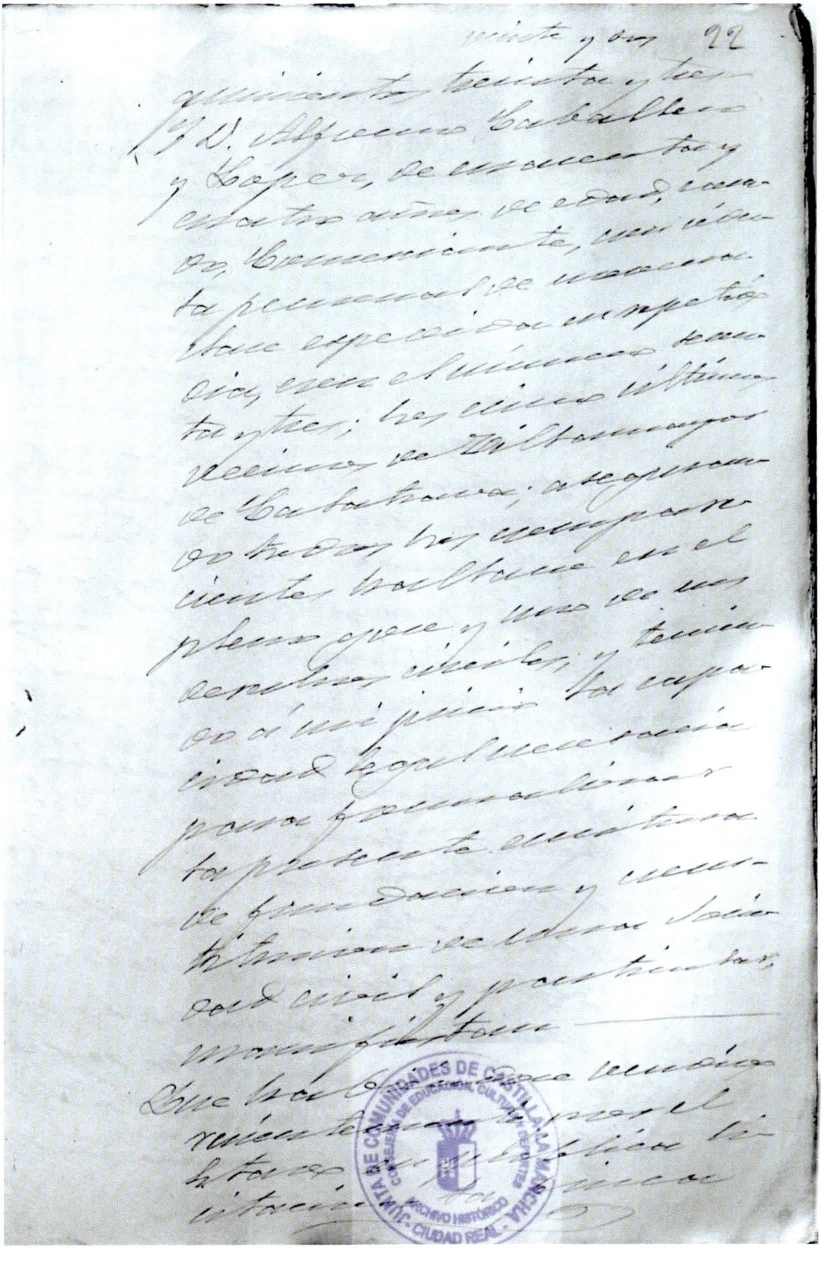
veinte y dos 22

quinientos treinta y tres

D. Alfonso Caballero

y López, de cuarenta y

cuatro años de edad, casa-

do, Comerciante, ...

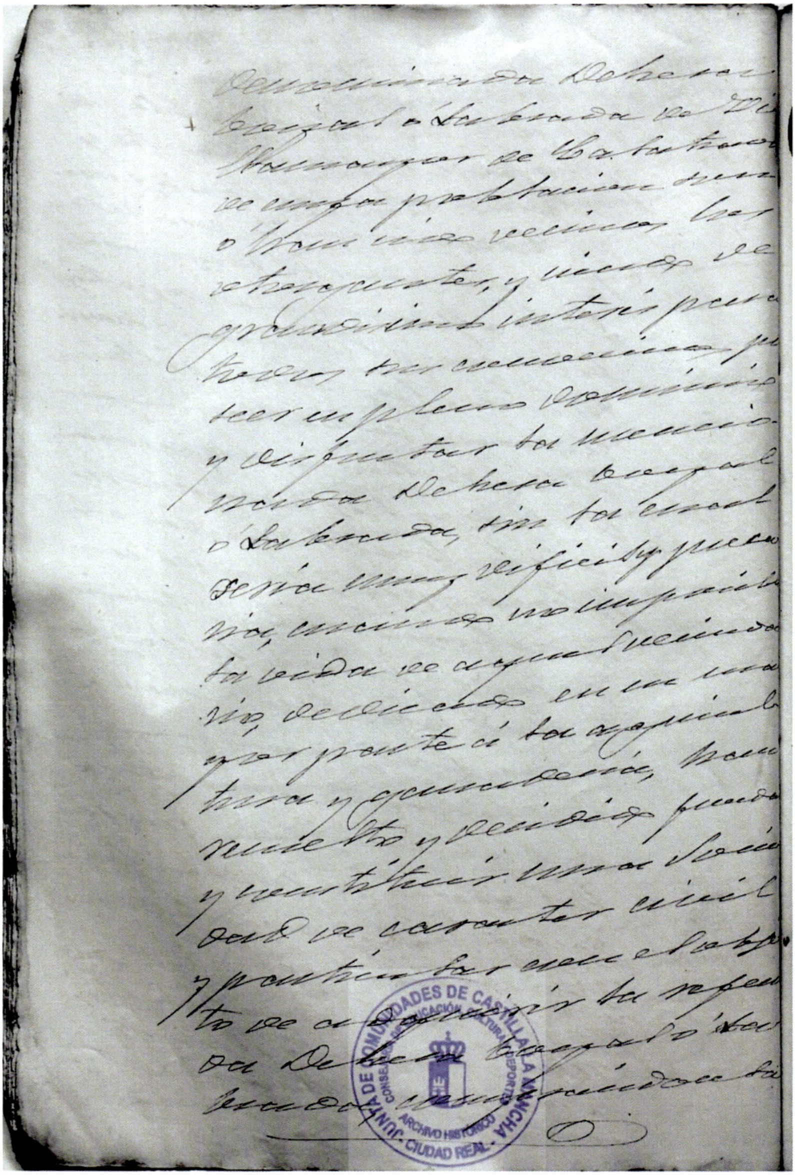

denominada Dehesa
boyal ó Labrada de Vi-
llamayor de Calatrava
[illegible]
[illegible] vecinos las
[illegible], y [illegible] de
grandísimo interés para
todos [illegible]
[illegible] en pleno dominio
y disfrutar la mencio-
nada Dehesa boyal
ó Labrada, sin la cual
sería muy difícil y [illegible]
[illegible] no imposible
la vida de aquel vecindario
[illegible]
[illegible]

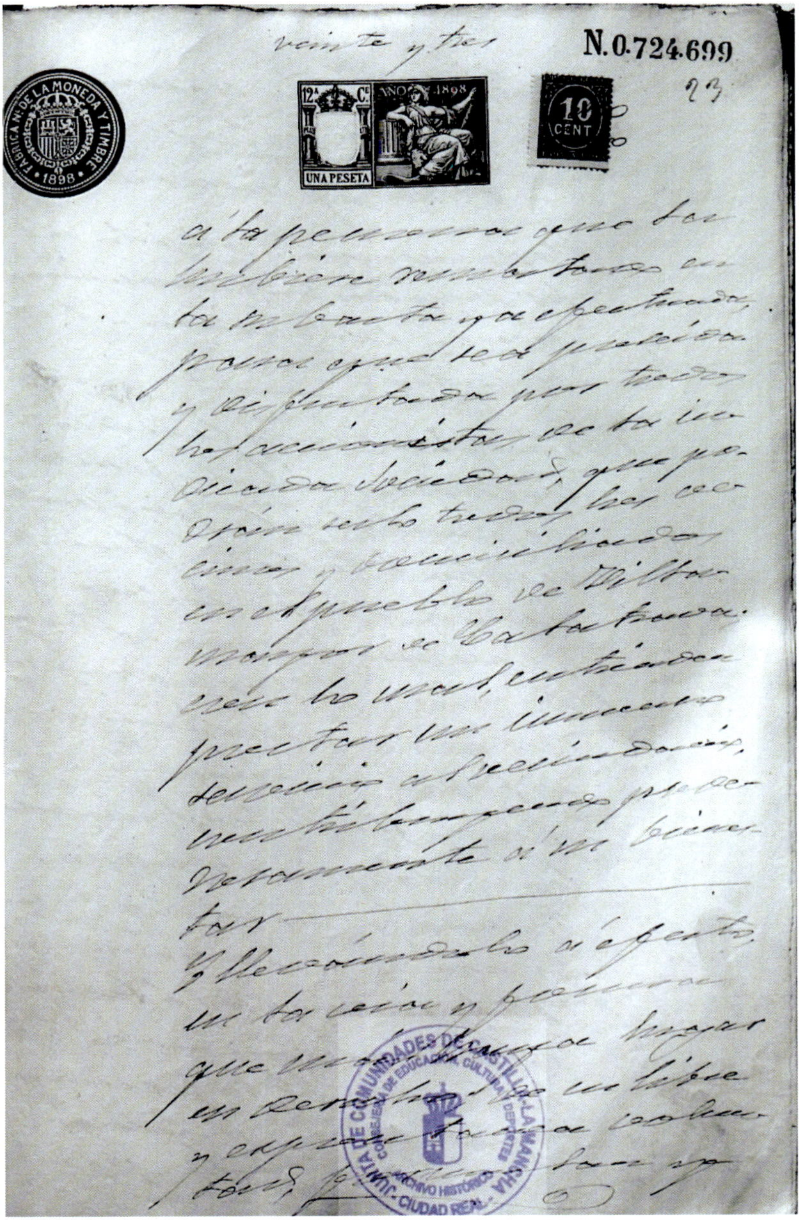

veinte y tres

N.0.724.699

FABRICA Nᴸ DE LA MONEDA Y TIMBRE 1898

12ª Cs. AÑO 1898 UNA PESETA

10 CENT

23

a la persona que lo
hubiere rematado en
la subasta y aceptado,
para que sea poseída
y disfrutada por todos
los accionistas de la in-
dicada Sociedad, que po-
drán verlo todos, los ve-
cinos y domiciliados
en el pueblo de Villar
mayor de Calatrava,
[illegible] lo usen cuidando
[illegible]
[illegible]

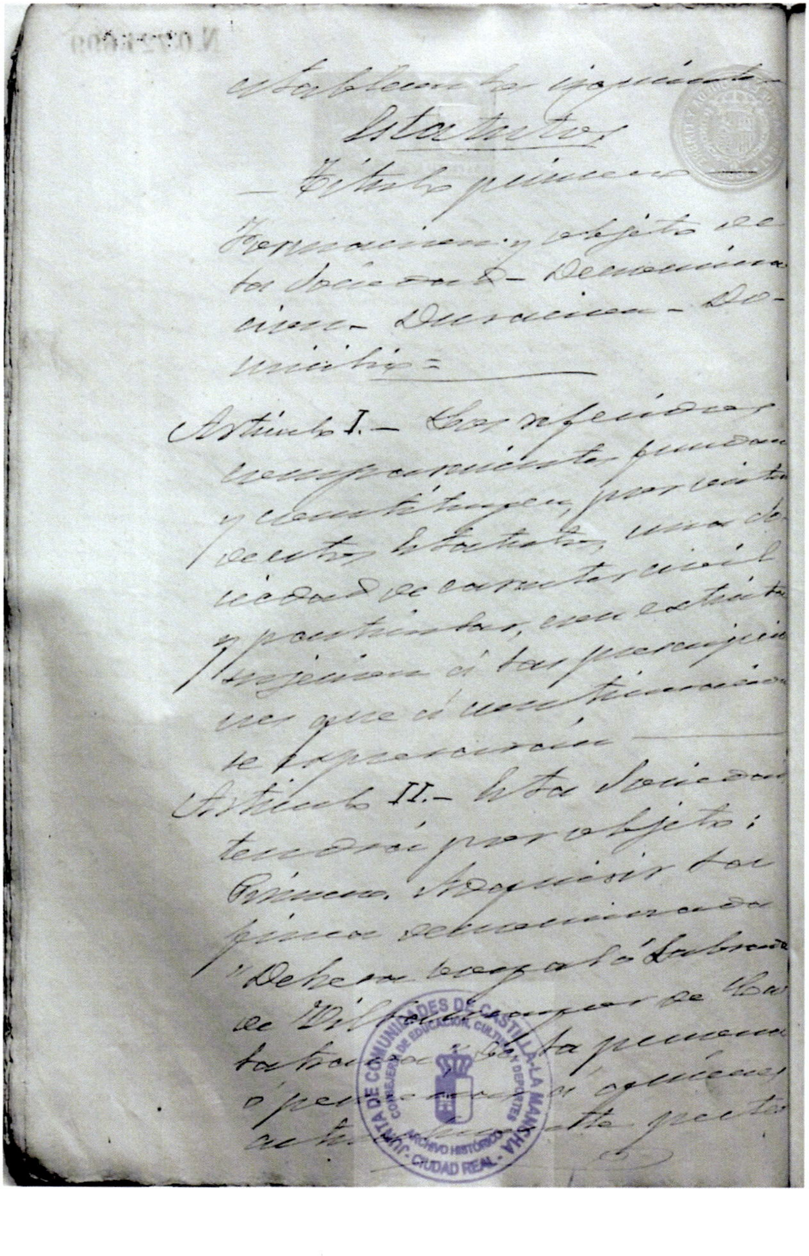

establecen los siguientes

Estatutos

— Título primero —

Formación y objeto de la Sociedad — Denominación — Duración — Domicilio =

Artículo I.— Los referidos comparecientes fundan y constituyen, por virtud de estos Estatutos, una Sociedad de carácter civil y particular, con estricta sujeción a las prescripciones que a continuación se expresan.

Artículo II.— Esta Sociedad tendrá por objeto: Primero. Adquirir la finca denominada "Dehesa boyal de La Labrada" de Villamayor de Calatrava, [illegible]

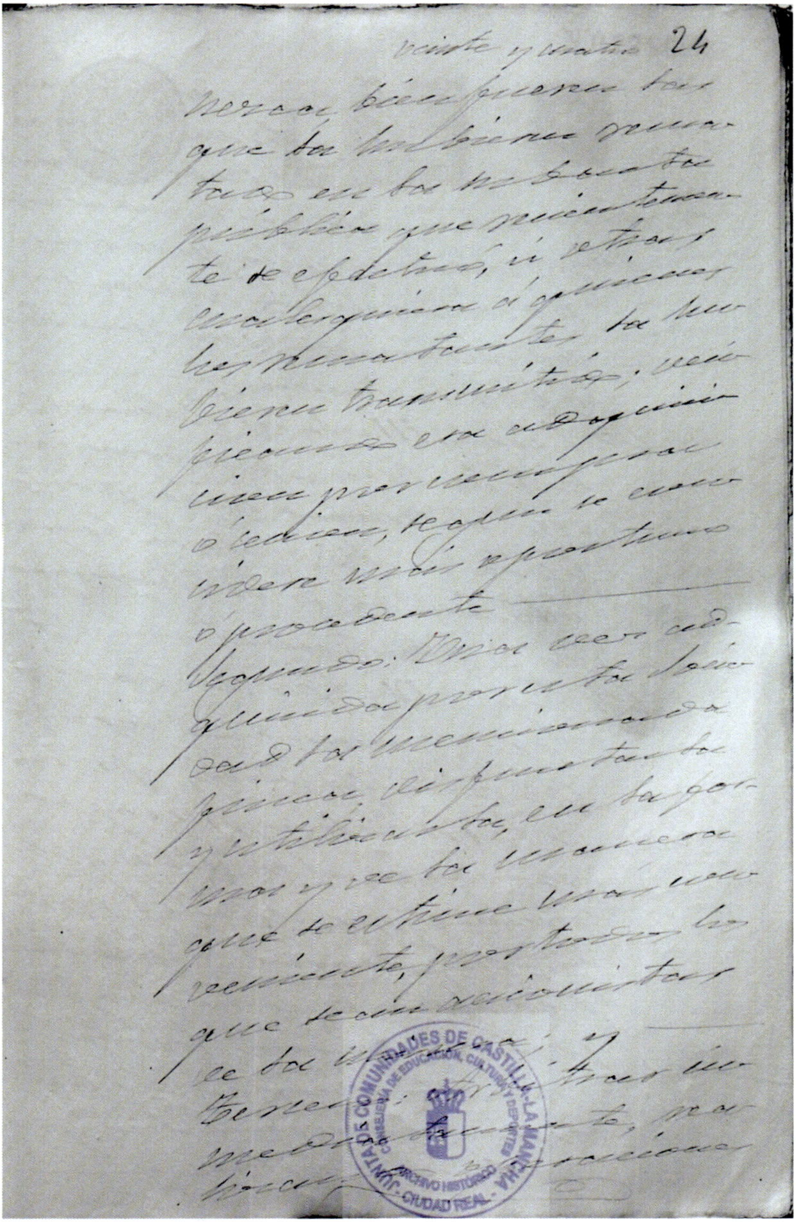
veinte y cuatro 24

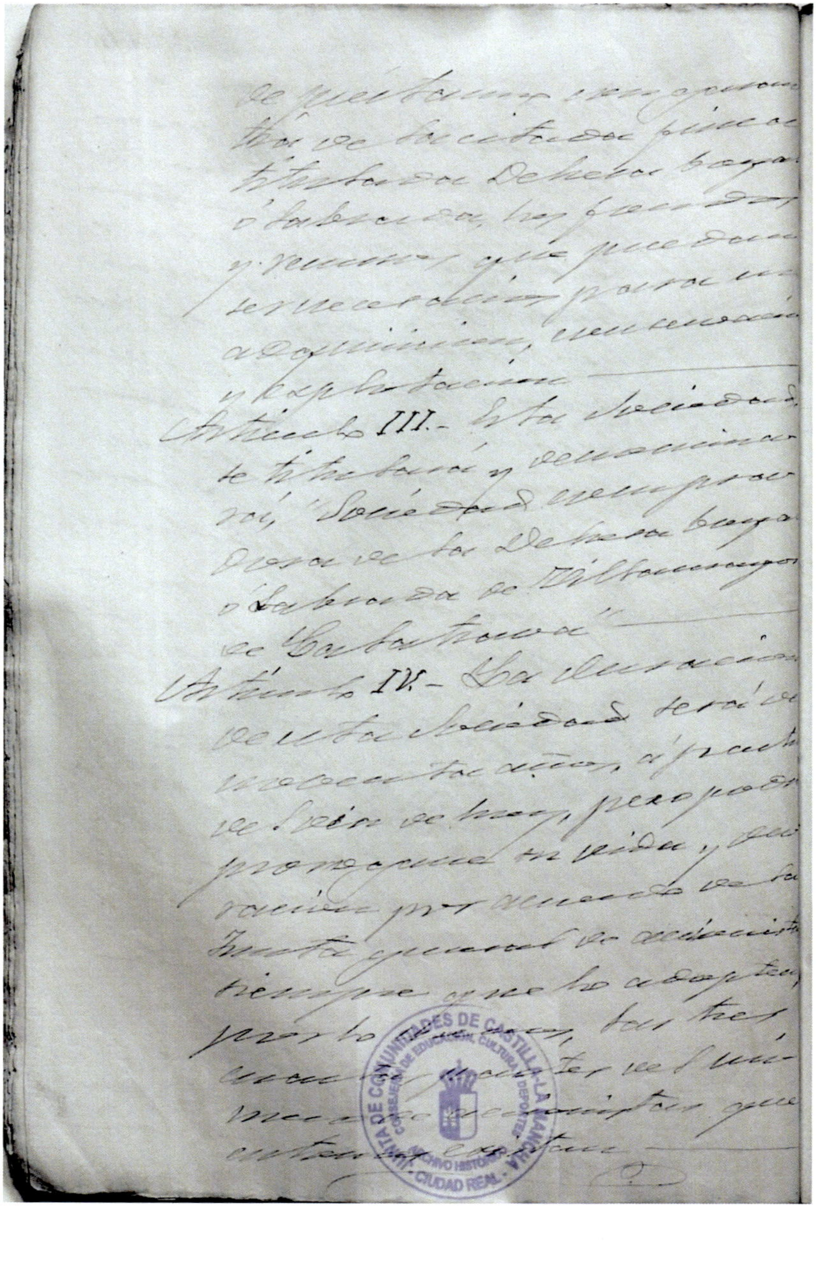

de que se hagan propie-
tarios de la citada finca
titulada Dehesa boyal
La Labrada, los fondos
y recursos, que puedan
ser necesarios para su
adquisición, mejora
y explotación ___
Artículo III.- Esta Sociedad
se titulará y denominará
así, "Sociedad compra-
dora de la Dehesa boyal
La Labrada de Villamayor
de Calatrava" ___
Artículo IV.- La duración
de esta Sociedad será de
noventa años, á partir
de el día de hoy, pero podrá
prorrogarse su vida, y disolverse por acuerdo de la
Junta general de accionistas
siempre que lo adopten,
por lo menos, las tres
cuartas partes de el nú-
mero de accionistas que
existan entonces ___

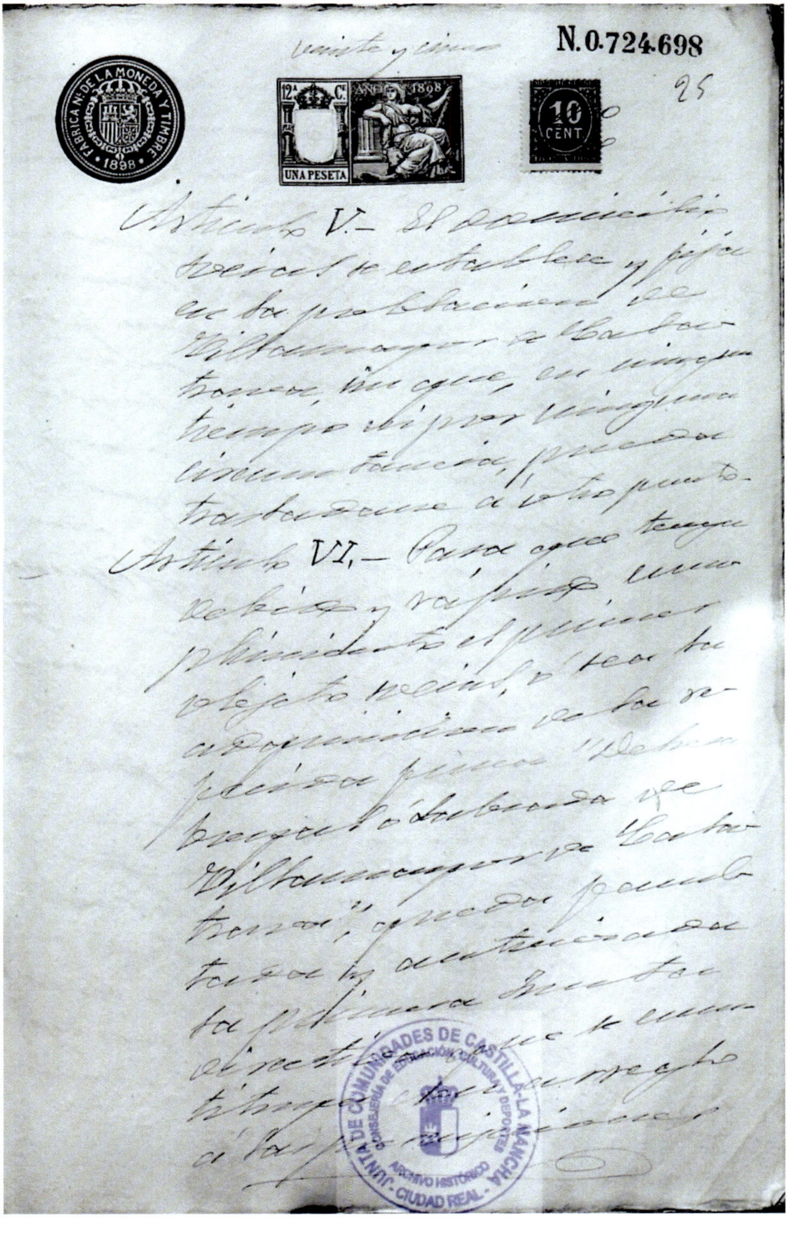
veinte y cinco
N. 0.724.698
25
FABRICA Nl. DE LA MONEDA Y TIMBRE
1898
12a Cl.
AÑO 1898
UNA PESETA
10 CENT.
Artículo V.– El domicilio
social se establece y fija
en la población de
Villamayor de Calatrava, sin que, en ningún
tiempo ni por ninguna
circunstancia, pueda
trasladarse a otro punto.
Artículo VI.– Para que tenga
JUNTA DE COMUNIDADES DE CASTILLA-LA MANCHA
CONSEJERÍA DE EDUCACIÓN, CULTURA Y DEPORTES
ARCHIVO HISTÓRICO
CIUDAD REAL

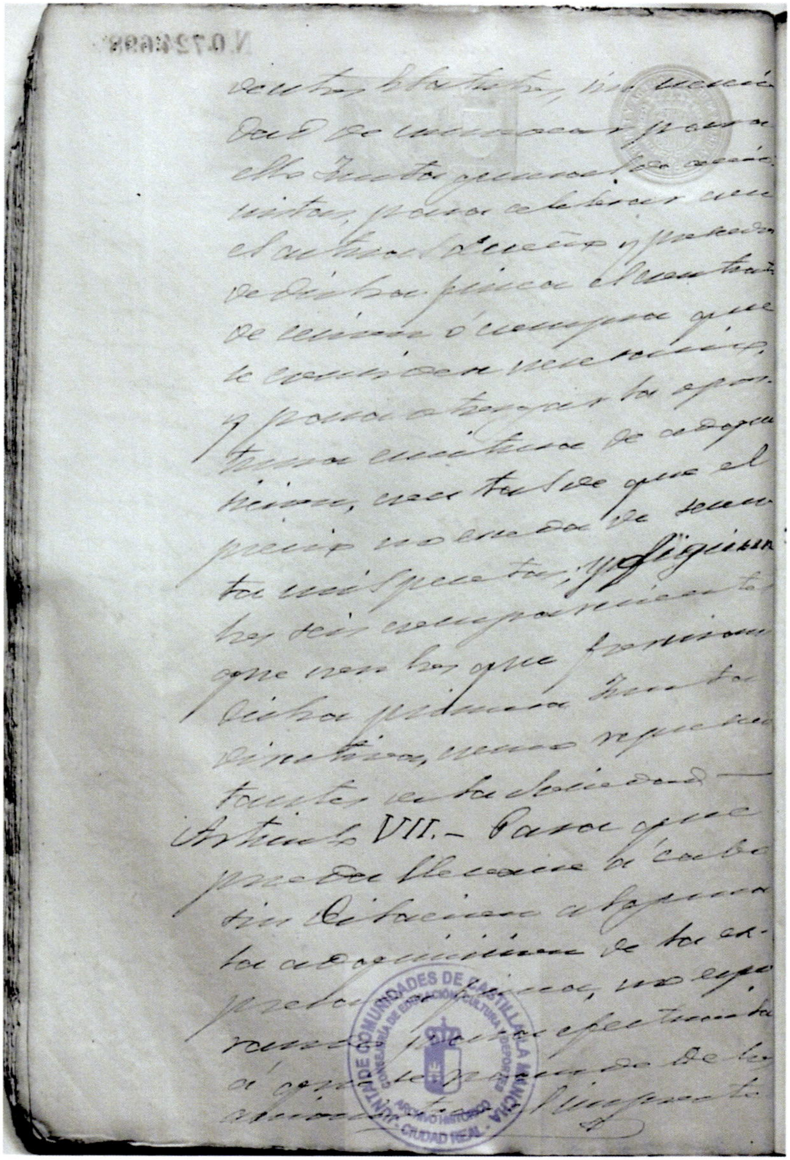
[illegible], [illegible], ni [illegible]
dad de ninguna [illegible] para
ello Junta general se reú-
nirá, para celebrar una
[illegible] y [illegible]
de dicha finca [illegible]
de término ó campo que
le corresponda [illegible],
y para otorgar la escri-
tura [illegible] de adquisición, entendiéndose que el
precio no exceda de [illegible]
[illegible] siguien-
te [illegible]
las seis compañías
que son las que forman
dicha primera Junta
sindicos, como represen-
tantes de la sociedad.—
Artículo VII.- Para que
pueda llevarse á cabo
sin dilaciones alguna
la adquisición de la ex-
presada finca, no espe-
rando para efectuarla
[illegible] de la
[illegible]

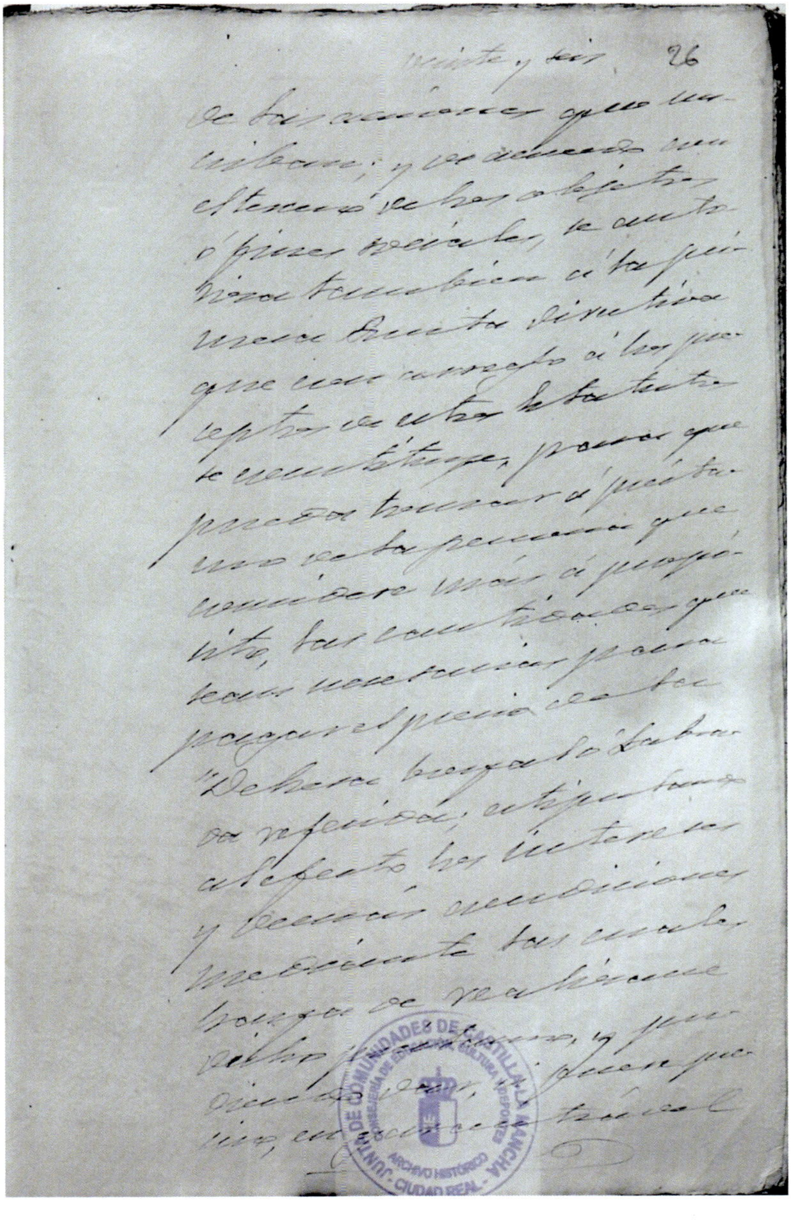

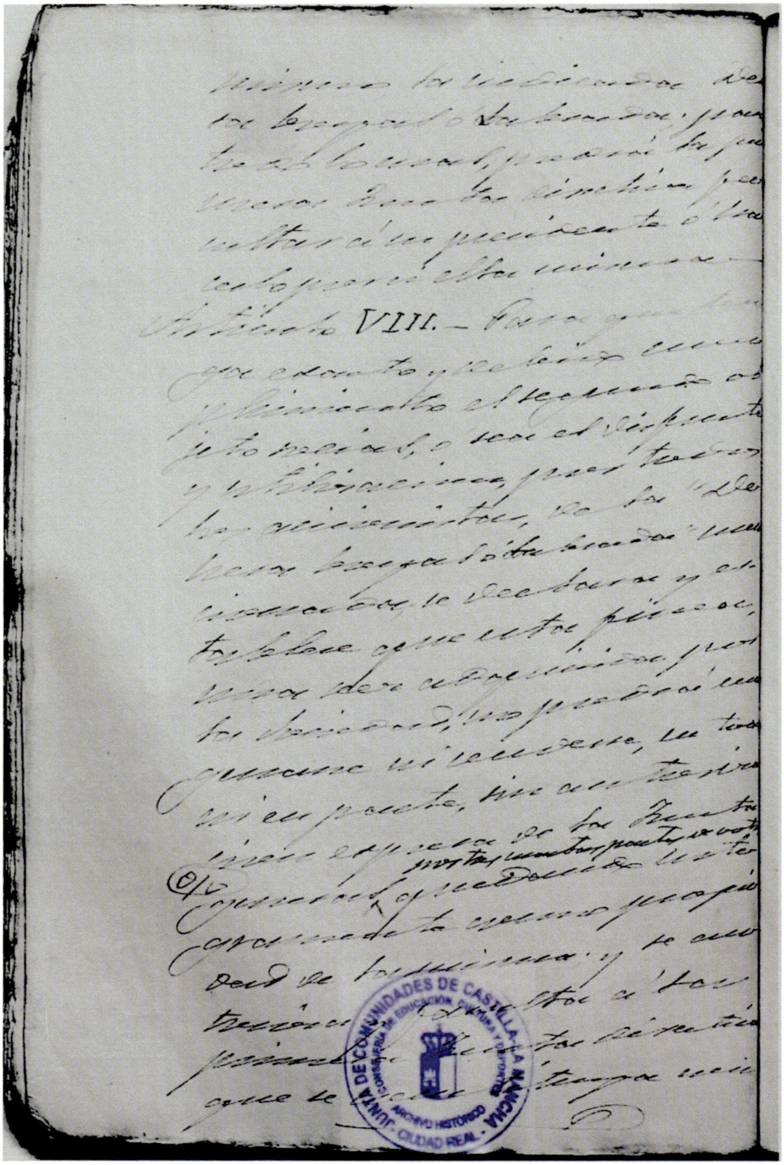
Artículo VIII.–
JUNTA DE COMUNIDADES DE CASTILLA-LA MANCHA
ARCHIVO HISTÓRICO
CIUDAD REAL

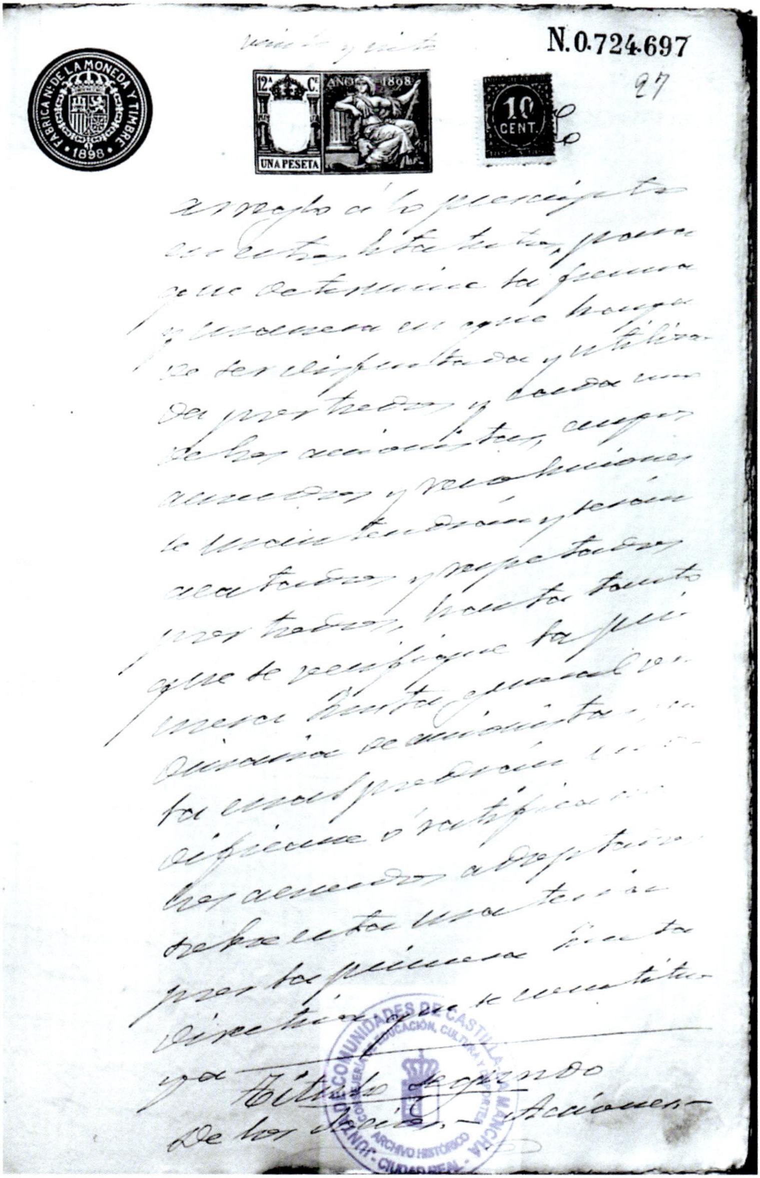
N.0.724.697
FABRICA Nl. DE LA MONEDA Y TIMBRE
1898
12A Cs
AÑO 1898
UNA PESETA
10 CENT.
JUNTA DE COMUNIDADES DE CASTILLA-LA MANCHA
CONSEJERÍA DE EDUCACIÓN, CULTURA Y DEPORTES
ARCHIVO HISTÓRICO
CIUDAD REAL

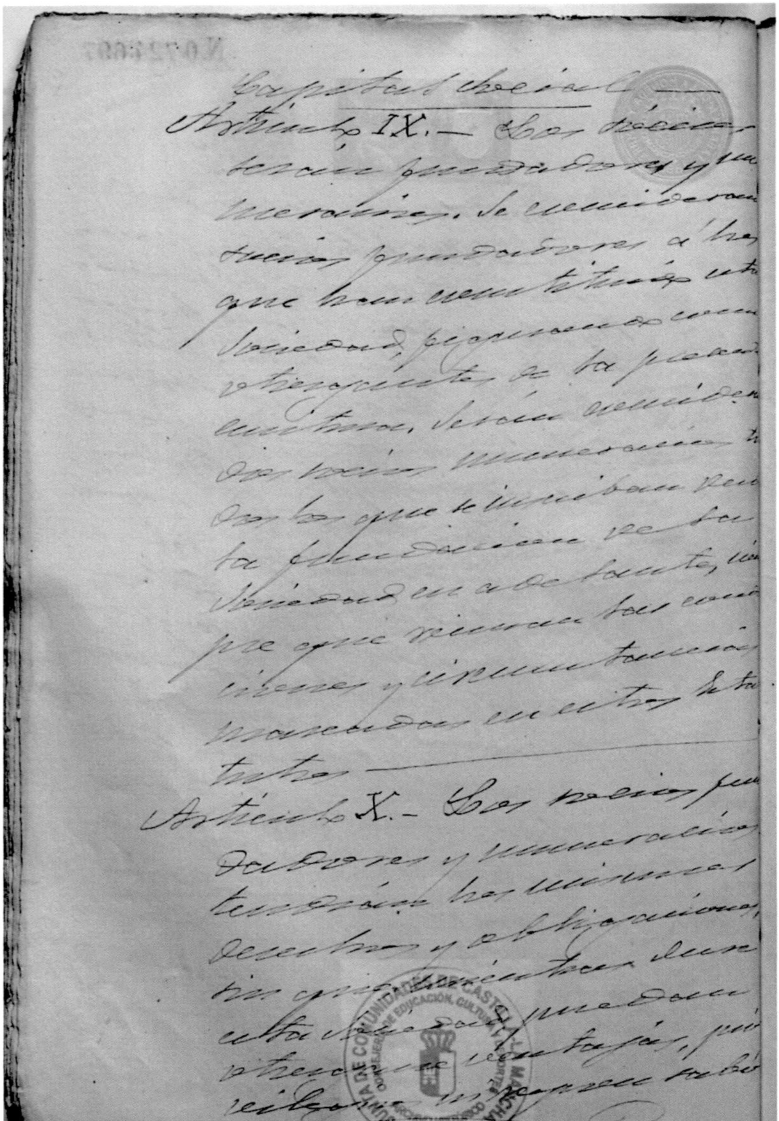
Capítulo [illegible]
Artículo IX.— Los vecinos
[illegible] ganaderos y no
ganaderos. Se considerarán
vecinos ganaderos á los
que tienen constituida su
vecindad, [illegible]
[illegible] de la [illegible]
[illegible], serán considerados
los vecinos [illegible]
[illegible] que se [illegible]
la fundación de la
vecindad en adelante, siempre que reunan las condi-
ciones y circunstancias de-
marcadas en estos estatu-
tos
Artículo X.— Los vecinos [illegible]
[illegible] y [illegible]
tendrán los mismos
derechos y obligaciones,
sin que [illegible]
[illegible] puedan
[illegible] ventajas, [illegible]
[illegible]

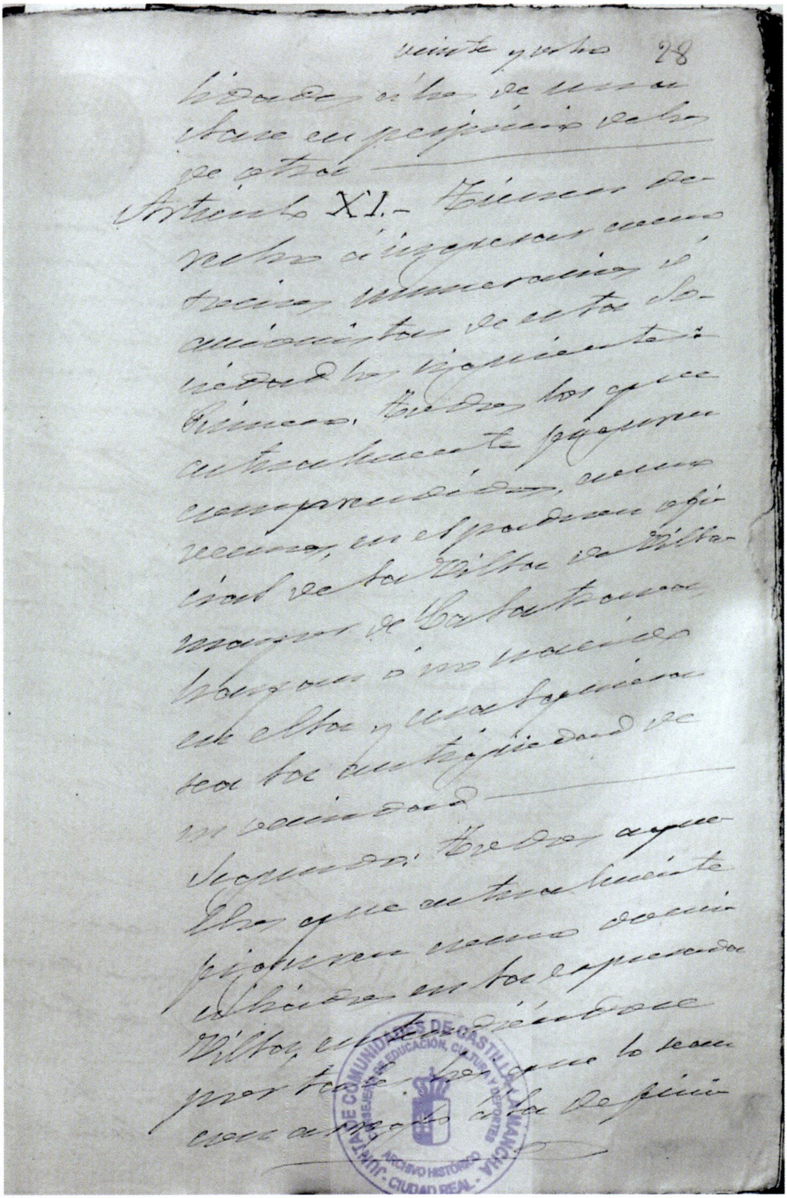
veinte y ocho 28
lugar de éstos de una
clase en perjuicio de los
de otra
Artículo XI.- Tienen de-
recho á ingresar como
socios numerarios ó
de número de esta Co-
munidad los siguientes:
Primero. Todos los que
actualmente figuran
comprendidos, como
regantes, en el padrón oficial de la villa de Villamayor de Calatrava,
tengan ó no tierras
en ella y en la superficie
de la antigüedad de
su unidad
Segundo. Todos aquellos
que actualmente
JUNTA DE COMUNIDADES DE CASTILLA-LA MANCHA
CONSEJERÍA DE EDUCACIÓN, CULTURA Y DEPORTES
ARCHIVO HISTÓRICO
CIUDAD REAL

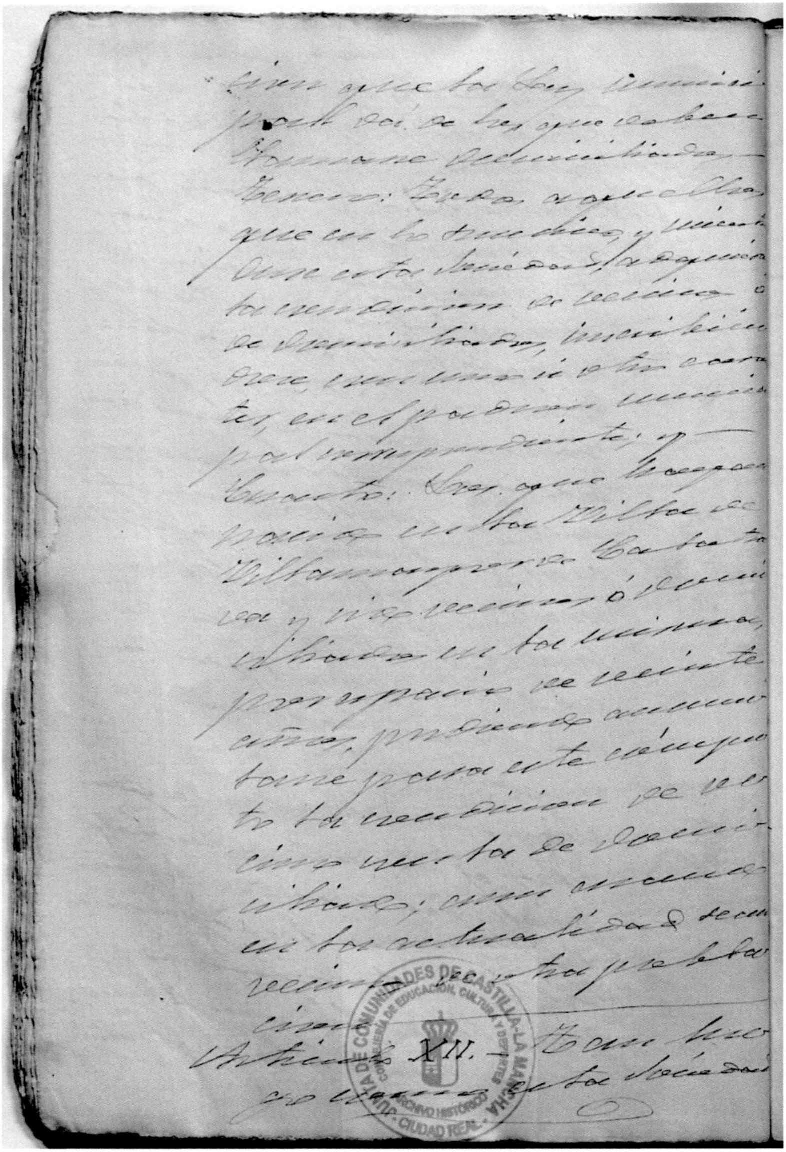

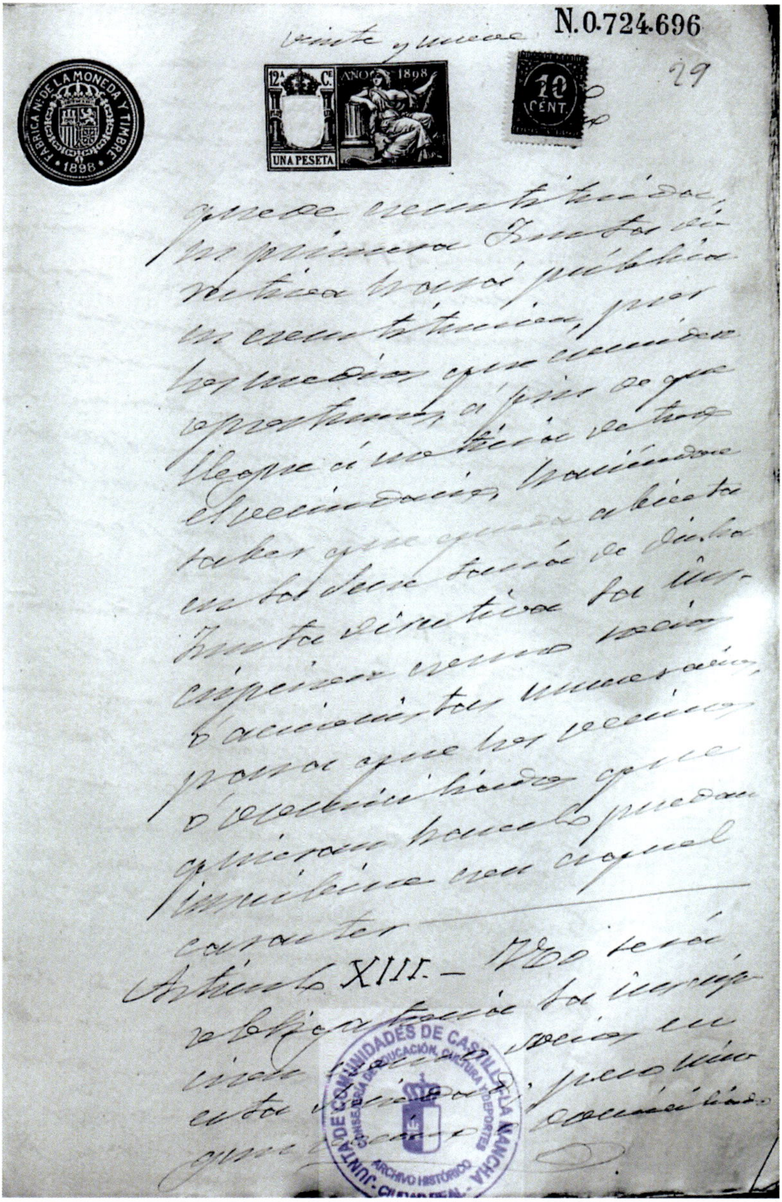

N.0.724.696

FABRICA Nl DE LA MONEDA Y TIMBRE · 1898 ·

12A Cs AÑO 1898 UNA PESETA

10 CENT.

29

Artículo XIII.—

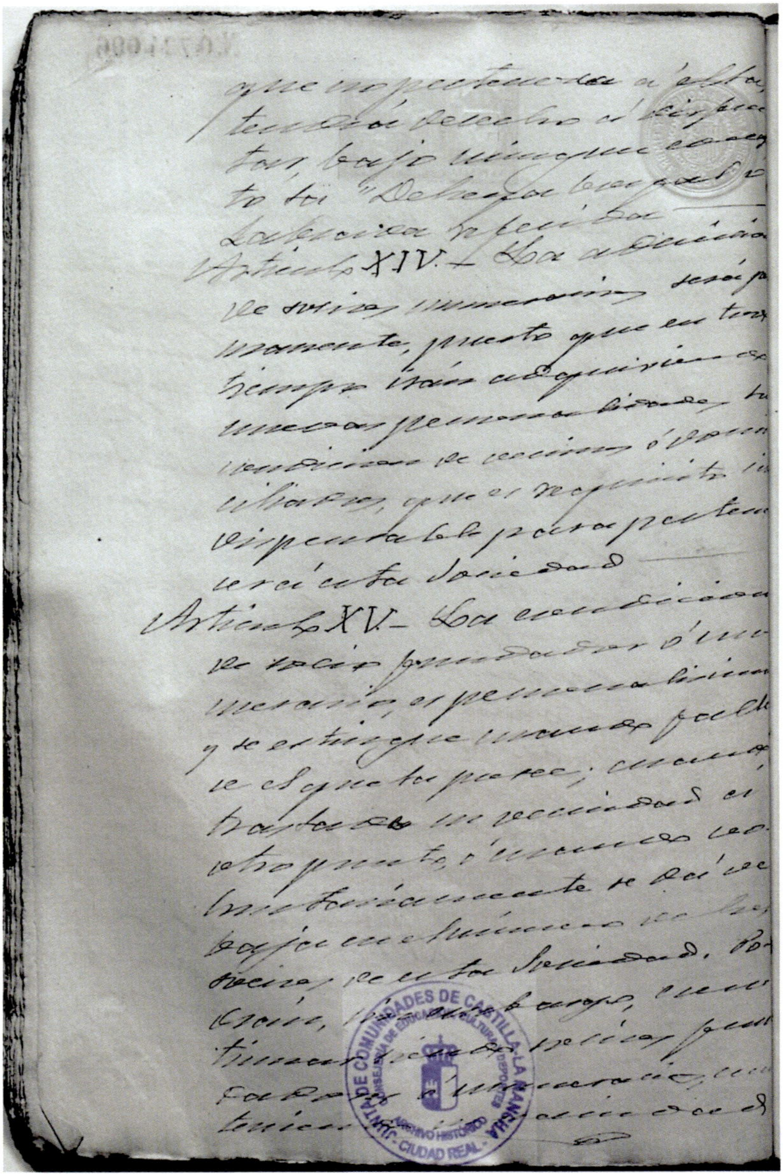
que no pertenecen a esta,
tendrá derecho a disfru-
tar, bajo ningún concep-
to de "Dehesa boyal"
La Labrada referida.
Artículo XIV.- La admisión
de socios numerarios será permanente, puesto que en todo
tiempo irán adquiriendo
nuevas personalidades, los
nuevos vecinos o domi-
ciliados, que es requisito indispensable para perte-
necer a esta Sociedad.
Artículo XV.- La condición
de socio fundador o nu-
merario, es personalísima
y se extingue cuando fallece el que la posee; cuando
traslade su vecindad a
otro punto, o cuando vo-
luntariamente se dé de
baja como miembro de la
misma Sociedad. [illegible]

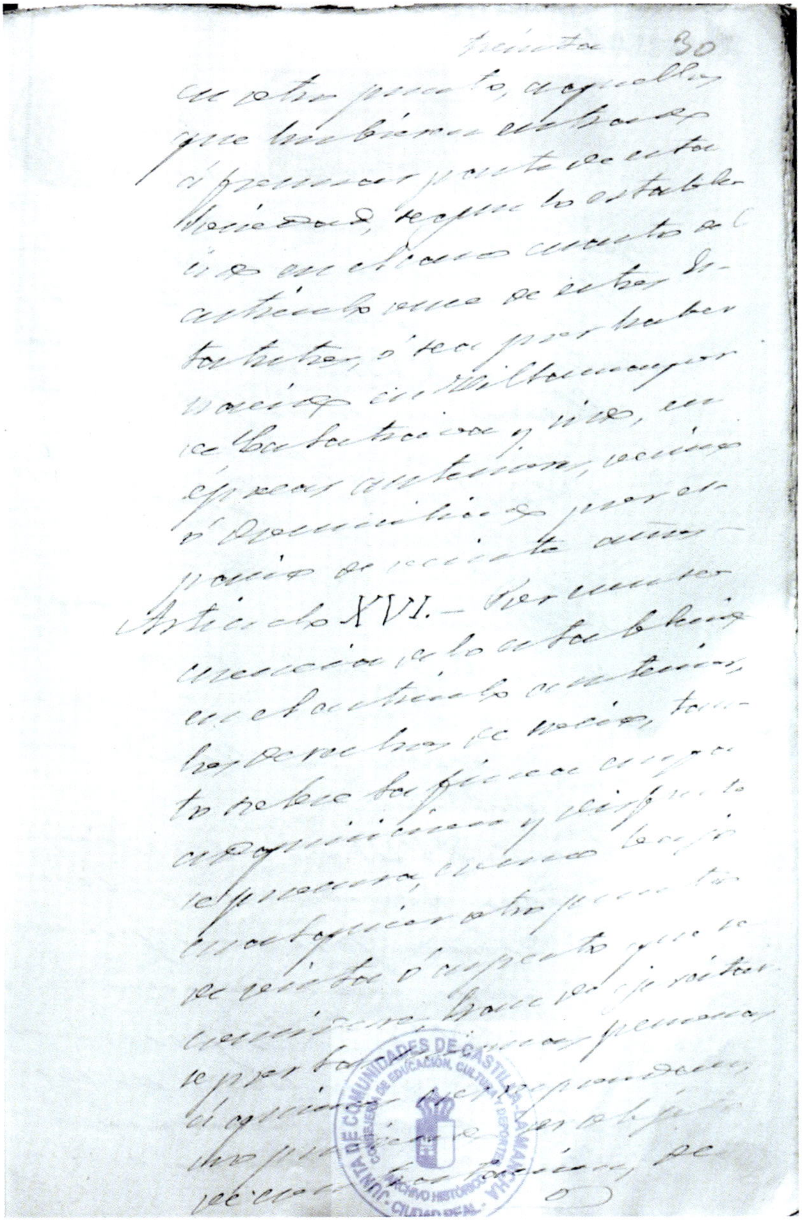
treinta 30

en otro punto, aquellos que [illegible] á primer punto de esta Sociedad, segun lo establece [illegible] artículo once de estos Estatutos, ó sea por haber [illegible]

Artículo XVI.- [illegible] de lo establecido en el artículo anterior, [illegible]

[illegible]

Artículo XVII.- [illegible]

[illegible] Sociedad [illegible]

Artículo XVIII.- Ninguna [illegible]

Artículo XIX.- La primera [illegible]

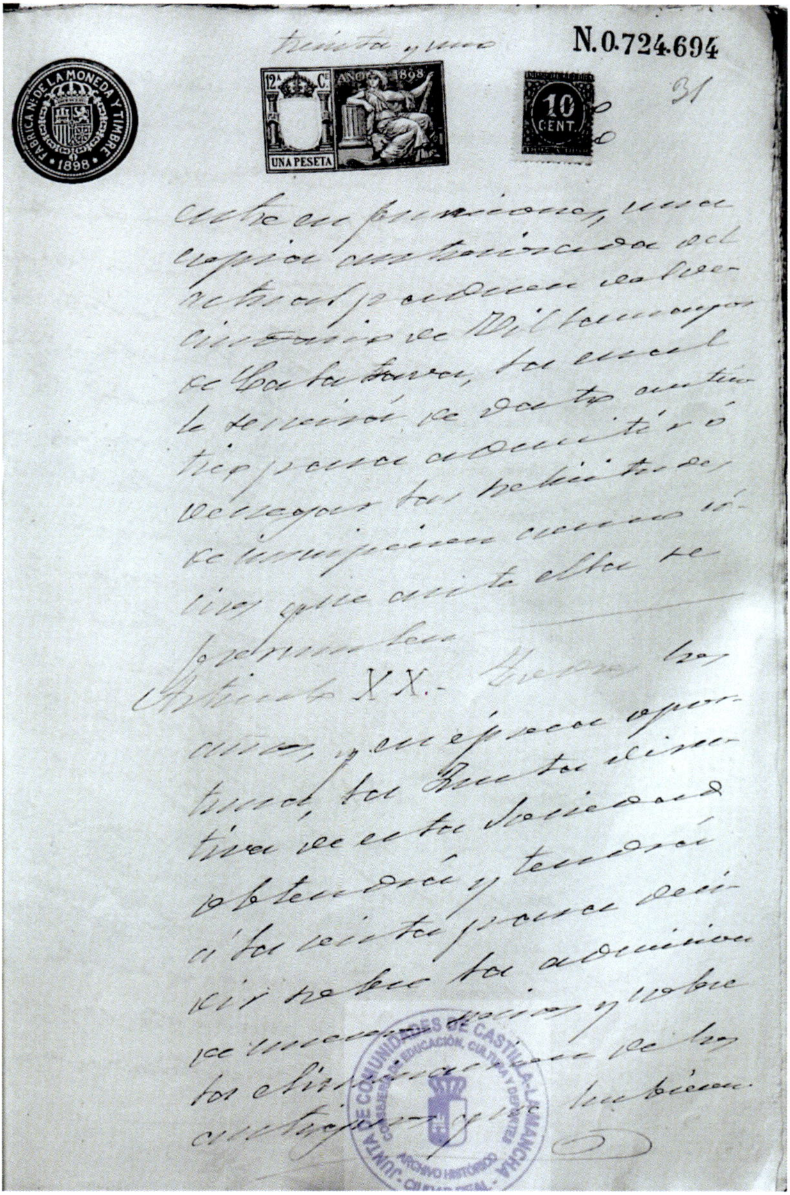
treinta y uno
N.0.724.694
FABRICA Nl. DE LA MONEDA Y TIMBRE
1898
12ª Cs
AÑO 1898
UNA PESETA
10 CENT.
31
Artículo XX.-
JUNTA DE COMUNIDADES DE CASTILLA-LA MANCHA
CONSEJERÍA DE EDUCACIÓN, CULTURA Y DEPORTES
ARCHIVO HISTÓRICO
CIUDAD REAL

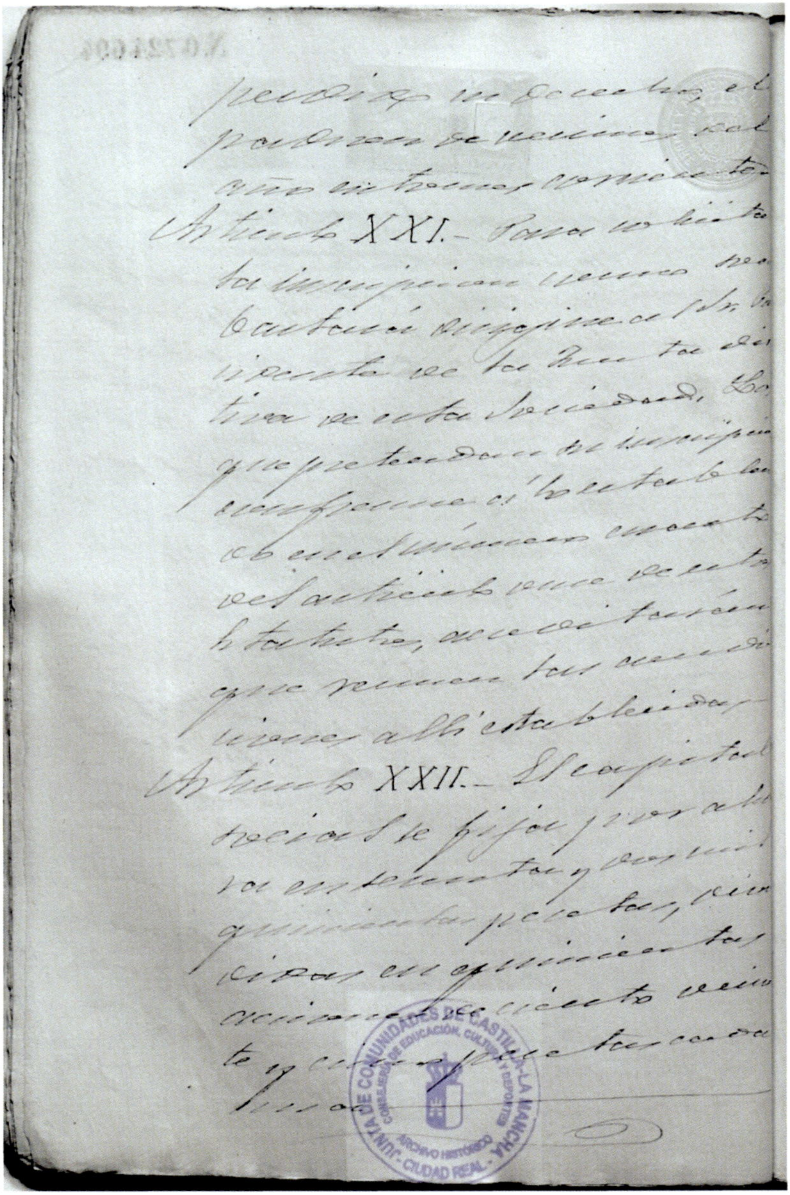

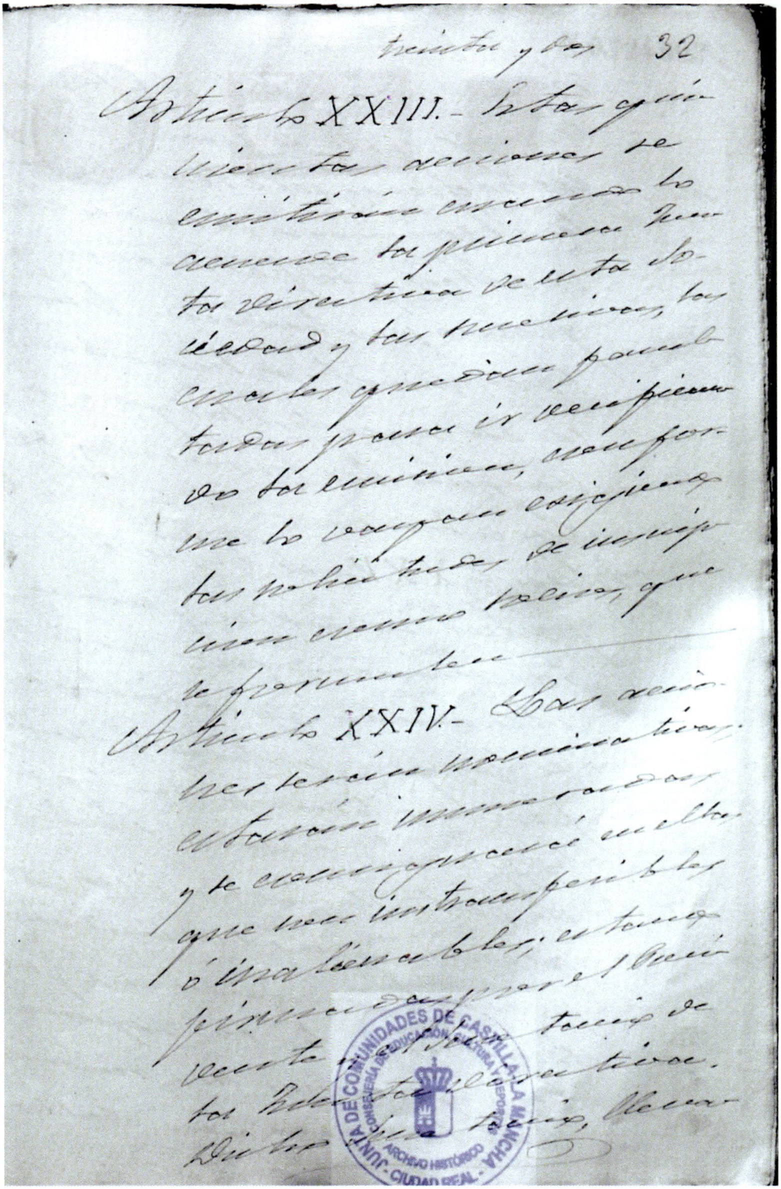

treinta y dos 32

Artículo XXIII.- Estas quinientas acciones se
emitirán cuando lo
acuerde la primera Jun-
ta directiva de esta So-
ciedad y las mismas, las
cuales quedan parali-
zadas para ir recibien-
do la emisión, confor-
me lo vayan exigiendo
las solicitudes de inscripción como socios, que
se formulen.

Artículo XXIV.- Las acciones serán nominativas,
estarán numeradas
y se consignará en ellas
que son intransferibles
é inalienables, en tanto
[illegible] por el [illegible]
[illegible] tiempo de
[illegible] tiva.
[illegible]
Dicho [illegible]

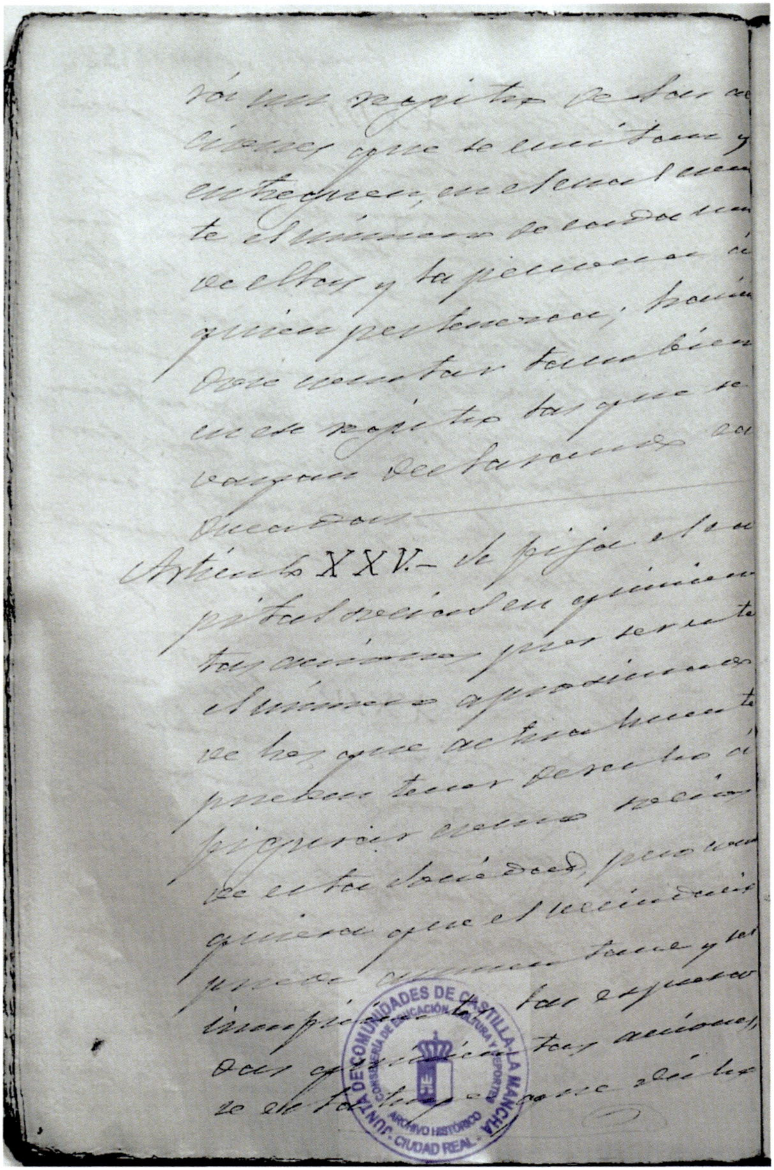
rán unos registros de los re-
cibos que se emitan y
entreguen, en el cual conste el número de cada uno
de ellos y la persona á
quien pertenezca, haciéndo-
dose constar también
en ese registro las que se
vayan declarando ca-
ducados.

Artículo XXV.- Se fija el cu-
pito del vecindario en quinientas acciones, por ser este
el número aproximado
de los que actualmente
puedan tener derecho á
figurar como vecinos
de esta localidad, pero en
quiera que el vecindario
pueda aumentar y [illegible]
[illegible] las expresa-
das quinientas acciones,
se le [illegible]

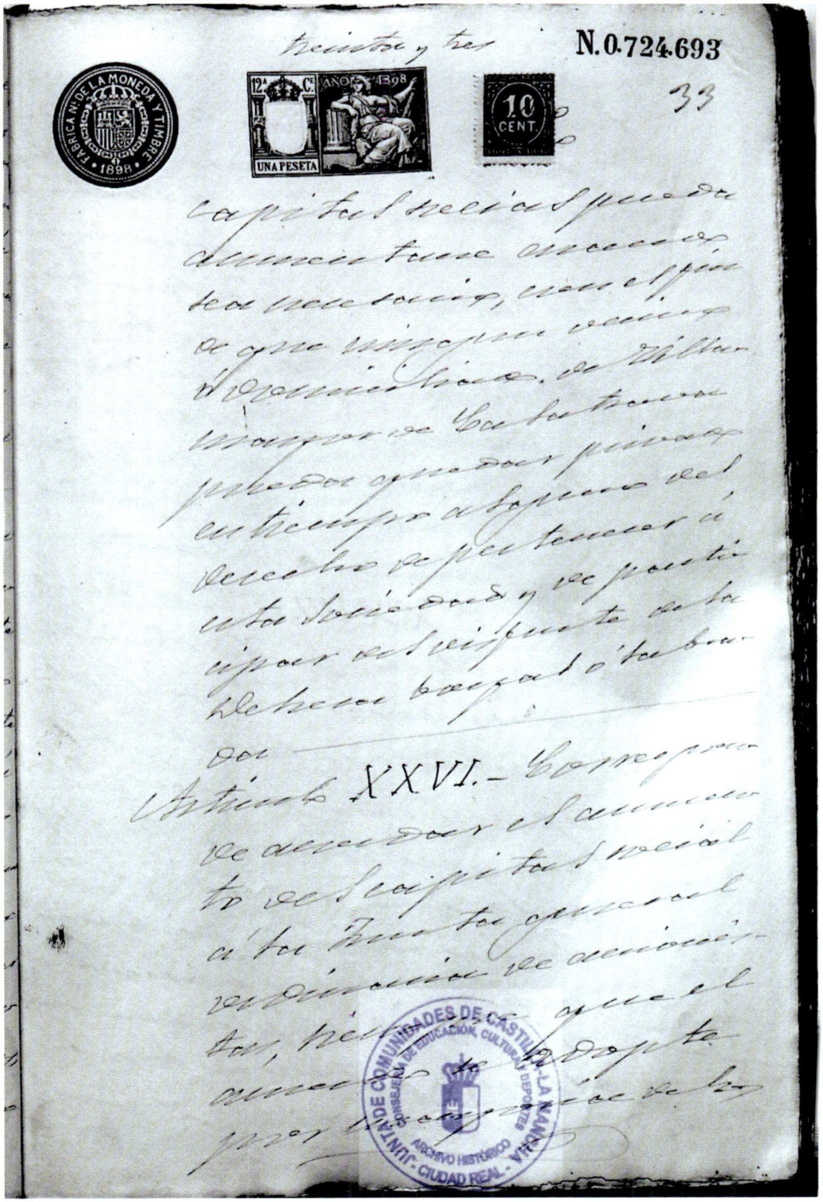
N.0.724.693
FABRICA Nª DE LA MONEDA Y TIMBRE
1898
UNA PESETA
10 CENT.
XXVI.-
JUNTA DE COMUNIDADES DE CASTILLA-LA MANCHA
CONSEJERÍA DE EDUCACIÓN, CULTURA Y DEPORTES
ARCHIVO HISTÓRICO
CIUDAD REAL

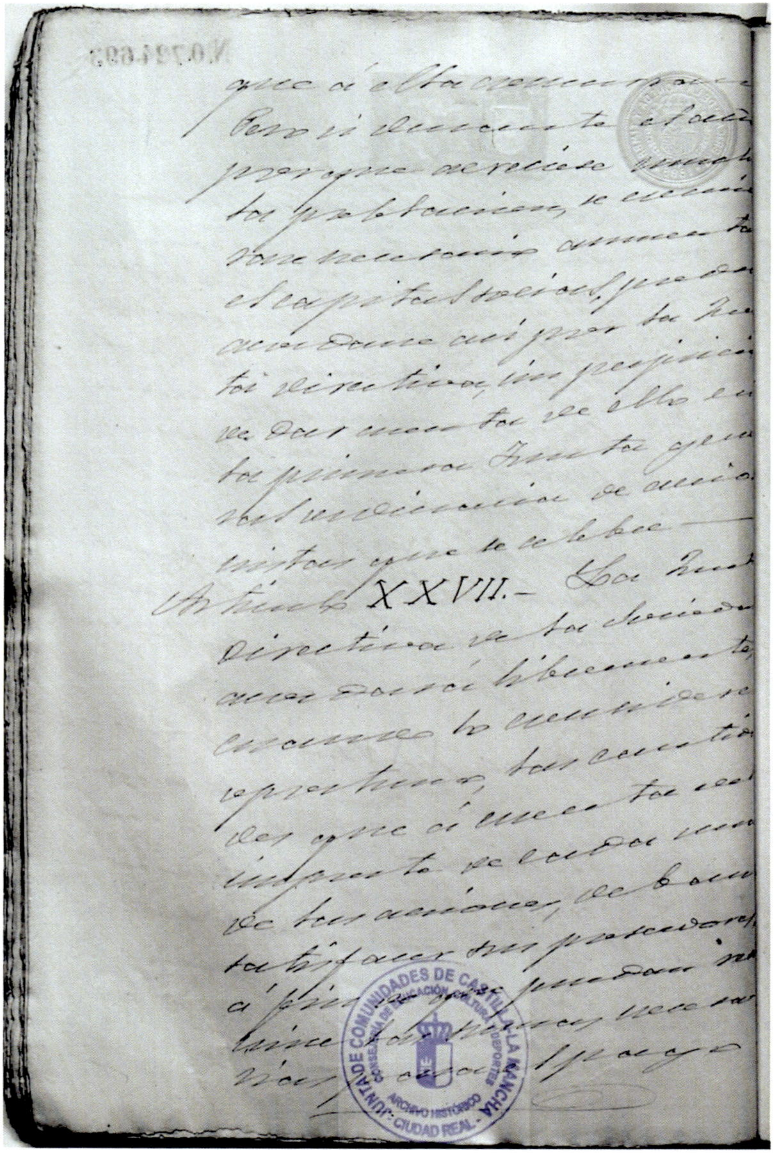
Artículo XXVII.-

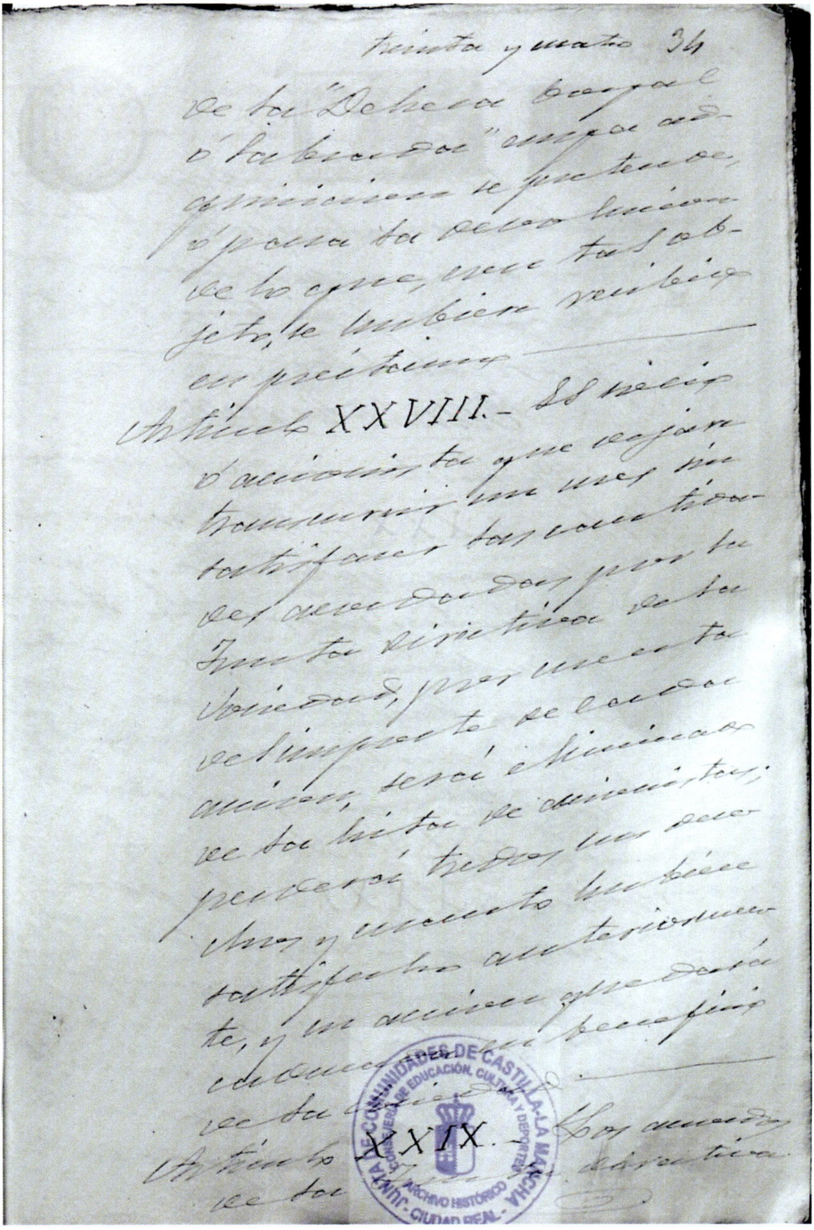

treinta y cuatro 34

de la "Dehesa boyal
ó labrados" cuya ad-
quisicion se pretende,
ó para la devolucion
de lo que, mas tal ob-
jeto, se hubiera recibido
en préstamo.

Artículo XXVIII.- El socio
ó accionista que dejara
transcurrir un mes sin
satisfacer las cantidades
ser acordadas por la
Junta Directiva de la
Sociedad, por uno en la
del importe de cada
accion, será eliminado
de la lista de accionistas;
perderá todos los dere-
chos y cuanto hubiese
satisfecho anteriormen-
te, y su accion quedará en beneficio
de la Sociedad.

Artículo XXIX.- Por acuerdo
de la Directiva
de la

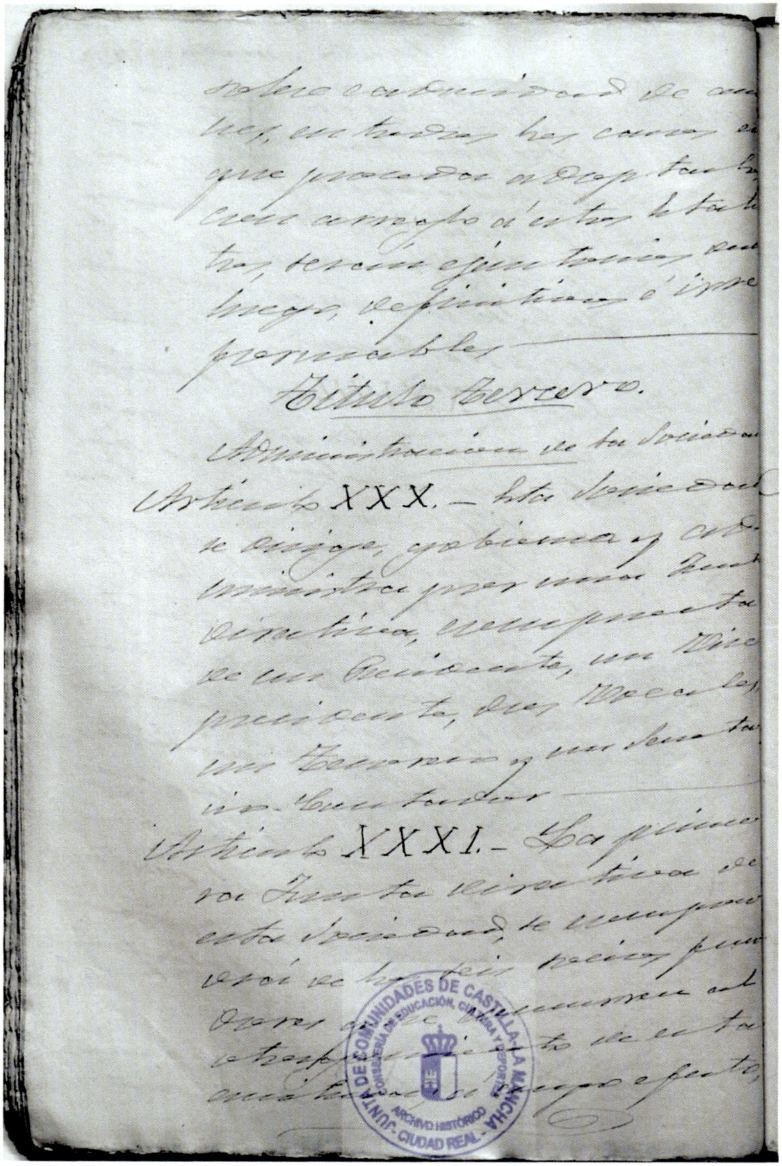
Título tercero.

Administración de la Sociedad

Artículo XXX. — Esta Sociedad se rige, gobierna y administra por una Junta directiva, compuesta de un Presidente, un Vicepresidente, dos Vocales, un Tesorero y un Secretario Contador

Artículo XXXI. — La primera Junta directiva de esta Sociedad, se compondrá de los seis socios

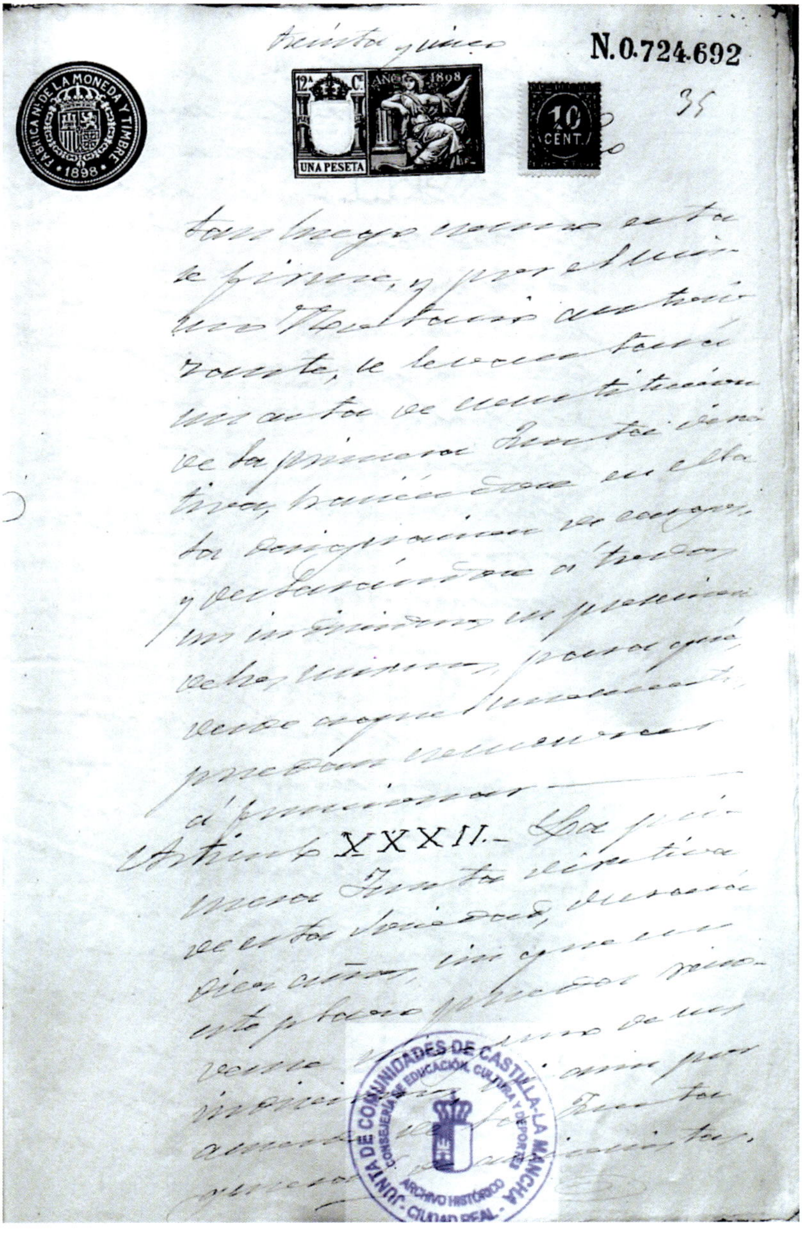
treinta y cinco

N.0.724.692

FÁBRICA Nl. DE LA MONEDA Y TIMBRE · 1898 ·

12ª Cª AÑO 1898 UNA PESETA

10 CENT.

35

Artículo XXXII.-

JUNTA DE COMUNIDADES DE CASTILLA-LA MANCHA
CONSEJERÍA DE EDUCACIÓN, CULTURA Y DEPORTES
ARCHIVO HISTÓRICO
CIUDAD REAL

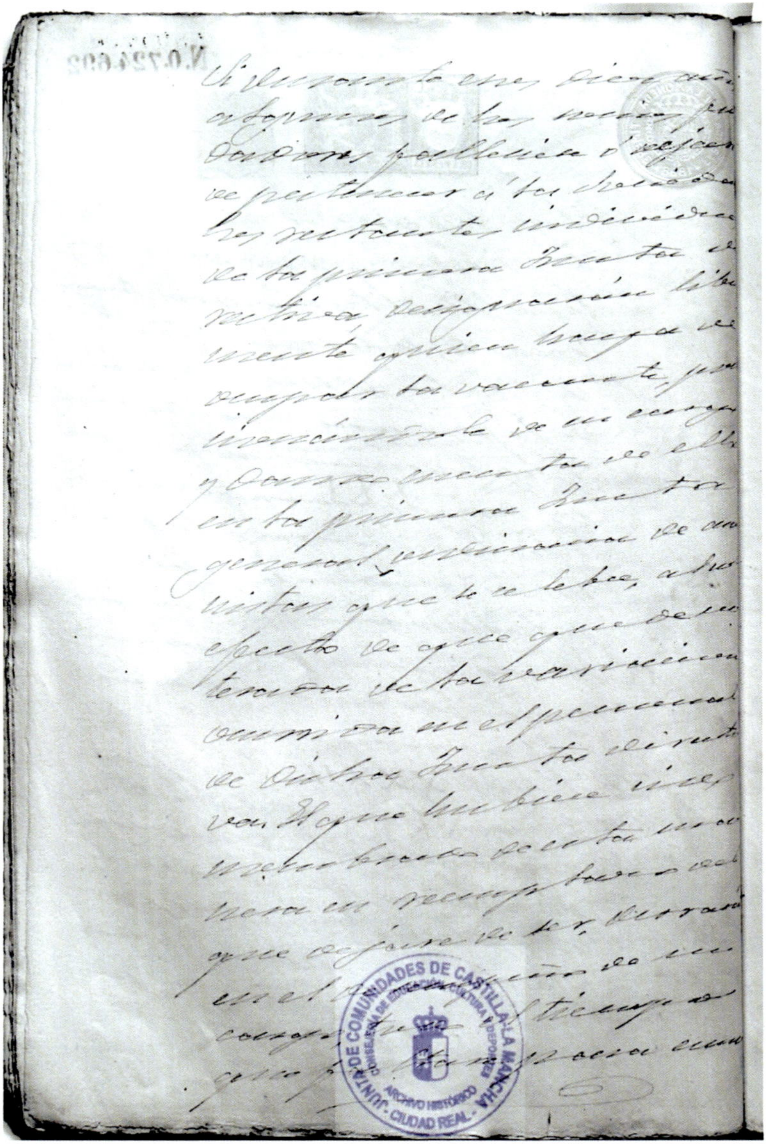
JUNTA DE COMUNIDADES DE CASTILLA-LA MANCHA
ARCHIVO HISTÓRICO
CIUDAD REAL

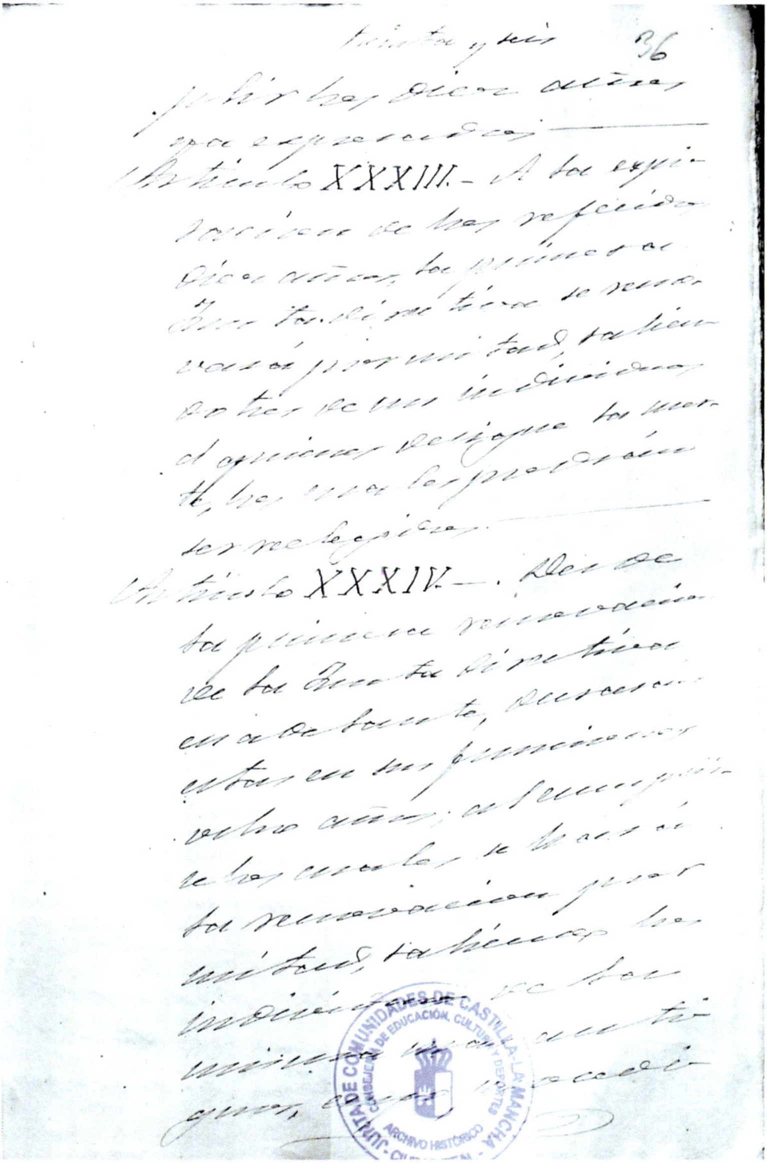
treinta y seis 36
pedir las diez anuas
que expresadas.
Artículo XXXIII.- A la expi-
racion de las referidas
diez anuas, la primera
Junta Directiva se renovará por mitad, saliendo
ocho de sus individuos
al [illegible] designe la suerte, los cuales podrán
ser reelegidos.
Artículo XXXIV.- Una vez
la primera renovacion
de la Junta Directiva
[illegible] en adelante, [illegible]
otros en sus funciones
[illegible] años; [illegible]
de las cuales se [illegible]
la renovacion por
mitad, saliendo los
individuos de la [illegible]
[illegible]

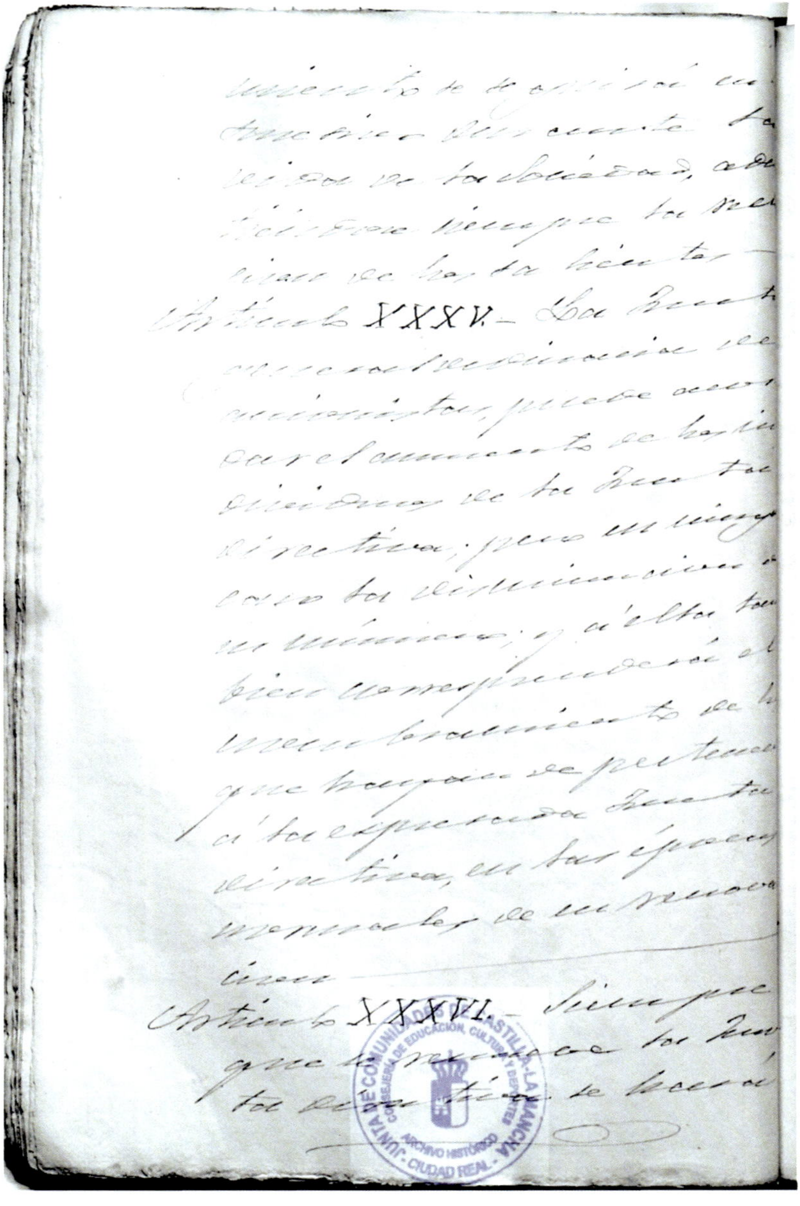

Artículo XXXV.

Artículo XXXVI.

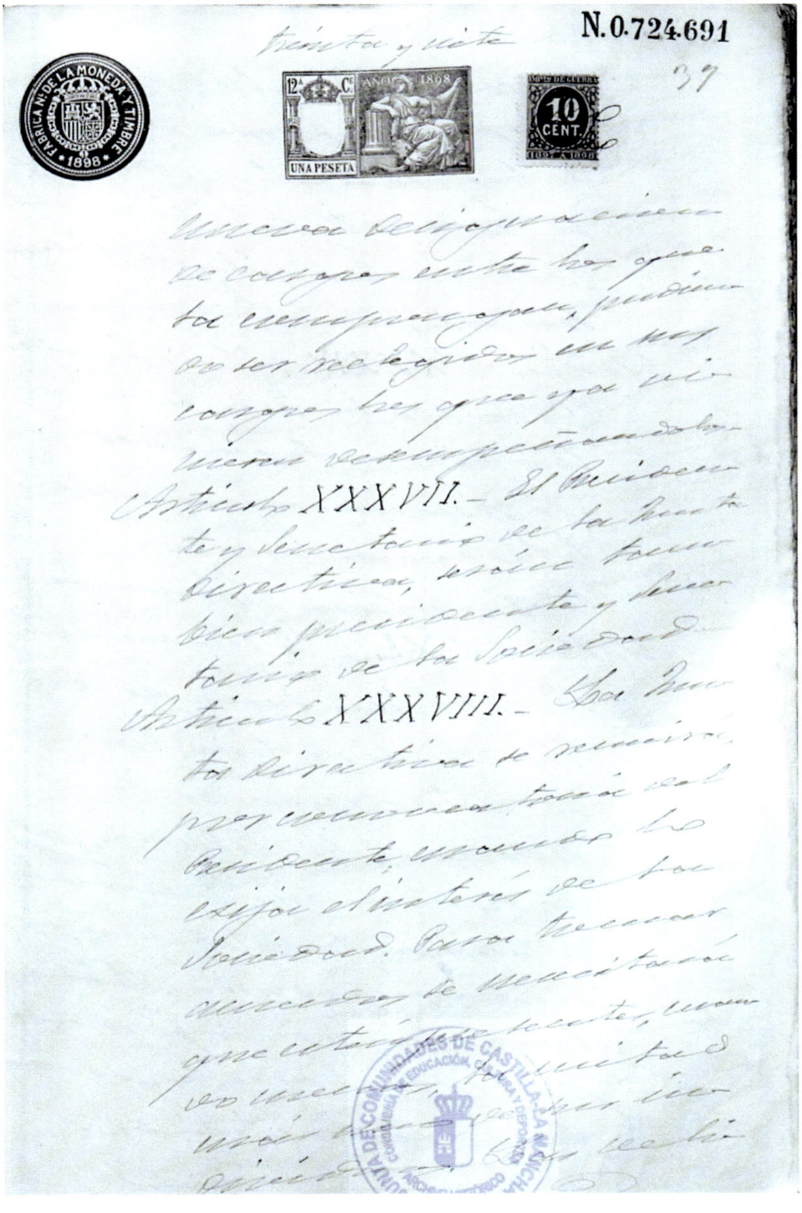

treinta y siete

N.0.724.691

37

12^A C^S ANO 1898

UNA PESETA

10 CENT.

1897 A 1898

FABRICA Nl. DE LA MONEDA Y TIMBRE 1898

Artículo XXXVII.-

Artículo XXXVIII.-

JUNTA DE COMUNIDADES DE CASTILLA-LA MANCHA

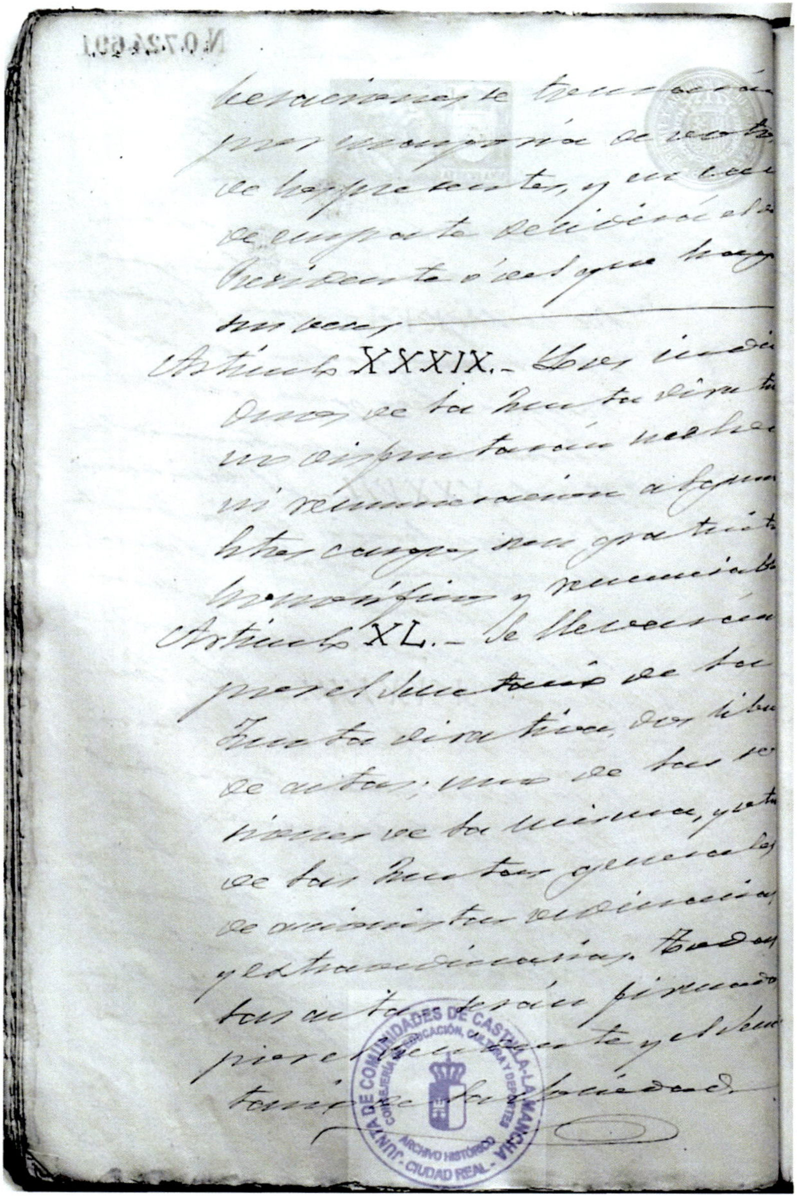

[illegible] de [illegible]
por mayoría de votos
de los presentes, y en caso
de empate decidirá el
Presidente o el que haga
sus veces.
Artículo XXXIX.- Los individuos de la Junta directiva
no disfrutarán [illegible]
ni remuneración alguna
estos cargos son gratuitos
honoríficos y renunciables.
Artículo XL.- Se llevarán
por el Secretario de la
Junta directiva, dos libros
de actas; uno de las se-
siones de la misma, y otro
de las Juntas generales,
ordinarias y
extraordinarias. Todas
las actas serán firmadas
por el Presidente y el Secretario [illegible]

JUNTA DE COMUNIDADES DE CASTILLA-LA MANCHA
CONSEJERÍA DE EDUCACIÓN, CULTURA Y DEPORTES
ARCHIVO HISTÓRICO
CIUDAD REAL

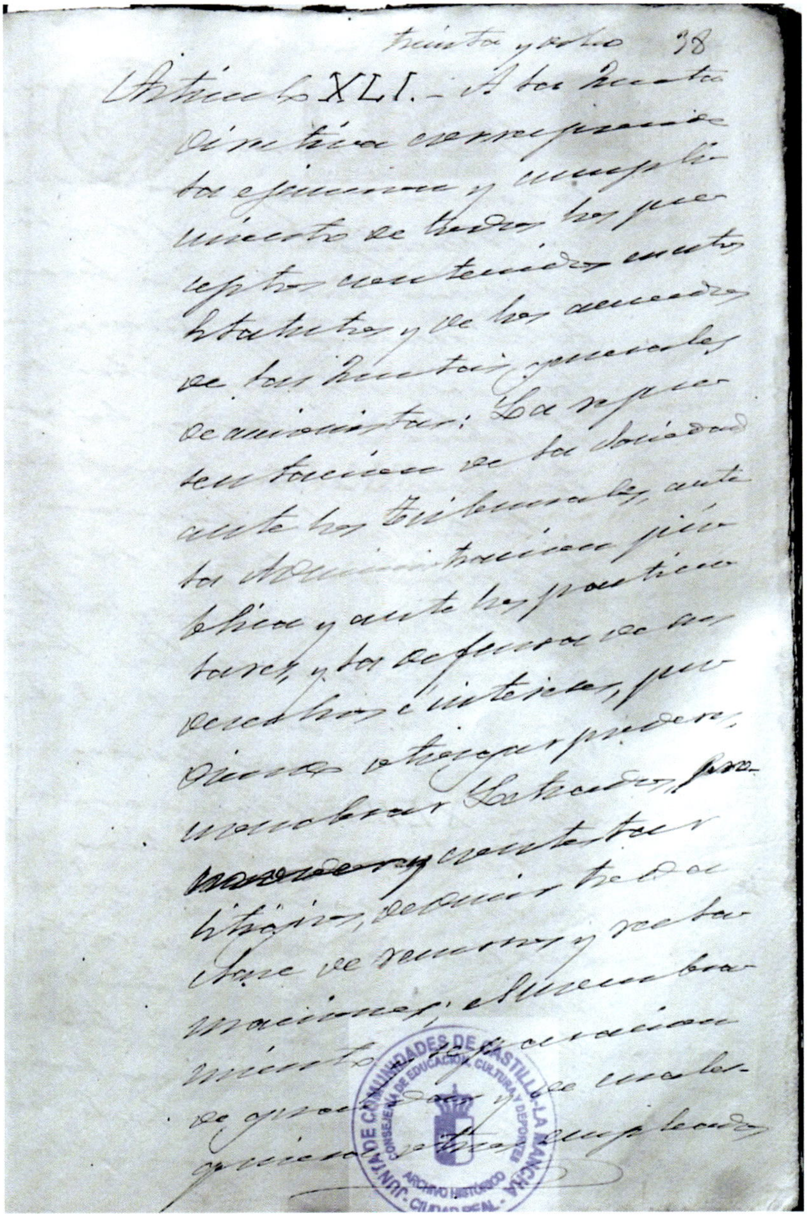
treinta y ocho 38

Artículo XLI.- A la Junta
directiva corresponde
la ejecución y cumpli-
miento de todos los pre-
ceptos contenidos en estos
Estatutos y de los acuerdos
de las Juntas generales
de administrar: La repre-
sentación de la Sociedad
ante los Tribunales, ante
la Administración pú-
blica y ante los particu-
lares, y la defensa de sus
derechos é intereses, pu-
diendo otorgar poderes,
nombrar Letrados, pro-
curadores y contratar
litigios, decidir toda
clase de recursos y de reclamaciones, el nombra-
miento y separación
de personal y de cuales-
quiera otros, empleando

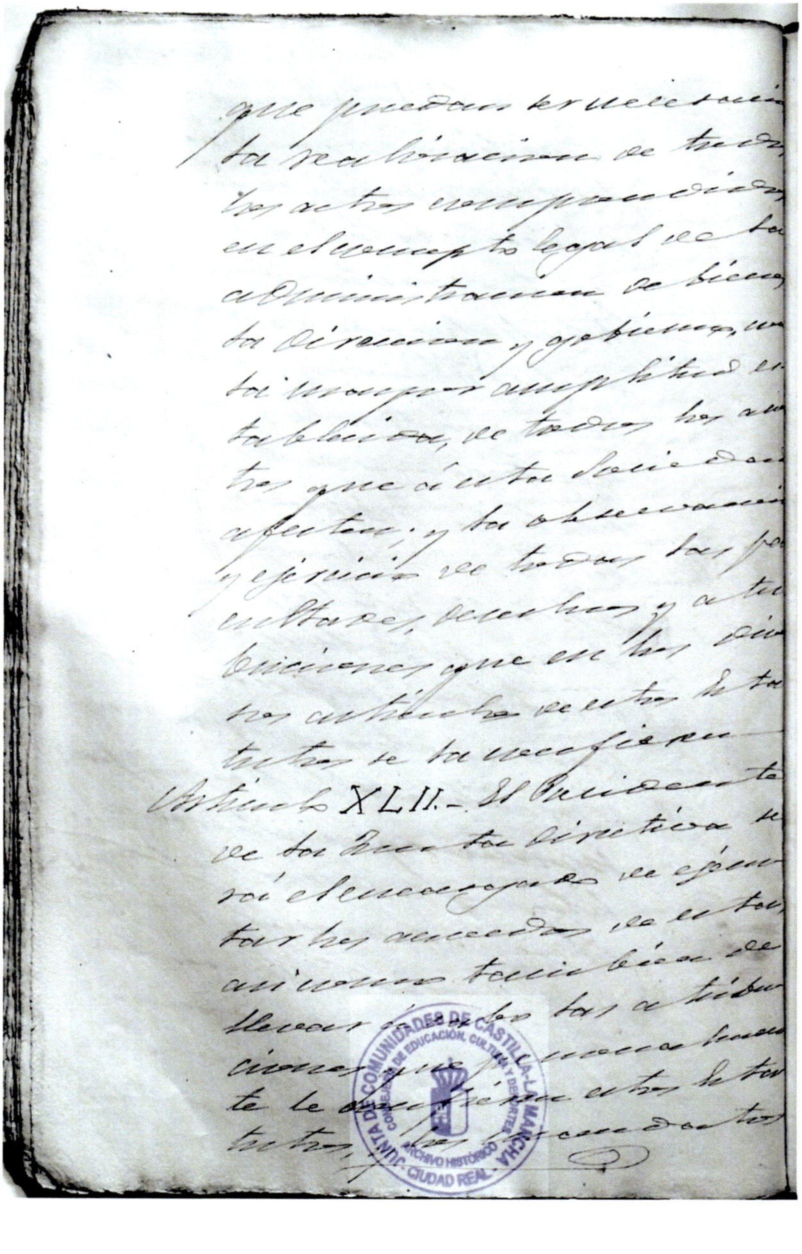

que puedan envolver... la realización de todos los actos comprendidos en el concepto legal de la administración de bienes, la dirección y gobierno, con la mayor amplitud establecida, de todas las cuentas que a esta Junta afectan, y la observancia y ejercicio de todas las facultades, derechos y atribuciones que en los distintos artículos de estos Estatutos se le confieren.

Artículo XLII.- El Presidente de la Junta directiva será el encargado de ejecutar los acuerdos de esta, así como también de llevar a cabo las atribuciones que particularmente le asignen estos Estatutos, los procedentes...

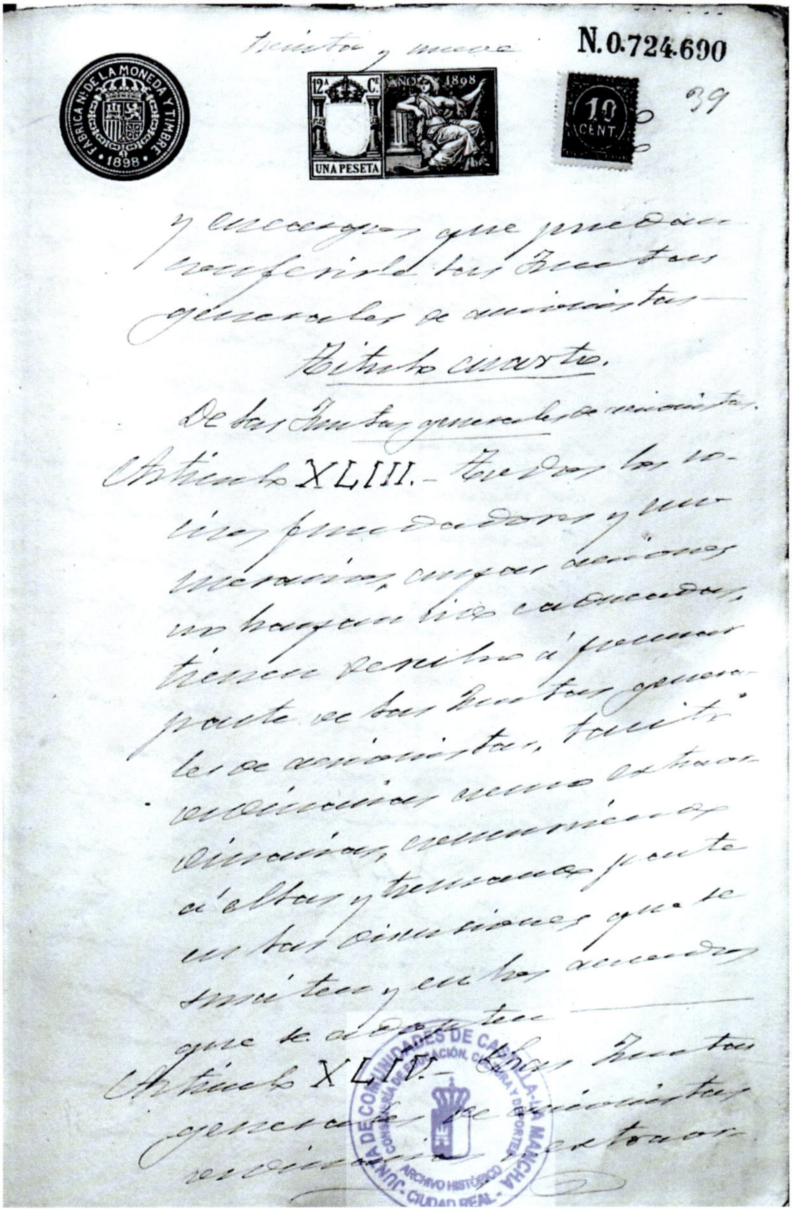

trescientos y nueve

N.0 724690

12A Cs AÑO 1898 UNA PESETA

10 CENT.

39

y encargos que puedan conferirle las Juntas generales de accionistas.

Título cuarto.

De las Juntas generales de accionistas.

Artículo XLIII.- Todos los socios fundadores y numerarios, cuyas acciones no hayan sido canceladas, tienen derecho á formar parte de las Juntas generales de accionistas, tanto ordinarias como extraordinarias, concurriendo á ellas y tomando parte en las discusiones que se susciten y en los acuerdos que se adopten.

Artículo XLIV.- Las Juntas generales de accionistas se celebrarán [illegible]

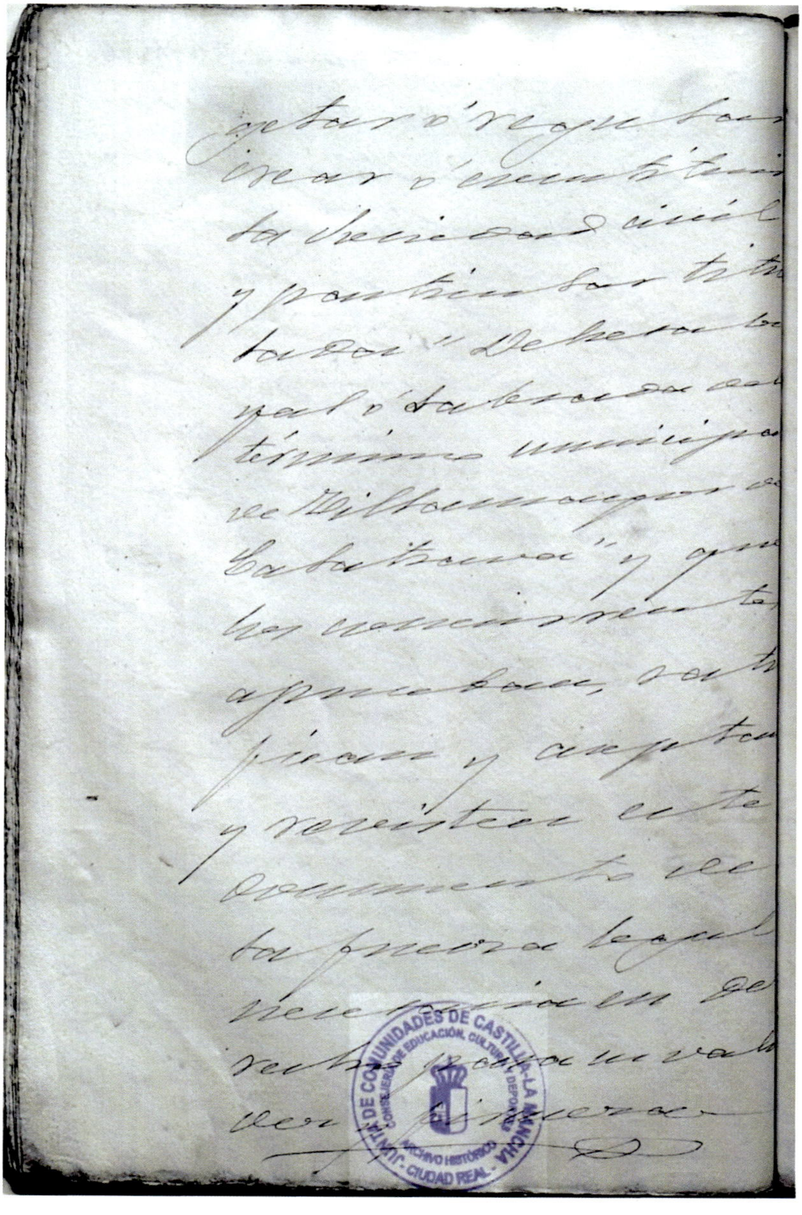
sujetar o reglamen
tar o ejecutar la
la Sociedad civil
y particular titu
lada "Dehesa bo
yal o Labrada del
término municipal
de Villamayor de
Calatrava" y que
[illegible]
aprobadas, ratifi
ficadas y aceptadas
y revisten este
documento de
la fuerza legal
necesaria en de
recho para su vali
dez y firmeza.

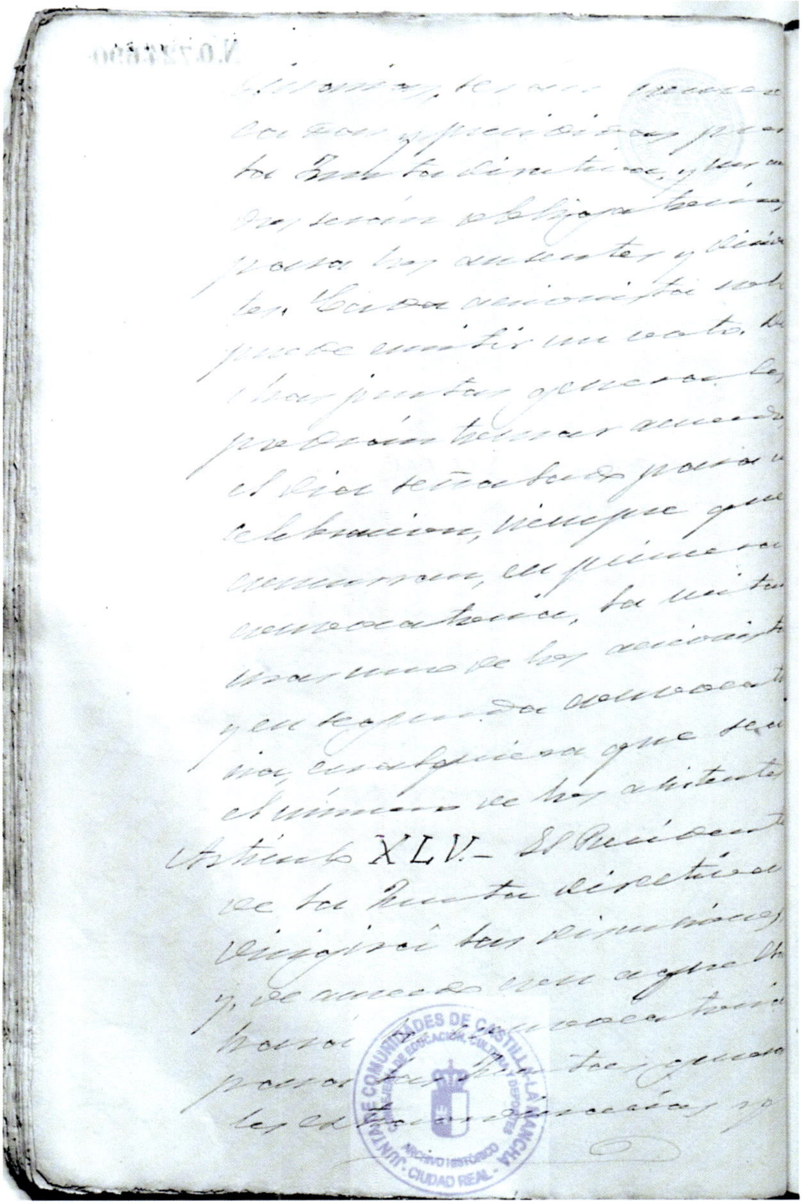
Artículo XLV.- El Presidente
de la Junta directiva
JUNTA DE COMUNIDADES DE CASTILLA-LA MANCHA
ARCHIVO HISTÓRICO
CIUDAD REAL

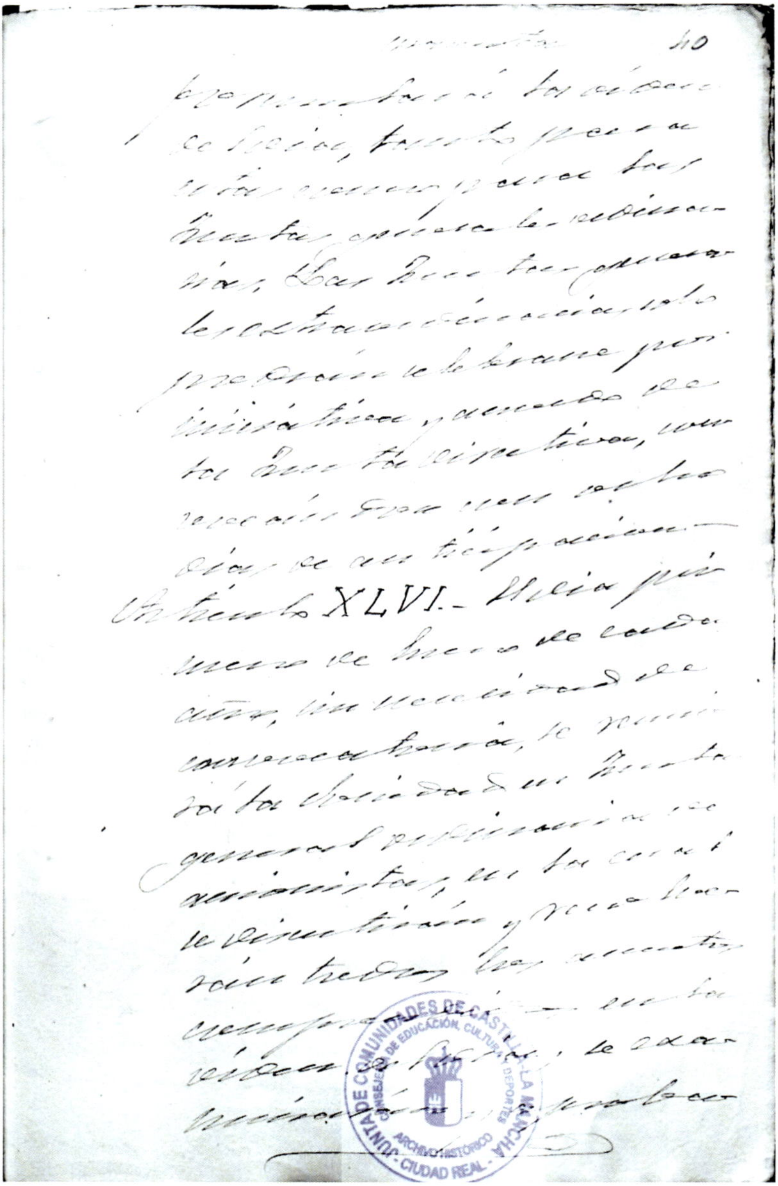
40

Artículo XLVI.-

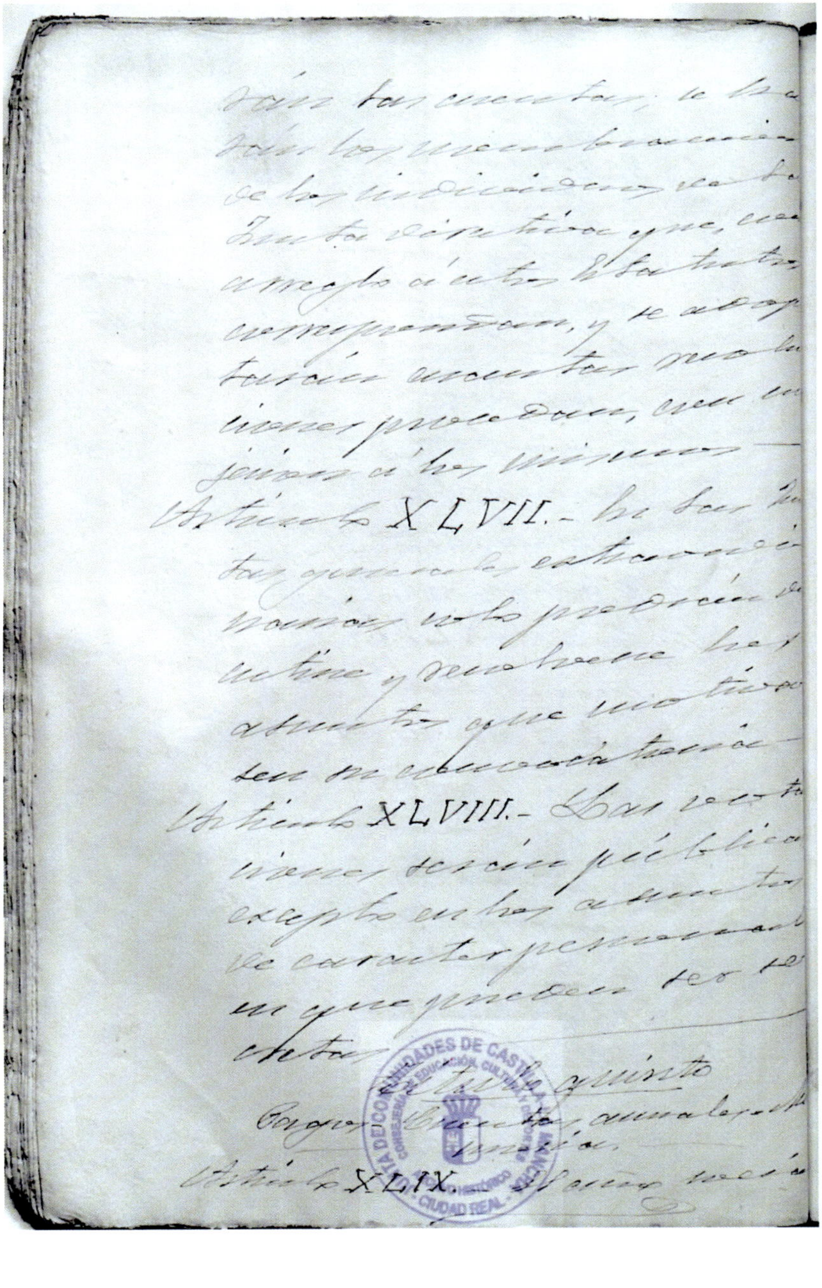
rán las cuentas, se la-
rán los nombramien-
de los individuos de la
Junta directiva que, con
arreglo á estos Estatutos
correspondan, y se adop-
rán ó acordarán las resoluciones procedentes, con su-
jecion á los mismos.—
Artículo XLVII.— En las Juntas generales extraordi-
narias solo podrán tra-
tarse y resolverse los
asuntos que motiva-
ron su convocatoria.
Artículo XLVIII.— Las votaciones serán públicas
excepto en los asuntos
de carácter personal
en que podrán ser se-
cretas.
Capítulo quinto
Cargas, cuentas, caudales de la
misma.
Artículo XLIX.— El año soci-

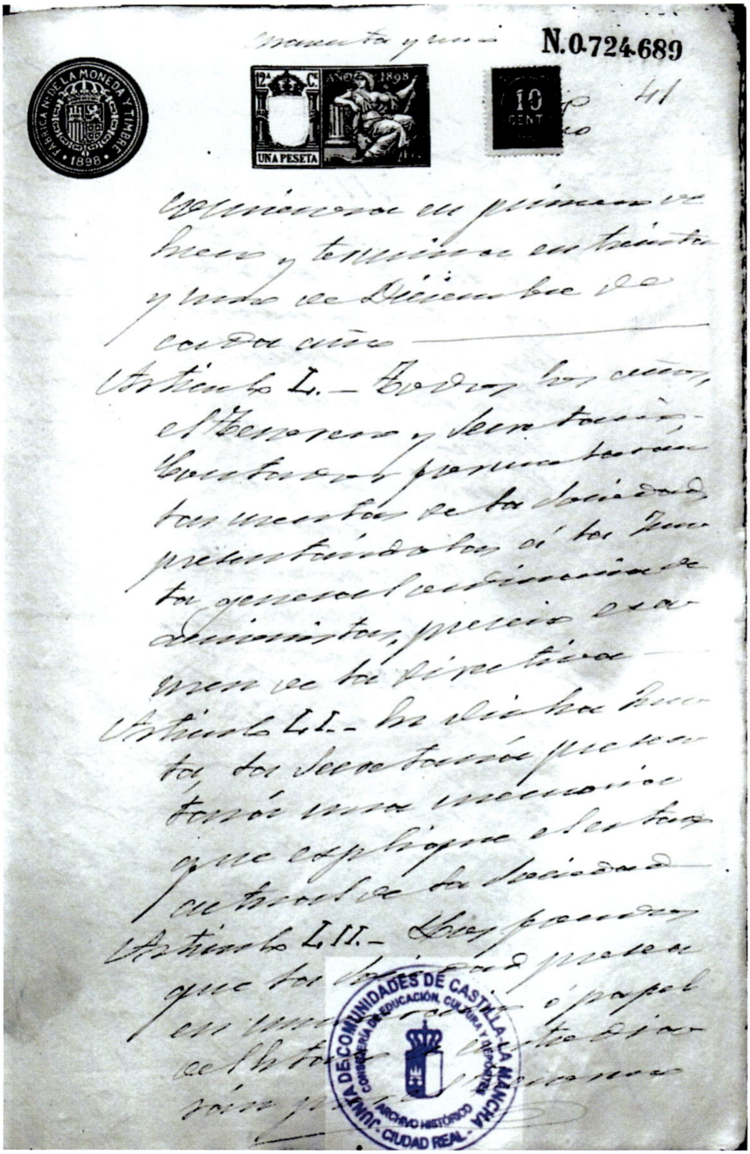
N.0.724.689

FABRICA Nª DE LA MONEDA Y TIMBRE 1898

12ª Cs AÑO 1898 UNA PESETA

10 CENT

comenzará en primero de
Enero y terminará en treinta
y uno de Diciembre de
cada año ——
Artículo L.- Todos los años,
el Tesorero y Secretario,
Contadores formarán
las cuentas de la Sociedad
presentándolas á la Jun-
ta general ordinaria de
Diciembre, previo exa-
men de la Directiva —
Artículo LI.- La dicha cuenta, la Secretaría presen-
tará una memoria
que explique el estado
[illegible] de la Sociedad
Artículo LII.- Los fondos
que la Sociedad posea
en [illegible] ó papel
[illegible]

JUNTA DE COMUNIDADES DE CASTILLA-LA MANCHA
CONSEJERÍA DE EDUCACIÓN, CULTURA Y DEPORTES
ARCHIVO HISTÓRICO
CIUDAD REAL

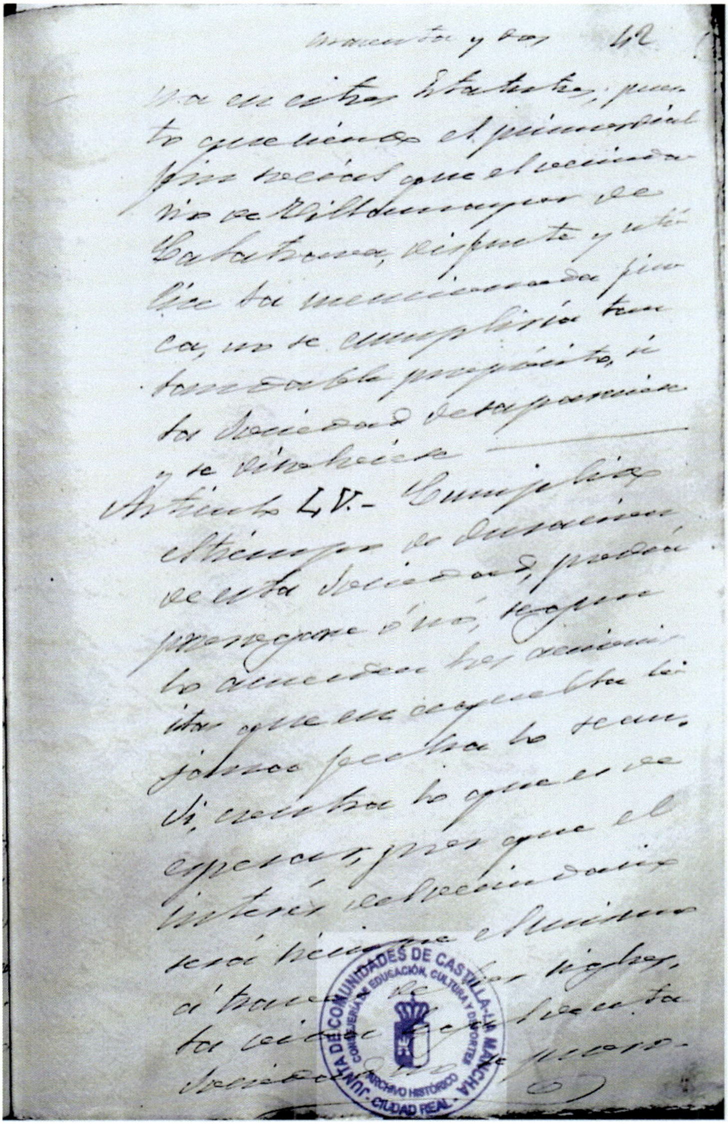
cuarenta y dos 42

ría en estos Estatutos; puesto que siendo el primordial
fin social que el vecindario de Villamayor de
Calatrava, disfrute y utilice la mencionada pú-
blica, no se cumpliría tan
laudable propósito, si
la Sociedad desapareciera
y se disolviese
Artículo LV.- Cumplido
el tiempo de duración
de esta Sociedad, podrá
prorrogarse ó no, según
lo acuerden los accioni-
stas que en aquella [illegible]
[illegible] lo sean,
[illegible] lo que es de
esperar, por que el
interés del vecindario
será siempre el mismo
[illegible]
[illegible]
[illegible]

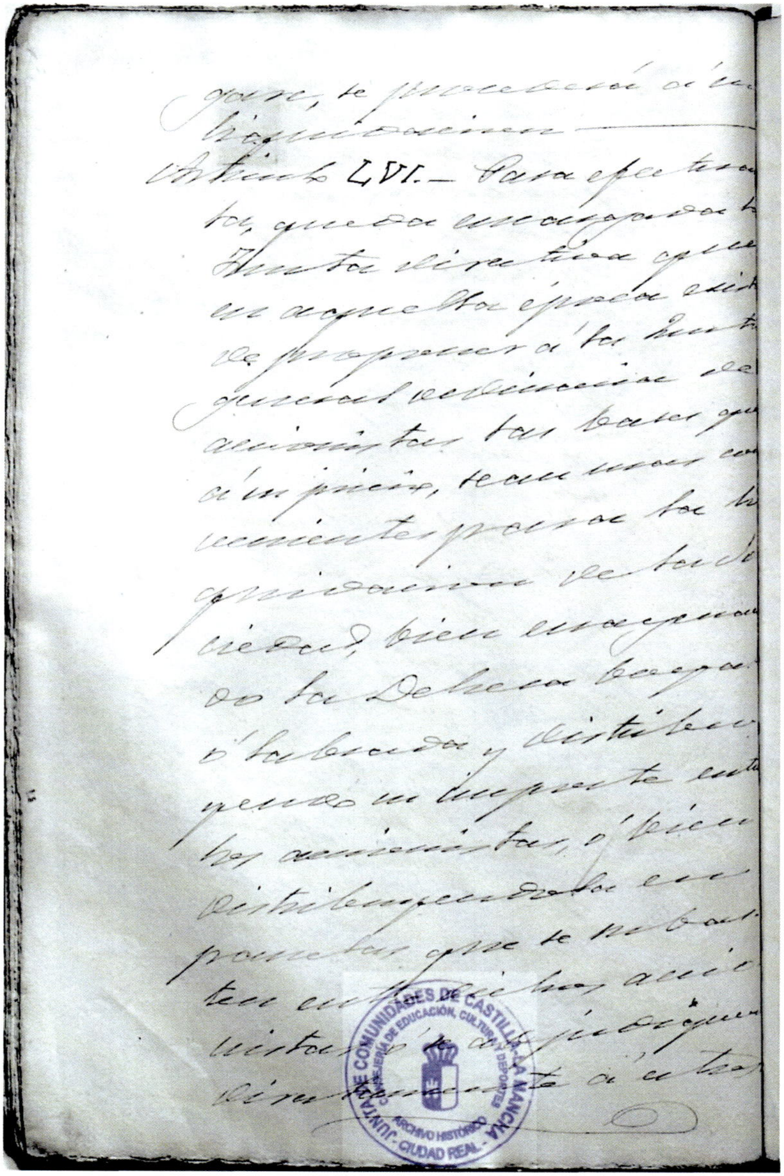

que, se procederá á su
liquidacion ——
Artículo LVI.— Para efectuarla, queda encargada la
Junta directiva que
en aquella época exista
de proponer á la Junta
general ordinaria de
accionistas las bases que
á su juicio, sean mas convenientes para la li-
quidacion de la so-
ciedad, bien enajenan-
do la Dehesa boyal
ó labrada y distribu-
yendo su importe entre
los accionistas, ó bien
distribuyendola en
porciones que se rebar-
ten entre dichos accio-
nistas á [illegible]
[illegible] á [illegible]

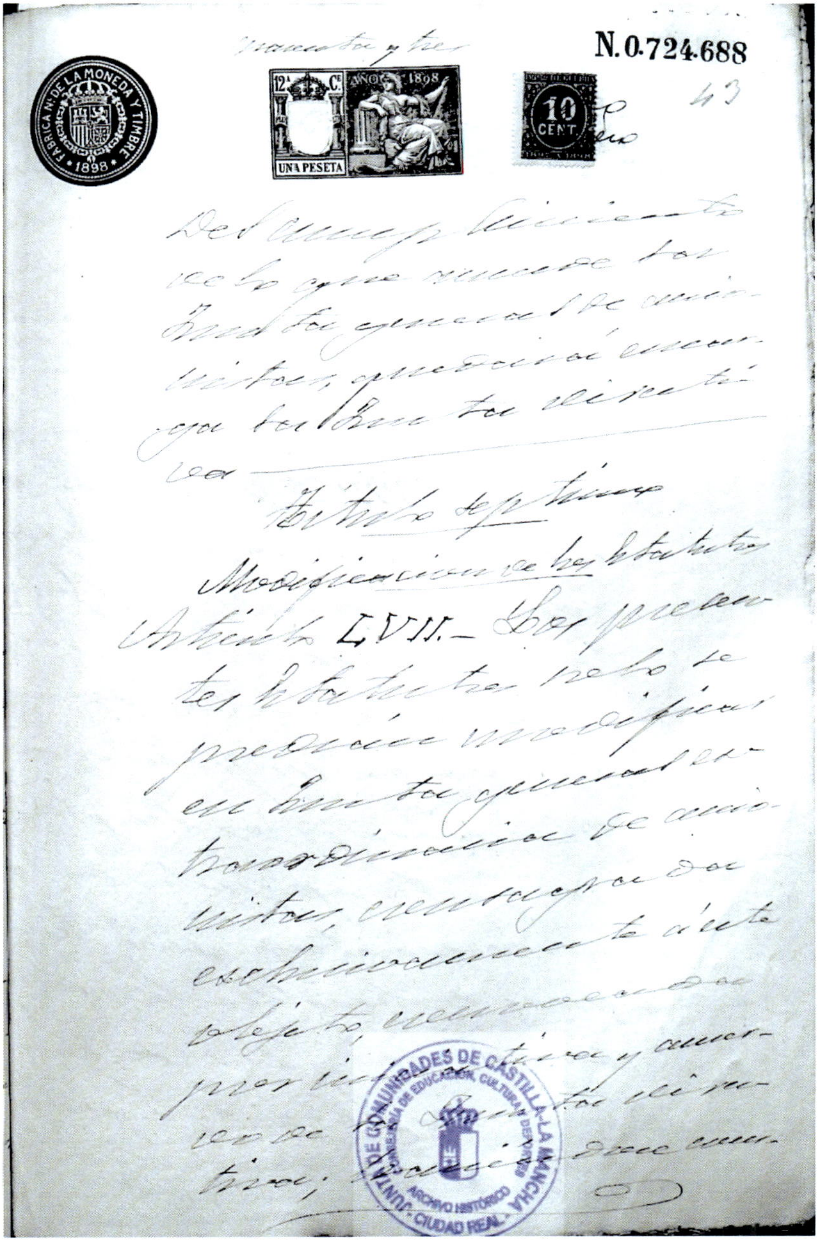
cuarenta y tres
N. 0.724.688
FABRICA Nl. DE LA MONEDA Y TIMBRE
1898
12A Cs
AÑO 1898
UNA PESETA
10 CENT.
43
Del cumplimiento de lo que acuerde la Junta general de accionistas, quedará encargada la Junta directiva
Título séptimo
Modificación de los Estatutos
Artículo LVII.- Los presentes Estatutos solo se podrán modificar en Junta general extraordinaria de accionistas, convocada expresamente a este efecto, [illegible] por iniciativa y acuerdo de la Junta directiva, [illegible]
JUNTA DE COMUNIDADES DE CASTILLA-LA MANCHA
CONSEJERÍA DE EDUCACIÓN, CULTURA Y DEPORTES
ARCHIVO HISTÓRICO
CIUDAD REAL

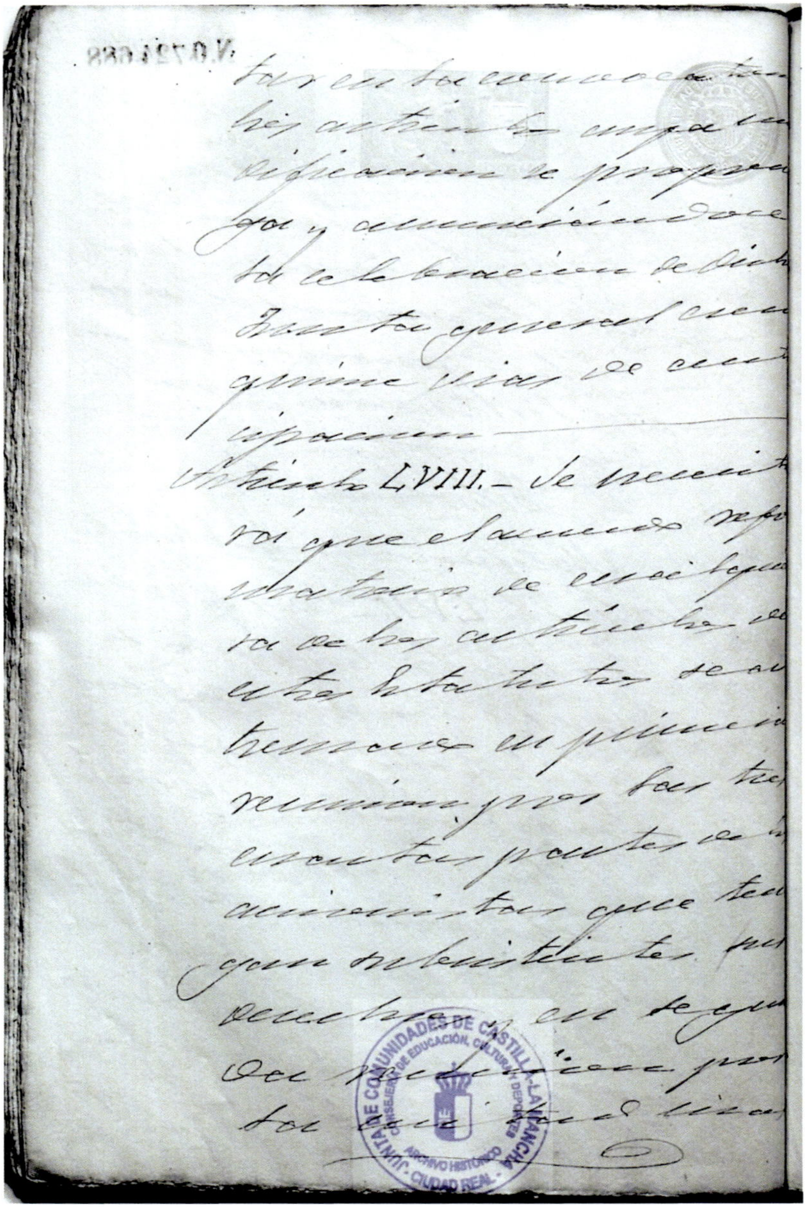

tar en la convocatoria

les actuales ... ninguna mo-

dificación se propon-

ga y anunciándose

ta de celebración de dicha

Junta general con

quince días de anti-

cipación

Artículo LVIII.- Se necesita-

rá que el acuerdo refor-

matorio de cualquie-

ra de los artículos de

estos Estatutos se ob-

tenga en primera

reunión por las ter-

ceras partes de los

accionistas que ten-

gan existentes

derechos en

de

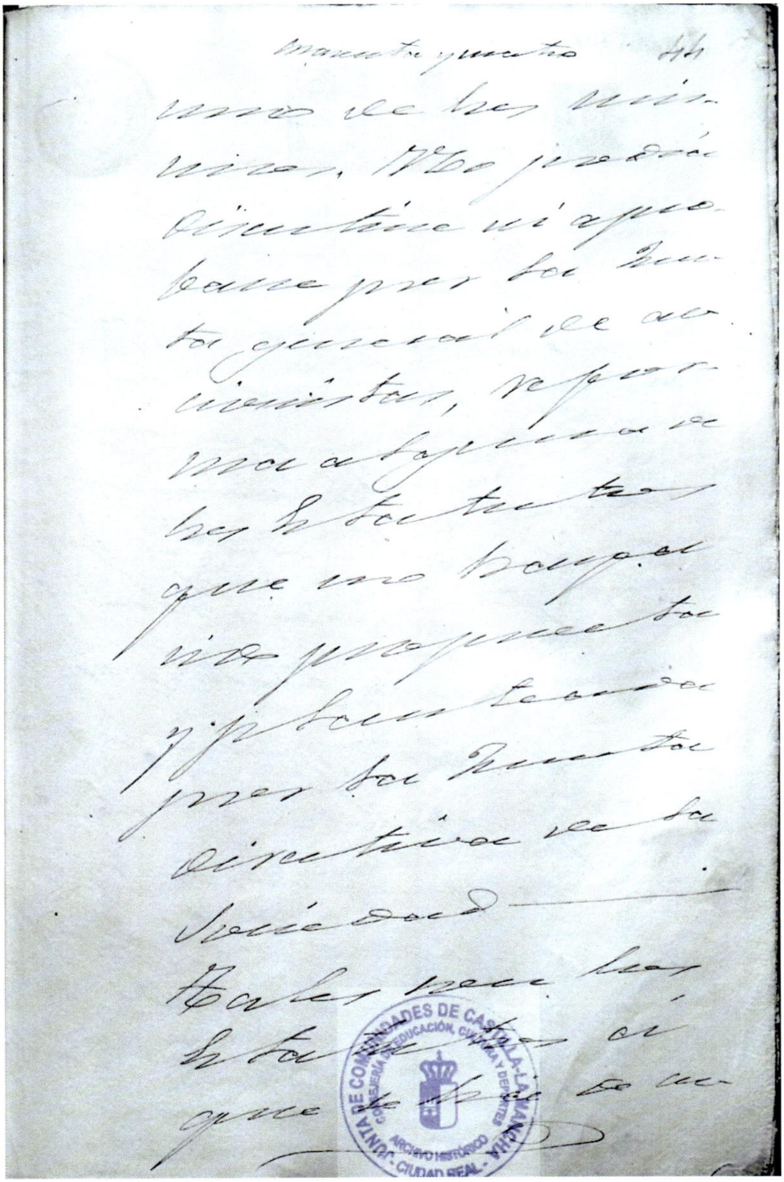
JUNTA DE COMUNIDADES DE CASTILLA-LA MANCHA
CONSEJERÍA DE EDUCACIÓN, CULTURA Y DEPORTES
ARCHIVO HISTÓRICO
CIUDAD REAL

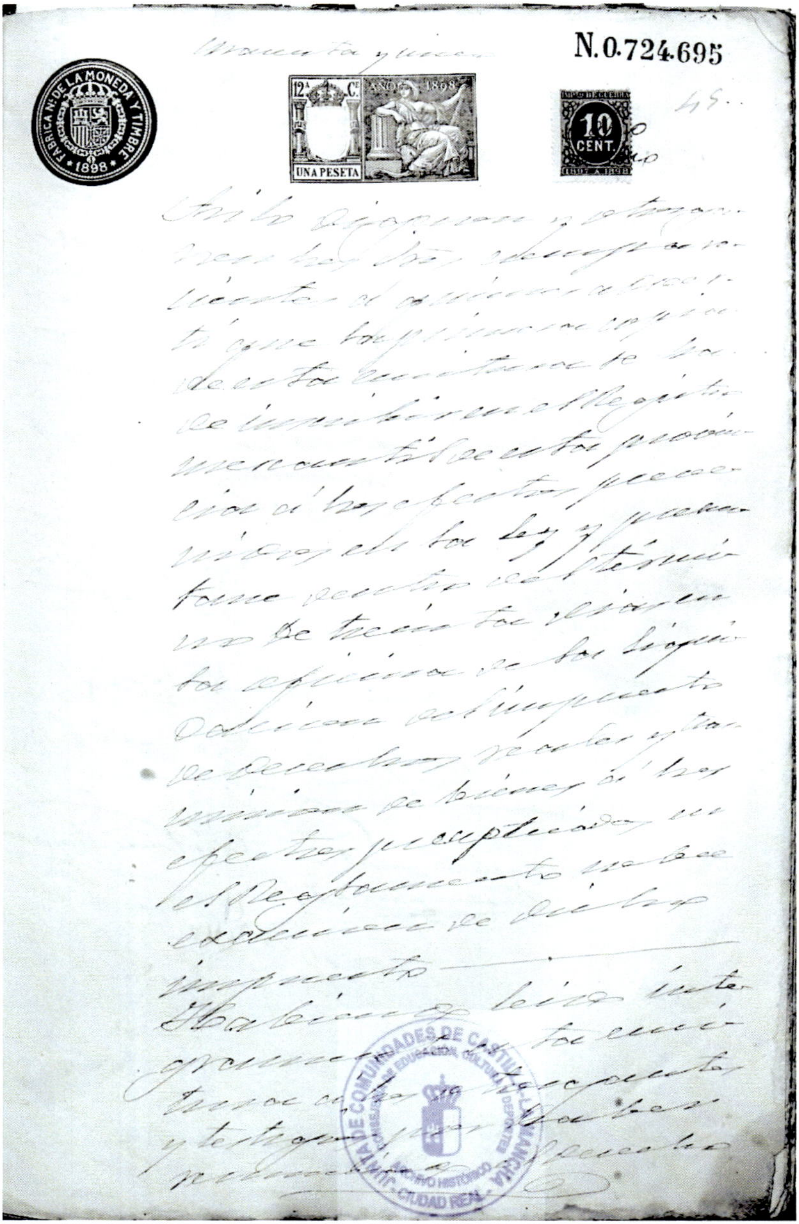
N.0.724.695
FABRICA Nl. DE LA MONEDA Y TIMBRE
1898
12A Cs
AÑO 1898
UNA PESETA
10 CENT.
1897 A 1898
JUNTA DE COMUNIDADES DE CASTILLA-LA MANCHA
ARCHIVO HISTÓRICO
CIUDAD REAL

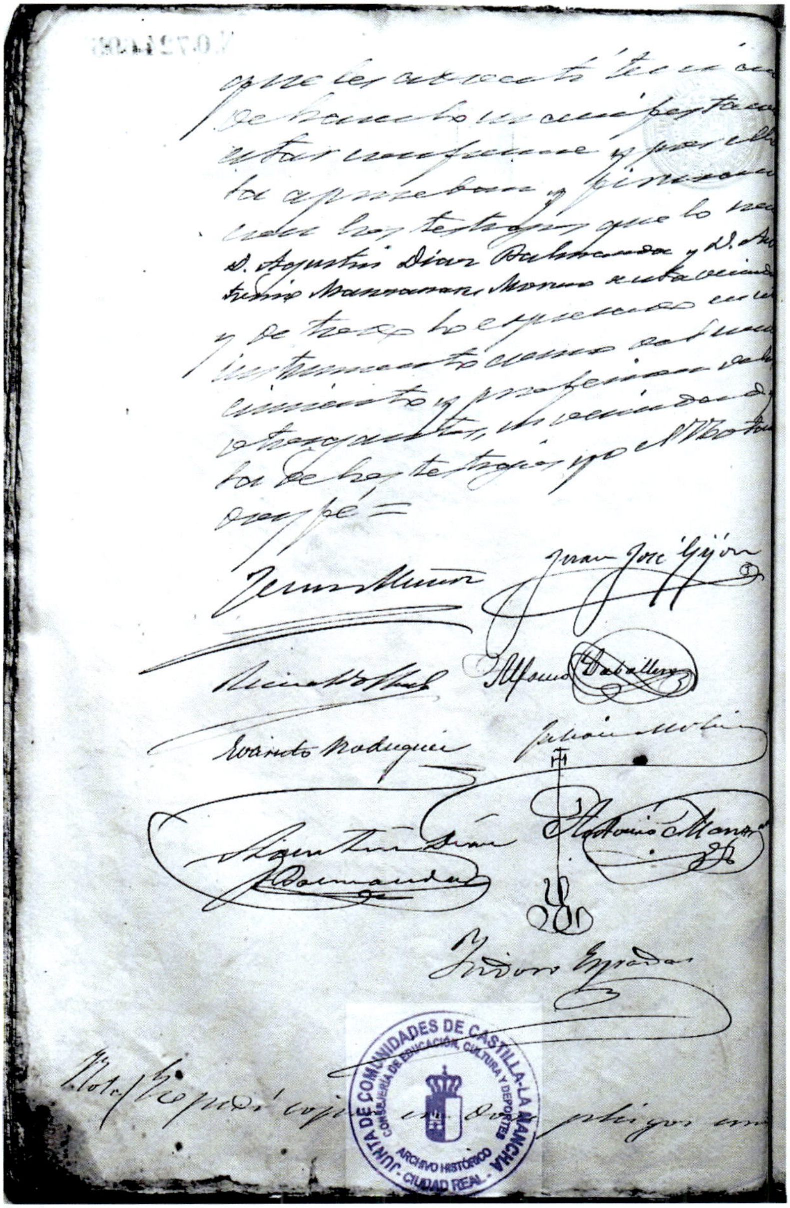
JUNTA DE COMUNIDADES DE CASTILLA-LA MANCHA
CONSEJERÍA DE EDUCACIÓN, CULTURA Y DEPORTES
ARCHIVO HISTÓRICO
CIUDAD REAL

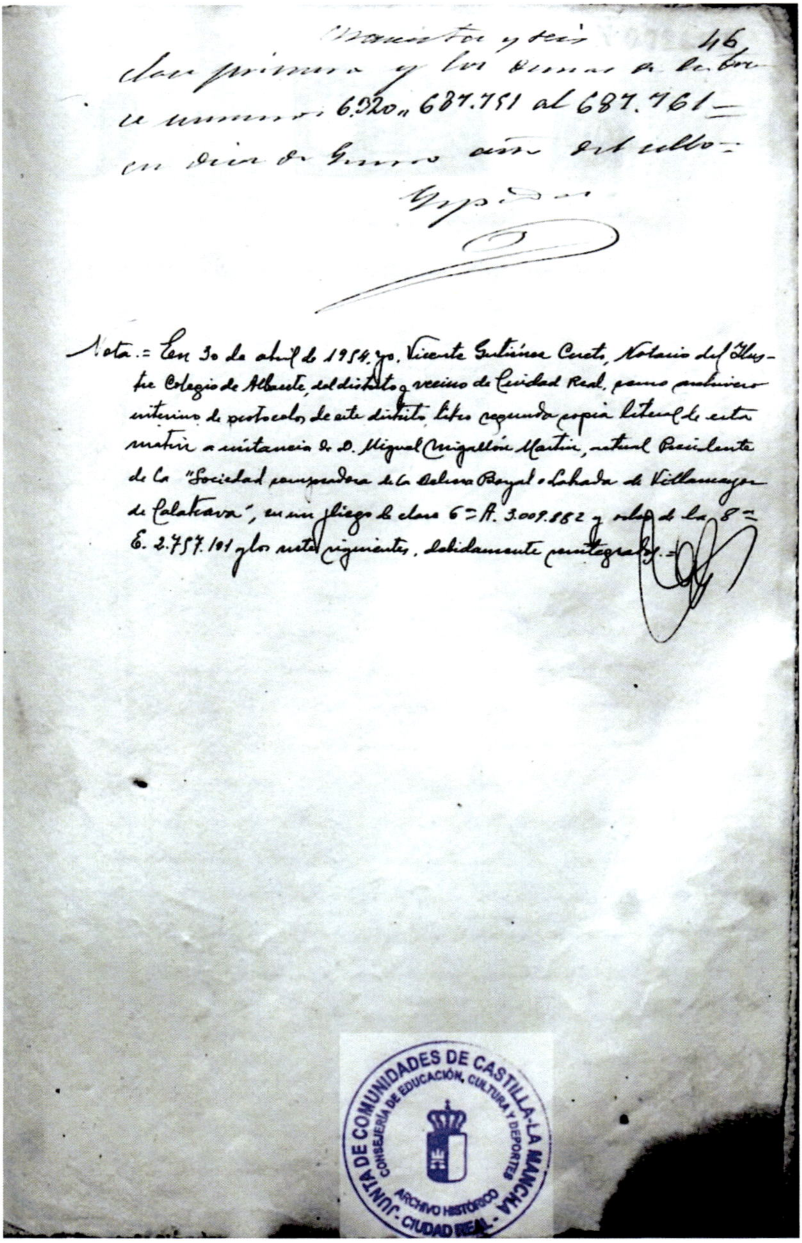

novecientos y seis 46
clase primera y los demás de la ...
de números 6.320 „ 687.751 al 687.761 =
en diez de Enero año del sello =
Expido

Nota.= En 30 de abril de 1954, yo, Vicente Gutiérrez Cerezo, Notario del Ilustre Colegio de Albacete, del distrito y vecino de Ciudad Real, como archivero interino de protocolos de este distrito, libro segunda copia literal de esta matriz a instancia de D. Miguel Cuigallón Martín, actual Presidente de la "Sociedad compradora de la Dehesa Boyal o Labrada de Villamayor de Calatrava", en un pliego de clase 6ª A. 3.009.882 y otro de la 8ª E. 2.757.101 y los siete siguientes, debidamente reintegrados.=

TRANSCRIPCIÓN

Número ocho

En Ciudad Real, a ocho de enero de mil ochocientos noventa y ocho, ante mí, D. Isidoro Espadas, Notario Público del Colegio del territorio de Albacete y del distrito de esta capital, mi vecindad, presentes los testigos que después se dirán, comparecen los señores: D. Jesús Muñoz Carrión, de cuarenta y nueve años de edad, casado, contador de fondos provinciales y vecino de esta capital, con cédula personal de séptima clase, expedida el nueve de noviembre último, con el número novecientos.

D. Juan José Gijón y García, de cuarenta y cuatro años, de edad, viudo, propietario, con cédula personal de octava clase, expedida en quince de dicho mes, con el número doscientos veinte y uno.

D. Evaristo Rodríguez y Sánchez, de cuarenta y uno años de edad, casado, propietario, con cédula personal de novena clase, expedida dicho día, con el número cuatrocientos ochenta y cinco.

Don Julián Molina y González, de cincuenta y dos años de edad, casado, secretario de Ayuntamiento, con cédula personal de sexta clase, expedida en referido día, con el número trescientos setenta y tres.

Don Reinaldo Úbeda y Cárdenas, de treinta y tres años de edad, casado, propietario, con cédula personal de quinta clase, expedida en citado día con el número quinientos treinta y tres.

Y don Alfonso Caballero y López, de cincuenta y cuatro años de edad, casado, comerciante, con cédula personal de novena clase, expedida en referido día, con el número setenta y tres; los cinco últimos vecinos de Villamayor de Calatrava; asegurando todos los comparecientes hallarse en pleno goce y usos de sus derechos civiles, y teniendo, a mi juicio, la capacidad legal necesaria para formalizar la presente escritura de fundación y constitución de una sociedad civil y particular, manifiestan:

Que habiéndose vendido recientemente por el Estado, en pública licitación, la finca mencionada *Dehesa Boyal o Labrada* de Villamayor de Calatrava, de cuya población son o han sido vecinos los otorgantes, y

siendo de grandísimo interés para todos sus convecinos poseer en pleno dominio y disfrutar la mencionada *Dehesa Boyal o Labrada*, sin la cual sería muy difícil y precaria, cuando no imposible, la vida de aquel vecindario, dedicado en su mayor parte a la agricultura y ganadería, han resuelto y decidido fundar y constituir una sociedad de carácter civil y particular, con el objetivo de adquirir la referida *Dehesa Boyal o Labrada*, comprándosela a la persona que la hubiera rematado en la subasta ya efectuada, para que sea poseída y disfrutada por todos los accionistas de la indicada sociedad que podían serlo todos los vecinos y domiciliados en el pueblo de Villamayor de Calatrava; con lo cual entienden prestar un inmenso servicio al vecindario, contribuyendo, poderosamente, a su bienestar.
Y llevándolo a efecto en la vía y forma que más haya lugar en derecho; de su libre y espontánea voluntad, formulan y establecen los siguientes

Estatutos

TÍTULO PRIMERO
FORMACIÓN Y OBJETO DE LA SOCIEDAD-DENOMINACIÓN-DURACIÓN-DOMICILIO

Artículo 1. Los referidos comparecientes fundan y constituyen, por virtud de estos estatutos, una sociedad de carácter civil y particular, con estricta sujeción a las prescripciones que a continuación se expresaran.
Artículo 2. Esta Sociedad tendrá por objeto:
Primero: Adquirir la finca denominada *"Dehesa Boyal o Labrada de Villamayor de Calatrava"* de la persona o personas a quienes actualmente pertenezca, bien fueren las que la hubieren rematado en la subasta pública, que recientemente se efectuó, u otros cualquiera a quienes los rematantes la hubieran transmitido; verificando esa adquisición por compra o cesión, según se considere más oportuno o procedente.
Segundo. Una vez adquirida por esta Sociedad la mencionada finca, disfrutarla y utilizarla en la forma y de la manera que se estime más conveniente por todos los que sean accionistas de la misma; y

Tercero. Arbitrar inmediatamente, realizando operaciones de préstamos con garantías de la citada finca titulada *Dehesa Boyal o Labrada*, los fondos y recursos que puedan ser necesarios para su adquisición, conservación y explotación.

Artículo 3. Esta sociedad se titulará y denominará *"Sociedad Compradora de la Dehesa Boyal o Labrada de Villamayor de Calatrava"*.

Artículo 4. La duración de esta Sociedad será de noventa años a partir del día de hoy, pero podrá prorrogarse su vida y duración por acuerdo de la Junta General de accionistas siempre que lo adopten, por lo menos, las tres cuartas partes del número de accionistas que estén en explotación.

Artículo 5. El domicilio social se establece y fija en la población de Villamayor de Calatrava, sin que, en ningún tiempo, ni por ninguna circunstancia, pueda trasladarse a otro punto.

Artículo 6. Para que tenga debido y rápido cumplimiento el primer objeto social, o sea, la adquisición de la referida finca "Dehesa Boyal o Labrada de Villamayor de Calatrava", queda facultada y autorizada la primera Junta Directiva que se constituya con arreglo a las prescripciones de estos Estatutos, sin necesidad de convocar para ello Junta General de accionistas, para celebrar con el actual dueño y poseedor de dicha finca el contrato de cesión o compra que se considere necesario, y para otorgar la oportuna escritura de adquisición, con tal de que el precio no exceda de sesenta mil pts. y figuren los seis comparecientes, que son los que forman dicha primera Junta Directiva, como representantes de la sociedad.

Artículo 7. Para que pueda llevarse a cabo, sin dilación alguna, la adquisición de la expresada finca, no esperando para efectuarla a que se recaude de los accionistas el importe de las acciones que inscriban, y de acuerdo con el tercero de los objetos o fines esenciales, se autoriza también a la primera Junta Directiva que, con arreglo a los perceptos de estos Estatutos se constituye, para que puedan tomar a préstamo de la persona que considere más a propósito, las cantidades que sean necesarias para pagar el precio de la Dehesa Boyal o Labrada referida, estipulando, al efecto, los intereses y demás condiciones mediante las cuales haya de realizarse dicho préstamo, y pudiendo dar, si fuera preciso, en garantía del mismo, la indicada Dehesa Boyal o Labrada; para todo lo cual podrá la primera Junta Directiva facultar a su presidente o hacerlo por si ella misma.

Artículo 8. Para que tenga exacto y debido cumplimiento el segundo objeto social, o sea, el disfrute y utilización por todos los accionistas de la Dehesa Boyal o Labrada mencionada, se declara y establece que esta finca no podrá ser enajenada por la Sociedad, no podrá enajenarse ni venderse en todo ni en parte sin autorización expresa de la Junta General [por tres cuartas partes de votos] quedando íntegramente como propiedad de los mismos; y se autorice y faculte a la primera Junta Directiva que se celebre en el tiempo exigido con arreglo a lo prescrito en estos Estatutos para que determine la forma y manera en que tengan de ser disfrutada y utilizada por todos y cada uno de los accionistas, cuyos acuerdos y resoluciones se mantendrán y serán acatados y respetados por todos, hasta tanto que se verifique la primera Junta General ordinaria de accionistas, en la cual podrán modificarse o rectificarse los acuerdos adoptados sobre este uso tomados por la primera Junta Directiva que se constituya.

TÍTULO SEGUNDO
DE LOS SOCIOS-ACCIONES-CAPITAL SOCIAL

Artículo 9. Los socios serán fundadores o numerarios. Se consideran socios fundadores a los que han constituido esta sociedad, figurando como otorgantes de la presente escritura. Serán considerados socios numerarios todos los que se inscriban desde la fundación de la sociedad en adelante, siempre que reúnan las condiciones y circunstancias marcadas en estos estatutos.

Artículo 10. Los socios fundadores y numerarios tendrán los mismos derechos y obligaciones, sin que, mientras dure esta sociedad, puedan otorgarse ventajas, privilegios, ni responsabilidades a los de una clase en perjuicio de los de otra.

Artículo 11. Tienen derecho ingresar como socios numerarios de esta sociedad, los siguientes:

Primero. Todos los que figuren comprendidos como vecinos en el padrón oficial de la villa de Villamayor de Calatrava, y cualquiera sea la antigüedad de su vecindad.
Segundo. Todos aquellos [que] actualmente figuren como domiciliados en la expresada villa, entendiéndose por tales los que lo sean con arreglo a la definición que la ley menciona por tal de los que acaban llamándose domiciliados.
Tercero. Todos aquellos que en lo sucesivo y mientras dure esta vecindad adquieran la condición de vecinos o de domiciliados, inscribiéndose con uno u otro carácter en el padrón municipal correspondiente.
Cuarto. Los que hayan nacido en la villa de Villamayor de Calatrava y sido vecino o domiciliado en la misma por espacio de veinte años, pudiendo acreditarse [de forma] precisa este concepto la condición de vecino...la de domiciliado, aun cuando en la actualidad sean vecinos de otra población.
Artículo 12. Tan luego como esta Sociedad quede constituida, su primera Junta Directiva hará pública su constitución por los medios que considere oportunos, a fin de que llegue a noticia de todo el vecindario, haciéndose saber que queda abierta en la secretaría de dicha Junta Directiva la inscripción como socios o accionistas numerarios para que los vecinos o domiciliados que quieran hacerlo, puedan inscribirse con aquel carácter.
Artículo 13. No será obligatoria la inscripción como socios en esta Sociedad, pero ningún vecino o domiciliado que no pertenezca a ella tendrá derecho a disfrutar, bajo ningún concepto, la Dehesa Boyal o Labrada referida.
Artículo 14. La admisión de socios numerarios será permanente, puesto que en todo tiempo irán adquiriendo nuevas personalidades la condición de vecinos y domiciliados, que es requisito indispensables para pertenecer a la sociedad.
Artículo 15. La condición de socio fundador o numerario es personalísima y se extingue cuando fallece el que la posee, cuando traslade su vecindad en otro puesto o cuando voluntariamente se dé de baja en el número de socios de esta Sociedad. Por ....sin embargo en otro puesto, aquellos que hubieran entrado a primeros puestos de esta sociedad según lo establecido en el caso concreto del articulo once de estos Estatutos, o sea

por no haber nacido en Villamayor de Calatrava y sido, en épocas anteriores, vecino o domiciliado por espacio de veinte años

Artículo 16. Por consecuencia de lo establecido en el artículo anterior, los derechos de socios, tanto sobre la finca, cuya adquisición y disfrute se procura, como cualquier otro punto de vista o aspecto que se considere, han de ejercitarse por las mismas personas a quienes correspondan no pudiendo ser objeto de contratación, de cederse, arrendarse ni transmitirse por ningún título, ni aún por el de herencia, puesto que mueren con el mismo individuo a quien pertenecen.

Artículo 17. Cuando fallezca un socio fundador o numerario, pierda su domicilio o vecindad, o se dé voluntariamente de baja, la Junta Directiva de esta Sociedad lo eliminará inmediatamente de la misma lista de socios o accionistas, declarando caduca y extinguida su acción.

Artículo 18. Ningún socio fundador o numerario podrá poseer más de una acción

Artículo 19. La primera Junta Directiva de esta sociedad procurará tener, tan luego como entre en funciones, una copia autorizada del actual padrón del vecindario de Villamayor de Calatrava, el cual le servirá de dato auténtico para admitir o denegar las solicitudes de inscripción como socios ante ella se formulen.

Artículo 20. Todos los años y en época oportuna, la Junta Directiva de esta Sociedad obtendrá y tendrá a la vista, para decidir sobre la admisión de nuevos socios y sobre la eliminación de los antiguos que hubiesen perdido su derecho, el padrón de vecinos del año entonces corriente.

Artículo 21. Para solicitar la inscripción como socio bastará dirigirse al señor presidente de la Junta Directiva de esta Sociedad. Los que pretendan su inscripción conforme a lo establecido en el número cuatro del articulo once de estos Estatutos acreditando que reúne las condiciones allí establecidas.

Artículo 22. El capital social se fija por ahora en sesenta y dos mil quinientas pesetas, divididas en quinientas acciones de ciento veinte y cinco cada una.

__Artículo 23__. Estas quinientas acciones se emitirán cuando lo acuerde la primera Junta Directiva de esta Sociedad y las sucesivas, las cuales quedan facultadas para ir verificando la emisión conforme lo vayan exigiendo las solicitudes de inscripción como socios que se formulen.
__Artículo 24__. Las acciones serán nominativas, estarán numeradas y se consignará en ellas que son intransferibles e inalienables, estando firmadas por el presidente y el secretario de la Junta Directiva. Dicho secretario, llevará un registro de las acciones que se emitan y se entreguen, en el cual existe el número de cada una de ellas y la persona a quien pertenezca, haciéndose constar también en ese registro las que se vayan declarando caducadas.
__Artículo 25__. Se fija el capital social en quinientas acciones por ser este el número aproximado de los que, actualmente, pueden tener derecho a figurar como socios de esta Sociedad, pero como quiera que el vecindario puede aumentarse y ser insuficientes las expresadas quinientas acciones, se estatuye que dicho capital social pueda aumentarse cuando sea necesario con el fin de que ningún vecino o domiciliado de Villamayor pueda quedar privado, en tiempo alguno, del derecho de pertenecer a esta Sociedad y de participar del disfrute de la Dehesa Boyal o Labrada.
__Artículo 26__. Corresponde acordar el aumento de capital social a la Junta General de accionistas, siempre que el acuerdo se adopte por mayoría de los que a ella concurren. Pero si durante el año, porque creciese mucho la población, se consideraste necesario aumentar el capital social, podrá acordarse así por la Junta Directiva, sin perjuicio de dar cuenta de ello en la primera Junta General ordinaria de accionistas que se celebre.
__Artículo 27__. La Junta Directiva de la sociedad acordará libremente, cuando lo considere oportuno, las cantidades que se necesitan del importe deudor de las acciones de la Dehesa Boyal o Labrada, cuya adquisición se pretende, para la devolución de lo que, con tal objeto, se hubiera recibido en préstamo.
__Artículo 28.__ El socio o accionista que dejara transcurrir un mes sin satisfacer las cantidades acordadas por la Junta Directiva de la sociedad por cuanta del importe de cada acción, será eliminado de la lista de

accionistas; perderá todos sus derechos y cuanto hubiera satisfecho anteriormente y su acción quedara caducada en beneficio de la sociedad.
Artículo 29. Los acuerdos de la Junta Directiva sobre caducidad de acciones, en todos los casos en que proceda adoptar con arreglo a estos Estatutos, serán ejecutorios desde luego definitivos e irreprensibles.

TÍTULO TERCERO: ADMINISTRACIÓN DE LA SOCIEDAD

Artículo 30. Esta sociedad se dirige, gobierna y administra por una Junta Directiva, compuesta por un presidente, un vicepresidente, dos vocales, un tesorero y un secretario-contador.
Artículo 31. La primera Junta Directiva de esta sociedad se compondrá de los seis socios fundadores que concurren al otorgamiento de esta escritura, a cuyo efecto, tan luego, como ésta se firme y por el mismo notario autorizante se levantará un acta de constitución de la primera Junta Directiva, haciéndose en ella la designación de cargos y declarándose en ella la designación de cargos y declarando a todos sus individuos en posesión de los mismos, para que desde aquel momento puedan comenzar a funcionar.
Artículo 32. La primera Junta Directiva de esta sociedad durará diez años, sin que en este plazo pueda renovarse ninguno de sus individuos, ni aún por acuerdo de la Junta General de accionistas. Si durante esos diez años alguno de los socios fundadores falleciese o dejase de pertenecer a la sociedad, los restantes individuos de la primera Junta Directiva designarán libremente quien haya de ocupar la vacante, posesionándole de su cargo y dando cuenta de ello en la primera Junta General ordinaria de accionistas que se celebre, al solo efecto de que quede enterada de la variación ocurrida en dicha Junta Directiva. El que hubiere sido nombrado de esta manera en reemplazo del que dejara de ser, durará en el desempeño de su cargo, todo el tiempo que faltara para cumplir los diez años ya empezados.

Artículo 33. A la expiración de los referidos diez años, la primera Junta Directiva se renovará por mitad, saliendo tres de sus individuos a quienes designe la suerte, los cuales podrán ser reelegidos.

Artículo 34. Desde la primera renovación de la Junta Directiva en adelante, durarán estas en sus funciones ocho años; al cumplirse los cuales se hará la renovación por mitad, saliendo los individuos de la misma más antiguos, cuyo procedimiento se seguirá en lo sucesivo durante la vida de la sociedad, admitiéndose siempre la reelección de los salientes.

Artículo 35. La Junta General ordinaria de accionistas puede acordar el aumento de los individuos de la Junta Directiva, pero en ningún caso la disminución de su número, y a ella también corresponderá el nombramiento de los que hayan de pertenecer a la expresada Junta Directiva, en las épocas normales de su renovación.

Artículo 36. Siempre que se renueve la Junta Directiva, se hará nueva designación de cargos entre los que la compongan, pudiendo ser reelegidos en sus cargos los que ya vinieron desempeñándolos.

Artículo 37. El presidente y el secretario de la junta Directiva serán también presidente y secretario de la sociedad.

Artículo 38. La Junta Directiva se reunirá, por convocatoria del presidente, cuando lo exija el interés de la sociedad. Para tomar acuerdos necesitarán que estén presentes, cuando menos, la mitad más uno de sus individuos. Las deliberaciones se tomarán por mayoría de votos de los presentes y en caso de empate decidirá el presidente o el que haga sus veces.

Artículo 39. Los individuos de la Junta Directiva no disfrutarán sueldo ni remuneración alguna. Estos cargos son gratuitos, honoríficos y renunciables.

Artículo 40. Se llevarán por el secretario de la Junta Directiva dos libros de actas: uno de las sesiones de la misma; y otro de las Juntas Generales de accionistas ordinarias y extraordinarias. Todas las actas serán firmadas por el presidente y el secretario de la sociedad.

Artículo 41. A la Junta Directiva le corresponde la ejecución y cumplimiento de todos los preceptos contenidos en estos Estatutos y de los acuerdos de las Juntas Generales de accionistas; la representación de la Sociedad ante los tribunales, ante la Administración Pública y ante los particulares y la defensa de sus derechos e intereses, pudiendo otorgar poderes, nombrar letrados, promover y contestar litigios, dedicar toda clase de recursos y reclamaciones; el nombramiento y separación de guardas y de cualquiera otros empleados que puedan ser necesarios; la realización de todos los actos comprendidos en el concepto legal de la administración de bienes; la dirección y gobierno, con la mayor amplitud establecida de todos los asuntos que a esta sociedad afectan; y la observación y ejercicio de todas las facultades, derechos y atribuciones que los diversos artículos de estos estatutos se le confieren.

Artículo 42. El presidente de la Junta Directiva será el encargado de ejecutar los acuerdos de esta, así mismo también de llevar a cabo las atribuciones que personalmente le confieren estos Estatutos y los mandatos y encargos que puedan conferirle las Juntas Generales de accionistas.

TÍTULO CUARTO.
DE LAS JUNTAS GENERALES DE ACCIONISTAS.

Artículo 43. Todos los socios fundadores y numerarios, cuyas acciones no hayan sido caducadas, tienen derecho a formar parte de las Juntas Generales de accionistas, tanto ordinarias como extraordinarias, concurriendo a ellas y tomando parte en las discusiones que se susciten y en los acuerdos que se adopten.

Artículo 44. Las Juntas Generales de accionistas ordinarias y extraordinarias serán convocadas y presididas por la Junta Directiva y sus acuerdos serán obligatorios para los ausentes y disidentes. Cada accionista solo puede emitir un voto. Dichas Juntas Generales podrán tomar acuerdos el día señalado para su celebración, siempre que concurran, en primera convocatoria, la mitad más uno de los accionistas, y, en segunda convocatoria, cualquiera que sea el número de los accionistas asistentes.

Artículo 45. El presidente de la Junta Directiva dirigirá las discusiones y, de acuerdo con aquella, hará la convocatoria para las Juntas Generales extraordinarias y formulará el orden del día tanto para estas como para las Juntas Generales ordinarias. Las Juntas Generales extraordinarias solo podrán celebrarse por iniciativa y acuerdo de la Junta Directiva convocándose con ocho días de anticipación.

__Artículo 46__. El día primero de cada año, sin necesidad de convocatoria, se reunirá la Sociedad en Junta General ordinaria de accionistas, en la cual se discutirán y resolverán todos los asuntos comprendidos en la orden del día; se examinarán y aprobaron las cuentas; se harán los nombramientos de los individuos de la Junta Directiva que, con arreglo a estos Estatutos, correspondan; y se adoptarán cuantas resoluciones procedan con ejecución de las mismas.

__Artículo 47__. En las Juntas Generales extraordinarias solo podrán discutirse y resolverse los asuntos que motiven la convocatoria.

__Artículo 48__. Las votaciones serán públicas, excepto los asuntos de carácter personal en que pueden ser secretos.

TÍTULO QUINTO
PAGOS-CUENTAS ANUALES-MEMORIA

__Artículo 49__. El año social comienza en primero de enero y termina en treinta y uno de diciembre de cada año.

__Artículo 50__. Todos los años, el tesorero y el secretario-contador presentaran las cuentas de la Sociedad prestándolas a la Junta General ordinaria de accionistas, previo examen de la Directiva.

__Artículo 51__. En dicha Junta, la Secretaría presentará una memoria que explique el estado actual de la sociedad.

__Artículo 52__. Los fondos que la Sociedad posea en numerario o papel del Estado, se custodiaran por el tesorero de la misma bajo su responsabilidad directa y personal.

__Artículo 53__. Todos los pagos que por cuenta de la Sociedad hayan de efectuarse serán ordenados por el presidente de la Junta Directiva, intervenidos por el secretario-contador y satisfechos por el tesorero.

TÍTULO SEXTO
DISOLUCIÓN-LIQUIDACIÓN

Artículo 54. Esta Sociedad no puede disolverse, ni aún por acuerdo de la Junta General de accionistas durante el tiempo establecido en estos Estatutos para su vida y subsistencia, una vez que hayan adquirido y pagado la Dehesa Boyal o Labrada que se menciona en estos Estatutos, puesto que, siendo el primordial fin social que el vecindario de Villamayor de Calatrava disfrute y utilice la mencionada finca, no se cumplirá tan saludable propósito si la Sociedad desapareciese y se disolviese.
Artículo 55. Cumplido el tiempo de duración de esta Sociedad podrá prorrogarse o no, según lo acuerden los accionistas que en aquella lejana fecha lo sean. Si, contra lo que es de esperar, para que el interés del vecindario será siempre el mismo a través de los siglos, la vida de esta Sociedad no se prorrogase, se procederá a su liquidación.
Artículo 56. Para efectuarla, queda encargada la Junta Directiva, que en aquella época exista, de proponer a la Junta General de accionistas las bases que, a su juicio, sean más convenientes para la liquidación de la sociedad, bien enajenando la Dehesa Boyal o Labrada y distribuyéndola en parcelas que se subastan entre dichos accionistas o se adjudican directamente a estos. Del cumplimiento de lo que acuerde la Junta General de accionistas quedará encargada la Junta Directiva.

TÍTULOS SÉPTIMO.
MODIFICACIÓN DE LOS ESTATUTOS

Artículo 57. Los presentes Estatutos solo se podrán modificar en Junta General extraordinaria de accionistas, encargándose? exclusivamente a este objeto, convocada por iniciativa y acuerdo de la Junta Directiva, haciéndose constar en la convocatoria los artículos en que la modificación se proponga y anunciándose la celebración de dicha Junta General con quince días de anticipación.

Artículo 58. Se necesitará que el acuerdo reformatorio de cualquiera de los artículos de estos Estatutos sea tomado en primera reunión por las tres cuartas partes de los accionistas a que tengan subsistentes sus derechos, y, en segunda reunión, por la mitad más uno de los mismos. No podrá discutirse ni aprobarse por la Junta General de accionistas, reformar de forma alguna los Estatutos que no haya sido propuesta y planteada por la Junta Directiva de la Sociedad.

Tales son los estatutos a que se ha de sujetar o regular, crear o constituir la sociedad civil y particular titulada Dehesa Boyal o Labrada del término municipal de Villamayor de Calatrava, y que los concurrentes aprueban, ratifican y aceptan y revisten este documento de la fuerza legal necesaria en derecho para su validez y firmeza.

Así lo dijeron y otorgaron los señores comparecientes, a quienes advertí que la primera copia de esta escritura se ha de inscribir en el Registro Mercantil de esta provincia a los efectos prevenidos en la ley y presentarse, dentro del término de treinta días, en la oficina de la liquidación del impuesto de derechos reales y transmisión de bienes a los efectos preceptuados en el reglamento sobre exención de dicho impuesto.

Habiendo leído íntegramente esta escritura a los otorgantes y testigos por haber renunciado al derecho que les advertí tenían de hacerlo, manifestaron estar conformes y por ello la aprueban y firman con los testigos que lo son D. Agustín Diaz Balmaseda y D. Antonio Manzanares Moreno, de esta vecindad, y de todo lo expresado en este instrumento como del conocimiento y profesión de los otorgantes, su vecindad y la de los testigos. Yo el notario doy fe.

Jesús Muñoz; Juan José Gijón; Reinaldo Úbeda; Alfonso Caballero; Evaristo Rodríguez; Julián Molina; Agustín Díaz Balmaseda; Antonio Manzanares; signando: Isidoro Espadas. Expedí copia en doce pliegos uno clase primera y los demás de la tercera, número 6320-687.751 al 687.761, en diez de enero año del sello.

Espadas

Nota: En 30 de abril de 1954, yo, Vicente Gutiérrez Cueto, Notario del Ilustre Colegio de Albacete, del distrito y vecino de Ciudad Real, cómo archivero interino de protocolos de este distrito, libro segunda copia literal de esta escritura, a instancia de D. Miguel Migallón Martín, actual presidente de la Sociedad Compradora de la Dehesa Boyal o Labrada de Villamayor de Calatrava, en un pliego de clase 6ª A 3.009.882 y ocho de la 8ª E 2.000.757, 101 y los siete siguientes, debidamente reintegrados.

Anexo 3
Escritura de compra de la *Dehesa Boyal la Labrada* por la *Sociedad Compradora de la Dehesa Boyal o Labrada de Villamayor de Calatrava*. Ante Sr. Juez de 1ª Instancia.
Fuente: AHPCR. Protocolos notariales. D. Isidoro Espadas

COPIA DEL DOCUMENTO PÚBLICO

otorgado

por el Sr. Juez de 1ª instancia, de esta capital

A FAVOR DE

La Sociedad **Dehesa boyal o Labrada en Villamayor de Calatrava**.
Relativo a la compra de una Dehesa en el término de dicha villa por la cantidad de 33.581 pts. en 1 de marzo de 1898.

En 1º de marzo de 1898

ANTE DON ISIDORO ESPADAS

Notario Público de Ciudad Real, del Colegio de Albacete

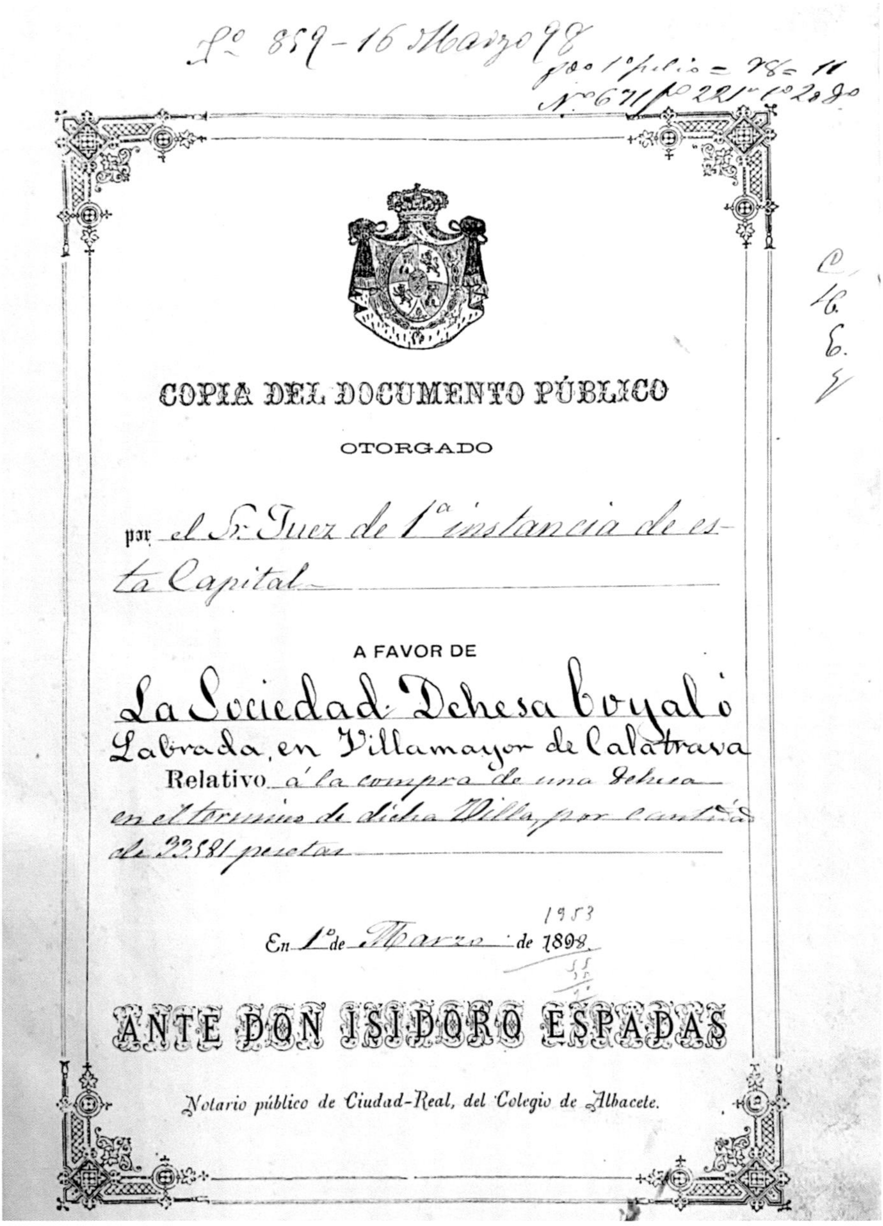
L.º 859 - 16 Marzo 98

COPIA DEL DOCUMENTO PÚBLICO

OTORGADO

por el Sr. Juez de 1ª instancia de esta Capital

A FAVOR DE

La Sociedad Dehesa boyal ó Labrada, en Villamayor de Calatrava

Relativo á la compra de una dehesa en el término de dicha Villa, por cantidad de 23581 pesetas

En 1º de Marzo de 1898

ANTE DON ISIDORO ESPADAS

Notario público de Ciudad-Real, del Colegio de Albacete.

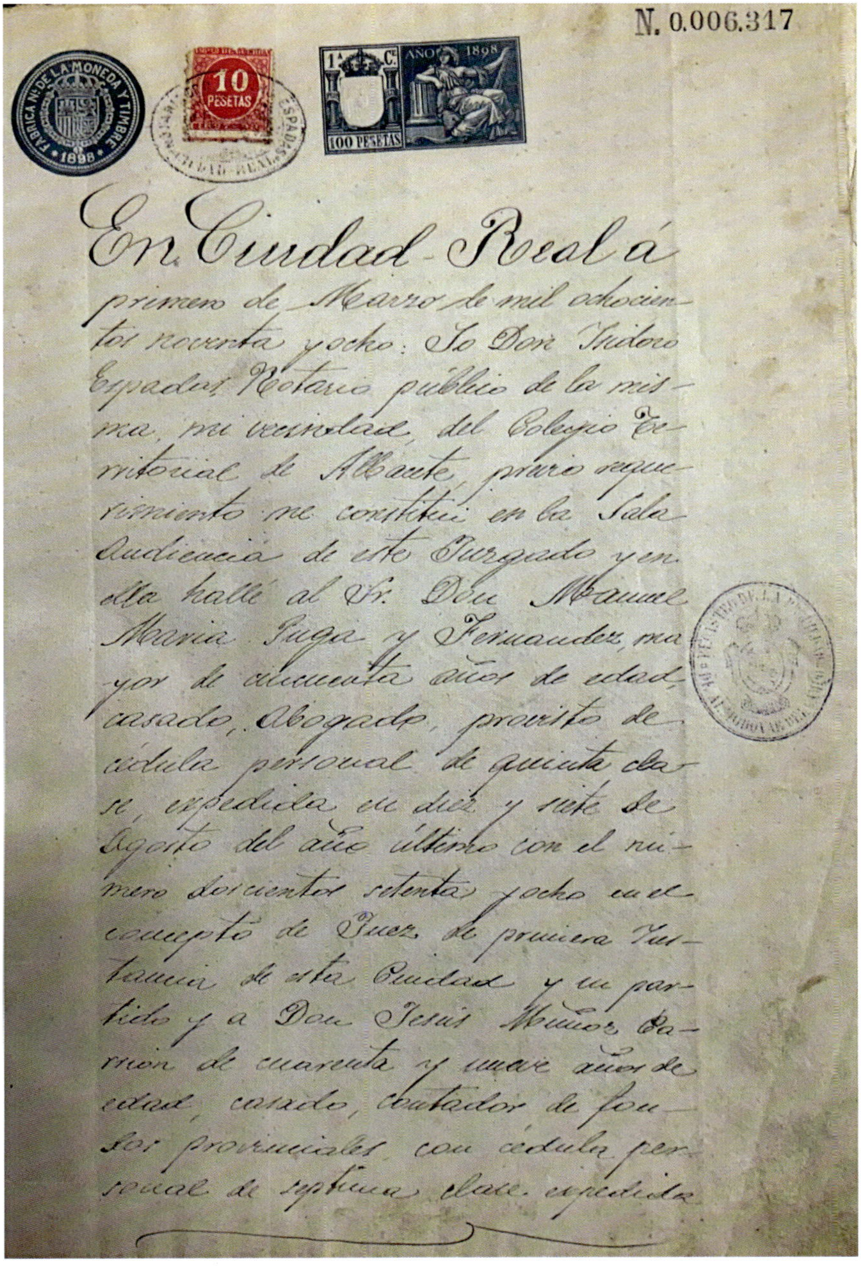
N. 0.006.317

FABRICA Nl. DE LA MONEDA Y TIMBRE 1898

10 PESETAS

1ª C. AÑO 1898 100 PESETAS

En Ciudad-Real á primero de Marzo de mil ochocientos noventa y ocho: Yo Don Isidoro Espadas, Notario público de la misma, con vecindad, del Colegio Territorial de Albacete, previo requerimiento me constituí en la Sala Audiencia de este Juzgado y en ella hallé al Sr. Don Manuel María Puga y Fernandez, mayor de cincuenta años de edad, casado, Abogado, provisto de cédula personal de quinta clase, expedida en diez y siete de Agosto del año último con el número doscientos setenta y ocho en el concepto de Juez de primera Instancia de esta Ciudad y su partido y a Don Jesus Muñoz Carrion de cuarenta y nueve años de edad, casado, Contador de fondos provinciales con cédula personal de séptima clase expedida

ro mes de Noviembre último con
el número novecientos; Don Juan
José Gijón García, de cuarenta y
cuatro años de edad, viudo, propietario, con cédula personal de
octava clase expedida en quince
de dicho mes con el número doscientos veinte y uno; Don Emerenciano Rodríguez Sánchez, de cuarenta y
seis años de edad, casado, propietario, con cédula personal de undécima clase expedida en el mismo día, con el número cuatrocientos ochenta y cinco; Don Julián Molina González de cuarenta y dos años de edad, casado, Secretario de Ayuntamiento, con cédula personal de
la misma clase expedida en
citado día con el número trescientos setenta y tres; Don Reinaldo Ubeda Cárdenas, de treinta y tres años de edad, casado, propietario, con cédula
personal de quinta clase expedida en referido día con
el número quinientos treinta

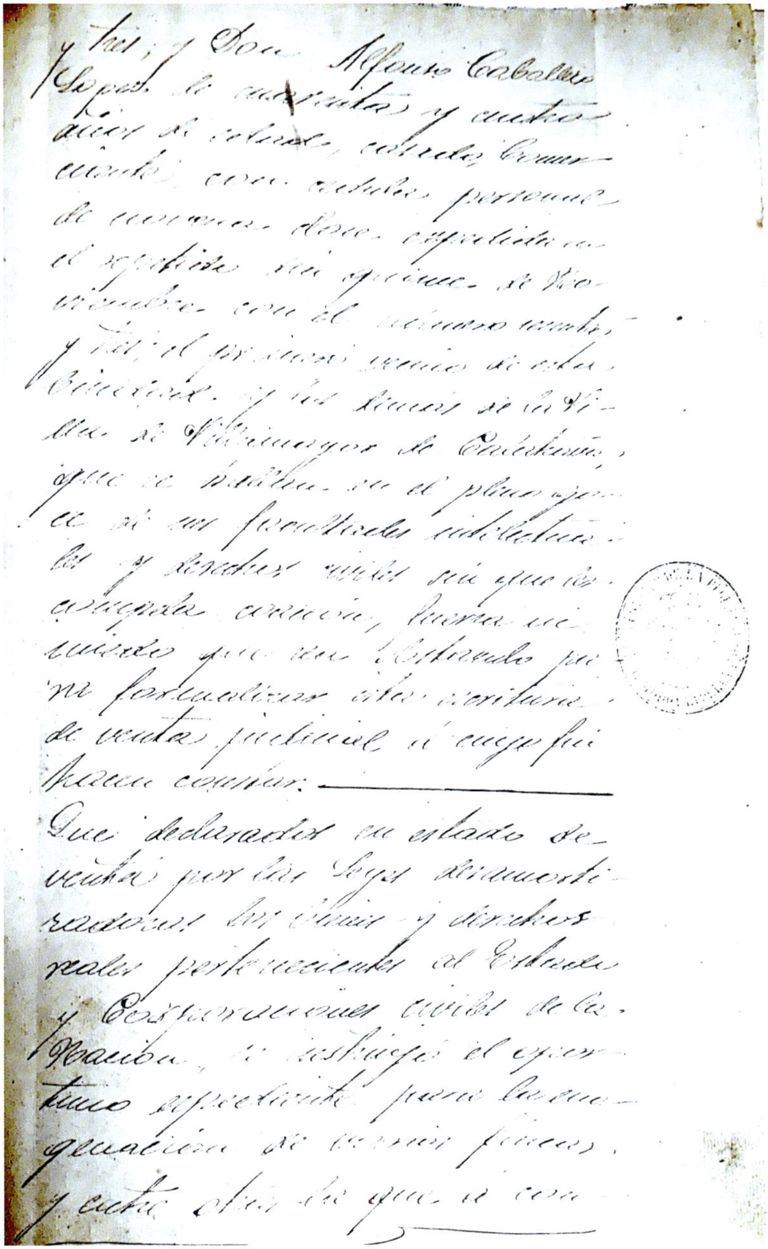

y tres; y Don Alfonso Caballero
López de cincuenta y cuatro
años de edad, casado, Comerciante, con cédula personal
de novena clase expedida en
el repetido día quince de Noviembre con el número cuarenta
y tres; el primero vecino de esta
Ciudad y los demás de la Villa de Villamayor de Calatrava,
que se hallan en el pleno goce de sus facultades intelectuales y derechos civiles sin que les
comprenda ninguna, fueron re-
queridos por su Excelencia para formalizar esta escritura
de venta judicial a cuyo fin
hacen constar: ——
Que declarados en estado de
venta por las Leyes desamortizadoras los bienes y derechos
reales pertenecientes al Estado
y Corporaciones civiles de la
Nación, se instruyó el oportuno expediente para la ena-
genación de varias fincas,
y entre otras de que se con

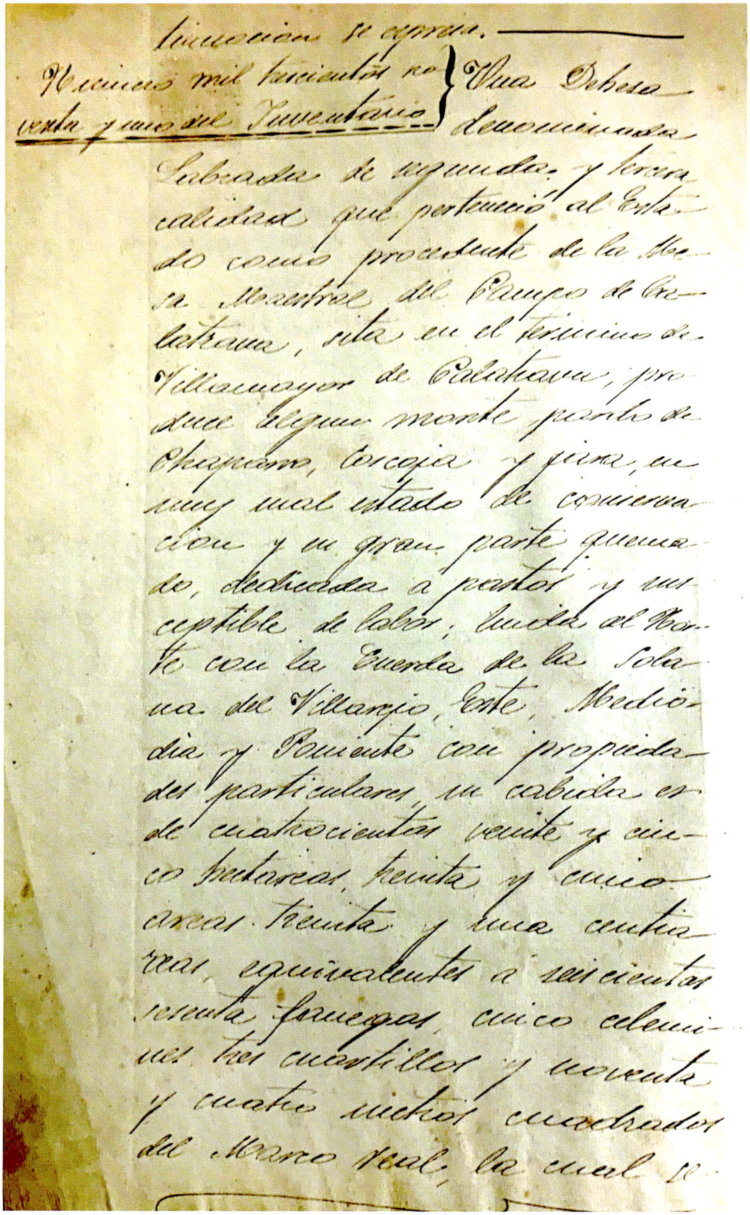
tinuación se expresa. ——

Número mil trescientos no-
venta y uno del Inventario } Una Dehesa
denominada
Labrada de segunda y tercera
calidad que perteneció al Estado como procedente de la Mesa Maestral del Campo de Calatrava, sita en el término de
Villamayor de Calatrava, produce algún monte pardo de
chaparro, coscoja y jara, en
muy mal estado de conservación y en gran parte quemado, dedicada a pastos y susceptible de labor; linda al Norte con la Cuerda de la Solana del Villarejo, Este, Mediodía y Poniente con propiedades particulares, su cabida es
de cuatrocientas veinte y cinco hectáreas, treinta y cinco
áreas treinta y una centiáreas, equivalentes a seiscientas
sesenta fanegas, cinco celemines tres cuartillos y noventa
y cuatro metros cuadrados
del Marco Real, la cual se

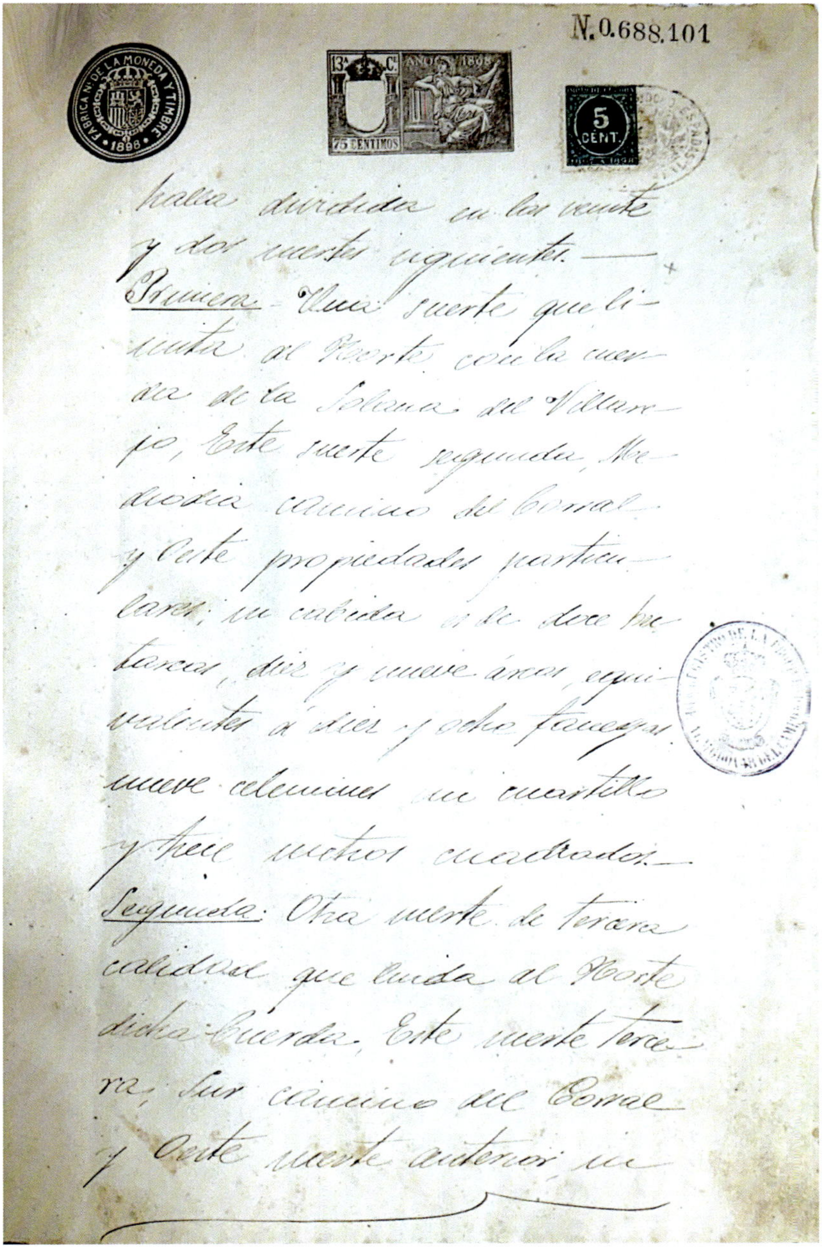
FABRICA Nl. DE LA MONEDA Y TIMBRE 1898
13ª Cª
AÑO 1898
75 CENTIMOS
N. 0.688.101
5 CÉNT.

halla dividida en las veinte
y dos suertes siguientes.—
Primera. Una suerte que limita al Norte con la cuerda de la Solana del Villarre-
jo, Este suerte segunda, Mediodía camino del Corral
y Oeste propiedades particulares; su cabida es de doce hectáreas, diez y nueve áreas, equivalentes á diez y ocho fanegas
nueve celemines un cuartillo
y trece metros cuadrados.—
Segunda: Otra suerte de tercera
calidad que linda al Norte
dicha Cuerda, Este suerte tercera, Sur camino del Corral
y Oeste suerte anterior su

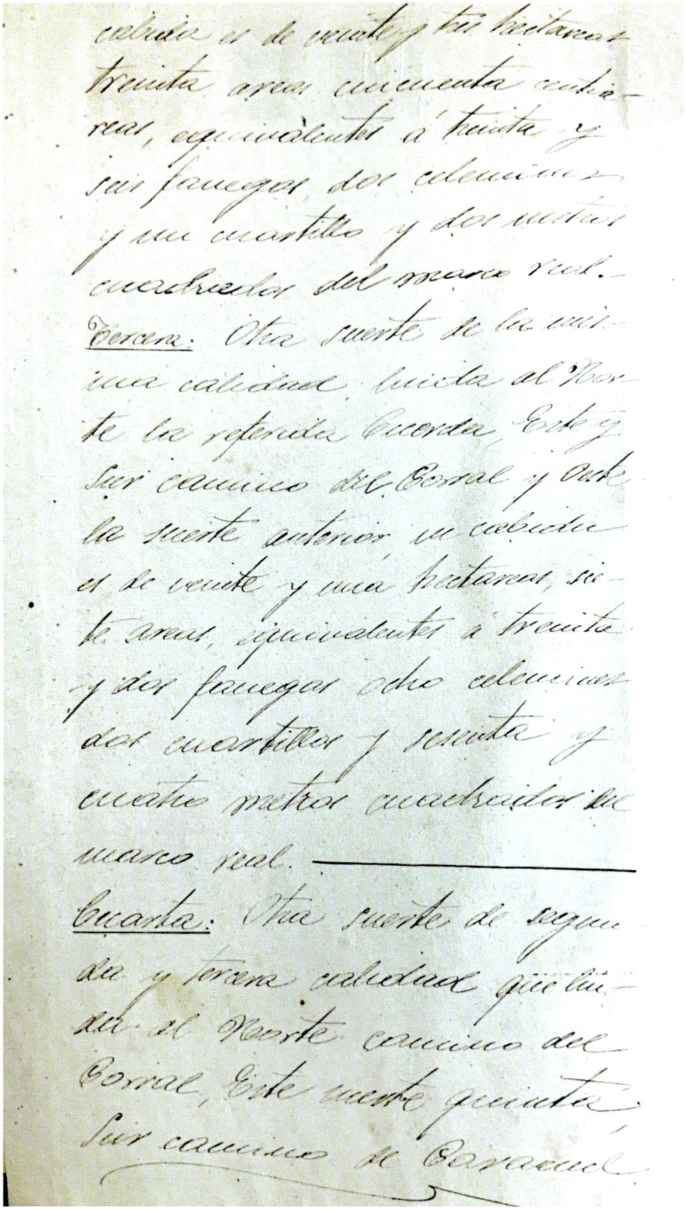

cabida es de veinte y tres hectareas
treinta areas cincuenta centiareas, equivalentes á treinta y
seis fanegas, dos celemines
y un cuartillo y dos metros
cuadrados del marco real.
Tercera: Otra suerte de la misma calidad, linda al Nor-
te la referida Cuerda, Este y
Sur camino del Corral y Oeste
la suerte anterior; su cabida
es de veinte y una hectareas, siete areas, equivalentes á treinta
y dos fanegas ocho celemines
dos cuartillos y sesenta y
cuatro metros cuadrados del
marco real.
Cuarta: Otra suerte de segunda y tercera calidad que linda al Norte camino del
Corral, Este suerte quinta,
Sur camino de Carracul

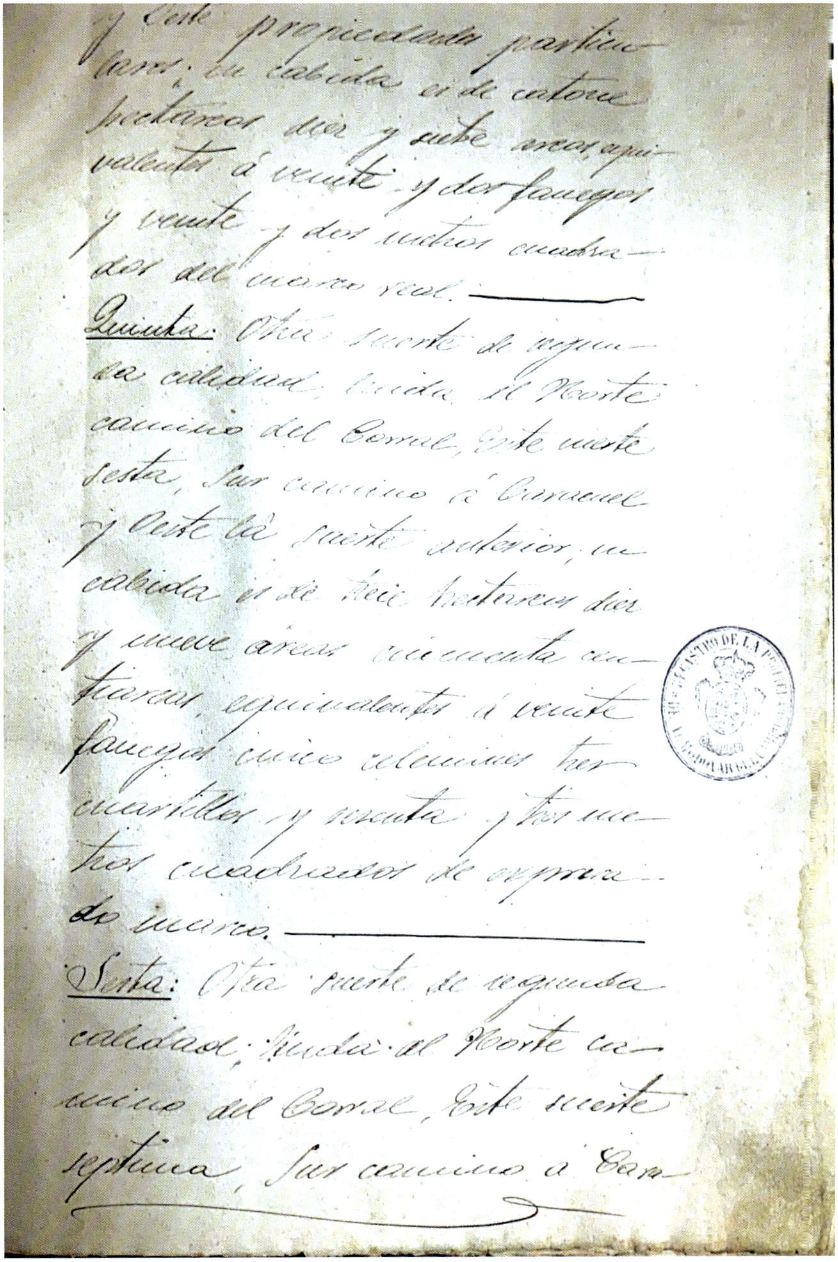

y Oeste propiedad particular; su cabida es de catorce hectáreas diez y siete areas, equivalentes á veinte y dos fanegas y veinte y dos metros cuadrados del marco real. ——

Quinta: Otra suerte de segunda calidad, linda al Norte camino del Corral, Este suerte sesta, Sur camino á Carmona y Oeste la suerte anterior; su cabida es de trece hectáreas diez y nueve áreas cincuenta centiareas, equivalentes á veinte fanegas cinco celemines tres cuartillos y ochenta y tres metros cuadrados de expresado marco. ——

Sesta: Otra suerte de segunda calidad; linda al Norte camino del Corral, Este suerte septima, Sur camino á Car-

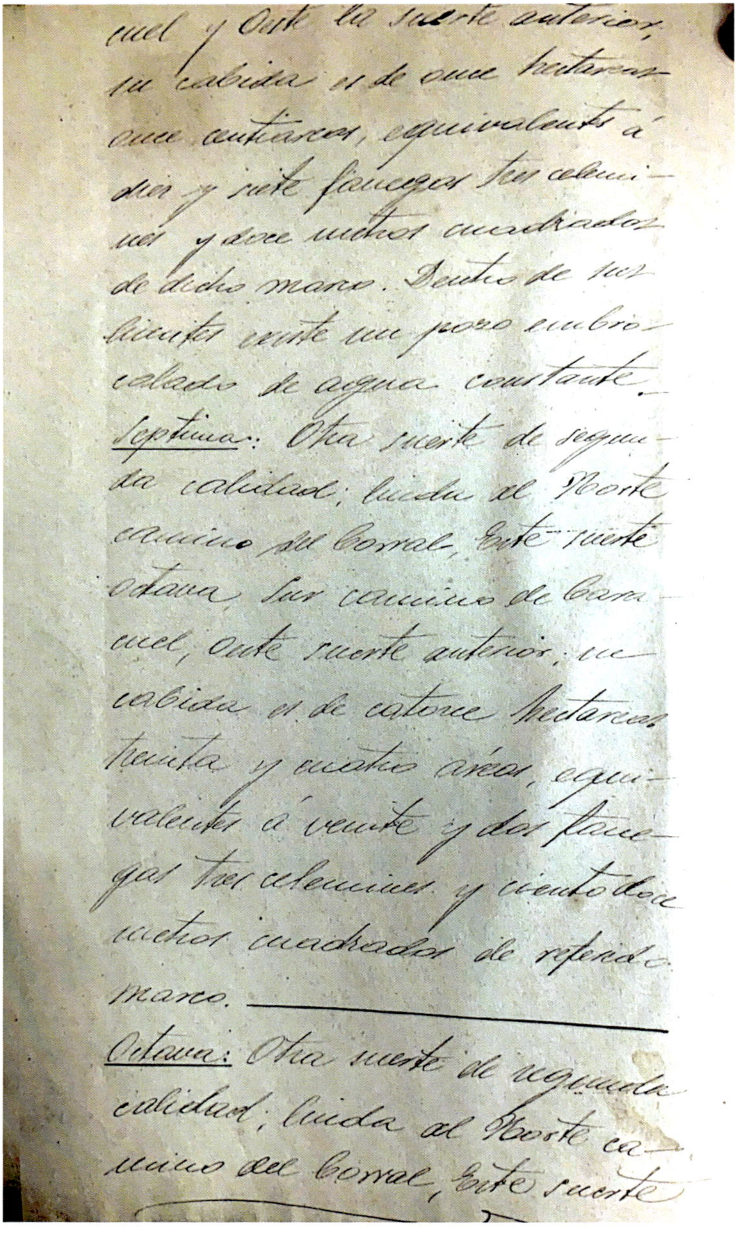
cuel y Oeste la suerte anterior,
su cabida es de once hectareas
once centiareas, equivalentes á
diez y siete fanegas tres celemines y doce metros cuadrados
de dicho marco. Dentro de sus
linderos existe un pozo embrocalado de agua constante.
Septima: Otra suerte de segunda calidad, linda al Norte
camino del Corral, Este suerte
octava, Sur camino de Caracuel, Oeste suerte anterior, su
cabida es de catorce hectareas
treinta y cuatro áreas, equivalentes á veinte y dos fanegas tres celemines y ciento doce
metros cuadrados de referido
marco.
Octava: Otra suerte de segunda
calidad, linda al Norte camino del Corral, Este suerte

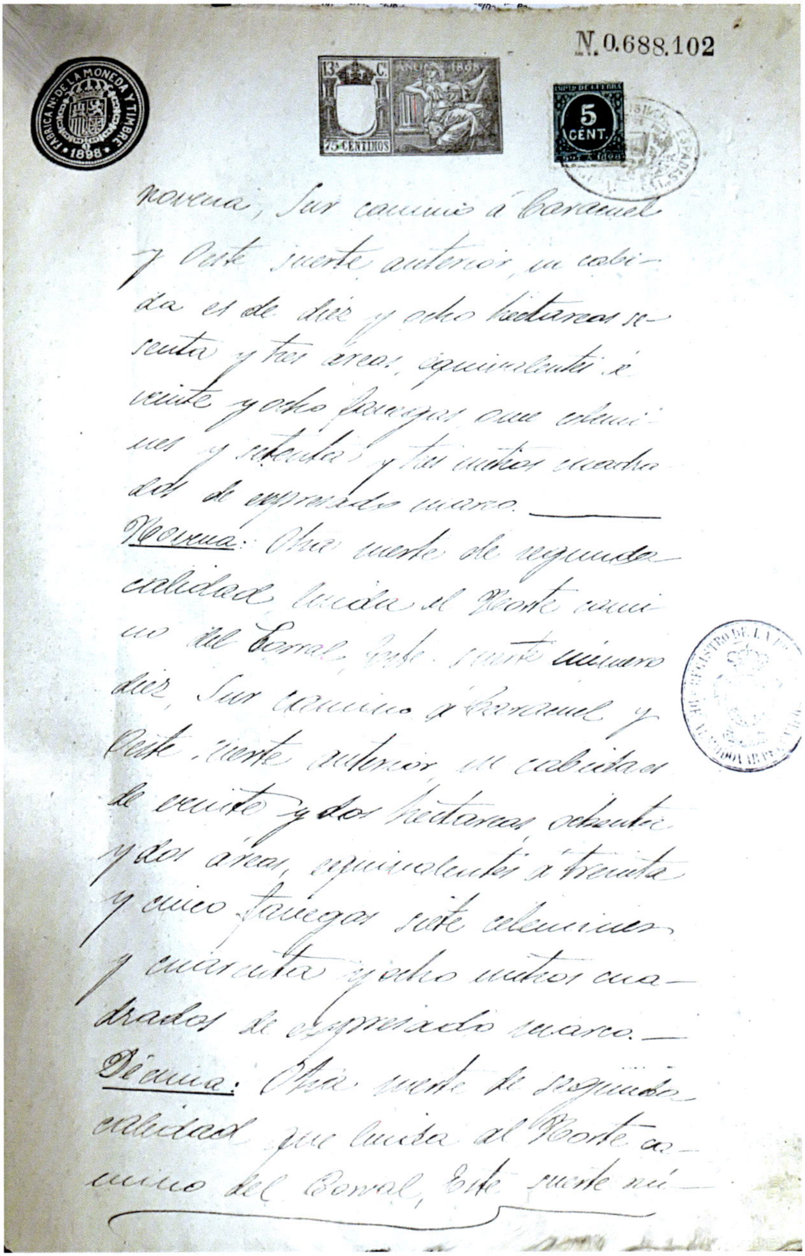

N. 0.688.102

FABRICA Nª DE LA MONEDA Y TIMBRE 1898

13ª C. AÑO 1898 75 CENTIMOS

5 CENT.

novena, Sur camino á Baranuel y Oeste suerte anterior, su cabida es de diez y ocho hectareas sesenta y tres areas, equivalentes á veinte y ocho fanegas once celemines y setenta y tres metros cuadrados de expresado marco. ——

Novena: Otra suerte de segunda calidad linda al Norte camino del Borral, Este suerte número diez, Sur camino á Baranuel y Oeste suerte anterior, su cabida es de veinte y dos hectareas ochenta y dos áreas, equivalentes á treinta y cinco fanegas siete celemines y cuarenta y ocho metros cuadrados de expresado marco. —

Décima: Otra suerte de segunda calidad que linda al Norte camino del Borral, Este suerte nú—

mero once, Sur camino á Carancel y Oeste suerte anterior, su cabida es de veinte y seis hectáreas equivalentes á cuarenta fanegas, cuatro celemines un cuartillo y ciento diez y ocho metros de expresado marco.

Undécima: Otra suerte de segunda calidad, linda Norte la Senda de Charco Roman, Este propiedades particulares, Sur camino de Carancel y Oeste la suerte anterior, su cabida es de veinte y cinco hectáreas, cuatro áreas, equivalentes á treinta y ocho fanegas, dies celemines dos cuartillos y cincuenta y dos metros cuadrados de referido marco. La cruza el arroyo del Rincon y el Carril del Concejo, los que están deducidos de su extension.

Doce: Otra suerte de segunda

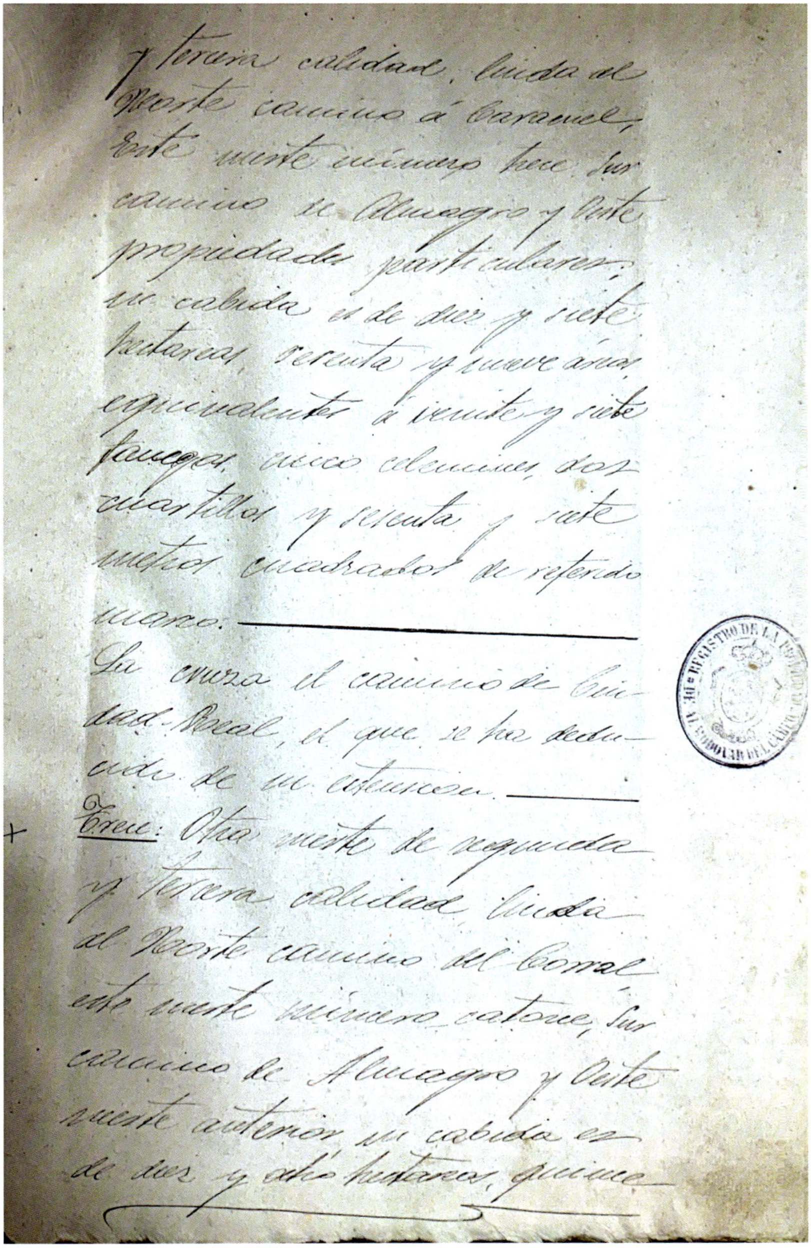

y tercera calidad, linda al
Norte camino á Caracuel,
Este suerte número trece, Sur
camino de Almagro y Oeste
propiedades particulares;
su cabida es de diez y siete
hectáreas, sesenta y nueve áreas
equivalentes á veinte y siete
fanegas, cinco celemines, dos
cuartillos y sesenta y siete
metros cuadrados de referido
marco.
La cruza el camino de Ciudad Real, el que se ha deducido de su extensión.
Trece: Otra suerte de segunda
y tercera calidad, linda
al Norte camino del Corral
Este suerte número catorce, Sur
camino de Almagro y Oeste
suerte anterior su cabida es
de diez y ocho hectáreas, quince

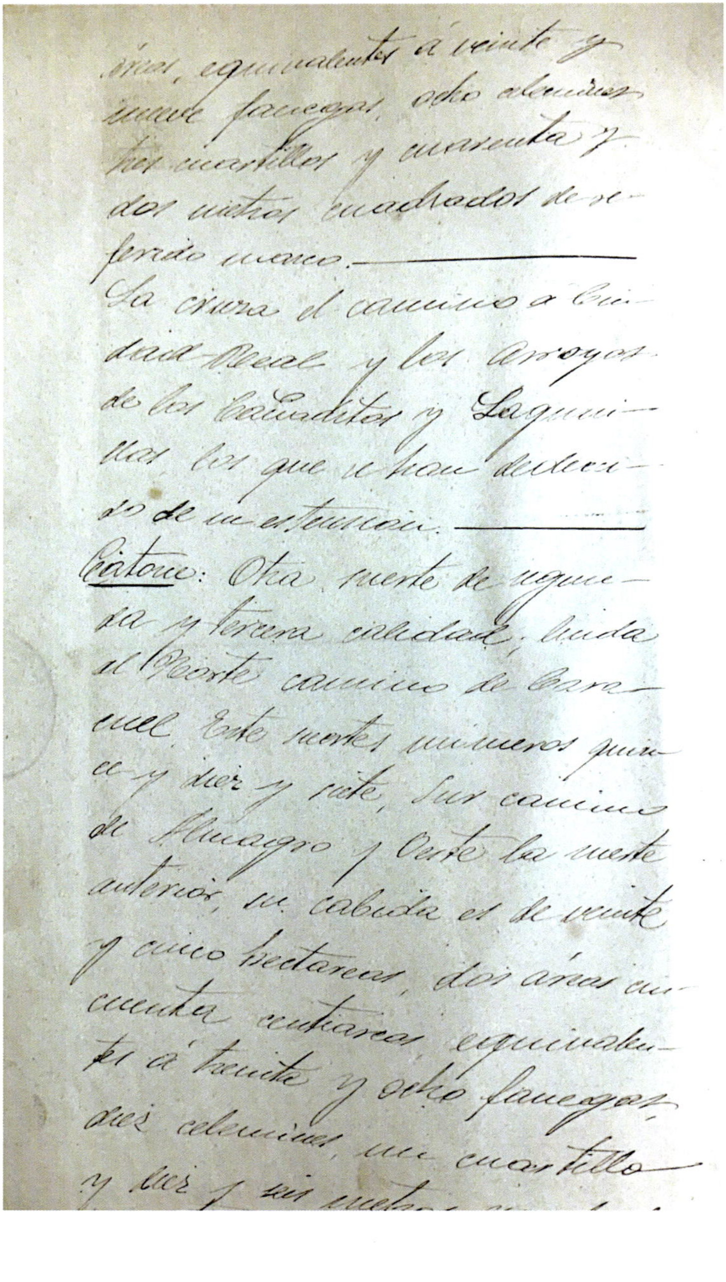
áreas, equivalentes á veinte y
nueve fanegas, ocho celemines
tres cuartillos y cuarenta y
dos varas cuadradas de referido marco.
La cruza el camino á Ciu-
dad Real y los arroyos
de los Canaditos y Lagunillas los que se han deducido de su estension.
Catorce: Otra suerte de segunda y tercera calidad, linda
al Norte camino de Carr-
ion, Este suertes números quince y diez y siete, Sur camino
de Almagro y Oeste la suerte
anterior, su cabida es de veinte
y cinco hectáreas, dos áreas cincuenta centiáreas, equivalentes á treinta y ocho fanegas
diez celemines, un cuartillo
y diez y seis varas

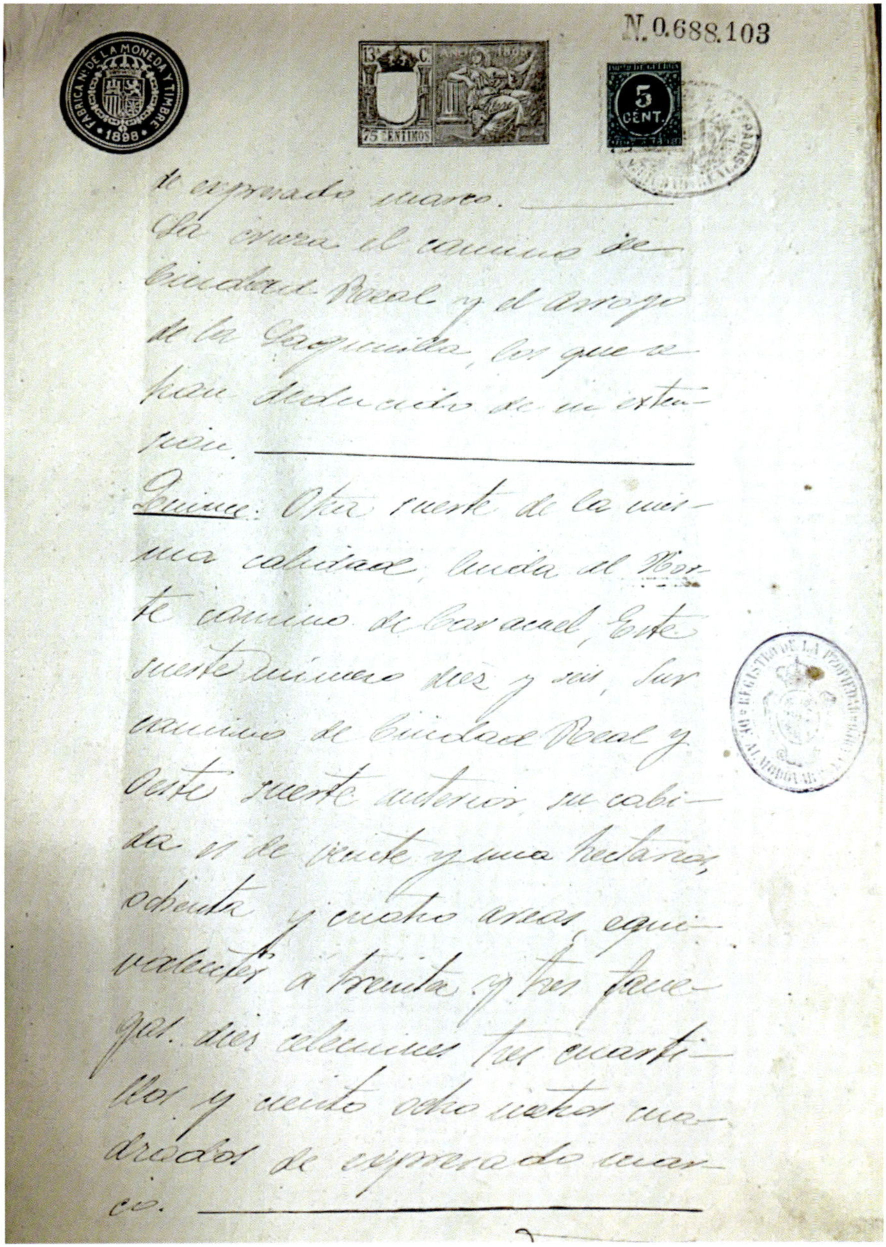

de expresado marco. ___
Lo cruza el camino de
Ciudad Real y el Arroyo
de la Gargantilla, los que se
han deducido de su exten-
sión. ___
Quince: Otra suerte de la misma calidad, linda al Nor-
te camino de Caracuel, Este
suerte número diez y seis, Sur
camino de Ciudad Real y
Oeste suerte anterior, su cabida es de veinte y una hectáreas,
ochenta y cuatro áreas, equivalentes a treinta y tres fanegas, diez celemines, tres cuartillos y ciento ocho varas cuadrados de expresado mar-
co. ___

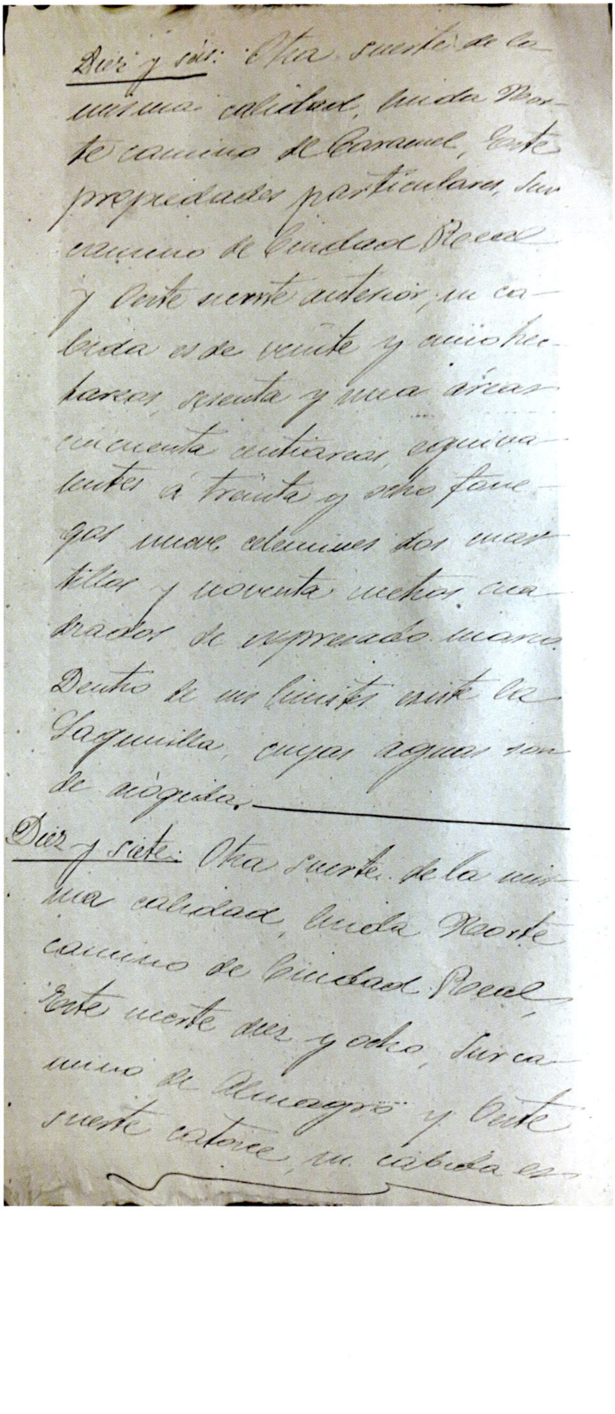

Diez y seis: Otra suerte de la misma calidad, linda Norte camino de Caracuel, Este propiedades particulares, Sur camino de Ciudad Real y Oeste suerte anterior, su cabida es de veinte y cinco hectáreas, sesenta y una áreas cincuenta centiáreas, equivalentes á treinta y ocho fanegas nueve celemines dos cuartillos y noventa ochos cuadrados de expresado marco. Dentro de sus límites existe la Lagunilla, cuyas aguas son de noria.

Diez y siete: Otra suerte de la misma calidad, linda Norte camino de Ciudad Real, Este suerte diez y ocho, Sur camino de Almagro y Oeste suerte catorce, su cabida es

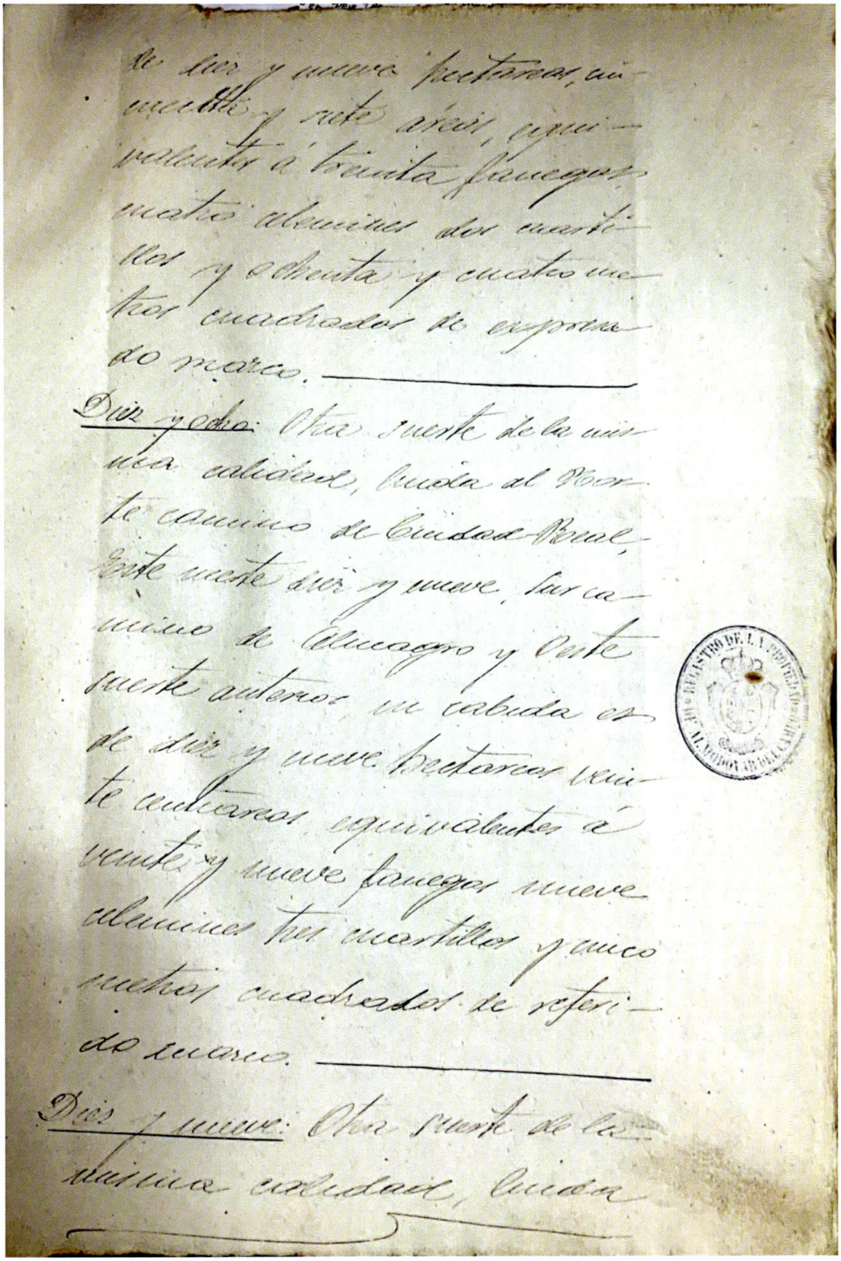

de diez y nueve hectáreas, cincuenta y siete áreas, equivalentes á treinta fanegas cuatro celemines dos cuartillos y ochenta y cuatro metros cuadrados de expresado marco.

Diez y ocho: Otra suerte de la misma calidad, linda al Norte camino de Ciudad Real, Este suerte diez y nueve, Sur camino de Almagro y Oeste suerte anterior; su cabida es de diez y nueve hectáreas veinte centiáreas equivalentes á veinte y nueve fanegas nueve celemines tres cuartillos y cinco metros cuadrados de referido marco.

Diez y nueve: Otra suerte de la misma calidad, linda

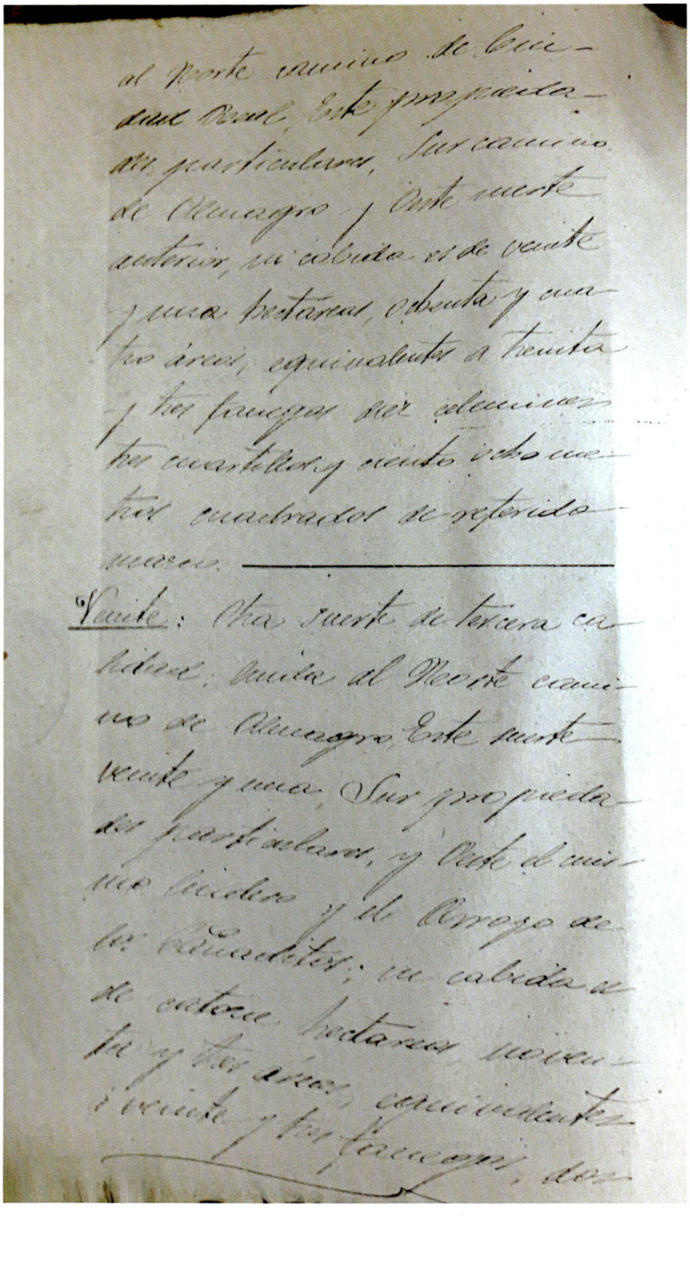

al Norte camino de Ciu-
dad Real, Este propieda-
des particulares, Sur camino
de Almagro y Oeste suerte
anterior, su cabida es de veinte
y una hectáreas, ochenta y cuatro áreas, equivalentes a treinta
y tres fanegas dos celemines
tres cuartillos y ciento ocho metros cuadrados de referida
medida.

Veinte: Otra suerte de tercera calidad; linda al Norte camino de Almagro, Este suerte
veinte y una, Sur propiedades particulares, y Oeste el camino Lindero y el Arroyo de
los [illegible]; su cabida es
de catorce hectáreas noventa y tres áreas, equivalentes
á veinte y tres fanegas, dos

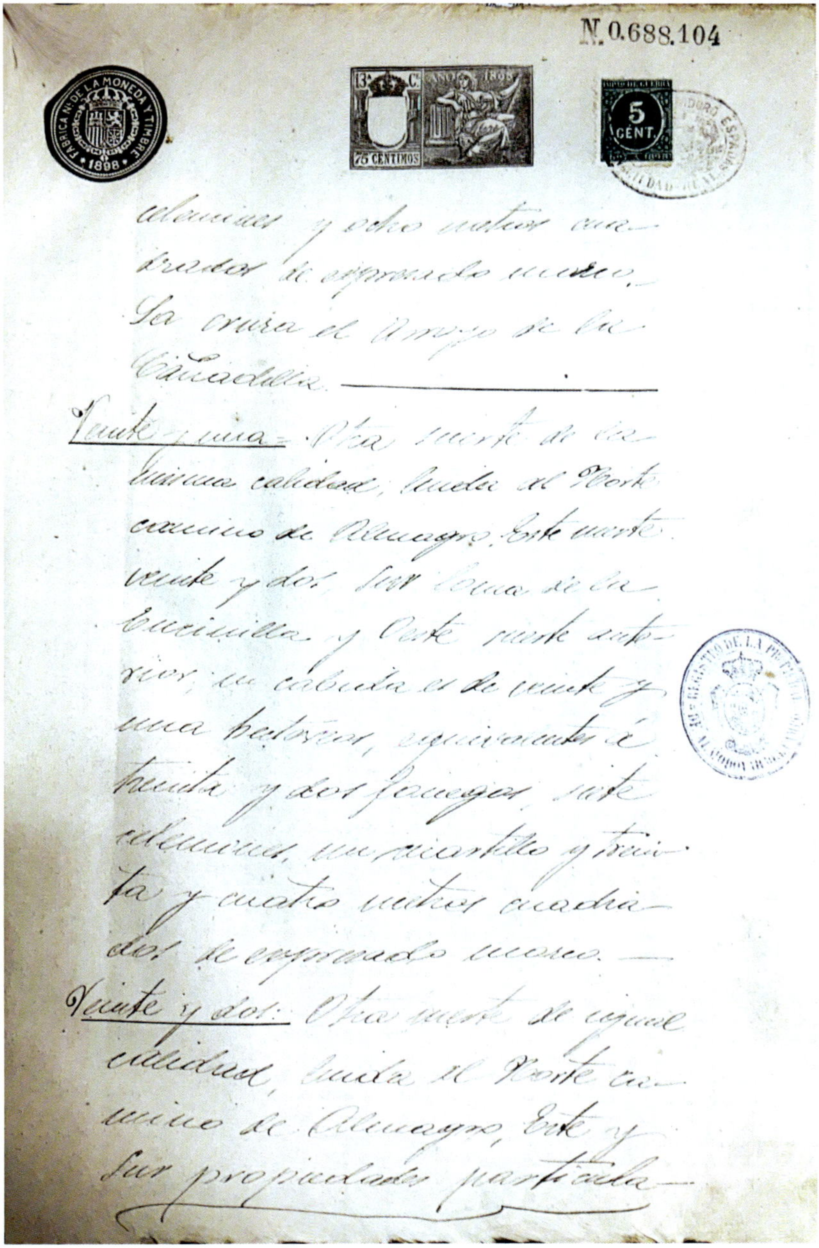

N. 0.688.104

FABRICA Nl. DE LA MONEDA Y TIMBRE 1898

13a C. AÑO 1898 75 CENTIMOS

5 CENT.

celemines y ocho metros cua-
drados de expresado marco.
Lo cruza el Arroyo de la
Cañadilla. ___

Veinte y una- Otra suerte de ín-
fima calidad, linda al Norte
camino de Almagro, Este suerte
veinte y dos, Sur Loma de la
Encinilla y Oeste suerte anterior, su cabida es de veinte y
una hectáreas, equivalentes á
treinta y dos fanegas, siete
celemines, un cuartillo y treinta y cuatro metros cuadrados de expresado marco. —

Veinte y dos: Otra suerte de igual
calidad, linda al Norte camino de Almagro, Este y
Sur propiedades particula-

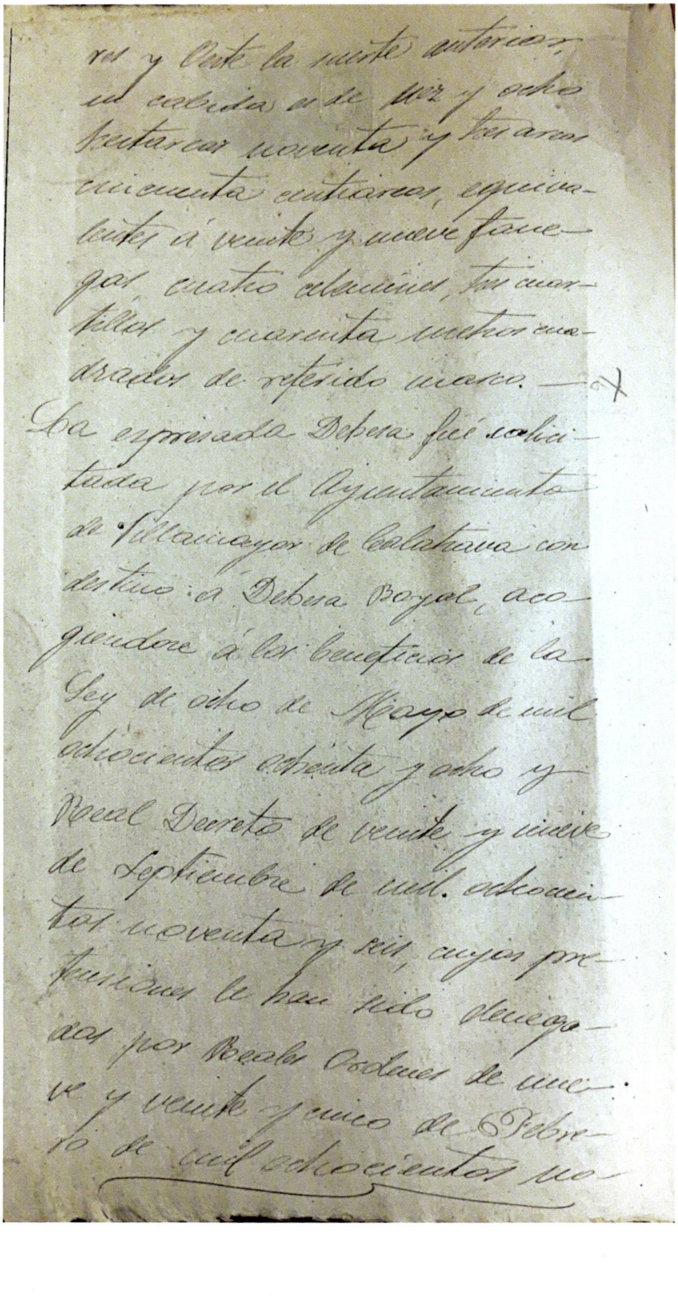
ros y Este la suerte anterior,
su cabida es de diez y ocho
hectáreas noventa y tres áreas
cincuenta centiáreas, equivalentes á veinte y nueve fanegas, cuatro celemines, tres cuartillos y cuarenta cuatro cuadrados de referido marco. —
La expresada Dehesa fué solicitada por el Ayuntamiento
de Villamayor de Calatrava con
destino á Dehesa Boyal, acogiéndose á los beneficios de la
Ley de ocho de Mayo de mil
ochocientos ochenta y ocho y
Real Decreto de veinte y nueve
de Septiembre de mil ochocientos noventa y seis, cuyas pretensiones le han sido denegadas por Reales Ordenes de nueve y veinte y cinco de Febrero de mil ochocientos no-

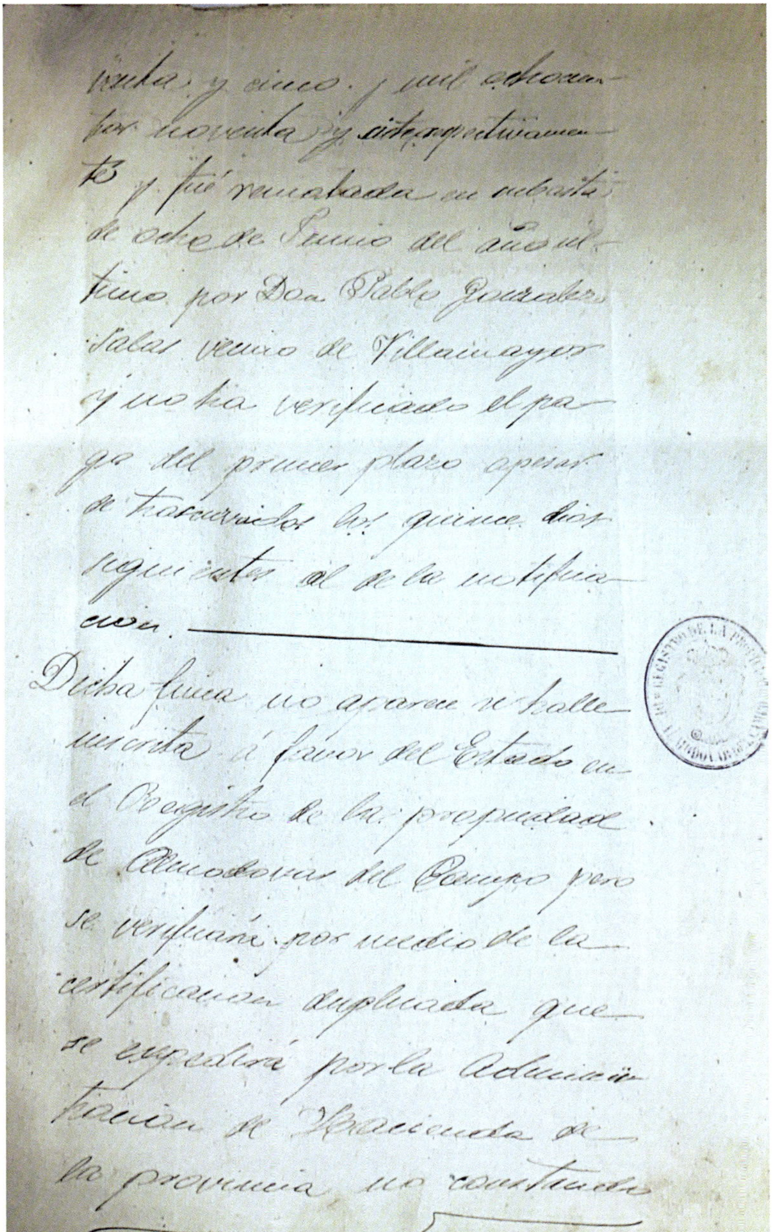
veinte y cinco, y mil ochocien-
tos noventa y siete respectivamente y fue rematada en subasta
de ocho de Junio del año último por Don Pablo Gonzalez
Salas vecino de Villamayor
y no ha verificado el pa-
go del primer plazo apesar
de transcurridos los quince dias
siguientes al de la notificacion. ——
Dicha finca no aparece se halle
inscrita á favor del Estado en
el Registro de la propiedad
de Almodovar del Campo pero
se verificará por medio de la
certificacion duplicada que
se expedirá por la Administracion de Hacienda de
la provincia no constando

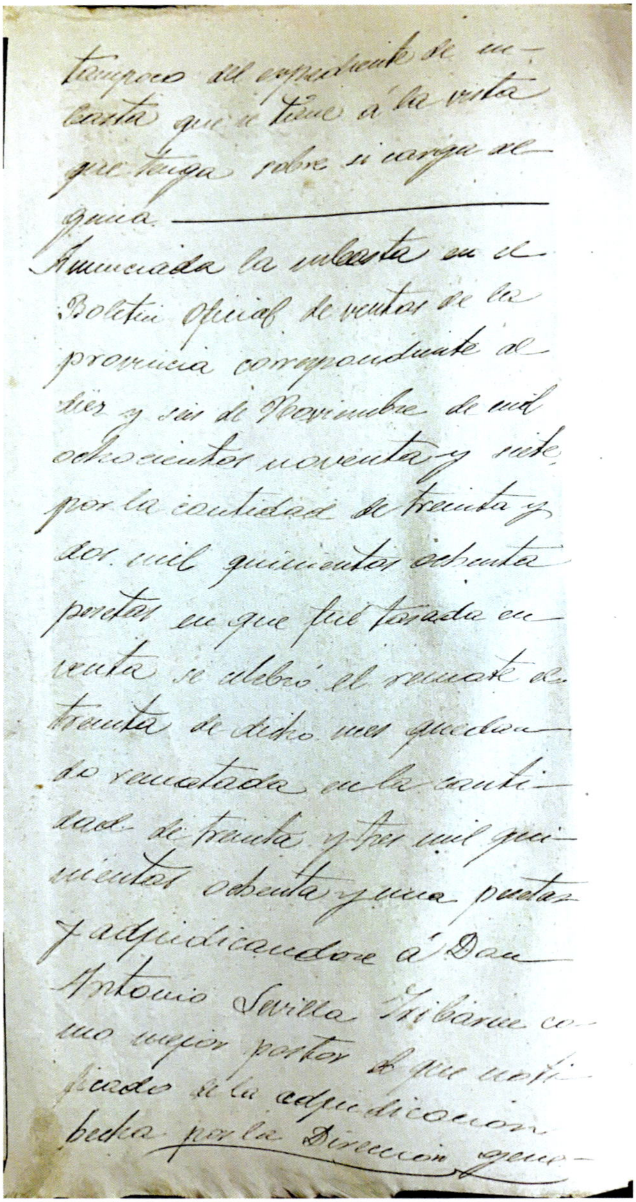

tampoco del expediente de in-
venta que se tiene á la vista
que tenga sobre si carga alguna ——
Anunciada la subasta en el
Boletin Oficial de ventas de la
provincia correspondiente al
diez y seis de Noviembre de mil
ochocientos noventa y siete,
por la cantidad de treinta y
dos mil quinientas ochenta
pesetas en que fué tasada en
venta se celebró el remate el
treinta de dicho mes quedando rematada en la canti-
dad de treinta y tres mil quinientas ochenta y una pesetas
y adjudicandose á Don
Antonio Sevilla Tribaree como mejor postor y fue notificado de la adjudicacion
hecha por la Direccion gene-

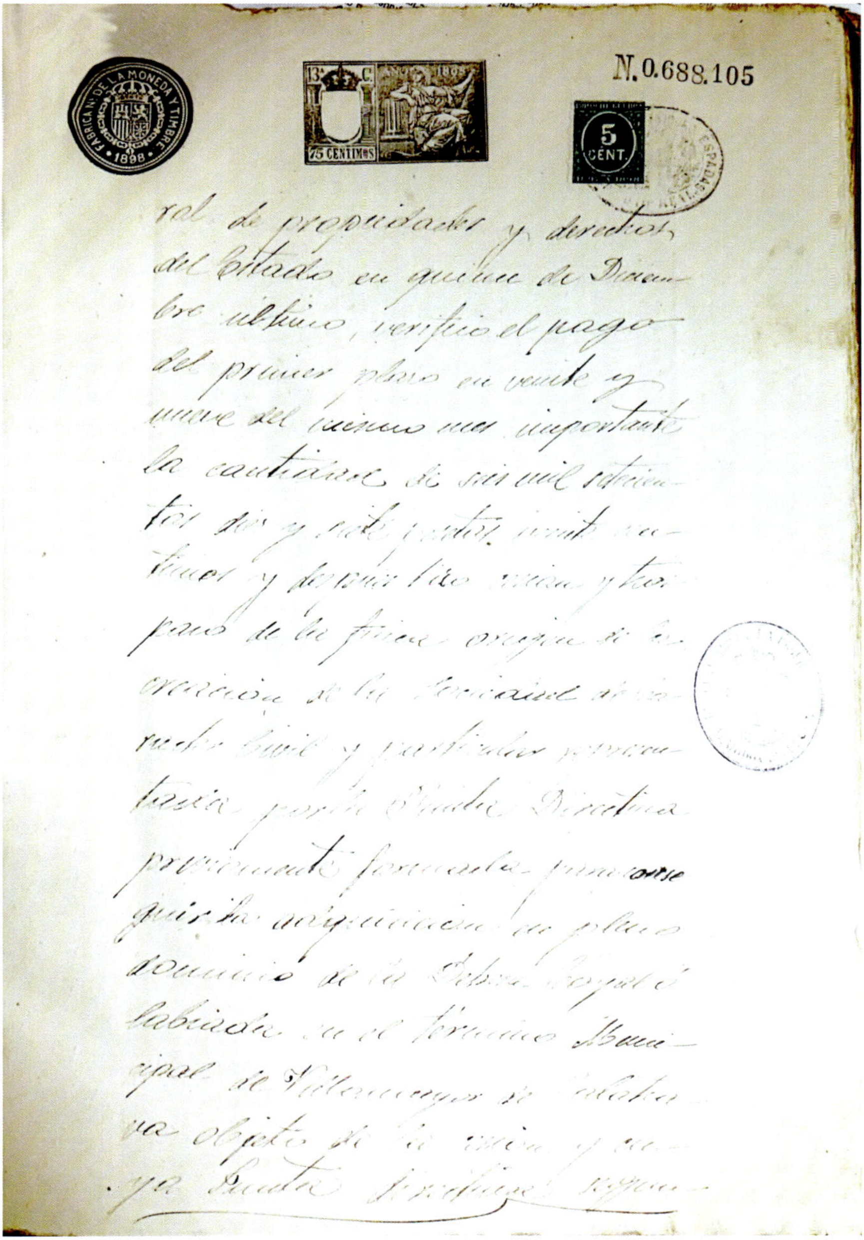

ral de propiedades y derechos
del Estado en quince de Diciembre último, verificó el pago
del primer plazo en veinte y
nueve del mismo mes importante
la cantidad de seis mil setecientas dos y siete pesetas veinte céntimos y después libre venta y traspaso de la finca origen de la
creación de la servidumbre de
[illegible]

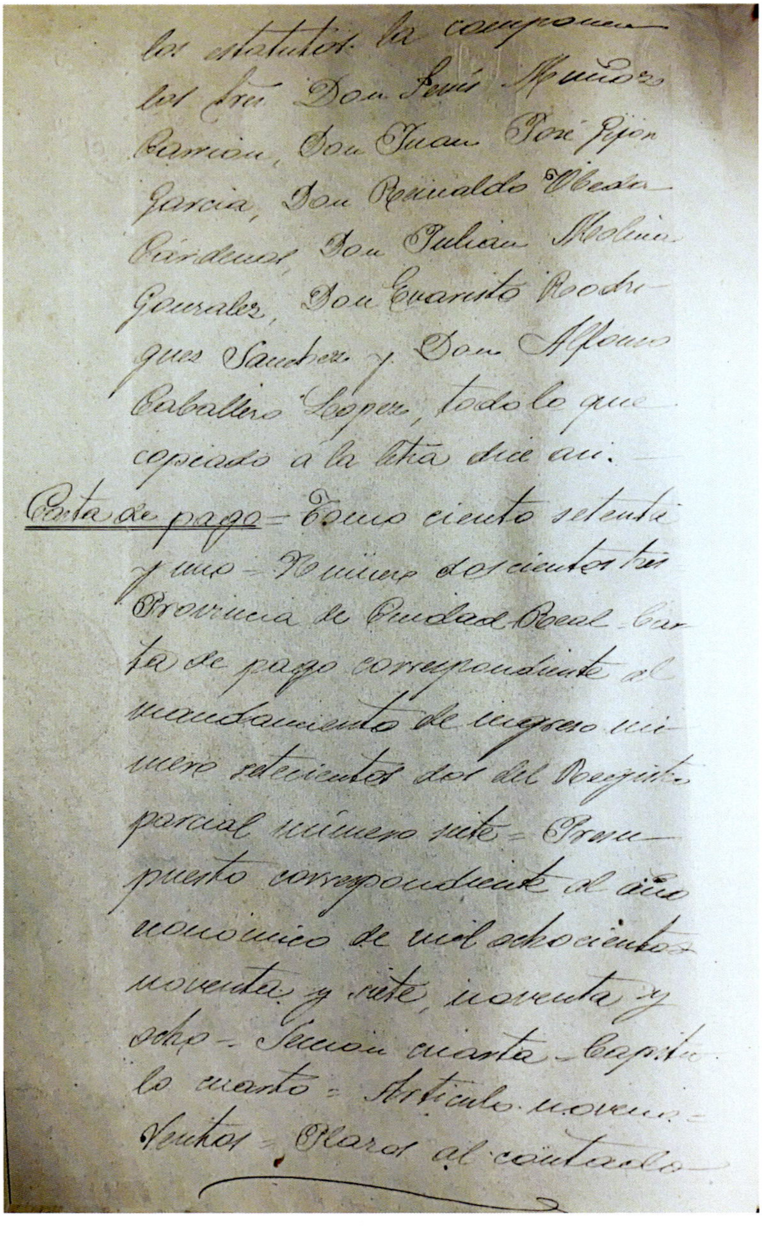

los estatutos la componen
los tres Don Luis Muñoz
Carrion, Don Juan José Gijon
Garcia, Don Reinaldo Olmedo
Cárdenas, Don Julian Molina
Gonzalez, Don Evaristo Rodri
gues Sanchez y Don Alfonso
Caballero Lopez, todo lo que
copiado a la letra dice asi. —
Carta de pago — Tomo ciento setenta
y uno — Número doscientos tres
Provincia de Ciudad Real — Car
ta de pago correspondiente al
mandamiento de ingreso nú
mero setecientos dos del Registro
parcial número siete — Presu
puesto correspondiente al año
económico de mil ochocientos
noventa y siete, noventa y
ocho — Seccion cuarta — Capitu
lo cuarto — Articulo noveno —
Ventas — Plazos al contado

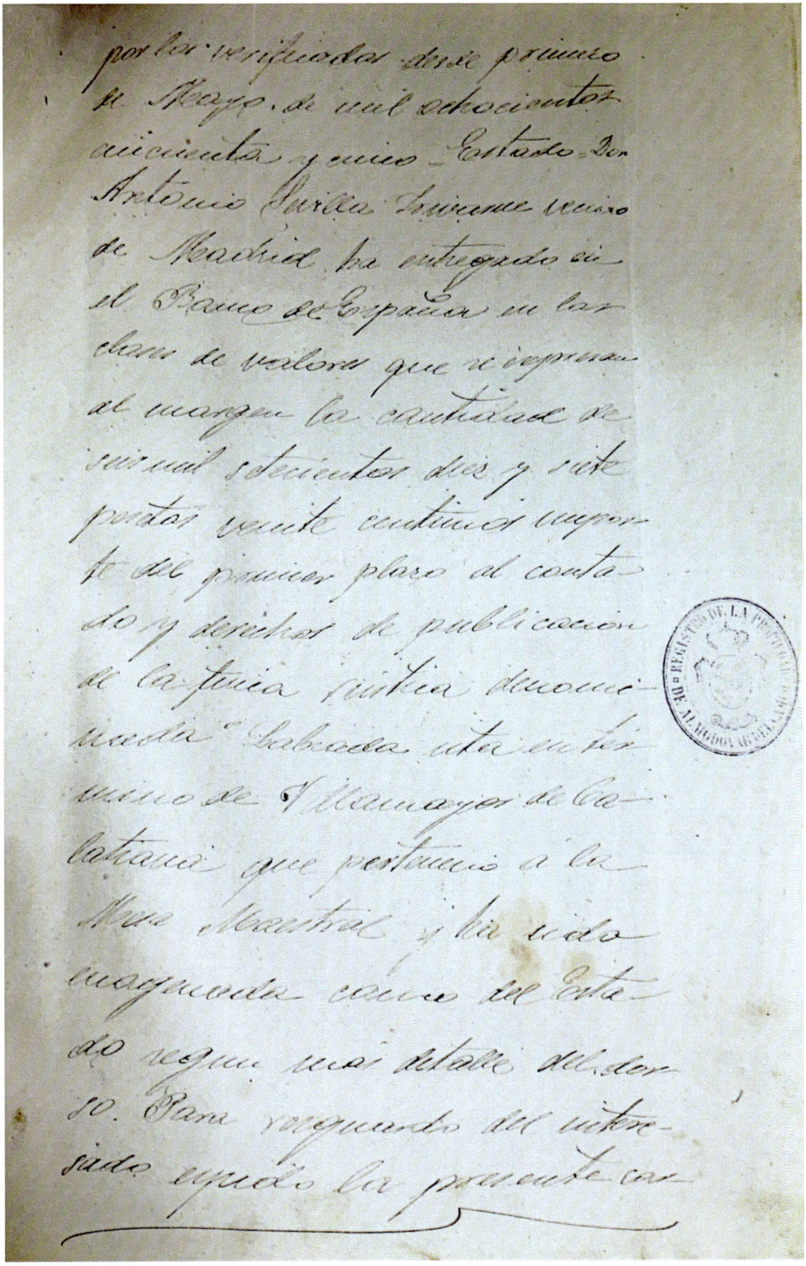

por las verificadas desde primero
de Mayo de mil ochocientos
cincuenta y cinco. Estado. Don
Antonio Durán Jiménez vecino
de Madrid ha entregado en
el Banco de España en las
clases de valores que se expresan
al margen la cantidad de
seis mil setecientos diez y siete
pesetas veinte céntimos importe del primer plazo al contado y derechos de publicación
de la finca rústica denominada "Labrada" sita en término de Villamayor de Ca-
latrava que perteneció a la
Mesa Maestral y ha sido
enajenada como del Esta-
do según más detalle del dorso. Para resguardo del interesado expido la presente car-

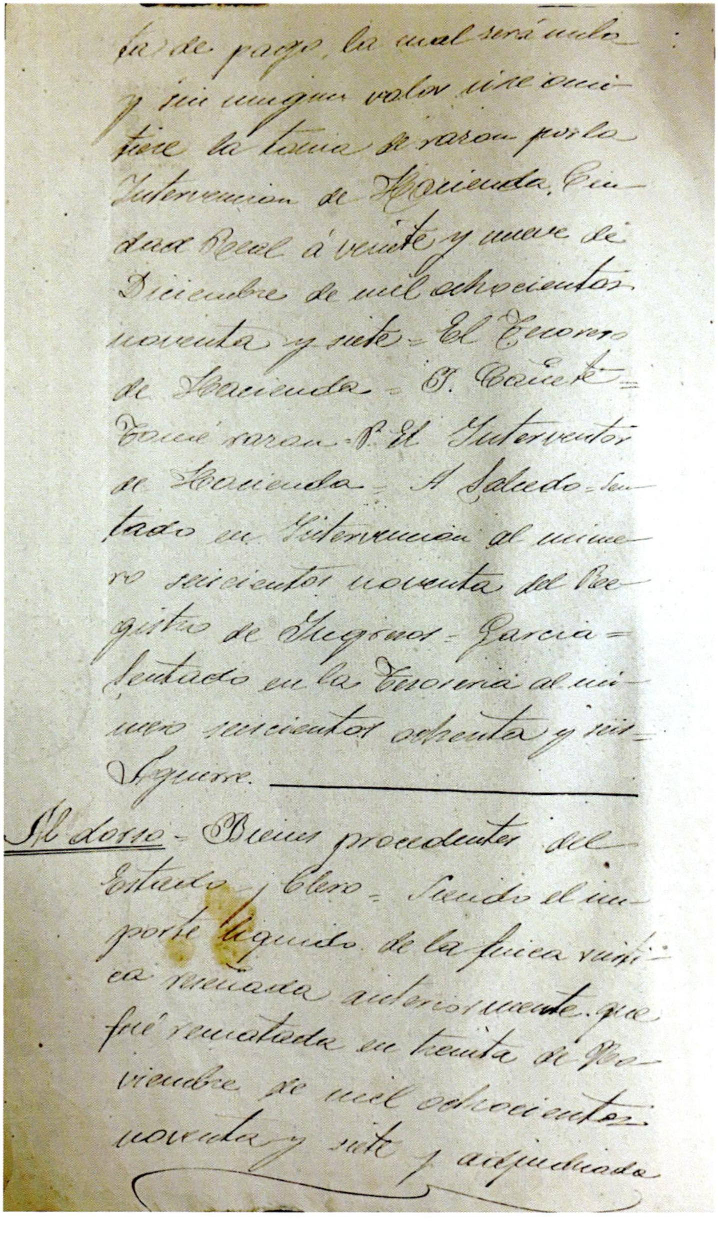

ta de pago, la cual será nula
y sin ningun valor sino se
tiene la toma de razon por la
Intervencion de Hacienda. Ciudad Real á veinte y nueve de
Diciembre de mil ochocientos
noventa y siete = El Tesorero
de Hacienda = J. Cañete =
Tomé razon = P. El Interventor
de Hacienda = A Salcedo = Sentado en Intervencion al número seiscientos noventa del Registro de Ingresos = Garcia =
Sentado en la Tesorería al número seiscientos ochenta y seis =
Izquierdo.

Al dorso = Bienes procedentes del
Estado y Clero = Siendo el importe líquido de la finca vendida reseñada anteriormente que
fué rematada en treinta de Noviembre de mil ochocientos
noventa y siete y adjudicada

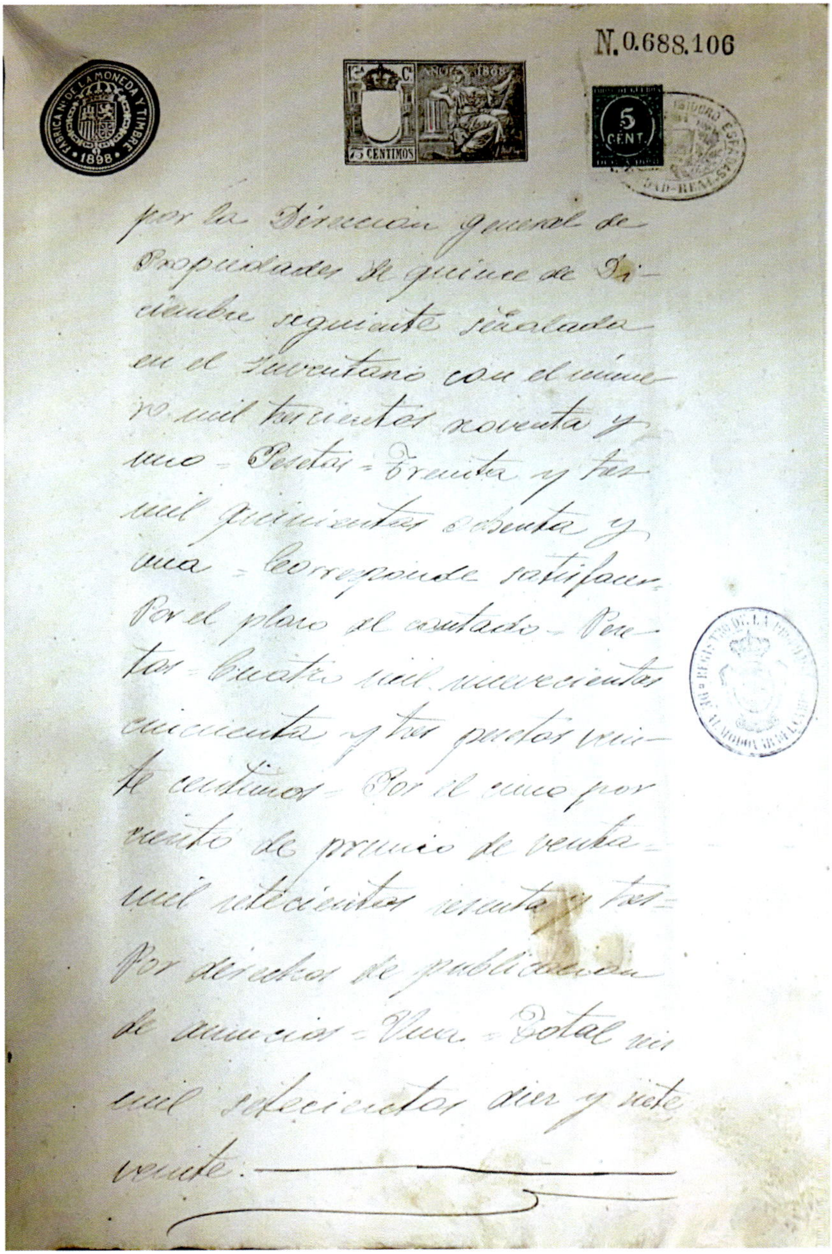
N. 0.688.106

FABRICA NL DE LA MONEDA Y TIMBRE • 1898 •

AÑO 1898

15 CENTIMOS

5 CENT.

por la Dirección general de
Propiedades de quince de Diciembre siguiente señalada
en el Inventario con el número mil trescientos noventa y
uno = Pesetas = Treinta y tres
mil quinientas ochenta y
una = corresponde satisfacer.
Por el plazo de contado = Pesetas = Cuatro mil novecientas
cincuenta y tres pesetas veinte céntimos = Por el cinco por
ciento de premio de venta
mil setecientas noventa y tres =
Por derechos de publicación
de anuncios = Una = Total seis
mil setecientas diez y siete
veinte. ___

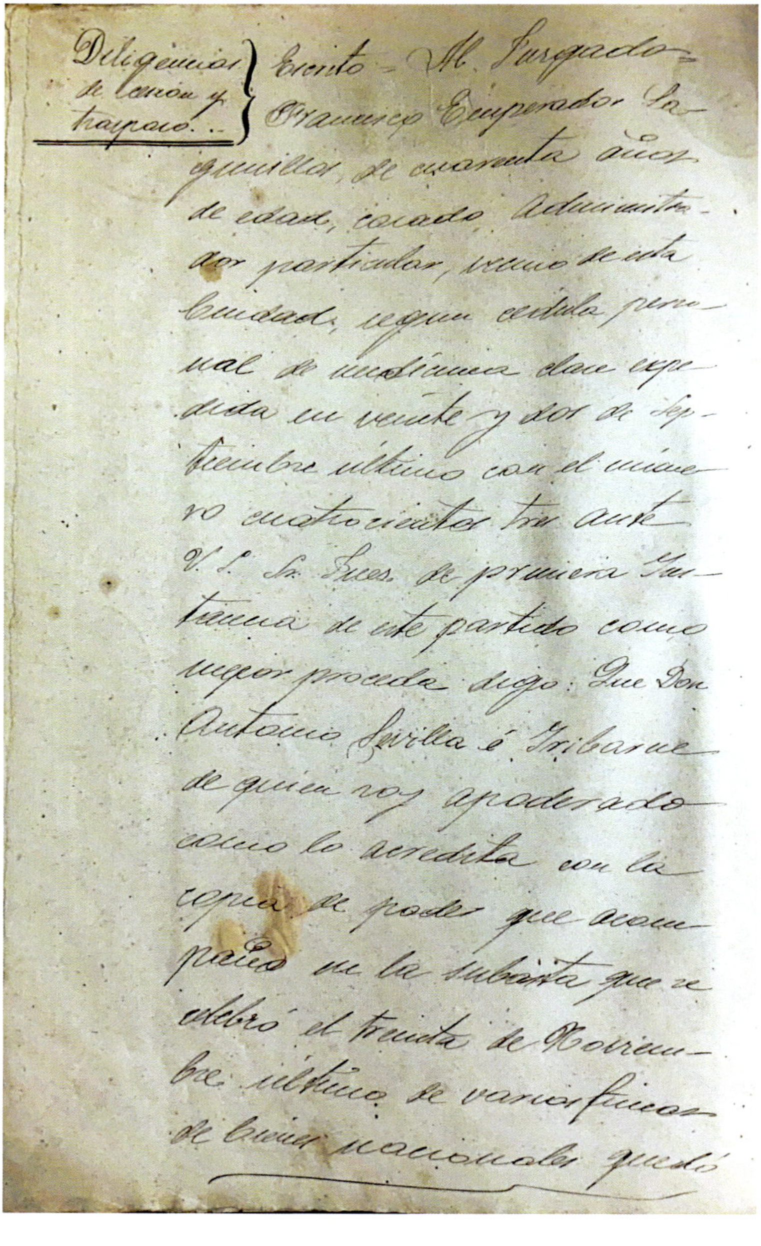

Diligencias de cesión y traspaso.-

Escrito - M. Juzgado - Francisco Emperador Saquinillas, de cuarenta años de edad, casado, Administrador particular, vecino de esta Ciudad, según cédula personal de undécima clase expedida en veinte y dos de Septiembre último con el número cuatrocientos tres ante V. S. Sr. Juez de primera Instancia de este partido como mejor proceda digo: Que Don Antonio Sevilla é Iribarne de quien soy apoderado como lo acredita con la copia de poder que acompaño en la subasta que se celebró el treinta de Noviembre último de varias fincas de bienes nacionales quedó

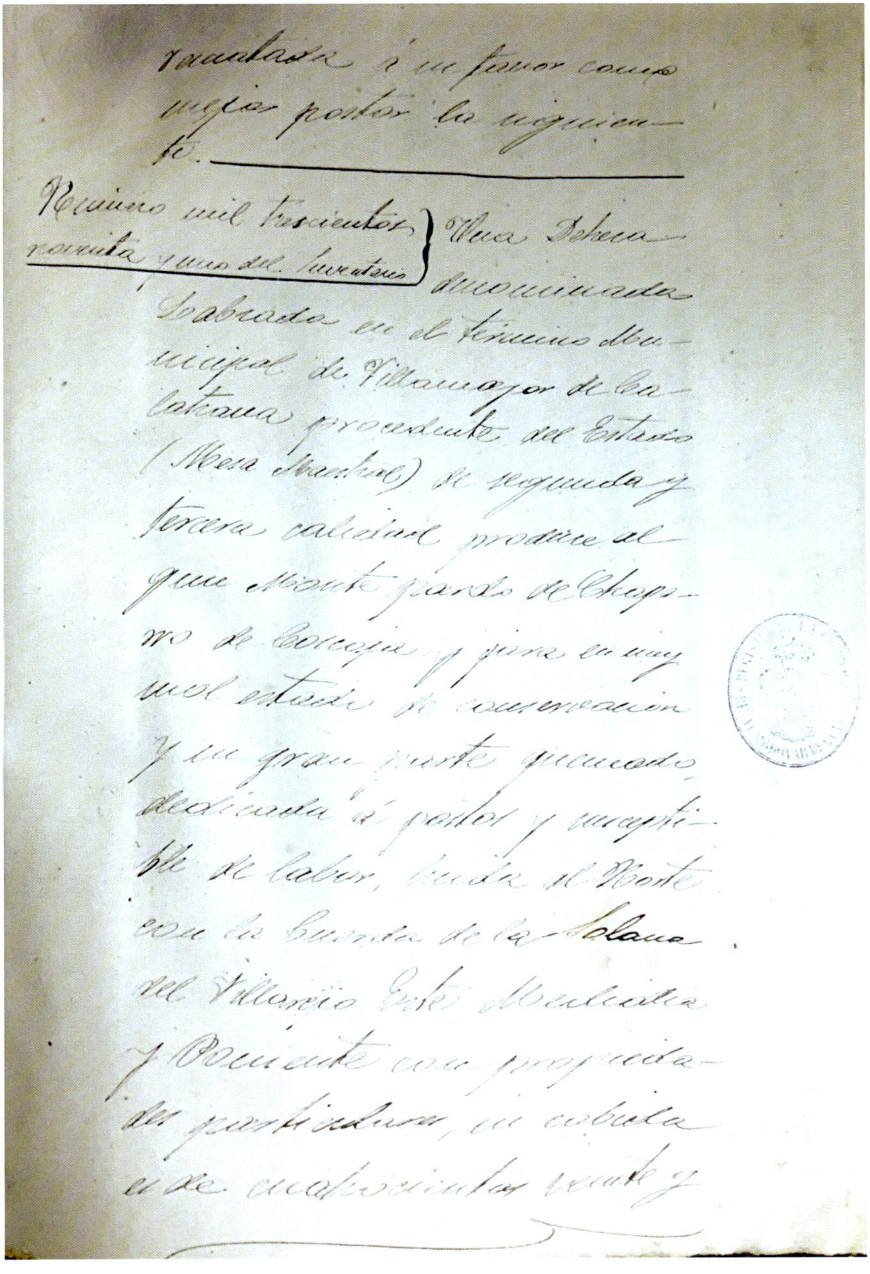

traspasada á su favor como
mejor postor la siguien-
te. ___

Número mil trescientos noventa y uno del Inventario } Una Dehesa denominada
Labrada en el término mu-
nicipal de Villamayor de Calatrava procedente del Estado
(Mesa Maestral) de segunda y
tercera calidad produce el
que monte pardo de Chapa-
rro de coscoja y pina en muy
mal estado de conservacion
y en gran parte quemado,
dedicada á pastos y susceptible de labor, linda al Norte
con la Quinta de la Solana
del Villarejo Este Mediodía
y Poniente con propieda-
des particulares, su cabida
es de cuatrocientas veinte y

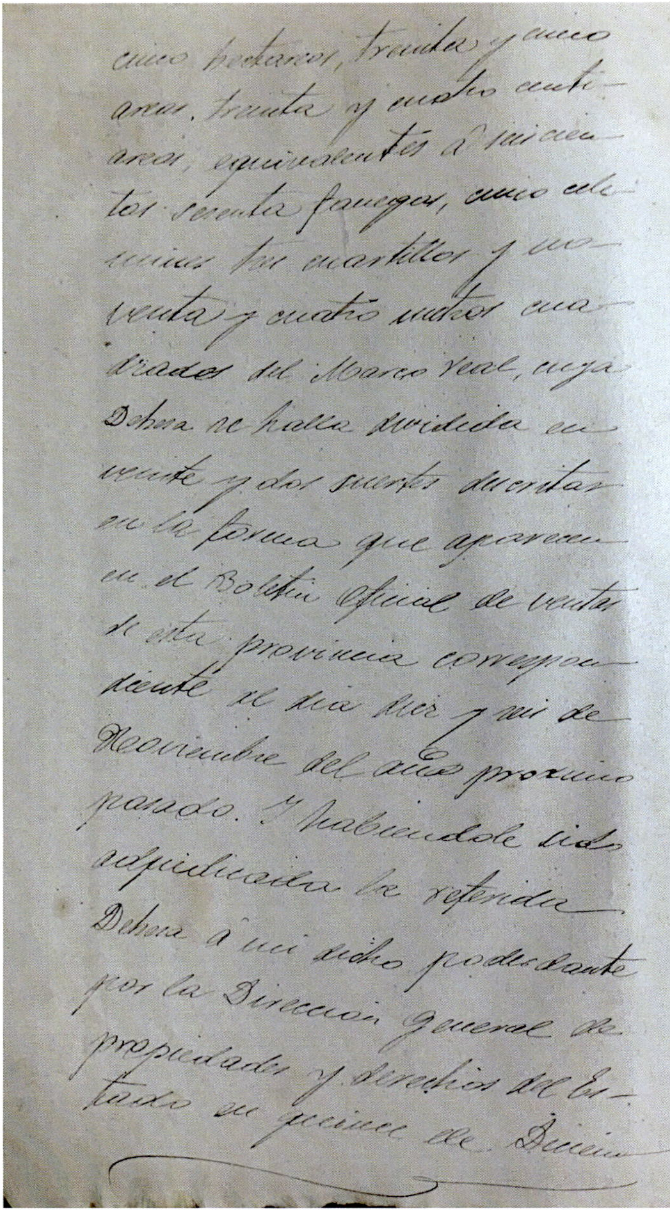
cinco hectareas, treinta y cinco
areas, treinta y cuatro centiareas, equivalentes á mil cientos sesenta fanegas, cinco celemines tres cuartillos y noventa y cuatro varas cua-
dradas del Marco real, cuya
Dehesa se halla dividida en
veinte y dos suertes descritas
en la forma que aparecen
en el Boletin Oficial de ventas
de esta provincia correspondiente al dia diez y seis de
Noviembre del año proximo
pasado. Y habiendole sido
adjudicada la referida
Dehesa á mi dicho poderdante
por la Direccion General de
propiedades y derechos del Estado en primero de Diciem

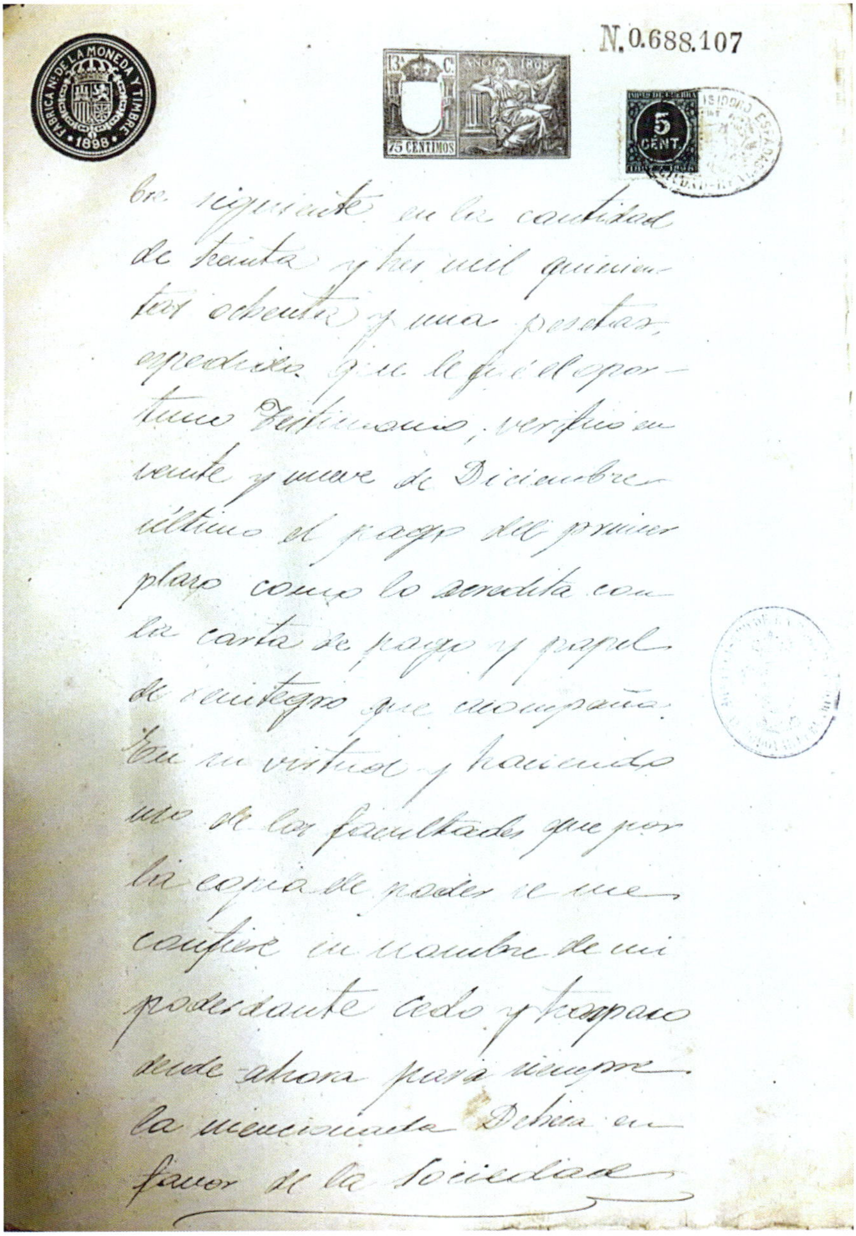

N. 0.688.107

FABRICA Nl. DE LA MONEDA Y TIMBRE 1898

13a C. AÑO DE 1898 75 CENTIMOS

5 CENT.

ba siguiente en la cantidad
de treinta y tres mil quinientas ochenta y una pesetas,
expediéndose que le facilité el oportuno testimonio, verificó en
veinte y nueve de Diciembre
último el pago del primer
plazo como lo acredita con
la carta de pago y papel
de reintegro que acompaña.
En su virtud y haciendo
uso de las facultades que por
la copia de poder se me
confiere en nombre de mi
poderdante cedo y traspaso
desde ahora para siempre
la mencionada Dehesa en
favor de la Sociedad

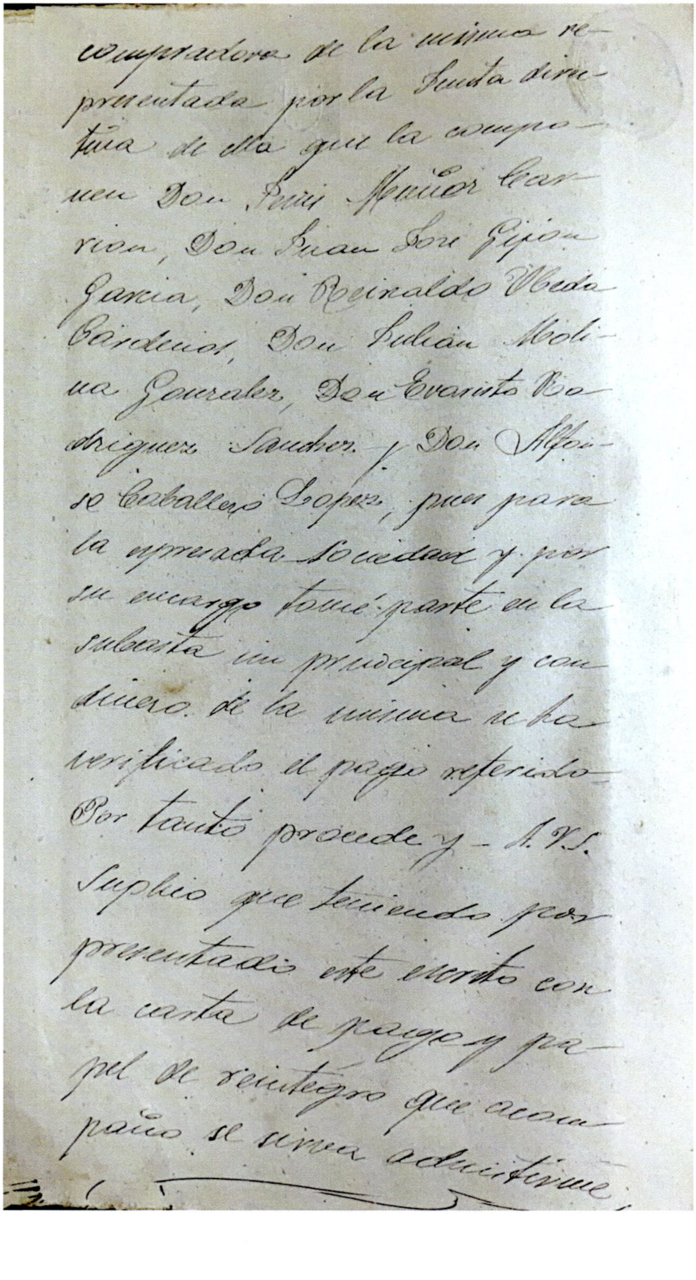
compradora de la misma re-
presentada por la Junta directiva de ella que la componen Don Pedro Muñoz Car-
rion, Don Juan José Gijón
García, Don Reinaldo Ubeda
Cárdenas, Don Julián Molina Gonzalez, Don Evaristo Rodriguez Sanchez y Don Alfonso Caballero Lopez, pues para
la expresada sociedad y por
su encargo tomé parte en la
subasta en principal y con
dinero de la misma se ha
verificado el pago referido.
Por tanto procede y - A V.S.
Suplico que teniendo por
presentado este escrito con
la carta de pago y pa-
pel de reintegro que acompaño se sirva admitirme;

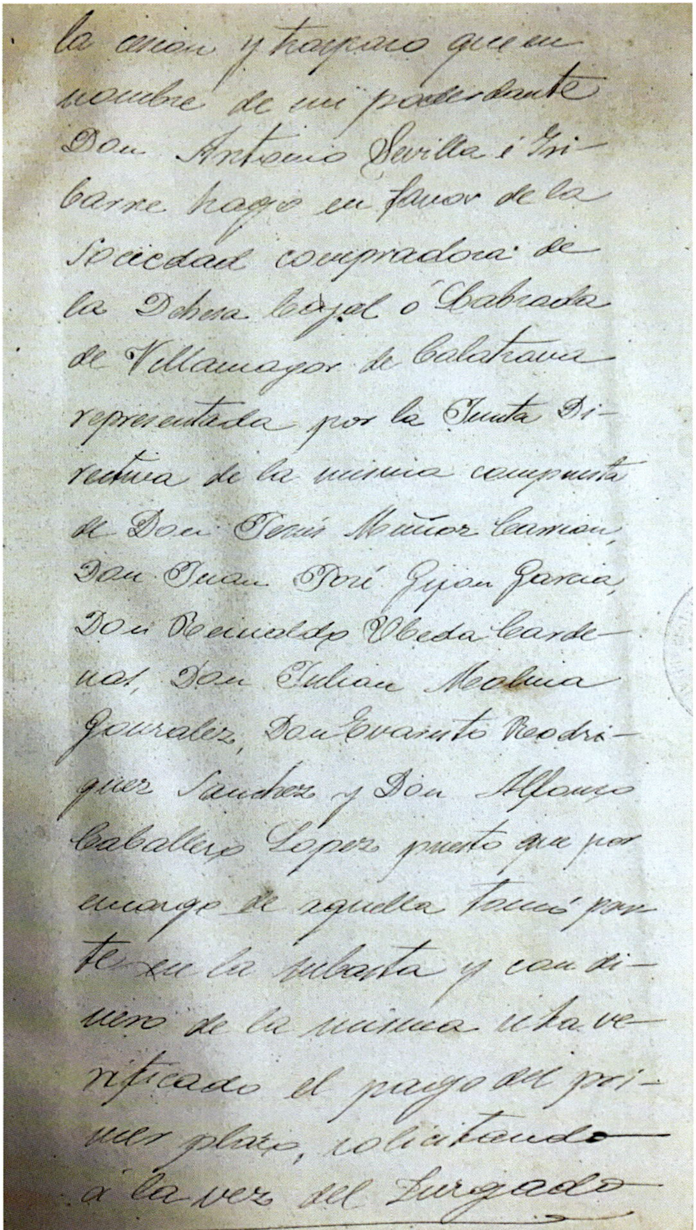
la cesion y traspaso que en
nombre de mi poderdante
Don Antonio Sevilla i Iribarne hago en favor de la
Sociedad compradora de
la Dehesa Cerjal ó Chabrada
de Villamayor de Calatrava
representada por la Junta Directiva de la misma compuesta
de Don José Muñoz Carrion,
Don Juan José Gijon Garcia,
Don Reinaldo Ubeda Carde-
nas, Don Julian Molina
Gonzalez, Don Evaristo Rodriguez Sanchez y Don Alfonso
Caballero Lopez puesto que por
encargo de aquella tomó parte en la subasta y con dinero de la misma una ve-
rificado el pago del pri-
mer plazo, solicitando
á la vez del Juzgado

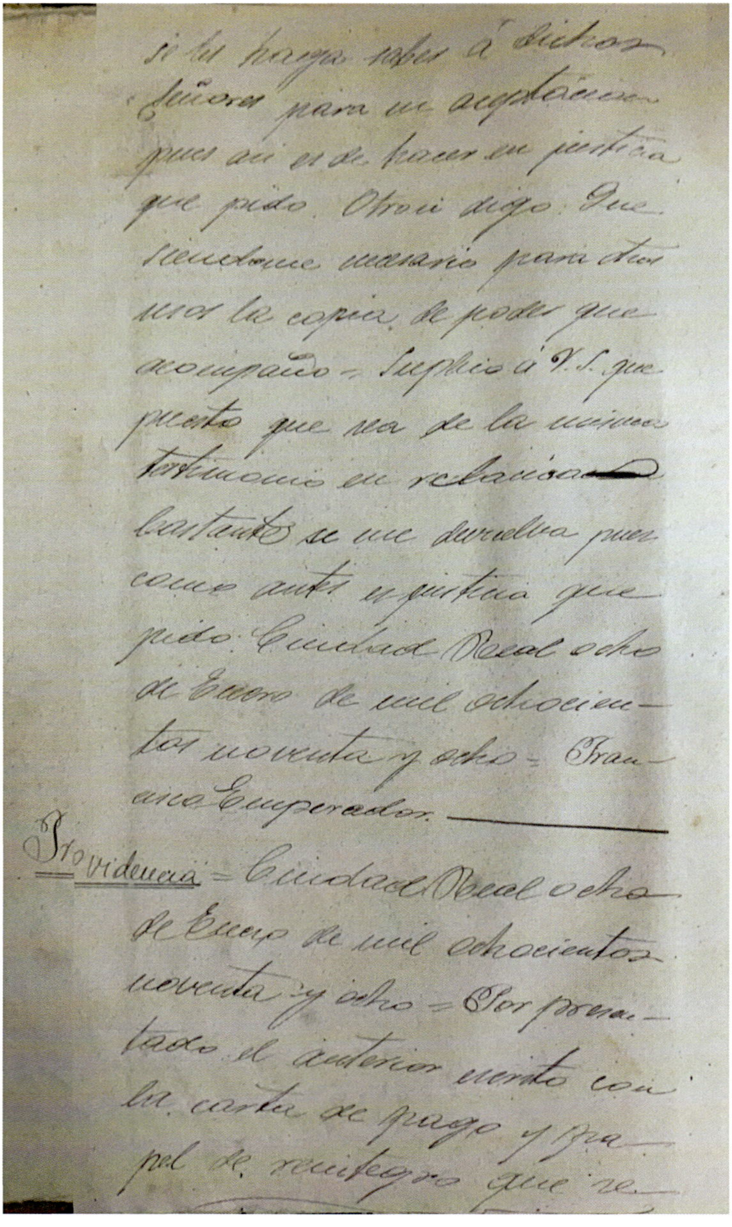
se les haga saber á dichos
señores para su aceptacion
pues así es de hacer en justicia
que pido. Otrosí digo: Que
necesitandome necesario para otros
usos la copia de poder que
acompaño = Suplico á V.S. que
puesto que va de la misma
testimonio en relacion
bastante se me devuelva pues
como antes es justicia que
pido. Ciudad Real ocho
de Enero de mil ochocien-
tos noventa y ocho = Francisco Emperador.
Providencia = Ciudad Real ocho
de Enero de mil ochocientos
noventa y ocho = Por presentado el anterior escrito con
la carta de pago y pa-
pel de reintegro que se

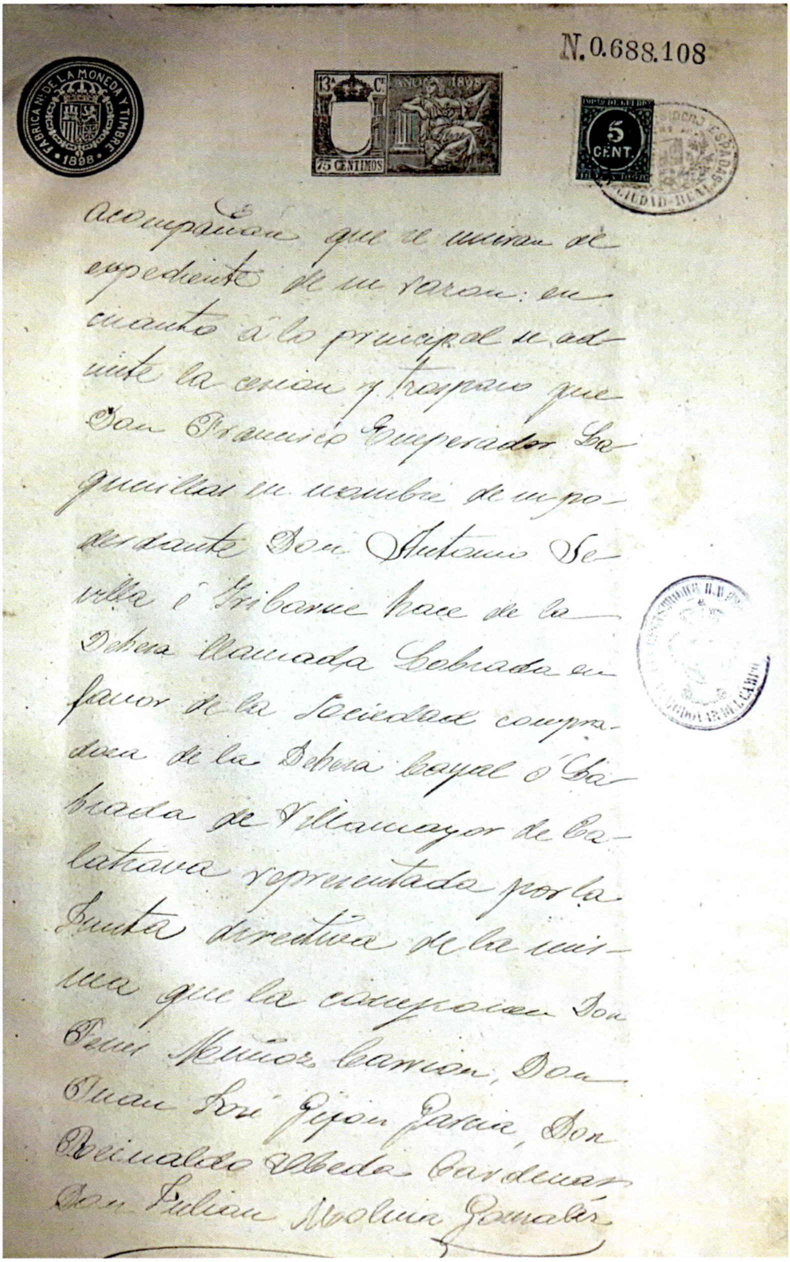

N. 0.688.108

FABRICA Nl. DE LA MONEDA Y TIMBRE 1898

13ª Cl.e AÑO DE 1898 75 CENTIMOS

5 CENT.

acompañan que se unirán al
expediente de su razón: en
cuanto á lo principal se admite la cesión y traspaso que
Don Francisco Emperador Laguinillas en nombre de su poderdante Don Antonio Se-
villa é Tribarne hace de la
Dehesa llamada Labrada en
favor de la Sociedad compradora de la Dehesa Cayal ó Labrada de Villamayor de Calatrava representada por la
Junta directiva de la misma que la componen Don
Pedro Muñoz Camacho, Don
Juan José Pijón García, Don
Reinaldo Ubeda Cárdenas
Don Julián Molina González

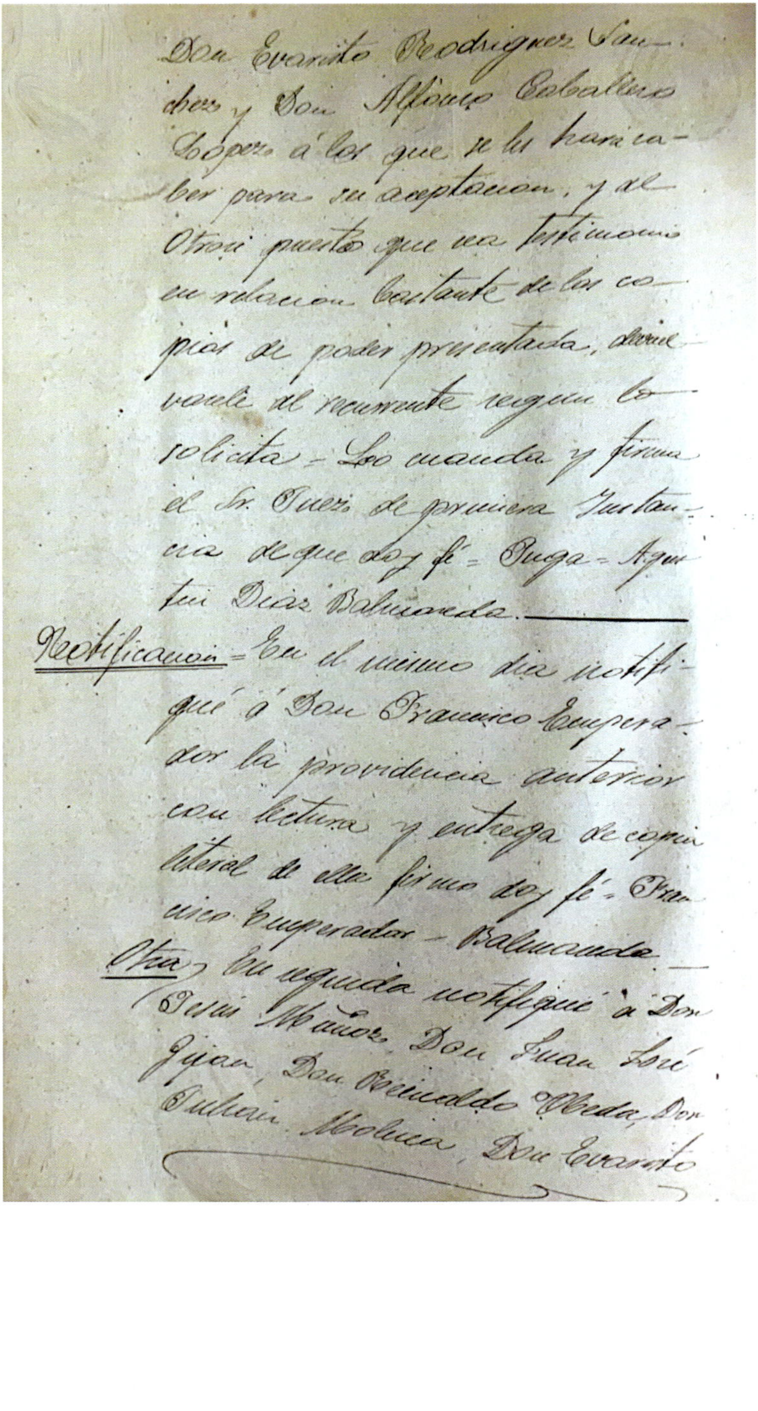

Don Evaristo Rodriguez Sanchez y Don Alfonso Caballero
López á los que se les hará saber para su aceptacion, y al
Otrosí puesto que sea testimonio
en relacion bastante de las copias de poder presentada, devuél-
vasele al recurrente segun lo
solicita. Lo manda y firma
el Sr. Juez de primera Instancia de que doy fé. Puga. Agustin Diaz Baluenda.

Notificacion. En el mismo dia notifiqué á Don Francisco Empera-
dor la providencia anterior
con lectura y entrega de copia
literal de ella firma doy fé. Francisco Emperador. Baluenda.

Otra. En seguida notifiqué á Don
Jesus Muñoz, Don Juan José
Gijon, Don Reinaldo Ubeda, Don
Julian Molina, Don Evaristo

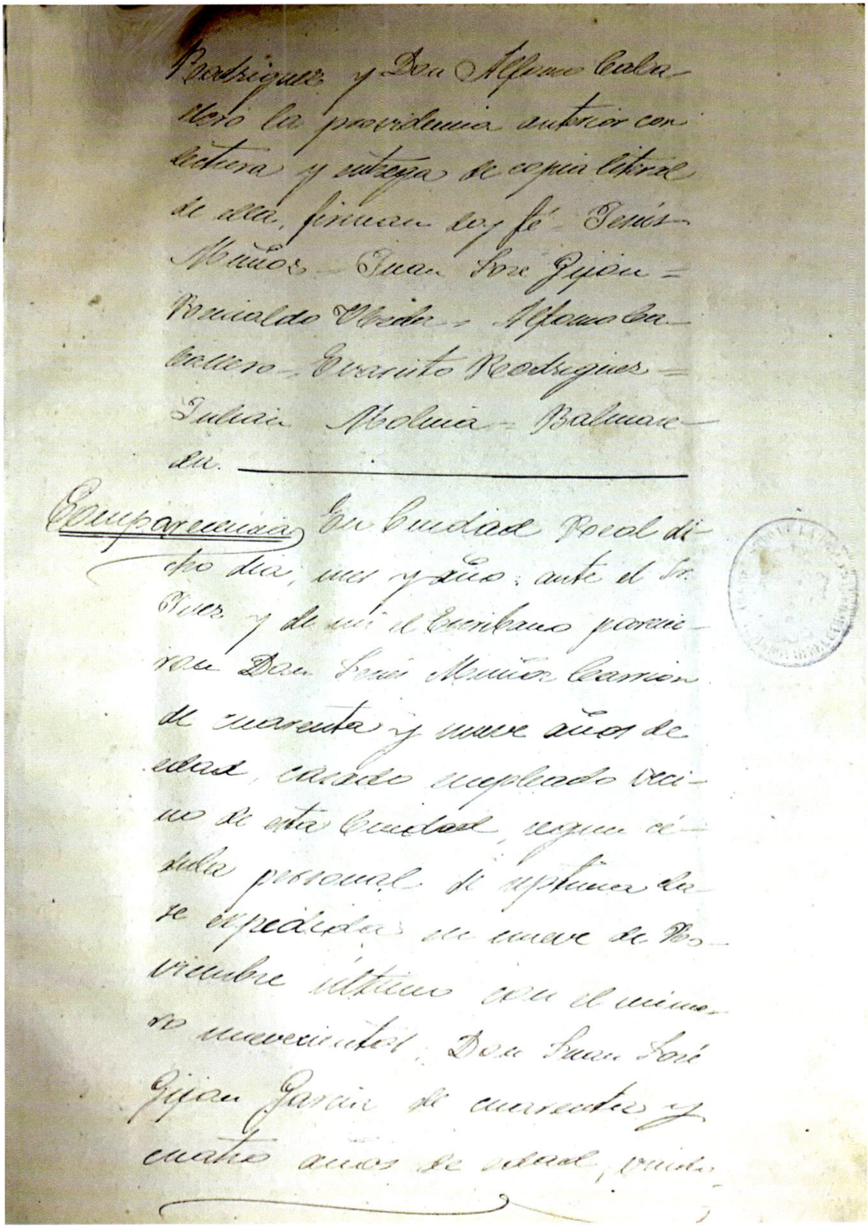

Rodríguez y Don Alfonso Caballero la providencia anterior con
lectura y entrega de copia literal
de ella, firman doy fé. Jesús
Muñoz — Juan José Gijón —
Romualdo Ovide — Alfonso Caballero — Evaristo Rodríguez —
Julián Molina — Balmase-
da.

Comparecencia. En Ciudad Real dicho día, mes y año: ante el Sr.
Juez y de mí el Escribano parecie-
ron Don Jesús Muñoz Carrión
de cuarenta y nueve años de
edad, casado empleado vecino de esta Ciudad, según cédula personal de séptima clase expedida en nueve de Noviembre último con el número nuevecientos, Don Juan José
Gijón García de cuarenta y
cuatro años de edad, viudo

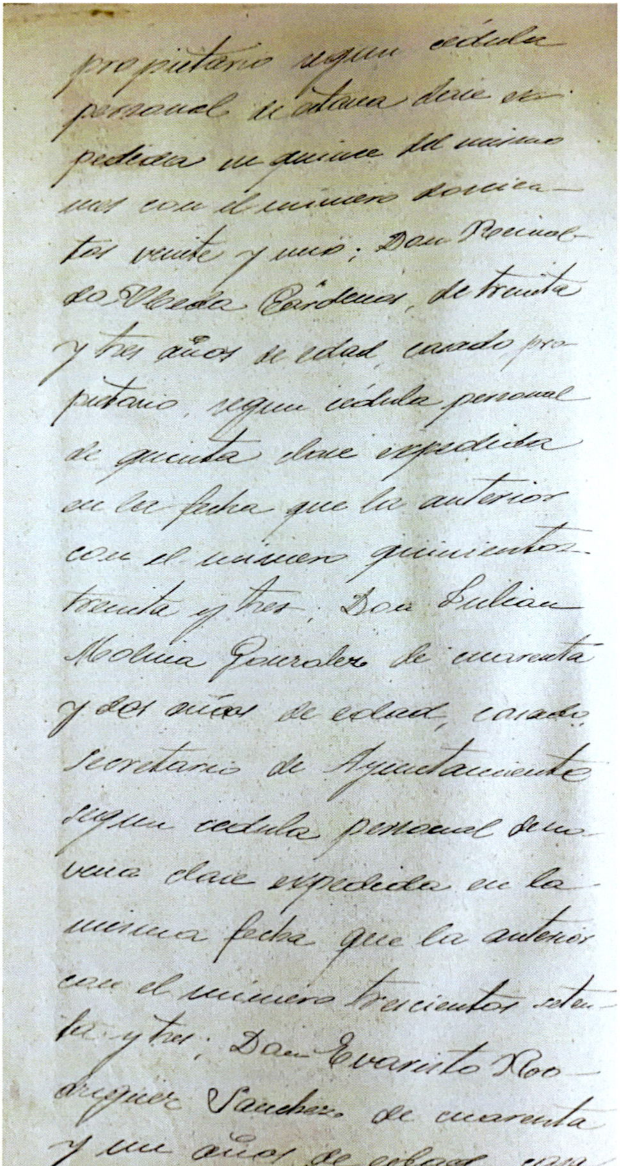
propietario según cédula
personal de octava clase expedida en quince del mismo
mes con el número doscientos veinte y uno; Don Pascual
de Ulloa Cárdenas, de treinta
y tres años de edad, casado propietario, según cédula personal
de quinta clase expedida
en la fecha que la anterior
con el número quinientos
treinta y tres; Don Julian
Molina Gonzalez de cuarenta
y dos años de edad, casado,
secretario de Ayuntamiento
según cédula personal de undécima clase expedida en la
misma fecha que la anterior
con el número trescientos setenta y tres; Don Evaristo Rodriguez Sanchez de cuarenta
y un años de edad, casa-

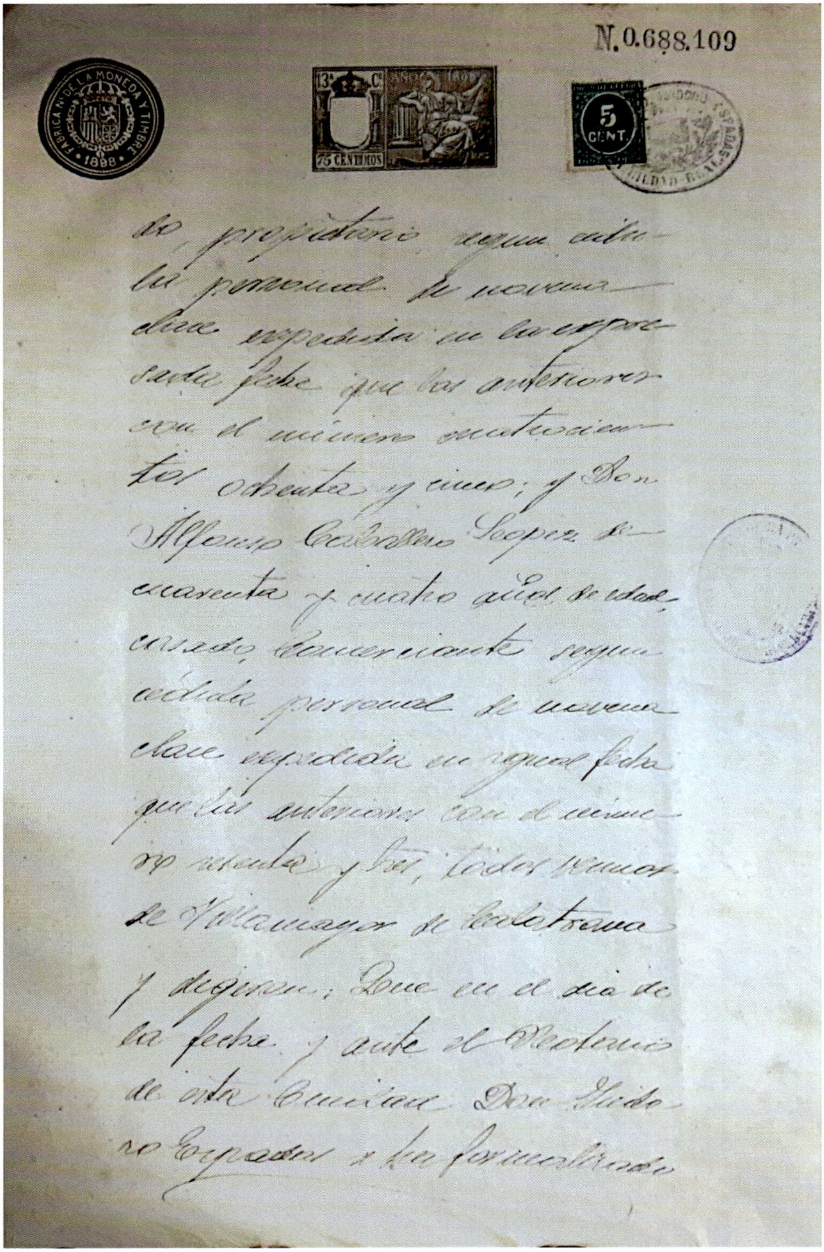

ño propietario, según cédula personal de novena
clase expedida en la expresada fecha que las anteriores
con el número ochocien-
tos ochenta y cinco; y Don
Alfonso Caballero López de
cuarenta y cuatro años de edad,
casado, comerciante, según
cédula personal de novena
clase expedida en igual fecha
que las anteriores con el número veinte y tres, todos vecinos
de Villamayor de Calatrava
y dijeron: Que en el día de
la fecha y ante el Notario
de esta Ciudad Don Isido-
ro Espadas se ha formalizado

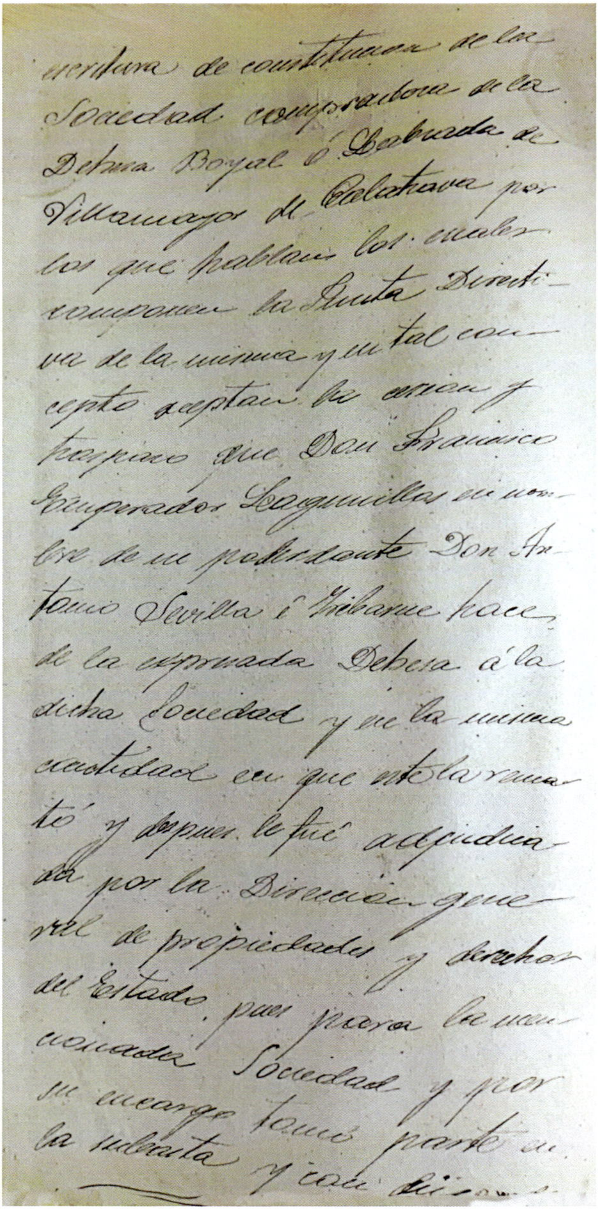
escritura de constitucion de la
Sociedad compradora de la
Dehesa Boyal ó Labrada de
Villamayor de Calatrava por
los que hablan los cuales
componen la Junta Directiva de la misma y en tal concepto aceptan la venta y
traspaso que Don Francisco
Emperador Laguinillas en nombre de su poderdante Don Antonio Sevilla i Ybarra hace
de la expresada Dehesa á la
dicha Sociedad y en la misma
cantidad en que este la remató y despues le fué adjudicada por la Direccion gene-
ral de propiedades y derechos
del Estado, pues para la mencionada Sociedad y por
su encargo tomó parte en
la subasta y con dinero

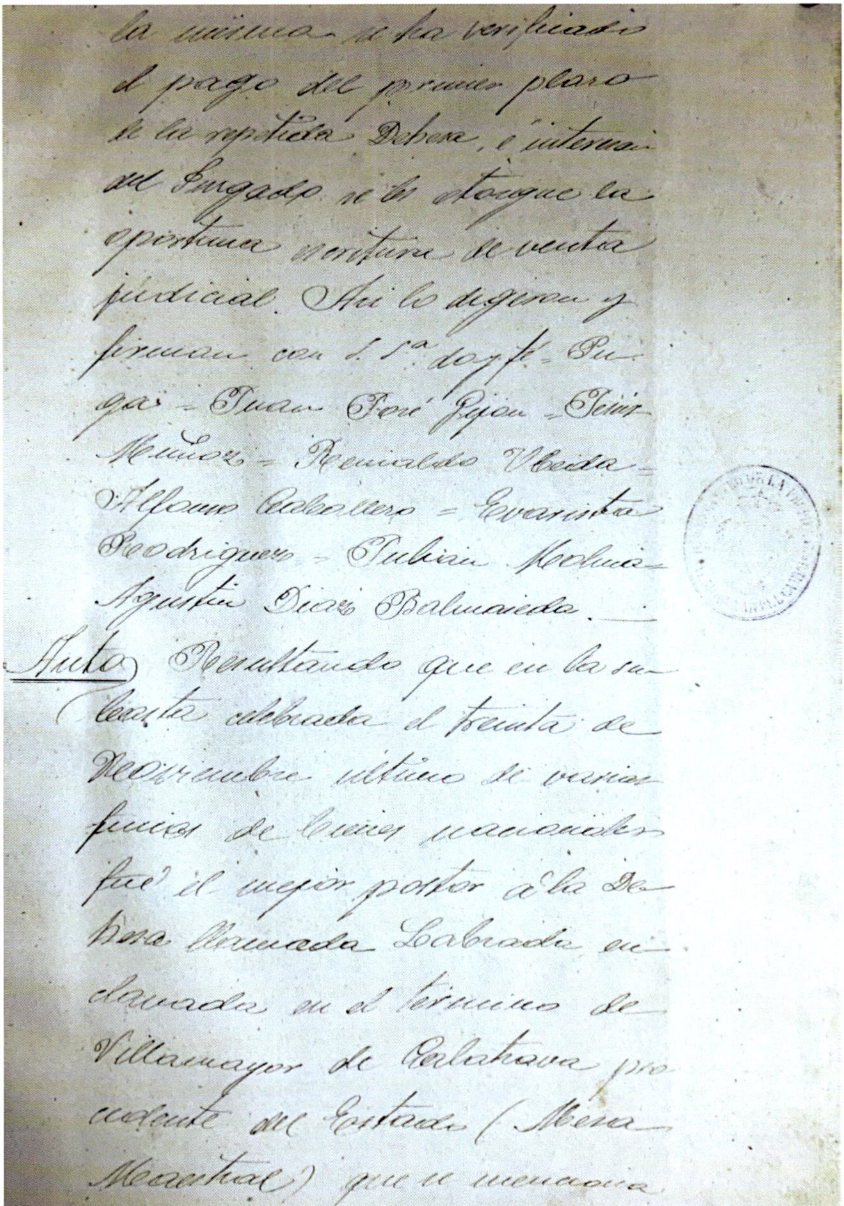
la misma se ha verificado
el pago del primer plazo
de la repetida Dehesa, é interesa
del Juzgado se le otorgue la
oportuna escritura de venta
judicial. Asi lo dijeron y
firman con el Sr. Juez - Pu-
gar - Juan José Pijon - Jesus
Muñoz - Reinaldo Ubeda -
Alfonso Caballero - Evaristo
Rodriguez - Tubian Molina -
Agustin Diaz Balmaseda. —
Auto) Resultando que en la subasta celebrada el treinta de
Noviembre último de varias
fincas de bienes nacionales
fué el mejor postor á la Dehesa llamada Labrada en-
clavada en el término de
Villamayor de Calatrava procedente del Estado (Mesa
Maestral) que se menciona

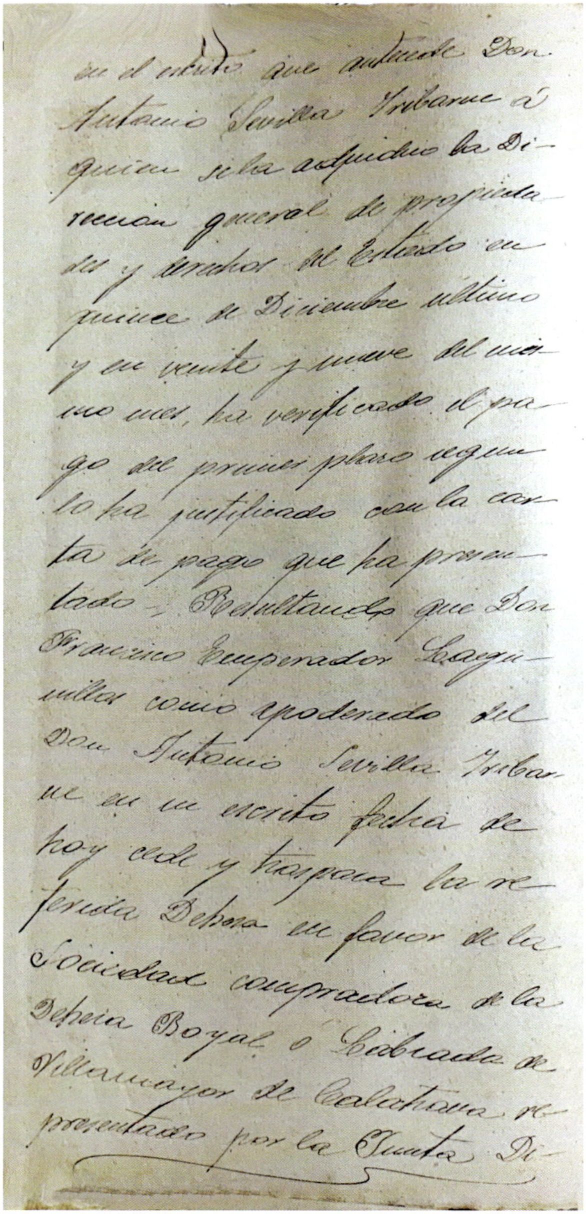

en el edicto que antecede Don
Antonio Sevilla Urbano á
quien se le adjudicó la Direccion general de propiedades y derechos del Estado en
quince de Diciembre último
y en veinte y nueve del mismo mes, ha verificado el pago del primer plazo segun
lo ha justificado con la carta de pago que ha presen-
tado. Resultando que Don
Francisco Emperador Lagu-
nilla como apoderado del
Don Antonio Sevilla Urba-
no en su escrito fecha de
hoy cede y traspasa la referida Dehesa en favor de la
Sociedad compradora de la
Dehesa Boyal ó Labrada de
Villamayor de Calatrava representado por la Junta Di-

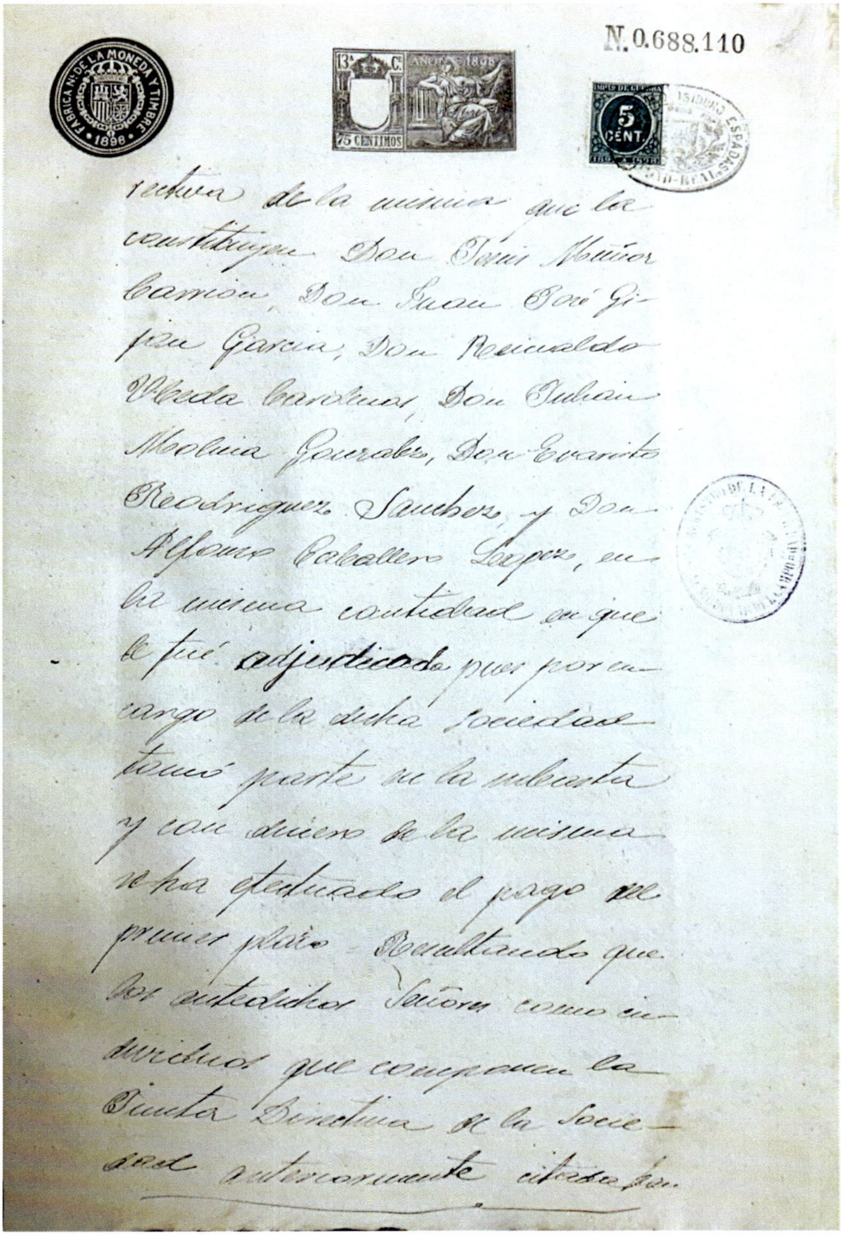

N. 0.688.110

FABRICA Nl. DE LA MONEDA Y TIMBRE · 1898 ·

13ª Cl. AÑO DE 1898 75 CÉNTIMOS

IMPTO DE GUERRA 5 CENT.

rectora de la misma que la
constituyen Don José Muñoz
Ramón, Don Juan José Gi-
ner García, Don Reinaldo
Ubeda Cardenas, Don Julián
Molina Jaurabe, Don Evaristo
Rodríguez Sánchez, y Don
Alfonso Caballero López, en
la misma cantidad en que
le fué adjudicada pues por encargo de la dicha sociedad
tomó parte en la subasta
y con dinero de la misma
se ha efectuado el pago del
primer plazo. Resultando que
los antedichos Señores como individuos que componen la
Junta Directiva de la Sociedad anteriormente citada han

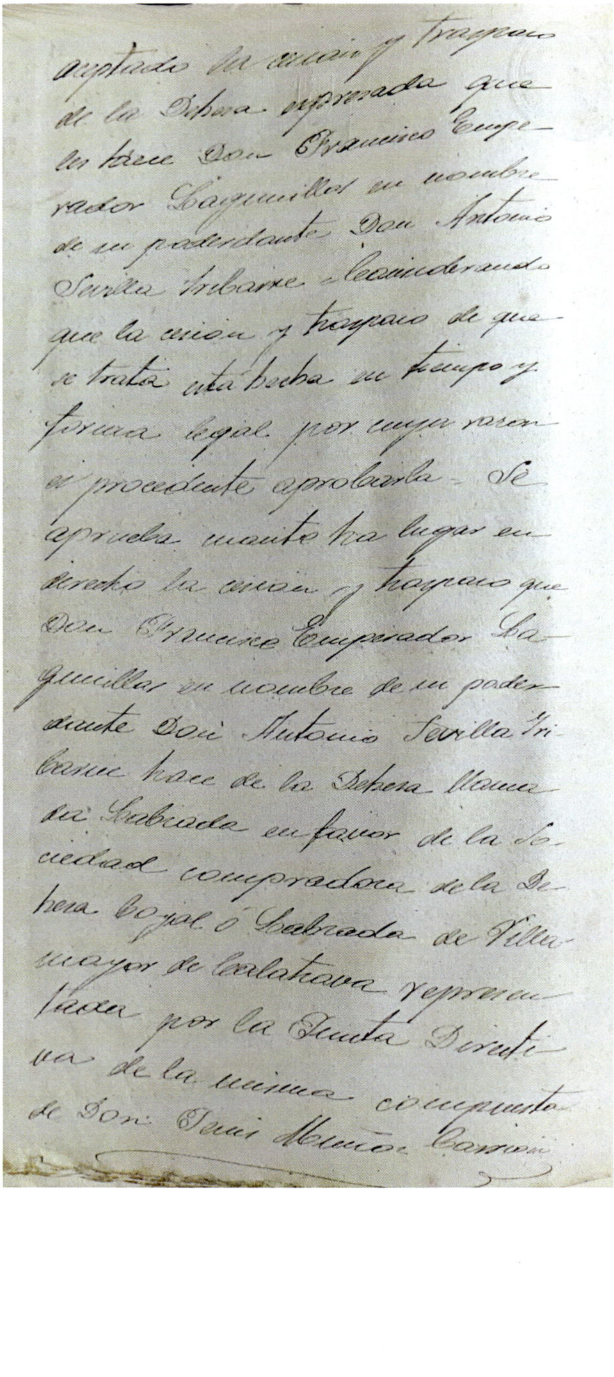

aceptado la cesión y traspaso
de la Dehesa expresada que
les hace Don Francisco Emperador Laguinillas en nombre
de su poderdante Don Antonio
Sevilla Iribarne. Considerando
que la cesión y traspaso de que
se trata está hecha en tiempo y
forma legal, por cuya razón
es procedente aprobarla. Se
aprueba cuanto ha lugar en
derecho la cesión y traspaso que
Don Francisco Emperador Laguinillas en nombre de su poderdante Don Antonio Sevilla Iribarne hace de la Dehesa llamada Labrada en favor de la Sociedad compradora de la Dehesa boyal ó Labrada de Villamayor de Calatrava representada por la Junta Directiva de la misma compuesta
de Don José Muñoz Carrión

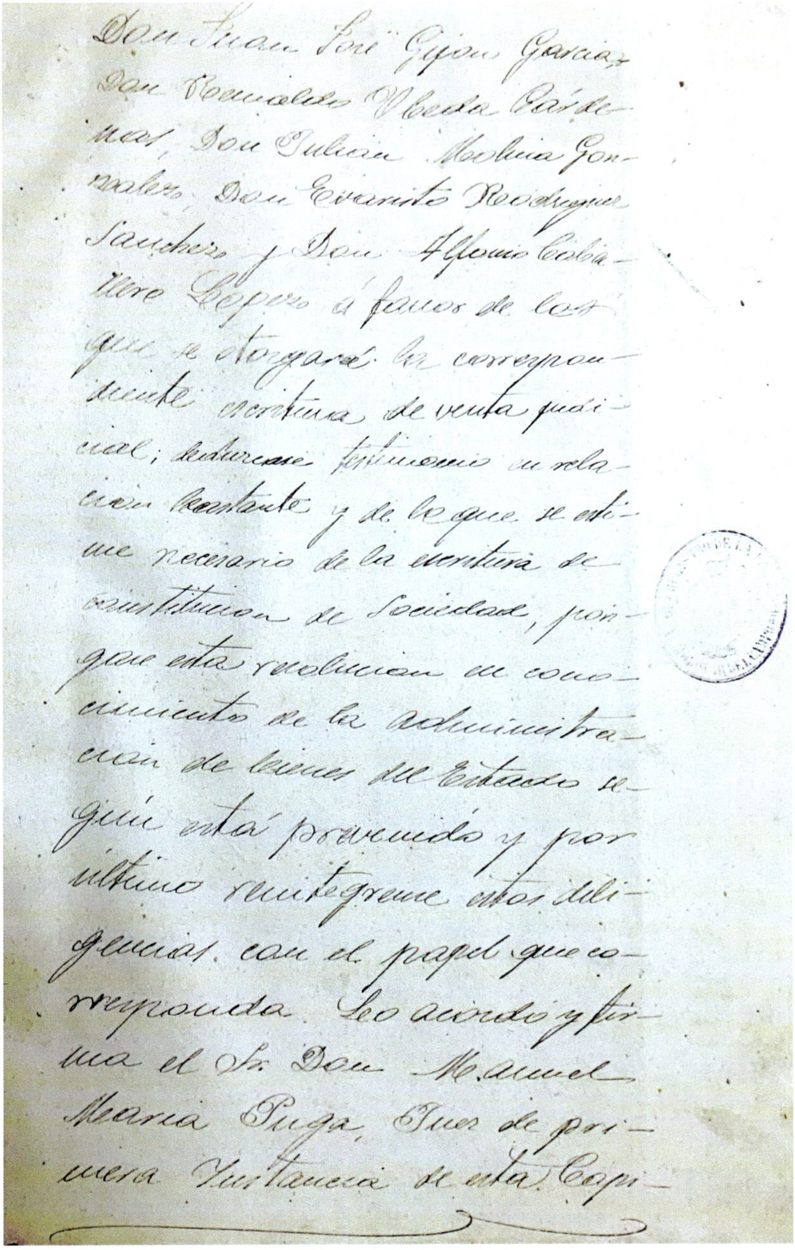

Don Juan José Gijón García,
Don Reinaldo Ubeda Cárde-
nas, Don Julián Molina Gonzalez, Don Evaristo Rodríguez
Sanchez y Don Alfonso Caballero López á favor de los
que se otorgará la correspondiente escritura de venta judicial; librándose testimonio en relacion bastante y de lo que se estime necesario de la escritura de
constitucion de Sociedad, pon-
gase esta resolucion en conocimiento de la administracion de bienes del Estado según está prevenido y por
último reintegrense estas diligencias con el papel que corresponda. Lo acordó y firma el Sr. Don Manuel
Maria Puga, Juez de pri-
mera Instancia de esta Cap-

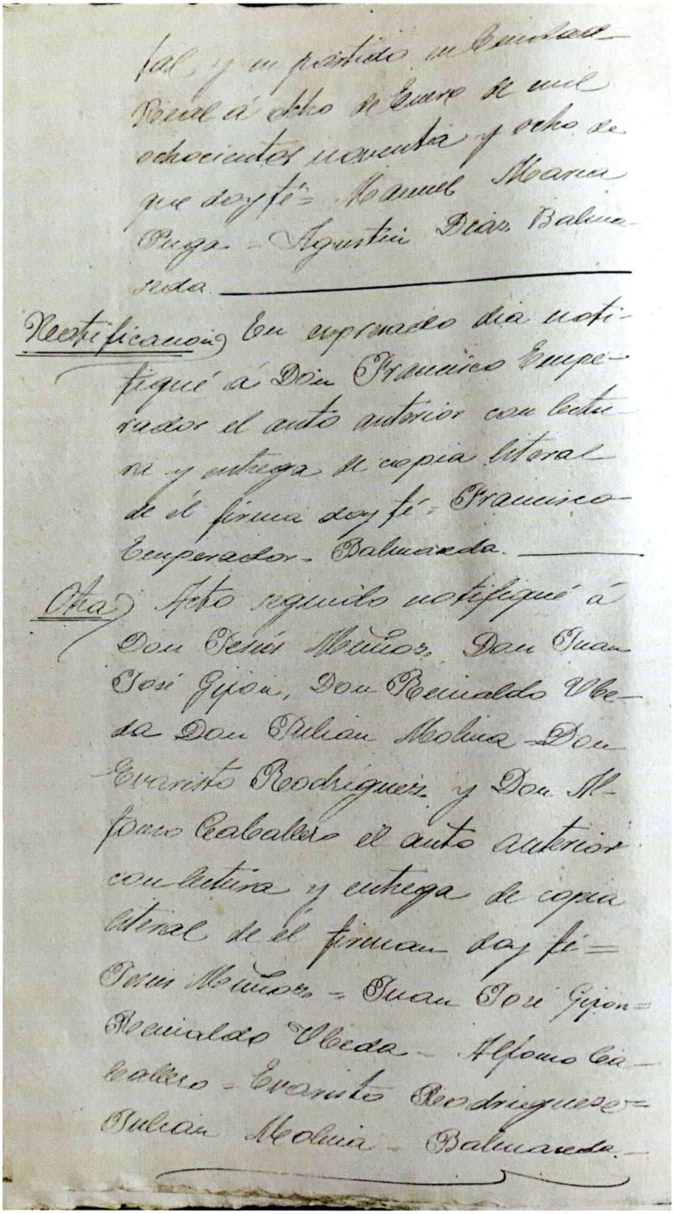

tal, y en partido en Ciudad-
Real á ocho de Enero de mil
ochocientos noventa y ocho de
que doy fé = Manuel Maria
Puga - Agustin Diaz Balmaseda. ___

Notificacion) En expresado dia notifiqué á Don Francisco Emperador el auto anterior con lectura y entrega de copia literal
de él firma doy fé = Francisco
Emperador - Balmaseda. ___

Otra) Acto seguido notifiqué á
Don Jesús Muñoz, Don Juan
José Gijon, Don Reinaldo Ube-
da Don Julian Molina Don
Evaristo Rodriguez y Don Al-
fonso Caballero el auto anterior
con lectura y entrega de copia
literal de él firman doy fé =
Jesús Muñoz - Juan José Gijon =
Reinaldo Ubeda - Alfonso Ca-
ballero - Evaristo Rodriguez =
Julian Molina - Balmaseda. ___

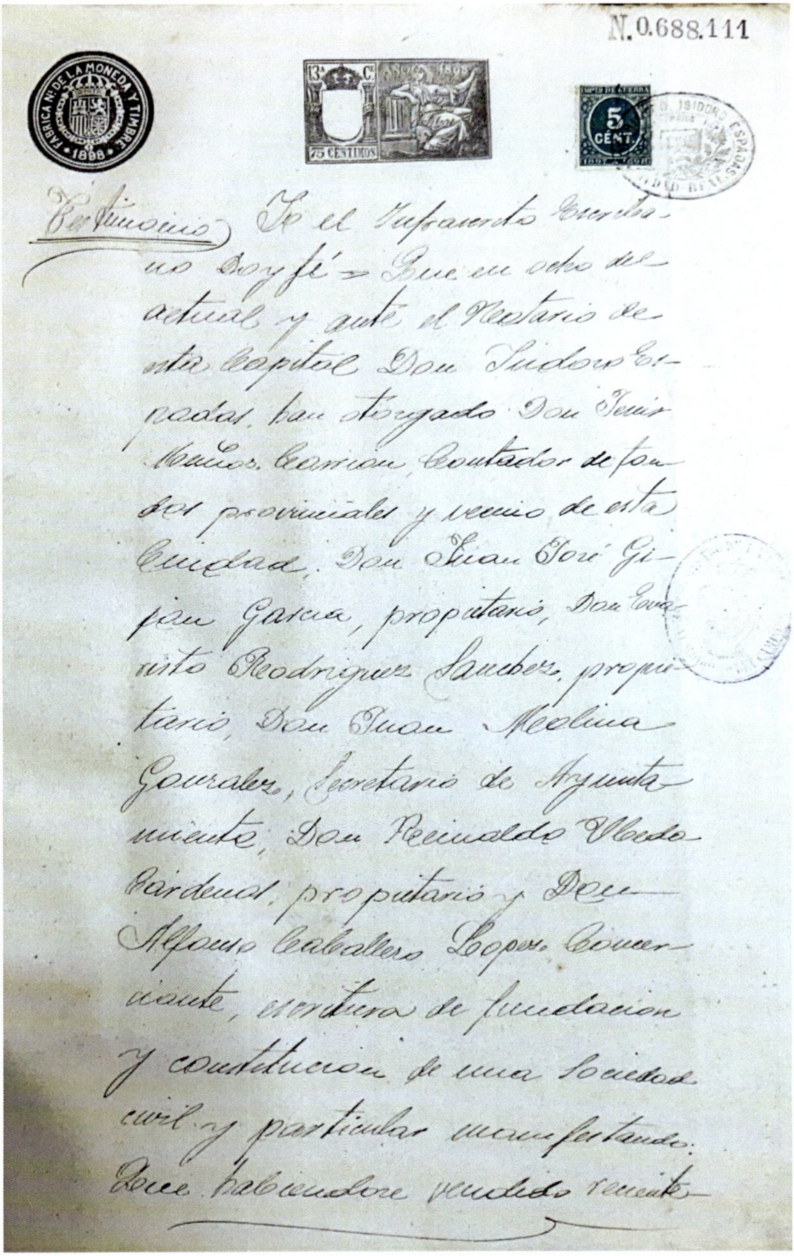

Testimonio) Yo el infrascrito Escribano doy fé = Que en ocho del
actual y ante el Notario de
esta Capital Don Isidoro Espadas, han otorgado Don Tenir
Muños Carrion, Contador de fondos provinciales y vecino de esta
Ciudad, Don Juan José Gi-
jon Garcia, propietario, Don Evaristo Rodriguez Sanchez, propietario, Don Juan Medina
Gonzalez, Secretario de Ayuntamiento, Don Reinaldo Ureta
Cardenas, propietario y Don
Alfonso Caballero Lopez, Comerciante, escritura de fundacion
y constitucion de una Sociedad
civil y particular manifestando:
Que habiendose reunido reunito

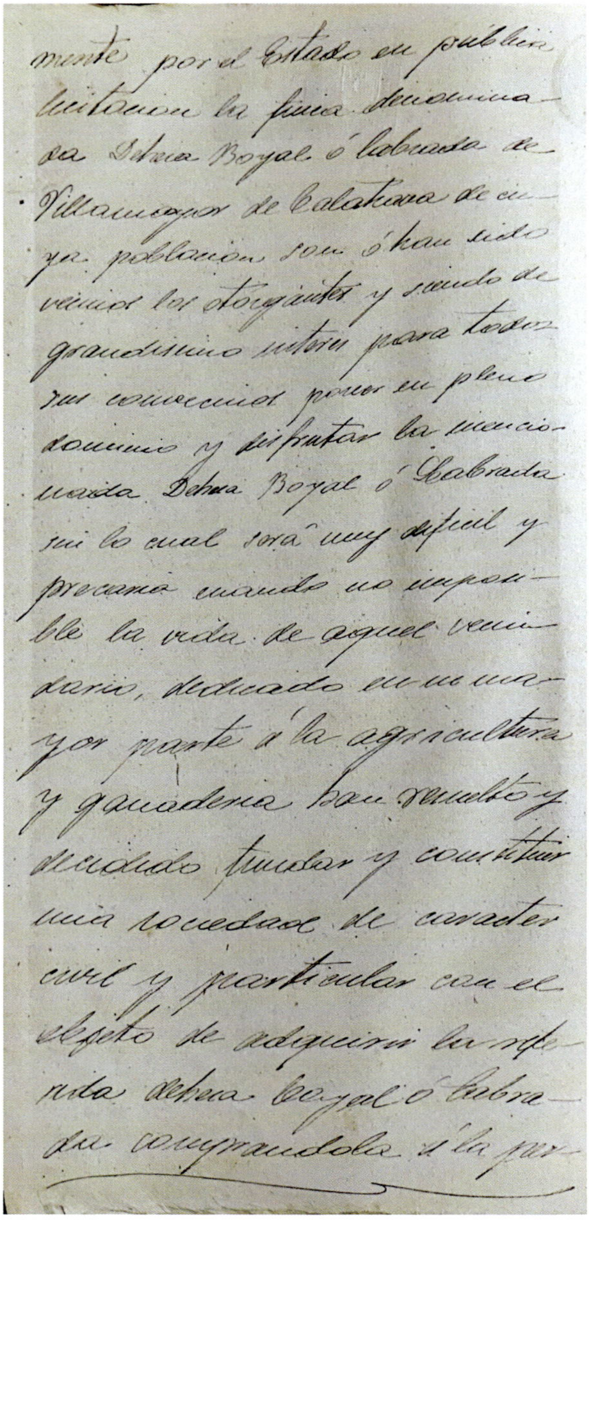

mente por el Estado en pública
licitación la finca denominada Dehesa Boyal ó labrada de
Villamayor de Calatrava de cuya población son ó han sido
vecinos los otorgantes y siendo de
grandísimo interés para todos
sus convecinos poseer en pleno
dominio y disfrutar la mencionada Dehesa Boyal ó Labrada
sin lo cual sería muy difícil y
precaria cuando no imposible la vida de aquel vecindario, dedicado en su ma-
yor parte á la agricultura
y ganadería han resuelto y
decidido fundar y constituir
una sociedad de carácter
civil y particular con el
objeto de adquirir la referida dehesa boyal ó labrada comprándola á la par-

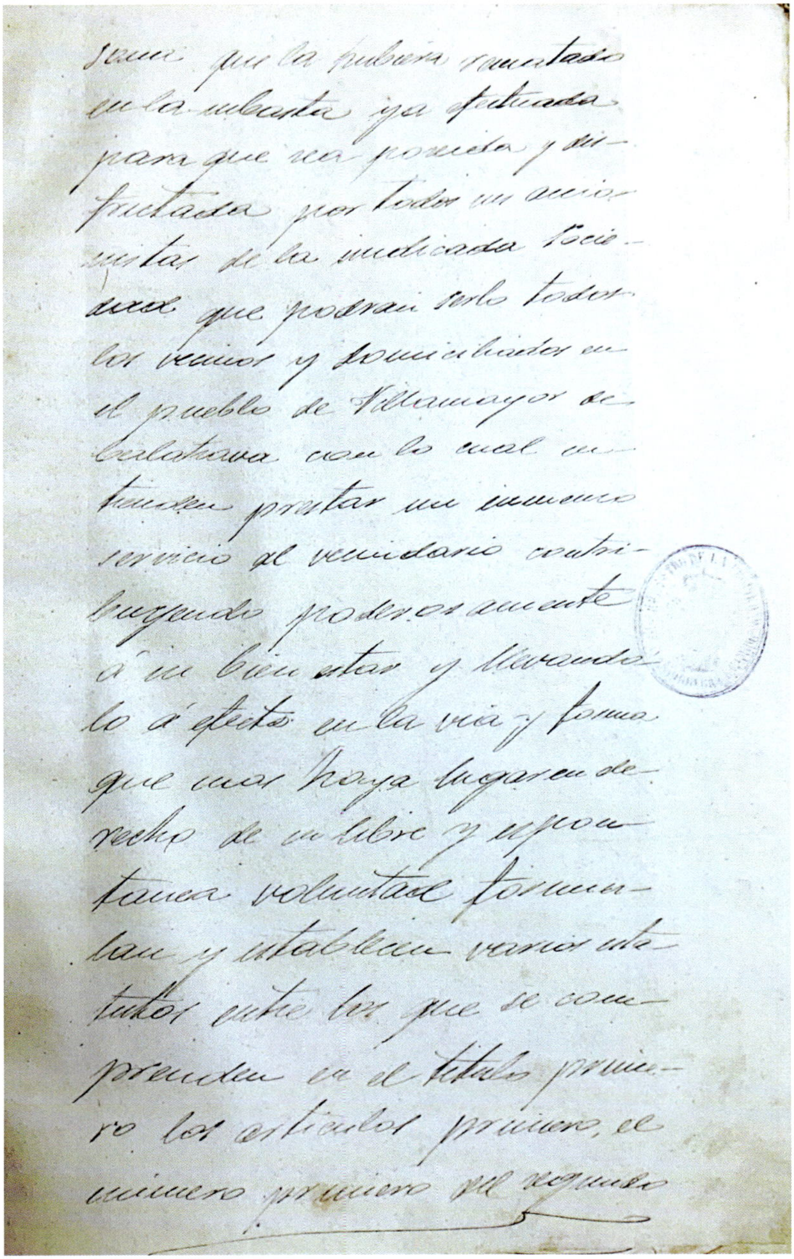

sona que la hubiera rematado
en la subasta ya efectuada
para que sea poseida y di-
fructada por todos sus vecinos de la indicada Socie-
dad que podran serlo todos
los vecinos y domiciliados en
el pueblo de Villamayor de
Calatrava con lo cual in-
tentan prestar un inmenso
servicio al vecindario contribuyendo poderosamente
á su bienestar y llevandolo á efecto en la via y forma
que mas haya lugar en de-
recho de su libre y espontanea voluntad formu-
lan y establecen varios estatutos entre los que se comprenden en el titulo primero los articulos primero, el
numero primero del segundo

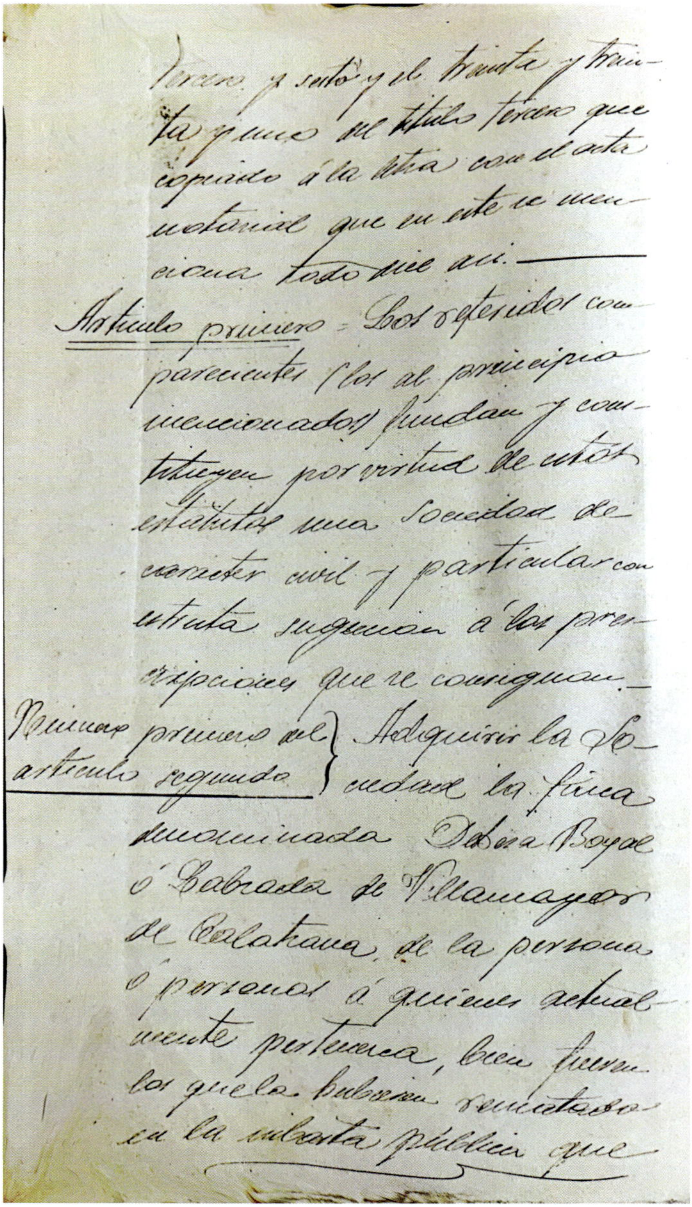
tercero y sexto y el treinta y trein-
ta y uno del título tercero que
copiado á la letra con el acta
notarial que en este se menciona todo dice así.—

Artículo primero = Los referidos comparecientes (los al principio
mencionados) fundan y constituyen por virtud de estos
estatutos una Sociedad de
carácter civil y particular con
estricta sujeción á las prescripciones que se consignan.—

Número primero del artículo segundo } Adquirir la Sociedad la finca
denominada Dehesa Boyal
ó Labrada de Villamayor
de Calatrava, de la persona
ó personas á quienes actualmente pertenezca, bien fueren
los que la hubieren rematado
en la subasta pública que

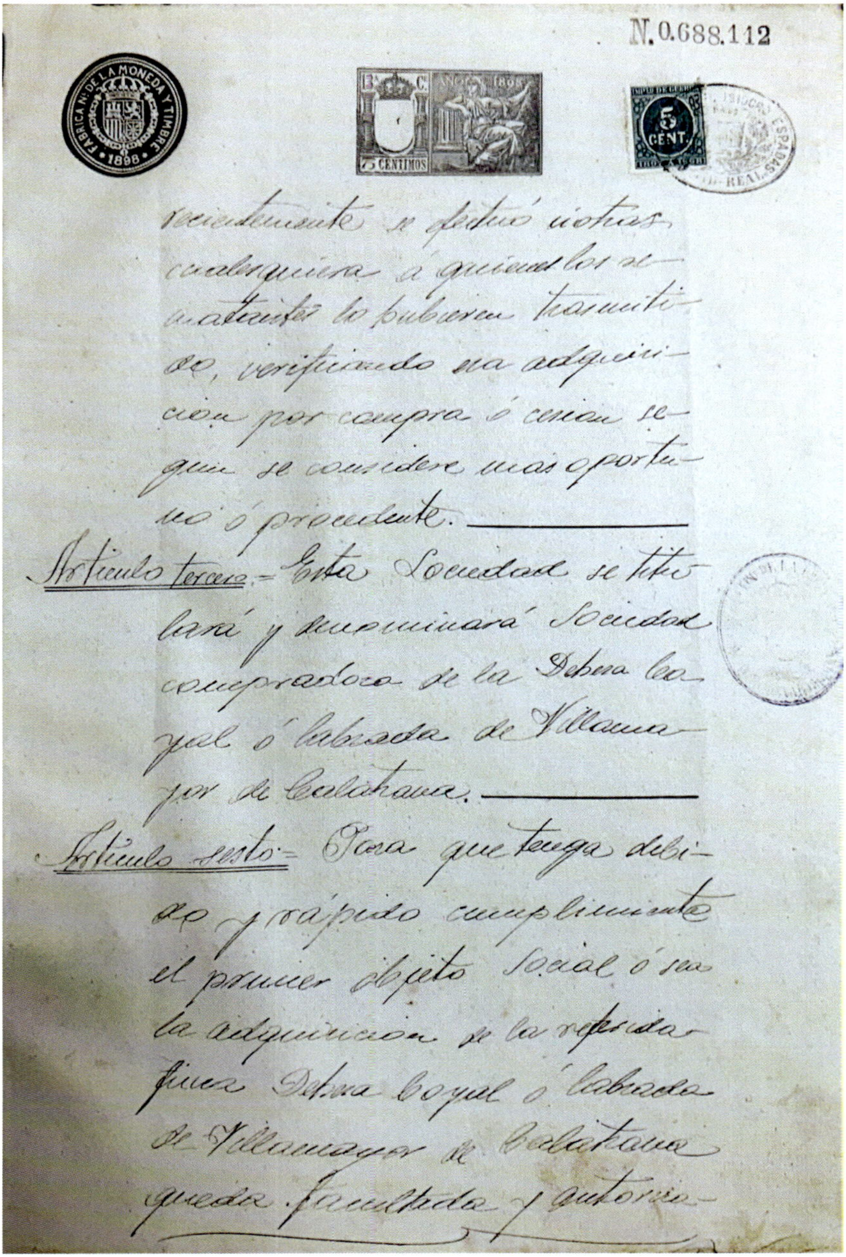
N. 0.688.112

FABRICA Nl DE LA MONEDA Y TIMBRE 1898

AÑO DE 1898

5 CENTIMOS

5 CENT.

recientemente se efectuó dichas
cualesquiera á quienes los se-
anteriores lo hubieran transmitido, verificando su adquisición por compra ó censo según se considere mas oportuno ó procedente.

Artículo tercero.= Esta Sociedad se titulará y denominará Sociedad
compradora de la Dehesa boyal ó labrada de Villama-
yor de Calatrava.

Artículo sexto.= Para que tenga debido y rápido cumplimiento
el primer objeto social ó sea
la adquisición de la referida
finca Dehesa boyal ó labrada
de Villamayor de Calatrava
queda facultada y autoriza-

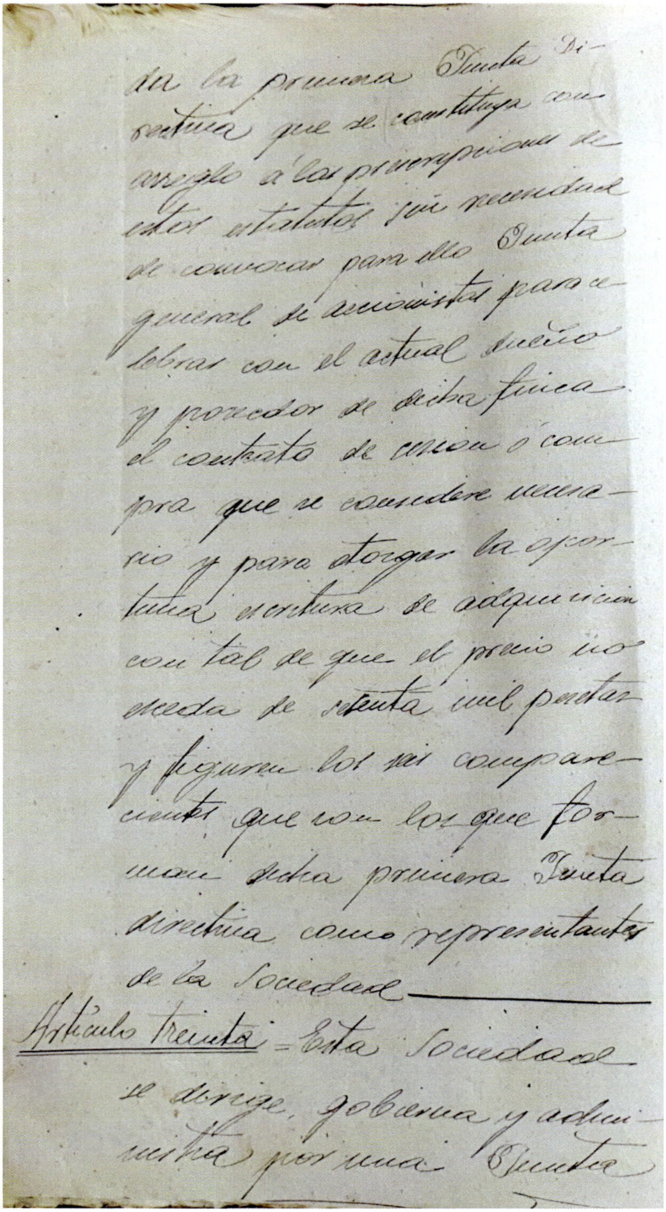
da la primera Junta Di-
rectiva que se constituya con
arreglo á los prescripciones de
estos estatutos sin necesidad
de convocar para ello Junta
general de accionistas para celebrar con el actual dueño
y poseedor de dicha finca
el contrato de censo ó compra que se considere necesario y para otorgar la oportuna escritura de adquisicion
con tal de que el precio no
exceda de setenta mil pesetas
y figuren los seis comparecientes que son los que forman dicha primera Junta
directiva como representantes
de la Sociedad ——
Articulo treinta = Esta Sociedad
se dirige, gobierna y administra por una Junta

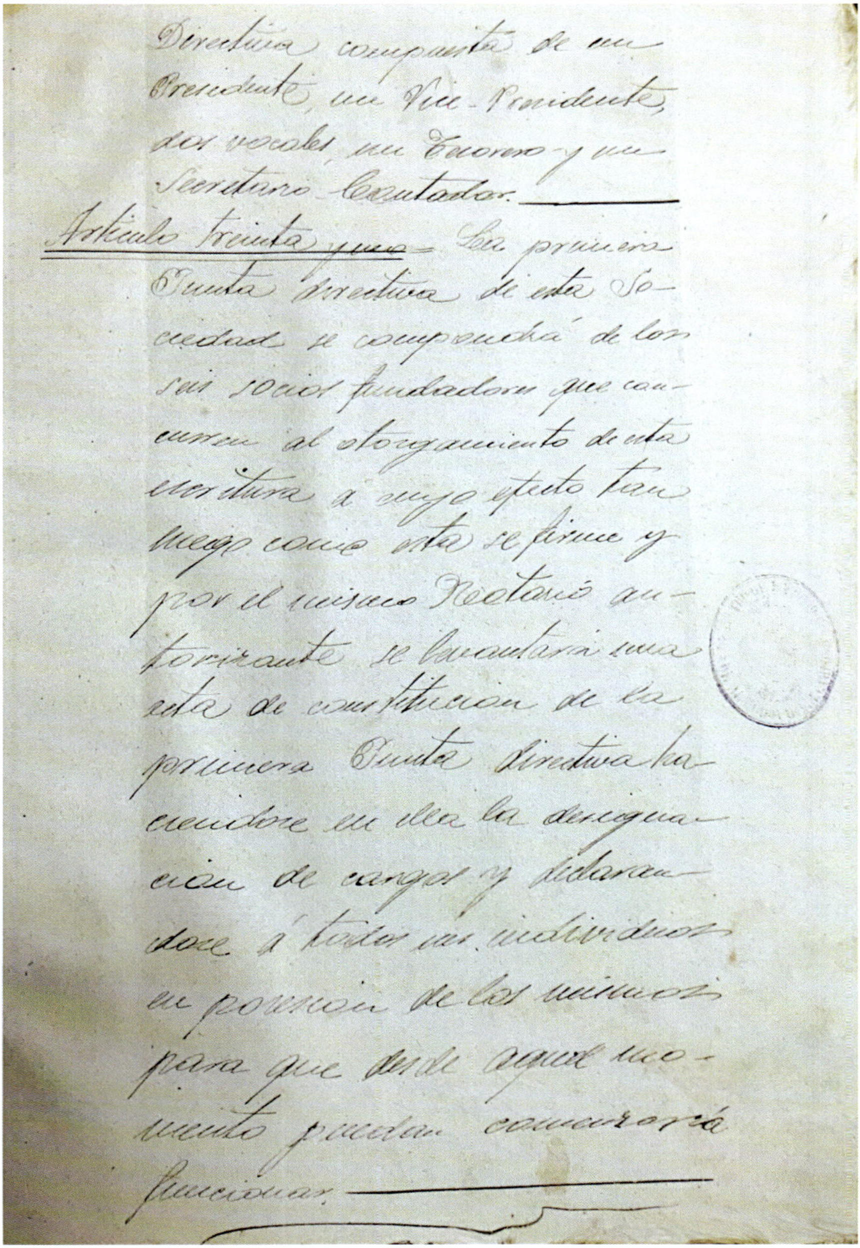

Directiva compuesta de un Presidente, un Vice-Presidente, dos vocales, un Tesorero y un Secretario Contador. ___

Artículo treinta y uno — La primera Junta directiva de esta Sociedad se compondrá de los seis socios fundadores que concurren al otorgamiento de esta escritura á cuyo efecto tan luego como esta se firme y por el mismo Notario autorizante se levantará una acta de constitución de la primera Junta directiva haciéndose en ella la designación de cargos y dándose á todos sus individuos en posesión de los mismos para que desde aquel momento puedan comenzar á funcionar. ___

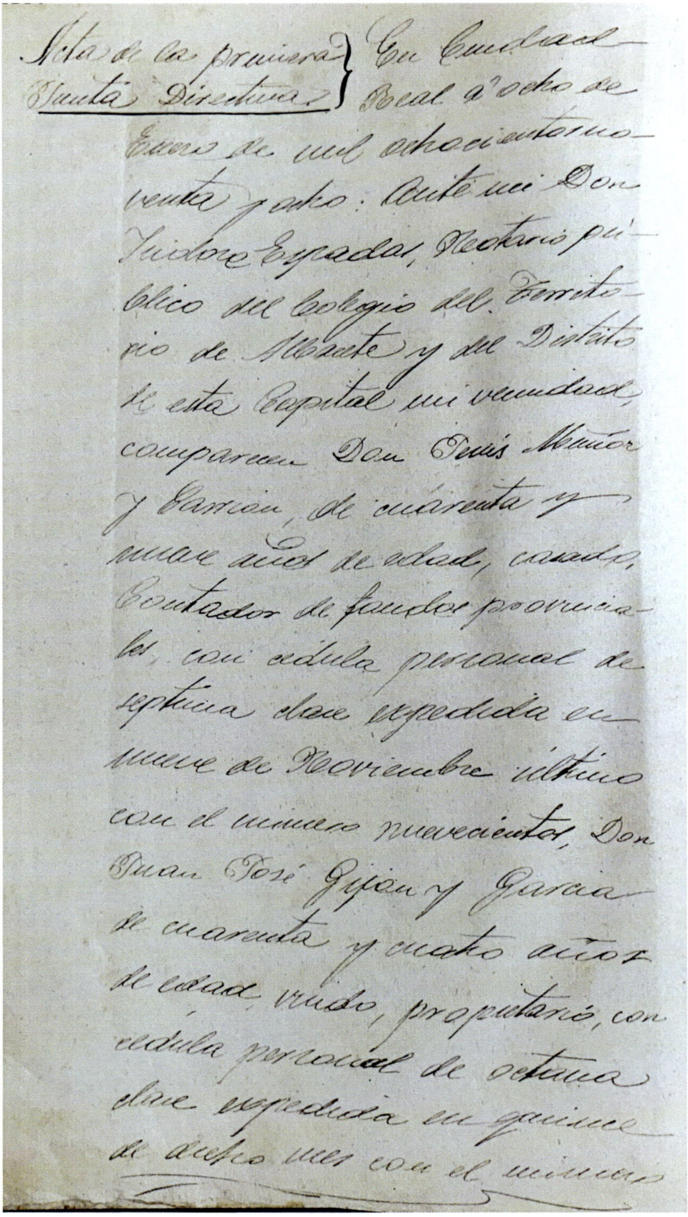

Acta de la primera Junta Directiva } En Ciudad Real á ocho de
Enero de mil ochocientos noventa y ocho: Ante mi Don
Isidoro Espadas, Notario público del Colegio del Territorio de Albacete y del Distrito
de esta Capital mi vecindad,
comparecen Don Luis Muñoz
y Carrión, de cuarenta y
nueve años de edad, casado,
Contador de fondos provinciales, con cédula personal de
séptima clase expedida en
nueve de Noviembre último
con el número novecientos, Don
Juan José Gijón y Garcia
de cuarenta y cuatro años
de edad viudo, propietario, con
cédula personal de octava
clase expedida en quince
de dicho mes con el número

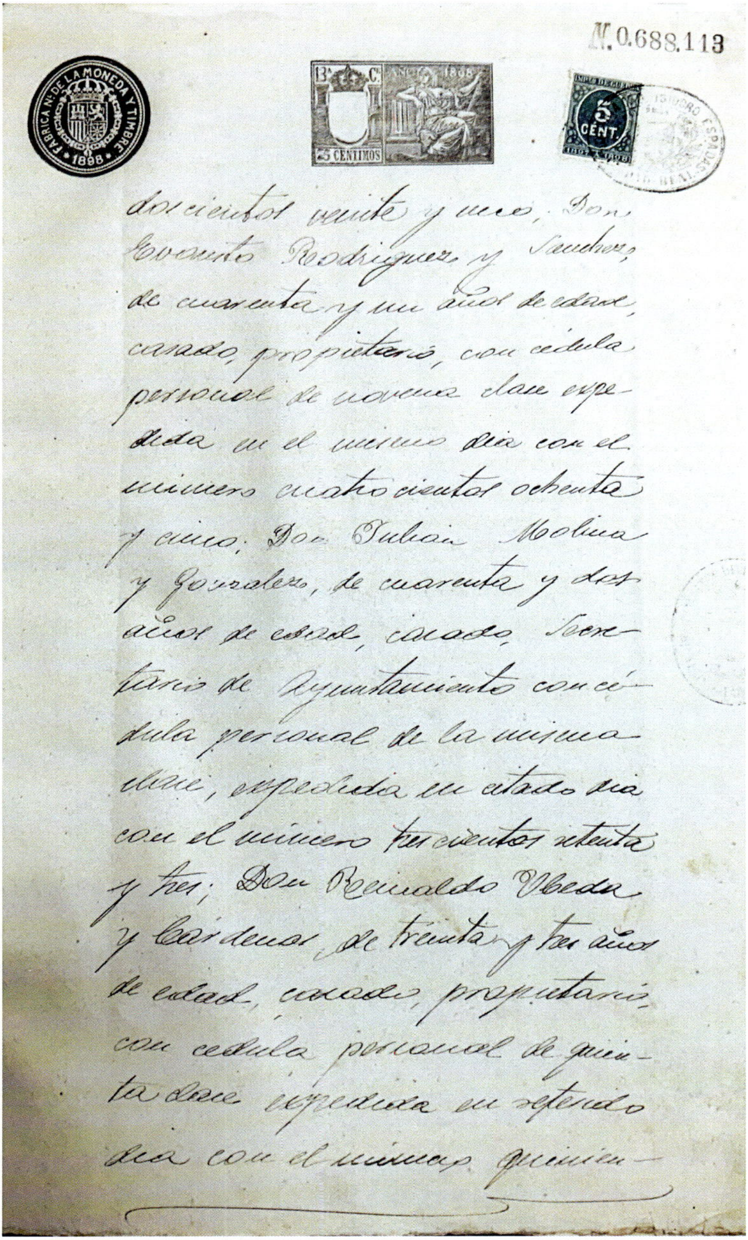
N.0.688.113

FÁBRICA Nl. DE LA MONEDA Y TIMBRE · 1898 ·

B.C. AÑO 1898

25 CÉNTIMOS

IMPto DE GUERRA 5 CENT.

doscientos veinte y uno. Don
Evaristo Rodríguez y Sánchez,
de cuarenta y un años de edad,
casado, propietario, con cédula
personal de novena clase expedida en el mismo día con el
número cuatrocientos ochenta
y cinco. Don Julián Molina
y González, de cuarenta y dos
años de edad, casado, Secretario de Ayuntamiento con cédula personal de la misma
clase, expedida en citado día
con el número trescientos setenta
y tres; Don Reinaldo Ubeda
y Cárdenas, de treinta y tres años
de edad, casado, propietario,
con cédula personal de quinta clase expedida en referido
día con el número quinien-

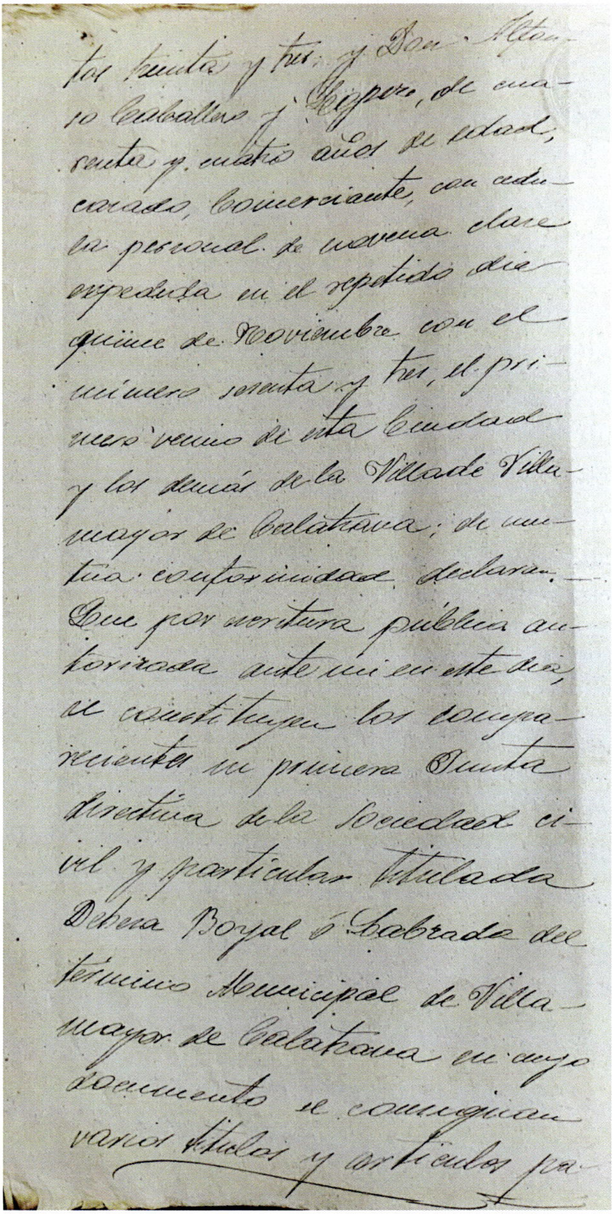

tos treinta y tres, y Don Alfonso Caballero y Pérez, de cuarenta y cuatro años de edad,
casado, comerciante, con cédula personal de novena clase
expedida en el repetido día
quince de Noviembre con el
número sesenta y tres, el primero vecino de esta Ciudad
y los demás de la Villa de Villamayor de Calatrava; de mutua conformidad declaran:
Que por escritura pública autorizada ante mí en este día,
se constituyen los compa-
recientes en primera Junta
directiva de la Sociedad civil y particular titulada
Dehesa Boyal ó Labrada del
término Municipal de Villamayor de Calatrava en cuyo
documento se consignan
varios títulos y artículos pa-

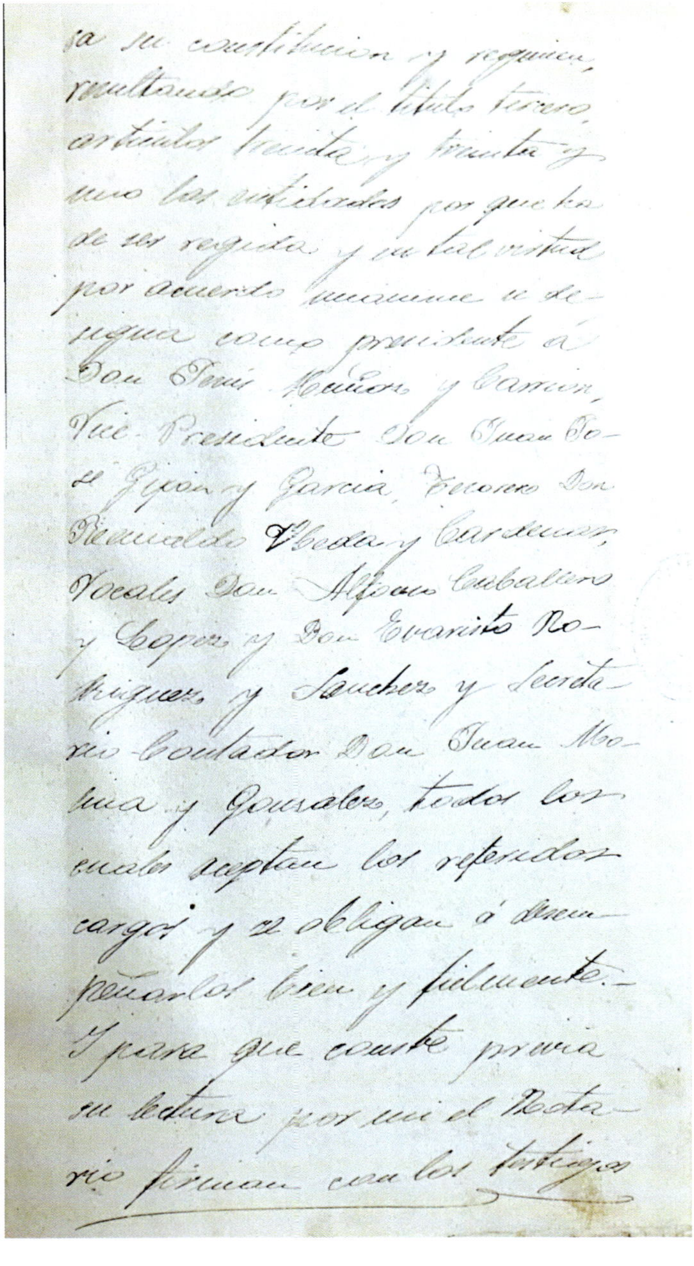

sa su constitucion y reglamen,
resultando por el titulo tercero,
articulos treinta y treinta y
uno las entidades por que ha
de ser regida y en tal virtud
por acuerdo unanime se designa como presidente á
Don José Muñoz y Carrion,
Vice-Presidente Don Juan José Gijon y Garcia, Tesorero Don
Reinaldo Ubeda y Cardenas,
Vocales Don Alfonso Caballero
y Lopez y Don Evaristo Rodriguez y Sanchez y Secretario Contador Don Juan Mo-
lina y Gonzalez, todos los
cuales aceptan los referidos
cargos y se obligan á desempeñarlos bien y fielmente.-
Y para que conste previa
su lectura por mi el Notario firman con los testigos

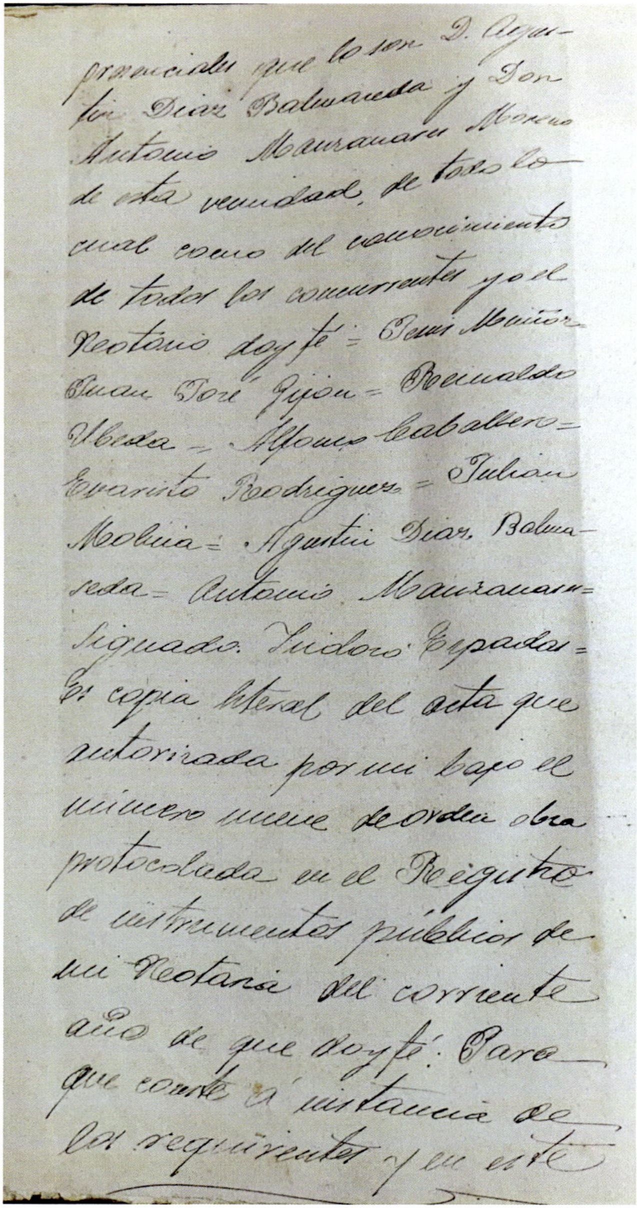
presenciales que lo son D. Agus-
tín Díaz Balmaseda y Don
Antonio Manzanares Moreno
de esta vecindad, de todo lo
cual como del conocimiento
de todos los concurrentes yo el
Notario doy fé = Jesús Muñoz=
Juan José Gijón = Reinaldo
Ubeda = Alonso Caballero =
Evaristo Rodriguez = Julian
Molina = Agustín Díaz Balmaseda = Antonio Manzanares=
Signado. Isidoro Espadas=
Es copia literal del acta que
autorizada por mí bajo el
número nueve de orden obra
protocolada en el Registro
de instrumentos públicos de
mi Notaría del corriente
año de que doy fé. Para
que conste á instancia de
los requirentes y en este

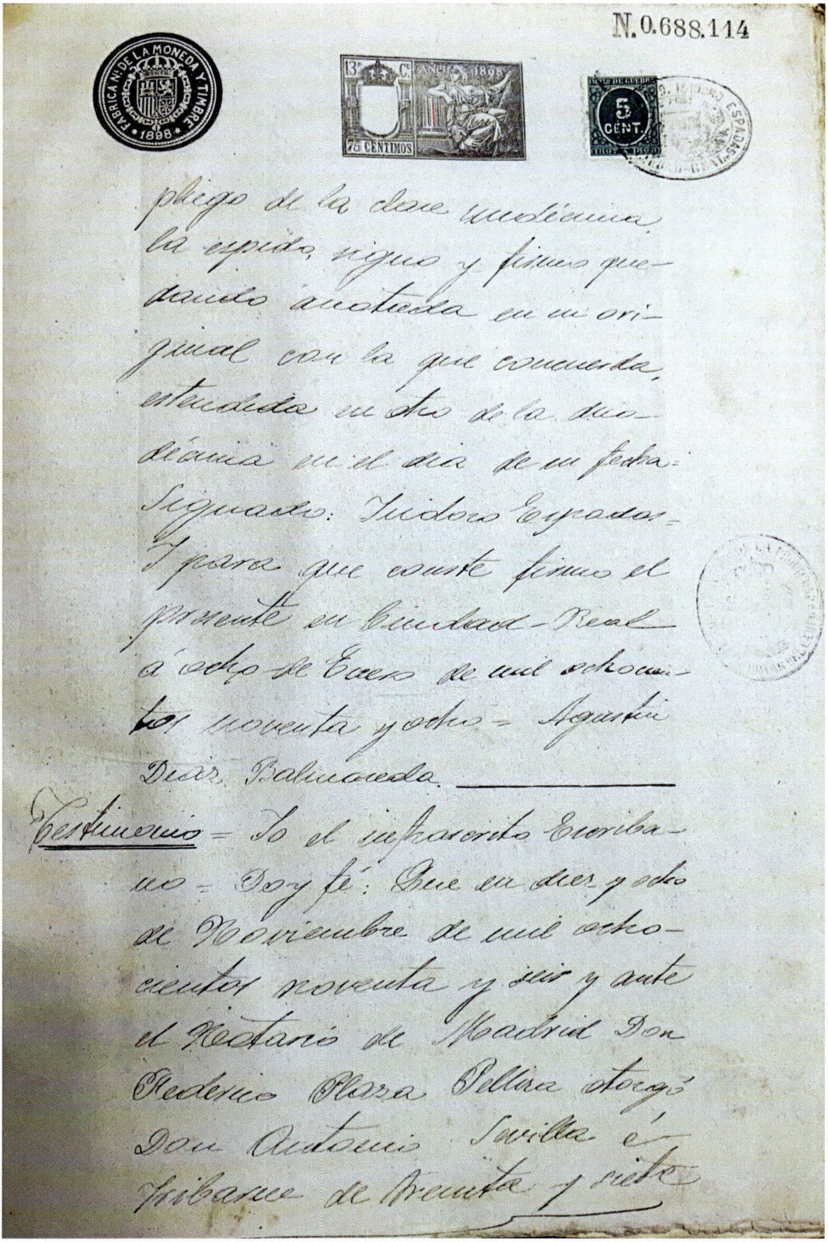
N.0.688.114

FABRICA Nl. DE LA MONEDA Y TIMBRE 1898

13ª Cl. AÑO DE 1898 75 CENTIMOS

IMPTO DE GUERRA 5 CENT.

pliego de la clase undécima
la expido, signo y firmo quedando anotada en su ori-
ginal con la que concuerda,
extendida en otro de la duodécima en el día de su fecha.
Signado: Isidoro Espadas.
Y para que conste firmo el
presente en Ciudad-Real
á ocho de Enero de mil ochocientos noventa y ocho = Agustín
Díaz Balmaceda.

Testimonio = Yo el infrascrito Escribano = Doy fé: Que en diez y ocho
de Noviembre de mil ocho-
cientos noventa y seis y ante
el Notario de Madrid Don
Federico Plaza Pellara otorgó
Don Antonio Sevilla é
Ibáñez de Treinta y siete

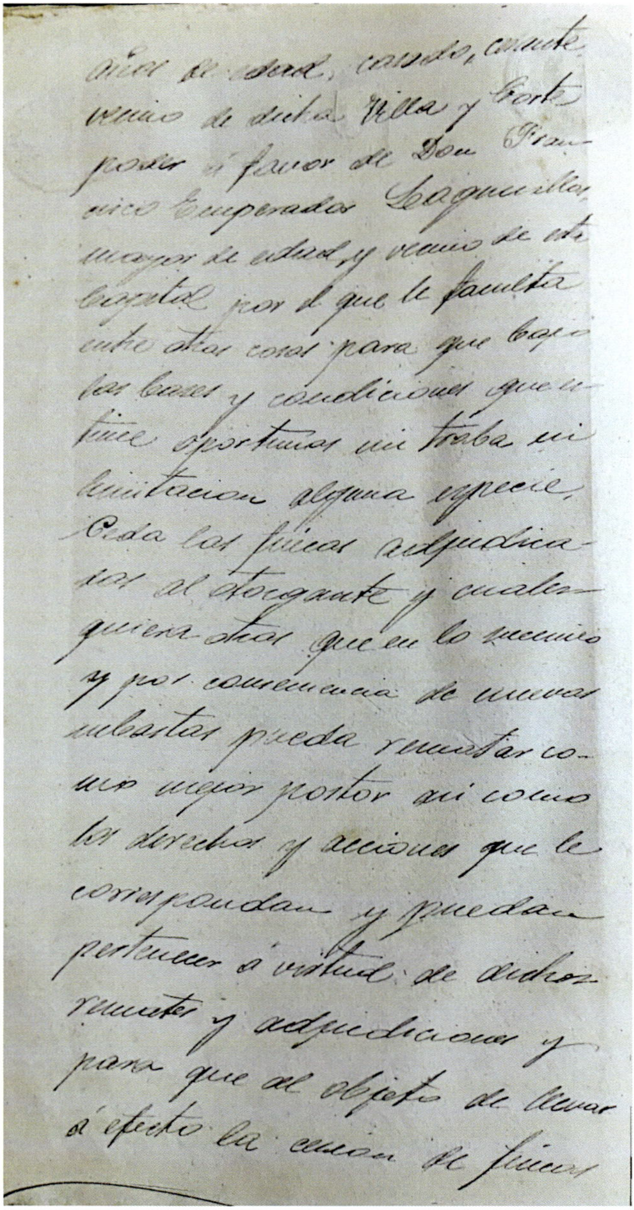
años de edad, casado, cuante
vecino de dicha Villa y Corte
poder á favor de Don Francisco Emperador Laguilla
mayor de edad, y vecino de esta
Capital por el que le faculta
entre otras cosas para que bajo
las bases y condiciones que estime oportunas sin traba ni
limitacion alguna especie,
Ceda las fincas adjudica-
das al otorgante y cualesquiera otras que en lo sucesivo
y por consecuencia de nuevas
subastas pueda rematar como mejor postor así como
los derechos y acciones que le
correspondan y puedan
pertenecer á virtud de dichos
remates y adjudicaciones y
para que al objeto de llevar
á efecto la cesion de fincas

cumentados por el otorgante
así como también de los que
en lo sucesivo se adjudiquen,
presente escritos ante las autoridades y los documentos que
sean precisos y practique cuantas diligencias judiciales sean
necesarias, se notifique con el contenido de las sentencias y oiga
las notificaciones de las pro-
videncias, acuerdos y resoluciones que se dicten en los expedientes que se promuevan.
Y para que conste firmo el
presente en Ciudad Real,
á ocho de Enero de mil ochocientos noventa y ocho = Agustín Díaz Balmaseda —
Corresponde el documento y diligencias precedentes con sus
originales á que me remi-
to, los cuales quedan

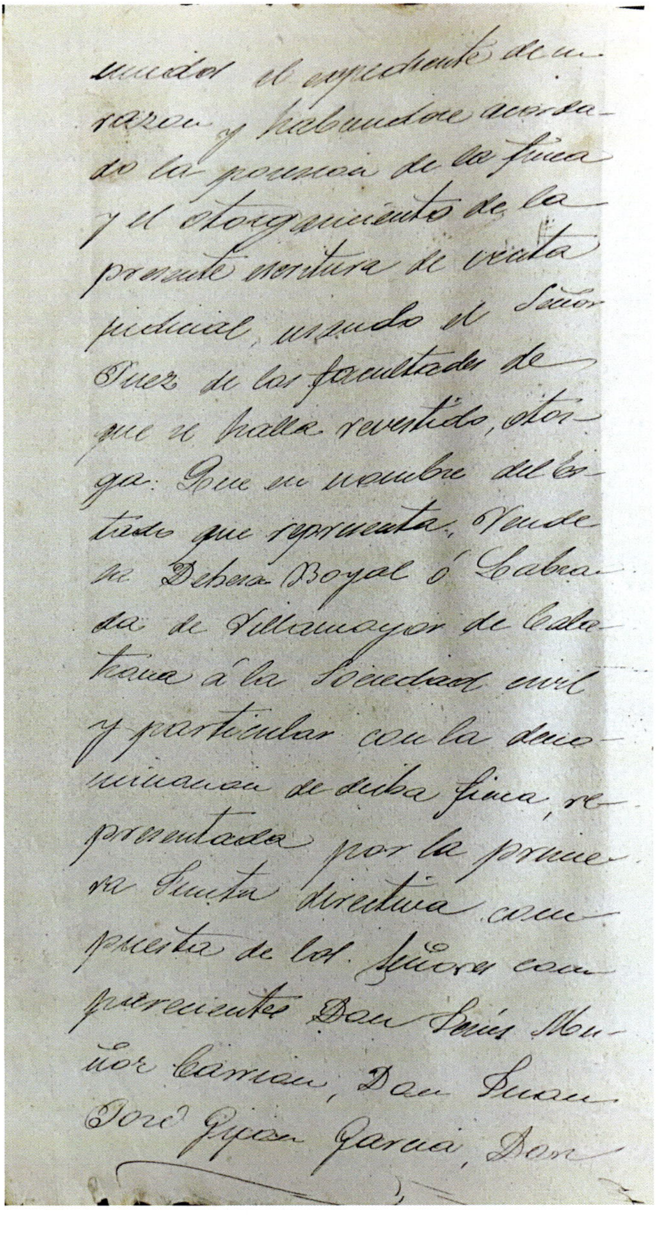
unidos el expediente de su
razon y hallandose acordado la posesion de la finca
y el otorgamiento de la
presente escritura de venta
judicial, usando el Señor
Juez de las facultades de
que se halla revestido, otorga: Que en nombre del Es-
tado que representa, Vende
la Dehesa Boyal ó Labra-
da de Villamayor de Cala-
trava á la Sociedad civil
y particular con la deno-
minacion de dicha finca, representada por la prime-
ra Junta directiva com-
puesta de los Señores comparecientes Don Luis Mu-
ñoz Caiman, Don Juan
José Gijon Garcia, Don

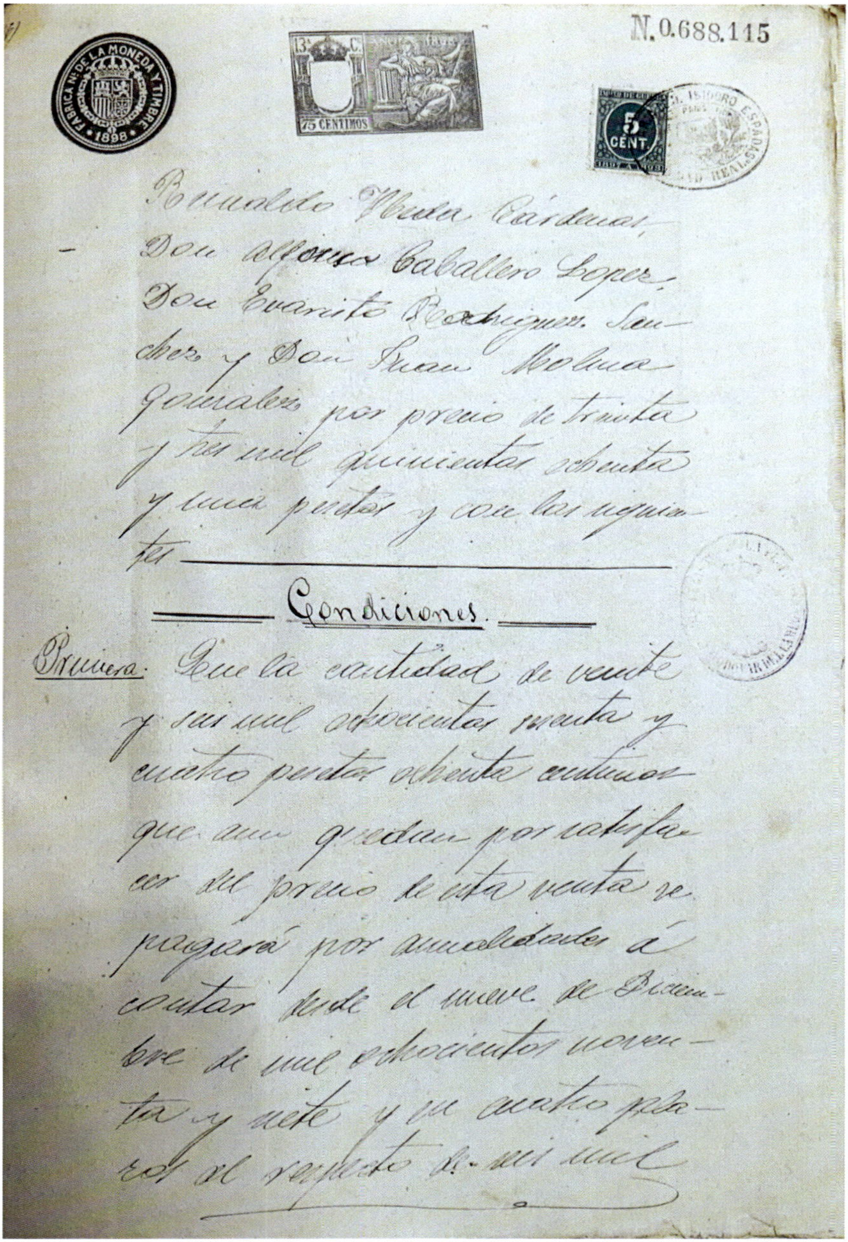

N. 0.688.115

FABRICA Nl. DE LA MONEDA Y TIMBRE · 1898 ·

13ª C. — 75 CENTIMOS

5 CENT.

Reinaldo Ubeda Cárdenas,
Don Alfonso Caballero López,
Don Evaristo Rodríguez Sánchez y Don Juan Molina González por precio de treinta y tres mil quinientas ochenta y una pesetas y con las siguientes

Condiciones.

Primera. Que la cantidad de veinte y seis mil doscientas treinta y cuatro pesetas ochenta céntimos que aun quedan por satisfacer del precio de esta venta se pagará por anualidades á contar desde el nueve de Diciembre de mil ochocientos noventa y siete y en cuatro plazos al respecto de seis mil

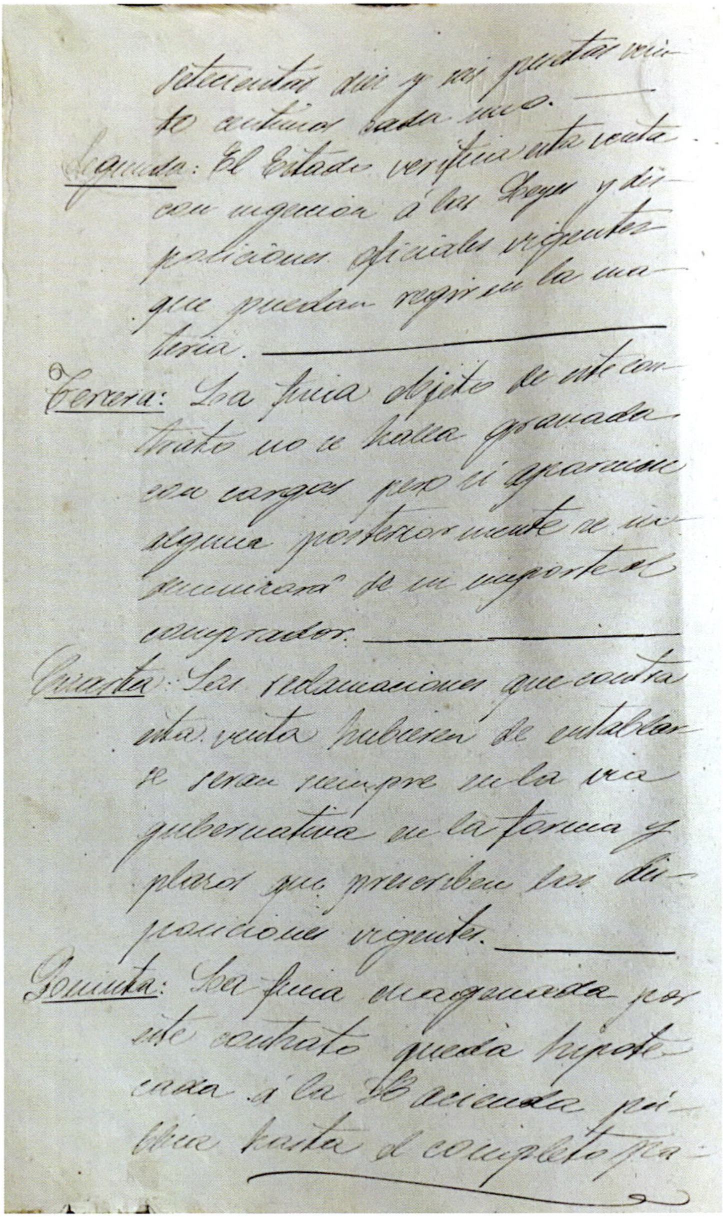

setecientas diez y seis pesetas veinte céntimos, base uno.——
Segunda: El Estado verifica esta venta
con sujeción á las Leyes y disposiciones oficiales vigentes
que puedan regir en la materia.——
Tercera: La finca objeto de este contrato no se halla gravada
con cargas pero si apareciese
alguna posteriormente se indemnizará de su importe al
comprador.——
Cuarta: Las reclamaciones que contra
esta venta hubieren de entablarse serán siempre en la vía
gubernativa en la forma y
plazos que prescriben las disposiciones vigentes.——
Quinta: La finca enagenada por
este contrato queda hipotecada á la Hacienda pú-
blica hasta el completo pa-

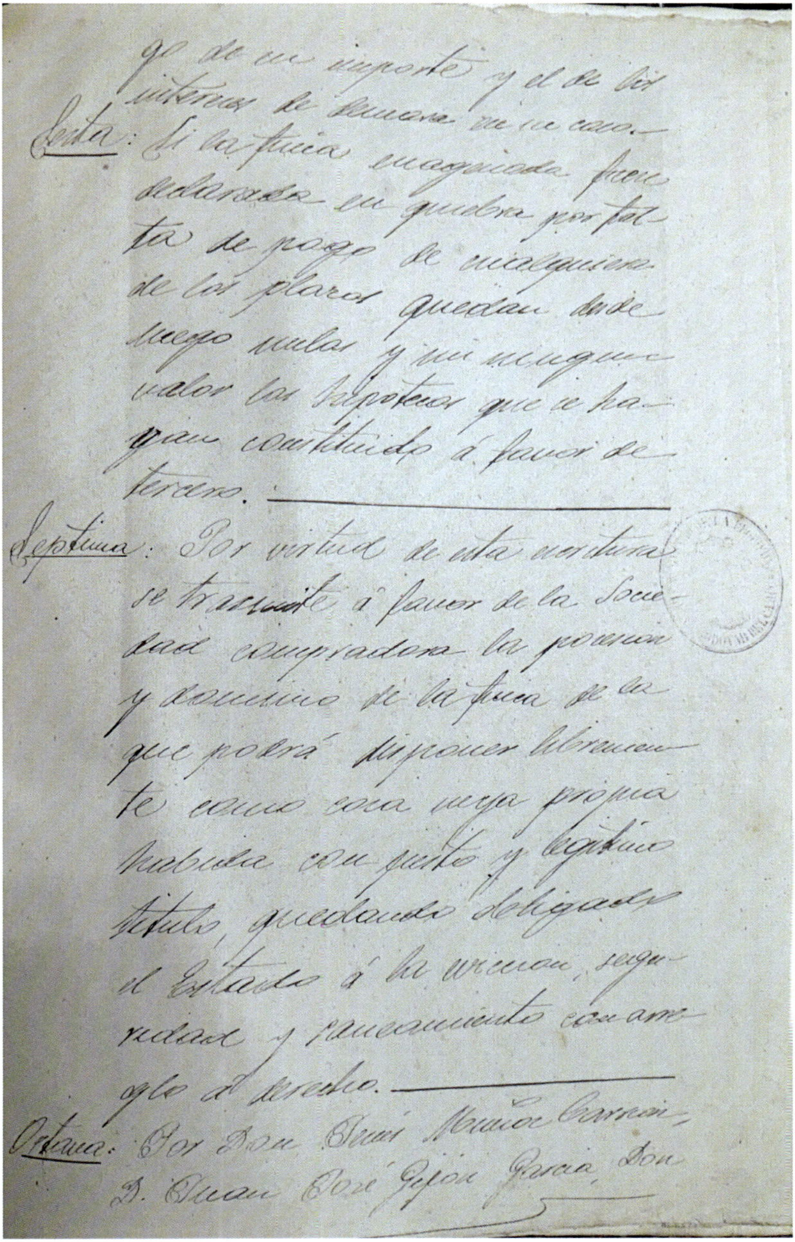

q. de su importe y el de los
intereses de demora se le cance-
Sexta: Si la finca enagenada fuese
declarada en quiebra por falta de pago de cualquiera
de los plazos quedan desde
luego nulas y sin ningun
valor las hipotecas que se hayan constituido á favor de
terceros.
Septima: Por virtud de esta escritura
se trasmite á favor de la Sociedad compradora la posesion
y dominio de la finca de la
que podrá disponer libremente como cosa suya propia
habida con justo y legítimo
titulo, quedando obligado
el Estado á la eviccion, seguridad y saneamiento con arreglo al derecho.
Octava: Por Don Benito Muñoz Carrera,
D. Juan José Gijón García, Don

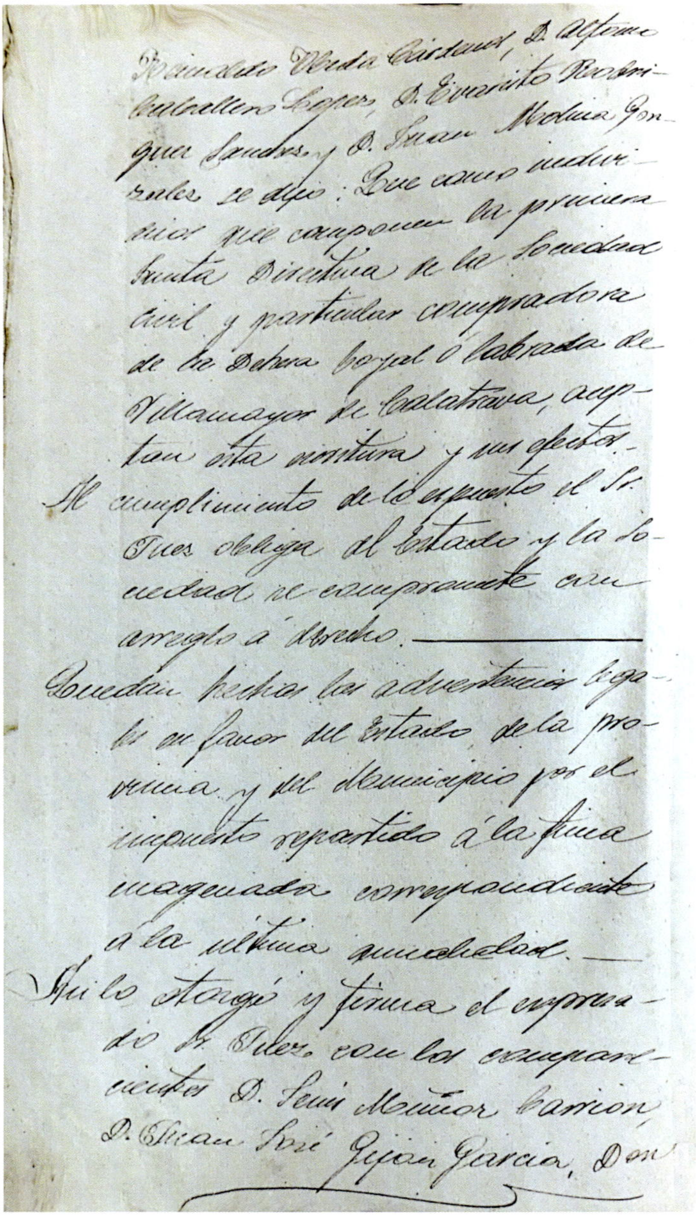

Benedicto Ureña Cárdenas, D. Alfonso
Caballero López, D. Evaristo Rodríguez Sánchez y D. Juan Molina González se dijo: Que como individuos que componen la primera
Junta Directiva de la Sociedad
civil y particular compradora
de la Dehesa boyal ó Labrada de
Villamayor de Calatrava, aceptan esta escritura y sus efectos.
Al cumplimiento de lo expuesto el Sr.
Juez obliga al Estado y la Sociedad se compromete con
arreglo á derecho.
Quedan hechas las advertencias legales en favor del Estado, de la provincia y del Municipio por el
impuesto repartido á la finca
enagenada correspondiente
á la última anualidad.
Así lo otorgó y firma el expresado Sr. Juez con los comparecientes D. Luis Muñoz Carrión,
D. Juan José Gijón García, Don

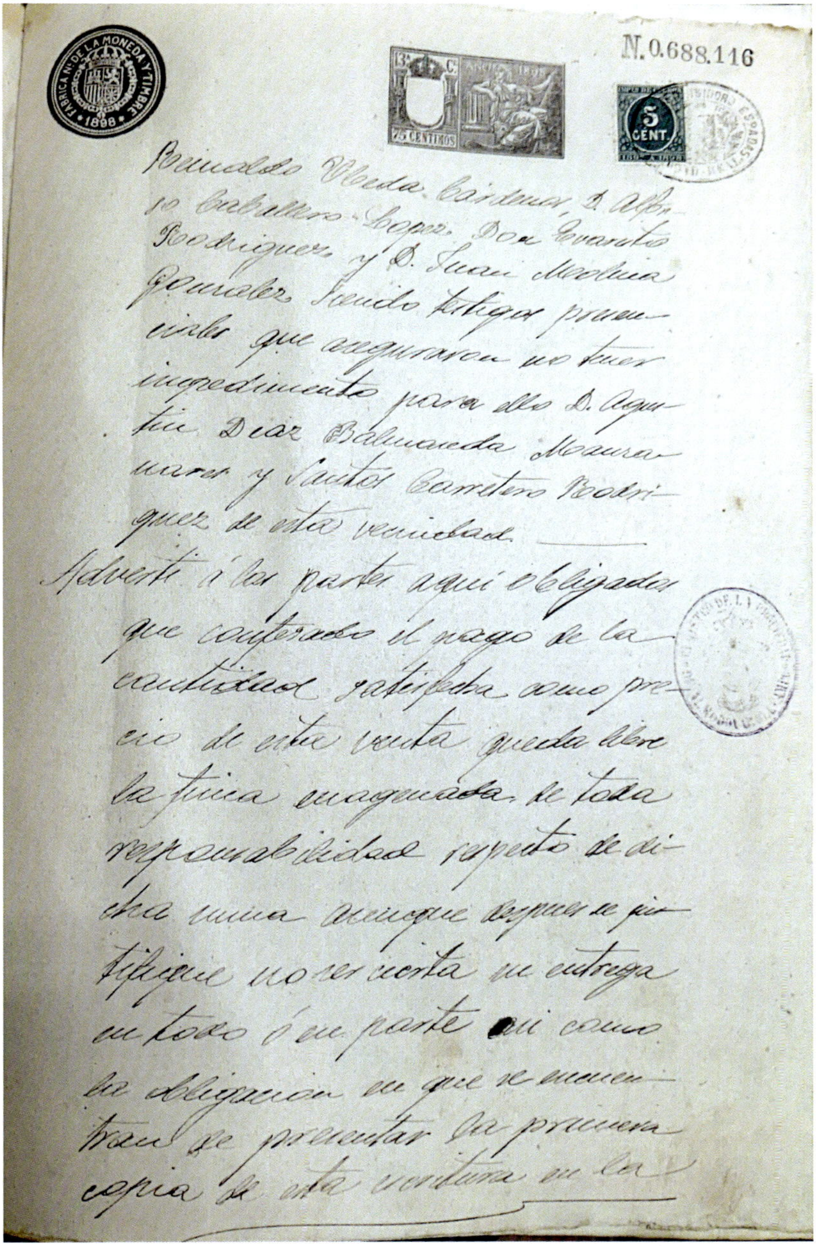

FABRICA Nª DE LA MONEDA Y TIMBRE 1898

13ª C. 75 CENTIMOS

N.0.688.116

5 CENT.

Reinaldo Uceda Cárdenas, D. Alfonso Caballero López, Don Evaristo Rodríguez y D. Juan Medina González siendo testigos presenciales que aseguraron no tener impedimento para ello D. Agustín Díaz Balmaceda Manzanares y Santos Carretero Rodríguez de esta vecindad.

Advertí á las partes aquí obligadas que contenido el pago de la cantidad satisfecha como precio de esta venta queda libre la finca enagenada de toda responsabilidad respecto de dicha suma aunque después se justifique no ser cierta su entrega en todo ó en parte así como la obligación en que se encuentran de presentar la primera copia de esta escritura en la

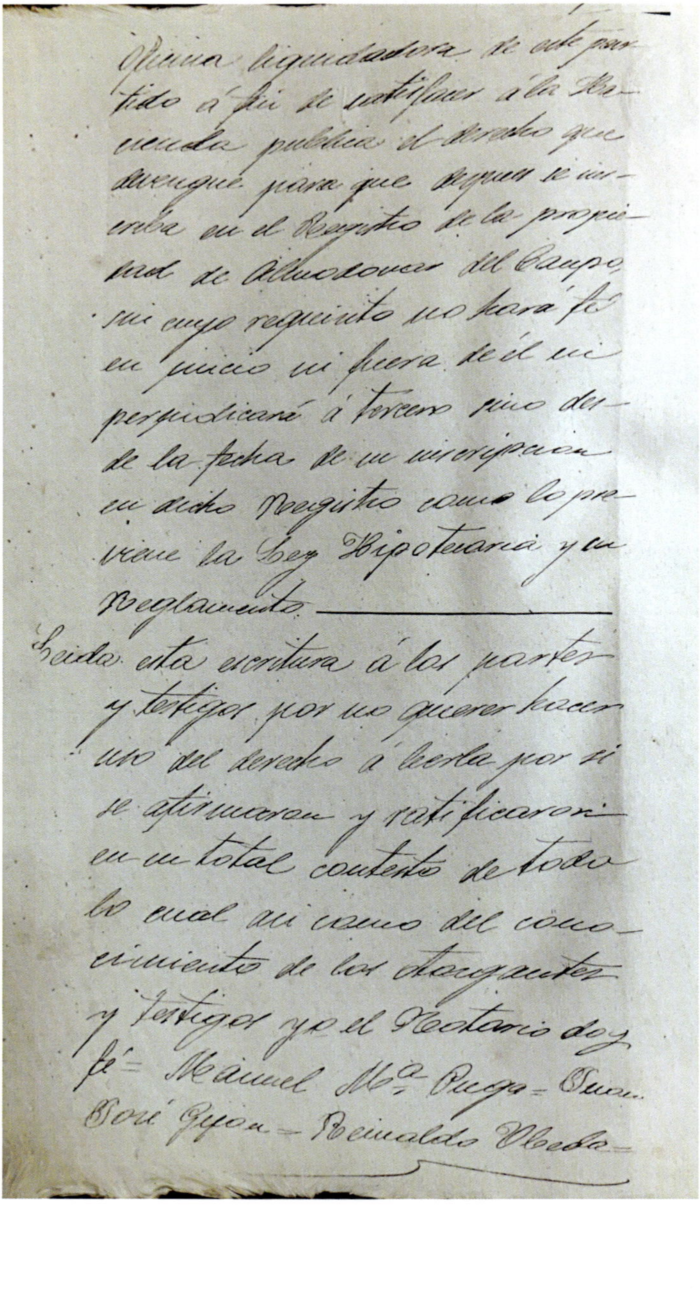
oficina liquidadora de este partido á fin de satisfacer á la Hacienda pública el derecho que devengue para que despues se inscriba en el Registro de la propiedad de Almodovar del Campo, sin cuyo requisito no hará fé en juicio ni fuera de él ni perjudicará á tercero sino desde la fecha de su inscripcion en dicho Registro como lo previene la Ley Hipotecaria y su reglamento. ——

Leida esta escritura á las partes y testigos por no querer hacer uso del derecho á leerla por si se afirmaron y ratificaron en su total contenido de todo lo cual asi como del conocimiento de los otorgantes y testigos yo el Notario doy fé = Manuel Mª Puga = Juan José Gijon = Reinaldo Ubeda =

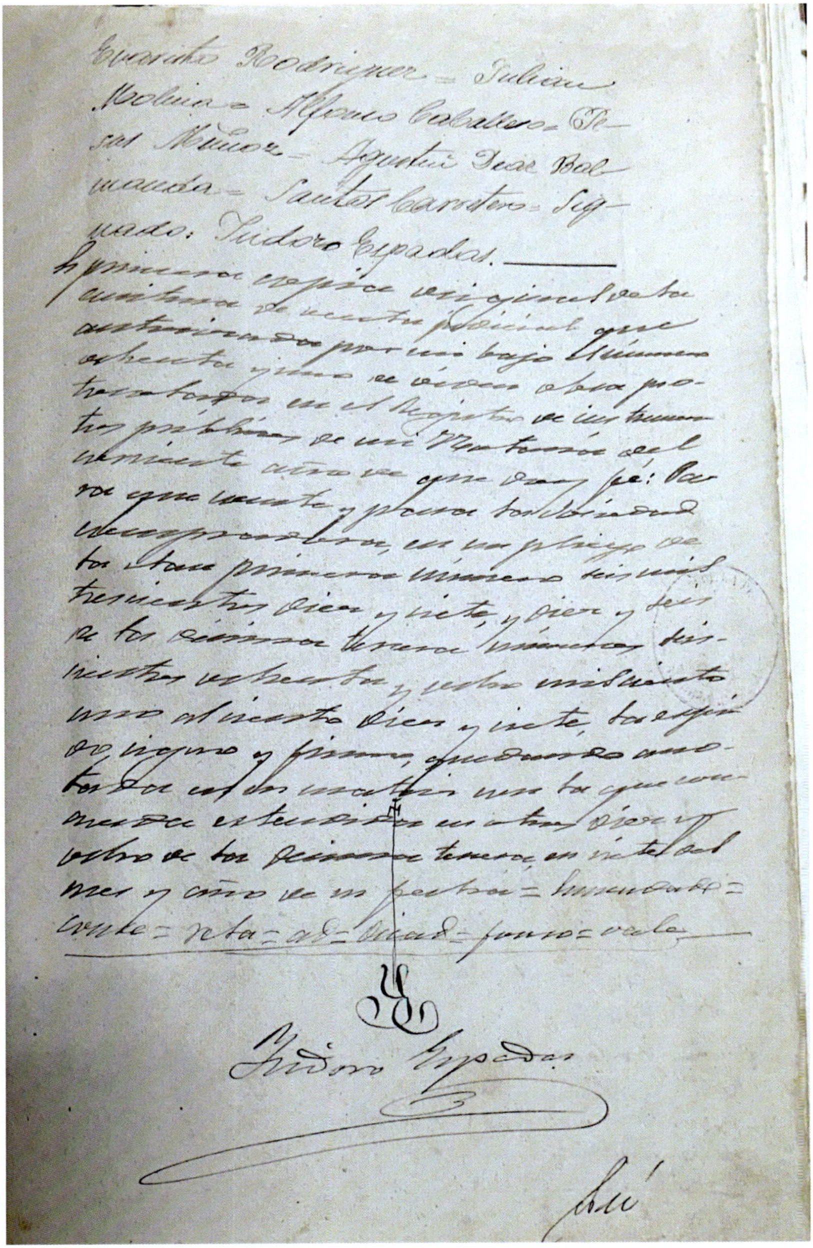

Evaristo Rodríguez = Julián
Molina = Alfonso Caballero = Cesar Muñoz = Agustín Díez Bel-
monte = Santos Carretero = Signado: Isidoro Espadas. ___
Es primera copia original de la
escritura de venta judicial que
[illegible] por mí bajo número
[illegible] y [illegible] se cita obra protocolizada en el Registro de instrumentos públicos de mi Notaría del
corriente año de que doy fe: Por
[illegible] que conste y para [illegible]
[illegible], en un pliego de
la clase primera número [illegible]
[illegible] diez y siete, y diez y seis
de la clase tercera números doscientos [illegible] y [illegible]
uno al ciento diez y siete, lo expido
signo y firmo, quedando ano-
tada [illegible] [illegible] [illegible] que con-
[illegible] [illegible] [illegible] diez y
ocho de la [illegible] tercera en veinte del
mes y año de su fecha = Enmendado =
[illegible] = [illegible] = [illegible] = [illegible] = vale

Isidoro Espadas

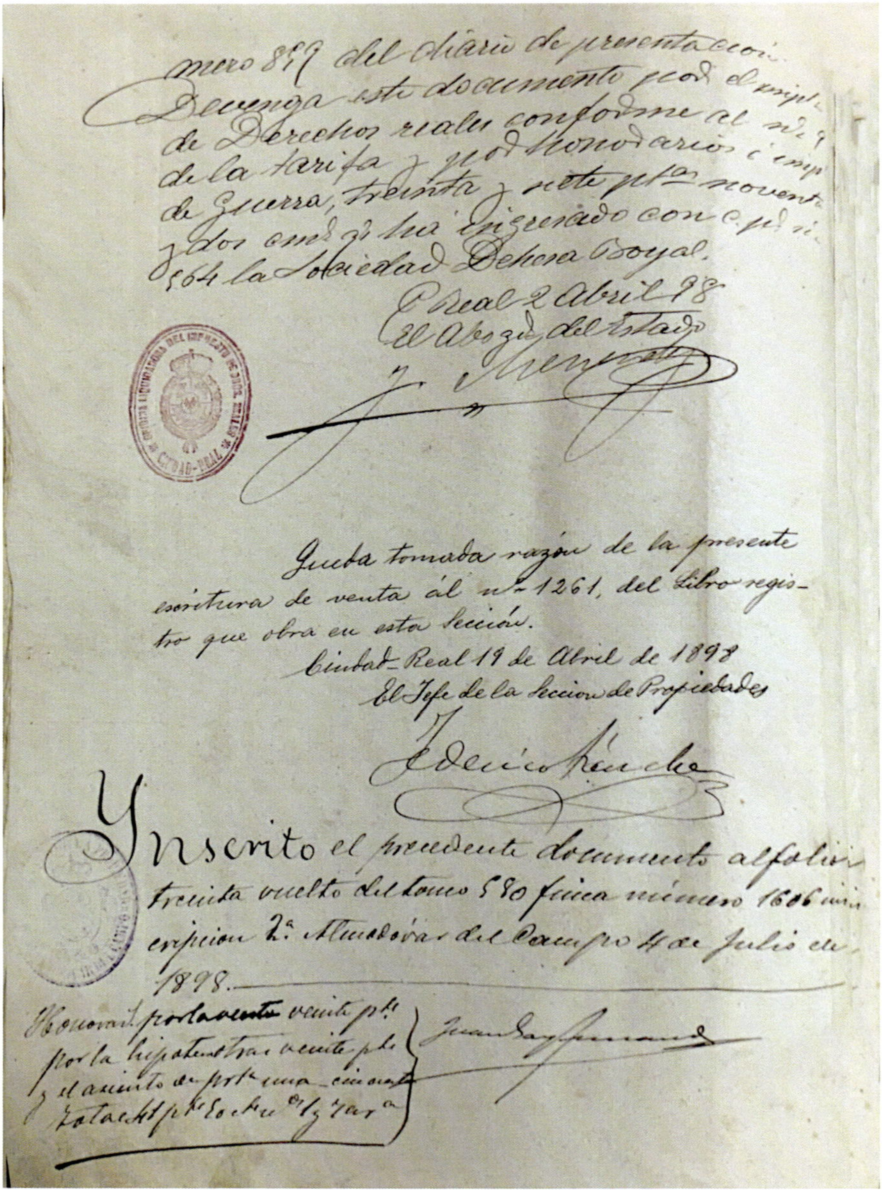
mero 859 del diario de presentación.
Devenga este documento por el impuesto de Derechos reales conforme al nº 9 de la tarifa y por honorarios é impto de Guerra, treinta y siete ptas noventa y dos cénts. que ha ingresado con c. pº nº 564 la Sociedad Dehesa Boyal.
C. Real 2 Abril 98
El Abogado del Estado
[illegible]

Queda tomada razón de la presente escritura de venta al nº 1261, del libro registro que obra en esta Sección.
Ciudad-Real 19 de Abril de 1898
El Jefe de la Sección de Propiedades
[illegible]

Inscrito el precedente documento al folio treinta vuelto del tomo 580 finca número 1606 inscripción 2ª. Almodóvar del Campo 4 de julio de 1898.

Honorarios por la venta veinte ptas por la hipotecaria veinte ptas y el asiento de ptas una cincuenta Total [illegible]

[illegible]

TRANSCRIPCIÓN

En Ciudad Real, a primero de marzo de mil ochocientos noventa y ocho: yo, don Isidoro Espadas, notario público de la misma, mi vecindad, del colegio territorial de Albacete, previo requerimiento, me constituí en la sala audiencia de este Juzgado y en ella hallé al señor don Manuel María Puga y Fernández, mayor de cincuenta años de edad, casado, abogado, provisto de cédula personal de quinta clase, expedida en diez y siete de agosto del año último, con el número doscientos setenta y ocho, en el concepto de Juez de Primera Instancia de esta ciudad y su partido, y a Don Jesús Muñoz Carrión, de cuarenta y nueve años de edad, casado, contador de fondos provinciales, con cédula personal de séptima clase, expedida el nueve de noviembre último con el número nuevecientos; Don Juan José Gijón García, de cuarenta y cuatro años de edad, viudo, propietario, con cédula personal de octava clase, expedida en quince de dicho mes con el número doscientos veinte y uno; don Evaristo Rodríguez Sánchez, de cuarenta y tres años de edad, casado, propietario, con cédula personal de novena clase expedida en el mismo día, con el número cuatrocientos ochenta y cinco; Don Julián Molina González, de cuarenta y dos años de edad, casado, secretario de Ayuntamiento, con cédula personal de la misma clase, expedida en citado día, con el número trecientos setenta y tres; Don Reinaldo Úbeda Cárdenas, de treinta y tres años de edad, casado, propietario, con cédula personal de quinta clase, expedida en referido día con el número quinientos treinta y tres; y Don Alfonso Caballero López, de cuarenta y cuatro años de edad, casado, comerciante, con cédula personal de novena clase, expedida en el referido día quince de noviembre, con el número cuarenta y tres. El primero vecino de esta ciudad y los demás de la villa de Villamayor de Calatrava, que se hallan en el pleno goce de sus facultades intelectuales y derechos civiles, sin que les ... coacción, fuerza o miedo que sea obstáculo para formalizar esta escritura de venta judicial, a cuyo fin hacen costar qué, declarados en estado de venta por las leyes desamortizadoras los bienes y derechos reales, pertenecientes al Estado y Corporaciones Civiles de la Nación, se instruyó el oportuno expediente para la enajenación de varias fincas y, entre otras, la que a continuación se expresa:

Número mil trescientos noventa y uno del inventario

Una dehesa denominada Labrada de segunda y tercera calidad, perteneció al Estado como procedente de la Mesa Maestral del Campo de Calatrava, sita en el término de Villamayor de Calatrava, produce algún monte pardo de chaparro, coscoja y jara, en muy mal estado de conservación y en gran parte quemado, destinada a pastos y susceptible de labor; linda al norte, con la cuerda de la Solana del Villarejo; este, mediodía y poniente con propiedades particulares. Su cabida es de cuatrocientas veinticinco hectáreas, veinticinco áreas, treinta y una centiáreas, equivalentes a seiscientas sesenta fanegas, cinco celemines, tres cuartillos y noventa y cuatro metros cuadrados de marco real, la cual se halla dividida en las veinte y dos suertes siguientes:

Primera: una suerte que limita al norte con la cuerda de la Solana del Villarejo; este, suerte segunda; mediodía, camino del Corral; y oeste, propiedades particulares. Su cabida es de doce hectáreas, diecinueve áreas, equivalentes a dieciocho fanegas, nueve celemines y un cuartillo y trece metros cuadrados.

Segunda: otra suerte de tercera calidad, que linda al norte, dicha cuerda; este, suerte tercera; sur, camino del Corral; y oeste suerte anterior. Su cabida es veintitrés hectáreas, treinta áreas, treinta centiáreas, equivalentes a treinta y seis fanegas, dos celemines, un cuartillo y dos metros cuadrados del marco real.

Tercera: otra suerte de la misma calidad, linda al norte, la referida cuerda; este y sur, camino del Corral; y oeste, la suerte anterior. Su cabida es veintiuna hectáreas, siete áreas, equivalentes a treinta y dos fanegas, ocho celemines, dos cuartillos y sesenta y cuatro metros cuadrados de marco real.

Cuarta: otra suerte de segunda y tercera calidad, que linda al norte, camino del Corral; este, suerte quinta; sur, camino de Caracuel; y oeste, propiedades particulares. La cabida es de catorce hectáreas, diecisiete áreas, equivalentes a veintidós fanegas y veintidós metros cuadrados del marco real.

Quinta: otra suerte de segunda calidad, linda al norte, camino del Corral; este, suerte sexta; sur, camino a Caracuel; y oeste, la suerte anterior. Su cabida es de trece hectáreas, diecinueve áreas, cincuenta centiáreas, equivalentes a veinte fanegas, cinco celemines, tres cuartillos y sesenta y tres metros cuadrados de expresado marco.

Sexta: otra suerte de segunda calidad, linda al norte camino del Corral; este, suerte séptima; sur, camino a Caracuel; y oeste, la suerte anterior. Su cabida es de once hectáreas, once centiáreas, equivalentes a diecisiete fanegas, tres celemines y doce metros cuadrados de dicho marco.

Séptima: otra suerte de segunda calidad, linda al norte camino del Corral; este, suerte octava; sur, camino de Caracuel; oeste, suerte anterior. Su cabida es de catorce hectáreas, treinta y cuatro áreas, equivalentes a veinte y dos fanegas, tres celemines, ciento doce metros cuadrados de referido marco.

Octava: otra suerte de segunda calidad, linda al norte, camino del Corral; este, suerte novena; sur, camino de Caracuel; y oeste, suerte anterior. Su cabida diez y ocho hectáreas, sesenta y tres áreas, equivalentes a veinte y ocho fanegas, once celemines y setenta y tres metros cuadrados de expresado marco.

Novena: otra suerte de segunda calidad, linda al norte, camino del Corral; este, suerte número diez; sur, camino de Caracuel; y oeste, suerte anterior. Su cabida es de veinte y dos hectáreas, ochenta y dos áreas, equivalentes a treinta y cinco fanegas, siete celemines, y cuarenta y ocho metros cuadrados de expresado marco.

Décima: otra suerte de segunda calidad que linda al norte, con el camino del Corral; este, suerte número once; sur, camino de Caracuel; y oeste, suerte anterior. Su cabida es de veinte y seis hectáreas, equivalentes a cuarenta fanegas, cuatro celemines, un cuartillo y ciento diez y ocho metros cuadrados de expresado marco.

Undécima: otra suerte de segunda calidad, linda al norte senda de Charco Román; este, propiedades particulares; sur, camino de Caracuel; y oeste la suerte anterior. Su cabida es de veinticinco hectáreas, cuatro áreas,

equivalentes a treinta y ocho fanegas, diez celemines, dos cuartillos y cincuenta y dos metros cuadrados de referido marco. La cruza el arroyo del Rincón y carril del Conejo, los que están deducidos de esta extensión.
Doce: otra suerte de segunda y tercera calidad, linda al norte, camino a Caracuel; este, suerte número trece; sur, camino de Almagro; y oeste, propiedades particulares. Su cabida es de diez y siete hectáreas, sesenta y nueve áreas, equivalentes a veinte y siete fanegas, cinco celemines, dos cuartillos y sesenta y siete metros cuadrados de referido marco. La cruza el camino de Ciudad-Real, el que se ha deducido de su extensión.
Trece: Otra suerte de segunda y tercera calidad, linda al norte, camino del Corral; este, suerte número catorce; sur, camino de Almagro; y oeste, suerte anterior. Su cabida es de diez y ocho hectáreas, quince áreas, equivalentes a veinte y nueve fanegas, ocho celemines, cinco cuartillos y cuarenta y dos metros cuadrados de referido marco. La cruza el camino a Ciudad-Real y los arroyos de las Cañaditas y Lagunillas, los que se han deducido de su extensión.
Catorce: Otra suerte de segunda y tercera calidad, linda al norte camino de Caracuel; este, suertes números quince y diez y siete; sur, camino de Almagro; y oeste la suerte anterior. Su cabida es de veinte y cinco hectáreas, dos áreas y cincuenta centiáreas, equivalentes a treinta y ocho fanegas, diez celemines, un cuartillo y diez y seis metros cuadrados de expresado marco. Lo cruza el camino de Ciudad-Real y el arroyo de la Lagunilla, los que se han deducido de su extensión.
Quince: Otra suerte de la misma calidad, linda al norte camino de Caracuel; este, suerte diez y seis; sur, camino de Ciudad-Real; y oeste, suerte anterior. Su cabida es de veinte y una hectáreas, ochenta y cuatro áreas, equivalentes a cincuenta y cinco fanegas, diez celemines, tres cuartillos y ciento ocho metros cuadrados de expresado marco.
Diez y seis: Otra suerte de la misma calidad, linda al norte, camino a Caracuel; este, propiedades particulares; sur, camino de Ciudad-Real; y oeste, suerte anterior. Su cabida es de veinte y cinco hectáreas, sesenta y una áreas y cincuenta centiáreas, equivalentes a cincuenta y ocho fanegas, nueve celemines, dos cuartillos y noventa metros cuadrados de expresado

marco. Dentro de sus límites existe la Lagunilla, cuyas aguas son de acogida.

Diez y siete: Otra suerte de la misma calidad, linda norte, camino de Ciudad-Real; este, suerte diez y ocho; sur, camino de Almagro; y oeste, suerte catorce. Su cabida es de diez y nueve hectáreas y cincuenta y siete áreas, equivalentes a treinta fanegas, cuatro celemines, dos cuartillos y ochenta y cuatro metros cuadrados de expresado marco.

Diez y ocho: Otra suerte de la misma calidad, linda norte, camino de Ciudad-Real; este, suerte diez y nueve; sur, camino de Almagro; y oeste, suerte anterior. Su cabida es de diez y nueve hectáreas, veinte centiáreas, equivalentes a veinte y nueve fanegas, nueve celemines, tres cuartillos y cinco metros cuadrados de referido marco.

Diez y nueve: Otra suerte de la misma calidad, linda norte, camino de Ciudad-Real; este, propiedades particulares; sur, camino de Almagro; y oeste, suerte anterior. Su cabida es de veinte y una hectáreas, ochenta y cuatro áreas, equivalentes a cincuenta y cinco fanegas, diez celemines, cinco cuartillos y ciento ocho metros cuadrados de referido marco.

Veinte: Otra suerte de tercera calidad, linda norte, camino de Almagro; este, suerte veinte y una; sur, propiedades particulares; y oeste, el mismo lindero y el arroyo de Cañaditas. Su cabida es de catorce hectáreas, noventa y tres áreas, equivalentes a veinte y cinco fanegas, dos celemines y ocho metros cuadrados de expresado marco.

Veinte y una: Otra suerte de la misma calidad, linda norte, camino de Almagro; este, suerte veinte y dos; sur, loma de Encinilla; y oeste, suerte anterior. Su cabida es de veinte y una hectáreas, equivalentes a treinta y dos fanegas, siete celemines, un cuartillo y treinta y cuatro metros cuadrados de expresado marco.

Veinte y dos: Otra suerte de igual calidad, linda norte, camino de Almagro; este y sur, propiedades particulares; y oeste, la suerte anterior. Su cabida es de diez y ocho hectáreas, noventa y tres áreas y cincuenta centiáreas, equivalentes a veinte y nueve fanegas, cuatro celemines, tres cuartillos y cuarenta metros cuadrados de referido marco.

La expresada dehesa fue solicitada por el Ayuntamiento de Villamayor de Calatrava con destino a Dehesa Boyal, acogiéndose a los beneficios de la

Ley de ocho de mayo de mil ochocientos ochenta y ocho, y Real Decreto de veinte y nueve de septiembre de mil ochocientos noventa y seis, cuyas pretensiones le han sido denegadas por Reales Órdenes de nueve y veinte y cinco de febrero de mil ochocientos noventa y cinco y mil ochocientos noventa y siete, respectivamente, fue rematada en subasta de ocho de junio del año último por Don Pablo González Salas, vecino de Villamayor, y no ha verificado el pago del primer plazo a pesar de transcurridos los quince días siguientes al de la notificación.
Dicha finca no aparece se halle inscrita a favor del Estado en el Registro de la Propiedad de Almodóvar del Campo, pero se verificará por medio de la certificación duplicada que se expedirá por la Administración de Hacienda de la provincia, no constando tampoco del expediente de subasta que se tiene a la vista que tenga carga alguna.
Anunciada la subasta en el Boletín Oficial de Ventas de la provincia, correspondiente al diez y seis de noviembre de mil ochocientos noventa y siete, por la cantidad de treinta y dos mil quinientas ochenta pesetas en que fue tasada en venta, se celebró el remate a treinta de dicho mes, quedando rematada en la cantidad de treinta y tres mil quinientas ochenta y una pesetas y adjudicándose a Don Antonio Sevilla Yribaren, como mejor postor, el que notificado de la adjudicación, hecha por la Dirección General de Propiedades y Derechos del Estado, en quince de diciembre último, verificó el pago del primer plazo en veinte y nueve del mismo mes, importante la cantidad de seis mil setecientas diez y siete pesetas veinte céntimos, y después hizo cesión y traspaso de la finca origen de la creación de la Sociedad de derecho civil y particular, representada por la Junta Directiva, previamente formada para conseguir la adquisición de pleno dominio de la Dehesa boyal o Labrada en el término municipal de Villamayor de Calatrava, objeto de la cesión y cuya Junta Directiva, según los Estatutos, la componen los señores Don Jesús Muñoz Carrión, Don Juan José Gijón García, Don Reinaldo Úbeda Cárdenas, Don Julián Molina González, Don Evaristo Rodríguez Sánchez y Don Alfonso Caballero López, todo lo que, copiado a la letra, dice así:

Carta de pago: Tomo ciento setenta y uno, número doscientos tres, provincia de Ciudad Real. Carta de pago correspondiente al mandamiento de ingreso número setecientos y dos, del Registro parcial número siete. Presupuesto correspondiente al año económico de mil ochocientos noventa y siete, noventa y ocho. Sección cuarta. Capítulo cuarto. Artículo noveno. Ventas. Plazos al contado por los verificados desde primero de mayo de mil ochocientos cincuenta y cinco-. Estando Don Antonio Sevilla e Iribarne, vecino de Madrid, ha entregado en el Banco de España en las clases de valores que se expresan al margen, la cantidad de seis mil setecientas diez y siete pesetas veinte céntimos importe del primer plazo al contado y derechos de publicación de la finca rústica denominada "Labrada", sita en el término de Villamayor de Calatrava, que perteneció a la Mesa Maestral, y ha sido enajenada como del Estado, según más detalle del dorso. Para resguardo del interesado expido la presente carta de pago, la cual será nula y sin ningún valor si se omitiere la toma de razón por la Intervención de Hacienda. Ciudad Real a veinte y nueve de diciembre de mil ochocientos noventa y siete. El tesorero de Hacienda, A. Salcedo. Sentado en Intervención al número seiscientos noventa del Registro de Ingresos. García. Sentado en la Tesorería al número seiscientos ochenta y seis. Aguirre.

Al dorso: Bienes procedentes del Estado y Clero. Siendo el importe líquido de la finca rústica reseñada anteriormente, que fue rematada en treinta de noviembre de mil ochocientos noventa y siete y adjudicada por la Dirección General de Propiedades el quince de diciembre siguiente, señalada en el inventario con el número mil trescientos noventa y uno. Pesetas. Treinta y tres mil quinientas ochenta y una. Corresponde satisfacer por el plazo al contado. Pesetas. Cuatro mil novecientas cincuenta y tres pesetas veinte céntimos. Por el cinco por ciento de precio de venta, mil setecientas sesenta y tres. Por derechos de publicación de anuncios. Una. Total seis mil setecientas diez y siete veinte

Diligencias de cesión y traspaso

Escrito. Al Juzgado. Francisco Emperador Lagunillas, de cuarenta años de edad, casado, administrador particular, vecino de esta ciudad, según cédula personal de undécima clase, expedida en veinte y dos de septiembre último, con el número cuatrocientos tres, ante V.I. Sr. Juez de Primera Instancia de este Partido, como mejor proceda, digo: Que Don Antonio Sevilla e Iribarne, de quien soy apoderado, como lo acredita con la copia de poder que acompaño, en la subasta que se celebró el treinta de noviembre último de varias fincas de Bienes Nacionales, quedó rematada a mi favor, como mejor postor la siguiente:

Número mil trescientos noventa y uno del Inventario

Una dehesa denominada La Labrada, en el término municipal de Villamayor de Calatrava, procedente del Estado (Mesa Maestral) de segunda y tercera calidad, produce algún monte pardo de chaparro, de coscoja y jara en muy mal estado de conservación, y, en gran parte, quemado, dedicada a pastos y susceptible de labor; linda al norte con la Cuerda de la Solana del Villarejo; este, mediodía y poniente, con propiedades particulares. Su cabida es de cuatrocientas veinte y cinco hectáreas, treinta y cinco áreas, treinta y cuatro centiáreas, equivalentes a seiscientas sesenta fanegas, cinco celemines, tres cuartillos y noventa y cuatro metros cuadrados del marco real, cuya Dehesa se haya dividida en veinte y dos suertes, descritas en la forma que aparecen en el Boletín Oficial de Ventas de esta provincia, correspondiente al día diez y seis de noviembre del año próximo pasado. Y habiéndole sido adjudicada la referida Dehesa a mi dicho poderdante por la Dirección General de Propiedades y Derechos del Estado en quince de diciembre siguiente en la cantidad de treinta y tres mil quinientas ochenta y una pesetas, expedido que le fue el oportuno, verificó en veinte y nueve de diciembre último el pago del primer plazo, como lo acredita con la carta de pago y papel de reintegro que acompaña. En su virtud, y haciendo uso de las facultades que, por la copia de poder, se me confiere, en nombre de mi poderdante cedo y traspaso desde ahora para siempre la mencionada Dehesa, en favor de la Sociedad Compradora de la misma, representada por la Junta Directiva de ella que la componen Don Jesús Muñoz Carrión, Don Juan José Gijón García, Don Reinaldo Úbeda Cárdenas, Don Julián Molina González, Don Evaristo Rodríguez Sánchez y

Don Alfonso Caballero López, puesto que por encargo de aquella y con dinero de la misma se ha verificado el pago del primer plazo, por tanto procede y a V. S. suplico que, teniendo por presentado este escrito, con su carta de pago y papel de reintegro que acompaño, se sirva admitirme la cesión y traspaso que, en nombre de mi poderdante, Don Antonio, Sevilla Iribarne, hago en favor de la *Sociedad Compradora de la Dehesa Boyal o Labrada de Villamayor de Calatrava*, representada por la Junta Directiva de la misma compuesta de Don Jesús Muñoz Carrión, Don Juan José Gijón García, Don Reinaldo Úbeda Cárdenas, Don Julián Molina González, Don Evaristo Rodríguez Sánchez y Don Alfonso Caballero López, puesto que, por encargo de aquella, tomé parte en la subasta y, con dinero de la misma, se ha verificado el pago del primer plazo, solicitando a la vez del Juzgado se les haga saber a dichos señores para su aceptación, pues así es de hacer en justicia que pido. Otrosí digo: que siendo necesario para otros usos la copia de poder que acompaño, suplico a V.S. que, puesto que sea de la misma testimonio en relación bastante, se me devuelva pues como antes, en justicia que pido. Ciudad Real, ocho de enero de mil ochocientos noventa y ocho. Francisco Emperador.

Providencia: Ciudad Real, ocho de enero de mil ochocientos noventa y ocho. Por presentado el anterior escrito con la carta de pago y papel de reintegro que se acompañan que unirán al expediente de su razón: en cuanto a lo principal se admite la cesión y traspaso que Don Francisco Emperador Lagunillas, en nombre de su poderdante Don Antonio Sevilla e Iribarne, hace de la dehesa llamada Labrada en favor de la *Sociedad Compradora de la Dehesa Boyal o Labrada de Villamayor de Calatrava*, representada por la Junta Directiva de la misma que la componen Don Jesús Muñoz Carrión, Don Juan José Gijón García, Don Reinaldo Úbeda Cárdenas, Don Julián Molina González, Don Evaristo Rodríguez Sánchez y Don Alfonso Caballero López, a los que se les hace saber, para su aceptación. Y de otro sí, puesto que sea testimonio en relación bastante de las copias de poder presentada, decir el varele del recurrente según lo solicita. Lo manda y firma el señor Juez de Primera Instancia, de que doy fe. Puga. Agustín Díaz Balmaseda.

Notificación: En el mismo día notifiqué a Don Francisco Emperador el auto anterior con lectura y entrega de copia literal de él. Doy fe. Francisco Emperador. Balmaseda.
Otra: En seguida notifiqué a Don Jesús Muñoz, Don Juan José Gijón, Don Reinaldo Úbeda, Don Julián Muñoz, Don Evaristo Rodríguez y Don Alfonso Caballero, la providencia anterior con lectura y entrega de copia literal de ella, firman doy fé. Don Jesús Muñoz, Don Juan José Gijón, Don Reinaldo Úbeda, Don Evaristo Rodríguez, y Don Alfonso Caballero la providencia anterior, con lectura y entrega de copia literal de ella, firman. Doy fe. Jesús Muñoz, Juan José Gijón, Reinaldo Úbeda, Alfonso Caballero, Evaristo Rodríguez, Julián Molina. Balmaseda.
Comparecencia: en Ciudad Real, dicho día mes y año, ante el señor Juez y de mí el escribano comparecieron Don Jesús Muñoz Carrión, de cuarenta y nueve años de edad, casado, empleado, vecino de esta ciudad, según cédula personal de séptima clase expedida en nueve de noviembre último con el número novecientos; Don Juan José Gijón García, de cuarenta y cuatro años de edad, viudo, propietario, con cédula personal de la octava clase, expedida en quince de dicho mes con el número doscientos veintiuno; Don Julián Molina González, de cincuenta y dos años de edad, casado, secretario de Ayuntamiento, con cédula personal de la misma clase, expedida en citado día con el número trescientos setenta y tres; Don Evaristo Rodríguez Sánchez, de cuarenta y un años de edad, casado, propietario, según cédula personal de novena clase, expedida en la expresada fecha que las anteriores con el número cuatrocientos ochenta y cinco; y Don Alfonso Caballero López, de cuarenta y cuatro años de edad, casado, comerciante, según cédula personal de novena clase, expedida en igual fecha que las anteriores con el número sesenta y tres, todos vecinos de Villamayor de Calatrava, y dijeron: que el día de la fecha y ante el notario de esta ciudad don Isidoro Espadas, se ha formalizado escritura de constitución de la *Sociedad Compradora de la Dehesa Boyal o Labrada de Villamayor de Calatrava*, por los que hablan los cuales componen la Junta Directiva de la misma y en tal concepto aceptan la cesión y traspaso que Don Francisco Emperador Lagunillas, en nombre de su poderdante Don

Antonio Sevilla e Iribarne, hace de la expresada Dehesa a la dicha Sociedad y en la misma cantidad en que este la remató y después le fue adjudicada por la Dirección General de Propiedades y Derechos del Estado, pues para la mencionada sociedad y por su encargo, tomó parte en la subasta y con...la misma se ha verificado el pago del primer plazo de la repetida de ella e interesa del juzgado. Se les otorgue en oportuna escritura de carácter judicial. Así lo dijeron y firmaron con su señoría, doy fe. Puga, Juan José Gijón, Jesús Muñoz, Reinaldo Úbeda, Alfonso Caballero, Evaristo Rodríguez, Julián Molina. Agustín Díez Balmaseda.

<u>Auto</u>: Resultando que en la subasta celebrada el treinta de noviembre último de varias fincas de bienes nacionales, fue el mejor postor a la Dehesa llamada Labrada, enclavada en el término de Villamayor de Calatrava, procedente del Estado (Mesa Maestra), que se menciona en el escrito que antecede, Don Antonio Sevilla Iribarne, a quien se la adjudicó la Dirección General de Propiedades y Derechos del Estado en quince de diciembre último y en veinte y nueve del mismo mes ha verificado el pago del primer plazo, según lo ha justificado con la carta de pago que ha presentado. <u>Resultando</u> que Don Francisco Emperador Lagunillas, como apoderado del Don Antonio Sevilla Iribarne, en su escrito de fecha de hoy, cede y traspasa la referida Dehesa en favor de la *Sociedad Compradora de la Dehesa Boyal o Labrada de Villamayor de Calatrava*, representados por la Junta Directiva de la misma que la constituyen: Don Jesús Muñoz Carrión, Don Juan José Gijón García, Don Reinaldo Úbeda Cárdenas, Don Julián Molina González, Don Evaristo Rodríguez Sánchez y Don Alfonso Caballero López, en la misma cantidad en que le fue adjudicada, pues, por encargo de la dicha Sociedad, tomó parte en la subasta y con dinero de la misma se ha efectuado el pago del primer plazo. <u>Resultando</u> que los antedichos señores, como individuos que componen la Junta Directiva de la sociedad anteriormente citada, han aceptado la cesión y traspaso de la Dehesa expresada que les hace Don Francisco Emperador Lagunillas, en nombre de su poderdante Don Antonio Sevilla Iribarne. <u>Considerando</u> que la cesión y traspaso de que se trata, está hecha en tiempo y forma legal, por cuya razón es procedente aprobarla. Se aprueba, cuanto ha lugar en derecho, la cesión y traspaso que Don Francisco Emperador Lagunillas, en

nombre de su poderdante Don Antonio Sevilla Iribarne, hace de la Dehesa llamada Labrada en favor de la *Sociedad Compradora de la Dehesa Boyal o Labrada de Villamayor de Calatrava*, representada por la Junta Directiva de la misma compuesta de Don Jesús Muñoz Carrión, Don Juan José Gijón García, Don Reinaldo Úbeda Cárdenas, Don Julián Molina González, Don Evaristo Rodríguez Sánchez y Don Alfonso Caballero López, a favor de los que se otorgará la correspondiente escritura de venta judicial, declárese testimonio en relación bastante y de lo que se estime necesario de la escritura de constitución de sociedad, pongan esta resolución en conocimiento de la Administración de Bienes del Estado, según está prevenido y, por último, reintégrense estas diligencias con el papel que corresponda. Leo, acuerda y firma el señor don Manuel María Puga, Juez de Primera Instancia de esta capital y su partido en Ciudad Real, a ocho de enero de mil ochocientos noventa y ocho, de que doy fe. Manuel María Puga. Agustín Díaz Balmaseda.

Notificación: En expresado día notifiqué a Don Francisco Emperador el auto anterior con lectura y entrega de copia literal de él, firma. Francisco Emperador. Balmaseda

Otra: acto seguido notifiqué a Don Jesús Muñoz, Don Juan José Gijón, Don Reinaldo Úbeda, Don Julián Molina, Don Evaristo Rodríguez y Don Alfonso Caballero, el auto anterior con lectura y entrega de copia literal de él. Firman. Doy fe. Jesús Muñoz. Juan José Gijón. Reinaldo Úbeda. Alfonso Caballero. Evaristo Rodríguez. Julián Molina. Balmaseda

Testimonio: Yo, el infrascrito escribano, doy fe. Que en ocho de actual y ante el notario de esta capital, don Isidoro Espadas, han otorgado Don Jesús Muñoz Carrión, contador de fondos provinciales y vecino de esta ciudad; Don Juan José Gijón García, propietario; Don Evaristo Rodríguez Sánchez, propietario; Don Juan Molina González, secretario de Ayuntamiento; Don Reinaldo Úbeda Cárdenas, propietario; y Don Alfonso Caballero López, comerciante, escritura de fundación y constitución de una sociedad civil y particular, manifestando que habiéndose vendido recientemente por el Estado, en pública licitación, la finca denominada Dehesa boyal o Labrada de Villamayor de Calatrava, de cuya población son o han sido vecinos los otorgantes, y siendo de grandísimo interés, para todos sus convecinos, poseer en pleno dominio y disfrutar la mencionada Dehesa Boyal o Labrada sin lo cual será muy difícil y precaria, cuando no imposible, la vida de aquel vecindario, dedicado en su mayor parte a la agricultura y ganadería, han resuelto y decidido fundar y constituir una sociedad de carácter civil y particular, con el objeto de adquirir la referida Dehesa Boyal o Labrada, comprándola a la persona que la hubiera rematado en la subasta ya efectuada para que sea poseída y disfrutada por todos sus accionistas de la indicada sociedad, que podrán serlo todos los vecinos y domiciliados en el pueblo de Villamayor de Calatrava, con lo cual entienden prestar un inmenso servicio al vecindario, contribuyendo poderosamente a su bienestar y llevándolo a efecto en la vía y forma que más haya lugar en derecho, de su libre y espontánea voluntad, formulan y establecen varios estatutos, entre los que se comprenden, en el título primero, los artículos primero, el número primero del segundo, tercero y sexto y el treinta y el treinta y uno del título tercero que copiado a la letra, con el acta notarial que en este se menciona todo, dice así:

Artículo primero: Los referidos comparecientes (los al principio mencionados) fundan y constituyen por virtud de estos Estatutos, una sociedad de carácter civil y particular con estricta sujeción a las prescripciones que se consignan:

Número primero del artículo segundo: Adquirir la finca denominada Dehesa boyal o Labrada de Villamayor de Calatrava de la persona o personas a quienes actualmente pertenezca, bien fuesen los que la habían rematado en la subasta pública que recientemente se efectuó, u otras cualesquiera a quienes los rematantes la hubieran trasmitido, verificando esa adquisición por compra o cesión, según se considere más oportuno o procedente.

Artículo tercero: Esta sociedad se titulará y denominará *Sociedad Compradora de la Dehesa boyal o Labrada de Villamayor de Calatrava*.

Artículo sexto: Para que tenga debido y rápido cumplimiento el primer objeto social, o sea la adquisición de la referida finca Dehesa Boyal o Labrada de Villamayor de Calatrava, queda facultada y autorizada la primera Junta Directiva que se constituya con arreglo a las prescripciones de estos Estatutos, sin necesidad de convocar para ello Junta General de accionistas, para celebrar con el actual dueño y poseedor de dicha finca el contrato de cesión o compra que se considere necesario, y para otorgar la oportuna escritura de adquisición, con tal de que el precio no exceda de sesenta mil pesetas y figuren los seis comparecientes que son los que forman dicha primera Junta Directiva como representantes de la Sociedad.

Artículo treinta: Esta sociedad se dirige, gobierna y administra por una Junta Directiva compuesta de un presidente, un vicepresidente, dos vocales, un tesorero y un secretario-contador.

Artículo treinta y uno: La primera Junta Directiva de esta sociedad se compondrá de los seis socios fundadores que concurren al otorgamiento de esta escritura, a cuyo efecto, tan luego como este se firme y por el mismo notario autorizante, se levantará un acta de constitución de la primera Junta Directiva, haciéndose en ella la designación de cargos, y declarándose a todos sus individuos en posesión de los mismos para que desde aquel momento puedan comenzar a funcionar

Acta de la primera Junta Directiva

En Ciudad Real, a ocho de enero de mil ochocientos noventa y ocho. Ante mí, don Isidoro Espadas, notario público del colegio del territorio de Albacete y del distrito de esta capital, mi vecindad, comparecen: Don Jesús Muñoz y Carrión, de cuarenta y nueve años de edad, casado, contador de fondos provinciales, con cédula personal de séptima clase expedida el nueve de noviembre último con el número novecientos; Don Juan José Gijón y García, de cuarenta y cuatro años de edad, viudo, propietario, con cédula personal de octava clase expedida en quince de dicho mes con el número doscientos veinte y uno; Don Evaristo Rodríguez y Sánchez, de cuarenta y un años de edad, casado, propietario, con cédula personal de novena clase, expedida en el mismo día con el número cuatrocientos ochenta y cinco; Don Julián Molina y González, de cuarenta y dos años de edad, casado, secretario de Ayuntamiento, con cédula personal de la misma clase, expedida en citado día con el número trescientos setenta y tres; Don Reinaldo Úbeda y Cárdenas, de treinta y tres años de edad, casado, propietario, con cédula personal de quinta clase expedida en referido día con el número quinientos treinta y tres; y Don Alfonso Caballero y López, de cuarenta y cuatro años, de edad, casado, comerciante, con cédula personal de novena clase, expedida en el repetido día quince de noviembre, con el número sesenta y tres; el primero vecino de esta ciudad y los demás de la villa de Villamayor de Calatrava: de mutua conformidad declaran que por escritura pública autorizada ante mí, en este día, se constituyen los comparecientes en primera Junta Directiva de la sociedad civil y particular titulada Dehesa Boyal o Labrada del término municipal de Villamayor de Calatrava, en cuyo documento se consignan varios títulos y artículos para su constitución y régimen, resultando por el título tercero, artículo treinta y treinta y uno, los Estatutos porque ha de ser regida, y en tal virtud, por acuerdo unánime, se designa como presidente a Don Jesús Muñoz y Carrión; vicepresidente, Don Juan José Gijón y García; tesorero, Don Reinaldo Úbeda y Cárdena; vocales, Don Alfonso Caballero y López y Don Evaristo Rodríguez y Sánchez; y Secretario-contador, Don Juan Molina y González, todos los cuales aceptan los referidos cargos y se obligan a desempeñarlos bien y fielmente. Y para que conste, previa su lectura por mí, el notario, firman con los testigos presenciales que lo son: don Agustín Diaz Balmaseda y Don Antonio Manzanares Moreno, de esta vecindad, de todo lo cual, como del conocimiento de todos los concurrentes, yo, el notario, doy fe. Jesús Muñoz; Juan José Gijón; Reinaldo Úbeda; Alfonso Caballero; Evaristo Rodríguez; Julián Molina; Agustín Díaz Balmaseda; Antonio Manzanares. Signado: Isidoro Espadas. Es copia literal del acta que, autorizada por mí bajo el número nueve de orden, obra protocolizada en el registro de instrumentos públicos de mi notaría del corriente año, de que doy fe para que conste a instancia de los requirentes y en este pliego de la clase undécima, la expido, signo y firmo, quedando anotada en un original con la que concuerda, extendida en otro de la duodécima, en el día de su fecha. Signado: Isidoro Espadas, y para que conste firmo el presente en Ciudad Real a ocho de enero de mil ochocientos noventa y ocho. Agustín Díaz Balmaseda.

Testimonio: Yo, el infrascrito escribano, doy fe: que en diez y ocho de noviembre de mil ochocientos noventa y seis y ante el notario de Madrid don Federico Plaza Pellicer, otorgó Don Antonio Sevilla Iribarne, de treinta y siete años de edad, casado, cesante, vecino de dicha villa y Corte, poder a favor de don Francisco Emperador Lagunillas, mayor de edad, vecino de la capital, por el que le faculta, entre otras cosas, para que, bajo las bases y condiciones que estime oportunas, sin traba ni limitación alguna especie, ceda las fincas adjudicadas al otorgante y cualesquiera otras que en lo sucesivo y, por consecuencia de nuevas subastas, pueda rematar como mejor postor, así como los derechos y acciones que le correspondan y puedan pertenecer a virtud de dichos remates y adjudicaciones, y para que, al objeto de llevar a efecto la cesión de fincas rematadas por el otorgante, así como también de las que, en lo sucesivo, se adjudiquen presente escritos ante las autoridades y los documentos que sean precisos y practique cuantas diligencias iniciales necesarias se ratifique en el contenido de las instancias y las notificaciones de las producidas, acuerdos y resoluciones que se dicten en los expedientes que se promuevan. Y para que conste firmo el presente en Ciudad Real a ocho de enero de mil ochocientos noventa y ocho. Agustín Díaz Balmaseda.

Corresponde el documento y diligencias prescritos con sus originales, a que me remito, los cuales quedan unidos al expediente de su razón, y habiéndose acordado la posesión de la finca y el otorgamiento de la presente escritura de venta judicial usando el señor Juez de las facultades de que se haya revestido, otorga. Que, en nombre del Estado que representa, vende la Dehesa Boyal o Labrada de Villamayor de Calatrava a la sociedad civil y particular con la denominación de dicha finca, representada por la primera Junta Directiva compuesta de los señores comparecientes Don Jesús Muñoz Carrión, Don Juan José Gijón García, Don Reinaldo Úbeda Cárdenas, Don Alfonso Caballero López, Don Evaristo Rodríguez Sánchez y Don Juan Molina González, por precio de treinta y tres mil quinientas ochenta y una pesetas y con las siguientes

Condiciones

Primera: Que la cantidad de veinte mil ochocientas sesenta y cuatro pesetas que aún quedan por satisfacer del precio de esta venta, se pagará por anualidades, a contar desde el nueve de diciembre de mil ochocientos noventa y siete y en cuatro plazos al respecto de seis mil setecientas diez y seis pesetas veinte céntimos cada uno.

Segunda: El Estado verifica esta venta con sujeción a las leyes y disposiciones oficiales vigentes que puedan regir en la materia.

Tercera: La finca objeto de este contrato no se halla grabada con cargas, pero si apareciese alguna posteriormente, se indemnizará de su importe al comprador.

Cuarta: Las reclamaciones que contra esta venta hubiera de entablarse serán siempre en la vía gobernativa en la forma y plazos que prescriben las disposiciones vigentes.

Quinta. La finca enajenada por este contrato queda hipotecada a la Hacienda Pública hasta el completo pago de su importe y el de los intereses de demora en su caso.

Sexta: Si la finca enajenada fuese declarada en quiebra por falta de pago de cualquiera de los plazos, quedan desde luego nulas y sin ningún valor las hipotecas que se hayan constituido a favor de terceros.

Séptima: Por virtud de esta escritura se transmite a favor de la Sociedad Compradora la posesión y dominio de la finca, de la que podrá disponer libremente como cosa suya propia habida con justo y legítimo título quedando desligado el Estado a la ..., seguridad y saneamiento con arreglo a derecho.

Octava: Por Don Jesús Muñoz Carrión, Don Juan José Gijón García, Don Reinaldo Úbeda Cárdenas, Don Alfonso Caballero López, Don Evaristo Rodríguez y Don Juan Molina González, se dijo: que como individuos que componen la primera Junta Directiva de la sociedad civil y particular compradora de la Dehesa boyal o Labrada de Villamayor de Calatrava, aceptan esta escritura y sus efectos. Al cumplimiento de lo expuesto, el señor Juez obliga al Estado y la Sociedad se compromete con arreglo a derecho.

Quedan hechas las advertencias legales en favor del Estado, de la provincia y del municipio por el impuesto repartido a la finca enajenada correspondiente a la última anualidad.
Así lo otorgó y firma el expresado señor Juez con los comparecientes Don Jesús Muñoz Carrión, Don Juan José Gijón García, Don Reinaldo Úbeda Cárdenas, Don Alfonso Caballero López, Don Evaristo Rodríguez y Don Juan Molina González, siendo testigos presenciales, que aseguran no tener impedimento para ello, Don Agustín Díaz Balmaseda Manzanares y Santos Carretero Rodríguez de esta vecindad.
Advertí a las partes aquí obligadas que, confesado el pago de la cantidad satisfecha como precio de esta venta, queda libre la finca enajenada de toda responsabilidad respecto de dicha suma, aunque después se justifique no ser cierta, se entrega en todo o en parte, así como la obligación en que se encuentran de presentar la primera copia de esta escritura en la Oficina Liquidadora de este partido, a fin de satisfacer a la Hacienda Pública el derecho que devengue para que después se inscriba en el Registro de la Propiedad de Almodóvar del Campo, sin cuyo requisito no hará fe en inicio ni fuera de él, ni perjudicará a tercero sino desde la fecha de su inscripción en dicho Registro, como lo previene la ley Hipotecaria y su Reglamento.
Leída esta escritura a las partes y testigo por no querer hacer uso del derecho a leerla por sí, se afirmaron y ratificaron en su total contento, de todo lo cual, así como del conocimiento de los otorgantes y testigos. Yo el notario doy fe. Manuel María Puga. Juan José Gijón, Reinaldo Úbeda, Evaristo Rodríguez, Julián Molina, Alfonso Caballero, Jesús Muñoz, Agustín Díaz Balmaseda, Santos Carretero. Signado Isidoro Espadas.

La primera copia original de la escritura de venta judicial que autorizada por mí bajo el número ochenta y uno de orden, obra protocolizada en el registro de mis documentos públicos de mi Notaría del corriente año de que doy fe: para que conste....en un pliego de la clase primera número seis mil trescientos diez y siete y diez y seis de la décimo tercera...extendido en otros diez y ocho de la décima tercera, en siete del mes y año de su fecha...Isidoro Espadas

Número 859 del diario de presentación. Devenga este documento por el ...de Derechos Reales conforme al ..de la tarifa y por honorarios ...de Guerra, treinta y siete psts. Noventa y dos cts. Que ha ingresado ...la Sociedad Dehesa Boyal
Ciudad Real 2 de abril 98
El abogado del Estado
Y. Menéndez

Queda tomada razón de la presente escritura de venta al nº 1261, del libro registro que obra en esta sección
Ciudad Real 19 de abril de 1898
El Jefe de la Sección de Propiedades
Federico ...

Inscrito el precedente documento al folio treinta vuelto del tomo 580, finca número 1606, inscripción 2ª. Almodóvar del Campo 4 de julio de 1898.

Honorarios por la venta pte. Por la ...veinte pts. y el asiento de prte. Una cincuenta. Total 41 pts.

Anexo 4
Escrito del Ingeniero Jefe del sector informando de la superficie de la *Dehesa Boyal La Labrada*, 5 de agosto 1905

Fuente: AHPCR. H 1676, 203279

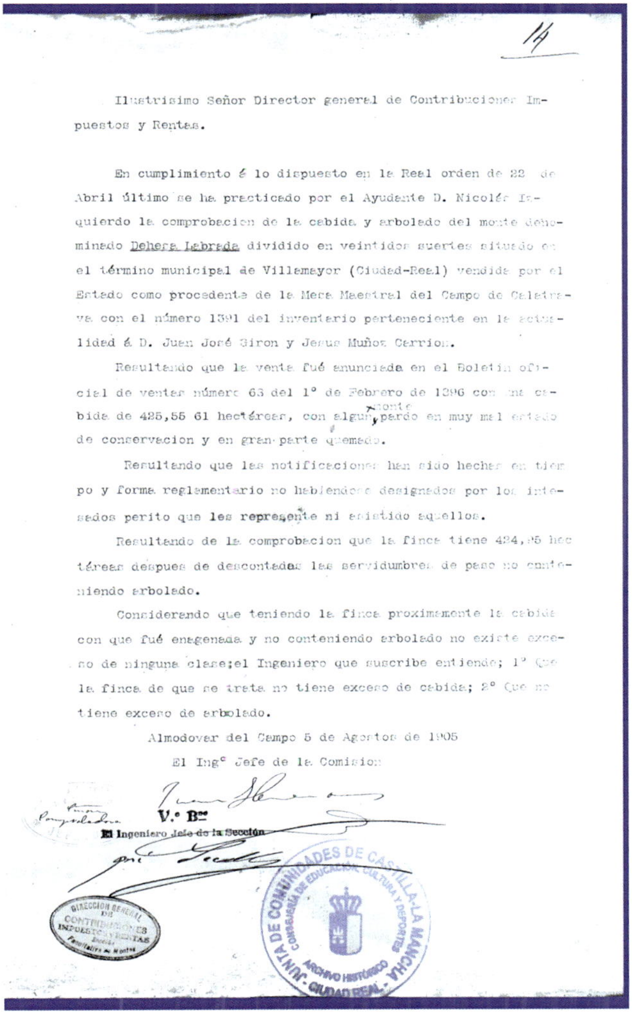

14

Ilustrísimo Señor Director general de Contribuciones Impuestos y Rentas.

En cumplimiento á lo dispuesto en la Real orden de 22 de Abril último se ha practicado por el Ayudante D. Nicolás Izquierdo la comprobacion de la cabida y arbolado del monte denominado Dehesa Labrada dividido en veintidos suertes situado en el término municipal de Villamayor (Ciudad-Real) vendida por el Estado como procedente de la Mesa Maestral del Campo de Calatrava con el número 1391 del inventario perteneciente en la actualidad á D. Juan José Giron y Jesus Muñoz Carrion.

Resultando que la venta fué anunciada en el Boletin oficial de ventas número 63 del 1° de Febrero de 1896 con una cabida de 425,55 61 hectáreas, con algun monte y pardo en muy mal estado de conservacion y en gran parte quemado.

Resultando que las notificaciones han sido hechas en tiempo y forma reglamentario no habiendose designados por los interesados perito que les represente ni asistido aquellos.

Resultando de la comprobacion que la finca tiene 424,85 hectáreas despues de descontadas las servidumbres de paso no conteniendo arbolado.

Considerando que teniendo la finca proximamente la cabida con que fué enagenada y no conteniendo arbolado no existe exceso de ninguna clase; el Ingeniero que suscribe entiende; 1° Que la finca de que se trata no tiene exceso de cabida; 2° Que no tiene exceso de arbolado.

Almodovar del Campo 5 de Agostos de 1905

El Ingº Jefe de la Comision

V.º B.º

El Ingeniero Jefe de la Sección

Anexo 5
Acta de la sesión de la Junta Directiva de la *Sociedad Compradora de la Dehesa Boyal La Labrada* de Villamayor de Calatrava, del 1º de agosto de 1898

Fuente: AMVC, EL/0000000001. Libro de actas de la Junta Directiva de la *Sociedad Compradora de la Dehesa Boyal o Labrada*. 1898-1929, pp. 2-4

SESIÓN DE 1º DE AGOSTO DE 1898

Señores que asistieron: Prsdt. Sr. Muñoz Vocal: Sr. Gijón Ídem: Sr. Caballero Ídem: Sr. Úbeda Ídem: Sr. Rodríguez Secrt. Sr. Molina

En Villamayor de Calatrava a primero de agosto de mil ochocientos noventa y ocho; reunidos los señores, cuyos nombres se expresan al margen, que componen la Junta Directiva de la *"Sociedad Compradora de la Dehesa Boyal o Labrada de Villamayor de Calatrava"*, el señor presidente, don Jesús Muñoz, declaró abierta la sesión, haciendo presente a la Junta que, estando legalmente constituida esta sociedad en virtud de Escritura pública, otorgada en ocho de enero último ante el notario de Ciudad Real, Don Isidoro Espadas, y, una vez inscrita en el Registro de la Propiedad del partido la escritura de venta de la mencionada Dehesa, otorgada por el Juez de Primera Instancia de Ciudad Real, en nombre del Estado, a fabor de dicha sociedad, se estaba en el caso de dar cumplimiento a lo que establecen los Estatutos de la misma, y, muy especialmente, como más perentorios, los que se refieren al aprobechamiento de la Dehesa y a los medios o recursos que se han de arbitrar y sean necesarios para el pago de la finca y demás gastos que ha ocasionado su adquisición y pueda originar su conserbación y explotación, todo en armonía con lo que disponen los artículos 2º, 7º y 8º de dichos Estatutos.

En su virtud, y después de una amplia y detenida deliberación, se tomaron por unanimidad los siguientes acuerdos.

Primero: Con obgeto de evitar desembolsos a los vecinos, atendida la difícil situación económica por que atraviesa esta localidad en las actuales circunstancias, la Junta Directiva acuerda hacer uso de la autorización que le concede el artículo 7º de los Estatutos, tomando a préstamo de Don Francisco Molina, vecino de Almodóvar, la cantidad de sesenta mil pesetas, con el interés del cinco por ciento anual, de las cuales se destinarán treinta mil para reintegrar a dicho señor Molina, de igual suma que tiene anticipada a esta sociedad para pagar el primer plazo del precio en que fue rematada la Dehesa, y todos los demás gastos que ocasionó la subasta; y las treinta mil pesetas restantes para satisfacer el importe de los cuatro plazos pendientes y los gastos que pueda proporcionar la explotación y custodia de la finca de cuya imbersión rendirá esta Junta Directiva la oportuna cuenta en su día a la Sociedad en Junta General de accionistas.

Segundo: Las expresadas sesenta mil pesetas, más treinta mil que importan los intereses de esta cantidad en diez años al cinco por ciento, suman noventa mil pesetas que la Sociedad se compromete a pagar a don Francisco Molina con el producto de sus acciones, y si este no bastara, con los pastos y demás aprovechamientos de la Dehesa en diez plazos iguales de nueve mil pesetas cada uno, que vencerán, respectivamente, en treinta de junio de mil ochocientos noventa e igual día de los subcesivos hasta el de mil novecientos ocho.

Tercero: En garantía de las noventa mil pesetas a que ascienden el préstamo y sus intereses, quedará hipotecada la Dehesa a favor de don Francisco Molina, dejando a salvo los derechos de prelación que se reservó el Estado al enajenarla mientras no se haya pagado a la Hacienda la cantidad total en que fue rematada.

Cuarto: Para el otorgamiento de la escritura de este préstamo, se espedirá por el infrascrito Secretario, certificación literal de los acuerdos que anteceden y que han de servir de base a las cláusulas esenciales del contrato de préstamo concertado ya por la Junta Directiva con el señor Molina.

Quinto: se procederá al deslinde y amojonamiento de la Dehesa en el término más breve posible, citando al vecindario el día que ha de tener lugar por medio de edictos, que se fijarán en los sitios de costumbre y notificando previamente a los propietarios colindantes para que concurran al acto y puedan hacer las reclamaciones que estimen pertinentes oportunas.

Sexto: Para la custodia del monte, pastos, caza y demás aprovechamientos de la Dehesa, los señores Alcalde y Juez municipal, que forman parte de esta Junta, dictarán las órdenes convenientes para que se denuncien por los guardas municipales y demás dependientes de su autoridad, los abusos que se cometan en la finca, encargándose estos señores de corregir y castigar con la mayor severidad a sus autores, teniendo presente que cuanto mayor sea su celo en fabor de la Dehesa, mejor sirven los intereses del vecindario a quien pertenece hoy su propiedad.

Sétimo: con el fin de que el aprobechamiento de la Dehesa se haga con la mayor equidad posible entre los vecinos, quedan encargados los señores Don Julián Molina y Don Alfonso Caballero de redactar las reglas que determinen la forma y términos en que ha de ser disfrutada y utilizada por todos y cada uno de los socios. Dichas reglas serán examinadas, discutidas y definitivamente aprobadas por esta Junta Directiva en la primera reunión ordinaria que celebre después que aquellos señores las hayan formalizado.

Octavo: En cumplimiento de lo que prebienen los Estatutos de la Sociedad, el secretario de esta Junta formará la lista de socios bajo la base del padrón de vecinos de esta villa, teniendo presentes las disposiciones del título segundo, cuyas listas se espondrán al público para conocimiento del vecindario.

Noveno: Tendrán la condición de socios y disfrutarán por igual de todos los derechos y aprobechamientos de la Dehesa todos los vecinos de esta villa y domiciliados que figuren en las listas de socios, y no tendrán obligación de satisfacer cantidad alguna por ahora y mientras no se acuerde otra cosa en contrario para disfrutar de aquellos veneficios.

Décimo: se abrirán los libros de actas y se llevarán los de contavilidad, en la forma que establecen los Estatutos, cuidando de cumplir con puntualidad y exactitud todas sus disposiciones.

Undécimo: La Junta Directiva acuerda celebrar una sesión ordinaria en cada uno de los días primeros de enero, primero de abril, primero de julio y primeo de octubre de cada año, sin perjuicio de las extraordinarias que para tratar asuntos de urgencia, sea necesario celebrar previa combocatoria del Presidente o mayoría de la Junta.

Así lo acuerdan y firman conmigo los mencionados señores de que yo, el Secretario, certifico.

Jesús Muñoz	Juan José Gijón
Alfonso Caballero	Reinaldo Úbeda
Evaristo Rodríguez	Fui presente: Julián Molina

Anexo 6
Relaciones Topográficas Felipe II correspondientes a Villamayor de Calatrava. Preguntas 18, 24 y 45

(CAMPOS Y FERNÁNDEZ DE SEVILLA, F.J. (2009): *Los pueblos de Ciudad Real en las Relaciones Topográficas de Felipe II,* Diputación Provincial de Ciudad Real, pp. 1062-1063 y 1065).

18. Es tierra abundosa de leña y el monte no es monte recio porque es lentisco y labiérnago y coscoja y jara y algún monte pardo que hay en las sierras, y de esta leña se provee, y de cepas sacadizas cada uno en sus pedazos, y ansimismo hay encinas caudales y monte pardo en las dehesas boyales de esta villa, el cual monte no se puede cortar ni [se] corta por las penas. Los animales que en ella hay son algunos puercos jabalines y corzos, perdices, liebres y conejos; no se mata esta caza por la pena. Hay muchos lobos y zorras.

24. Esta villa tiene dos dehesas boyales en que andan las reses del concejo, y otra que se da por propio al carnicero algunos años.

45. Esta villa tiene muy poco término cerrado porque la mayor parte del término que tiene es comunidad con seis pueblos comarcanos y a esta causa se vende poca hierba y de la que se vende puede llevar la mitad de dinero la Mesa Maestral y de la otra mitad llevan los otros pueblos su parte y así muchos años no se vende ninguna, y una de las tres dehesas de arriba dichas se llama la fuente doña Elvira algunos años se da por propio al obligado de la carnicería y otras veces se vende para el concejo por veinte mil maravedís pocos más o menos, y de presente está vendida y arrendada una parte de la dehesa boyal, con provisión y licencia de Su Majestad por cuatro años en cien mil maravedís, para seguir ciertos pleitos que esta villa trata en la Real Chancillería de Granada. Y asimismo algunos años se suele vender cierta parte de la dehesa boyal de Villazayde para pasto en veinte y cuatro mil maravedís pocos más o menos para pagar décimas de censos y otras necesidades que este concejo tiene porque debe más de mil ducados, y asimismo se cobra en esta villa portazgo y roda de todas las mercadurías y ganados que por ella pasan, y esta renta es de la dignidad de la clavería de Calatrava.

Anexo 7
Respuesta nº 23 de la *Respuestas Generales* del Catastro del Marqués de la Ensenada

Fuente: AHPCR. Catastro de Ensenada, vol. 599, Respuestas Generales, interrogatorio folio 23-24.

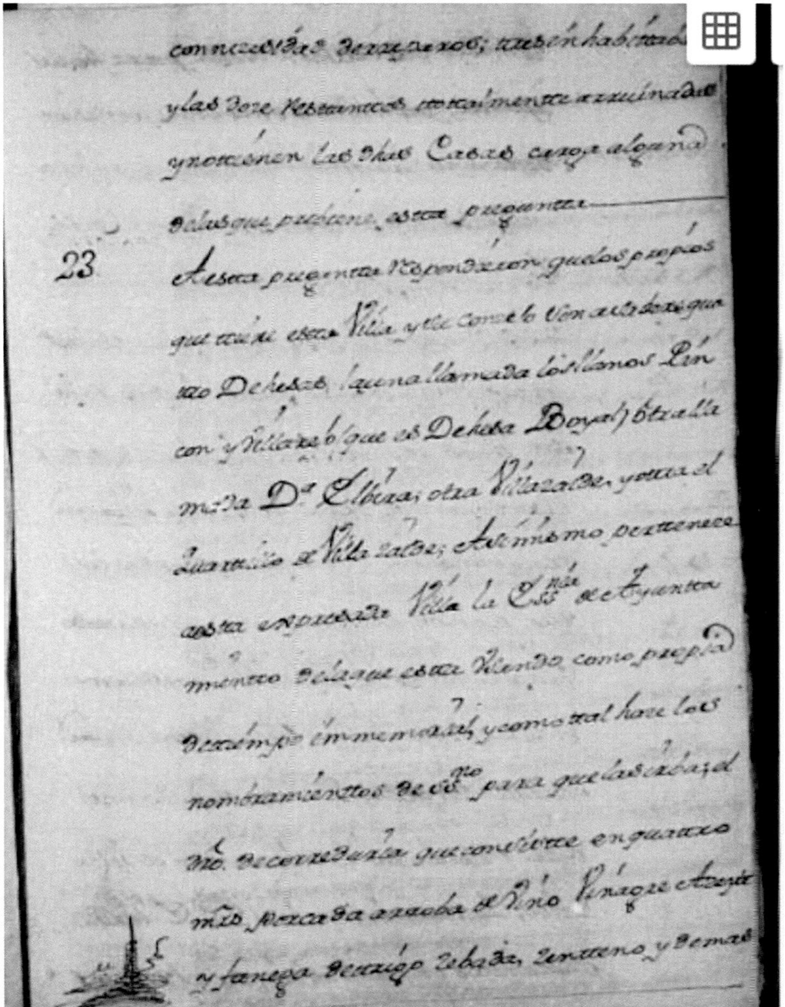
con necesidad de repararse; tienen habitado
y las dos restantes totalmente arruinadas
y no tienen los dichos censos carga alguna
de las que previene esta pregunta
23 A esta pregunta respondieron que los propios
que tiene esta Villa y le consta son [illegible]
Dehesas la una llamada los Llanos [illegible]
con y Villarejo que es Dehesa Boyal, otra la
[illegible] Dª Elvira, otra Villazalde, y otra el
[illegible] de Villazalde; asimismo pertenece
a esta expresada Villa la [illegible] de Ayuntamiento
[illegible] de la que está [illegible] como propia
[illegible] tiempo inmemorial, y como tal hace los
nombramientos de [illegible] para que las cobrasen
[illegible] de correduría que consiste en cuatro
[illegible] por cada arroba de vino vinagre y aceite
y fanega de trigo cebada, centeno y demás

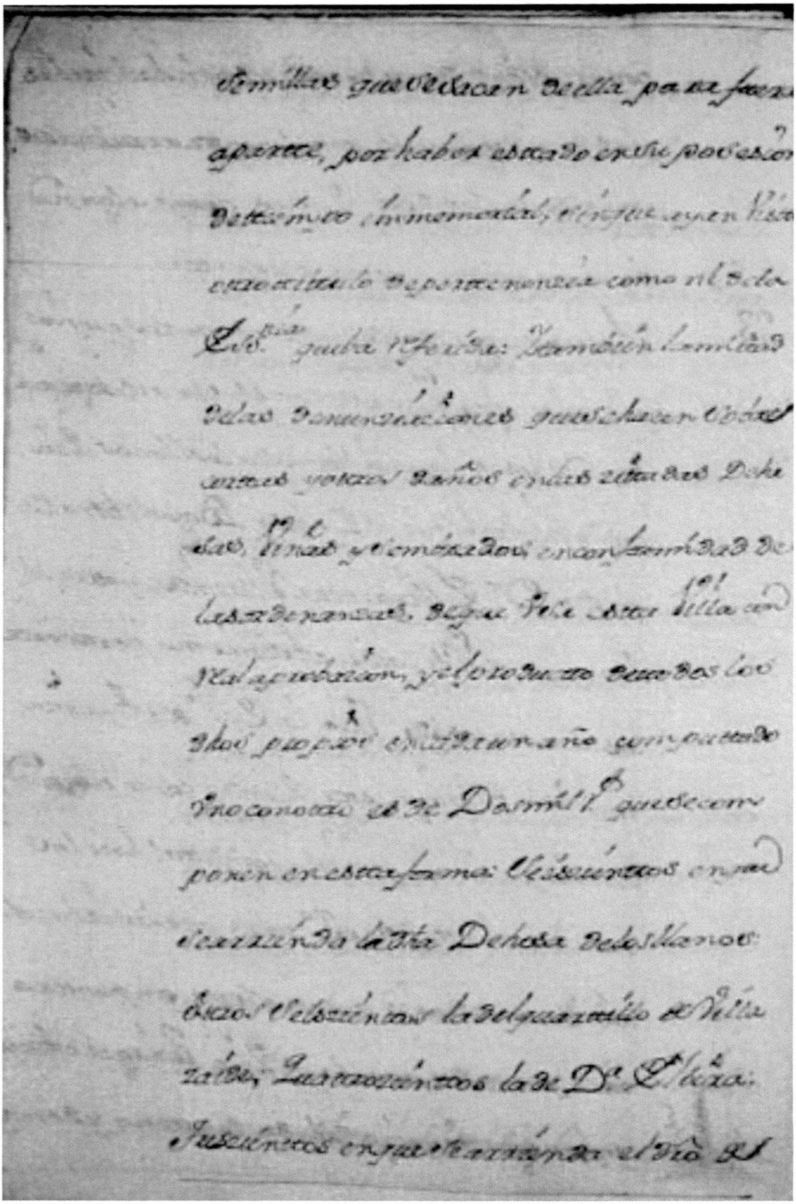

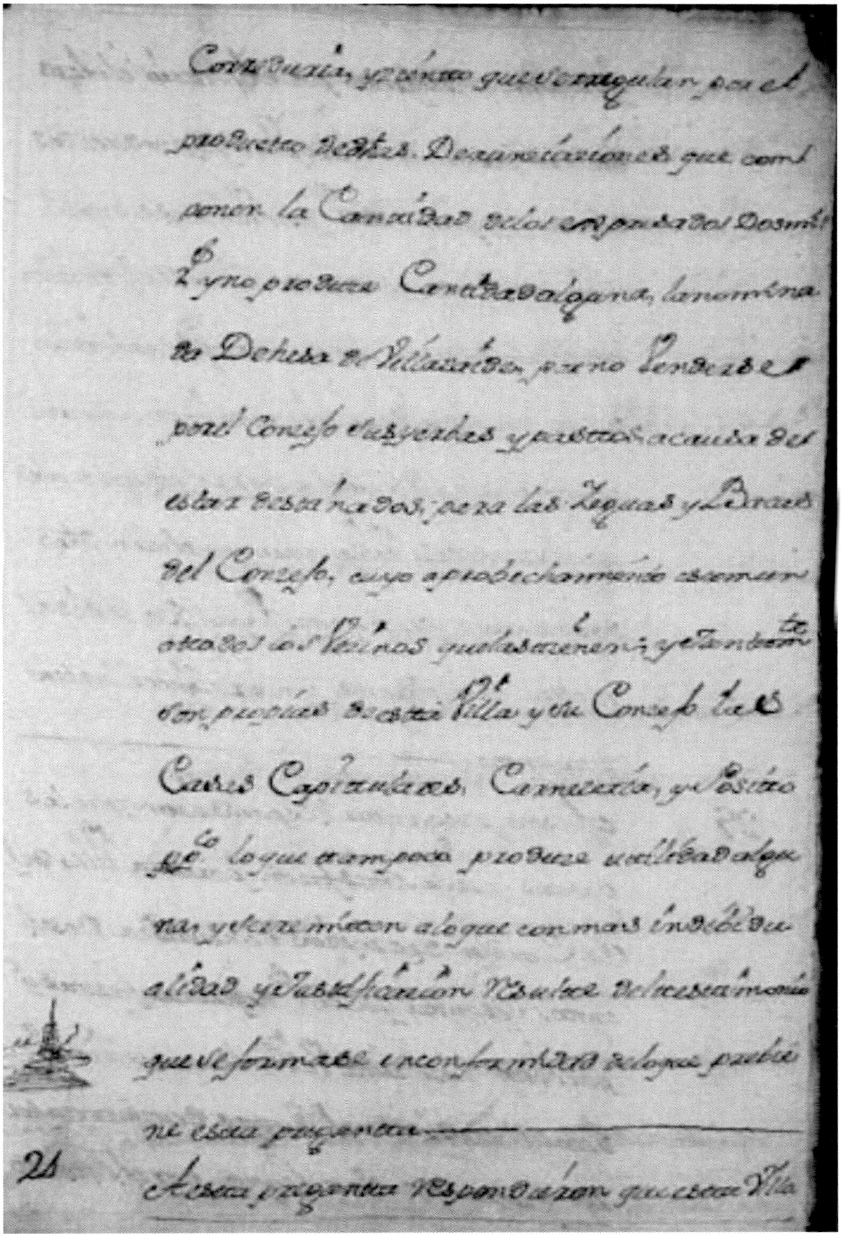

Contaduría, y renta que le regulan por el
producto de estas. Demarcaciones que componen la Cantidad de los expresados Dosmil
y no produce Cantidad alguna, la nomina
da Dehesa de Villaverde, por no venderse
por el Concejo sus yerbas y pastos a causa de
estar destinados, para las Yeguas y Bueyes
del Concejo, cuyo aprovechamiento es comun
a todos los Vezinos que las tienen; y tambien
son propios de esta Villa y su Concejo las
Casas Capitulares, Carniceria, y Posito
que lo que tampoco produce utilidad algu
na y se remiten a lo que con mas individu
alidad y justificacion resulte del testimonio
que se formase en conformidad de lo que previene
esta pregunta ——

21 A esta pregunta respondieron que esta Villa

TRANSCRIPCIÓN

23. Qué propios tiene el común y a que asciende su producto al año, de que se deberá pedir justificación.

"A esta pregunta respondieron que los Propios que tiene esta villa y su Concejo, son a sauer: quatro dehesas, la una llamada los Llanos, Rincón y Villarejo (que es dehesa boyal), otra llamada Doña Elbira, otra Villazaide y otra el Cuartillo de Villazaide.....y también la mitad de las denunziaciones que se hazen sobre cortas y otros daños en las zitadas dehesas, viñas y sembrados en conformida con las ordenanzas de que usa esta villa con Real aprobación...y el producto de todos los dichos Propios, en cada un año, computado uno con otro, es el de dos mil reales que se compone de esta forma: seiszientos en que se arrienda la otra dehesa de los Llanos; otros seiszientos la del Cuartillo de Villazaide; quatrocientos la de Dña. Elvira....y no produze cantidad alguna la nominada dehesa de Villazaide por no venderse por el Concejo sus yerbas y pastos a causa de estar destinados para las yeguas y vacas del Concejo, cuyo aprobechamiento es común a todos los vezinos que las tienen...."

Anexo 8

Memorial de José Palomares Lillo, Procurador General Síndico de Villamayor de Calatrava (Catastro del Marqués de la Ensenada)

Fuente: AHPCR. Catastro de Ensenada, vol. 599, Memoriales de legos o seglares. folio 432-433.Memorial nº 177

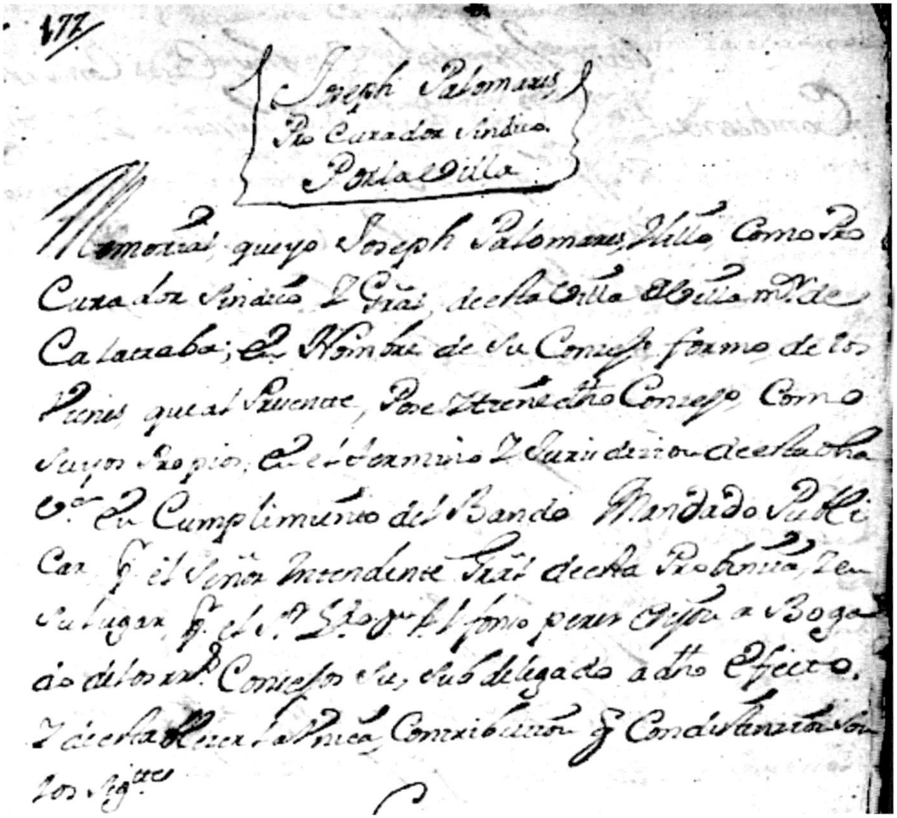
177

Joseph Palomares
Procurador Sindico
Por la Villa

Memorial que yo Joseph Palomares Lillo Como Pro
Curador Sindico General de esta Villa de Villamayor de
Calatrava; en Nombre de su Concejo formo de los
Bienes que al Presente Posee y tiene dicho Concejo Como
suyos Propios, en el termino y Jurisdicion de esta dicha
Villa en Cumplimiento del Bando Mandado Publi
Car por el Señor Intendente General de esta Provincia, y en
su lugar por el S.r D.n Joseph [illegible] a Boga
do de los R.s Consejos etc., subdelegado a dicho Efecto.
Y de esta Razon la Unica Contribucion que Corresponde a
los Reales

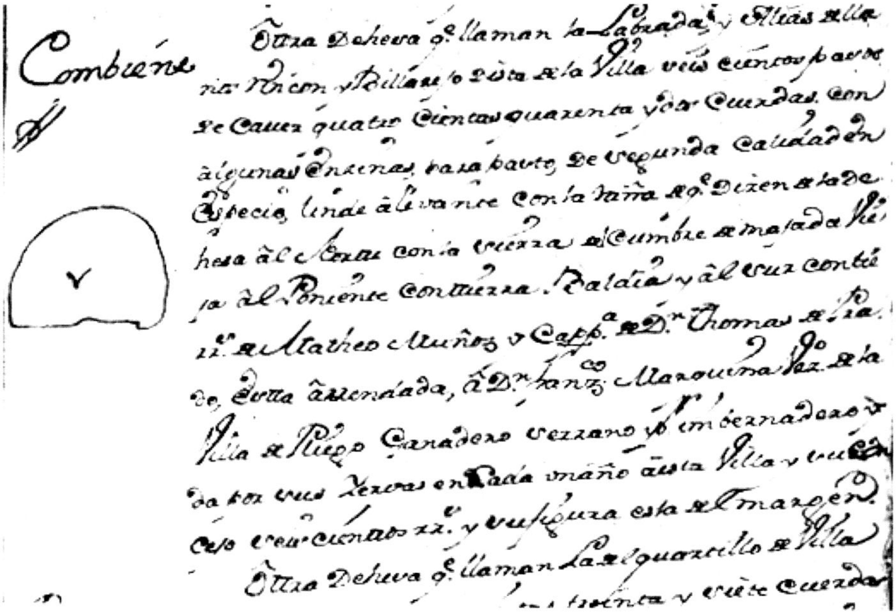

TRANSCRIPCIÓN

Memorial que yo Joseph Palomares Lillo, como Procurador Síndico y General desta villa de Villamayor de Calatrava, en nombre de su Concejo, formo de los vienes que, al presente, posee y tiene dicho Concejo como suyos propios en el término y jurisdizión desta villa, en cumplimiento del bando mandado publicar por el señor Intendente General de esta provincia y en su lugar el Sr. Lzd. Don Alfonso Pérez Gijón, abogado de los Reales Consejos, su subdelegado a dicho efecto y de establecer la Única Contribuzión, que, con diztinzión, son los siguientes:……

.....

Otra Dehesa que llaman La Labrada y alias se llama Rincón y Billarejo, dista de la villa seis cientos pasos, de cauer quatrocienttas quarenta y dos cuerdas, con algunas enzinas, para pasto de segunda calidad en [su] especie. Linda a levante con la raña de que dixen de la Dehesa; al norte con la sierra de cumbre de Majada Vieja; al poniente con ttierra baldía; y al sur con tierra de Matheo Muñoz y capellanía de don Thomás de Prado. Está arrendada a don Franzisco Marquina, vecino de la villa de Priego, ganadero serrano, por imbernadero; y da por sus yervas, en cada un año, a esta villa y su Concejo, seiscienttos reales y su figura es la del margen

Anexo 9
Acta del pleno del Ayuntamiento (1855) nombrando representantes en la reunión a celebrar en Granátula para tratar sobre el Derecho Maestral

Fuente: AMVC, C/0000000007, pp. 60 y 60v

58

Los que subcribimos fuimos comisionados por las
Villas de la Calzada, Granatula, y otras muchas del
Campo de Calatrava para gestionar en la Corte por
la pronta y faborable resolucion para los Pueblos de la
Cuestion que se hallaba pendiente en el Congreso entre
las Villas y los compradores del Derecho Maestral,
consecuencia de la proposicion del Celoso Diputado D.
Agustin Gomez de la Mata. Por esta circunstancia
nos hallamos en el caso de conocer y apreciar lo que
han hecho todos y cada uno de los dignos Señores
representantes que han tomado parte en la defensa de
los Pueblos, y por este conocimiento, y apreciacion creemos
que las Villas han contrahido el imperioso deber de
manifestar su gratitud de una manera tan esplicita
como cordial, ha aquellos Sores Diputados á cuyos es-
fuerzos son los Pueblos deudores de que el Congreso haya
votado la proposicion de Ley de que todos ellos deben
tener ya noticia, y que es la gloriosa reparacion de
una de las mayores injusticias que quizá se cometieron
en el siglo presente, para cumplir pues con este sagrado

Anexo 10
Propuesta de subasta de finca del caudal de Ntra. Sra del Rosario. 1808

Fuente: AHPCR. Desamortización. H 64

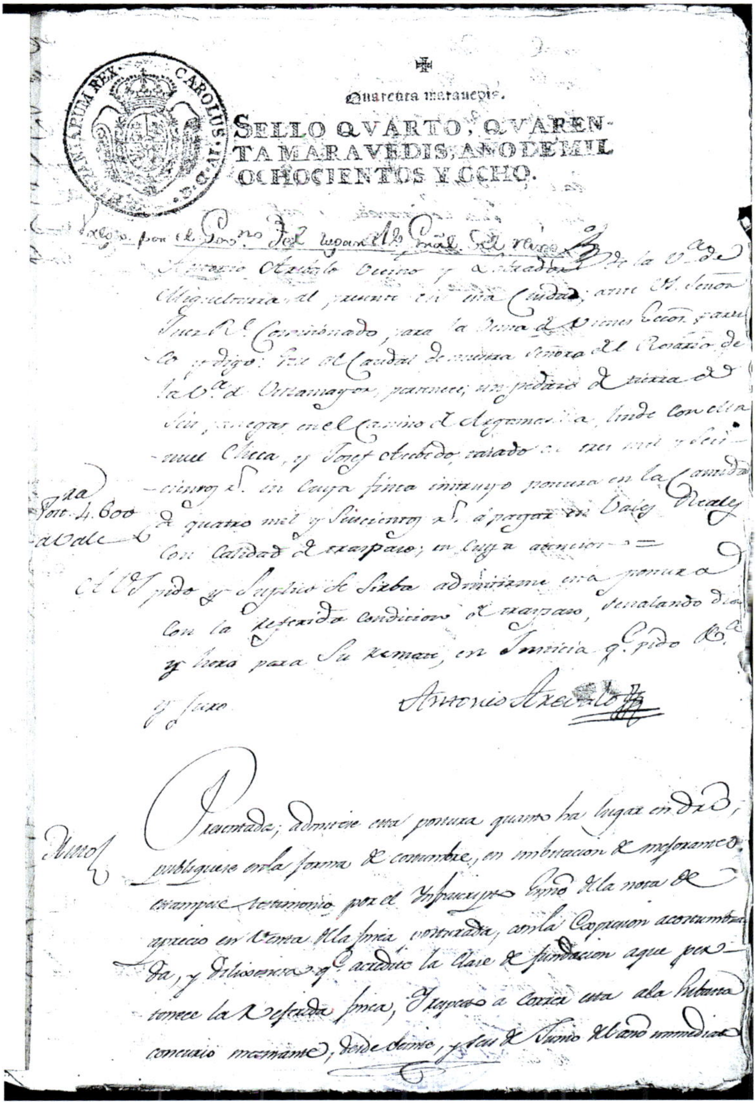

Quarenta maravedis.

SELLO QVARTO, QVAREN-
TA MARAVEDIS, AÑO DE MIL
OCHOCIENTOS Y OCHO.

Vallejo. por el Govno. del lugar [illegible] del reyno

Antonio Arevalo vecino y labrador de la Va. de
Miguelturra, al presente en esta Ciudad, ante V. Señor
Juez Rl. Comisionado, para la venta de vienes Eccos. perte-
ce, y digo: Que al Caudal de nuestra Señora del Rosario de
la Va. de Villamayor, pertenece, un pedazo de tierra de
seis fanegas en el Camino de Argamasilla, linde con Manuel Checa, y Josef Acebedo, tasado en tres mil y seiscientos rs. en cuya finca introduzco postura en la Cantidad
de quatro mil y seiscientos rs. a pagar en Vales Reales
con Calidad de traspaso; en cuya atención =

Post.a 4.600 a Vales

A V. pido y suplico se sirva admitirme esta postura
con la referida condición de traspaso, señalando día
y hora para su remate, en Justicia que pido &c.
y juro

Antonio Arevalo

Auto

Presentada; admítese esta postura quanto ha lugar en dro.;
publíquese en la forma de costumbre, en inbitación de mejorante;
traspase testimonio por el Infrascripto Escno. de la nota de
aprecio en venta de la finca contenida, con la expresión acostumbrada, y diligencia que acredite la clase de fundación a que pertenece la referida finca, y hecho a correr esta a la subasta
[illegible] mediante, desde dentro, y seis de Junio del año inmediato

TRANSCRIPCIÓN

Postura 4.600 Vales

Antonio Arévalo, vecino y labrador de la villa de Miguelturra, al presente en esta ciudad, ante señor Juez Real, comisionado para la venta de bienes eclesiásticos, parezco y digo: qué del caudal de Nuestra Señora del Rosario de la villa de Villamayor, pertenece un pedazo de tierra de seis fanegas, en el camino de Argamasilla, linda con ella Manuel Checa y Josef Acevedo, tasado en tres mil y seiscientos reales a pagar en vales reales con calidad de traspaso; en cuya atención a VS pido y suplico se sirva admitirme esta con la referida condición de traspaso, señalando día y hora para su remate, en justicia que pido.
Antonio Arévalo

Auto

Presentada; admítase esta postura quanto ha lugar en derecho; publíquese en la forma de costumbre, en imbitación de mejorantes; estámpese testimonio por el infrascripto... de la nota de aprecio en venta de la finca posturada, con la expresión acostumbrada y dilixencia que acredite la clase de fundación a que pertenece la referida finca y respecto a correr esta a la subasta concurrió....desde veinte y seis de junio del año inmediato

Anexo 11
Boletín Oficial de la Provincia de Ciudad Real nº 14, 12 de agosto 1865. Anuncio de subasta bienes procedentes del clero

Fuente: AHPCR. Desamortización. 246

VENTAS DE BIENES NACIONALES.

SUPLEMENTO AL BOLETIN OFICIAL

DE LA PROVINCIA DE CIUDAD-REAL.

Número 14 — Sábado 12 de Agosto de 1865. — 12 cuartos.

COMISION PRINCIPAL DE VENTAS
DE PROPIEDADES Y DERECHOS DEL ESTADO
de la provincia de Ciudad-Real.

Por disposicion del Sr. Gobernador de esta provincia, y en virtud de las leyes de 1.º de Mayo de 1855, 11 de Julio de 1856 é Instrucciones para su cumplimiento, se sacan á pública subasta en el dia y hora que se dirán, las fincas siguientes.

Remate para el dia 13 de Setiembre de 1865, ante el Sr. Juez de 1.ª instancia D. Lope Ovejas y escribano D. Manuel Barragan, que tendrá efecto en las Casas Consistoriales de esta capital desde las 12 de la mañana á la una de la tarde.

BIENES DEL ESTADO.
PARTIDO DE ALMODOVAR DEL CAMPO.
Pueblo de Villamayor

Fincas rústicas. Menor cuantía.

Número del inventario.

314 Una tierra sita en la Vinagrera, término de Villamayor, procedente del Clero de dicha villa, de 1 fanega y 6 celemines ó sean 96 áreas y 61 centiáreas de labor de 3.ª clase. Linda á N, viuda de D. Silvestre Molina, á E. y S. camino Real de la Plata, y á O. Joaquin Gijon. Se halla arrendada en 16 rs. anuales hasta 15 del mes actual. Ha sido capitalizada por la renta del arriendo en 360 rs. y tasada en 1000 rs. tipo para la subasta.

328 Otra tierra sita en la Cambronera, término y procedencia como la anterior, de 2 fanegas y 6 celemines ó sean 1 hectárea, 61 áreas y 2 centiáreas de labor de 2.ª clase. Linda á N. camino de Cabezarados, á E. Julian Molina, á S. camino de Brazatortas, y á O. Herederos de Manuel Martin. Se halla sin arrendar. Ha sido capitalizada por 80 rs. que los peritos le han graduado de renta en 1800 rs. y tasada en 2000 reales tipo para la subasta.

331 Otra tierra sita en Malogrado, término y procedencia como la anterior, de 1 fanega ó sean 64 áreas y 41 centiáreas de labor de 2.ª clase. Linda á N. D. Manuel Carrion, á E. José Antonio Gijon, á Sud camino de Tirteafuera, y á O. D. Ramon Mora. Se halla arrendada en 12 rs. anuales hasta 15 del mes actual. Ha sido capitalizada por la renta del arriendo en 270 rs. y tasada en 600 rs. tipo para la subasta.

332 Otra tierra sita en el camino de Brazatortas, de 1 fanega y 6 celemines ó seen 96 áreas y 61 centiáreas de labor de 3.ª clase. Linda á N. y S. Evaristo Herbás, á E. el arroyo y á O, con dicho camino. Se halla arrendada en 22 rs, anuales hasta 15 del mes actual. Ha sido capitalizada por la renta del arriendo en 495 rs. y tasada en 800 reales tipo para la subasta.

324 Otra tierra sita en el Cabo de la Dehesa boyal, término y procedencia como la anterior, de 2 fanegas ó sean 1 hectárea, 28 áreas y 82 centiáreas de labor de 3.ª clase. Linda á N. camino de Almagro, á E. y S. camino de Almodovar, y á O. herederos de D. José Pio Palomares. Se halla arrendada en 22 rs. anuales hasta 15 del mes actual. Ha sido tasada en 400 rs. y capitalizada por la renta del arriendo en 495 rs. tipo para la subasta.

325 Otra tierra en el mismo sitio, término y procedencia como la anterior, de 3 fanegas ó sean 1 hectáreas, 93 áreas y 23 centiáreas de labor de 3.ª clase. Linda á N. camino de Almodovar, á E. Domingo Lopez, á S. Joaquin Gijon, y á O, camino de Almagro. Se halla sin arrendar. Ha sido capitalizada por 24 rs. que los peritos le han graduado de renta en 540 rs. y tasada en 600 rs. tipo para la subasta.

304 Otra tierra sita en el Charco de la Lana, término y procedencia como la anterior, de 2 fanega ó sean 1 hectárea, 28 áreas y 82 centiáreas de labor de 3.ª clase. Linda á N. el referido Charco, á E. herederos de Manuel Martin, á Sud viuda de Leonardo Viñas, y á O. Maximo Rodriguez. Se halla sin arrendar. Ha sido capitalizada por 40 rs. que los peritos le han graduado de renta en 900 rs. y tasada en 1,000 rs, tipo para la subasta.

306 Otra tierra sita en el camino viejo de Puerto-llano, término y procedencia como la anterior, de 4 fanegas y 6 celemines ó sean 2 hectáreas, 89 áreas y 84 centiáreas de labor de 3.ª clase. Linda á N. Joaquin Gijon á E. D. Pedro Uveda, á S. D. Manuel Carrion, y á O. el indicado camino. Se halla arrendada en 66 rs. anuales hasta 15 del mes actual. Ha sido capitalizada por la renta del arriendo en 1.485 rs. y tasada en 1.500 rs. tipo para la subasta.

3352 Otra tierra sita en las Viñuelas, término y procedencia como la anterior, de 1 fanega 9 celemines ó sean 1 hectárea, 12 áreas y 70 centiáreas de labor de 2.ª clase. Linda á N. camino del Prado, á E. viuda de Don Silvestre Molina, á Sud José Lopez, á O, José Morales. Se halla sin arrendar. Ha sido capitalizada por 64 rs. que los peritos le han graduado de renta en 1440 rs. y tasada en 1600 rs. tipo para la subasta.

3353 Otra tierra sita en Jesus, término y procedencia como la anterior, de 3 fanegas ó sean 1 hectárea, 93 áreas y 23 centiáreas de labor de 2.ª clase. Linda á N. Joaquin Gijon, á E. D. Juan Arévalo, á S. camino de Puerto-llano, y á O. el Prado. Se halla sin arrendar. Ha sido capitalizada por 100 reales que los peritos le han graduado de renta en 2250 rs. y tasada en 2500 rs. tipo para la subasta.

3351 Otra tierra sita en la Yuncosa, del Horcajo término y procedencia como la anterior, de 3 fanegas ó sean 1 hectárea, 93 áreas y 23 centiáreas de labor de 2.ª clase. Linda á N. arroyo de la Ventilla, á E. tierras del Estado, á S. viuda de D. Silvestre Molina, y á O. herederos de Manuel Martin. Se halla sin arrendar. Ha sido capitalizada por 80 reales que los peritos le han graduado de renta en 1.800 rs. y tasada en 2.000 reales tipo para la subasta.

308 Otra tierra sita en el Carrizo de Pablo, término y procedencia como la anterior, de 2 fanegas y 6 celemines sean 1 hectárea, 61 áreas y 2 centiáreas de labor de 3.ª clase. Linda á N. arroyo del Carrizo, á E. Miguel Lorenzo, á Sud camino de Almagro, á O. Pedro Espinosa. Se halla sin arrendar. Ha sido capitalizada por 16 reales que los peritos le han graduado de renta en 360 reales y tasada en 400 rs. tipo para la subasta,

ADVERTENCIAS.

1.ª Si dentro del término de los dos años siguientes á la adjudicacion de las fincas á los rematantes, se entablase reclamacion sobre esceso ó falta de cabida, y del expediente resultase que dicha falta ó esceso iguala á la quinta parte de la expresada en el anuncio, será nula la venta, quedando, por el contrario, firme y subsistente, y sin derecho á indemnizacion el Estado ni el comprador si la falta ó esceso no llegase á dicha quinta parte.

2.ª Las anteriores fincas figuran en el inventario con mas cabida que la que respectivamente se les señala por los peritos, consistiendo la diferencia en que antiguamente se conocian como fanegas de sembradura, y no del marco de 576 estadales que hoy rige; así pues, unicamente tendrán derecho los compradores á solo el terreno que se designa á cada finca.

3.ª El arrendamiento de las anteriores fincas, en su caso, caducará concluido que sea el año corriente á la toma de posesion por el comprador, segun se dispone en el artículo 1.º de la ley de 30 de Abril de 1856.

4.ª No se admitirá postura que no cubra el tipo porque salen á subasta.

5.ª El precio en que fueren rematadas las anteriores fincas, se pagará en veinte plazos iguales ó lo que es lo mismo, durante diez y nueve años. A los compradores que anticipen uno ó mas plazos, no se les hará mas abono que el 3 por 100 anual, en el concepto que el pago ha de ejecutarse al tenor de lo que se dispone en las instrucciones de 31 de Mayo y 30 de Junio de 1855.

6.ª Segun resulta de los antecedentes y demas datos que existen en la Administracion principal de propiedades y derechos del Estado de esta provincia, las fincas de que se trata no se hallan gravadas con carga alguna; pero si apareciese posteriormente se indemnizará al comprador en los términos que en la ya citada ley se determina.

7.ª La medida de cada fanega de tierra es de 576 estadales del marco real de Castilla.

8.ª A la vez que en esta capital, se verificará otro remate en el mismo dia y hora en Almodovar del Campo, á cuyo partido pertenecen las fincas.

Ciudad-Real 11 de Agosto de 1865.—*El Comisionado principal de ventas,*

J. Antonio Arcos.

Ciudad Real: Imprenta del Boletin.

Anexo 12

Tierras procedentes del clero desamortizadas en Villamayor de Calatrava (Ciudad Real)

Fuente: Elaboración propia con documentación del AHPCR 0002-0301 y H 106 (1-324).

BOL	nº de invent.	Tipo de finca	Procedencia	Paraje	Fang	celem.	Ha	Linderos	Rent. anual (real)	Capitalización (real.)	Tasación (real.)	Remate (real.)	Rematante	Fecha adquisición
1/6/1856	311	Tierra	Capelln. de Moharro	Camn. Viejo	4	0,00	2,57	Antonio Gijón y D. Juan Arévalo	12	216	320	641	Manuel Molina-Fernández Vázquez para ceder a D. Manuel Molina	9/8/1856
	293	Tierra	Santa Ana	Camn. de Puertollano	4	6,00	2,95	Camn. de Puertollano. Linda: Tierra de la fábrica y veres	6	108	180	401	Fernando Vázquez para ceder a Silvestre Molina	9/8/1856
	294	Tierra	Santa Ana	Navacerrilla	1	6,00	1,02	Camn. de Puertollano, Antonio Gijón y D. Silvestre Molina	6	108	120	240	Fernando Vázquez para ceder a Silvestre Molina	9/8/1856
	306	Tierra	Capelln. de Moharro	Camn. Viejo	6	0,00	3,85	Anselmo Carrión y Antonio Gijón	18	324	480	180	Francisco Castillo (Almodóvar)	9/8/1856
	297	Tierra	Santa Ana	Mata Bueyes	1	6,00	1,02	Camn. de Almodóvar; Dª Matea Hidalgo y D. Pedro Úbeda	6	108	120	320	Francisco Castillo (Almodóvar)	9/8/1856
	298	Tierra	Santa Ana	Puerto Rebuelo	3	0,00	1,92	Camn. Real de la Plata y Matías García	9	162	240	240	Francisco Castillo (Almodóvar)	9/8/1856
	300	Tierra	Santa Ana	Tejera	3	0,00	1,92	Fernando Gijón y Juan Fernández	9	162	240	240	Francisco Castillo (Almodóvar)	9/8/1856
	305	Tierra	Capelln. de Moharro	Charcas de las Lagunas	2	0,00	1,28	Ignacio Chacón y D. Manuel Molins	6	108	160	320	Francisco Vázquez para D. Manuel Molina	9/8/1856
	302	Tierra	Santa Ana	Encinilla	3	0,00	1,92	Teresa y María López	12	216	240	481	Francisco Vázquez para D. Manuel Molina	9/8/1856
	299	Tierra	Santa Ana	Marina	2	0,00	1,28	Vereda de las Lagunas, Antonio Gijón y José Espinosa	8	144	160	320	Francisco Vázquez para D. Manuel Molina	9/8/1856
	301	Tierra	Santa Ana	Ventilla	3	0,00	1,92	José Guardiola, Alfonso Serna y senda de las Tejeruelas	9	162	240	480	Francisco Vázquez para D. Manuel Molina	9/8/1856
	307	Tierra	Capelln. de Moharro	Camn. de Argamasilla	2	0,00	1,28	Dicho Camn. y Antonio Gijón	8	144	160		incompletos falta fotocopia	
	312	Tierra	Capelln. de Moharro	Camn. Puertollano	4	0,00	2,57	Dicho Camn., Juan Arévalo y Antonio Gijón	8	144	160	160	Joaquín Gijón	9/8/1856

BOL	nº de invent.	Tipo de finca	Procedencia	Paraje	Fang	celem.	Ha	Linderos	Rent. anual (real)	Capita-lización (real.)	Tasación (real.)	Remate (real.)	Rematante	Fecha adquisición
1/6/1856	296	Tierra	Santa Ana	Cantos Gordos	3		1,92	Nicolasa Rodríguez y Juan Bernardo Pérez	9	162	240	240	Manuel Molina	9/8/1856
	313	Tierra	Capelln. de Moharro	Granadillos	1	3,00	0,83	Juan Arévalo y José Palomares	5	90	100	100	Manuel Molina	9/8/1856
	295	Tierra	Santa Ana	La Carraca	3	0,00	1,92	Pedro González y Antonio Gijón	9	162	240	240	Manuel Molina	9/8/1856
	309	Tierra	Capelln. de Moharro	Retamar	3	0,00	1,92	herederos de Juan José García y Tierra de la Iglesia	9	162	240	240	Manuel Molina	9/8/1856
	310	Tierra	Capelln. de Moharro	Toril	3	0,00	1,92	Pedro González y Lorenzo Monescillo	12	216	240	240	Manuel Molina	9/8/1856
	304	Tierra	Capelln. de Moharro	Charco de la Lana	4	0,00	2,57	José Palomares y	12	216	520	430	Máximo Rodríguez (Almodóvar)	9/8/1856
	308	Tierra	Capelln. de Moharro	Canalvio	5	0,00	3,21	herederos de Teresa Cabrera y Antonio Muñoz	15	270	400		No hay datos	
	303	olivar	Purísima Concepción	Solana de Calderón	43 oli-vos			Cañada de San Benito y senda del Colmenar de Matías	35	650	1800		No hay datos	
2/6/1856	323	Tierra	Capelln. vacantes	Caleras	1	0,00	0,64	Agustín Cabello y Camn. de Cabezaparda	3	54	80	80	Casimiro Hidalgo	9/8/1856
	331	Tierra	Capelln. vacantes	Malogrado	1	0,00	0,64	Camn. de Cabezarados, Fernando Gijón y Ramón de Mora	4	72	120	120	Casimiro Hidalgo	9/8/1856
	341	Tierra	Capelln. vacantes	Pablo	3	0,00	1,92	José González y Camn. de Almagro	9	162	240	240	Casimiro Hidalgo	9/8/1856
	315	Tierra	Capelln. vacantes	Yero	1	7,00	1,09	Manuel Martín y José palomares	6	108	140	642	Fernando Vázquez para ceder a D. Manuel Molina	9/8/1856
	319	Tierra	Capelln. vacantes	Conventual	4	0,00	2,25	María Arévalo y Juan Bernardo Pérez	16	288	320	642	Fernando Vázquez para ceder a D. Manuel Molina	9/8/1856
	326	Tierra	Capelln. vacantes	Cabeza-parda	2	0,00	1,25	Ramón de Mora, Antonio Muñoz y herederos de palomares	6	108	170	342	Manuel Molina	9/8/1856
	333	Tierra	Capelln. vacantes	Maricana	3	0,00	1,92	Camn. de Puertollano, Antonio Gijón y Sebastián Moreno	12	216	240	482	Fernando Vázquez para ceder a D. Manuel Molina	9/8/1856
	334	Tierra	Capelln. vacantes	Elvira	2	6,00	1,67	Camn. de Almodóvar y Juan Arévalo	15	270	500	1002	Fernando Vázquez para ceder a D. Manuel Molina	9/8/1856

BOL	nº de invent.	Tipo de finca	Procedencia	Paraje	Fang	celem.	Ha	Linderos	Rent. anual (real)	Capitalización (real.)	Tasación (real.)	Remate (real.)	Rematante	Fecha adquisición
2/6/1856	339	Tierra	Capelln. vacantes	Pronso de la Ventilla	2	0,00	1,25	Silvestre Molina y Antonio López	6	108	240	482	Fernando Vázquez para ceder a D. Manuel Molina	9/8/1856
	320	Tierra	Capelln. vacantes	Carro de Córdoba	2	0,00	1,25	Manuel Martín y Camn. Real	6	108	160	300	Francisco Castillo (Almodóvar)	9/8/1856
	321	Tierra	Capelln. vacantes	Matabueyes	7	0,00	4,5	Camn. de Almodóvar y Antonio Gijón	21	378	560	950	Francisco Castillo (Almodóvar)	9/8/1856
	340	Tierra	Capelln. vacantes	Alforgillas	3	0,00	1,92	Matías Arévalo y Fermín Alcaraz	9	162	240	650	Francisco Castillo (Almodóvar)	9/8/1856
	335	Tierra	Capelln. vacantes	Descepadillo	2	0,00	1,25	Antonio Gijón y Pedro Úbeda	8	144	160	160	Joaquín Gijón	9/8/1856
	318	Tierra	Capelln. vacantes	Rubial	7	0,00	4,5	herederos Juan José García y Tierra Capelln. de Moharro	24	378	560	560	José Morales	9/8/1856
	327	Tierra	Capelln. vacantes	Encinilla	3	0,00	1,92	Senda que va a la Ventilla, Juan Arévalo e Ignacio Chacón	9	162	240	240	José Morales	9/8/1856
	332	Tierra	Capelln. vacantes	Camn. de Brazatortas	2	0,00	1,25	Domingo López y Basilio Velasco	6	108	160	60	José Morales	9/8/1856
	337	Tierra	Capelln. vacantes	Huevos	2	0,00	1,25	Fernando Gijón y arroyo de la Ventilla	6	108	160	160	José Morales	9/8/1856
	338	Tierra	Capelln. vacantes	Huevos	1	6,00	1,02	Hered. de Remigio Gijón y senda de la Ventilla	6	108	120	120	José Morales	9/8/1856
	314	Tierra	Capelln. vacantes	Vinajeras	1	6,00	1,02	Camn. Real, Antonio Gijón y Silvestre Molina	4	72	120	140	Manuel Martín	9/8/1856
	316	Tierra	Capelln. vacantes	Prado	1	6,00	1,02	Víctor López	6	108	120	120	Manuel Martín	9/8/1856
	317	Tierra	Capelln. vacantes	Rubialillo	1	6,00	1,02	Herederos de Juan José García y los de José Pío Palomares	4	72	120	120	Manuel Molina	9/8/1856
	330	Tierra	Capelln. vacantes	Horcajos	2	0,00	1,25	Policarpo González y Ramón de Mora	6	108	160	160	Manuel Molina	9/8/1856
	336	Tierra	Capelln. vacantes	Camisón	1	6,00	1,02	Pedro Alcázar y Lorenzo Viñas	6	108	120	120	Manuel Molina	9/8/1856

BOL	nº de invent.	Tipo de finca	Procedencia	Paraje	Fang	celem.	Ha	Linderos	Rent. anual (real)	Capita-lización (real.)	Tasación (real.)	Remate (real.)	Rematante	Fecha adquisición
2/6/1856	322	Tierra	Capelln. vacantes	Bermegillo	1	6,00	1,02	José Morales y herederos de José Pío Palomares	4	72	120			
	324	Tierra	Capelln. vacantes	Cabo de la Dehesa	2	0,00	1,25	Camn. de Almagro y Almodóvar	6	108	160	620	Juan de Dios Martín	1/11/1865
	325	Tierra	Capelln. vacantes	Cabo de la Dehesa	2	0,00	1,25	Camn. Real y Domingo López	6	108	160	342	Manuel Molina-Fernando Vázquez para ceder a D. Manuel Molina	9/8/1856
	328	Tierra	Capelln. vacantes	Cabeza-parda	2	0,00	1,25	José Espinosa y Agustín González	6	108	160			
	329	Tierra	Capelln. vacantes	Yero	4	0,00	2,57	Camn. Real y reguero de la Cañadita	16	288	320	642	Manuel Molina- Fernando Vázquez para ceder a D. Manuel Molina	9/8/1856
12/8/1865	332	Tierra	Clero	Camn. de Brazatortas	1	6,00	0,96	N y S.: Evaristo Hervás; E: Arro-yo; O: con dicho Camn.	22	495	800	210	Juan Arévalo	1/11/1865
	304	Tierra	Clero	Charco de la Lana	2	0,00	1,28	N: Charco de la Lana; E: hered. de Manuel Martín; S: viuda de Leonardo Viñas; O: Máximo Rodríguez	40	900	1000	300	Juan Arévalo	1/11/1865
	3552	Tierra	Clero	Viñuelas	1	9,00	1,12	N: Camn.del Prado; E: viuda de D. Silvestre Molina; S: José López; O: José Morales	64	1440	1600	300	Juan Arévalo	1/11/1865
	3553	Tierra	Clero	Jesús	3	0,00	1,93	N: Joaquín Gijón; E: D. Juan Arévalo; S: Camn. de Puertollano; O: el Prado	100	2250	2500	700	Juan Arévalo	1/11/1865
	3551	Tierra	Clero	Yuncosa del Horcajo	3	0,00	1,93	N: Arroyo de la Ventilla; E: Tierra del Estado; S: viuda de Silvestre Molina; O: herederos de Manuel	80	1800	200	90	Juan Arévalo	1/11/1865
	314	Tierra	Clero	Vinagrera	1	6,00	0,96	N: viuda de Silvestre Molina; E y S: Camn.Real de la Plata; O: Joaquín Gijón	16	500	1000	105	Juan de Dios Martín	1/11/1865
	328	Tierra	Clero	Cambronera	2	6,00	1,61	N: Camn. de Cabezarados; E: Julián Molina; S: Camn. de Brazatortas; S: Herederos de Manuel Martín	80	1800	2000	205	Juan de Dios Martín	1/11/1865

BOL	nº de invent.	Tipo de finca	Procedencia	Paraje	Fang	celem.	Ha	Linderos	Rent. anual (real)	Capitalización (real.)	Tasación (real.)	Remate (real.)	Rematante	Fecha adquisición
12/8/1865	331	Tierra	Clero	Malogrado	1	0,00	0,64	N: D. Manuel Carrión; E: José Antonio Gijón; S: Camn.de Tirteafuera; O: D. Ramón Mora	12	270	600	65	Juan de Dios Martín	1/11/1865
	324	Tierra	Clero	Cabo de la Dehesa	2	0,00	1,28	N: Camn.de Almagro; E y S: Camn. de Almodóvar; O: herederos de José Pío Palomares	22	400	495	51	Juan de Dios Martín	1/11/1865
	325	Tierra	Clero	Cabo de la Dehesa	3	0,00	1,93	N: Camn. de Almodóvar; E: Domingo López; S: Joaquín Gijón; O: Camn. de Almagro	24	540	600	62	Juan de Dios Martín	1/11/1865
	306	Tierra	Clero	Camn. viejo Puertollano	4	6,00	2,89	N: Joaquín Gijón; E: D. Pedro Úbeda; S. D. Manuel Carrión; O: Camn. viejo Puertollano	66	1485	1500	500	Juan de Dios Martín	1/11/1865
	308	Tierra	Clero	Carrizo de Pablo	2	9,00	1,69	N: Arroyo del Carrizo; E: Miguel Lorenzo; S: Camn. de Almagro; O: Pedro Espinosa	16	360	400	42	Juan de Dios Martín	1/11/1865
18/5/1872	3920	Tierra	Clero	Hoya de la Mora	10	1,00	0,05	N: herederos de José Mora; E y S: senda de San Benito; O: Herederos de José Palomares	3	67,5	75	112	José Arévalo de Almodóvar	11/7/1856
	3912	Tierra	Clero	Estebón	8	1,00	0,44	N: vereda Prado; S: Joaquín Gijón; S: arroyo Palo; O: Juan Antonio Arévalo	3	67,5	75	150	José Arévalo de Almodóvar	11/7/1856
	3913	Tierra	Clero	Silo	4	7,00	0,24	N: Ángel Cámara; S: Camn. Puertollano; S: Pedro Úbeda; O: José Arévalo	1,5	33,75	37,5	50,5	José Arévalo de Almodóvar	11/7/1856
	3921	Tierra	Clero	Verdugales	9	2,00	0,41	N y S: Joaquín Gijón; E: Victoriano velasco; y O: Francisco Gijón	2	45	50	60	José Arévalo de Almodóvar	11/7/1856
	3917	Tierra	Clero	Puente	4	1,00	0,23	N: Baltasar Carrión; S y E: Fermín Acevedo; O: Camn. Argamasilla	2	45	50	75	José Arévalo de Almodóvar	11/7/1856

BOL	nº de invent.	Tipo de finca	Procedencia	Paraje	Fang	celem.	Ha	Linderos	Rent. anual (real)	Capita-lización (real.)	Tasación (real.)	Remate (real.)	Rematante	Fecha adquisición
26/3/1873	4020	Tierra	Clero	Encinilla	2	24,00	2,84	N: Camn. de Almagro; E: José Checa; S: Camn.Real de Almodó-var; O: José Espinosa	315	19,9	447,75	450	José Antonio Carrión	24/4/1873
	4021	Tierra	Clero	Junco	3	48,00	3,48	N: José Espinosa; E: Miguel Lo-renzo; S: Camn. de Almodóvar; O: carretera Villamayor-Almodóvar	160	13	292,5	1250	José Espinosa	24/4/1873
	4024	Tierra	Clero	Barahonas	1	23,00	1,23	N: hrd. Agapito Monescillo; E: herd Joaquín Gijón; S y O: Agustín Cabello,	144	7	157,5	160	José Antonio Carrión	24/4/1873
	4025	Tierra	Clero	Perabad		50,00	0,53	N Camn. Perabad; E, S y O: conde Campomanes	100	5	112,5	901	Perfecto Acosta	24/4/1873
	4023	Tierra	Clero	Rubial	3	32,00	3,32	N: Camn. de Cabezarados; E: Julián Molina; S: José Gijón; O: Francisco Rodríguez	388	19,4	436,5	450	José Antonio Carrión	24/4/1873
	4026	Tierra	Clero	Redondo	1	93,00	1,93	: N: Juan de Dios Martín; E: herd. José Fernández; S y O: Francisco Gijón	240	12	270	750	Perfecto Acosta	24/4/1873
	4019	Tierra	Clero	Camn. Viejo	1	49,00	1,49	N: y S: Juan Antonio Arévalo; E: Sebastián Moreno; O: Camn. Viejo	175	12,75	287	300	José Antonio Carrión	24/4/1873
	4027	olivar	Clero			96,00	0,96	N: baldío de Villamayor; E: Pedro Valero; S: cañada de Retamalejos; O: herd. De Clemente Martín	200	10	225	790	José Antonio Carrión	24/4/1873
	4022	Tierra	Capelln. de las Ánimas	Cucharas	3	32,00	3,32	S: José Mª Villar; E: Camn. Viejo; N y O: Pedro Guía	449,5	22,47	505,5	510	José Antonio Carrión	24/4/1873
TOTAL					**122,64**			**23.647,5**						

Anexo 13
Acta de la sesión del pleno del Ayuntamiento de Villamayor de Calatrava, celebrada el 30 de mayo de 1876

Fuente: AMVC, C/0000000007, Lg. 7, pp. 7, 7v, 8 y 8v.

En Villamayor de Calatrava a treinta de mayo de mil ochocientos setenta y seis, reunidos los señores que componen el Ayuntamiento de la misma y declarada abierta la sesión por el señor presidente, de su orden, por mí, el secretario, se dio lectura a los Boletines de Ventas de Bienes Nacionales del 27 y 29 de actual, en los que se anuncia la subasta de todos los terrenos comunales de esta villa para los días tres y cuatro de julio próximo. Dada lectura de ellos, el señor presidente recordó a la Corporación que en mayo de 1873 se anunció la venta de estos terreno emprendiéndose, en trece de dicho mes, a consecuencia del espediente instruido por este municipio, en que se acreditó que los espresados terrenos reunían las condiciones necesarias para que se declarasen esceptuados de la venta, siendo de opinión que, subsistiendo los motivos que sirvieron de fundamento para la suspensión de aquellas subastas, deverá también acordarse la que se acaba de anunciar, puesto que acerca de dicho expediente no ha recaído ninguna resolución favorable ni contraria a las legítimas pretensiones de este Ayuntamiento. Pero, no obstante, esta fundada creencia, dicho señor presidente, espresó la necesidad de prevenir los obstáculos que pueden oponerse a la suspensión, esaminar con toda atención los antecedentes de este asunto, agitar, sin dilación, el mencionado expediente y practicar, en fin, cuántas gestiones se consideren necesarias para obtener la nulidad de la venta de dichos terrenos, sin cuyo aprovechamiento comunal vendría este pueblo a la situación más lamentable, perdiendo el recurso más importante de sus intereses materiales, añadiendo que para llevar a cabo estas gestiones, con la rapidez y acierto debidos, tendrían que ocasionarse gastos de alguna consideración que por ningún concepto deven omitirse cuando se trata de intereses de tanta importancia.

Reconocido por la Corporación esta imperiosa necesidad acordó nombrar una comisión compuesta del señor Alcalde, don José Arévalo, y de los tres don Juan Antonio Arévalo y don Jesús Muñoz, quienes, por sus cualidades de representación y aptitud, son los más a propósito para este objeto, que

se encargue de practicar todas aquellas gestiones y evacuando los datos que con relación a este asunto .... existan en el archivo municipal, en la ....económica o en cualquier otro censo oficial, se enteren minuciosamente del estado actual del espediente de escepción, vea si está formado con arreglo a los preceptos de la ley, o si carece de algún requisito esencial que impida su inmediata..... cual no en este caso el medio de subsanarlo todo lo cual deverá hacerlo bajo la acertada y necesaria dirección de un letrado que se encargará desde luego de solicitar en forma de derecho, ante quien corresponda, la repetida nulidad, dando cuenta dicha comisión a este Ayuntamiento del resultado de sus trabajos para tomar en su consecuencia los acuerdos que correspondan.
Aceptando además dichos señores la indicación que ha hecho el señor presidente de que para llevar a efecto estas determinaciones se han de ocasionar gastos de consideración no previstos ni consignados en el presupuesto ordinario del corriente ejercicio económico, acuerdan la formación de un presupuesto extraordinario en que se hagan constar aprovisionamiento la cantidad que se calcule necesaria para satisfacer esos gastos más los que se estimen suficientes para pagar el auxiliar nombrado ya y sin consignación en el presupuesto ordinario .... de que yo, el secretario, certifico.
José Arévalo; Luis Amores; Manuel González; José Antonio Carrión; Melitón Muñoz; señal de Manuel Hervás; Manuel Cárdenas. Fui presente: Mariano Val.

Anexo 14
Boletín Oficial de Ventas de Bienes Nacionales de la Provincia de Ciudad Real, nº 140, 11 de mayo 1897. Salida a subasta de la Dehesa Boyal La Labrada de Villamayor de Calatrava

Fuente: AHPCR. Desamortización, 114321

Sr. Interventor de Hacienda.

Número 140. Martes 11 de Mayo. Año 1897.

BOLETIN OFICIAL

DE VENTAS DE BIENES NACIONALES

DE LA PROVINCIA DE CIUDAD-REAL.

ADMINISTRACIÓN DE BIENES DEL ESTADO

DE LA PROVINCIA DE CIUDAD-REAL.

ANUNCIO.

En la *Gaceta de Madrid*, núm. 80, correspondiente al dia 21 de Marzo de 1877, y en el *Boletin oficial* de esta provincia, núm. 114, del viernes 23 del propio mes y año, se insertan la Ley é Instruccion de 9 de Enero y 7 de Junio de dicho año, que tratan de las subastas de fincas y censos desamortizables y conservación de arbolados, previniendo en su artículo 1.°, transitorio, esta última, se exija préviamente el depósito que se establece por la Ley, del 5 por 100 en todas las subastas que se verifiquen en venta desde 1.° de Abril de 1877 en adelante.

Lo que se hace público por medio del presente, con el fin de que los licitadores que hayan de tomar parte no aleguen ignorancia y verifiquen anticipadamente la consignación prévia del depósito del referido 5 por 100 de la cantidad que sirva de tipo para su remate en venta, de cada una de las fincas que se subastan, y lo hagan conforme y en la forma establecida en las citadas Ley é Instruccion, y no se les cause perjuicio.

Ciudad-Real 10 de Mayo de 1897.—El Administrador de Bienes del Estado, *Joaquin Escobar*.

Por disposición del Sr. Delegado de Hacienda de esta provincia, y en virtud de las leyes de 1.° de Mayo de 1855, 11 de Julio de 1856, é instrucciones para su cumplimiento y demás órdenes vigentes, se sacan á pública subasta, en el dia y hora que se dirá, las fincas siguientes:

Remate para el día 8 de Junio de 1897, ante el Sr. Juez de primera instancia de esta capital y Escribano D. Agustín Diaz Balmaseda, que tendrá lugar en las Casas Consistoriales de la misma, desde las doce de la mañana en adelante.

FINCAS PROCEDENTES DE LA MESA MAESTRAL

DEL CAMPO DE CALATRAVA

PARTIDO DE ALMODOVAR DEL CAMPO

Pueblo de Villamayor de Calatrava

2.ª subasta por falta de pago.

Rústica. Estado. Mayor cuantía.

Número del inventario.

N.° 1.391

1.°—Una suerte que limita al Norte con la Cuerda de la Solana del Villarejo; Este suerte 2.ª; Mediodía camino del Corral, y Oeste propiedades particulares. Su cabida es de 12 hectáreas 19 áreas, equivalentes á 18 fanegas 9 celemines 1 cuartillo y 13 metros cuadrados, que valen en venta 450 pesetas y 18 pesetas en renta.

2.°—Otra suerte de tercera calidad, que linda al Norte dicha Cuerda; Este suerte 3.ª; Sur camino del Corral, y Oeste suerte anterior. Su cabida es de 23 hectáreas 30 áreas y 50 centiáreas, equivalentes á 36 fanegas 2 celemines 1 cuartillo y 2 metros cuadrados del Marco Real, que valen en venta 900 pesetas y en renta 36 pesetas.

3.º—Otra suerte de la misma calidad. Linda al Norte referida Cuerda; Este y Sur camino del Corral, y Oeste la suerte anterior. Su cabida es de 21 hectáreas 7 áreas, equivalentes á 32 fanegas 8 celemines y 2 cuartillos y 64 metros cuadrados del Marco Real, que valen en venta 610 pesetas y en renta 24 pesetas 40 céntimos.

4.º—Otra ídem de segunda y tercera calidad, que linda al Norte camino del Corral; Este suerte 5.ª; Sur camino á Caracuel, y Oeste propiedades particulares. Su cabida es de 14 hectáreas 17 áreas, equivalentes á 22 fanegas y 22 metros cuadrados de Marco Real, que valen en venta 1.075 pesetas y en renta 43 pesetas.

5.º—Otra ídem de segunda calidad. Linda al Norte camino del Corral; Este suerte 6.ª; Sur camino á Caracuel, y Oeste la suerte anterior. Su cabida es de 13 hectáreas 19 áreas 50 centiáreas, equivalentes á 20 fanegas 5 celemines 3 cuartillos y 63 metros cuadrados de expresado Marco, que valen en venta 1.380 pesetas y en renta 55 pesetas 20 céntimos.

6.º—Otra ídem de la misma calidad. Linda al Norte camino del Corral; Este suerte 7.ª; Sur camino á Caracuel, y Oeste suerte anterior. Su cabida es de 11 hectáreas 11 centiareas, equivalentes á 17 fanegas 3 celemines y 12 metros cuadrados de dicho Marco. Vale en venta 1.350 pesetas y en renta 54 pesetas.

Dentro de sus límites existe un pozo embrocalado de agua constante.

7.º—Otra ídem de la misma calidad. Linda al Norte camino del Corral; Este suerte 8.ª; Sur camino á Caracuel; Oeste suerte anterior. Su cabida es de 14 hectáreas 34 áreas, equivalentes á 22 fanegas 3 celemines y 112 metros cuadrados de referido Marco, que vale en venta 1.400 pesetas y en renta 56 pesetas.

8.º—Otra ídem de la misma calidad. Linda Norte camino del Corral; Este suerte 9.ª; Sur camino á Caracuel, y Oeste suerte anterior. Su cabida es de 18 hectáreas 63 áreas, equivalentes á 28 fanegas 11 celemines y 73 metros cuadrados de expresado Marco, que vale en venta 2.610 pesetas y en renta 104 pesetas 40 céntimos.

9.º—Otra ídem de la misma calidad. Linda al Norte camino del Corral; Este suerte número 10; Sur camino á Caracuel, y Oeste suerte anterior. Su cabida es de 22 hectáreas, 82 áreas, equivalentes á 35 fanegas, 7 celemines y 48 metros cuadrados de expresado Marco, que valen en venta 2.100 pesetas y en renta 84 pesetas.

10.—Otra ídem de la misma calidad, que linda al Norte camino de Corral; Este suerte núm. 11; Sur camino de Caracuel, y Oeste suerte anterior. Su cabida es de 26 hectáreas, equivalentes á 40 fanegas, 4 celemines 1 cuartillo y 118 metros de expresado Marco, que vale en venta 2.100 pesetas y en renta 84 pesetas.

11.—Otra ídem de la misma calidad. Linda Norte la senda de Charco Román; Este propiedades particulares; Sur camino de Caracuel, y Oeste la suerte anterior. Su cabida es de 25 hectáreas 4 áreas, equivalentes á 38 fanegas 10 celemines 2 cuartillos y 52 metros cuadrados de referido Marco, que valen en venta 2.160 pesetas y en renta 86 pesetas 40 céntimos.

La cruza el arroyo del Rincón y el carril del Conejo, los que están deducidos de su extensión.

12.—Otra ídem de segunda y tercera calidad. Linda al Norte camino á Caracuel; Este suerte núm. 13; Sur camino de Almago, y Oeste propiedades particulares. Su cabida es de 17 hectáreas 69 áreas, equivalentes á 27 fanegas 5 celemines 2 cuartillos y 67 metros cuadrados de referido Marco, que valen en venta 1.425 pesetas y en renta 57 pesetas.

Lo cruza el camino de Ciudad-Real, el que se ha deducido de su extensión.

13.—Otra ídem de la misma calidad. Linda al Norte camino del Corral; Este suerte número 14; Sur camino de Almagro, y Oeste suerte anterior. Su cabida es de 18 hectáreas 15 áreas, equivalentes á 29 fanegas 8 celemines 3 cuartillos y 42 metros cuadrados de referido Marco, que valen en venta 1.505 pesetas y en renta 60 pesetas 20 céntimos.

Lo cruza el camino á Ciudad-Real y los arroyos de las Cañaditas y Lagunillas, los que se han deducido de su extensión.

14.—Otra ídem de la misma calidad. Linda Norte camino de Caracuel; Este suertes números 15 y 17; Sur camino de Almagro, y Oeste la suerte anterior. Su cabida es de 25 hectáreas 2 áreas y 50 centiáreas, equivalentes á 38 fanegas 10 celemines 1 cuartillo y 16 metros cuadrados de expresado Marco, que valen en venta 1,870 pesetas y 74 pesetas 80 céntimos en renta.

Lo cruza el camino de Ciudad-Real y el arroyo de la Lagunilla, los que se han deducido de su extensión.

15.—Otra ídem de la misma calidad. Linda al Norte camino de Caracuel; Este suerte 16; Sur camino de Ciudad-Real, y Oeste suerte anterior. Su cabida es de 21 hectáreas 84 áreas, equivalentes á 33 fanegas 10 celemines 3 cuartillos y 108 metros cuadrados de expresado Marco, que valen en venta 1.485 pesetas y en renta 59 pesetas 40 céntimos.

16.—Otra ídem de la misma calidad Linda Norte camino á Caracuel; Este propiedades particulares; Sur camino de Ciudad-Real, y Oeste suerte anterior. Su cabida es de 25 hectáreas 61 áreas y 50 centiáreas, equivalentes á 38 fanegas 9 celemines 2 cuartillos y 90 metros cuadrados de expresado Marco, que valen en venta 1.970 pesetas y en renta 78 pesetas 80 céntimos.

Dentro de estos límites existe la Lagunilla, cuyas aguas son de acogida.

17.—Otra ídem de la misma calidad. Linda Norte camino de Ciudad-Real; Este suerte 18; Sur camino de Almagro, y Oeste suerte 14. Su cabida es de 19 hectáreas 57 áreas, equivalentes á 30 fanegas 4 celemines 2 cuartillos y 84 metros cuadrados de expresado Marco, que valen en venta 1.600 pesetas y en renta 64 pesetas.

18.—Otra ídem de la misma calidad. Linda Norte camino de Ciudad-Real; Este suerte 19; Sur camino de Almagro, y Oeste suerte anterior. Su cabida es de 19 hectáreas 20 centiáreas, equivalentes á 29 fanegas 9 celemines 3 cuartillos y 5 metros cuadrados de referido Marco, que valen en venta 1.500 pesetas y en renta 60 pesetas.

19.—Otra ídem de la misma calidad. Linda Norte camino de Ciudad-Real; Este propiedades particulares; Sur camino de Almagro, y Oeste suerte anterior. Su cabida es de 21 hectáreas 84 áreas, equivalentes á 33 fanegas 10 celemines 3 cuartillos y 108 metros cuadrados de referido Marco, que valen en venta 1.300 pesetas y en renta 52 pesetas.

20.—Otra ídem de tercera calidad. Linda Norte camino de Almagro; Este suerte 21; Sur propiedades particulares, y Oeste el mismo lindero y el arroyo de las Cañaditas. Su cabida es de 14 hectáreas 93 áreas, equivalentes á 23 fanegas 2 celemines y 8 metros cuadrados de expresado Marco, que valen en venta 1.140 pesetas y en renta 45 pesetas 60 céntimos.

Lo cruza el arroyo de la Lagunilla.

21.—Otra ídem de la misma calidad. Linda Norte camino de Almagro; Este suerte 22; Sur loma de la Encinilla, y Oeste suerte anterior. Su cabida es de 21 hectáreas, equivalentes á 32 fanegas 7 celemines 1 cuartillo y 34 metros cuadrados de expresado Marco, que valen en venta 1.450 pesetas y 58 pesetas en renta.

22.—Otra ídem de igual calidad. Linda Norte camino de Almagro; Este y Sur propiedades particulares, y Oeste la suerte anterior. Su cabida es de 18 hectáreas 93 áreas y 50 centiáreas, equivalentes á 29 fanegas 4 celemines 3 cuartillos y 40 metros cuadrados de referido Marco, que valen en venta 1.200 pesetas y en renta 48 pesetas.

Las 22 suertes descritas anteriormente constituyen la dehesa denominada «Labrada»; de 2.ª y 3.ª calidad, procedente de la Mesa Maestral del Campo de Calatrava, sita en término de Villamayor de Calatrava, produce algún monte pardo de chaparro, coscoja y jara, en muy mal estado de conservación y en gran parte quemado, dedicada á pastos y susceptible de labor; linda al Norte con la Cuerda de la Solana del Villarejo; Este, Mediodía y Poniente con propiedades particulares. Su cabida es de 425 hectáreas 35 áreas y 31 centiáreas, equivalentes á 660 fanegas 5 celemines 3 cuartillos y 94 metros cuadrados del Marco real, que valen en venta 32.580 pesetas y en renta 1.303 pesetas 50 céntimos. Capitalización 29.322 pesetas. Tipo para la subasta la tasación.

La anterior finca fué solicitada por el Ayuntamiento de Villamayor de Calatrava, con destino á dehesa boyal, acogiéndose á los beneficios de la Ley de 8 de Mayo de 1888 y Real Decreto de 29 de Septiembre último; cuyas pretensiones le han sido denegadas por Reales órdenes de 9 y 25 de Febrero de 1895 y 1897 respectivamente.

Rematada la subasta de 9 de Octubre próximo pasado por D. Jesús Muñoz y Carrión, vecino de Villamayor, no ha verificado el pago del primer plazo á pesar de trascurridos los 15 días siguientes al de la notificación.

Ha sido capitalizada por la renta que le ha graduado el perito agrícola D. José González de la Higuera y Dichoso, auxiliado del práctico D. Jerónimo López, designado por el Síndico del Ayuntamiento, según consta de certificación que obra en el expediente.

A la vez que en esta capital, se celebrará igual remate en Almodóvar del Campo y en Madrid, Salón de subastas del Palacio de los Juzgados (General Castaños, 1.)

PARTIDO DE DAIMIEL

Pueblo de idem

1.ª subasta por falta de licitadores.

Rústicas. Estado. Menor cuantía.

LOTE 49

6.407.—Mitad de una viña en «Navaseca», de Benigno Nuñez de Arenas, de caber 64 áreas y 40 centiáreas, equivalentes á 1 fanega. Linda E. D.ª Emilia Pinilla; S. José Antonio Huete; O. y N. Luis Mesa. Consta de 500 vides y vale en venta 50 pesetas y en renta 2 pesetas.

6.489.—Mitad de huerta en la «Borreguera», de Pablo Molina, de caber 1 hectárea, 28 áreas y 80 centiáreas, equivalentes á 2 fanegas, con pozo, alberca y casilla. Linda E. la vía férrea; S. camino de los Alamillos; O. herederos de D. Nicolás Sedano, y N. el camino. Vale en venta 250 pesetas y en renta 10 pesetas.

6.514.—Haza en la «Vega», de Juan Félix Bermejo, de caber 3 hectáreas y 22 áreas, equivalentes á 5 fanegas. Linda E. y S. vecinos de Manzanares; O. y N. D. Juan Antonio Pinilla. Vale en venta 150 pesetas y en renta 6 pesetas.

6.518.—Olivar en «Griñón», de la viuda de Francisco Pinilla, de caber 1 hectárea, 28 áreas y 80 centiáreas, equivalentes á 2 fanegas con 96 olivos. Linda E. el camino de dicho sitio; S. herederos de Francisco García; O. herederos de Benito del Campo, y N. Francisco Flores. Vale en venta 100 pesetas y en renta 4 pesetas.

6.557.—Mitad de un olivar en la «Ravera», de Manuel Madridejos, de caber 64 áreas y 40 centiáreas, equivalentes á 1 fanega con 57 olivos en mal estado de conservación. Linda E. la vía férrea; S. herederos de Rafael Pinilla; O. y N. olivar de Francisco Córdova. Vale en venta 40 pesetas y en renta 1 peseta 60 céntimos.

El anterior lote se compone de cinco fincas de 3.ª calidad, que hacen un total de 7 hectáreas, 8 áreas y 40 centiáreas, equivalentes á 11 fanegas del expresado Marco, que valen en venta 590 pesetas y en renta 23 pesetas 60 céntimos. Capitalización 531 pesetas. Tipo para la subasta el 85 por 100 de su tasación, ó sean 501 pesetas 50 céntimos.

LOTE 51

1.222.—Una huerta en «Escoplillo», de Eustaquio Moreno, de caber 96 áreas y 60 centiáreas, equivalentes á 1 fanega y 6 celemines. Linda E. quiñón de los herederos de Joaquín de la Torre; S. olivar de D. Félix Torres; O. Vereda y N. camino de los Bataneros. Vale en venta 60 pesetas y en renta 2 pesetas 40 céntimos.

3.086.—Un plantío en el «Camino de Ciudad-Real», de Juan José Salcedo, de caber 3 hectáreas, 54 áreas y 20 centiáreas, equivalentes á 5 fanegas, 6 celemines. Linda N. la carretera; E. huerta de D. Juan Ramos Chacón; S. Juan Antonio Muñoz y O. Mariano Pinilla. Vale en venta 260 pesetas y en renta 10 pesetas 40 céntimos.

3.500.—Una huerta en el «Camino de la Dehesa», de Amalia Rodríguez de Guzmán, de caber 75 áreas y 14 centiáreas, equivalentes á 1 fanega y 2 celemines. Linda O. el citado camino; E. y S. herederos de Juan Manuel Pinilla. Vale en venta 150 pesetas y en renta 6 pesetas.

3.559.—Un plantío en el «Quintanal», de León Pulga, de caber 96 áreas, 60 centiáreas, equivalentes á 1 fanega y 6 celemines, con 1.000 vides y 10 olivos. Linda y partición con Manuel, Antonio y Jerónimo Pulgar; E. camino de Molemocho. Vale en venta 96 pesetas y en renta 3 pesetas 85 céntimos.

3.560.—Otro plantío en el mismo sitio que el

Anexo 15
Boletín Oficial de Ventas de Bienes Nacionales de la Provincia de Ciudad Real, nº 157, 16 de noviembre 1897. Salida a subasta de la Dehesa Boyal La Labrada de Villamayor de Calatrava

Fuente: AHPCR. Desamortización, 114321

Número 157. Martes 16 de Noviembre Año 1897.

BOLETIN OFICIAL

DE VENTAS DE BIENES NACIONALES

DE LA PROVINCIA DE CIUDAD-REAL.

ADMINISTRACIÓN DE BIENES DEL ESTADO

DE LA PROVINCIA DE CIUDAD-REAL.

ANUNCIO.

En la *Gaceta de Madrid*, núm. 80, correspondiente al dia 21 de Marzo de 1877, y en el *Boletin oficial* de esta provincia, núm. 114, del viernes 23 del propio mes y año, se insertan la Ley é Instrucción de 9 de Enero y 7 de Junio de dicho año, que tratan de las subastas de fincas y censos desamortizables y conservación de arbolados, previniendo en su artículo 1.°, transitorio, esta última, se exija préviamente el depósito que se establece por la Ley, del 5 por 100 en todas las subastas que se verifiquen en venta desde 1.° de Abril de 1877 en adelante.

Lo que se hace público por medio del presente, con el fin de que los licitadores que hayan de tomar parte no aleguen ignorancia y verifiquen anticipadamente la consignación prévia del depósito del referido 5 por 100 de la cantidad que sirva de tipo para su remate en venta, de cada una de las fincas que se subastan, y lo hagan conforme y en la forma establecida en las citadas Ley é Instrucción, y no se les cause perjuicio.

Ciudad-Real 15 de Noviembre de 1897.—El Administrador de Bienes del Estado, *Joaquin Escobar*.

Por disposición del Sr. Delegado de Hacienda de esta provincia, y en virtud de las leyes de 1.° de Mayo de 1855, 11 de Julio de 1856, é instrucciones para su cumplimiento y demás órdenes vigentes, se sacan á pública subasta, en el dia y hora que se dirá, las fincas siguientes:

Remate para el día 30 de Noviembre de 1897, ante el Sr. Juez de primera instancia de esta capital y Escribano D. Agustin Diaz Balmaseda, que tendrá lugar en las Casas Consistoriales de la misma, desde las doce de la mañana en adelante.

FINCAS PROCEDENTES DE LA MESA MAESTRAL DEL CAMPO DE CALATRAVA

PARTIDO DE ALMODOVAR DEL CAMPO

Pueblo de Villamayor de Calatrava

3.ª subasta por falta de pago.

Rústica. Estado. Mayor cuantia.

Número del inventario.

N.° 1.391

1.°—Una suerte que limita al Norte con la Cuerda de la Solana del Villarejo; Este suerte 2.ª; Mediodía camino del Corral, y Oeste propiedades particulares. Su cabida es de 12 hectáreas 19 áreas, equivalentes á 18 fanegas 9 celemines 1 cuartillo y 13 metros cuadrados, que valen en venta 450 pesetas y 18 pesetas en renta.

2.°—Otra suerte de tercera calidad, que linda al Norte dicha Cuerda; Este suerte 3.ª; Sur camino del Corral, y Oeste suerte anterior. Su cabida es de 23 hectáreas 30 áreas y 50 centiáreas, equivalentes á 36 fanegas 2 celemines 1 cuartillo y 2 metros cuadrados del Marco Real, que valen en venta 900 pesetas y en renta 36 pesetas.

3.º—Otra suerte de la misma calidad. Linda al Norte referida Cuerda; Este y Sur camino del Corral, y Oeste la suerte anterior. Su cabida es de 21 hectáreas 7 áreas, equivalentes á 32 fanegas 8 celemines y 2 cuartillos y 64 metros cuadrados del Marco Real, que valen en venta 610 pesetas y en renta 24 pesetas 40 céntimos.

4.º—Otra ídem de segunda y tercera calidad, que linda al Norte camino del Corral; Este suerte 5.ª; Sur camino á Caracuel, y Oeste propiedades particulares. Su cabida es de 14 hectáreas 17 áreas, equivalentes á 22 fanegas y 22 metros cuadrados de Marco Real, que valen en venta 1.075 pesetas y en renta 43 pesetas.

5.º—Otra ídem de segunda calidad. Linda al Norte camino del Corral; Este suerte 6.ª; Sur camino á Caracuel, y Oeste la suerte anterior. Su cabida es de 13 hectáreas 19 áreas 50 centiáreas, equivalentes á 20 fanegas 5 celemines 3 cuartillos y 63 metros cuadrados de expresado Marco, que valen en venta 1.380 pesetas y en renta 55 pesetas 20 céntimos.

6.º—Otra ídem de la misma calidad. Linda al Norte camino del Corral; Este suerte 7.ª; Sur camino á Caracuel, y Oeste suerte anterior. Su cabida es de 11 hectáreas 11 centiáreas, equivalentes á 17 fanegas 3 celemines y 12 metros cuadrados de dicho Marco. Vale en venta 1.350 pesetas y en renta 54 pesetas.

Dentro de sus límites existe un pozo embrocalado de agua constante.

7.º—Otra ídem de la misma calidad. Linda al Norte camino del Corral; Este suerte 8.ª; Sur camino á Caracuel; Oeste suerte anterior. Su cabida es de 14 hectáreas 34 áreas, equivalentes á 22 fanegas 3 celemines y 112 metros cuadrados de referido Marco, que vale en venta 1.400 pesetas y en renta 56 pesetas.

8.º—Otra ídem de la misma calidad. Linda Norte camino del Corral, Este suerte 9.ª; Sur camino á Caracuel, y Oeste suerte anterior. Su cabida es de 18 hectáreas 63 áreas, equivalentes á 28 fanegas 11 celemines y 73 metros cuadrados de expresado Marco, que vale en venta 2.610 pesetas y en renta 104 pesetas 40 céntimos.

9.º—Otra ídem de la misma calidad. Linda al Norte camino del Corral; Este suerte número 10; Sur camino á Caracuel, y Oeste suerte anterior. Su cabida es de 22 hectáreas, 82 áreas, equivalentes á 35 fanegas, 7 celemines y 48 metros cuadrados de expresado Marco, que valen en venta 2.100 pesetas y en renta 84 pesetas.

10.—Otra ídem de la misma calidad, que linda al Norte camino de Corral; Este suerte núm. 11; Sur camino de Caracuel, y Oeste suerte anterior. Su cabida es de 26 hectáreas, equivalentes á 40 fanegas, 4 celemines 1 cuartillo y 118 metros de expresado Marco, que vale en venta 2.100 pesetas y en renta 84 pesetas.

11.—Otra ídem de la misma calidad. Linda Norte la senda de Charco Román; Este propiedades particulares; Sur camino de Caracuel, y Oeste la suerte anterior. Su cabida es de 25 hectáreas 4 áreas, equivalentes á 38 fanegas 10 celemines 2 cuartillos y 52 metros cuadrados de referido Marco, que valen en venta 2.160 pesetas y en renta 86 pesetas 40 céntimos.

La cruza el arroyo del Rincón y el carril del Conejo, los que están deducidos de su extensión.

12.—Otra ídem de segunda y tercera calidad. Linda al Norte camino á Caracuel; Este suerte núm. 13; Sur camino de Almagro, y Oeste propiedades particulares. Su cabida es de 17 hectáreas 69 áreas, equivalentes á 27 fanegas 5 celemines 2 cuartillos y 67 metros cuadrados de referido Marco, que valen en venta 1.425 pesetas y en renta 57 pesetas.

Lo cruza el camino de Ciudad-Real, el que se ha deducido de su extensión.

13.—Otra ídem de la misma calidad. Linda al Norte camino del Corral; Este suerte número 14; Sur camino de Almagro, y Oeste suerte anterior. Su cabida es de 18 hectáreas 15 áreas, equivalentes á 29 fanegas 8 celemines 3 cuartillos y 42 metros cuadrados de referido Marco, que valen en venta 1.505 pesetas y en renta 60 pesetas 20 céntimos.

Lo cruza el camino á Ciudad-Real y los arroyos de las Cañaditas y Lagunillas, los que se han deducido de su extensión.

14.—Otra ídem de la misma calidad. Linda Norte camino de Caracuel; Este suertes números 15 y 17; Sur camino de Almagro, y Oeste la suerte anterior. Su cabida es de 25 hectáreas 2 áreas y 50 centiáreas, equivalentes á 38 fanegas 10 celemines 1 cuartillo y 16 metros cuadrados de expresado Marco, que valen en venta 1.870 pesetas y 74 pesetas 80 céntimos en renta.

Lo Cruza el camino de Ciudad-Real y el arroyo de la Lagunilla, los que se han deducido de su extensión.

15.—Otra idem de la misma calidad. Linda al Norte camino de Caracuel; Este suerte 16; Sur camino de Ciudad-Real, y Oeste suerte anterior. Su cabida es de 21 hectáreas 84 áreas, equivalentes á 33 fanegas 10 celemines 3 cuartillos y 108 metros cuadrados de expresado Marco, que valen en venta 1.485 pesetas y en renta 59 pesetas 40 céntimos.

16.—Otra idem de la misma calidad. Linda Norte camino á Caracuel; Este propiedades particulares; Sur camino de Ciudad-Real, y Oeste suerte anterior. Su cabida es de 25 hectáreas 61 áreas y 50 centiáreas, equivalentes á 38 fanegas 9 celemines 2 cuartillos y 90 metros cuadrados de expresado Marco, que valen en venta 1.970 pesetas y en renta 78 pesetas 80 céntimos.

Dentro de estos limites existe la Lagunilla, cuyas aguas son de acogida.

17.—Otra idem de la misma calidad. Linda Norte camino de Ciudad-Real; Este suerte 18; Sur camino de Almagro, y Oeste suerte 14. Su cabida es de 19 hectáreas 57 áreas, equivalentes á 30 fanegas 4 celemines 2 cuartillos y 84 metros cuadrados de expresado Marco, que valen en venta 1.600 pesetas y en renta 64 pesetas.

18.—Otra idem de la misma calidad. Linda Norte camino de Ciudad-Real; Este suerte 19; Sur camino de Almagro, y Oeste suerte anterior. Su cabida es de 19 hectáreas 20 centiáreas, equivalentes á 29 fanegas 9 celemines 3 cuartillos y 5 metros cuadrados de referido Marco, que valen en venta 1.500 pesetas y en renta 60 pesetas.

19.—Otra idem de la misma calidad. Linda Norte camino de Ciudad-Real; Este propiedades particulares; Sur camino de Almagro, y Oeste suerte anterior. Su cabida es de 21 hectáreas 84 áreas, equivalentes á 33 fanegas 10 celemines 3 cuartillas y 108 metros cuadrados de referido Marco, que valen en venta 1.300 pesetas y en renta 52 pesetas.

20.—Otra idem de tercera calidad. Linda Norte camino de Almagro; Este suerte 21; Sur propiedades particulares, y Oeste el mismo lindero y el arroyo de las Cañaditas. Su cabida es de 14 hectáreas 93 áreas, equivalentes á 23 fanegas 2 celemines y 8 metros cuadrados de expresado Marco, que valen en venta 1.140 pesetas y en renta 45 pesetas 60 céntimos.

Lo cruza el arroyo de la Lagunilla.

21.—Otra idem de la misma calidad. Linda Norte camino de Almagro; Este suerte 22; Sur loma de la Encinilla; y Oeste suerte anterior. Su cabida es de 21 hectáreas, equivalentes á 32 fanegas 7 celemines 1 cuartillo y 34 metros cuadrados de expresado Marco, que valen en venta 1.450 pesetas y 58 pesetas en renta.

22.—Otra idem de igual calidad. Linda Norte camino de Almagro; Este y Sur propiedades particulares, y Oeste la suerte anterior. Su cabida es de 18 hectáreas 93 áreas y 50 centiáreas, equivalentes á 29 fanegas 4 celemines 3 cuartillos y 40 metros cuadrados de referido Marco, que valen en venta 1.200 pesetas y en renta 48 pesetas.

Las 22 suertes descritas anteriormente constituyen la dehesa denominada «Labrada»; de 2.ª y 3.º calidad, procedente de la Mesa Maestral del Campo de Calatrava, sita en término de Villamayor de Calatrava, produce algún monte pardo de chaparro, coscoja y jara, en muy mal estado de conservación y en gran parte quemado, dedicada á pastos y susceptible de labor; linda al Norte con la cuerda de la Solana del Villarejo; Este, Mediodía y Poniente con propiedades particulares. Su cabida es de 425 hectáreas 35 áreas y 31 centiáreas, equivalentes á 660 fanegas 5 celemines 3 cuartillos y 94 metros cuadrados del Marco real, que valen en venta 32.580 pesetas y en renta 1.303 pesetas 50 céntimos. Capitalización 29.322 pesetas. Tipo para la subasta la tasación.

La anterior finca fué solicitada por el Ayuntamiento de Villamayor de Calatrava, con destino á dehesa boyal, acogiéndose á los beneficios de la Ley de 8 de Mayo de 1888 y Real Decreto de 29 de Septiembre de 1896, cuyas pretensiones le han sido denegadas por Reales órdenes de 9 y 25 de Febrero de 1895 y 1897, respectivamente.

Rematada en subasta de 8 de Junio próximo pasado por D. Pablo González Salas, vecino de Villamayor, no ha verificado el pago del primer plazo á pesar de trascurridos los 15 días siguientes al de la notificación.

Ha sido capitalizada por la renta qme le ha agraduado el perito agrícola D. José González de la Higuera y Dichoso, auxiliado del práctico D. Jerónimo López, designado por el Síndico del Ayuntamiento, según consta de certificación que obra en el expediente.

A la vez que en esta capital, se celebrará igual remate en Almodóvar del Campo y eu Madrid, Salón de subastas del Palacio de los Juzgados (General Castaños, 1.)

PARTIDO DE DAIMIEL

Pueblo de Idem.

Por falta de pago

Urbanas **Estado.** **Menor cuantía.**

3.447.—Tercera parte de casa en la calle de Manzanares, núm. 51, que fué de Joaquina Sánchez Valdepeñas; partición con la viuda de Francisco González Mohino y Victoriano Sánchez. Linda derecha Evaristo López; izquierda calle de Calixto Hornero y espalda molino aceitero de José Carriazo. Consta de dos habitaciones, cámara, cuadra hundida, un pajar ruinoso y servidumbres. Vale en venta 35 pesetas y en renta 1 peseta 75 céntimos. Capitalización 31 pesetas 60 céntimos. Tipo para la subasta la tasación.

3.451.—Mitad de casa en la calle de Aguabuena, núm. 25, que fué de Ramón García Madrid. Linda derecha el campo; izquierda Francisco Córdoba y espalda Florentino Carranza; es partición con Juan Antonio Ballesteros. Tiene dos habitaciones, una cuadra ruinosa y servidumbres. Vale en venta 20 pesetas y en renta 1 peseta. Capitalización 18 pesetas. Tipo para la subasta la tasación.

2.ª subasta

3.436.—Mitad de casa en la calle de Villalta, núm. 4, que fué de la viuda de Pedro Blanco. Linda derecha Jacinto Muñoz; izquierda Bernardo Borondo y espalda Manuel Flores. Tiene mitad de una cociua doble, sala y servidumbres. Vale en venta 40 pesetas y en renta 2 pesetas. Capitalización 36 pesetas. Tipo para la subasta 34 pesetas, ó sea el 85 por 100 de su tasación.

PUEBLO DE VILLARRUBIA DE LOS OJOS

571.—Parte de casa en la calle del Convento, núm. 67, que perteneció á Estanislao Espadas, y linda por derecha con viuda de Ramón Palomino; izquierda con Pantaleón Carretero. Consta de dos habitaciones y cámara y vale en venta 20 pesetas y en renta 1 peseta. Capitalización 18 pesetas. Tipo para la subasta el 85 por 100 de su tasación ó sean 17 pesetas.

Las dos primeras fincas urbanas fueron rematadas en subasta de 26 de Abril último por los vecinos de Daimiel; Joaquina Sánchez Valdepeñas y Gregorio Lara Córdova, y las otras dos en 26 de Julio siguiente, por Juan José Blanco, de igual vecindad y Mauricio García de la Plaza, de Villarrubia, los cuales no han verificado el pago de ellas apesar de trascurridos los 15 días siguientes al de la notificación.

Han sido tasadas por el perito agrícola D. José González de la Higuera en nombre de la Hacienda, asistido de los prácticos Luis Carriazo, de Daimiel y Pedro Gómez Díaz, de Villarrubia, designados por los señores Regidores Síndicos, de los Ayuntamientos respectivos. No aparece estén arrendadas ni tengan carga alguna.

La subasta de ellas tendrán lugar en esta Capital y Daimiel.

Ciudad-Real 25 de Noviembre de 1897.—El Administrador de Bienes del Estado, *Joaquín Escobar.*

CONDICIONES.

1.ª No se admitirá postura que no cubra el tipo de la subasta.

2.ª No podrán hacer posturas los que sean deudores á la Hacienda, como segundos contribuyentes, ó por contratos ú obligaciones en favor del Estado, mientras no acrediten hallarse solventes de sus compromisos.

3.ª Los bienes y censos que se vendan por virtud de las leyes de desamortización, sea la que quiera su procedencia y la cuantía de su precio, se enajenarán en adelante á pagar en metálico y en cinco plazos iguales, á 20 por 100 cada año. (Real orden de 15 de Junio de 1892.)

El primer plazo se pagará al contado, á los quince

Anexo 16
Escritura de cancelación (16 de mayo de 1907) del préstamo que había obtenido la Sociedad Compradora de la Dehesa Boyal o Labrada el 26 de agosto de 1898 de D. Francisco Molina Carrasco

Fuente: AHPCR. Protocolos Notariales. Notario D. Felipe Notario Contreras, 1907

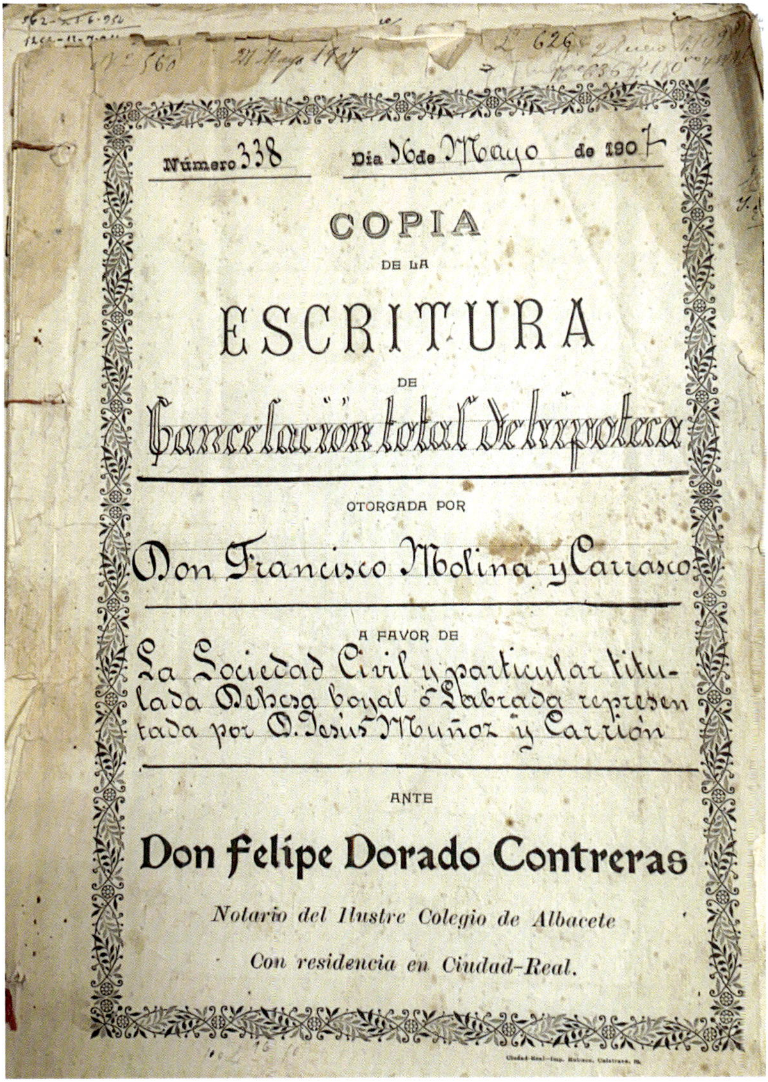

Número 338 Día 16 de Mayo de 1907

COPIA

DE LA

ESCRITURA

DE

Cancelación total de hipoteca

OTORGADA POR

Don Francisco Molina y Carrasco

A FAVOR DE

La Sociedad Civil y particular titulada Dehesa boyal ó Labrada representada por D. Jesús Muñoz y Carrión

ANTE

Don Felipe Dorado Contreras

Notario del Ilustre Colegio de Albacete

Con residencia en Ciudad-Real.

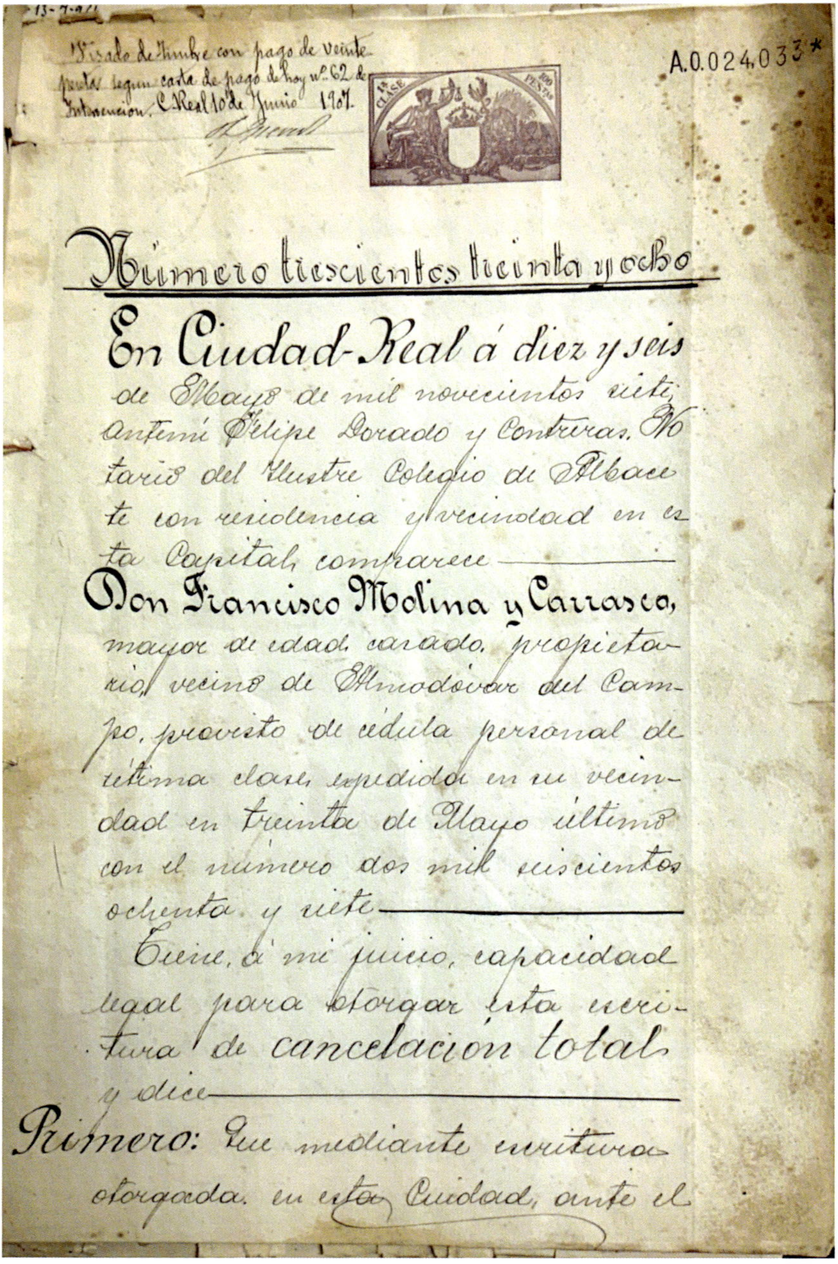

Visado de timbre con pago de veinte pesetas según carta de pago de hoy nº. 62 de Intervención. C. Real 10 de Junio 1907.

1ª CLASE 100 PESETAS

A.0.024033*

Número trescientos treinta y ocho

En Ciudad-Real á diez y seis de Mayo de mil novecientos siete, ante mí Felipe Dorado y Contreras, Notario del Ilustre Colegio de Albacete con residencia y vecindad en esta Capital, comparece

Don Francisco Molina y Carrasco, mayor de edad, casado, propietario, vecino de Almodóvar del Campo, provisto de cédula personal de última clase, expedida en su vecindad en treinta de Mayo último con el número dos mil seiscientos ochenta y siete

Tiene, á mi juicio, capacidad legal para otorgar esta escritura de cancelación total y dice

Primero: Que mediante escritura otorgada en esta Ciudad, ante el

Notario que fué de la misma Don
Isidoro Espadas en veintiseis de
Agosto de mil ochocientos noventa
y ocho, dió á préstamo á la Socie
dad Civil y particular titula
da Dehesa Boyal ó Labrada del
término de Villamayor de Calatrava, representada por Don Jesus Muñoz Carrión, Don Juan
José Gijón, Don Reinaldo Ubeda
Cárdenas, Don Julián Molina
Gonzales, Don Evaristo Rodriguez
Sanches y Don Alfonso Caballero
López, en concepto de Presidente,
Vice-presidente, Tesorero, Secretario
Contador y Vocales respectivamen
te de la Junta Directiva de dicha Sociedad, la cantidad de
treinta mil pesetas, con destino
al pago del primer plazo de la
finca adquirida que se describi
rá, gastos de subasta, plazos sucesivos y explotación y custodia
de la finca, con la obligación de
devolver dicha suma en el térmi
no de diez años, con el interés

compuesto de cinco por ciento anual
que en junto hacen noventa mil
pesetas, cuyo total importe reconocido como efectivo, sería amortizado en diez años é igual número
de plazos, importante cada uno
nueve mil pesetas, dando comienzo el primero el dia treinta de
Junio de mil ochocientos noventa
y nueve y consecutivamente en el
mismo dia y mes de los años
sucesivos los demás, y en garantía del préstamo y por la cantidad de noventa mil pesetas, quedó hipotecada la finca siguiente
Una dehesa denominada Labrada
de segunda y tercera calidad que
perteneció al Estado, como procedente de la Mesa Maestral del
Campo de Calatrava, sita en el
término de Villamayor de Calatrava, produce algun monte
pardo de chaparro, coscoja y jara
en muy mal estado de conservación y en gran parte quemado, dedicadola á pastos y sus-

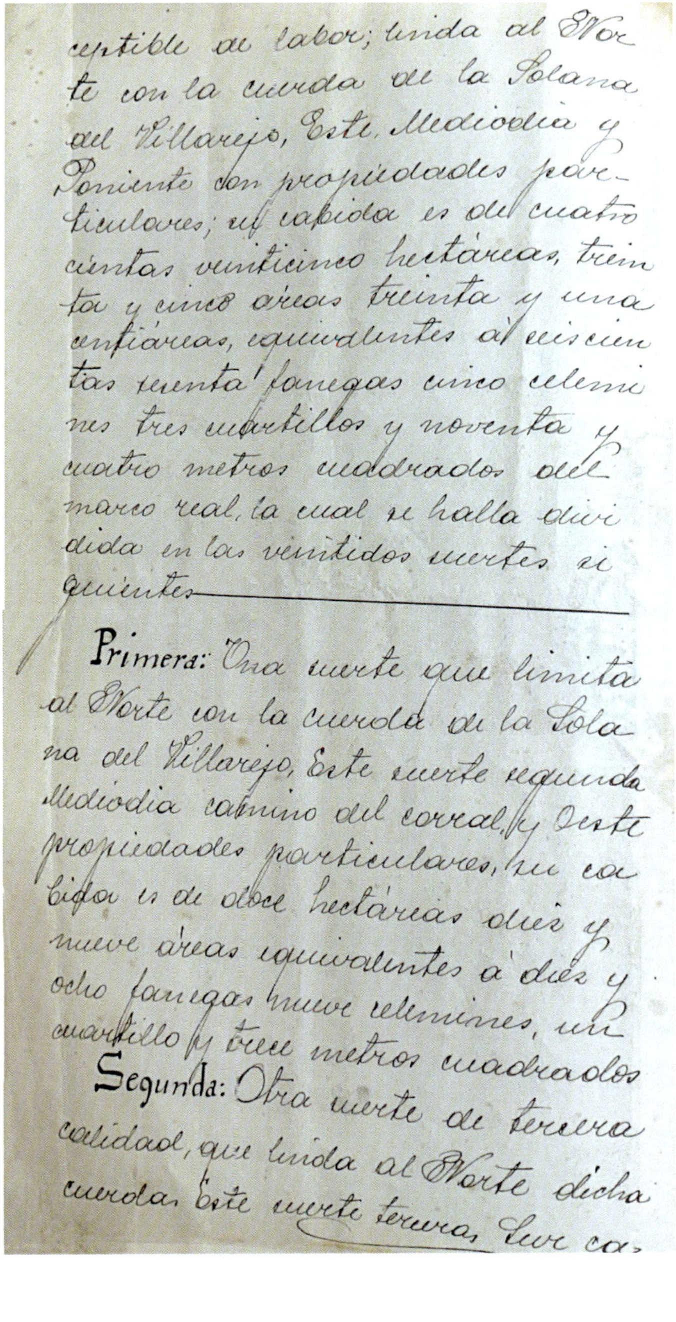

ceptible de labor; linda al Norte con la cuerda de la Solana del Villarejo, Este, Mediodía y Poniente con propiedades particulares; su cabida es de cuatrocientas veinticinco hectáreas, treinta y cinco áreas treinta y una centiáreas, equivalentes á seiscientas treinta fanegas cinco celemines tres cuartillos y noventa y cuatro metros cuadrados del marco real, la cual se halla dividida en las veintidos suertes siguientes——

Primera: Una suerte que limita al Norte con la cuerda de la Solana del Villarejo, Este suerte segunda Mediodía camino del corral, y Oeste propiedades particulares, su cabida es de doce hectáreas diez y nueve áreas equivalentes á diez y ocho fanegas nueve celemines, un cuartillo y trece metros cuadrados

Segunda: Otra suerte de tercera calidad, que linda al Norte dicha cuerda, Este suerte tercera, Sur ca-

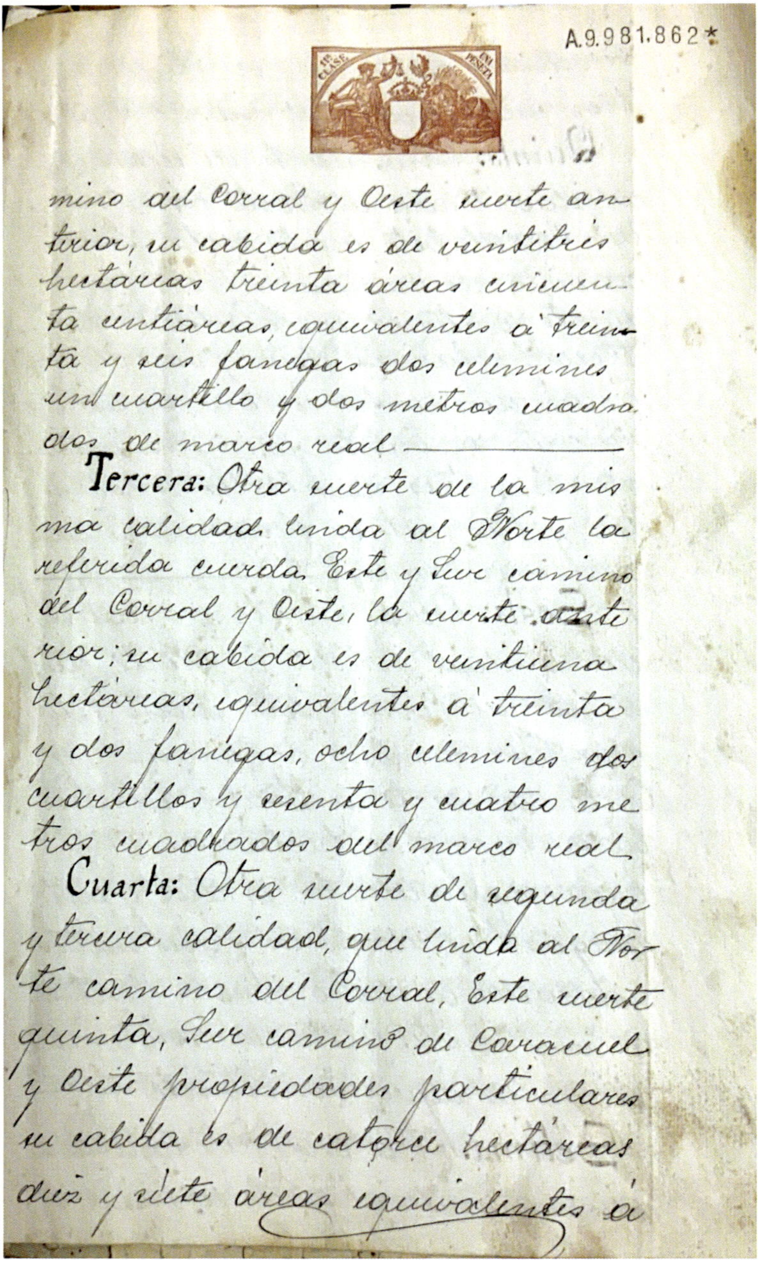

A.9.981.862 *

1ª CLASE UNA PESETA

mino del Corral y Oeste suerte anterior, su cabida es de veintitrés
hectáreas treinta áreas cincuenta centiáreas, equivalentes á treinta y seis fanegas dos celemines
un cuartillo y dos metros cuadra
dos de marco real ——

Tercera: Otra suerte de la mis
ma calidad, linda al Norte la
referida cuerda, Este y Sur camino
del Corral y Oeste, la suerte ante
rior; su cabida es de veintiuna
hectáreas, equivalentes á treinta
y dos fanegas, ocho celemines dos
cuartillos y setenta y cuatro me
tros cuadrados del marco real

Cuarta: Otra suerte de segunda
y tercera calidad, que linda al Nor
te camino del Corral, Este suerte
quinta, Sur camino de Caracuel
y Oeste propiedades particulares
su cabida es de catorce hectáreas
diez y siete áreas equivalentes á

veintidos fanegas y veintidos metros cuadrados del marco real

Quinta: Otra suerte de segunda calidad, linda al Norte camino del Corral, Este suerte sesta, Sur camino de Caracuel y Oeste la suerte anterior su cabida es de trece hectáreas diez y nueve áreas cincuenta centiáreas, equivalentes á veinte fanegas cinco celemines tres cuartillos y sesenta y tres metros cuadrados de espresado marco

Sesta: Otra suerte de segunda calidad, linda al Norte, camino del Corral, Este suerte sétima, Sur camino á Caracuel y Oeste la suerte anterior; su cabida es de once hectáreas once áreas, equivalentes á diez y siete fanegas tres celemines y doce metros cuadrados de dicho marco. Dentro de sus límites, existe un pozo embrocalado de agua constante

Sétima: Otra suerte de segunda calidad, linde al Norte camino del

Corral, Este suerte octava, Sur, camino de Caracuel, Oeste suerte anterior; su cabida es de catorce hectáreas, treinta y cuatro áreas, equivalentes á veintidós fanegas tres celemines y ciento doce metros cuadrados de referido marco

Octava: Otra suerte de segunda calidad, linda al Norte camino del Corral, Este suerte novena, Sur camino de Caracuel y Oeste suerte anterior, su cabida es de diez y ocho hectáreas sesenta y tres áreas, equivalentes á veintiocho fanegas once celemines y setenta y tres metros cuadrados de expresado marco—

Novena: Otra suerte de segunda calidad; linda al Norte camino del Corral, Este suerte número diez, Sur camino á caracuel y Oeste suerte anterior; su cabida es de veintidós hectáreas ochenta y dos áreas, equivalentes á treinta y cinco fanegas siete celemines y cuarenta y ocho metros cuadrados de expresado marco

Décima: Otra suerte de segunda calidad, que linda al Norte camino

del Corral, Este suerte número once, Sur camino á Caracuel y Oeste
suerte anterior; su cabida es de
veintiseis hectáreas, equivalentes á
cuarenta fanegas cuatro celemines
un cuartillo y ciento diez y ocho
metros de expresado marco ____
Undécima: Otra suerte de segunda calidad, linda al Norte la senda del Charco Román, Este propiedades particulares, Sur camino de
Caracuel y Oeste la suerte anterior;
su cabida es de veinticinco hectáreas
cuatro áreas, equivalentes á treinta
y ocho fanegas, diez celemines dos cuartillos y cincuenta y dos metros cuadrados de referido marco. La cruza
el Arroyo del Rincón y el carril del
Conejo los que están deducidos de
su extensión ____
Doce: Otra suerte de segunda y tercera calidad, linda al Norte camino
á Caracuel, Este suerte número trece, Sur camino de Almagro y Oeste propiedades particulares; su
cabida es de diez

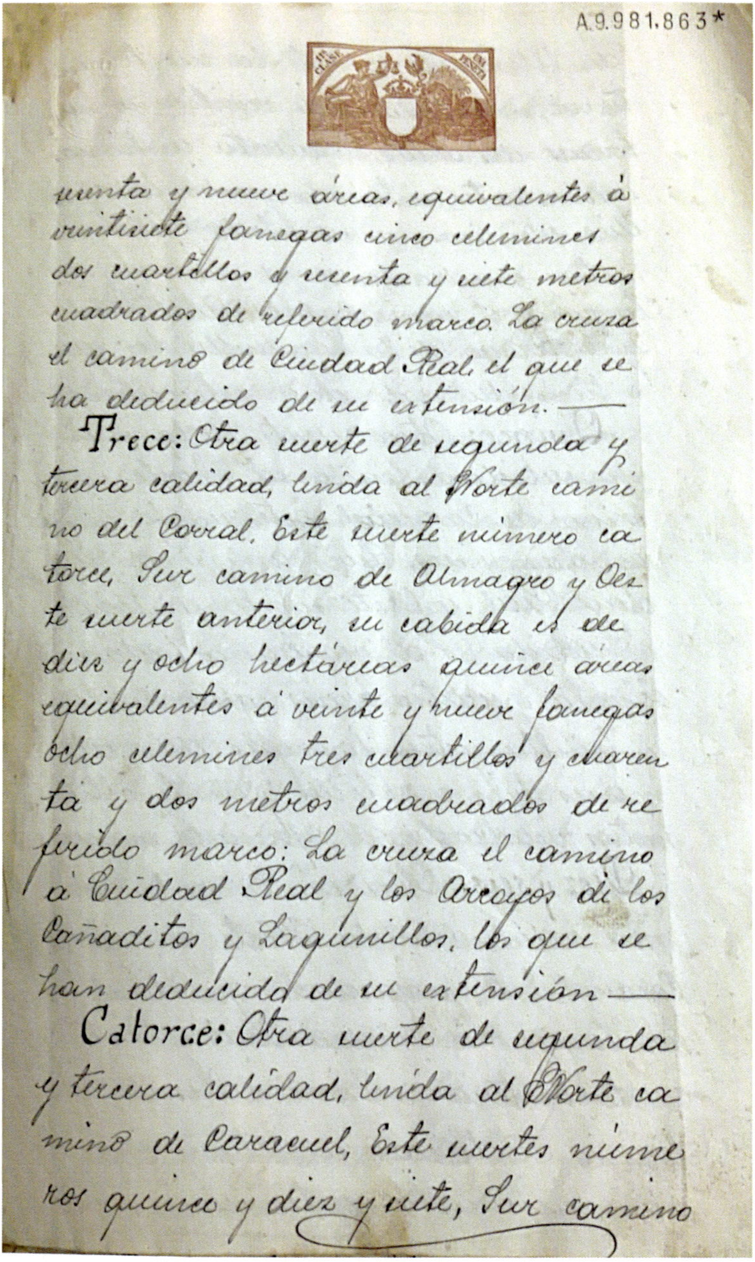
A.9.981.863*

uenta y nueve áreas, equivalentes á
veintisiete fanegas cinco celemines
dos cuartillos y treinta y siete metros
cuadrados de referido marco. La cruza
el camino de Ciudad Real, el que se
ha deducido de su extensión.—

Trece: Otra suerte de segunda y
tercera calidad, linda al Norte cami
no del Corral, Este suerte número ca
torce, Sur camino de Almagro y Oes
te suerte anterior, su cabida es de
diez y ocho hectáreas quince áreas
equivalentes á veinte y nueve fanegas
ocho celemines tres cuartillos y cuaren
ta y dos metros cuadrados de re
ferido marco: La cruza el camino
á Ciudad Real y los Arroyos de los
Cañaditos y Laguinillos, los que se
han deducido de su extensión—

Catorce: Otra suerte de segunda
y tercera calidad, linda al Norte ca
mino de Caracuel, Este suertes núme
ros quince y diez y siete, Sur camino

de Almagro y Oeste la suerte anterior; su cabida es de veinticinco hectáreas dos áreas cincuenta centiáreas equivalentes á treinta y ocho fanegas diez celemines un cuartillo y diez y seis metros cuadrados de espresado marco. La cruza el camino de Ciudad Real y el Arroyo de la Lagunilla, los que se han deducido de su extensión—

Quince: Otra suerte de la misma calidad: linda al Norte camino de Caracuel, Este suerte número diez y seis, Sur camino de Ciudad Real y Oeste suerte anterior; su cabida es de veintiuna hectáreas ochenta y cuatro áreas equivalentes á treinta y tres fanegas diez celemines tres cuartillos y ciento ocho metros cuadrados de espresado marco

Diez y seis: Otra suerte de la misma calidad; linda Norte camino á Caracuel, Este propiedades particulares Sur camino de Ciudad Real y Oeste suerte anterior; su cabida es de veinticinco hectáreas sesenta y una áreas cincuenta centiáreas equiva

lentes á treinta y ocho fanegas
nueve celemines dos cuartillos y
noventa metros cuadrados de
expresado marco. Dentro de estos
límites existe la Lagunilla, cuyas
aguas son de acogida ——
Diez y siete: Otra suerte de la mis
ma calidad, linda al Norte cami
no de Ciudad Real, Este suerte
dies y ocho, Sur camino de Alma
gro y Oeste suerte catorce; su cabi
da es de dies y nueve hectáreas
cincuenta y siete áreas, equivalen
tes á treinta fanegas cuatro ce
lemines dos cuartillos y ochenta
y cuatro metros cuadrados de
expresado marco ——
Diez y ocho: Otra suerte de la
misma calidad, linda al Norte cami
no de Ciudad Real, Este suerte dies y
nueve, Sur camino de Almagro y Oes
te suerte anterior, su cabida es de
dies y nueve hectáreas veinte centiáreas
equivalentes á veintinueve fanegas nue
ve celemines tres cuartillos y cinco me
tros cuadrados de referido marco

Diez y nueve: Otra suerte de la mis
ma calidad, linda al Norte camino
de Ciudad Real, Este propiedades par
ticulares, Sur camino de Almagro
y Oeste suerte anterior; su cabida
es de veintiuna hectáreas ochenta
y cuatro áreas equivalentes á treinta
y tres fanegas diez celemines tres
cuartillos y ciento ocho metros cua
drados del referido marco ———

Veinte: Otra suerte de tercera cali
dad, linda al Norte camino de
Almagro, Este suerte veintiuna, Sur
propiedades particular y Oeste el
mismo lindero y el Arroyo de los
Cañaditos: su cabida es de catorce
hectáreas noventa y tres áreas equi
valentes á veintitres fanegas dos
celemines y ocho metros cuadrados
del expresado marco. Lo cruza el
Arroyo de la Cañadilla ———

Veintiuna: Otra suerte de la misma
calidad, linda al Norte camino de
Almagro, Este suerte veintidos, Sur
loma de la Encinilla y Oeste suerte
anterior; su cabida es de veintiuna

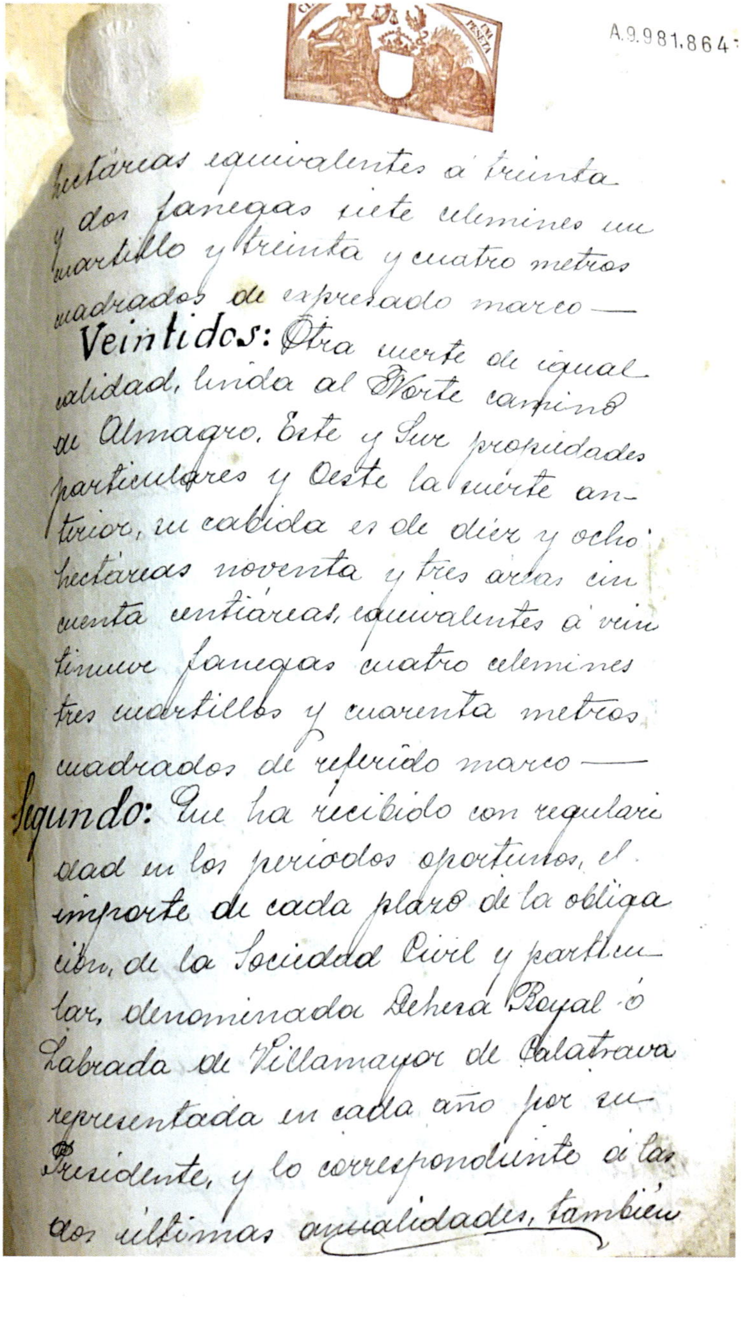

A.9.981.864

hectáreas equivalentes á treinta
y dos fanegas siete celemines un
cuartillo y treinta y cuatro metros
cuadrados de expresado marco —
Veintidos: Otra suerte de igual
calidad, linda al Norte camino
de Almagro, Este y Sur propiedades
particulares y Oeste la suerte anterior, su cabida es de diez y ocho
hectáreas noventa y tres areas cin
cuenta centiáreas, equivalentes á vein
tinueve fanegas cuatro celemines
tres cuartillos y cuarenta metros
cuadrados de referido marco —
Segundo: Que ha recibido con regulari
dad en los periodos oportunos, el
importe de cada plazo de la obliga
ción, de la Sociedad Civil y particu
lar, denominada Dehesa Boyal ó
Labrada de Villamayor de Calatrava
representada en cada año por su
Presidente, y lo correspondiente á las
dos últimas anualidades, también

lo ha recibido con anterioridad á este acto, y á su entera satisfacción, cuyas sumas forman la total de sesenta mil pesetas y los intereses correspondientes; y estando cumplidas todas las obligaciones contenidas en la reseñada escritura de debitorio, la cancela totalmente y deja sin valor ni efecto la hipoteca en ella constituida, y libre por lo tanto la finca de toda responsabilidad.

Tercero: La hipoteca de referencia se inscribió en el Registro de la propiedad de Almodóvar del Campo en tres de Diciembre de mil ochocientos noventa y ocho, al folio treinta y tres vuelto del tomo quinientos ochenta del archivo, finca número mil seiscientos seis, inscripción tercera.

Yo el Notario hago á Señor otorgante las advertencias y reservas legales que guardan conexión con la misma.

Así lo otorga, siendo testigos exentos de tacha legal los vecinos de esta Capital Don Daniel Barragán y Plaza y Don Manuel Reberide y Márquez

Este documento está extendido en cuatro pliegos de la clase undécima serie
A. números nueve millones setecientos
cincuenta y siete mil quinientos sesenta y seis y los tres que le siguen
en orden y leído íntegramente á otor
gantes y testigos que no ejercitaron
el derecho por mi advertido de leerle
por sí queda aprobado y le firman
De todo lo que y del conocimiento,
profesión y vecindad del Señor otor
gante doy fé = Francisco Molina =
Daniel Barragán = Manuel Re-
buidle = Ante mí = Signado = Felipe Dorado = Está rubricado ——
A instancia de la Sociedad Civil y par
ticular titulada Dehesa boyal ó Labrada
presentada por Don Jesús Muñoz y Carrión
expido signo y firmo esta primera copia en
un pliego de la clase primera y tres de la un
décima Series A. números veinticuatro mil trein
ta y tres, nueve millones novecientos ochenta y
un mil ochocientos sesenta y dos y los dos que
le siguen en orden; quedando su original con
el que literalmente concuerda en mi protocolo
corriente con nota de esta expedición en Ciu

dad-Real á veintisiete de Mayo de mil novecientos siete=

Felipe Dorado

NOTARIA DE D. FELIPE DORADO CIUDAD-REAL

Liquidado al núm.º 626 ha satisfecho hoy D. La Sociedad "Dehesa Boyal ó Labrada de Villamayor, seiscientas ochenta y nueve pesetas 75 cénts. por el concepto de cancelación de hipoteca núm.º 39 de Tarifa, que con los honorarios correspondientes constan en carta de pago núm.º 189 de Intervención.

Este documento no ... de Utilidades y se registra al ... folio 87.

Ciudad-Real 10 de Junio de 1907.

El Abogado del Estado.

Hecha la cancelacion de hipoteca que se pretende en el documento que precede, en el tomo 580 del archivo y 16 del Ayuntamiento de Villamayor de Calatrava, folio 36, finca número 1606, inscripción cuarta. Almodovar del Campo á 2 de Enero de 1909

Hon.s siete pt.s 50 cts.
Num.º 5 del aral.

Juan ... Fernandez

Anexo 17
Copia literal de los Estatutos de la Sociedad Compradora de la Dehesa Boyal o Labrada de Villamayor de Calatrava.

Fuente: ASCDBLVC. Sin catalogar

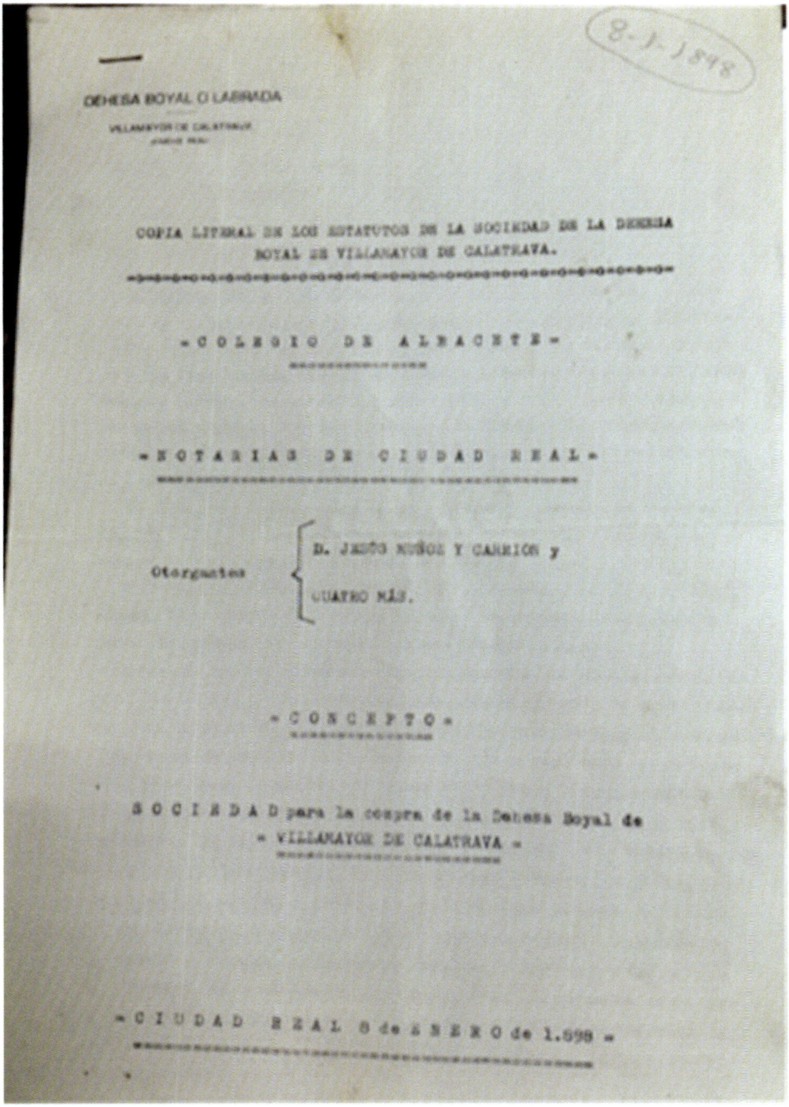

8-1-1898

DEHESA BOYAL O LABRADA
VILLAMAYOR DE CALATRAVA
(CIUDAD REAL)

COPIA LITERAL DE LOS ESTATUTOS DE LA SOCIEDAD DE LA DEHESA BOYAL DE VILLAMAYOR DE CALATRAVA.

-COLEGIO DE ALBACETE-

-NOTARIAS DE CIUDAD REAL-

Otorgantes { D. JESÚS MUÑOZ Y CARRION y CUATRO MÁS.

-CONCEPTO-

SOCIEDAD para la compra de la Dehesa Boyal de
- VILLAMAYOR DE CALATRAVA -

-CIUDAD REAL 8 de ENERO de 1.898 -

DEHESA BOYAL O LABRADA

VILLAMAYOR DE CALATRAVA
CIUDAD REAL

NOTARIA DE D. FELIPE DORADO

- CIUDAD REAL -

- N U M E R O   O C H O -

En Ciudad Real a ocho de Enero de mil ochocientos noventa y ocho ante mí D. Isidro Espadas, Notario público del Colegio del Territorio de Albacete y del Distrito de esta Capital, mi vencidad, presentes los testigos que después se dirán, comparecen los Sres.- D. Jesus Muñoz y Carrión, de cuarenta y nueve años de edad, casado, Contador de fondos provinciales, y vecino de esta Ciudad, con cédula personal de séptima clase expedida en nueve de noviembre último, con el número novecientos.

D. Juán José Gijón y García, de cuarenta y cuatro años de edad, viudo propietrio, con cédula personal de octava clase expedida en quince de dicho mes con el número doscientos veinte y uno.

D. Evaristo Rodríguez y Sánchez, de cincuenta y un años de edad, casado, propietario, con cédula personal de novena clase expedida dicho día, con el número cuatrocientos ochenta y cinco.

D. Julián Molina y González, de cincuenta y dos años de edad, casado, Secretario de Ayuntamiento, con cédula personal de sexta clase expedida en referido día, con el número trescientos setenta y tres.

D. Reinaldo Ubeda y Cárdenas, de treinta y tres anos de edad, casado, propietario, con cédula personal de quinta clase, expedida en citado día, con el número quinientos treinta y tres. Y D. Alfonso Caballero y López, de cincuenta y cuatro años de edad, casado, comerciante, con cédula personal de novena clase expedida en referido día con el número setenta y tres; los cinco últimos vecinos de Villamayor de Calatrava; asegurando todos los comparecientes hallarse en pleno goce y usos de sus derechos civiles, y teniendo a mí juicio la capacidad legal necesaria para formalizar la presente escritura de fundación y constitución de una Sociedad civil y particular, manifiestan.

-2-

Que habiendose vendido recientemente por el Estado en pública licitación la finca mencionada DEHESA BOYAL O LABRADA de Villamayor de Calatrava, de cuya población son o han sido vecinos los otrogantes, y siendo de grandisimo interes para todos sus convecinos poseer en pleno dominio y disfrutar la mencionada DEHESA BOYAL O LABRADA, sin la cual sería muy dificil y precaría, cuando no imposible, la vida de aquel vecindario dedicado en su mayor parte a la agricultura y ganadería, han resuelto y decidido fundar y constituir una Sociedad de carácter civil y particular, con el objetivo de adquirir la referida Dehesa Boyal ó Labrada, comprándosela a la persona que la hubiere rematado en la subasta ya efectuada, para que sea poseida y disfrutada por todos los socionistas de la indicada Sociedad, que podían serlo todos los vecinos y domiciliados en el pueblo de Villamayor de Calatrava; con lo cual entienden prestar un inmenso servicio al vecindario, contribuyendo poderosamente a su bienestar.

Y llevandolo a efecto en la vía y forma que más haya lugar en derecho; de su libre y espontanea voluntad, formulan y establecen los siguientes:

-E S T A T U T O S-

- T I T U L O   P R I M E R O -

FORMACION Y OBJETIVO DE LA SOCIEDAD-DENOMINACION-DURACION-Y DOMICILIO.

\- - - - - - - - - - - - - - -

ARTICULO 1.- Los referidos comparecientes fundan y constituyen, por virtud de estos Estatutos, una sociedad de carácter civil y particular, con estricta subjección a las prescripciones que a continuación se expresan.

ARTICULO 2.- Esta Sociedad tendrá por objeto:

PRIMERO: Adquirir la finca denominada " DEHESA BOYAL O LABRADA"

DEHESA BOYAL O LABRADA

VILLAMAYOR DE CALATRAVA

\- 3 -

de Villamayor de Calatrava de la persona ó personas a quienes actualmente pertenezca, bien fueren las que hubieren rematado en la subasta pública que recientemente se efectuó, u otras cualesquiera a quienes los rematantes la hubieren trasmitido, verificando esa adquisición por compra o cesión, según se considere más oportuno o procedente.

SEGUNDO: Una vez adquirida por esta Sociedad la mencionada finca, disfrutarla y utilizarla en la forma y de la manera que se estime más conveniente, por todos los que sean accionistas de la misma; y

TERCERO: Arbitrar inmediatamente realizando operaciones de préstamos con garantías de la citada finca titulada DEHESA BOYAL O LABRADA, los fondos y recursos que puedadn ser necesarios para su adquisición, conservación y explotación.

ARTICULO 3.- Esta Sociedad se titulará y denominará " SOCIEDAD COMPRADORA DE LA DEHESA BOYAL O LABRADA DE VILLAMAYOR DE CALATRAVA".

ARTICULO 4.- La duración de esta Sociedad será, una vez cumplidos los noventa años vigentes, prorrogada por otros noventa años.

ARTICULO 5.- El domicilio social se establece y fija en la población de Villamayor de Calatrava, sin que en ningún tiempo ni por ninguna circustancia, pueda trasladarse a otro puesto.

ARTICULO 6.- Para que tenga debido y rapido cumplimiento el primer objeto social, o sea, la adquisición de la referida finca " DEHESA BOYAL O LABRADA DE VILLAMAYOR DE CALATRAVA" queda facultada y autorizada la primera Junta directiva que se constituya con arreglo a prescripciones de estos Estatutos, sin necesidad de convocar para ello Junta General de accionistas, para celebrar con el actual dueño y poseedor de dicha finca el contrato de cesión o compra que se considere necesario, y para otorgar la oportuna escritura de adquisición, con tal de que el precio no exceda de sesenta mil pesetas; y eligiran los seis comparecientes que son los que forman dicha Junat directiva, como representantes de la misma.

-6-

ARTICULO 7º.- Para que puedan llevarse a cabo sin dilación alguna la adquisición de la expresada finca, no esperando para efectuarla a que se recaude de los accionistas el importe de las acciones que inscriban; y de acuerdo con el tercero de los objetos ó fines sociales, se autoriza tambien a la primera Junta directiva que con arreglo a los preceptos de cuyos Estatutos se constituye, para que pueda tomar a préstamo de la persona que considere más a propósito, las cantidades que sean necesarias para pagar el precio de la Dehesa Boyal ó Labrada referida, estipulando al efecto los intereses y demas condiciones mediante las cuales haya de realizarse dicho préstamo y pudiendo dar si fuere preciso, en garantía del mismo, la indicada Dehesa Boyal ó Labrada, para todo lo cual, podría la primera Junta directiva facultar a su Presidente o hacerlo por sí ella misma.

ARTICULO 8º.- Para que tenga exacto y debido cumplimiento el segundo objeto social, o sea, el disfrute y utilización por todos los accionistas de la Dehesa Boyal ó Labrada mencionada, se aclara y establece, que esta finca no podrá enagenarse ni venderse en todo ni en parte, aún cuando lo pretendiera la Juenta General Ordinaria o Extraordinaria sea cualquiera el número de socios asistentes, y al menos mientras perdure la Sociedad de acuerdo con el Articulo cuarto.

= TITULO SEGUNDO =

DE LOS SOCIOS = ACCIONES = CAPITAL SOCIAL =

ARTICULO 9º.- Los socios serán fundadores ó numerarios.

Se considerarán socios fundadores a los que han constituido esta Sociedad, figurando como otorgantes de la presente escritura. Serán considerados socios numerarios todos los que se inscriban desde la fundación de la Sociedad en adelante, siempre que se reunan las condiciones y circustancias marcadas en estos Estatutos.

ARTICULO 10º.- Los socios fundadores y numerarios tendrán los mismos derechos y obligaciones, sin que mientras dure esta Sociedad,

...SA BOYAL O LABRADA

VILLAMAYOR DE CALATRAVA

-5-

puedan otorgarse ventajas, privilegios ni responsabilidades a los de una clase en perjuicio de los de otra.

ARTICULO 11.- Tienen derecho a ingresar como socios accionistas de esta Sociedad, los siguientes:

1º.- Todos los nacidos en Villamayor de Calatrava que figuren comprendidos como vecinos en el Padrón oficial vigente de la villa con caracter de cabeza de familia y residentes en ella.

2º.- Todos aquellos que en lo sucesivo adquieran la condición de vecinos y domiciliados, inscribiéndose con uno u otro carácter en el Padrón oficial municipal correspondiente, pero siempre que sean nacidos en Villamayor de Calatrava y cabezas de familia, cuyos requisitos serán indispensables para poder pertenecer en lo sucesivo a la Sociedad.

3º.- Los hijos nacidos en Villamayor de Calatrava o descendientes que reunan los requisitos siguientes:

a) Que fijen su residencia y domicilio en esta localidad.

b) Que sean cabezas de familia.

4º.- Los socios residentes en Villamayor de Calatrava que al llegarles el momento de jubilación tengan que ausentarse por traslado a otra localidad, seguirán disfrutando o siendo accionistas de la Sociedad, pero perderan esta condición si no fijan su residencia y domicilio en esta localidad y cumplen este requisito, al menos durante un periodo prudencial de tiempo en cada año.

ARTICULO 12º.- Tan luego como esta Sociedad quede constituida su primera Junta directiva, hará pública su constitución por los medios que considere oportunos, a fin de que llegue a noticia de todo el vecindario, haciéndose saber que queda abierta en la Secretaría de dicha Junta directiva la inscripción como socios ó accionistas numerarios para que los vecinos o domiciliados que quieran hacerlo puedan inscribirse con aquel carácter.

-6-

ARTICULO 13º.- No será obligatiria la inscripcion como socios en esta Sociedad, pero nigún vecino o domiciliado que no pertenezca a ella, tendrá derecho a disfrutar, bajo ningún concepto la Dehesa Boyal ó Labaredo, referida.

ARTICULO 14º.- La adqisición de socios numerarios será permanente puesto que en todo tiempo irán adquiriendo nuevas personalidades la condición de cabezas de familia y vecinos, requisitos indispensables para pertenecer a la sociedad, pero siempre de acuerdo con el Articulo once y en sus distintos apartados.

ARTICULO 15º.- La condición de socio es personal y se extingue cuando falleciese el que la posee o cuando deje de cumplir los requisitos exigidos en el Artículo once de estos Estatutos, sin embargo las viudas seguirán disfrutando de todos los derechos de socios cuando falleciese su conyugue correspondiente.

ARTICULO 16º.- Por consecuencia de lo establecido en el Artículo anterior los dechos de socios tanto sobre la finca cuya adquisición y disfrute se procura como cualquier otro punto de vista o aspecto que se considere han de ejercitarse por las mismas personas a quienes correspondan, no pudiendo ser objeto, de contratación, de cederse, arrendarse ni transmitirse por ningún titulo, ni aún por el de herencia; puesto que mueren con el mismo individuo a quien pertenecen.

ARTICULOl 17º.- Cuando fallezca un socio fundador o numerario, pierda su domicilio o vecindad o se dé voluntariamente de baja, la Junta directiva de esta Sociedad, le eliminará inmediatamente de la misma lista de socios o accionistas, declarando caduca y extinguida su acción.

ARTICULO 18º.- Ningún socio fundador o numerario, podrá poseer más de una acción.

ARTICULO 19º.- La primera Junta directiva de esta Sociedad procurará obtener tan luego como entre en funciones una copia autorizada del actual padrón del vecindario de Villamayor de Calatrava, la

...SA BOYAL O LABRADA

VILLAMAYOR DE CALATRAVA

(CIUDAD REAL)

-7-

cual le servirá de dato auténtico para admitir o denegar las solicitudes de inscripción como socios ante ella se formulen.

ARTICULO 20º.- Todos los años y en época oportuna la Junta directiva de esta Sociedad obtendrá y tendrá a la vista para decidir la admisión de nuevos socios, y sobre la eliminación de los antiguos que hubiesen perdido su derecho, el padrón de vecinos del año entonces corriente.

ARTICULO 21º.- Para solicitar la inscripción como socio bastará dirigirse al Sr. Presidente de la Junta Directiva de esta Sociedad siempre que reuna los requisitos exigidos en el Artículo once de estos Estatutos.

ARTICULO 22º.- El capital social se fija por ahora en sesenta y dos mil quinientas pesetas, divididas en quinientas acciones, de 125 pts. (ciento veinticinco pts) cada una.

ARTICULO 23º.- Estas quinientas acciones se emitiran cuando lo acuerde la primera Junta Directiva de esta Sociedad y las sucesivas las cuales quedan facultadas para ir verificando la emisión, conforme lo vayan exigiendo las solicitudes de inscripción como socios que se formulen.

ARTICULO 24º.- Las acciones serán nominativas, estarán numeradas y se consignará en ellas que son intransferibles o inalienables estando firmadas por el Presidente y el Secretario de la Junta Directiva. Dicho Secretario llevará un registro de las acciones que se emitan y se entreguen, en el cual existe el numero de cada una de ellas y la persona a quien pertenezca; haciendose constar también en ese registro las que se vayan declarando caducadas.

ARTICULO 25º.- Se fija el capital social en quinientas acciones por ser esta el número aproximado de lo que actualmente pueden tener derecho a figurar como socios de esta Sociedad, pero como quiera que el vecindario pueda aumentarse y ser insuficientes las expresadas quinientas acciones, se estatuye que dicho capital social pueda aumentarse cuando sea necesario, con el fin de que ninguna cabeza de familia y vecino de Villamayor de Calatrava pueda quedar en tiem-

-8-

po alguno fuera del derecho de pertenecer a esta Sociedad y de participar del disfrute de la Dehesa Boyal ó Labrada, pero siempre de acuerdo con el Artículo nono de estos Estatutos.

ARTICULO 26º.- Corresponde acordar el aumento del capital social a la Junta General ordinaria de accionistas, siempre que el acuerdo se adopte por mayoría de los que a ella concurran. Pero si durante el año porque creciese mucho la población se considerase necesario aumentar el capital social, podrá acordarse así por la Junta Directiva, sin perjuicio de dar cuenta de ello en la primera Junta general ordinaria de accionistas que se celebre.

ARTICULO 27º.- La Junat Directiva de la Sociedad, acordará libremente cuando lo considere oportuno, las cantidades en metálico que los socios o accionistas hubieren de pagar, si alguna vez la entidad tuviese deudas y carecieses de fondos.

ARTICULO 28º.- El socio o accionistas que dejare transcurrir un mes sin satisfacer las cantidades acordadas por la Junta Directiva de la Sociedad, por cuenta del importe de cada acción será eliminado de la lista de accionistas; perderá todos sus derechos y cuando hubiere satisfecho anteriormente y su acción quedará caducada en beneficio de la Sociedad.

ARTICULO 29º.- Los acuerdos de la Junta Directiva sobre caducidad de acciones, en todos los casos en que proceda acordar con arreglo a estos Estatutos, serán ejecutorios desde luego definitivos e irreformables.

-TITULO TERCERO-

-ADMINISTRACION DE LA SOCIEDAD-

ARTICULO 30º.- Esta sociedad se dirige, gobierna y administra por una Junta Directiva compuesta por un Presidente, dos Vocales, un Tesorero y un Secretario-Contador.

ARTICULO 31º.- La primera Junat Directiva de esta Sociedad se compondrá de los seis socios fundadores que concurren al otorgamiento

...YAL O LABRADA
...DE CALATRAVA

-9-

de esta escritufa; a cuyo efecto tan luego como esta se firme y por el mismo Notario autorizante, se levantará un acta de constitución de la primera Junta Directiva, haciéndose en ella la designación de cargos y declarándose a todos sus individuos en posesión de los mismos para que desde igual momento puedan comenzar a funcionar.

ARTICULO 32º.- La primera Junta Directiva de esta Sociedad durará diez años, sin que en este plazo pueda renovarse ninguno de sus individuos ni aún por acuerdo de la Junta general de accionistas. Si durante esos diez años alguno de los socios fundadores falleciese o dejase de pertenecer a la Sociedad, los restantes individuos de la primera Junta directiva, designarán libremente quien haya de ocupar la vacante posesionándole de su cargo y dando cuenta de ello en la primera Junta general ordinaria de accionistas que se celebre al sólo efecto de que quede enterada de la variación ocurrida en dicha Junat Directiva. El que hubiere sido nombrado de esta manera en reemplazo del que dejare de ser durará en el desempeño de su cargo todo el tiempo que faltare para cumplir los diez años ya empezados.

ARTICULO 33º.- A la expiración de los referidos diez años la primera Junat directiva se renovará por mitad, saliendo tres de sus individuos a quienes designe la suerte, los cuales podrán ser reelegidos.

ARTICULO 34º.- Desde la primera renovación de la Junat Directiva en adelante, durarán estos en sus funciones ocho años; al cumplirse los cuales se hará la renovación por mitad, saliendo los individuos de la misma más antiguos, cuyo procedimiento se seguirá en lo sucesivo durante la vida de la Sociedad, admitiéndose siempre la reelección de los salientes.

ARTICULO 35º.- La Junta general ordinaria de accionistas puede acordar el aumento de los individuos de la Junta Directiva; pero en ningún caso la disminución de su número; y a ella también corresponderá el nombramiento de los que hayan de pertenecer a la expresada Junta Directiva, en las épocas normales de su renovación.

-10-

ARTICULO 36º.- Siempre que se renueve la Junta Directiva, se hará nueva designación de cargos entre los que la compongan, pudiendo ser reelegidos en sus cargos los que ya vinieren desempeñándolos.

ARTICULO 37º.- El Presidente y el Secretario de la Junat Directiva, serán también Presidente y Secretario de la Sociedad.

ARTICULO 38º.- La Junat Directiva se reunirá, por convocatoria del Presidente cuando lo exiga el interés de la Sociedad. Para tomar acuerdos se necesitarán que esten presentes cuando menos, la mitad más uno de sus individuos. Las deliberaciones se tomaran por mayoría de votos de los presentes, y en todo caso de empate decidirá el Presidente o el que haga sus veces.

ARTICULO 39º.- Los individuos de la Junta Directiva no disfrutarán sueldo ni remuneración alguna. Estos cargos son gratuitos y renunciables.

ARTICULO 40º.- Se llevarán por el Secretario de la Junta Directiva dos libros de actas, uno de las sesiones de la misma, y otro de la Junat generales de accionistas ordinarias y extraordinarias. Todas las actas serán firmadas por el Presidente y el Secretario de la Sociedad.

ARTICULO 41º.- A la Junta Directiva le corresponde la ejecución y cumplimiento de todos los preceptos contenidos en estos Estatutos y de los acuerdos de la Juntas generales de accionistas. La representación de la sociedad ante los Tribunales, ante la Administración pública y ante los particulares y la defensa de sus derechos e intereses, pudiendo otorgar poderes, nombrar letrados, promover y contestar litigios, deducir toda clase de recursos y reclamaciones; el nombramiento y separación de guardas y de cualquiera otros empleados que puedan ser necesarios; la realización de todos los actos comprendidos en el concepto legal de la administración de bienes; la direccion y gobierno con la mayor amplitud establecida, de todos los asuntos que a esta Sociedad afecten, y la observación y ejercicio de todas las facultades, derechos y atribuciones que en los diversos articulos de estos Estatutos se le confieren.

-11-

ARTICULO 42º.- El Presidente de la Junta Directiva será el encargado de ejecutar los acuerdos de ésta, así también de llevar a cabo las atribuciones que personalmente le confieren estos Estatutos y los mandatos y encargos que puedan conferirle las Junat generales de accionistas.

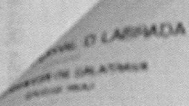

- TITULO CUARTO -

- DE LAS JUNTAS GENERALES DE ACCIONISTAS -

ARTICULO 43º.- Todos los socios fundadores y numerarios, cuyas acciones no hayan sido caducadas, tiene derecho a formar parte de las Junate generales de accionistas, tanto ordinarias como extraordinarias, concurriendo a ellas y tomando parte en las discursiones que se suscitan y en los acuerdos que se adopten.

ARTICULO 44º.- Las Junate generales de accionistas ordinarias y extraordinarias, serán convocadas y presididas por las Juntas directivas y sus acuerdos serán obligatorios para los ausentes y disidentes. Cada accionista solo puede emitir un voto. Dichas Junate generales podrán tomar acuerdos el día señalado para su celebración, siempre que concurran en primera convocatoria, la mitad más uno de los accionistas; y en segunda convocatoria, cualquiera que sea el número de los asistentes.

ARTICULO 45º.- El presidente de la Junta directiva dirigirá las discursiones; y de acuerdo con aquella, hara la convocatoria para las Juntas generales extraordinarias y formulará el orden del día, tanto para estas como para las Juntas generales ordinarias. Las Juntas generales extraordinarias solo podrán celebrarse por iniciativa y acuerdo de la Junta directiva, convocandose con ocho dias de anticipación.

ARTICULO 46º.- El día primero de cada año, sin necesidad de convocatoria, se reunirá la Sociedad en Junta general ordinaria de accionistas en la cual se discutirán y resolveran todos los asuntos con-

-12-

prendidas en el orden del día; se examinarán y aprobarán las cuentas; se harán los nombramientos de los individuos a la Junta Directivaque con arreglo a estos Estatutos correspondan, y se adoptaran cuantas resoluciones procedan, con sujeción a los mismos.

ARTICULO 47º.- En las Juntas generales extraordinarias, sólo podrán discutirse y resolverse los asuntos que motiven la convocatoria.

ARTICULO 48º.- Las votaciones serán públicas, excepto en los asuntos de carácter personal en que pueden ser secretas.

- TITULO QUINTO -

- PAGOS - CUENTAS ANUALES - MEMORIA -

ARTICULO 49º.- El año social comienza en primero de Enero y termina en treinta y uno de Diciembre de cada año.

ARTICULO 50º.- Todos los años el Tesorero y el Secretario- Contador, formularán las cuentas de la Sociedad, presentándolas en la Junta general ordinaria de accionistas, previo examen de la directiva.

ARTICULO 51º.- En dicha Junta la Secretaria presentará una memoria que explique el estado actual de la Sociedad.

ARTICULO 52º.- Los fondos que posea la Sociedad en numerario o papel del Estado serán depositados en el Banco, pudiendo hacer uso de los mismos la Sociedad bajo las firmas mancomunadas del Presidente, Tesorero y Secretario.

ARTICULO 53º.- Todos los pagos que por cuenta de la Sociedad hayan de efectuarse, serán ordenados por el Presidente de la Junta Directiva, intervenidos por el Secretario-Contador y satisfechos por el Tesorero.

- TITULO SEXTO -

- DISOLUCION - LIQUIDACION -

ARTICULO 54º.- Esta Sociedad no puede disolverse, ni aún por acuerdo

DEHESA BOYAL O LABRADA

VILLAMAYOR DE CALATRAVA

-13-

de la Junta general de accionistas durante el tiempo establecido en estos Estatutos para su vida y subsistencia, una vez que haya adquirido y pagado la "DEHESA BOYAL O LABRADA", que se menciona en estos Estatutos; puesto que siendo el primordial el fin social que el vecindario de Villamayor de Calatrava disfrute y utilice la mencionada finca, no se cumplirá tan laudable propósito, si la Sociedad desapareciese y se disolviese.

ARTICULO 55º.- Cumplido el tiempo de duración de esta Sociedad se procederá de acuerdo con el Artículo cuarto de estos Estatutos.

ARTICULO 56º.- Para efectuarla queda encargada la Junta Directiva que en aquella época exista, de proponer a la Junta general de accionistas las bases que a su juicio, sean más convenientes para la liquidación de la Sociedad, bien enagenando la DEHESA BOYAL O LABRADA y distribuyendola en parcelas que se subastan entre dichos accionistas o se adjudiquen directamente a éstos. Del cumplimiento de lo que acuerde la Junta general de accionistas quedará encargada la Junta Directiva.

- TITULO SEPTIMO -

-MODIFICACION DE LOS ESTATUTOS-

ARTICULO 57º.- Los presentes estatutos solo se podrán modificar en Junta general extraordinaria de accionistas, encargada exclusivamente a este objeto, convocada por iniciativa y acuerdo de la Junta directiva; haciendose constar en la convocatoria los articulos cu ya modificación se proponga y anunciandose la celebración de dicha Junta general con quince dias de anticipación.

ARTICULO 58º.- Se necesitara que el acuerdo reformatorio de cualquiera de los artículos de estos Estatutos sea tomado en primera reunión por las tres cuartas partes de los accionistas que tengan subsistentes sus derechos ya en segunda reunión por la mitad más uno de los mismos.

-14-

No podrá dictarse ni aprobarse por la Junta general de accionistas, de forma alguna de los Estatutos que no haya sido propuesta y planteada por la Junta Directiva de la Sociedad.

Tales son los Estatutos a que se ha de sujetar o regular, crear o constituir la Sociedad civil y particular titulada " Dehesa Boyal o Labrada del término municipal de Villamayor de Calatrava" y que los concurrentes aprueban, rectifican y aceptan y revisten este documento de la fuerza legal necesaria en derecho para su validez y firmeza.

Así lo dijeron y otorgaron los señores comparecientes a quienes advertir que la primera copia de está escritura se ha de inscribir en el Registro Mercantil de esta provincia a los efectos prevenidos en la Ley y presentarse dentro del término de treinta días en la oficina de la liquidación del impuesto de derechos reales y transmisión de bienes a los efectos preceptuados en el reglamento sobre exención de dicho impuesto.

Habiendo leido interamente esta escritura a los otrogantes y testigos por haber renunciado al derecho que les advéti tenían de hacerlo, manifestaron estar conformes y por ello la aprueban y firman con los testigos que lo son D. Agustín Díaz Balmaseda y D. Antonio Manzanares Moreno, de esta ciudad y de todo lo expresado en este instrumento como del conocimiento y profesión de los otrogantes, su vecindad y la de los testigos yo el Notario doy fé= Jesús Muñoz= Juan José Gijon= Reinaldo Ubeda= Alfonso Caballero= Evaristo Rodríguez= Julián Molina= Agustín Díaz Balmaseda= Antonio Manzanares= Signado=Isidoro Espadas= Expedí copias en doce pliegos uno clase primera y los demás de la trece nº 6320-687, 751 al 687, 761 en días de Enero año del sello. Hay un sello que dice"NOTARIA DE DON FELIPE DORADO-CIUDAD REAL"=

0=0=0=0=0=0=0=0=0=0=0=0=0=0=0=0=0=0=0=0=

Anexo 18
Guía de circulación del arma del guarda de la Dehesa. 1935

Fuente: ASCDBLVC. Sin catalogar

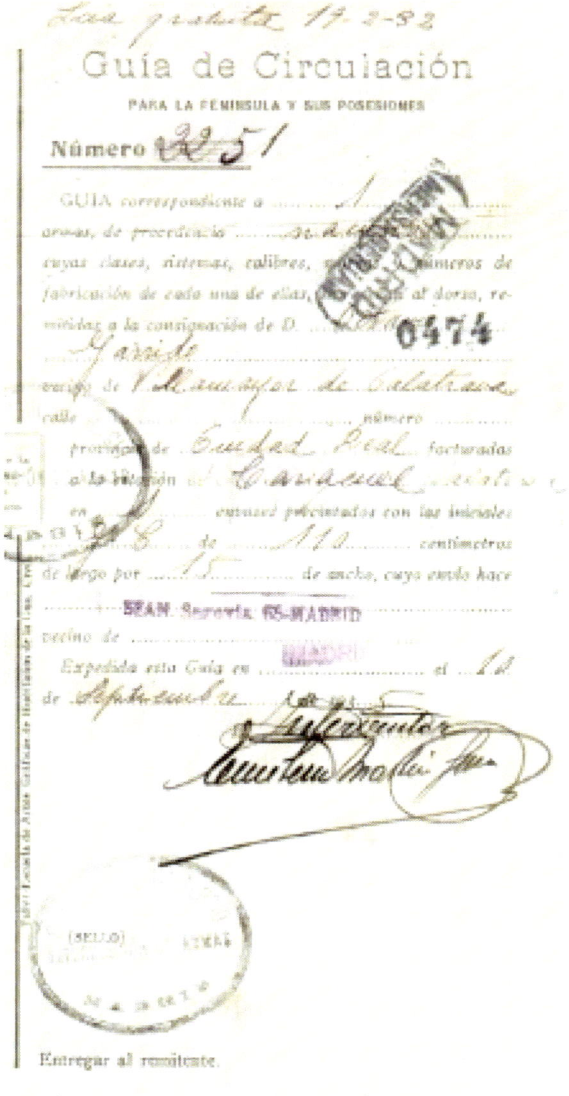

Guía de Circulación

PARA LA PENÍNSULA Y SUS POSESIONES

Número

GUIA correspondiente a .... armas, de procedencia .... cuyas clases, sistemas, calibres, ... números de fabricación de cada una de ellas, ... al dorso, remitidas a la consignación de D. ....

vecino de ....

calle .... número ....

provincia de .... facturadas a la estación de ....

en .... estuches precintados con las iniciales .... de .... centímetros de largo por .... de ancho, cuyo envío hace ....

BRAN. Segovia, 65-MADRID

vecino de ....

Expedida esta Guía en MADRID .... el .... de ....

0474

(SELLO)

Entregar al remitente.

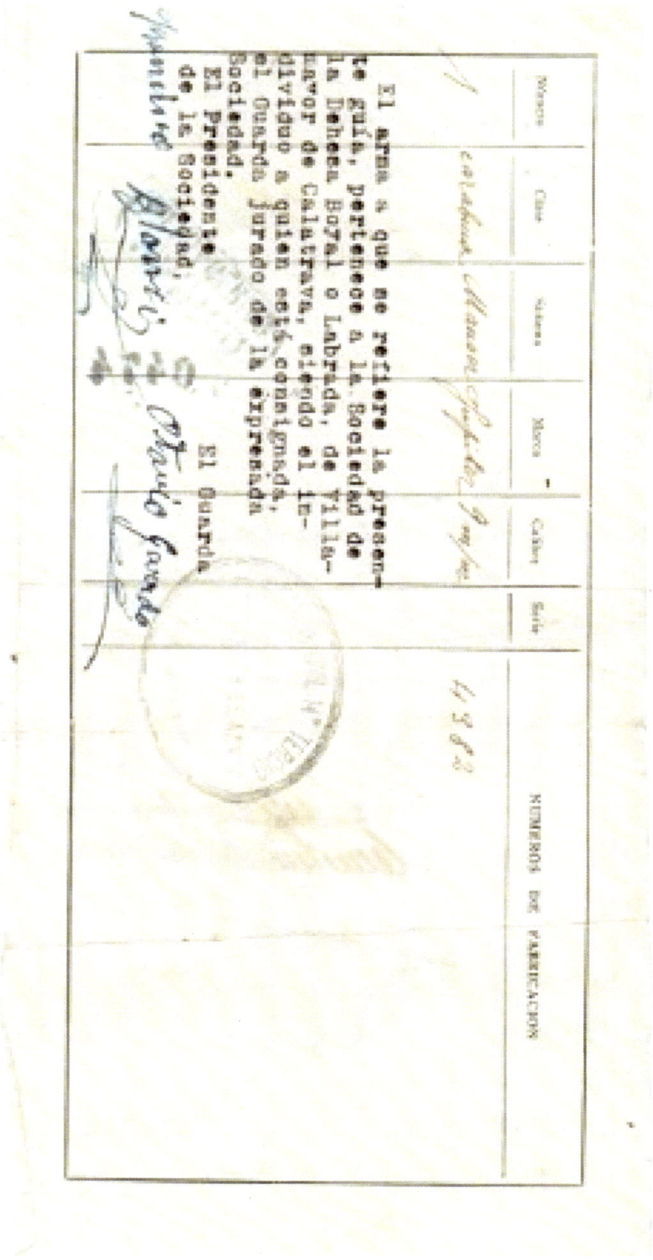

Número	Clase	Sistema	Marca	Calibre	Serie	NÚMEROS DE FABRICACIÓN
1	Carabina					4382

El arma a que se refiere la presente guía, pertenece a la Sociedad de la Dehesa Boyal o Labrada, de Villamayor de Calatrava, siendo el individuo a quien está consignada, el Guarda Jurado de la expresada Sociedad.

El Presidente de la Sociedad, El Guarda

Anexo 19
Relación de miembros de las Juntas Directivas de la Sociedad Compradora de la Dehesa Boyal o Labrada de Villamayor de Calatrava. 1898-1927 y 1957-1990

Fuente: ASCDBLVC: Sin catalogar. Actas de las Juntas Directivas de las fechas correspondientes

Mandato	Nombre	Cargo	Fecha nombramiento	Fecha cese
1-8-1898	**Jesús Muñoz Carrión**	Presidente	1-8-1898	1-2-1905
	Julián Molina González	Secretario	1-8-1898	26-1-1905
	Juan José Gijón García	Vocal	1-8-1898	10-3-1907
	Reinaldo Úbeda Cárdenas	Vocal	1-8-1898	6-1-1915
	Alfonso Caballero López	Vocal	1-8-1898	6-1-1915
	Evaristo Rodríguez Sánchez	Vocal	1-8-1898	1-4-1907
1-2-1905	**Juan José Gijón García**	Presidente	1-2-1905	6-1-1915
	Julián Molina González	Secretario	1-2-1905	6-1-1915
	Sixto León Fernández	Secretario	1-2-1905	6-1-1915
	Jesús Muñoz Carrión	Vocal	1-2-1905	6-1-1915
	Reinaldo Úbeda Cárdenas	Vocal	1-2-1905	6-1-1915
	Alfonso Caballero López	Vocal	1-2-1905	6-1-1915
	Evaristo Rodríguez Sánchez	Vocal	1-2-1905	6-1-1915
1-1-1908	**Reinaldo Úbeda Cárdenas**	Presidente	1-1-1908	6-1-1915
	Dioclecio Gijón Martín	Vicepresidente	1-1-1908	6-1-1915
	Sixto León Fernández	secretario	1-1-1908	6-1-1915
	Evaristo Rodríguez Sánchez	Tesorero	1-1-1908	6-1-1915
	Alfonso Caballero López	Vocal	1-1-1908	28-3-1911
	Fructuoso Espinosa Martín	Vocal	1-1-1908	6-1-1915
6-1-1915	**Saturio Muñoz Martín**	Presidente	6-1-1915	22-1-1921
	Santiago Hervás Velasco	Presidente	1-1-1906	22-1-1921
	Antonio Muñoz Cano	Secretario	6-1-1915	22-1-1921
	Adrián García Alcaraz	Vicepresidente	6-1-1915	22-1-1921
	David Muñoz Amores	Tesorero	6-1-1915	22-1-1921
	Benjamín Rodríguez Arcediano	Vocal	6-1-1915	22-1-1921
22-1-1921	**Francisco Blanco Maeso**	vicepresidente	22-1-1921	2-1-1923

	Julián Sánchez Martín	Vocal	22-1-1921	2-1-1924
	Marcelino Palomo Rubio	Vocal	22-1-1921	2-1-1925
	Santiago Maeso Rodríguez	Vocal	22-1-1921	2-1-1926
	Eugenio Mora Muñoz	Vocal	22-1-1921	2-1-1927
2-1-1923	**Santiago Hervás Velasco**	Presidente	2-1-1923	
	Francisco Blanco Maeso	Presidente	12-11-1926	
	Pascasio Sánchez Espinosa	Secretario	2-1-1923	
	Juan Mínguez Martín	Secretario	18-12-1927	
	Norberto Vela Fernández	Tesorero	2-1-1923	
	Antonio Muñoz Cano	Vicepresidente	2-1-1923	
	Norberto Bermejo Rodríguez	Vocal	2-1-1923	
	Federico Ruiz Hervás	Vocal	2-1-1923	
	Evaristo Muñoz Cabello	Vocal	2-1-1923	
16-1-1945	**Luis Amores**	Presidente	1-1-1945	1-1-1950
	Eusebio Velasco Romero	Presidente	1-1-1949	1-1-1950
	Miguel Palomo Bastante	Vicepresidente	1-1-1945	1-1-1950
	Saturnino Gómez	Vicepresidente	1-1-1949	1-1-1950
	Antonio Muñoz Cano	Secretario	1-1-1945	1-1-1950
	Miguel Migallón Martín	Secretario	1-1-1949	1-1-1950
	Domingo Gijón	Tesorero	1-1-1945	1-1-1950
	Damian Callejas	Vocal	1-1-1945	1-1-1950
	Manuel Gijón	Vocal	1-1-1945	1-1-1950
	José Antonio García	Vocal	1-1-1945	1-1-1950
	Manuel Martín-Grande	Vocal	1-1-1945	1-1-1950
1-1-1950	**Miguel Migallón Martín**	Presidente	1-1-1950	1-1-1957
	Miguel Palomo Bastante	Vicepresidente	1-1-1950	17-1-1953
	Manuel Gijón	Secretario	1-1-1950	1-1-1957
	Antonio Espinosa Cardos	Secretario	1-1-1952	
	Domingo Gijón	Tesorero	1-1-1950	17-1-1953
	Eliecer Muñoz Rodríguez	Tesorero	17-1-1953	
	José Antonio García Velasco	Vocal	1-1-1950	17-1-1953
	Alfonso Callejas López	Vocal	1-1-1950	

	Saturnino Gómez	Vocal	1-1-1950	1-1-1957
	Manuel Martín-Grande Hervás	Vocal	1-1-1950	17-1-1953
	Aureliano López López	Vocal	17-1-1953	24-5-1968
	Ángel Rodríguez Martín	Vocal	17-1-1953	1-1-1957
	Ramón Mora López	Vocal	17-1-1953	15-2-1958
1-1-1957	**Eusebio Velasco Romero**	Presidente	1-1-1957	15-2-1958
	Antonio Espinosa Cardos	Presidente	15-2-1958	24-5-1968
	Gregorio Cardos Monescillo	Secretario	1-1-1957	24-5-1968
	Eliecer Muñoz Rodríguez	Tesorero	1-1-1957	24-5-1968
	Bernardo Cano Rodríguez	Vocal	1-1-1957	24-5-1968
	Fermín Ruiz Hervás	Vocal	1-1-1957	24-5-1968
	Aureliano López López	Vocal	1-1-1957	24-5-1968
	Alfonso Callejas López	Vocal	1-1-1957	1-1-1961
	Patricio Callejas	Vocal	1-1-1961	24-5-1968
	Clemente Muñoz Rodríguez	Vocal	1-1-1961	24-5-1968
24-5-1968	**Patricio Callejas Rodríguez**	Presidente	24-5-1968	
	Francisco Monescillo López	Presidente		1-1-1976
	Antonio Salinero Vera	Secretario	24-5-1968	8-1-1977
	Justo Martín Hervás	Tesorero	24-5-1968	8-1-1977
	Antonio García Velasco	Vocal	24-5-1968	8-1-1977
	Antonio Gijón Garrido	Vocal	24-5-1968	8-1-1977
	Manuel Jara Gijón	Vocal	24-5-1968	14-2-1974
	Joaquín Martín Jara	Vocal	24-5-1968	8-1-1977
	Marino Fernández Serrano	Vocal	11-1-1970	8-1-1977
	Tomás Martín Rodríguez	Vocal	14-2-1974	8-1-1977
8-1-1977	**Antonio Salinero Vera**	Presidente	8-1-1977	
	Rafael Coronel Romero	Secretario	8-1-1977	26-9-1978
	Antonio Muñoz Cárdenas	Secretario	26-9-1978	
	Marino Fernández Serrano	Tesorero	8-1-1977	
	Agapito Rodríguez Monescillo	Vocal	8-1-1977	
	Tomás Martín Rodríguez	Vocal	8-1-1977	17-1-1985
	Eusebio Velasco Romero	Vocal	8-1-1977	1-1-1985

	Manuel Monescillo Buitrón	Vocal	8-1-1977	17-1-1985
	Pascasio Blanco Martín	Vocal	8-1-1977	1-1-1985
	José Palomo López	Vocal	7-5-1977	
	Paulino López	Vocal	7-1-1981	17-1-1985
17-1-1985	**Antonio Salinero Vera**	Presidente	17-1-1985	1-1-1990
	Antonio Muñoz Cárdenas	Secretario	17-1-1985	1-1-1990
	Vicente Fernández Martín	Tesorero	17-1-1985	
	Deogracia Castellano Velasco	Vocal	17-1-1985	
	José Antonio García Velasco	Vocal	17-1-1985	21-8-1990
	Joaquín Martín Jara	Vocal	17-1-1985	
	José Palomo López	Vocal	17-1-1985	1-1-1990
	Agapito Rodríguez Monescillo	Vocal	17-1-1985	1-1-1990
23-1-1990	**Antonio Muñoz Cárdenas**	Presidente	1-1-1990	
	Pascasio Blanco Martín	Secretario	1-1-1990	
	Vicente Fernández Martín	Tesorero	1-1-1990	
	Mamerto Velasco Marcos	Vocal	1-1-1990	
	Deogracia Castellano Velasco	Vocal	1-1-1990	
	José Palomo López	Vocal	1-1-1990	
	Antonio Martín	Vocal	1-1-1990	
	José Mora Cabello	Vocal	1-1-1990	

Anexo 20
Escritura de compra de una habitación como domicilio social de la Sociedad Compradora de la Dehesa Boyal o Labrada de Villamayor de Calatrava ante el notario D. Manuel Ocaña Martínez. 1/12/1980

Fuente: ASCDBLVC, sin catalogar

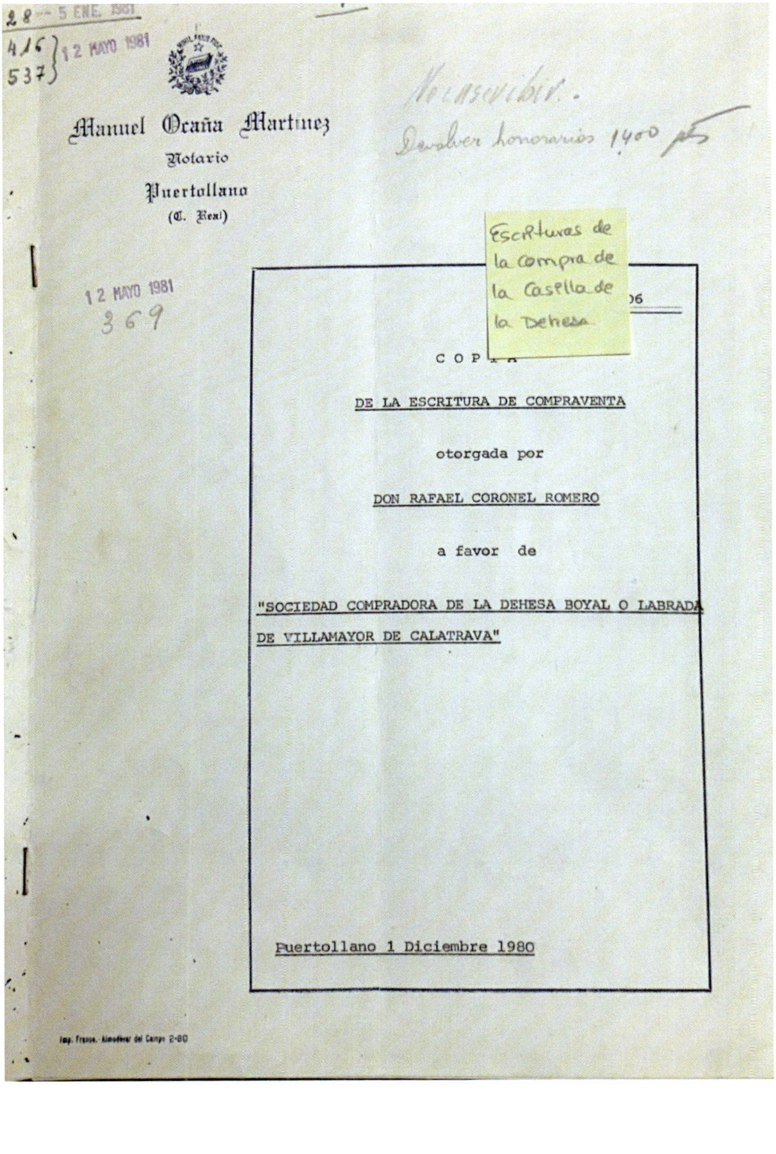

28 - 5 ENE. 1981

416 / 537 } 12 MAYO 1981

Manuel Ocaña Martínez
Notario
Puertollano
(C. Real)

No inscribir.
Devolver honorarios 1.400 pts

Escrituras de la compra de la Casilla de la Dehesa

12 MAYO 1981
369

...06

C O P...

DE LA ESCRITURA DE COMPRAVENTA

otorgada por

DON RAFAEL CORONEL ROMERO

a favor de

"SOCIEDAD COMPRADORA DE LA DEHESA BOYAL O LABRADA DE VILLAMAYOR DE CALATRAVA"

Puertollano 1 Diciembre 1980

Imp. Fresno, Almodóvar del Campo 2-80

TIMBRE DEL ESTADO

0E0851699

CLASE 8ª

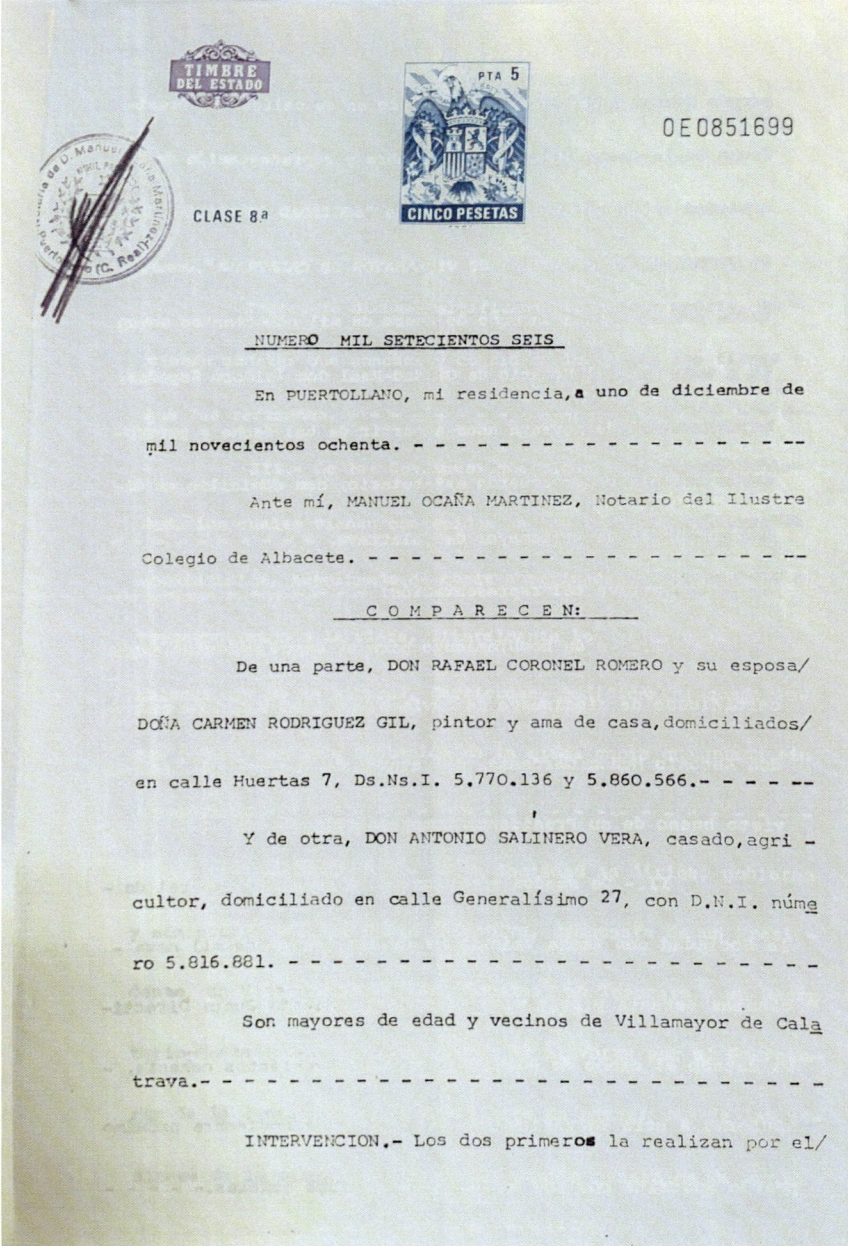

NUMERO MIL SETECIENTOS SEIS

En PUERTOLLANO, mi residencia, a uno de diciembre de mil novecientos ochenta. -

Ante mí, MANUEL OCAÑA MARTINEZ, Notario del Ilustre Colegio de Albacete. -

C O M P A R E C E N:

De una parte, DON RAFAEL CORONEL ROMERO y su esposa/ DOÑA CARMEN RODRIGUEZ GIL, pintor y ama de casa, domiciliados/ en calle Huertas 7, Ds.Ns.I. 5.770.136 y 5.860.566.- - - - -

Y de otra, DON ANTONIO SALINERO VERA, casado, agricultor, domiciliado en calle Generalísimo 27, con D.N.I. número 5.816.881. -

Son mayores de edad y vecinos de Villamayor de Calatrava.- -

INTERVENCION.- Los dos primeros la realizan por el/

propio nombre y derecho; y el tercero en su calidad de Presidente de la Junta Directiva, en nombre y representación de la sociedad civil particular denominada "SOCIEDAD COMPRADORA DE/ LA DEHESA BOYAL o LABRADA DE VILLAMAYOR DE CALATRAVA", constituida por escritura de ocho de enero de mil ochocientos noventa y ocho ante el Notario de Ciudad-Real don Isidoro Espadas, bajo duración de noventa años a partir de tal fecha y prorrogable tal plazo por acuerdo estatutario, con domicilio en dicha población de Villamayor de Calatrava. - - - - - - - - - -

Deriva tal representación: - - - - - - - - - - - - --

I.- De su nombramiento para el Cargo referido, según certificado de diecinueve de noviembre último expedido por - don Antonio Muñoz Cárdenas, Secretario de tal Entidad, con el visto bueno de su Presidente compareciente. - - - - - - - - -

II.- De sendos acuerdos de la Asamblea General de - la Sociedad con fecha veintiseis de septiembre de mil nove - cientos setenta y seis y de la correspondiente Junta Directiva datado el cinco de noviembre de mil novecientos ochenta, - conforme a otra certificación del veinte de noviembre próximo pasado suscrita por los mismos dos aludidos señores.- - - -

TIMBRE DEL ESTADO

PTA 5

CINCO PESETAS

0E0851700

CLASE 8ª

Incorporo dichas certificaciones a esta matriz, ha - ciendo constar que conozco y considero legítimas las firmas - que las refrendan. -

III.- De los Estatutos que rigen la nombrada Sociedad, los cuales vienen contenidos en la predicha escritura de constitución, resultando de copia autorizada que de tal ins - trumento tengo a la vista, literalmente los siguientes particulares que no se alteran, desvirtúan, modifican ni condicionan por el restante contenido de la misma copia que queda sin transcribir:- -

" Artículo XXX.- Esta Sociedad se dirige, gobierna y administra por una Junta directiva, compuesta de un Presi - dente, un Vicepresidente, dos Vocales, un Tesorero y un Secretario-Contador.=... Artículo XL.- Se llevarán por el Secretario de la Junta directiva dos libros de actas; uno de las sesiones de la misma, y otro de las Juntas generales de accio -

nistas ordinarias y extraordinarias. Todas las actas serán firmadas por el Presidente y el Secretario de la Sociedad.=...Artículo XLI.- A la Junta directiva corresponde la ejecución y/cumplimiento de todos los preceptos contenidos en estos Estatutos y de los acuerdos de las Juntas generales de accionistas: La representación de la Sociedad ante los Tribunales, ante la Administración pública y ante los particulares, y la defensa/de sus derechos e intereses, pudiendo otorgar poderes,nombrar Letrados, Procuradores y contestar litigios, deducir toda clase de recursos y reclamaciones; el nombramiento y separación de guardas y de cualesquiera otros empleados que puedan ser - necesarios, la realización de todos los actos comprendidos en el concepto legal de la administración de bienes, la dirección y gobierno, con la mayor amplitud establecida, de todos los - asuntos que a ésta Sociedad afecten; y la observancia y ejercicio de todas las facultades, derechos y atribuciones que en los diversos artículos de éstos Estatutos se la confieren.= - Artículo XLII.- El Presidente de la Junta directiva será el - encargado de ejecutar los acuerdos de ésta, así como tambien/de llevar a cabo las atribuciones que personalmente le confie

TIMBRE DEL ESTADO

PTA 5

CINCO PESETAS

0E0851701

CLASE 8ª

ren estos Estatutos, y los mandatos y encargos que puedan con ferirle las Juntas generales de accionistas."- - - - - - - - -

Asegura don Antonio Salinero Vera que continúa en - ejercicio de su Cargo dicho y que no han variado los datos - identificadores de la Sociedad que representa; y tienen a mi/ juicio los comparecientes la capacidad legal necesaria para - formalizar esta escritura de COMPRAVENTA.--- - - - - - - - - --

E X P O N E N:

a).- Que a la sociedad de gananciales del matrimo - nio de los consortes comparecientes pertenece el pleno domi - nio de la siguiente finca urbana, no arrendada:- - - - - - --

Una habitación de planta baja sita en Villamayor de Calatrava y su calle General Molina, antes sin número, hoy nú mero nueve moderno. Tiene frente a dicha calle en línea de - cinco metros y cuenta con otros tres de fondo, lo cual repre senta la superficie de quince metros cuadrados. Linda derecha entrando y espalda, casa de don Rafael Coronel; izquierda, -

otra de doña Inocenta Zamora. Se desconocen sus datos fisca_ les.- -

TITULO, INSCRIPCION Y CARGAS.- Manifiestan que se obtuvo por compra a don Eduardo Mora Zamora y otros, hace varios años, careciendo de documentación fehaciente acreditativa y de inscripción en el Registro de la Propiedad; y aseveran igualmente que dicho inmueble carece de cargas.- - - - - - - -

Hago la pertinente advertencia. - - - - - - - - - - -

b).- Que tienen convenido, según intervienen, un contrato de compraventa, y -

O T O R G A N:

PRIMERO.- Don Rafael Coronel Romero, con el consentimiento de su esposa, vende a "SOCIEDAD COMPRADORA DE LA DEHESA BOYAL O LABRADA DE VILLAMAYOR DE CALATRAVA", que compra representada por el Presidente de su Junta Directiva don Antonio Salinero Vera, la finca descrita en el antecedente a) de esta escritura, con lo que le es accesorio o complementario y como libre de cargas y de arrendamiento, transmitiendo a la Sociedad adquirente el contenido del pleno dominio sobre tal inmueble.- -

TIMBRE DEL ESTADO

PTA 5

CINCO PESETAS

0E0851702

CLASE 8ª

SEGUNDO.- El precio de esta venta es la cantidad de **dieciocho mil pesetas** que el vendedor confiesa tener recibido de la Sociedad adquirente antes de este acto, confiriendo carta de pago.- -

TERCERO.- **Todos los gastos, arbitrios e impuestos que origine la presente escritura se satisfarán por la Compañía compradora.** -

Así lo dicen y otorgan libremente.- - - - - - - - -

Hechas las reservas y advertencias legales, en especial las establecidas por lalegislación fiscal; y leida por mí, la presente escritura por renunciar los otorgantes el derecho a verificarlo por sí, del que les advierto, la ratifican y firman.- -

De conocer a los comparecientes y, en cuanto fuere procedente, de lo demas consignado en el presente instrumento público extendido en cuatro fólios de octava, serie OE, números 0.851.372 y los tres siguientes en orden, yo, el Notario, doy fé.- Rafael Coronel.- Carmen Rodriguez.- A.Salinero Vera.- Signado: Manuel Ocaña Martinez.- Rubricados.- Está el sello de la Notaria.- -.

DOCUMENTOS INCORPORADOS

Primero.- "DEHESA BOYAL O LABRADA = VILLAMAYOR DE CALATRAVA =/ (CIUDAD REAL(.= Don Antonio Muñoz Cárdenas, Secretario de la. Dehesa Boyal o Labrada de Villamayor de Calatrava (Ciudad Real). CERTIFICO: Hay la del ocho de enero de mil novecientos setenta y siete que entre otros tiene el siguiente acuerdo: = 1º.-Reunidos los ocho miembros elegidos por la Junta General Ordinaria celebrada el dia uno de enero de mil novecientos setenta y siete, se llevan a cabo las votaciones en secreto para elegir/ Presidente de la Entidad, dandose el siguiente resultado:= Don Antonio Salinero Vera, cuatro votos.= Don Agapito Rodriguez Monescillo, tres votos.= Don Tomas Martin Rodriguez, un voto.= En vista de ello queda elegido para Presidente Don Antonio Salinero Vera.= Y para que conste y surta efectos ante la Notaria el pido la presente certificación con el VºBº del Sr.Presidente -

TIMBRE DEL ESTADO

PTA 5

CINCO PESETAS

0E0851703

CLASE 8ª

en Villamayor de Calatrava a diecinueve de noviembre de mil no vecientos ochenta.-EL SECRETARIO.- A.Muñoz.-Rubricado.= VºBº - EL PRESIDENTE.- A.Salinero Vera.-Rubricado.- Hay un sello en - tinta violeta que dice:"SOCIEDAD COMPRADORA - DE LA - DEHESA / BOYAL.....= VILLAMAYOR DE CALATRAVA"."- - - - - - - - - - - -

Y segundo.-"DEHESA BOYAL O LABRADA = VILLAMAYOR DE CALATRAVA = (CIUDAD REAL).= Don Antonio Muñoz Cárdenas, Secretario de la - Sociedad Compradora de la Dehesa Boyal o Labrada de Villamayor de Calatrava, Ciudad Real.= CERTIFICO: Que según consta en el/ libro de de Actas de Asambleas Generales y en la del dia veintiseis de septiembre de mil novecientos setenta y seis,al fo - lio vuelto ocho, nueve y nueve vto, hay entre otros el siguiente acuerdo: 5º-"De acuerdo con el punto quinto de la orden del dia los socios asistentes acuerdan que para la oficina se - arriende algún local y en caso de que así no fuese se compre - una casa y se acondicione un local para tal fin.-".= Asi mismo

CERTIFICO: Que en el libro de Actas de Junta Directiva de esta Entidad, está la del día cinco de noviembre de mil novecientos ochenta en la que consta el siguiente acuerdo: = 2º.- "Ante la necesidad de tener que abandonar las oficinas que actualmente/ ocupa, y al no encontrar otras, de acuerdo con el punto quinto de la Junta General de veintiseis de septiembre de mil novecientos setenta y seis, esta Entidad y previas gestiones realizadas con D. Rafael Coronel Romero, acuerda comprarle una habitación de cinco metros de larga por tres de ancha, situada en/ la calle General Molina, 9, para acondicionarla como nueva oficina de la Sociedad Compradora de la Dehesa Boyal o Labrada, autorizando al Presidente de la Entidad para que realice dicha compra, y firme cuantos documentos sean necesarios para tal fin en los organismos competentes.= Y para que conste y surta/ efectos ante la Notaria expido la presente certificación con el VºBº del Sr. Presidente en Villamayor de Calatrava a veinte de noviembre de mil novecientos ochenta.= EL SECRETARIO.-A.Muñoz.-Rubricado.= VºBº - EL PRESIDENTE.- A.Salinero Vera.-Rubricado.= Hay un sello en tinta violeta que dice:"SOCIEDAD COMPRA

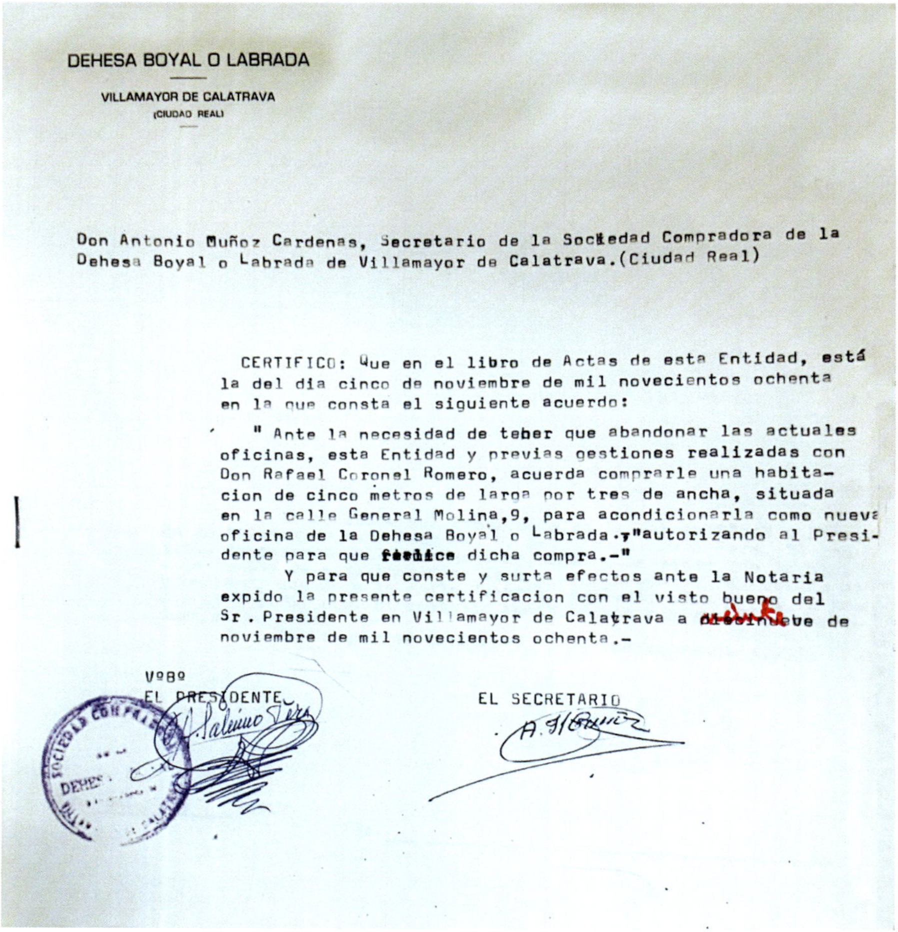

DEHESA BOYAL O LABRADA

VILLAMAYOR DE CALATRAVA
(CIUDAD REAL)

Don Antonio Muñoz Cardenas, Secretario de la Sociedad Compradora de la Dehesa Boyal o Labrada de Villamayor de Calatrava.(Ciudad Real)

CERTIFICO: Que en el libro de Actas de esta Entidad, está la del dia cinco de noviembre de mil novecientos ochenta en la que consta el siguiente acuerdo:

" Ante la necesidad de tener que abandonar las actuales oficinas, esta Entidad y previas gestiones realizadas con Don Rafael Coronel Romero, acuerda comprarle una habitacion de cinco metros de larga por tres de ancha, situada en la calle General Molina,9, para acondicionarla como nueva oficina de la Dehesa Boyal o Labrada. y autorizando al Presidente para que realice dicha compra.-"

Y para que conste y surta efectos ante la Notaria expido la presente certificacion con el visto bueno del Sr. Presidente en Villamayor de Calatrava a diecinueve (corregido a mano) de noviembre de mil novecientos ochenta.-

Vº Bº
EL PRESIDENTE

EL SECRETARIO